Peter James · Nick Thorpe

Keilschrift, Kompaß, Kaugummi

Peter James · Nick Thorpe

Keilschrift, Kompaß, Kaugummi

Eine Enzyklopädie der frühen Erfindungen

Aus dem Englischen von Annette von Heinz und Susanne Hornfeck

Büchergilde Gutenberg

Die Originalausgabe erschien 1994 unter dem Titel *Ancient Inventions* bei Ballantine Books, a division of Random House Inc., New York.
Übersetzung und Bearbeitung der englischen Originalausgabe von Annette von Heinz und Susanne Hornfeck.

Lizenzausgabe für die Büchergilde Gutenberg,
Frankfurt am Main und Wien,
mit freundlicher Genehmigung
der Sanssouci Verlag AG, Zürich

Umschlaggestaltung: Angelika Richter, Heidesheim
Layout und Herstellung: Meike Harms, München
Druck und Bindung: Franz Spiegel Buch, Ulm
Printed in Germany 1998
ISBN 3 7632 4852 8

Inhalt

Kapitel 3: High-Tech

Kapitel 4: Sexualität

Kapitel 5: Militärtechnik

Kapitel 6: Körperpflege

Kapitel 7: Essen, Getränke, Drogen

Kapitel 10: Haus und Heim

Kapitel 11: Kommunikation

Kapitel 12: Sport und Freizeit

Einführung

Als Historiker und Archäologen, die sich mit dem Bereich Alte Geschichte beschäftigen, wurden wir im Freundeskreis immer wieder nach dem wissenschaftlichen und technologischen Kenntnisstand unserer Vorfahren befragt: Haben die alten Griechen tatsächlich die Dampfmaschine erfunden? Wie gut war die ärztliche Versorgung im Altertum? Wann wurde das erste Bier gebraut? Wo wurde das Schießpulver erfunden – in Europa oder in China? Wie hat man sich in der Steinzeit rasiert? Welches ist die älteste Stadt? Wann hat sich der Mensch zum ersten Mal in die Lüfte erhoben? Ab wann wurde Landwirtschaft betrieben? Wer hat den ersten Kalender erstellt? Welche Verhütungsmittel wurden früher verwendet? Ab wann spielte man Fußball, Golf, Federball oder Tennis? Und so weiter.

Wir haben uns immer bemüht, diese Fragen aus der einschlägigen Fachliteratur möglichst kompetent zu beantworten. Am Ende verfügten wir über eine große Menge an Informationen, Fakten und Anekdoten zum Thema Erfindungen von der Steinzeit bis zum Mittelalter. Daraus ist dieses Buch entstanden.

Wir haben uns mit dem Jahr 1492 eine zeitliche Grenze gesetzt, als Kolumbus die Westindischen Inseln entdeckte und so eine Kette von Ereignissen in Gang setzte, die zur völligen Veränderung und weitgehenden Zerstörung der einheimischen Kulturen Amerikas führten.

Knapp vier Jahrzehnte davor, im Jahr 1453, war Byzanz, die letzte Bastion der antiken griechisch-römischen Kultur, in die Hände der Türken gefallen. Flüchtlinge aus Byzanz hatten ihr Wissen und ihre Bücher über Italien nach ganz Europa gebracht und dort eine Wiederbelebung der antiken Kunst und Wissenschaft ausgelöst, die wir heute als Renaissance bezeichnen. Während die spanischen *conquistadores* in blinder Raubgier das über Jahrtausende angesammelte Wissen der indianischen Kulturen Mittelamerikas zerstörten, zeichnete ein Genie wie Leonardo da Vinci (1452–1519) zukunftsweisende Konstruktionspläne für Panzer, Unterseeboote und Flugmaschinen. Mit Leonardo begann in Europa die Geschichte der modernen Technik.

Dieses Buch berichtet also über die wissenschaftlichen und technologischen Leistungen der Menschheit von den Anfängen bis zum Beginn der Neuzeit im späten 15. Jahrhundert. Es kommt zu dem Ergebnis, daß unsere Vorfahren auf den meisten Gebieten schon erstaunlich weit waren und widerspricht damit einer gängigen Meinung, die allen Fortschritt in unsere Zeit verlegt und die Vergangenheit als finster und rückständig ansieht. In Wirklichkeit war der Erfindergeist des Menschen von Anfang an äußerst lebendig.

Die Höhlenmaler der Altsteinzeit beispielsweise waren keineswegs jene halbnackten Wilden in zotteligen Fellen, wie sie häufig auf populären Darstellungen zu sehen sind. Sie verfügten vielmehr bereits über eine ungewöhnlich große Anzahl verschiedenartigster Werkzeuge, von der Knochennadel bis zu sorgfältig bearbeiteten Speerspitzen aus Feuerstein, und sie trugen maßgefertigte Lederkleidung.

Um 7000 v. Chr. hatte sich die Landwirtschaft bereits in vielen Regionen etabliert, und bäuerliche Siedlungen entwickelten sich zu ersten Städten. Einige davon, wie Çatal Hüyük in Kleinasien, erreichten früh ein hohes kulturelles Niveau. Eine erste Hochblüte erlebte der menschliche Erfinder- und Entdeckergeist in Alexandria, einer griechischen Stadt an der Küste Ägyptens, die das Erbe aller Kulturen des alten Orients in sich vereinigte. Um 200 v. Chr. hatte Alexandria 500 000 Einwohner und verfügte über den ersten Leuchtturm der Welt, über eine Universität und eine Bibliothek mit mehr als einer halben Million Schriften, über Luxusdampfer und über Theater mit raffinierter Bühnenmaschinerie.

Auch in der Neuen Welt gab es solche Wunder. Die spanischen Eroberer Mexikos trauten ihren Augen kaum, als sie 1519 die aztekische Hauptstadt Tenochtitlán, das heutige Mexico City, erreichten, wo 200 000 Menschen lebten. Sevilla, damals die größte Stadt Spaniens, hatte gerade 45 000 Einwohner.

Noch größere Überraschungen erlebten die Europäer, als sie im 16. Jahrhundert in den chinesischen Herrschaftsbereich eindrangen. Hier hatte sich über fünf Jahrtausende hinweg und unabhängig von Europa eine eigene Kultur mit hohem Standard entwickelt, die der europäischen in vielen Bereichen überlegen war. Einige der wichtigsten Erfindungen, wie die des Kompasses und der Papierherstellung, wurden von den Chinesen vorweggenommen.

Die Geschichte der Erfindungen schließt also alle Kulturen unserer Erde ein. Sie beginnt sehr viel früher, als man lange Zeit angenommen hat. Und sie hat schon in den alten Hochkulturen ungewöhnliche Höhepunkte erlebt.

Kapitel 1

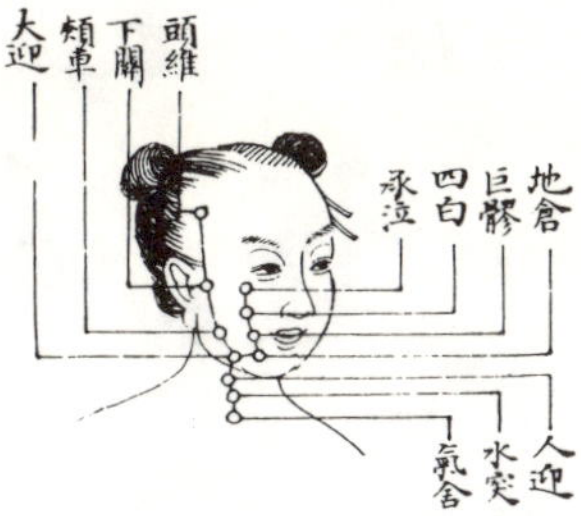

Medizin

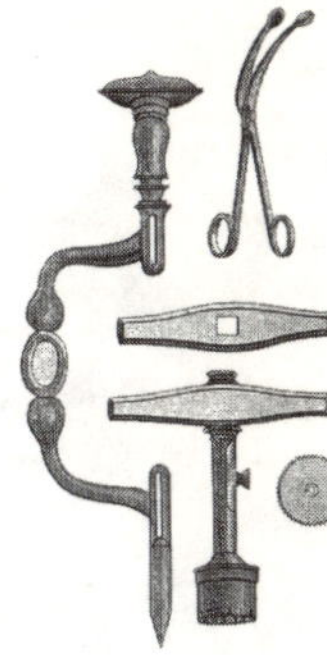

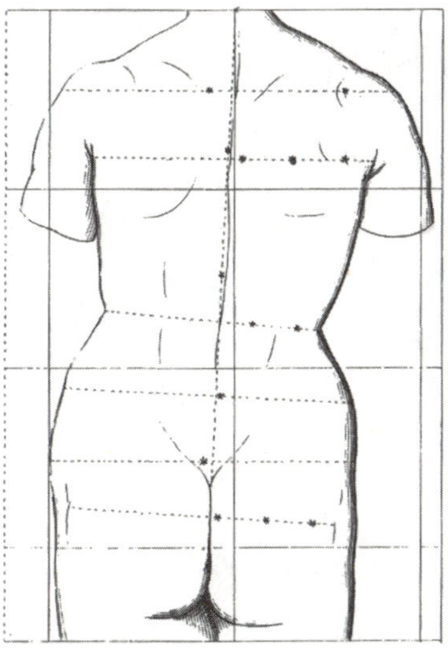

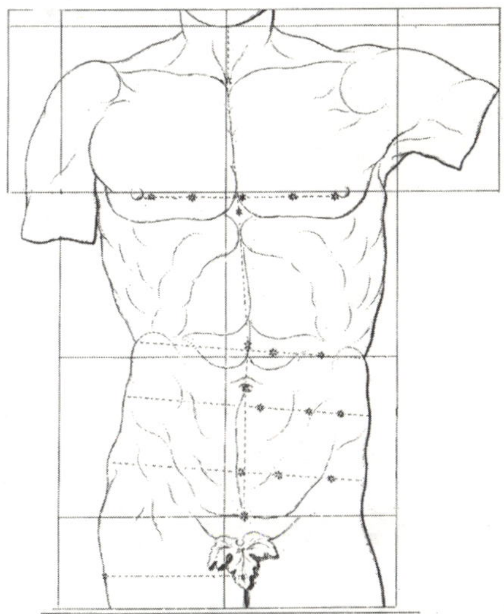

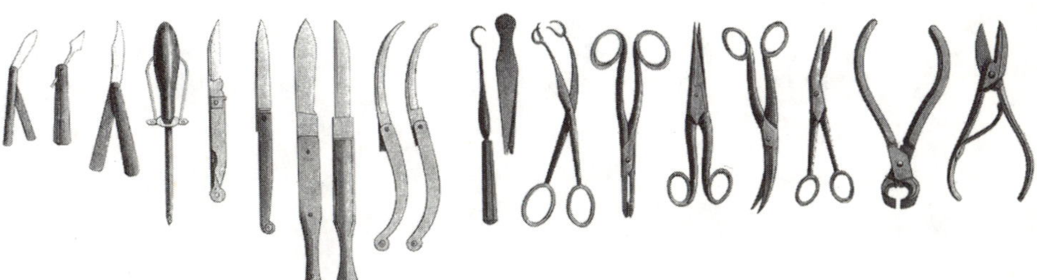

Einleitung

Das Empfinden von Mitgefühl läßt sich in der Menschheitsentwicklung weit zurückverfolgen, wie am Beispiel des Neandertalers, eines frühen Verwandten des *homo sapiens sapiens,* belegt werden kann. Bis vor kurzem noch galt er als dumpfes, geistloses Wesen. Aber diese Ansicht mußte in den späten sechziger Jahren aufgegeben werden, als man im nördlichen Irak die Shanidar-Höhle mit mehreren Gräbern von Neandertalern entdeckte. Es handelte sich um sorgsam hergerichtete Erdgräber aus der Zeit zwischen 60 000 und 30 000 v. Chr. Zwei davon enthielten eine große Anzahl Pollen, was möglicherweise darauf hindeutet, daß den Toten Blumen mit ins Grab gegeben wurden.

Gab es Amputationen schon vor 50000 Jahren? Dieser Oberarmknochen aus der Zeit des Neandertalers zeigt alle Merkmale einer solchen Operation. Aus einem Grab in der nordirakischen Shanidar-Höhle wurde ein Skelett geborgen, dem der rechte Unterarm fehlt. Der verbliebene Oberarm endet direkt über dem Ellbogengelenk, und eine Verdickung am Knochenende deutet auf einen Heilungsprozeß hin.

Einer der Neandertaler war ein vierundvierzigjähriger Mann mit einer Verkrüppelung am Arm und einer durch Arthritis verursachten Mißbildung am Bein, der vor etwa 50 000 Jahren in der Höhle durch einen Steinschlag getötet worden war. Die Zähne waren ungewöhnlich stark abgenutzt, was die Vermutung nahelegte, daß sich dieser Mann, der für die Jagd und die Tätigkeit des Sammelns untauglich war, im häuslichen Bereich nützlich machte, indem er Tierhäute durch Kauen geschmeidig machte. Die Tatsache, daß er trotz seiner Behinderungen so lange lebte, läßt darauf schließen, daß er von der Gemeinschaft erhalten wurde. Noch bemerkenswerter ist, daß mit hoher Wahrscheinlichkeit eine Operation an ihm vorgenommen wurde, denn sein rechter Arm endet unmittelbar über dem Ellbogengelenk. Und eine Verdickung am unteren Teil des Oberarmknochens deutet darauf hin, daß nach der Operation ein Heilungsprozeß stattgefunden hat.

Aus zahlreichen anderen Skelettfunden von Neandertalern geht hervor, daß auch altersbedingte Körperbehinderungen kein Hindernis für eine relativ lange Lebenszeit waren. Richard Klein, Professor für Anthropologie an der Universität Chicago, hält das für einen bedeutsamen Sprung in der Entwicklung der menschlichen Gesellschaft: »Die im Verhalten der Gruppe fest verankerte Fürsorge für Alte und Kranke könnte den Neandertalern eine längere Lebenszeit ermöglicht haben als ihren Vorgängern. Es ist der sichtbarste Beweis für einen menschlichen, nicht materiellen Verhaltensaspekt, der sich direkt aus archäologischen Zeugnissen ableiten läßt.«

Man kann davon ausgehen, daß es spezialisierte Ärzte erst relativ spät gab, obwohl zweifelsfrei feststeht, daß in vorgeschichtli-

Die meisten Fachwissenschaftler sind der Ansicht, daß die Frühmenschen mißgebildete Kinder getötet hätten. Der erste sichere Beweis dafür, daß das nicht immer der Fall gewesen ist, stammt ebenfalls aus der Altsteinzeit. Am Höhlenfundort Riparo del Romito in Süditalien bargen Archäologen das zwölftausend Jahre alte Skelett eines jugendlichen Zwerges. Trotz seiner schweren Schädigungen, die ihn von der Hilfe anderer abhängig machten, überlebte der junge Mann bis zu einem Alter von siebzehn Jahren.

cher Zeit bereits Heilkräuter verwendet wurden. Sichere Informationen über eine professionelle Heilkunst liefern jedoch erst die durch ihr Schrifttum dokumentierten Zivilisationen des Vorderen Orients. Dort hatte sich die Krankenfürsorge früh zu einem eigenen Berufsstand entwickelt. Der erste individuell faßbare Arzt ist ein Mann namens Lulu, der um 2700 v. Chr. in Sumer im südlichen Irak praktizierte. Zur gleichen Zeit traten auch die ersten ägyptischen Ärzte in Erscheinung. Etwa fünfzig Namen von Ärzten aus dem Alten Reich, der Entstehungszeit der Pyramiden (2600 bis 2100 v. Chr.), sind durch Grabinschriften bekannt. Auf Papyri sind außerdem einige Beschreibungen chirurgischer Eingriffe überliefert, und griechische Quellen berichten von einem offenkundig beträchtlichen Wissen auf dem Gebiet der Heilkräuterkunde. Ägypten wird in diesen Quellen geradezu als pharmazeutisches Wunderland gerühmt (vgl. den Abschnitt **Drogen** im Kapitel **Essen, Getränke, Drogen**).

Unsere Kenntnisse über die Heilkunst des klassischen Griechenlands gehen vornehmlich auf den Namen des berühmten Arztes Hippokrates zurück, der von 460 – 375 v. Chr. auf der Zykladen-Insel Kos lebte und praktizierte, in der goldenen Zeit nach den Perserkriegen, als die griechische Zivilisation ihren Höhepunkt erreichte. Sein Fachwissen wurde in der Ärzteschule von Kos bewahrt und weiterentwickelt. Aus dieser Schule sind vermutlich auch die *Schriften des Hippokrates* hervorgegangen, eine Zusammenfassung des medizinischen Wissens des klassischen Griechenlands. Wieviel davon tatsächlich Hippokrates selbst zuzuschreiben ist, ist noch immer ungeklärt. Unstrittig ist jedoch, daß Hippokrates eine medizinische Tradition ins Leben gerufen hat, die vom 5. Jahrhundert v. Chr. bis in die heutige Zeit überdauert hat, und daß er damit als der Begründer der modernen westlichen Medizin angesehen werden kann.

Seine Behandlungsmethoden waren streng wissenschaftlich und basierten auf einer genauen Beobachtung des Patienten und, davon ausgehend, auf einem sorgfältigen Abwägen der möglichen ärztlichen Mittel. Sie beruhten auf einer ganzheitlichen Sicht des Menschen. Daher steht in den Schriften, die ihm selbst zugeschrieben werden, immer der allgemeine Gesundheitszustand des Patienten im Mittelpunkt der Überlegungen, nicht eine spezielle Krankheit. Nach Hippokrates besteht die Rolle des Arztes darin, die Kräfte der Natur im Heilungsprozeß zu unterstützen. Die These, daß Vorbeugen besser als Heilen ist, wurde vor allem von seinen Nachfolgern stark betont. Ihrer Meinung nach gehörte zur Erhaltung der Gesundheit eine maßvolle Diät und regelmäßige körperliche Bewe-

Der griechische Arzt Hippokrates (460–375 v. Chr.) gilt als Begründer der modernen westlichen Medizin. Der hippokratische Eid bestimmt noch heute die ethischen Grundsätze des Arztberufs. Römische Kopie eines griechischen Originals, Fundort Ostia.

gung. Spaziergänge wurden als notwendige Übung bei sitzender Lebensweise empfohlen, ein Rat, dem heutige Ärzte nur zustimmen können. Ein besonderes Augenmerk galt den Auswirkungen des Klimas auf die Gesundheit, ein Gebiet, das von der heutigen Medizin zu Unrecht vernachlässigt wird. Man war sich auch der Bedeutung der psychischen Verfassung für den Heilungsprozeß des Patienten bewußt, was in den *Lehrsätzen des Hippokrates* klar zum Ausdruck kommt: »Es gibt Patienten, die, obwohl sie wissen, daß sie an einer gefährlichen Krankheit leiden, gesunden, weil sie Vertrauen zu dem behandelnden Arzt haben.«

Hippokrates' Ruhm gründet sich auch auf den »hippokratischen Eid«, der auch heute noch von den westlichen Ärzten geleistet wird und von ihnen verlangt, daß sie die Behandlung eines Patienten nicht von der Bezahlung abhängig machen. In den *Lehrsätzen* findet sich der Ratschlag: »Manchmal mußt du unentgeltlich Hilfe leisten in Erinnerung an eine frühere Wohltat.«

Wir können uns glücklich preisen, daß sich die ethischen Grundsätze des Hippokrates in der europäischen Medizin durchgesetzt haben. Im Vergleich dazu mußten im 5. Jahrhundert n. Chr. die persischen Ärzte, die der offiziellen zoroastrischen Staatsreligion anhingen, drei erfolgreiche Operationen an Nichtgläubigen nachweisen, bevor sie zur Behandlung an einem Gläubigen zugelassen wurden.

Die reichen Familien Roms ließen die Ärzte ins Haus kommen, manche leisteten sich auch einen eigenen Arzt. Die meisten Ärzte standen jedoch im öffentlichen Sold und waren für jedermann verfügbar. Für gut ausgebildete Ärzte bot diese Stellung allerdings wenig Anreiz. Der erste »öffentliche« Arzt, ein Grieche namens Archagathos, der 220 v. Chr. in sein Amt berufen wurde, soll sich ausschließlich auf das Messer und das Brenneisen verlassen haben. Seine Patienten nannten ihn den Schlächter, und der als jähzornig bekannte Politiker Cato der Ältere, der alle Griechen verabscheute, war davon überzeugt, daß alle hellenischen Ärzte einer internationalen Verschwörung angehörten, die es sich zum Ziel gesetzt hatte, das Volk von Rom auszurotten. Es gab jedoch auch römische Ärzte, die weniger radikale Behandlungsmethoden anwandten. 1989 wurden aus einem Schiffswrack, das um das Jahr 100 v. Chr. vor der toskanischen Küste gesunken war, die Überreste eines Arztkoffers geborgen. Man fand darin 136 kleine Holzkästchen mit Salben und Kräutern, eine Bronzeschüssel für den Aderlaß und eine hölzerne Statuette des Asklepios, des griechisch-römischen Gottes der Heilung.

Auch die Chinesen verfügten über ein System staatlich finanzierter Ärzte, das aber nicht wie bei den Römern von den Lokalverwaltungen getragen wurde, sondern von der Zentralregierung. Es wurde im 2. Jahrhundert v. Chr. begründet, war zunächst auf die größeren Städte beschränkt, wurde aber im 1. Jahrhundert n. Chr. über ganz China ausgedehnt. Ein solches nationales medizinisches Versorgungsnetz gab es bis in die

Eines der am besten geführten Krankenhäuser der Antike wurde in Byzanz von Kaiser Johannes II. (1118 bis 1143) gegründet. Männer und Frauen waren in getrennten Gebäuden untergebracht, die jeweils zehn Stationen mit fünfzig Betten umfaßten, wobei eine Station für schwere chirurgische Fälle und andere Langzeitpatienten reserviert war. Das Personal umfaßte zwölf Ärzte und eine voll qualifizierte Ärztin. Die Männerstationen verfügten zusätzlich über zwölf qualifizierte Assistenten und jeweils acht Hilfskräfte, während den weiblichen Patienten nur vier qualifizierte Assistenten und zwei Hilfskräfte zugestanden wurden. Zusätzlich waren zwei Pathologen eingestellt. Auf Wunsch bekamen die Patienten auch vegetarische Kost. Viele Patienten wurden zusätzlich ambulant versorgt. Unmittelbar neben dem Krankenhaus gab es eine Schule, in der die Söhne des medizinischen Personals zu Ärzten ausgebildet wurden.

Moderne hinein nur in China. Der medizinische Dienst wurde ergänzt durch systematische Ausbildungsgänge. So gab es bereits im Jahre 493 n. Chr. an der kaiserlichen Universität in Lo-yang Professoren für Medizin. Ein Jahrhundert später wurde in Ch'ang-an die Kaiserliche Akademie für Medizin gegründet. Gleichzeitig entstanden auch in den Provinzhauptstädten medizinische Akademien, die alle autorisiert waren, akademische Grade zu verleihen. Ähnliche Institutionen sind in Bagdad für das Jahr 931 n. Chr. belegt und im sizilianischen Salerno für das Jahr 1140 n. Chr.

Die ersten Krankenhäuser entstanden ebenfalls in China. Im Jahre 2 n. Chr. gründete Kaiser Wang-Mang anläßlich einer Flutkatastrophe und einer Heuschreckenplage ein provisorisches Krankenhaus. Die Römer errichteten während der Kaiserzeit in allen Legionslagern Militärkrankenhäuser. In Neuss am Rhein wurden in einem einzigen Raum über hundert archäologische Funde aus dem medizinischen und pharmazeutischen Bereich geborgen. Die Krankenstationen waren kanalisiert, gut beleuchtet und jeweils im ruhigsten Teil des Lagers untergebracht. Die Militärkrankenhäuser verfügten über Notaufnahmestationen und eigene Abteilungen für Verwaltung, Personal und Versorgung. Die Innenhöfe wurden oft zum Anpflanzen von Heilkräutern genutzt, die umlaufenden Korridore als Wandelhallen für die kranken Legionäre.

Zahlreiche römische Ärzte unterhielten in ihren eigenen Häusern Pflegestationen. Privatkliniken wurden jedoch erst nach 350 n. Chr. von den Christen ins Leben gerufen. Es handelte sich

Die Römer errichteten während der Kaiserzeit in allen Legionslagern Militärkrankenhäuser. Diese Krankenstationen waren kanalisiert, mit großen Fenstern ausgestattet und jeweils im ruhigsten Teil des Lagers untergebracht. Sie verfügten über Notaufnahmestationen und eigene Abteilungen für Verwaltung, Personal und Versorgung. Die Innenhöfe wurden zum Anpflanzen von Heilkräutern genutzt, die umlaufenden Säulengänge als Wandelhallen für die kranken Legionäre.

dabei um fromme Stiftungen. Solche Wohlfahrtseinrichtungen gab es vorher auch schon in Indien, wie von Fa-hsien, einem buddhistischen Pilger aus China, berichtet wird. Nach dessen Aussagen waren die indischen Krankenhäuser, die ihre Dienste unentgeltlich anboten, Stätten für »die Armen aller Länder, für die Lahmen und Kranken«. Das große Krankenhaus in Jundishapur (heute Shushtar im Iran), wurde 489 gegründet und von Christen geführt, die man als Ketzer aus Athen und Edessa vertrieben hatte. Das erste fest eingerichtete Krankenhaus in China, das sicherlich indische Vorbilder hatte, wurde im Jahre 491 n. Chr. von Hsiao Tsu-liang, einem buddhistischen Prinzen der südlichen Ch'i-Dynastie, gegründet. Auch dabei handelte es sich um eine private Stiftung. Das erste staatliche Krankenhaus wurde im Jahre 510 n. Chr. eröffnet und war vor allem für die Armen gedacht.

Die ersten Apotheken wurden im 9. Jahrhundert im Orient eröffnet. Sowohl der Normalbürger als auch die Ärzteschaft kauften hier Heilkräuter und medizinisch wirksame Substanzen, die aus der gesamten islamischen Welt stammten: Alkohol, Kassie, Sennesblätter, Manna und Arsen. Heutzutage werden Pillen mit einem Zuckermantel umgeben und genießbar gemacht. Die Araber wandten eine ähnliche Methode an, wobei sie Rosenwasser und andere Parfums benutzten. Pflaster und Salben gehörten ebenfalls zum Angebot der Apotheken. Damit trat die Pharmazeutik erstmals als eigenständige Wissenschaft neben der Medizin in Erscheinung. Die meisten Apotheken gab es in Bagdad. Sie wurden von gut ausgebildeten und öffentlich geprüften und lizensierten praktischen Ärzten geführt und in regelmäßigen Abständen kontrolliert. Neben diesen privat geführten Apothekenhandlungen existierten auch öffentliche Verkaufsstände, die an die Krankenhäuser angegliedert waren und den ambulanten Patienten zur Verfügung standen.

Auch die heilende Wirkung von Gewürzen wurde in der Antike hochgeschätzt und wird erst jetzt von der modernen Wissenschaft wiederentdeckt. Der Aristoteles-Schüler Theophrast beispielsweise empfahl im 3. Jahrhundert v. Chr. eine Mixtur aus gebranntem Harz, Kassie, Zimt und Myrrhe gegen Wundbrand. Die meisten dieser Ingredienzen besitzen tatsächlich medizinische Eigenschaften: Das Zimtöl hat sich zum Beispiel als stark keimtötendes Mittel erwiesen.

Die Azteken in Mexiko verfügten zur Zeit der spanischen Eroberung über ähnliche Einrichtungen. Aus Hernán Cortés' Aufzeichnungen wissen wir, daß es auf dem Markt in der Hauptstadt Tenochtitlán Geschäfte gab, die »gebrauchsfertige Medikamente, Salben und Breiumschläge« verkauften. Ebenso waren gummierte Pflaster zu haben.

Die Arzneien in den Drogerien der Antike waren ausnahmslos auf pflanzlicher Basis hergestellt. Die Geschichte der Heilkräuter läßt sich in sehr frühe Zeiten zurückverfolgen. Eine breite Palette von pflanzlichen Schmerz- und Betäubungsmitteln wurde genutzt,

Die Ägypter haben praktisch jede Pflanze zu medizinischen Zwecken gebraucht und galten griechischen Quellen zufolge als Spezialisten in der Herstellung von Heilmitteln. Diese Szene zeigt einen Garten mit einem Granatapfelbaum, einer Alraune, einem Seerosenteich und, links im Bild, einem Büschel Papyrusgras. Wandmalerei in Theben, Ramessidenzeit.

nicht selten auch bei Operationen. Opium und Cannabis dienten nicht nur als Rauschmittel, sondern wurden auch für medizinische Zwecke verwendet (vgl. den Abschnitt **Drogen** im Kapitel **Essen, Getränke, Drogen**). Cannabis beispielsweise wird schon in assyrischen Schriften als Antidepressivum empfohlen. Der Rauch sollte inhaliert werden, um Sorgen und Kummer zu vertreiben. Griechische und römische Ärzte verschrieben Cannabis gegen Ohrenschmerzen. Einige Heilpflanzen, wie zum Beispiel Belladonna, waren lebensgefährlich, konnten aber, in kleinen, kontrollierten Dosen verabreicht, eine heilsame Wirkung entfalten. Die Hüter der Orakel im antiken Griechenland, wo lebensgefährliche Narkotika genutzt wurden, um die Einbildungskraft zu steigern (vgl. den Abschnitt **Drogen** im Kapitel **Essen, Getränke, Drogen**), galten als Spezialisten für die richtige Dosierung derartiger Drogen. Der griechische Schriftsteller Philostratos beschreibt eingehend, wie die Priester des Asklepius ihre Kunst durch göttliche Eingebung erlernten. Es ist kein Zufall, daß der Haupttempel des Asklepios im 4. Jahrhundert v. Chr. auf der Insel Kos gegründet wurde, der Geburtsstätte des Hippokrates.

Die Kenntnisse in der Heilkräuterbehandlung, wie sie von der traditionellen chinesischen und indianischen Medizin überliefert werden, erfahren heute ebenfalls eine neue Bewertung und werden zunehmend mehr gewürdigt. Das *Amtliche Arzneibuch der Vereinigten Staaten von Amerika* und das *Nationale Rezeptbuch* von 1970 enthalten einhundertsiebzig pflanzliche Arzneien, die von den Völkern Amerikas entdeckt worden waren. Die Liste der staatlich anerkannten Heilkräuter amerikanisch-indianischer Herkunft umfaßt harntreibende Mittel, Brechmittel, Abführmittel, zusammenziehende Mittel, Schmerzmittel, keimtötende Mittel, reinigende Mittel, anregende Mittel, kräftigende Mittel und Arzneien gegen Schlangen- und Insektenbisse. Auch das erste orale Verhütungsmittel wurde von den Indianern entdeckt und beeinflußte maßgeblich die Entwicklung der »Pille« (vgl. den Abschnitt **Empfängnisverhütung** im Kapitel **Sexualität**). Das breite pharmakologische Wissen der indianischen Volksstämme Amerikas stammt zweifellos aus präkolumbianischer Zeit.

Tatsächlich wurden zahlreiche bahnbrechende Entdeckungen im Bereich der Medizin, die wir so gern der modernen Forschung zuschreiben, schon vor Hunderten, teilweise schon vor Tausenden von Jahren geleistet. So war im alten Ägypten die antibiotische Wirkung von Schimmel bekannt, wenn es auch noch keine Bezeichnung dafür gab. Man verwendete nämlich Breiumschläge aus verschimmeltem Brot zur Heilung von Wunden. Es ist nur schwer vorstellbar, daß schon den Römern, ohne Mikroskop, Bakterien bekannt gewesen sein sollten. Eine Anmerkung in den Schriften des römischen Wissenschaftlers Varro (116–27 v. Chr.) belehrt uns jedoch eines Besseren. Dort heißt es: »Vorsicht ist geboten in Sumpfgebieten, denn hier werden winzige Lebewesen erzeugt, die man mit bloßem Auge nicht erkennen kann, die aber in der Luft schweben und durch Mund und Nase in den Körper eindringen und gefährliche Krankheiten verursachen können.«

Man geht im allgemeinen davon aus, daß der Blutkreislauf im 17. Jahrhundert n. Chr. von dem englischen Arzt William Harvey entdeckt wurde. In der chinesischen Medizin war das Kreislaufprinzip aber schon mindestens seit der Han-Zeit (202 v. Chr. – 220 n. Chr.) bekannt. Auch über Hormone wußten die chinesischen Ärzte Bescheid. Man destillierte sie aus dem Urin und verordnete sie seit dem 2. Jahrhundert n. Chr. bei Störungen im Sexualbereich (vgl. die **Einleitung** zum Kapitel **Sexualität**).

Von den Ärzten des Altertums wurden auf allen Gebieten der Medizin so erstaunliche Leistungen vollbracht, daß man sich fragt, wie sie zu ihren Kenntnissen gekommen sind. Die Verwendung von Antibiotika in Ägypten mag auf eine zufällige Entdeckung zurückgehen. Varros überzeugende Beschreibung von Mikroorganismen gründet sich möglicherweise nur auf eine glückliche Eingebung.

Dennoch sind die medizinischen Errungenschaften der Antike als Resultat einer praxisorientierten Wissenschaft anzusehen, die, ähnlich wie die moderne Medizin, auf Beobachtung, Theorie und experimenteller Erfahrung basierte.

Die Experimentierfreudigkeit der alten Ärzte hat auch den Grundstein für die moderne Anatomie gelegt. Die Anfänge liegen im 3. Jahrhundert v. Chr. in Alexandria, dem damaligen Wissenschaftszentrum der mediterranen Welt. Römischen Aufzeichnungen zufolge soll hier der griechische Arzt Heraphilos die erste Sektion an einem menschlichen Körper vorgenommen haben. Das mag wissenschaftlich angezweifelt werden, unstrittig ist jedoch, daß Heraphilos die grundlegenden Techniken des Sezierens eingeführt hat. Bei der Untersuchung des menschlichen Körpers gewann er grundlegende Einsichten: Er unterschied Sehnen von Nervensträngen, verfaßte die erste detaillierte Beschreibung des Gehirns und war der erste, der den Zusammenhang zwischen Nerven und Sinnesorganen erkannte. Zu den Schattenseiten seines Wirkens gehört, daß er und sein Schüler Erasistratos (der Erfinder des Katheters) ihre Versuche ganz offensichtlich an lebendigen Menschen durchgeführt haben, nämlich an Kriminellen, die im Staatsgefängnis auf ihr Todesurteil warteten. Die Praxis der Vivisektion wurde später von dem römischen Arzt Celsus verteidigt, der das Leiden einiger weniger Krimineller für gerechtfertigt hielt, um »Heilmethoden für unschuldige Menschen zu erforschen«, und damit das

Der Sezierkunst des berühmten Chirurgen Galen (129–199 n. Chr.) sind entscheidende Erkenntnisse in der Medizin zu verdanken. Durch Vivisektionen an Schweinen versuchte er beispielsweise die Funktion des Nervensystems zu erforschen. Kupferstich aus der Renaissance.

gleiche Argument gebrauchte, das heute noch zur Rechtfertigung von Tierversuchen dient.

Die anatomische Forschung der alexandrinischen Ärzte wurde von dem in Rom lebenden griechischen Chirurgen Galen (129 bis 199 n. Chr.) noch wesentlich erweitert. Galen machte sich die schweren Unfälle bei Gladiatorenkämpfen zunutze und verschaffte sich durch die Behandlung der Unfallopfer ein beträchtliches Wissen über das Innere des Menschen. Zusätzlich erprobte er seine Sezierkunst an Tieren, insbesondere an Rhesusaffen. So grausam seine experimentellen Forschungen auch erscheinen mögen, sie führten zu entscheidenden neuen Einsichten in der Medizin, wie beispielsweise zu der Erkenntnis, daß die Arterien Blutgefäße sind, daß der Urin von den Nieren abgesondert wird und daß Organe und Körperstrukturen wie die des Kehlkopfs von Nerven reguliert werden. Galen legte seine Kenntnisse in einem umfangreichen, sechzehn Bände umfassenden Werk mit dem Titel *Anatomische Methoden* nieder, dem ersten wissenschaftlich fundierten Fachbuch der Anatomie, das je verfaßt worden ist. Kein anderes Buch hat auf das medizinische Denken des europäischen Mittelalters und der Renaissance einen so tiefgreifenden Einfluß ausgeübt wie die galenische Anatomie. Seine falschen Behauptungen waren genauso kanonisiert wie seine richtigen Erkenntnisse. Erst im 17. Jahrhundert ging die Forschung über ihn hinaus.

Die außergewöhnlichen medizinischen Leistungen im alten China lassen darauf schließen, daß auch hier die Theorie mit praktischer experimenteller Erfahrung verknüpft wurde. Die Anfänge der Immunologie liegen im 10. Jahrhundert n. Chr. Chinesische Alchemisten entwickelten damals eine Art Schutzimpfung gegen Pocken, indem sie gefährdeten Patienten Baumwollpfropfen in die Nase steckten, die mit dem Pockenvirus infiziert waren. Diese Technik verbreitete sich über ganz China, wurde noch verbessert und gelangte im 17. Jahrhundert in die Türkei, wo auch der Westen erstmals Kenntnis von ihr erhielt.

Die westliche Medizin hat die Heilkunst der Antike lange unterschätzt. Dabei könnte sie sich noch heute in vielem ein Beispiel an ihr nehmen.

Chirurgische Instrumente

Seit jeher hat sich der Mensch Dornen, Splitter, Pfeilspitzen und andere körperfremde Objekte aus der Haut gezogen. Die scharfen Steinklingen unserer vorgeschichtlichen Vorfahren haben sich möglicherweise auch bei diesen ersten chirurgischen Eingriffen als nützlich erwiesen. Kleinere Operationen an Tieren sind für die Jungsteinzeit belegt, als man begann, das Rind zu domestizieren. Die sicherste Methode, sich den aggressiven Stier gefügig zu machen, bot die Kastration. Messer aus Feuerstein, einem vulkanischen Glas, das sich für extrem scharfe Schneiden eignete, mögen dazu gedient haben, Bullenkälbern die Hoden abzuschneiden (vgl. den Abschnitt **Rasiermesser** im Kapitel **Körperpflege**).

Die ersten Zeugnisse für eine Verfeinerung des chirurgischen Instrumentariums stammen aus Ägypten, das später von den Griechen und Römern als die Wiege der Medizin angesehen wurde. Zur Zeit des Pyramidenbaus (um 2600 v. Chr.) stellten die Ägypter chirurgische Messer aus Kupfer her, mit denen man kleinere Operationen wie das Beschneiden ausführen konnte. Die Sitte der Beschneidung von Männern, in Afrika noch heute weit verbreitet, war in Ägypten allgemein üblich und wurde vermutlich von den Juden, den Arabern und einigen anderen Völkern des Vorderen Orients von dort übernommen.

Zu den ersten chirurgischen Instrumenten gehörten auch Kupfernadeln. Ein Hinweis darauf findet sich im Smith-Papyrus, der ausschließlich chirurgische Texte enthält und unter anderem das Nähen von Wunden am Kopf, an den Schultern und an anderen Körperteilen beschreibt. Außergewöhnlich ist das Alter dieses Dokuments. Der Papyrus selbst ist etwa 1700 v. Chr. entstanden, die archaische Sprache läßt jedoch darauf schließen, daß es sich um die Kopie eines Textes handelt, der schon tausend Jahre zuvor verfaßt wurde. Harry Saggs, ein angesehener englischer Orientalist, hält den Smith-Papyrus trotz seines hohen Alters für ein »Dokument, das der modernen wissenschaftlichen Methodik sehr nahekommt«. Die Chirurgie muß im Ägypten des Alten Reiches eine Blütezeit erlebt haben, die auch den Text des Smith-Papyrus hervorgebracht hat. Danach hat sie einen Niedergang erlebt.

Im Irak sind die Anfänge der Chirurgie vor etwa 4000 Jahren anzusetzen. Die babylonischen Ärzte verwendeten Messer aus Feuerstein oder Bronze und verfügten über ein differenziertes Sorti-

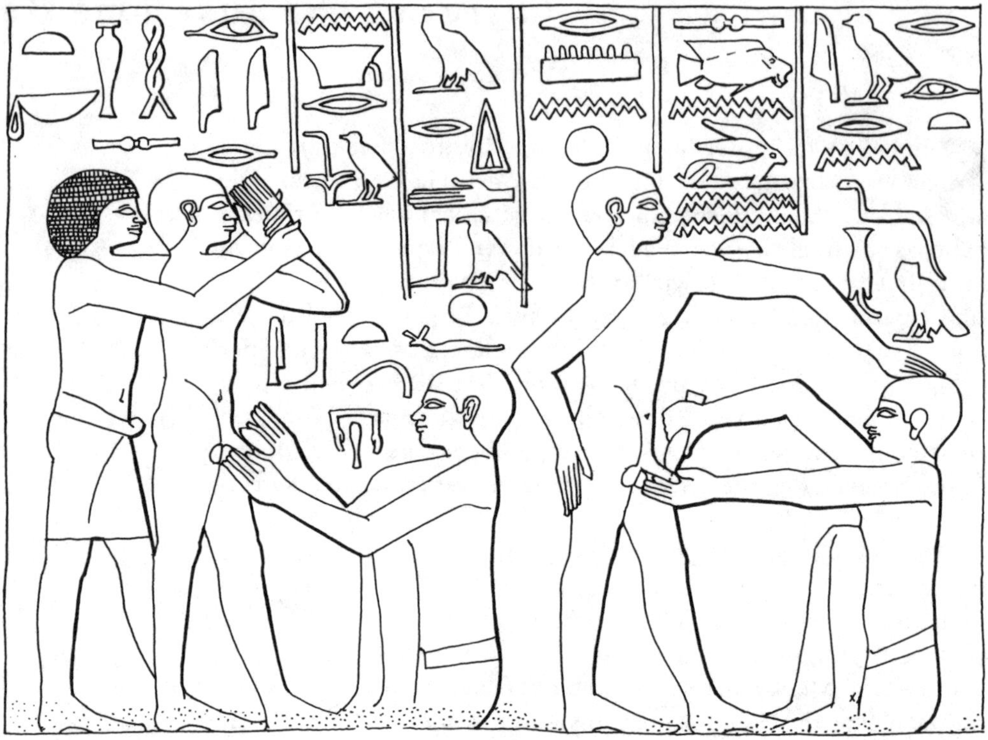

Ägyptisches Relief von 2500 v. Chr. Die Szene zeigt die Beschneidung junger Männer, eine verbreitete, aber auch schmerzhafte Sitte, wie aus der Inschrift hervorgeht: Der Arzt zur Linken sagt zu seinem Assistenten: »Gib acht, daß er nicht ohnmächtig wird.«

ment an chirurgischen Geräten wie Sägen, Trepanationsinstrumenten und Knochenbohrern (vgl. den Abschnitt **Gehirnchirurgie**). Unsere Kenntnisse über die Ausrüstung der alten Chirurgen stützt sich vorwiegend auf zufällige Einzelfunde. Zu den Ausnahmen gehört das komplett erhaltene Besteck eines minoischen Arztes, das in einem Grab in Nauplion auf Kreta entdeckt wurde. Es stammt aus dem 15. Jahrhundert v. Chr. und umfaßt Pinzetten, Bohrer, Skalpelle, einen großen Dilatator für innere Untersuchungen und einige besonders geformte Stein- und Marmorstücke, die wahrscheinlich zum Mahlen von medizinischen Ingredienzen verwendet wurden. Abgesehen davon, daß sie aus Bronze und nicht aus Kupfer bestehen, ist eine verblüffende Ähnlichkeit mit den Instrumenten des klassischen Griechenlands festzustellen, die dort erst tausend Jahre später in Gebrauch kamen.

Das wohl vollständigste Sortiment an chirurgischem Werkzeug aus der klassischen Antike findet sich auf einem Relief im Kom-Ombo-Tempel in Ägypten. Das Relief entstand etwa 100 v. Chr., als die ägyptische Kultur bereits seit zwei Jahrhunderten unter griechischem Einfluß stand und weitgehend hellenisiert war. Die Abbildungen auf dem Kom-Ombo-Relief zeigen eine Sonde, einen

Retraktor, ein Brenneisen, Bandagen, einen Flakon, eine Waage, Heilpflanzen, eine Schere, einen Schwamm, verschiedene Skalpelle, eine Instrumententasche und einige Schröpfköpfe.

Schröpfköpfe wurden für die Blutentnahme verwendet. Sie konnten aus Glas, Horn oder Bronze gearbeitet sein und gehörten zur üblichen Ausrüstung eines jeden griechischen oder römischen Chirurgen. Beim Aderlaß wurde zunächst ein Schnitt in eine Vene gemacht. Dann wurde der Schröpfkopf, nachdem man ihm die Luft durch Ausbrennen entzogen hatte, auf die Wunde gesetzt. Das Vakuum bewirkte ein sanftes Ausfließen des Blutes. War die benötigte Blutmenge erreicht, wurde die Wunde gereinigt und verbunden. Der Aderlaß war in klassischer Zeit ein beliebtes Heilmittel gegen jede Art von Beschwerden und hielt sich bis ins Mittelalter und die Renaissance. Später ging man dazu über, das Blut von Blutegeln absaugen zu lassen. Auch der römische Arzt Celsus, der maßgeblichen Einfluß auf die mittelalterliche Medizin ausübte, rühmt in seinem Werk *Über die Medizin* die universelle Heilwirkung des Aderlasses: »Daß man Blut durch einen Schnitt in die Vene abfließen läßt, ist keine Neuigkeit. Neu ist, daß es kaum eine Krankheit gibt, die mit dieser Methode nicht bekämpft werden könnte.«

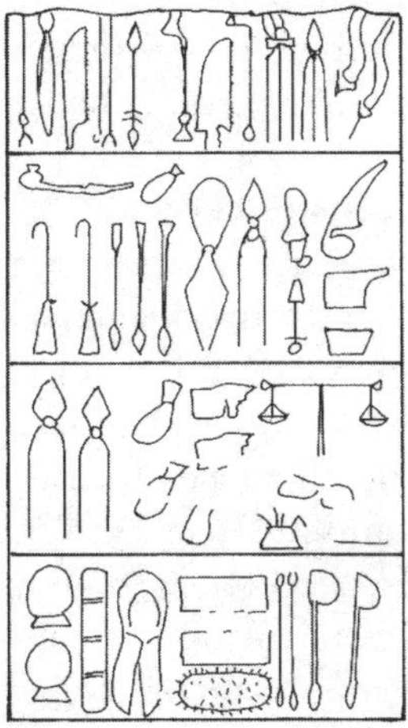

Ägyptisches Relief aus dem Kom-Ombo-Tempel von 100 v. Chr. Dargestellt ist ein Sortiment chirurgischer Instrumente. Links unten im Bild zwei Schröpfköpfe, die für den Aderlaß verwendet wurden.

Die Vorstellung, jede Krankheit durch Aderlaß kurieren zu wollen, löst heute eher Entsetzen aus. Tatsächlich verordnete Celsus den Aderlaß nicht nur zur gelegentlichen Therapie wie die Ärzte des Mittelalters, sondern empfahl, das Blut regelmäßig zu kontrollieren und die Behandlung erst dann abzubrechen, wenn das Blut einen gesunden Farbton aufwies. »Diese Maßnahme eignet sich für jede akute Krankheit, vorausgesetzt, der Patient ist nicht geschwächt, sondern überhitzt.« Der Aderlaß ist jedoch keineswegs so unsinnig, wie es scheinen mag. Das Ablassen eines geringen Quantums an Blut kann bei Beschwerden, die mit einem hohen Blutdruck in Zusammenhang stehen, durchaus wirksam sein. In den späten achtziger Jahren unseres Jahrhunderts schlugen einige Ärzte sogar vor, bei Krankheiten dieser Art wieder auf Blutegel zurückzugreifen. Die römische Schröpfmethode war zudem äußerst wirksam bei Schlangenbissen. Zwar war es ebenso effektiv, das Gift mit dem Mund herauszusaugen, jedoch waren die Schröpfköpfe hygienischer und schützten den Arzt davor, sich am Blut des Patienten zu infizieren.

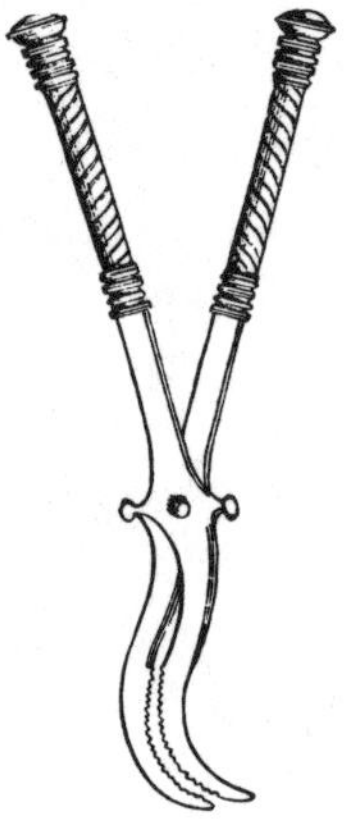

Rekonstruktion einer römischen Präzisionszange mit winzigen Zähnchen an den Backen. Aus dem »Haus der Chirurgie« in Pompeji, das durch den Ausbruch des Vesuv im Jahre 79 n. Chr. luftdicht verschlossen wurde.

Das besondere Augenmerk der römischen Ärzte galt den Skalpellen. Begehrt waren Instrumente, die ihre Schärfe behielten und nicht splitterten oder sich verbogen. Nur der Stahl aus den Ostalpen garantierte diese Eigenschaften und man scheute bei der Beschaffung keine Mühe. Wenn die Klinge eines Skalpells abgenutzt war, wurde sie zur Reparatur zu einem speziellen Messerschmied gebracht. Neben Skalpellen benutzten die römischen Ärzte auch schwerere Messer, die bei Amputationen zum Durchschneiden des Muskelfleisches dienten. Für die Durchtrennung der Knochen waren Metallsägen in Gebrauch, die sich von den Sägen der heutigen Chirurgen kaum unterscheiden.

Der Katheter für Krankheitsbefunde im urologischen Bereich war den Römern ebenfalls bekannt. Er wurde im 3. Jahrhundert v. Chr. von einem griechischen Arzt in Rom eingeführt. Die römischen Katheter waren feine röhrenförmige Instrumente, die, abgesehen davon, daß sie aus Bronze gefertigt wurden, den heutigen Kathetern sehr ähnlich sind. Sie wurden vor allem bei Erkrankungen der Harnwege eingesetzt. Celsus empfahl den Ärzten, einen Satz mit Kathetern unterschiedlicher Größen bereitzuhalten, drei für Männer und zwei für Frauen. Die gleichen Instrumente wurden auch zur Entfernung von Blasensteinen eingesetzt. Der römische Gynäkologe Soranus beschreibt, wie die Steine mittels des Katheters zurück in die Blasenhöhlung gestoßen werden können. Der erste doppelt gebogene Katheter (eine Röhre, die in zwei Bögen die Konturen des Harntrakts nachvollzieht) ist aus dem

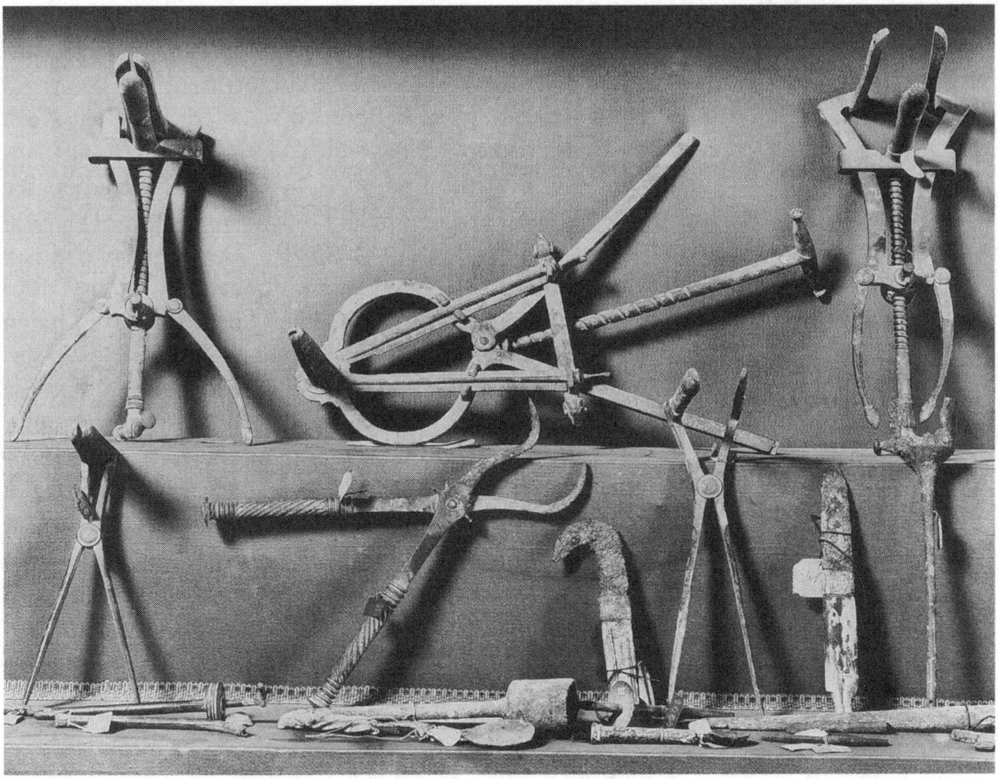

Rekonstruktion eines sogenannten Spekulums aus Pompeji. Die Arme des Instruments lassen sich mit Hilfe eines komplizierten Schraubmechanismus aufspannen und ermöglichen eine sanfte Dehnung der Vagina oder des Mastdarms.

»Haus der Chirurgie« in Pompeji bekannt, das durch den Vulkanausbruch im Jahre 79 n. Chr. luftdicht verschlossen wurde. Derartige Instrumente wurden erst wieder um 1700 hergestellt.

Zahlreiche Gerätschaften der römischen Ärzte waren von so hervorragender Qualität, daß sie ohne weiteres in der modernen Chirurgie Anwendung finden könnten. Unübertroffen in der technischen Perfektion bleibt beispielsweise eine Zange aus Pompeji mit winzigen, in einer exakten Linie aufgereihten Zähnchen an den Backen. Bei Soranus und anderen römischen Gynäkologen wird oft der Gebrauch des sogenannten *speculum* erwähnt, eines Spezialgeräts zur Dehnung der Vagina. Im »Haus der Chirurgie« wurden drei *specula* gefunden, hochkomplizierte Instrumente von außerordentlicher Präzision mit makellos glatten Flächen an den Teilen, die in den Körper eingeführt wurden. Vergleichbare Geräte aus der Renaissance sind durchweg von geringerer handwerklicher Qualität.

In Indien hat die Chirurgie im ausgehenden 1. Jahrhundert v. Chr. ebenfalls einen Höhepunkt erlebt (vgl. den Abschnitt **Plastische Chirurgie**). Den Hindu-Chirurgen stand eine breite Palette

Ein letztes Beispiel soll die außerordentliche Erfindungsgabe der Hindu-Ärzte veranschaulichen. Im *Sushruta Samhita* findet sich eine Anleitung, wie sich die überaus infektanfälligen Operationswunden im Darmbereich ohne Komplikationen schließen lassen. Danach wurden auf die Wunde große bengalische Ameisen gesetzt, die sich mit den Kiefern in den Wundrändern verbissen und sie wie Klammern zusammenhielten. Danach trennte der Chirurg den Leib der Ameisen ab, so daß nur der Kopf zurückblieb, schob den Darm mit den Ameisenköpfen in den Leib zurück und vernähte anschließend die Bauchdecke und die Außenhaut. Die Köpfe der Ameisen lösten sich im Körper auf.

Dieselbe Methode wurde unabhängig davon auch in Südamerika entdeckt. Die Indianer von Guyana schließen noch heute Wunden mit den Kiefern von großen Soldatenameisen.

an Gerätschaften zur Verfügung, die in ihrer Funktionsfähigkeit die römischen Präzisionsinstrumente sogar noch übertrafen. Im *Sushruta Samhita*, dem bedeutendsten medizinischen Werk des alten Indiens, sind zwanzig scharfe und einhunderteins stumpfe Instrumente beschrieben, die alle unterschiedliche Funktionen hatten. Das Sortiment umfaßte Skalpelle, Rasiermesser, Sägen, Sonden, Nadeln, Haken, Zangen, Pinzetten, Hämmer, röhrenförmige Geräte, Spritzen, Halbschalen und Spekula. Alle Instrumente waren aus gehärtetem Eisen, Stahl oder vergleichbaren Metallen gearbeitet. Die indischen Ärzte mußten sich einer umfassenden Ausbildung unterziehen. Im *Sushruta Samhita* ist eine Reihe praktischer Übungen festgesetzt, die jeder Student an unbelebten Objekten absolvieren mußte. Das Aufstechen von Abszessen wurde an dünnen, mit einer schleimigen Masse gefüllten Ledersäcken erprobt. Das Vernähen von Wunden übte man an Stoffen, das Verätzen an Fleischstücken und das Öffnen von Venen an toten Tieren.

Augenoperationen

Für Eingriffe am Auge ist ein Höchstmaß an Fingerspitzengefühl erforderlich. Dennoch gehörte die Augenchirurgie zu den fortschrittlichsten Bereichen in der Medizin des Altertums. Die außergewöhnliche Kunstfertigkeit der Augenärzte hat sich aus einem Notstand heraus entwickelt: Augenkrankheiten waren in der Antike besonders verbreitet, ähnlich wie heute in der Dritten Welt.

Die Römer litten besonders unter eingewachsenen Augenwimpern, der Trichiasis, die eine ständige Reizung des Auges verursacht. Die Entfernung der Wimpern war einfach. Das Augenlid wurde nach außen geklappt und die quälende Wimper mit einer Pinzette herausgezogen. Um zu verhindern, daß das Haar wieder nachwuchs, erhitzte man eine Nadel und stach damit in die Wurzel, um sie auszubrennen.

Cornelius Celsus, der zur Zeit des Kaisers Tiberius lebte (Reg. 14 bis 37 n. Chr.), gibt in seinen Schriften eine detaillierte Beschreibung einer Staroperation, wobei sein besonderes Augenmerk der Vorbereitung gilt:

»Der Patient muß so plaziert werden, daß er dem Chirurgen gegenübersitzt und ihm das Licht in die Augen fällt. Der Chirurg muß etwas höher als der Patient sitzen. Der Assistent steht hinter dem Patienten und hält ihm den Kopf, so daß er ihn nicht bewegen kann, denn schon die geringste Bewegung kann zur Blindheit führen. Damit sich das kranke Auge so wenig wie möglich bewegt, soll über das andere Auge ein Tuch gebunden werden. Im übrigen soll das linke Auge mit der rechten Hand operiert werden und das rechte mit der linken Hand.«

Römisches Relief aus dem 3. bis 4. Jahrhundert n. Chr., gefunden in Malmaison, Frankreich. Ein römischer Arzt hält den Kopf der Patientin mit der linken Hand, während er mit der anderen Hand das Auge operiert. Die Hände der Patientin sind zusammengebunden, um reflexartige Abwehrbewegungen zu verhindern.

Derartige Operationen waren ein Kinderspiel für einen erfahrenen Chirurgen. Schwieriger war die Behandlung des grauen Stars, der damals wie heute die häufigste Ursache für die Erblindung war. Der graue Star bildet sich im kristallinen Teil der Linse, unmittelbar unter der Hornhaut, wenn sich Flüssigkeit zwischen den Zellen der Linse sammelt. Daraufhin bilden sich Ablagerungen, die sich zu Klümpchen vergrößern. Die kristallisierten Zellen der Linse zersetzen sich, und der Hohlraum beginnt, sich mit Eiter zu füllen. Das kann zu einer Eintrübung der Linse führen, wodurch die Sehfähigkeit vollständig verlorengeht. Die operative Entfernung der eingetrübten Linse ist die einzig mögliche Therapie.

Die Operation selbst wurde mit sehr feinen Instrumenten ausgeführt, wie aus einer 1975 entdeckten Fundstelle im französischen Montbellet hervorgeht. Dort fand man in einem Kupferbehältnis neben drei gewöhnlichen Nadeln auch zwei sogenannte »Injizier-« oder »Extrahiernadeln«, nämlich extrem feine Nadeln, die in exakt angepaßten dünnen Röhren steckten. Diese Entdeckung bestätigte einen Bericht Galens aus dem 2. Jahrhundert

n. Chr. Galen hatte von einem röhrenförmigen Instrument geschrieben, das der Chirurg in die Linse einführte und von einer Nadel, die durch die Röhre gestoßen werden mußte, um den Star aufzubrechen. Und er hatte erklärt, daß sich die Ablagerungen, die die Linse eintrübten, durch das Zurückziehen der Nadel absaugen ließen, so daß das Augenlicht wiederkehrte.

Mit der Nadel ins Auge

Römische Injizier- oder Extrahiernadel, gefunden in Montbellet in Frankreich.

Präzisionsinstrumente, wie die von Galen beschriebene Starnadel, waren selten und nur in den Händen eines erfahrenen Chirurgen von Nutzen. Celsus beschreibt eine andere, wesentlich einfachere, aber auch gewagtere Operationsmethode. Als Instrument diente eine einfache Bronzenadel, mit der der Chirurg die vom Star getrübte Linse vollständig zur Seite stieß.

»Die Nadel muß spitz genug sein, um eindringen zu können, aber sie darf nicht zu fein sein. Sie muß geradewegs auf einen Punkt zugeführt werden, der außerhalb des Krankheitsherdes im Winkel zwischen Pupille und Schläfe liegt. Die Nadel darf nicht zaghaft geführt werden und darf keine Vene verletzen. Sobald der Punkt erreicht ist, muß die Nadel gegen die kranke Linse gedrückt und so lange vorsichtig gedreht werden, bis sich die Linse unterhalb der Pupille befindet. Dann muß der Druck auf die Nadel verstärkt werden, damit sich die Linse dort festsetzen kann. Wenn die Nadel wieder herausgezogen ist, soll ein weiches, mit Eiweiß getränktes Tuch aufgelegt werden und darüber ein Mittel gegen Entzündungen.«

Die von Celsus beschriebene Operation ist heute unter dem Begriff »Starstechen« bekannt. Das gleiche Verfahren, nämlich die kranke Linse mit einer Lanzette oder einer Nadel zur Seite zu schieben, ist auch heute noch üblich. Unter der Voraussetzung, daß keine Infektion eintritt, läßt sich mit der Operation die Sehfähigkeit bis zu einem gewissen Grad wiederherstellen. Für extrem kurzsichtige Patienten kann dieser Eingriff sehr vorteilhaft sein, da sich auf diese Weise die Brennweite des Auges, also der Abstand zwischen Augenhintergrund und Hornhaut, verändern läßt.

Die Frage, woher die Römer diese bemerkenswerte Operationstechnik kannten, ist noch offen. Obwohl Celsus die Prozedur detailliert beschrieb, ist sie in den Schriften der griechischen Ärzte, die die römische Medizin maßgeblich beeinflußten, nirgendwo erwähnt. Es könnte aber sein, daß die Römer ihre Kenntnisse von den Indern hatten. Im *Sushruta Samhita,* das wenige Jahrhunderte vor Christi Geburt zusammengestellt wurde, findet sich auch ein ausführliches Kapitel über Augenkrankheiten. Die Beschreibung der Staroperation deckt sich im wesentlichen mit der des Celsus. Sogar der Ratschlag, das linke Auge mit der rechten Hand zu behandeln und umgekehrt, ist enthalten.

Lange vor den Indern hatten auch schon die Babylonier eine ausgefeilte Augenchirurgie entwickelt und ihre Kenntnisse möglicherweise weitergegeben. Eine unmittelbare Beschreibung der Technik von Augenoperationen ist in den babylonischen Schriften nicht überliefert. Dafür gibt es aber indirekte Hinweise in verschiedenen

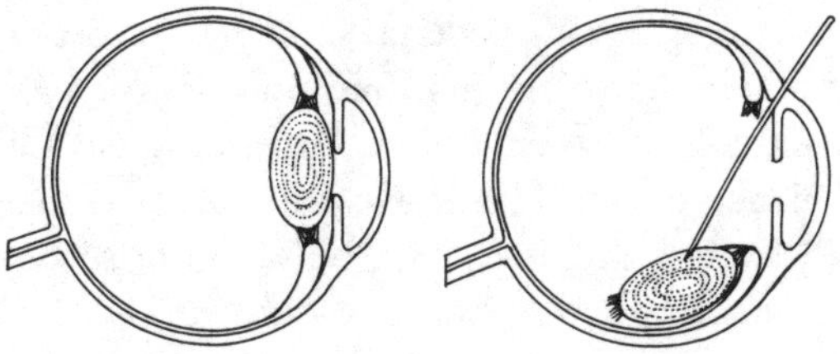

Durch das sogenannte »Starstechen« läßt sich die Sehfähigkeit wiederherstellen, indem die vom grauen Star getrübte Linse aus der Sehbahn entfernt wird. Das geschieht dadurch, daß eine Nadel vom Rand der Hornhaut bis hinter die Iris ins Auge eingeführt und von hier aus die Linse nach unten gedrückt wird. Wenn die Nadel präzise gehandhabt wird, ist der Eingriff so gut wie schmerzfrei. Die Operation war bei römischen Ärzten weit verbreitet, ist jedoch höchstwahrscheinlich eine Erfindung indischer oder babylonischer Ärzte.

Gesetzestexten. Der berühmte *Codex Hammurabi* aus dem 18. Jahrhundert v. Chr. bezieht sich an einer Stelle auf die »Öffnung eines *nakkaptu*« mit einer Bronzelanzette als Mittel gegen Blindheit: »Wenn ein Arzt eine größere Operation mit einer Bronzelanzette an einem Adligen vornimmt und sein Leben rettet, oder wenn er die Augenhöhle (*nakkaptu*) mit einer Bronzelanzette aufbricht und das Augenlicht des Adligen rettet, dann soll er 10 Silberschekel erhalten.« Das Honorar für die Augenoperation bei einem Nichtadligen betrug 5 Schekel, bei einem Sklaven wurden 2 Schekel bezahlt. Es ist kaum denkbar, daß sich die erwähnte Operation auf etwas anderes beziehen könnte als auf das Starstechen, das fast 2 Jahrtausende später von Celsus beschrieben wurde.

Die Tatsache, daß die Chirurgie ihren Niederschlag in den Gesetzestexten fand, zeigt, daß sie ziemlich weit verbreitet war. Möglicherweise hat es in Babylonien, ebenso wie im Römischen Reich, sogar Fachärzte für Augenchirurgie gegeben. Wenn es so gewesen ist, haben sie ein einträgliches, aber auch ein äußerst riskantes Leben geführt. Denn eine mißglückte Operation zog gemäß dem *Codex Hammurabi* auch eine drastische Strafe nach sich: Einem Chirurgen, der einem Patienten beim Starstechen das Augenlicht nahm, sollte die Hand abgeschlagen werden.

Plastische Chirurgie

Zu den überraschendsten Errungenschaften der altindischen Medizin gehören die Operationen auf dem Gebiet der plastischen Chirurgie, die ersten, die es je gegeben hat. Die dabei angewandten Methoden sind detailliert im *Sushruta Samhita* beschrieben, das, wie die meisten altindischen Schriftstücke, nicht präzise datiert werden kann. Die moderne Wissenschaft geht davon aus, daß der Autor, der berühmte Chirurg Sushruta, wenige Jahrhunderte vor Christi Geburt gelebt hat.

Wie dem auch sei, Sushrutas Techniken nehmen die moderne plastische Chirurgie um gut zweitausend Jahre voraus. Ihre Entwicklung zu einem derart frühen Zeitpunkt wurde möglicherweise durch die damals in Indien übliche Streckung der Ohrläppchen begünstigt. In der frühen Hindu-Gesellschaft ließ man die Ohrläppchen der Kinder durchstechen, teils, um böse Geister abzuwenden, aber auch aus modischen Gründen. Das Durchstechen wurde von einem ausgebildeten Arzt ausgeführt, der ein Loch in das Ohrläppchen bohrte und es mit einen Baumwollpfropfen ausfüllte. Sofern sich keine Infektion bildete, vergrößerte der Chirurg das Loch in einem Turnus von drei Tagen, indem er immer größere Pfropfen verwendete und schließlich Holzzapfen und Bleigewichte anhängte, um die Haut allmählich zu dehnen. Je länger die

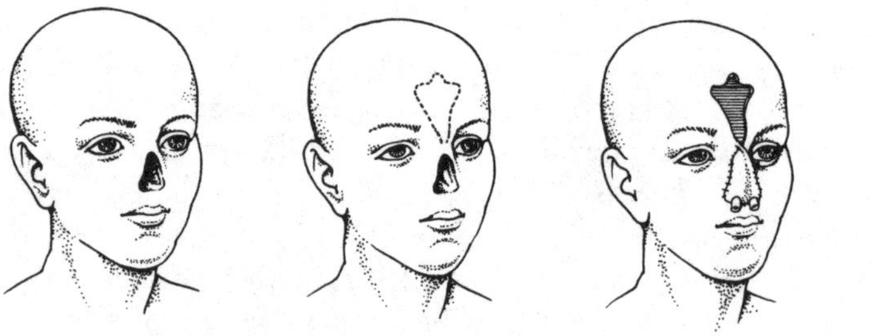

Die Wiederherstellung einer Nase nach altindischer Überlieferung: Aus der Stirnpartie wird ein Hautlappen geschnitten, der die Form eines Blattes hat und mit seinem »Stiel« an der Nasenwurzel festhängt. Der Hautlappen wird gedreht, über zwei künstliche Röhren (meist aus Bambus) nach unten gelegt und an den Seiten mit der Gesichtshaut verbunden. Der schwierigste Teil der Operation besteht darin, beim Drehen des Hautlappens die Blutgefäße an der Nasenwurzel nicht abzuschnüren.

Ohrläppchen waren, als desto attraktiver empfand man es. Der Arzt wurde aber nicht nur gebraucht, um die Ohrläppchen zu strecken. Er mußte sie häufig genug auch wieder zusammenflicken, wenn sie nach einem Unfall eingerissen waren. Es gab unterschiedliche Arten von Beschädigungen, die von Sushruta genau klassifiziert wurden, ebenso wie die entsprechenden Heilmittel, die er als »zahllos« angibt. Auf diesen Erfahrungen basierten die glanzvollen Leistungen der altindischen plastischen Chirurgie.

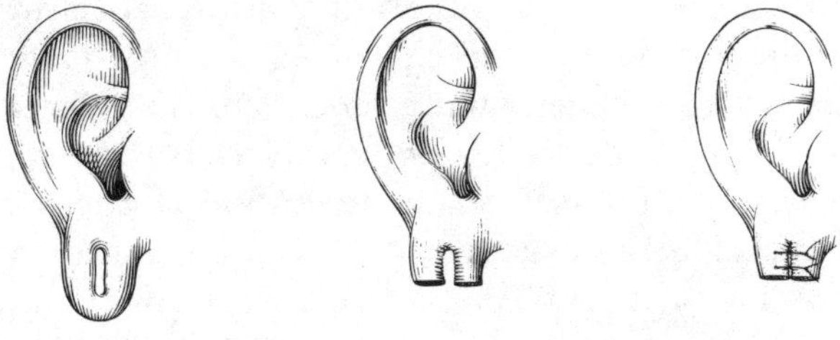

Einfache Operation zur Schließung eines überdimensional vergrößerten Lochs im Ohrläppchen nach dem römischen Arzt Celsus (1. Jahrhundert n. Chr.). Das Ohrläppchen wird verkürzt, die inneren Hautränder werden eingeritzt und aneinandergenäht.

So beschreibt Sushruta, wie ein abgerissenes Ohrläppchen durch Transplantation wieder ersetzt werden kann (siehe Zitat rechts unten). Damit hat er eine eine klassische Technik der modernen Chirurgie vorweggenommen, die Technik des »gestielten Hautlappens«. Ein langer, U-förmiger Hautlappen wird herausgeschnitten und an eine andere Stelle geklappt, wo das Gewebe für die Verpflanzung vorbereitet ist. Durch die Blutgerinnung werden die Hautlappen zusammengehalten und wachsen schließlich zusammen. Sobald der Blutaustausch einsetzt, kann der transplantierte Hautlappen von der Spenderzone abgetrennt werden. Verpflanzungen von Ohrläppchen werden heute mit einer ähnlichen Technik wie in der altindischen Medizin vorgenommen, mit dem einzigen Unterschied, daß die Haut nicht aus der Wange geschnitten, sondern einer Spenderzone hinter dem Ohr entnommen wird.

Mit der gleichen Transplantationstechnik eroberten sich die indischen Ärzte ein noch viel komplizierteres Gebiet, die Rhinoplastik. Zur Wiederherstellung einer Nase wurde dem Patienten aus der Stirnpartie ein Hautlappen geschnitten, der die Form eines Blattes hatte und mit seinem »Stiel« an der Nasenwurzel festhing. Dieser Hautlappen wurde dann über zwei künstliche Röhren, die als Nasenlöcher dienten, nach unten gelegt. Die seitlichen Ränder des Blattes wuchsen anschließend nach fachgerechter Einritzung mit der Gesichtshaut zusammen.

Auch die römischen Ärzte experimentierten mit der plastischen Chirurgie. Der Dichter Martial (spätes 1. Jahrhundert) berichtet von einem Barbier, der sich auf die Entfernung von Brandzeichen bei freigelassenen Sklaven spezialisiert hatte. Auch in Celsus' Werk finden sich zwei Beschreibungen plastischer Operationen. In einem Fall handelt es sich um eine Wunde, die nicht verheilte. Sie wurde mit Hautlappen bedeckt, die aneinandergenäht wurden. In dem anderen Fall beschreibt Celsus, wie man Löcher in den Ohren, die sich durch schweres Schmuckgehänge überdimensional vergrößert hatten, wieder in eine akzeptable Form bringen konnte. Celsus' Techniken waren erfolgreich. Den Standard Sushrutas, der ein völlig neues Ohrläppchen schaffen konnte, erreichte er jedoch nicht.

»Ein erfahrener Chirurg soll dem Patienten, dem das Ohrläppchen fehlt, einen Hautlappen so aus der Wange schneiden, daß das eine Ende des Hautlappens noch mit der Wange verbunden bleibt. Dann muß die Stelle, an der das künstliche Ohrläppchen anwachsen soll, mit einem Skalpell leicht eingeritzt werden. Zuletzt wird das freie Ende des Hautlappens, der nach wie vor von Blut durchströmt ist, an dieser eingeritzten Stelle angeheftet.«

Tatsächlich dauerte es lange, bis die plastische Chirurgie über Sushruta hinauskam. Die indische Medizin wurde teilweise von den Arabern übernommen und gelangte auf diese Weise in den Mittelmeerraum. Der erste Bericht von einer Nasenverpflanzung in Europa stammt aus Sizilien und ist etwa im Jahre 1400 verfaßt worden. Die moderne plastische Chirurgie begann im 18. Jahrhundert, als britische Ärzte, die im Dienst der Ostindischen Gesellschaft standen, von Hindu-Ärzten in die Geheimnisse der Rhinoplastik eingeweiht wurden.

Gehirnchirurgie

Im Jahr 1865 stieß ein Paläoarchäologe in Südfrankreich auf einen ungewöhnlichen Schädel. Ein großes Stück war aus der Schädeldecke herausgesägt, und eine Stelle am Rand der Öffnung glänzte, als hätte man sie poliert. Der Archäologe kam zu dem Schluß, »daß die Öffnung für eine Berührung mit den Lippen poliert worden war«. Er glaubte also, daß der Schädel ein makabres Trinkgefäß gewesen sei. Seine Schlußfolgerung paßte gut in seine Zeit. Damals hielten die Wissenschaftler unsere prähistorischen Vorfahren für barbarische Wilde, die sich durchaus daran erfreut haben könnten, ein berauschendes Getränk aus den Schädeln ihrer besiegten Feinde zu schlürfen.

Eine unvorstellbare Operation

Was es wirklich mit dem Schädel auf sich hatte, kam erst Jahre später ans Licht, als er in Paris von Paul Broca untersucht wurde. Broca war ein hervorragender Anatom und Anthropologe. Zu seinen größten Leistungen gehört die Identifizierung des Sprachzentrums in der linken Gehirnhälfte. Bei der Untersuchung des rätselhaften Trinkschädels machte er die Entdeckung, daß die vermeintliche Politur nichts anderes war als das Ergebnis einer »nachoperativen Regenerierung des Knochengewebes«. An frischen Schnittflächen von Knochen finden sich kleine Poren, die mit dem bloßen Auge erkennbar sind. Sobald der Knochen zu heilen beginnt, verstopfen sich die Poren mit Gewebe, und die Schnittfläche glättet sich.

Broca kam zu dem Schluß, daß der Mann, dem der Trinkschädel gehört hatte, eine Schädeloperation überlebt haben mußte, und daß man demnach bereits in der späten Steinzeit operative Eingriffe am Schädel vorgenommen hatte. Gehirnoperationen waren zu Brocas Zeiten noch eher Gegenstand theoretischer Überlegungen. Die wenigen Versuche, in den Schädel einzudringen, hatten fast immer einen tödlichen Ausgang genommen. Jetzt aber hielt Broca einen Schädel in den Händen, der alle Zeichen einer erfolgreichen Operation erkennen ließ und dabei mehr als 4000 Jahre alt war.

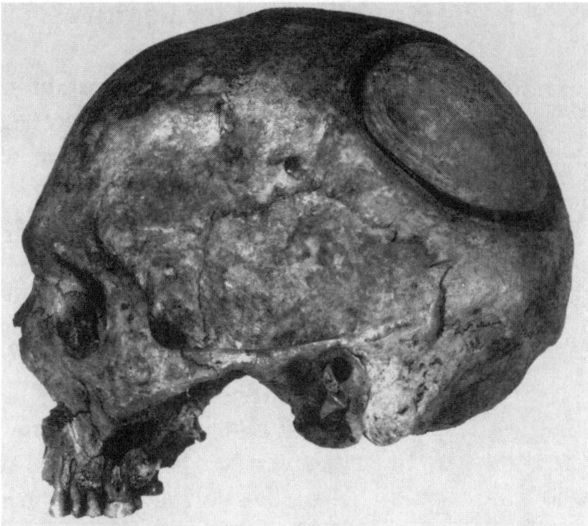

4000 Jahre alter Schädel aus Crichel Down, England (Museum of Archaeology and of Ethnology, Cambridge). Der Schädel trägt eindeutige Spuren eines chirurgischen Eingriffs, der als Trepanation bezeichnet wird. Mit einem Steininstrument wurde ein kreisförmiges Knochenstück sorgfältig aus der Schädeldecke herausgesägt. Der Patient hat die gefährliche Operation in diesem Fall offensichtlich überlebt, wie sich an den Regenerationswülsten erkennen läßt, die sich um die Schädelöffnung gebildet haben.

Die Behauptung, daß die Schädelchirurgie, auch Trepanation genannt, bereits in grauer Vorzeit ausgeübt worden war, stieß vor allem bei den Archäologen zunächst auf Unglauben. Die britische Vorgeschichtlerin Kathleen Kenyon ließ sich erst im Jahr 1960 davon überzeugen, daß die kleinen Rechtecke, die aus palästinischen Schädeln des 6. Jahrhunderts v. Chr. herausgesägt worden waren, tatsächlich auf medizinische Operationen hindeuteten und nicht auf grausige »Experimente«, die »in der Art der Nazis« an Gefangenen ausgeübt wurden. Erst unter dem Druck wissenschaftlicher Beweise gab sie schließlich zu, daß die Trepanation eine anerkannte chirurgische Praktik gewesen sein mußte, die »hauptsächlich bei Kriegsverletzungen zur Anwendung kam«.

Auch die moderne Naturwissenschaft räumte auf Grund dieser Beweise zögerlich ein, daß Trepanationen in der Antike oder sogar in prähistorischer Zeit durchgeführt worden sein könnten. Trepanierte Schädel sind aus den Gräberfundplätzen aller großen Zivilisationen geborgen worden, von den Megalith-Kulturen Europas bis zu den Inka in Peru. (Nur im alten Ägypten war es im Altertum aus religiösen Gründen tabuisiert, chirurgisch in die Lebensfunktionen des Körpers einzugreifen.)

Bemerkenswert ist die hohe Überlebensrate bei den Trepanationen der frühen Zeit. Zwischen 1870 und 1877 wurden im Saint George's and Guy's Hospital in London 32 Trepanationen vorgenommen. Nur ein Viertel der Patienten überlebte. Aus dem alten Peru sind 214 trepanierte Schädel bekannt. Mehr als die Hälfte davon zeigen eine vollständige Heilung. Die Patienten müssen die Operation mehrere Jahre überlebt haben. Nur ein Viertel der Schädel läßt keine Heilung erkennen.

»Gewürm im Gehirn«

Was könnte unsere Vorfahren dazu veranlaßt haben, sich einer Öffnung der Schädeldecke zu unterziehen? In einigen Schriften wird als Motiv das Austreiben »böser Geister« oder »Winde« genannt. Das würde allerdings bedeuten, die Trepanation als abergläubisches Ritual zu bewerten. Die historischen und archäologischen Befunde sprechen jedoch für eine andere Deutung.

Glücklicherweise stehen uns zahlreiche Texte des Mittelalters und der Antike zur Verfügung, die ausführliche Beschreibungen von Trepanationen enthalten. Wir wissen, daß die Operation im Mittelalter von Mönchen ausgeführt wurde, und zwar als schmerzlindernde Maßnahme bei Schädelbrüchen, die meist eine Folge von Kriegshandlungen waren. Und wir können davon ausgehen, daß solche Verletzungen auch in früherer Zeit den häufigsten Anlaß für eine Trepanation darstellten. Die Paläopathologen Pia Bennicke und Joyce Filer haben die Beobachtung gemacht, daß die alten Schädel meist an der linken Seite oder am Vorderkopf trepaniert sind. Sie führen das auf die Tatsache zurück, daß die meisten Menschen Rechtshänder sind und im Zweikampf deshalb vorwiegend die linke Seite des Gegners getroffen wird. Pia Bennicke hat außerdem festgestellt, daß die prähistorischen Trepanationspatienten aus Dänemark überwiegend männlichen Geschlechts waren, was die Kriegswunden-Theorie stützen würde.

Es gab aber auch noch eine ganze Reihe anderer Anlässe für diese gefährliche Operation. Der römische Arzt Celsus (1. Jahrhundert n. Chr.) und der berühmte Hippokrates (5. Jahrhundert v. Chr.) verordneten die Trepanation nicht nur bei Schädelverletzungen, sondern auch bei unheilbaren Kopfschmerzen. Offenbar war man der Meinung, daß die Trepanation den Druck auf das Gehirn in all jenen Fällen erleichterte, die mit starken Schmerzen verbunden waren, beispielsweise bei verletzungs- oder krankheitsbedingtem Hydrozephalus (Wasserkopf). Die Gründe für Gehirnoperationen sind in den Texten der griechisch-römischen Ärzte ebenso detailliert aufgeführt wie die unterschiedlichen Trepaniertechniken. Die Operation war offenbar gängige Praxis.

Die Gefährlichkeit der chirurgischen Eingriffe am Schädel gab allerdings auch Anlaß für viele Schauergeschichten. In Jugoslawien machte im 19. Jahrhundert die Geschichte eines Arztes die Runde, der aus dem Gehirn einer Zarentochter einen Käfig herausoperiert haben soll. Chinesische Texte aus dem Mittelalter berichten von einem Arzt aus Ta-ch'in (Syrien), der sich darauf verstand, Blindheit zu heilen, indem er Würmer aus den Köpfen der Patienten zog.

Chirurgische Behandlung eines Schädelbruchs. Holzschnitt aus der Chirurgia *von Andreas della Croce, 1573.*

Auch aus Indien gibt es eine Überlieferung, nach der in Taxila (heute Pakistan) »Atreya, der König der Ärzte«, Vorlesungen darüber hielt, wie man Schädel öffnete, um gefährliche Würmer zu entfernen. Jivaka, sein Schüler, soll einen magischen Stein besessen haben, mit dem er seine Patienten durchleuchtete und in ihren Köpfen »Tausendfüßler« lokalisierte, die er dann herausoperierte und sie damit angeblich heilte.

Diese Geschichten klingen unglaubwürdig. Es ist aber durchaus möglich, daß sie einen wahren Kern enthalten. Die »Würmer«, »Käfer« und »Tausendfüßler« sind möglicherweise mit dem Hundebandwurm in Zusammenhang zu bringen. Dieser Parasit benutzt, bevor er den Hund befällt, Huftiere wie das Schaf als Zwischenwirt. Er nistet sich als sogenannte Finne in der Leber des Schafes ein und wächst sich, sobald der Hund die Leber gefressen hat, im Darm des Hundes zu einem geschlechtsreifen Bandwurm aus. Der geschlechtsreife Bandwurm erzeugt Eier, die mit dem Hundekot ausgeschieden werden. Wenn die Eier von einem Schaf aufgenommen werden, schlüpft im Darm des Schafs eine Larve, die in das Schaf eindringt, sich in der Leber festsetzt und dort die schon erwähnte Finne bildet, eine flüssigkeitsgefüllte Blase. Die Larve kann aber auch in das Gehirn eindringen und dort eine Finne bilden. In diesem Fall sind die Folgen für den Zwischenwirt sehr viel schlimmer. Der Bewegungsapparat wird beeinträchtigt, das Schaf beginnt unkoordiniert zu torkeln. Die Bauern Osteuropas hatten eine einfache Behandlungsmethode dafür. Sie versuchten, die Finne mit dem Messer zu entfernen, was die Tiere allerdings nur in seltenen Fällen überlebten. Erst durch regelmäßige Wurmkuren bei Hunden konnte diese Krankheit so gut wie ausgerottet werden.

Inzwischen hat sich herausgestellt, daß die Larven des Hundebandwurms sich auch in menschliche Gehirne einnisten können und dort ihre blasenförmigen Finnen bilden. Zwar gibt es nur wenige Beispiele dafür, aber es besteht durchaus die Möglichkeit, daß diese Krankheit bei unseren prähistorischen Vorfahren, die mit ihren Tieren eng zusammenlebten, wesentlich häufiger auftrat. Michael Ryder, ein Prähistoriker, der sich mit der Entwicklung der Viehhaltung beschäftigt, vertritt die Ansicht, »daß der Mensch ursprünglich der einzige Zwischenwirt für die Larve des Hundebandwurms gewesen ist«. Das Schaf sei erst dann ins Spiel gekommen, als es der Mensch domestizierte. Diese Theorie wird durch den 1984 erschienenen Bericht eines Pathologen über die ägyptischen Mumien im Manchester-Museum in England erhärtet: Im Gehirm einer dieser Mumien fanden sich zahlreiche Finnen von Hundebandwürmern. Aus der medizinischen Literatur ist bekannt, daß sich die Finnen im Gehirn ihrer Zwischenwirte stark ausdehnen können, was zu schweren Kopfschmerzen führt, manchmal auch zu Blindheit, zu Ohnmachtsanfällen und zum Tod.

Das Durchbohren des Schädels

Die Tatsache, daß Schädeloperationen relativ häufig vorgenommen wurden, um Bandwurmfinnen zu entfernen oder die Folgen von Schädelverletzungen zu kurieren, läßt vermuten, daß die alten Chirurgen auch schon versucht haben, Gehirntumore operativ zu behandeln. Es gibt verschiedene Hinweise darauf, wie beispielsweise einen Bericht über einen chinesischen Arzt namens T'ai Ts'ang-kung (2. Jahrhundert v. Chr.), »der die Schädel seiner Patienten öffnete und ihr Gehirn in Ordnung brachte«.

Letzte Zweifel an der Bedeutung der Kopfchirurgie in der Antike und in vorgeschichtlicher Zeit lassen sich beseitigen, wenn man einen Blick auf ihr hochkompliziertes und verfeinertes Instrumentarium wirft. In einem keltischen Grab aus dem 2. Jahrhundert v. Chr. wurde eine Spezialsäge gefunden, die ein keilförmiges Blatt mit breitem Rücken hatte. Durch diese besondere Form des Blattes wurde verhindert, daß die Säge zu tief in den Schädelknochen eindrang und das Gehirn verletzte.

In Deutschland entdeckte man im Grab eines römischen Chirurgen ein vollständiges Trepanierbesteck aus Bronze. Der röhrenförmige Bohrer war mit einer herausnehmbaren Zentralnadel versehen. Die Nadel diente offenbar dazu, den Bohrer zu fixieren. Außerdem war ein Bogen angebracht, über dessen Sehne der Bohrer angetrieben wurde, und ein becherförmiger Griff, der die Hand des Chirurgen schützte. Die Abbildung zeigt, wie sich mit diesem Bohrer ein kreisförmiges Loch in die Schädeldecke schneiden ließ. Um ein Heißlaufen des Bohrers zu vermeiden, sollte er regelmäßig in kaltes Wasser getaucht werden. Darauf wird in den medizinischen Handbüchern der Antike nachdrücklich hingewiesen.

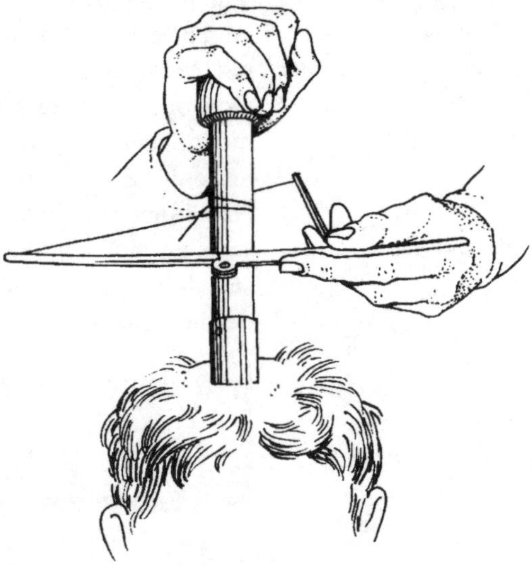

Bronzener Trepanierbohrer eines römischen Chirurgen aus dem 2. Jahrhundert n. Chr., gefunden in Bingen am Rhein. Das Instrument besteht aus einem Bogen, über dessen Sehne der Bohrer angetrieben wurde, einem Schaft für den Bohrer und dem eigentlichen, röhrenförmigen Bohrer mit gezackter Unterkante. Ein becherförmiger Griff diente dazu, die Hand des Chirurgen, die den Becher hielt, zu schützen.

Schon allein der Gedanke an eine Schädelbohrung mag bei uns heute Angst und Schrecken auslösen und die Vorstellung entsetzlicher Schmerzen erwecken. Wir müssen jedoch bedenken, daß auch damals schon Betäubungsmittel bekannt waren und daß sie mit Sicherheit bei Trepanationen verabreicht wurden. Wie wir noch sehen werden, war es aber auch möglich, solche Operationen ohne Betäubung durchzuführen.

Zahnprothesen und Zahnheilkunde

Zahnprothesen sind seit fast 3000 Jahren bekannt und gehen bis auf die Etrusker zurück, die damals in Mittelitalien lebten. Seit dem 7. Jahrhundert v. Chr. wurden von etruskischen Handwerkern Teilbrücken hergestellt, die so gut waren, daß man sogar damit essen konnte. Zum Teil ließen sie sich zum Säubern herausnehmen, oft waren sie aber auch fest an die eigenen Zähne angehängt. In diesem Fall wurde der Ersatzzahn an ein Goldband angenietet, das um die neben der Lücke verbliebenen eigenen Zähne herumführte und an den Enden zusammengelötet war. Das Goldband wurde so exakt an das Zahnfleisch angepaßt, daß es nicht scheuerte. Auch bei den Ersatzzähnen wurde darauf geachtet, daß sie nicht am Zahnfleisch aufsaßen, sondern von den Nachbarzähnen in ihrer Position gehalten wurden. Als Ersatzzähne wurden menschliche Zähne verwendet oder sie wurden aus Ochsenzähnen geschnitzt. Erst im 19. Jahrhundert gelang es der modernen Zahnmedizin, die Kunstfertigkeit der etruskischen Zahnärzte im Bau von Prothesen wieder zu erreichen.

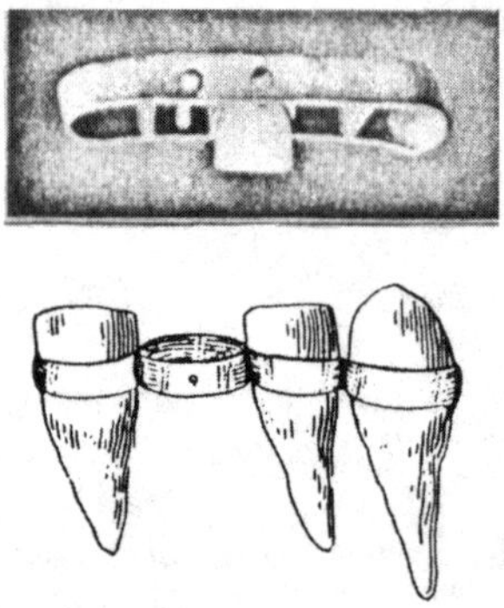

Etruskische Zahnbrücke, 7. bis 6. Jahrhundert v. Chr.

Vincenzo Guerini, der 1909 ein Werk mit dem Titel *Die Geschichte der Zahnheilkunde* geschrieben hat, liefert eine plausible Erklärung für diese besondere Kunstfertigkeit. Er weist nämlich darauf hin, daß es »ganz offenkundig nicht beabsichtigt war, die Brücken zu verbergen, da die Goldbänder die Kronen größtenteils bedeckten und sofort ins Auge sprangen. Insofern kann man davon ausgehen, daß in jener Zeit das Tragen von falschen Zähnen oder anderem Zahnersatz kein Grund zur Scham gewesen ist. Die goldenen Prothesen und Brücken wurden vielmehr als Ausdruck verfeinerten Lebensstils angesehen, den sich nur Personen von Stand leisten konnten.«

Dekorativer Zahnersatz wurde auch von den Maya in Zentralamerika gefertigt. Ein Kiefer aus der Zeit um 600 n. Chr. war mit drei falschen Zähnen aus Muschelteilen ausgestattet. Daß dieser Zahnersatz schon zu Lebzeiten des Patienten eingefügt worden war, beweist der Umstand, daß sich der Knochen an den falschen Zähnen neu gebildet hatte.

Vorbeugung gegen Karies

Es ist merkwürdig, daß man nicht schon viel früher auf die Idee gekommen ist, falsche Zähne zu tragen. Die alten Ägypter beispielsweise hatten sehr stark unter schlechten Zähnen zu leiden. Möglicherweise hat Steinstaub im Brot dafür gesorgt, daß der Zahnschmelz vorzeitig abgeschliffen wurde. Die Zahnheilkunde war deshalb in Ägypten schon frühzeitig ein eigenständiges, spezialisiertes Fachgebiet der Medizin. Hesy-Re, der zur Zeit des Pharaos Djoser um die Mitte des 3. Jahrtausends v. Chr. lebte, ist einer der ältesten ägyptischen Ärzte, die wir kennen. Auf seiner Grabinschrift ist der Hieroglyphe, die ihn als Arzt kenntlich macht, ein Zeichen für »Zahn« hinzugefügt, woraus man schließen kann, daß er sich auf Zahnheilkunde spezialisiert hat. Die ägyptischen Zahnärzte haben ihre Patienten allerdings nicht mit Zahnersatz ausgestattet. Sie verlegten sich statt dessen auf das Ziehen von Zähnen, auf die Zahnpflege und, wie man von Untersuchungen an Mumien weiß, auf die Behandlung von Kieferabszessen mit Hilfe von Bohrern.

Im 1. Jahrhundert n. Chr. erfand der syrische Arzt Archigenese einen winzigen Bohrer, mit dem sich kariöse Rückstände aus dem Zahninneren entfernen ließen. Bei den Römern dagegen wurden schadhafte Zähne einfach gezogen. Bei einer Grabung in der Nähe des Forum Romanum wurden vor kurzem die Reste eines Barbiergeschäfts entdeckt. Man hat darin mehr als hundert menschliche Zähne gefunden, was darauf schließen läßt, daß in Rom die Barbiere für die Zahnbehandlung zuständig waren. Im mittelalterlichen China waren Zahnfüllungen üblich, die aus einer Legierung aus Quecksilber, Silber und Zinn bestanden.

Die ältesten Zeugnisse für eine prophylaktische Zahnbehandlung stammen aus Dänemark. An einem Skelett aus dem Hulbjerg-Grab (um 2500 v. Chr.) entdeckte man ein Bohrungsloch an einem der oberen Backenzähne, das von der Behandlung eines Abszesses herrührte. Die Operation war ganz offensichtlich erfolgreich verlaufen, denn der Zahn saß fest im Kiefer.

Es gab auch Mittel gegen Zahnschmerzen, von denen einige recht eigenartig anmuten. In Ägypten brachte man das Zahnfleisch mit lebenden Mäusen in Berührung, weil Mäuse hervorragende Zähne haben. Nicht viel anders war es in Rom. Plinius der Ältere, Autor der großen *Naturgeschichte* (1. Jahrhundert n. Chr.), vermerkt kommentarlos, daß ein Frosch, der an die Kiefer gebunden wird, die Zähne festigt, daß schmerzendes Zahnfleisch mit einem Zahn eingeritzt werden soll, der von einem gewaltsam zu Tode gekommenen Mann stammen muß, und daß Ohrentropfen aus Olivenöl und gekochten Regenwürmern jeden Zahnschmerz beseitigen.

Im Bereich der Mundhygiene waren jedoch auch viele vernünftige Maßnahmen bekannt. Zahnstocher wurden in Sumer seit 3000 v. Chr. genutzt. Auch in Rom gehörten sie in jedes »Kosmetikset« (vgl. die **Einleitung** zum Kapitel **Körperpflege**) ebenso wie einfache Zahnbürsten aus Stäbchen mit ausgefransten Enden. Die richtigen Bürsten wurden in China um 1000 n. Chr. erfunden und mit einem Zahnpulver benutzt, das aus Seifenbohnen hergestellt wurde. Unglücklicherweise wurden in Rom die positiven Ansätze in der Mundhygiene durch die Verwendung eines Zahnpulvers, das wie Schleifsand wirkte, wieder zunichte gemacht. Zwar wurden die Zähne damit sauber und glänzend, aber mit der Zeit ging der Schmelz ab und der weiche Zahnkörper trat hervor.

Prothesen

Während des größten Teils ihrer Geschichte mußte sich die Menschheit damit abfinden, daß jemand, der ein Bein oder einen Arm verloren hatte, nie wieder ein normales Leben führen konnte. Erst im 1. Jahrtausend v. Chr. wurden unabhängig voneinander in verschiedenen Kulturen Prothesen entwickelt.

Die früheste Erwähnung einer Prothese findet sich bei Herodot, dem »Vater der Geschichtsschreibung«. Herodot berichtet von dem griechischen Wahrsager Hegesistratos, der während der Perserkriege im 5. Jahrhundert v. Chr. den eindringenden Feinden seine Dienste anbot. Er tat es nicht nur um des Lohnes willen, sondern deshalb, weil er sich an den Spartanern rächen wollte. Die hatten ihn ins Gefängnis geworfen, mit einem Fuß in Eisen gelegt und ihm die Folter angedroht. Hegesistratos war es aber gelungen, sich ein Messer zu beschaffen. Damit hatte er sich den Fuß abgeschnitten und war entkommen. Herodot berichtet, daß er eine hölzerne Fußprothese getragen habe, als er zu den Persern kam. Obwohl er die Niederlage der Perser überlebte, fiel er den Spartanern schließlich doch in die Hände und wurde umgebracht.

Auch die Römer stellten Prothesen her, eine davon ist erhalten geblieben. Ein Skelett mit einem bemerkenswert gut modellierten künstlichen Bein wurde in einem Grab bei Capua in Mittelitalien gefunden. Das Bein war aus Holz und in zwei dünne Bleche aus Bronze gefaßt, die mit einem Eisennagel an dem Holzkern befestigt waren. Am oberen Ende war es nach innen gewölbt, um den Oberschenkelstumpf zu halten, und reichte vom Knie bis zum Knöchel. Wahrscheinlich hatte es noch einen separaten Fuß gegeben, der aber nicht erhalten geblieben ist. Plinius berichtet in seinem Werk *Naturgeschichte*, daß Sergius Silus, ein Veteran aus dem Zweiten Punischen Krieg (218–201 v. Chr.), eine Eisenhand trug, weil er die eigene Hand im Krieg verloren hatte.

Kriegsveteranen waren nicht die einzigen, die von den Prothesen profitierten, wie der Fall einer jungen Frau aus Kasachstan in Zentralasien zeigt. Ihr Skelett wurde aus einem Grab aus der Zeit um 300 v. Chr. geborgen. Der linke Fuß war amputiert und durch zwei Schafsknochen ersetzt. Sie hatte die Operation überlebt, das Bein war verheilt, und erst ein paar Jahre später war sie einer anderen Krankheit erlegen. Aus Indien sind ähnliche Beispiele bekannt. Der berühmte Arzt Sushruta (vgl. den Abschnitt **Plastische Chirurgie**) soll zahllose Amputationen vorgenommen und die fehlenden Gliedmaßen durch Eisenprothesen ersetzt haben.

Beine für das Leben nach dem Tod

Die eigenartigsten Prothesen wurden an ägyptischen Mumien gefunden. In diesen Fällen kann eine medizinische Maßnahme ausgeschlossen werden, da die Ägypter Amputationen ablehnten. Sie glaubten aber fest daran, daß die unsterbliche Seele nur in einem unversehrten Körper in die Welt nach dem Tode eingehen konnte. Deshalb wurde beim Einbalsamieren des Leichnams immer auch die Unversehrtheit des Körpers wiederhergestellt, das heißt, daß auch fehlende Gliedmaßen durch Prothesen ersetzt wurden.

So war die Mumie eines vierzehnjährigen Mädchens aus dem Manchester-Museum in England, die 1975 enthüllt wurde und ein Alter von 3000 Jahren hat, mit zwei Beinprothesen ausgestattet. Ihre Leiche scheint kurz nach dem Begräbnis stark beschädigt worden zu sein. Als sie einige hundert Jahre später wieder ausgegraben wurde, ersetzte man die fehlenden Beine durch Holzprothesen, die an die Knochen angefügt wurden, und die fehlenden Füße formte man aus Schilf und Lehm nach.

Anästhesie

Der Horrorklassiker *Corridors of Blood* von 1958, mit Boris Karloff in der Hauptrolle, zeigt die unsäglichen Schmerzen, die Patienten vor der Erfindung der Anästhesie um 1840 bei operativen Eingriffen zu erleiden hatten. Zweifellos war das eine leidvolle Erfahrung, aber auch vor den Segnungen moderner Chirurgie war nicht jede Operation von markerschütternden Schmerzensschreien begleitet. Es gehört zu den ältesten Wünschen der Menschheit, eine magische Substanz zum Stillen von Schmerzen zu finden, und entsprechend früh wurde die schmerzlindernde Wirkung gewisser Pflanzen ausgiebig erforscht.

Wir wissen, daß bereits seit mindestens viertausend Jahren Kokain (aus der Koka-Pflanze) und Opium (aus Mohn) in Südamerika und dem Vorderen Orient als psychoaktive Drogen Verwendung fanden (vgl. den Abschnitt **Drogen** im Kapitel **Essen, Getränke, Drogen**). Es liegt also nahe, daß sie ähnlich früh auch in der Medizin eingesetzt wurden.

Römische Ärzte kannten bereits eine Reihe von Drogen, die als Schmerzstiller oder Schlafmittel verabreicht wurden, wobei Opium zu den verbreitetsten zählte. Celsus empfiehlt bereits im frühen

1. Jahrhundert v. Chr., den Saft des wilden Mohns »bei Kopfschmerzen, Geschwüren, Augenentzündungen, Zahnschmerzen, Atembeschwerden, Bauchschmerzen, Entzündungen der Gebärmutter und Schmerzen in den Hüften, der Leber, dem Pankrea-Bereich oder den Rippen«. Er erwähnt auch den Gebrauch von Bilsenkraut als Sedativum. Neben anderen Heilkräutern wurden große Mengen von Bilsenkrautsamen in einem römischen Militärkrankenhaus bei Neuss am Rhein entdeckt. Bilsenkraut enthält Scopolamin, einen Wirkstoff, der auch heute noch zur Vorbereitung der Anästhesie verwendet wird – in geringer Dosierung führt er zu Schläfrigkeit und Vergessen.

Das wirkungsvollste Betäubungsmittel bei den Römern war die Alraunwurzel. Obgleich man nicht sicher sein kann, ob die zahlreichen Erwähnungen der »Alraune« in der frühen Literatur sich tatsächlich auf ein und dieselbe Pflanze beziehen (vgl. den Abschnitt **Aphrodisiaka** im Kapitel **Sexualität**), ist anzunehmen, daß es sich bei der für medizinische Zwecke verwendeten Alraune um Datura (auch bekannt als Stechapfel) handelt. Datura enthält Atropin und Hyoscyamin, Wirkstoffe, die den Herzschlag verlangsamen und bei richtiger Dosierung Schmerzen vollständig ausschalten können. Die Azteken gaben ihren Menschenopfern Datura-Tee zu trinken, damit sie schläfrig wurden und über ihr bevorstehendes Ende im unklaren blieben. Plinius beschreibt um 75 n. Chr. bereits einen differenzierten Einsatz dieser Droge durch römische Ärzte: »Wenn die Alraune als Schlafmittel verabreicht wird, sollte sich die Dosierung nach der Konstitution des Patienten richten, eine maßvolle Dosis besteht aus einem *cyathus* (entspricht in etwa drei Teelöffeln). Es wird auch in Form eines Trankes gegen Schlangenbiß und zur Betäubung vor Operationen eingesetzt. Manchen genügt es zu diesen Zwecken bereits, sich durch den Duft einzuschläfern.«

Offenbar waren bereits zu Plinius' Zeiten die Gefahren einer Überdosis bekannt, weshalb solche Drogen auch nicht für den allgemeinen Gebrauch bestimmt waren, sondern nur bei schweren Fällen angewandt wurden. Kleinere operative Eingriffe führte man ohne Betäubung durch. Celsus berichtet, daß es zu den Fähigkeiten eines guten Chirurgen gehörte, sich durch die Schreie der Patienten nicht von seiner Arbeit ablenken zu lassen.

Die den Römern bekannten Betäubungsmittel waren in Europa bis ins Mittelalter in Gebrauch. Die übliche Form der Verabreichung war der sogenannte Schlafschwamm, der zwischen dem 9. und 15. Jahrhundert n. Chr. in vielen Texten erwähnt wird. Die Drogen, einschließlich Opium, Alraune, Bilsenkraut und Schier-

Dieser traditionelle Holzdruck zeigt Hua T'o, den Gott der Chirurgie und legendären Erfinder der Anästhesie, wie er General Kuan Yü nach einer Verwundung durch einen vergifteten Pfeil operiert. Dieser stellt seine Tapferkeit unter Beweis, indem er das dargebotene Betäubungsmittel zurückweist und sich lediglich durch eine Partie Go von den Schmerzen ablenkt.

ling, wurden vermischt und in einen Schwamm aufgesogen, der anschließend getrocknet wurde. Wenn Anästhesie nötig wurde, feuchtete man ihn an und drückte ihn auf den Mund des Patienten, der die Dämpfe einatmete. Dieser Cocktail machte wohl jeden völlig gefühllos, aber der tödliche Schierling (er hemmt zunächst die Motorik, dann die sensorischen Zentren des Nervensystems) machte die Prozedur außerordentlich riskant.

Ähnliche Probleme gab es offenbar mit Rezepturen von oral verabreichten Drogen, die in Manuskripten aus dem 15. Jahrhundert erwähnt werden. Die Tatsache, daß diese Rezepturen nur in wenigen Exemplaren existieren, legt nahe, daß sie nicht sonderlich verbreitet waren, was wahrscheinlich auf die gefährlich hohe Dosis tödlicher Wirkstoffe zurückzuführen ist. Das englische Rezept eines Trankes namens *dwale* scheint jedoch großen Erfolg gehabt zu haben. Es existieren gleich dreißig Exemplare, die alle exakt dieselben Bestandteile und Dosierungen enthalten. Sie werden vermischt, aufgekocht und mit Wein verdünnt. Wie in anderen Betäubungsrezepturen sind auch Schierlingssaft, Opium und Bilsenkraut enthalten, ebenso Essig, der die toxische Wirkung des Schierlings gedämpft haben mag, und ein Rankengewächs aus der Familie der Cucurbitacea (*Bryonia dioica*), das wie das Bilsenkraut eine stark abführende Wirkung hat. Nachdem der Patient den Trank zu sich nahm, wurde er schnell bewußtlos (dabei half auch der Wein), dem Chirurgen blieb Zeit, einfache Operationen wie Amputationen oder das Versorgen von Abszessen und Wunden durchzuführen. Anschließend machten die kräftigen Abführmittel dem Patienten zwar zu schaffen, aber sie halfen ihm auch, die toxischen Bestandteile schnell wieder auszuscheiden.

Dwale (das ist Mittelenglisch und bedeutet »bewußtlos«) scheint, bedenkt man seine weite Verbreitung, ein ziemlich zuverlässiges Betäubungsmittel gewesen zu sein. Die Manuskripte beschreiben seine Anwendung recht genau: »Der, welcher geschnitten werde, soll bei einem guten Feuer sitzen und davon trinken, bis er einschlafe. Dann möge man ihn unbesorgt schneiden. Ist die Behandlung abgeschlossen, so reibe man, um ihn zu wecken, seine Schläfen und Backenknochen mit Essig und Salz ein, und er wird augenblicklich erwachen.«

Die Macht der Alraune

Im alten China wurde die Bedeutung der Anästhesie hervorgehoben, indem man ihren Erfinder, einen Arzt namens Hua T'o aus dem 3. Jahrhundert n. Chr., als den Gott der Chirurgie verehrte. Er verabreichte eine sprudelnde Mischung, genannt *mafeisan*, in Verbindung mit Wein als eine Art K.-o.-Tropfen vor seinen Operationen. *Mafeisan* war eine Kräutermischung, deren genaue Zusammensetzung leider verschollen ist. Man vermutet, daß Cannabis darin enthalten war. Es hätte den Patienten zwar schläfrig gemacht, ihm aber nicht die schauerlichen Schmerzen einer Operation genommen. Wahrscheinlicher ist, daß *mafeisan* Alraune enthielt, die auch später fester Bestandteil orientalischer Betäubungsmittel war. Zwischendurch allerdings scheint diese Droge in China für einige Jahrhunderte in Vergessenheit geraten zu sein. Als im 13. Jahrhundert der chinesische Geograph Chou Mi den Gebrauch der Droge bei den Nomaden der Äußeren Mongolei beschreibt, war sie offenbar völlig neu für ihn: »Sobald ein Mensch eine kleine Menge dieser Pflanze in Wein zu sich nimmt, ist er so gänzlich gelähmt, daß er nicht einmal eine Verwundung mit einem Schwert wahrnehmen würde. Drei Tage später erwacht er mittels einer anderen Droge wieder zum Leben.«

In den Standard chinesischer Medizin wurde die Alraune ab 1313 aufgenommen, als Wei I-lin, Medizinprofessor an der Nanfang-Universität, den Einsatz von weißem Datura in Wein als Anästhetikum wieder einführte.

Die Wirksamkeit der frühen, pflanzlichen Betäubungsmittel, auch bei diffizilen Operationen, zeigt das Beispiel des japanischen Chirurgen Hanaoka Seishu, der 1805 unter Datura-Narkose einer Patientin ein Krebsgeschwür an der Brust entfernte. Erst eine Generation später, am 16. Oktober 1846, operierte William Thomas Morton im Massachusetts General Hospital einem Patienten unter Äther-Narkose einen Tumor am Hals.

Akupunktur

Im Jahre 1971 konnten amerikanische Wissenschaftler in China einer spektakulären Darbietung der uralten Kunst der Akupunktur beiwohnen. In einem Pekinger Krankenhaus wurde einer Frau ohne Einsatz moderner Medikamente eine Zyste am Eierstock entfernt. Man gab ihr vor der Operation lediglich ein gängiges Beruhigungsmittel, um ihre Nerven zu stabilisieren. Die Patientin war während der ganzen Prozedur ansprechbar und klagte über keinerlei Beschwerden. Die starken Schmerzen, die sie normalerweise hätte verspüren müssen, wurden lediglich dadurch unterdrückt, daß man an bestimmten Punkten ihres Körpers Nadeln einstach und diese vorsichtig drehte.

Neolithische Akupunkturnadeln aus Knochen.

Anästhesie mit Hilfe von Akupunktur gehört zu jenen Aspekten dieser traditionsreichen Technik, die ihre Wiederbelebung im modernen China förderten und westliche Wissenschaftler von ihrer Wirksamkeit überzeugen halfen. Wenn sie dem Patienten den akuten Schmerz des Chirurgenmessers nehmen konnte, mußte auch die zweitausendjährige Geschichte der Akupunktur bei der Heilung anderer Beschwerden ernst genommen werden.

Die Renaissance der Akupunktur war eine der positiveren Begleiterscheinungen der kommunistischen Machtübernahme von 1949. Auf der Suche nach billiger medizinischer Versorgung für die Soldaten und Bauern seiner revolutionären Bewegung hatte Mao Tse-tung diese seit einem Jahrhundert offiziell als veraltet erklärte Praxis wiederbelebt. Prüderie hatte während der Ch'ing-Dynastie (1644–1911) diese Methode, bei der der Patient seinen Körper entblößen muß, zunehmend verbannt. 1822 war Akupunktur per

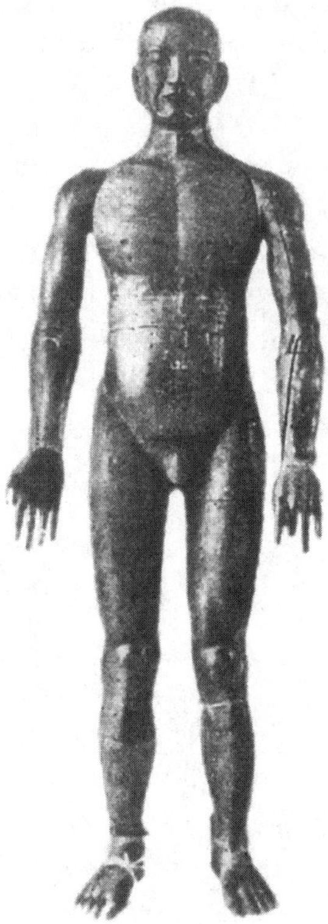

Dem Illustrierten Handbuch zur Erklärung von Akupunktur und Moxibustion *aus dem 11. Jahrhundert n. Chr. waren zwei lebensgroße Bronzemodelle des Menschen beigegeben, auf denen die genaue Lage der Akupunkturpunkte durch kleine Löcher gekennzeichnet war. Sie dienten zur Ausbildung von Schülern. Während einer Prüfung wurde das Modell mit Wasser gefüllt und mit einer Wachsschicht überzogen. Traf der Schüler den fraglichen Punkt, dann traten Wassertropfen aus.*

Edikt offiziell vom Lehrplan der Kaiserlichen Medizinischen Akademie gestrichen worden.

Während respektable chinesische Ärzte vornehmlich Kräutermedizin betrieben und auf diesem Gebiet große Fortschritte machten, überlebte Akupunktur als eine Volkskunst, praktiziert von häufig schlecht ausgebildeten Straßenheilern. Mittlerweile hat diese Technik allerdings das Ansehen wiedergewonnen, das ihr über weite Strecken der chinesischen Geschichte zukam. Im alten wie im modernen China, und in zunehmendem Maße auch im Westen, ist ihre Wirksamkeit bei der Behandlung von Ischias, Hexenschuß, Verstauchungen, Migräne, Magengeschwüren, den Folgen von Schlaganfällen, Drogenabhängigkeit, Angina und Neuralgien inzwischen unumstritten. Auch bei Hämorrhoiden, Depressionen, Schizophrenie und zahlreichen anderen Leiden sind erfolgreiche Versuche zu verzeichnen, allerdings liegen dazu noch keine wissenschaftlichen Ergebnisse vor.

Die Wiederbelebung dieser alten Kunst wurde durch die Tatsache gefördert, daß sich Texte aus der Zeit zwischen dem 9. und 16. Jahrhundert, einer Art goldenem Zeitalter der Akupunktur, erhalten haben. Einer der bedeutendsten stammt von Wang Wei-i und entstand 1026 n. Chr., das *Illustrierte Handbuch zur Erklärung von Akupunktur und Moxibustion anhand von Bronzefiguren mit Akupunkturpunkten*. Dem Text beigegeben waren zwei lebensgroße Bronzemodelle des Menschen, auf denen Wang die genaue Lage der Akupunkturpunkte verzeichnete und die der Ausbildung von Schülern dienten. Dieselben Punkte werden bei der Moxibustion eingesetzt, eine der Akupunktur verwandte Methode, wobei getrocknete Blätter der Moxa-Pflanze (*Artemisia vulgaris* oder Beifuß), meist in kleine Zylinder gepreßt, dem Patienten auf die Haut gesetzt, angezündet und dann zum Glimmen gebracht werden. Das präzise Handbuch von Wang Wei-i konnte die Verwir-

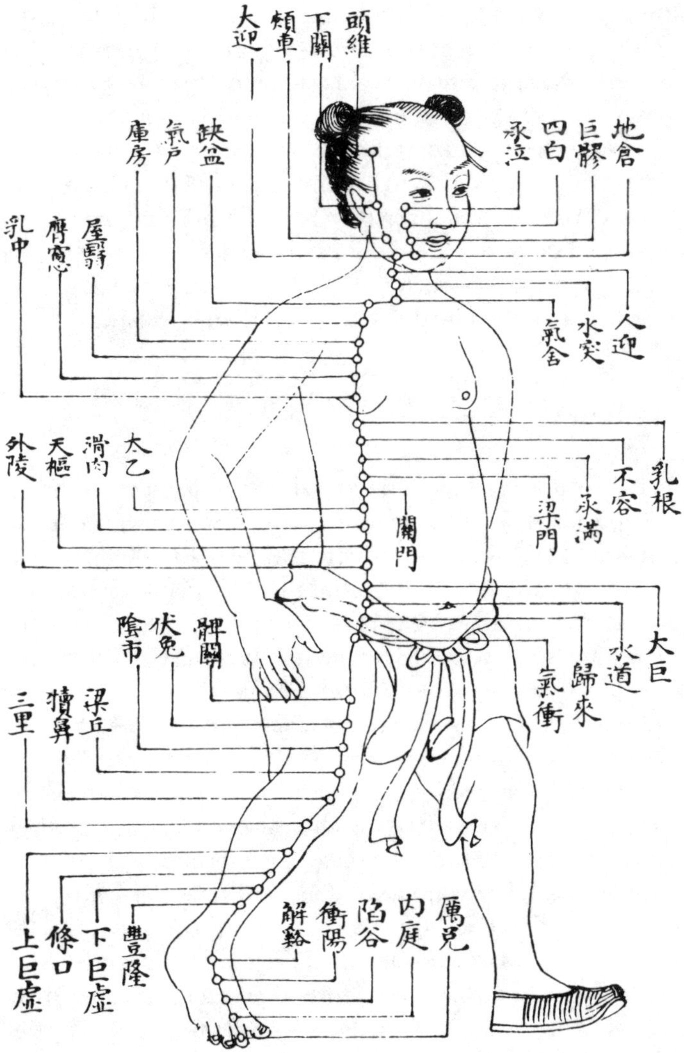

Das Schaubild zeigt einen der vierzehn Meridiane, hier der Magenmeridian Fuß yang-ming, *mit seinen 90 Punkten.*

rung klären, die über die Jahrhunderte, vor allem seit der Entdeckung des Buchdrucks (vgl. den Abschnitt **Buch und Druck** im Kapitel **Kommunikation**) in diesem Bereich entstanden war. Viele dieser Werke waren von Kalligraphen geschrieben worden, die ihrerseits keine medizinischen Kenntnisse hatten, oder mehrfaches Abschreiben hatte sowohl die Lage der Punkte als auch die Kommentare verfälscht.

Wang Wei-i verfeinerte und reformierte das gesamte System der Akupunktur, und in Anerkennung seiner Verdienste wurde sein Werk in Stein verewigt. Das gesamte Buch wurde auf zwei riesige

Steinplatten (ca. 180 x 670 cm) übertragen und in K'ai-feng, der Hauptstadt der Sung-Dynastie (960–1279), ausgestellt. Hier konnte sich ein jeder informieren und eine Steinabreibung machen. Während der von dem Mongolen Kublai Khan gegründeten Yuan-Dynastie (1260–1368) wurden die Steintafeln und Bronzefiguren in die Kaiserliche Medizinische Akademie in der neuen Hauptstadt Peking gebracht. Erstaunlicherweise haben fünf Fragmente der originalen Steintafeln die Zeiten überdauert. Sie waren in der Pekinger Stadtmauer verborgen und wurden 1971 entdeckt. Trotz mancher Beschädigungen ist der Text noch immer lesbar.

Uralte Heilkunst

Als Wang Wei-i im 11. Jahrhundert sein Standardwerk schrieb, war die Akupunktur bereits eine uralte Kunst. Schon während der T'ang-Dynastie (618–906) hatte die Kaiserliche Medizinische Akademie einen Professor für Akupunktur, dem zehn Assistenten, zwanzig Studenten und zwanzig Handwerker für die Herstellung von Nadeln unterstellt waren. Die beiden wichtigsten Lehrwerke waren *Der Klassiker der Akupunktur und Moxibustion*, verfaßt von einem gewissen Huang-fu Mi zwischen 256 und 282 n. Chr., und das *Nei Ching* (*Der Klassiker des Gelben Kaisers zur Inneren Medizin*). Das *Nei Ching* wird Huang-ti, dem »Gelben Kaiser«, zugeschrieben, dessen Regierung die chinesische Geschichtsschreibung in die Mitte des 3. vorchristlichen Jahrtausends datiert.

Es darf allerdings bezweifelt werden, daß das *Nei Ching* tatsächlich vor mehr als 4500 Jahren verfaßt wurde. Auch der Gelbe Kaiser selbst gehört wohl eher in den Bereich der Legende. Man nimmt an, daß der Text, der uns heute überliefert ist, über mehrere Generationen zusammengetragen wurde und seine jetzige Form zwischen dem 2. und 1. Jahrhundert v. Chr. erhalten hat. Gleichwohl ist er einer der ältesten chinesischen Texte zur Medizin, die wir besitzen. Er ist in Form eines Dialogs zwischen dem Gelben Kaiser und seinem Minister Ch'i Po abgefaßt, ein Streitgespräch, in dem es ebenso um taoistische Philosophie geht wie um Medizin. Bemerkenswert ist die Tatsache, daß im medizinischen Teil des Gespräches Akupunktur und Moxibustion breiten Raum einnehmen, während die Kräutermedizin nur von geringer Bedeutung ist.

Beide Techniken waren also im 1. Jahrhundert v. Chr. bereits bekannt und verbreitet. Ihre weiter zurückliegende Entwicklung ist noch unklar, allerdings hat uns 1973 ein spektakulärer Gra-

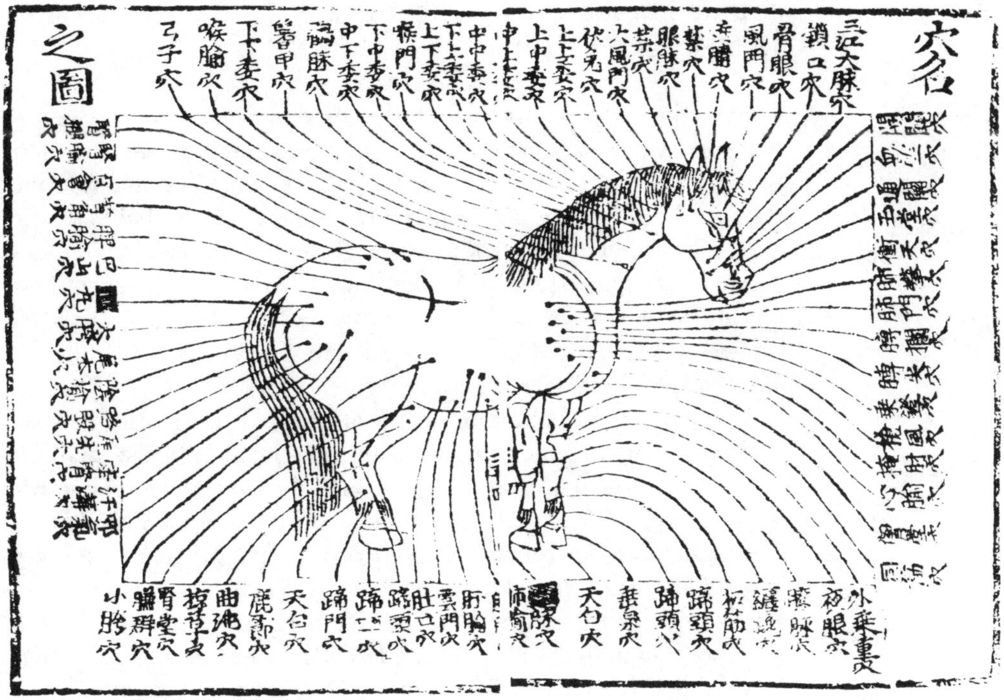

Spätestens seit dem 14. Jahrhundert n. Chr. wurde Akupunktur in China auch bei Tieren angewandt. Dieses Schaubild aus einem tiermedizinischen Handbuch von 1399 zeigt die Akupunkturpunkte beim Pferd.

bungsfund den Anfängen der chinesischen Heilkunst ein Stück nähergebracht. In dem Grab eines Adligen nahe dem Dorf Mawang-tui, Provinz Hunan, wurden drei auf Seide geschriebene, medizinische Texte gefunden. Zwei davon beschäftigen sich ausführlich mit Moxibustion. Die Grablegung wird auf 168 v. Chr. datiert, aber der Stil der Texte spricht dafür, daß sie bis zu zwei Jahrhunderte früher abgefaßt wurden. Die früheste Erwähnung von Akupunktur findet sich in dem offiziellen Geschichtswerk *Frühlings- und Herbst-Annalen* unter dem Jahr 580 v. Chr.

Weitere archäologische Funde bestätigen die Verbreitung der Akupunktur für die letzten vorchristlichen Jahrhunderte. So wurde zum Beispiel in dem von 113 v. Chr. stammenden Grab des Prinzen Liu Sheng in Man-ch'eng, Provinz Hupei, ein Satz Nadeln gefunden, vier goldene und fünf silberne. Ihre Form und Anzahl (traditionellerweise arbeitet die Akupunktur mit den »neun Nadeln«) lassen keinen Zweifel an ihrem Verwendungszweck. Bronzenadeln, die möglicherweise zur Akupunktur verwendet wurden, sind bereits aus dem 8. Jahrhundert v. Chr. erhalten, die Medizinklassiker erwähnen den Gebrauch von Nadeln aus Stein, weshalb einige chinesische Gelehrte den Ursprung der Akupunktur in der Steinzeit ansiedeln wollen.

Die Berührung von östlicher und westlicher Medizin

Die Funktionszusammenhänge der Akupunktur sind dagegen – zumindest aus westlicher Sicht – nicht so nebulös wie ihre Ursprünge. Wie wurden sie entdeckt? Im *Nei Ching* begegnet uns die Akupunktur bereits als ausgereiftes System. Sicherlich hat die Empirie bei seiner Entwicklung eine große Rolle gespielt, ein theoretischer Ausgangspunkt ist allerdings schwer auszumachen. Das Verblüffende an der Akupunktur ist ja, daß die Nadeln an Punkten eingestochen und gedreht werden, die oft weit von der eigentlichen Problemzone entfernt liegen.

Die traditionelle chinesische Erklärung geht davon aus, daß die Beschwerden von einer Disharmonie zwischen *yin* (Geist; männliche Komponente) und *yang* (Blut; weibliche Komponente) hervorgerufen werden. Sie verlaufen in vierzehn sogenannten Yin/Yang-Leitbahnen an der Innenseite des Körpers, auf denen 361 Punkte lokalisiert sind. Dem Mißverhältnis zwischen *yin* und *yang* am einen Ende der Leitbahn kann ganz einfach dadurch abgeholfen werden, daß man die Bahn am anderen Ende mit der Nadel öffnet, um Energie abzulassen. Dieser Prozeß aktiviert, wie moderne, chinesische Äzte zugeben, auch Kräfte, die mit »normalen« wissenschaftlichen Methoden nicht nachweisbar sind. Nervenenden kann man unter dem Mikroskop anschauen, und nach unserem bisherigen Wissen ist elektrische Energie die einzige Energie, die durch das Nervensystem hindurchläuft. Es besteht wohl kein Zweifel daran, daß Akupunktur auf die Nervenenden und Schmerzrezeptoren einwirkt, wie das genau geschieht, bleibt jedoch bislang ein Rätsel. Doch die Forschung geht weiter, und wenn eines Tages der Durchbruch erfolgt, so wird er die westliche Medizin revolutionieren. Diesen Fortschritt werden wir dann einer angeblich irrationalen, aber höchst wirksamen Methode zu verdanken haben, die vor mehr als 2500 Jahren erfunden wurde und sich seither erfolgreich geweigert hat, unterzugehen.

Kapitel 2

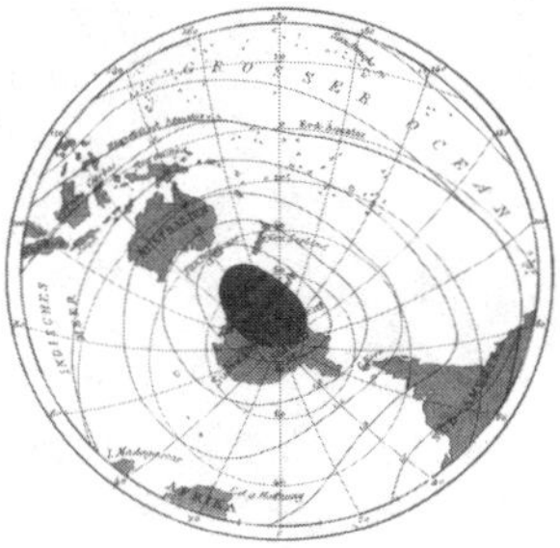

Transport und Verkehr

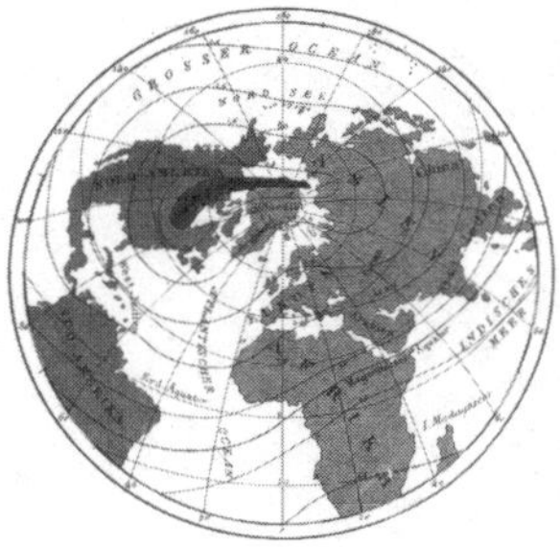
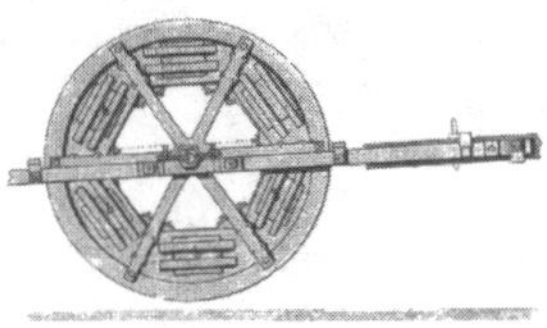
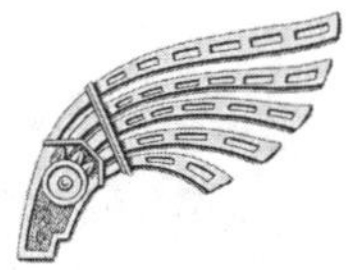

Einleitung

Unsere Urahnen hatten zweifellos stramme Waden, doch schon in einem recht frühen Stadium haben ihnen die Beine als alleinige Fortbewegungsmittel nicht mehr genügt. Schnell merkten sie, daß größere Tiere besser zu Fuß waren und daß sich ein endloser Fußmarsch auf deren Rücken zu einem angenehmen Ritt verkürzen ließ. Dazu mußten sie diese Tiere allerdings zunächst zähmen, wovon gesicherte archäologische Zeugnisse erst um 7000 v. Chr. existieren (vgl. die **Einleitung** zum Kapitel **Landbearbeitung**).

Das läßt eine ziemliche Lücke zwischen den ersten Spuren gezielter Tierhaltung und dem Erscheinen des *homo sapiens* vor rund 50 000 Jahren. Es ist höchst unwahrscheinlich, daß in dieser langen Zeitspanne keine Versuche unternommen wurden, sich auf die Rücken von Pferden, Elchen, Lamas, Kamelen oder anderen geeigneten Reittieren zu schwingen, uns fehlt jedoch der greifbare Beweis. Allerdings hat der englische Archäologe Paul Bahn der Wissenschaft kürzlich Zeichnungen aus einer Höhle in Frankreich zugänglich gemacht, die zeigen, daß steinzeitliche Jäger bereits um 15 000 v. Chr. Pferden Zaumzeug anlegten. Der früheste handfeste Beleg für die Domestizierung von Pferden stammt jedoch erst von etwa 4000 v. Chr. – Pferdezähne aus der Grabung Dereivka in der südlichen Ukraine (am Übergang von Jungsteinzeit zu Bronzezeit) weisen unter dem Mikroskop Spuren einer Gebißstange auf. Sie war vermutlich aus Seil hergestellt, denn Gebißstangen aus Metall finden sich erst ab 1500 v. Chr.

Auch das Rad ist, soweit wir wissen, eine relativ späte Erfindung. In der für die Technologieentwicklung des Menschen wichtigen Phase waren große Teile des bewohnten Erdballs noch vom Inlandeis der letzten Eiszeit bedeckt (ca. 38 000–10 000 v. Chr.). Es herrschten also Bedingungen, unter denen das Rad wenig ge-

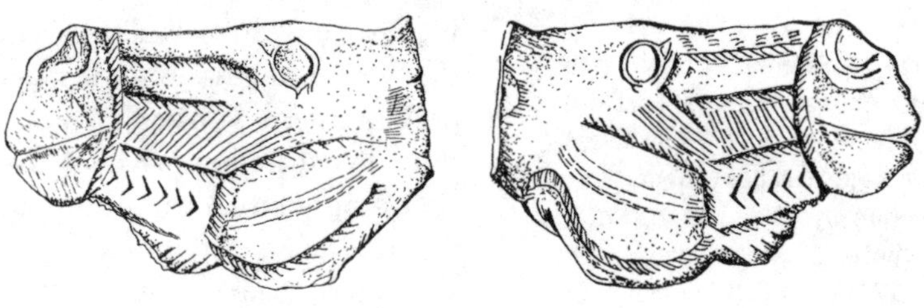

Schon in der Steinzeit legte man Pferden Zaumzeug an. Felszeichnungen aus der Höhle St. Michel d'Arudy an der Atlantikseite der Pyrenäen.

nützt hätte. Auch in Urwäldern und Wüsten war es kaum zu gebrauchen, und selbst in geeignetem Gelände brachte es nur in Verbindung mit starken Zugtieren Vorteile. Mit Sicherheit ist der Schlitten älter als das Rad und wurde von steinzeitlichen Jägern (mit oder ohne vorgespannte Tiere) benutzt, lange bevor die Eisdecke zurückging. Es gibt Hinweise dafür, daß der Wagen sich aus dem Schlitten entwickelt hat. Frühe Piktogramme der Sumerer im Süd-Irak bilden bereits um 3200 v. Chr. Fahrzeuge von identischer Bauweise ab, die zum Teil Kufen, zum Teil aber auch daran befestigte Räder aufweisen. Nicht viel später waren auch in Europa schon Wagen in Gebrauch, wie das einzigartige Tonmodell eines Karrens aus einer Grabung in Ungarn belegt.

Diese Zeichnungen zeigen möglicherweise die Entwicklung vom Schlitten zum Wagen. Sie wurden auf beschrifteten Steintafeln aus dem späten 4. Jahrtausend v. Chr. in Uruk im heutigen Irak entdeckt.

Doch Fahrzeuge mit Rädern allein garantieren noch keinen schnellen, reibungslosen Transport. Um diese Verkehrsmittel effektiv nutzen zu können, braucht man Straßen. Die bekanntesten Straßenbauer des Altertums waren die Römer. Natürlich führten alle Straßen nach Rom, aber umgekehrt wurde das Reich erst durch sein dichtes Straßennetz zusammengehalten. Straßen waren die Lebensadern des Steuersystems, und auf ihnen konnten Truppen schnell dorthin gelangen, wo Aufstand drohte. Als im 5. Jahrhundert das Reich auseinanderbrach, fielen die Straßen häufig als erstes der Zerstörungswut von Rebellen und Barbaren zum Opfer. Einige Abschnitte römischer Straßen haben sich trotzdem bis heute erhalten und zeugen von der Qualität ihrer Bauweise. Die ersten römischen Straßen waren Holzkonstruktionen, die Sumpfgebiete begehbar machten. Im 4. vorchristlichen Jahrhundert begann dann im Kernland Italien der Bau von Straßen, denen eine nahezu unbegrenzte Lebensdauer beschieden war. Auf ein Fundament von Steinquadern wurden Schichten von Bruchsteinen, Kiesel oder Beton aufgebracht und mit einer weiteren Lage Steinquader, verdichtetem Kies oder Beton ab-

Die Römer waren nicht die einzigen begnadeten Straßenbauer, andere frühe Hochkulturen haben sie in mancher Hinsicht sogar übertroffen. Die ersten öffentlichen Straßen wurden im 9. Jahrhundert v. Chr. in China angelegt, also gut hundert Jahre vor der Gründung Roms. Am Ende des 3. Jahrhunderts v. Chr. betrug das kaiserliche Straßennetz in China bereits etwa 2660 Kilometer. Ch'in-shih Huang-ti, erster Kaiser und Reichseiniger Chinas (221 bis 210 v. Chr.) standardisierte die Spurbreite der Wagen. Er ließ zahlreiche, neunspurige Straßen bauen, deren mittlere Fahrbahn allein dem Kaiser und seiner Familie vorbehalten blieb; selbst hohe Adlige mußten eine Fahrt auf der kaiserlichen Spur mit dem Kopf bezahlen. Gegen Ende der Han-Dynastie, um 200 n. Chr., verfügte das Reich über ca. 12500 Straßenkilometer.

gedeckt. Sie waren, wie moderne Straßen auch, konvex angelegt, um das Abfließen des Wassers zu erleichtern.

Tonmodell eines Wagens, hergestellt um die Mitte des 2. Jahrtausends v. Chr. in Pocsaj-Leányvár, Ungarn.

Im 2. Jahrhundert n. Chr. hatten römische Ingenieure bereits ein Straßennetz von ca. 30300 Kilometer angelegt, was in etwa dem doppelten Erdumfang entspricht.

Doch das Verdienst, die längste Straßenverbindung des Altertums fertiggestellt zu haben, hatten die Perser: Die sogenannte »Königsstraße« wurde im 6. vorchristlichen Jahrhundert gebaut und verband die Hauptstadt Susa (im heutigen Iran) mit dem rund 1000 Kilometer entferten Sardis an der türkischen Westküste (vgl. den Abschnitt **Postwesen** im Kapitel **Kommunikation**).

Zwischen 1400 und 1520 n. Chr. ließen auch die Inka-Könige Südamerikas nahezu 10 000 Straßenkilometer errichten, die sich vom Meeresspiegel bis auf Höhen von über 5000 Metern in die Anden erstreckten. Hindernisse, wie Schluchten und Bergbäche, wurden durch Hängebrücken überwunden, die auf beiden Seiten an doppelten Steintürmen befestigt waren. Die Seile wurden aus Pflanzenfasern gedreht und waren so dick wie die Taille eines Mannes. Die berühmteste ist die 45 Meter überspannende Brücke über den Apurímac in den peruanischen Anden. Diese Brücke war noch 1890, fünfhundert Jahre nach ihrer Erbauung, in Betrieb und ging durch Thornton Wilders Roman *Die Brücke von San Luis Rey* in die Weltliteratur ein. Im Flachland überquerte man große Flüsse auf genial konstruierten schwimmenden Brücken aus Balsaholz.

»Wie viele Straßen man auch baut, immer wird der Verkehr mitwachsen, der sie verstopft.« Dies gehört zu den fatalen Gesetzmäßigkeiten des modernen Lebens. Aber nicht erst wir leiden unter lästigen Verkehrsstaus. Während der Han-Dynastie gab es in China bereits Verkehrspolizisten, die den Verkehr in den großen Städten im Fluß hielten. In Rom, einem zentralen Verkehrsknotenpunkt und damit besonders anfällig für Staus, sah sich Julius Caesar 45 v. Chr. gezwungen, den Innenstadtverkehr durch ein Gesetz zu beschränken: »In allen existierenden oder zukünftigen Straßen der Stadt Rom ist es vom kommenden 1. Januar an untersagt, zwischen Sonnenaufgang und der 10. Stunde (später Nachmittag) einen Karren zu lenken oder zu führen, es sei denn zum Zwecke der Materialanlieferung für den Bau von Tempeln und anderen öffent-

Auf dieser chinesischen Karte von 1106 wurden die Wasserwege Nordwest-Chinas abgebildet, die im Zusammenhang mit der Tributpflicht Bedeutung hatten. In der oberen Hälfte sehen wir eine Biegung des Gelben Flusses (Huangho) mit der Schlucht von Lung Men. Weiter unten ist ein Verbindungskanal zwischen den Flüssen Wei und Han verzeichnet, der die Flußsysteme des Huangho und des Yang-tse miteinander verband.

lichen Gebäuden oder für den Abtransport von Bauschutt.« VIPs waren von dieser Regelung selbstverständlich ausgenommen: »Karren, die Vestalinnen, Opferpriester oder Flaminen (eine Gruppe von fünfzehn Priestern, von denen jeder einem bestimmten Gott unterstellt war) befördern, und Wagen, die an Siegesmärschen oder öffentlichen Spielen innerhalb Roms oder bis 1,6 Kilometer im Umkreis der Stadt teilnehmen, erhalten eine Sondererlaubnis.« Das alles klingt für uns heute schrecklich vertraut.

Flüsse bieten, neben Straßen, die einfachste Möglichkeit, sich fortzubewegen; und wo es die Natur versäumt hatte, an passender Stelle schiffbare Wasserstraßen bereitzustellen, da bauten sich unsere Vorfahren selbst welche. Kanalbau im großen Stil entstand bereits in den frühen Stadtzentren. Schon 2400 v. Chr. ließ Uni, ein Herrscher der 6. Dynastie in Oberägypten, einen schiffbaren Kanal bauen, um die Stromschnelle des Nils bei Assuan (Erster Katarakt) zu umgehen. Ungefähr um dieselbe Zeit errichteten die sumerischen Bürger von Lagash im heutigen Süd-Irak einen fast 100 Kilometer langen Kanal. Das war der erste Schritt zu einem gewaltigen und effektiven Netz von Kanälen, die für die nächsten vier Jahrtausende die Grundlage des Handels und der Bewässerung im Land bilden sollten. In China wurde der 416 Kilometer lange »Wildgans-Kanal«, der den Gelben Fluß mit den Flüssen Pien und Ssu verband, bereits im 5. Jahrhundert v. Chr. gegraben. Unter dem ersten Kaiser Ch'in-shih Huang-ti wurde dann durch den Bau einer knapp 200 Kilometer langen Wasserstaße quer durch einen Gebirgszug der Norden mit dem Süden verbunden, wodurch ein schiffbares Kanalnetz von insgesamt 2000 Kilometern entstand. Der »Große Kanal«, mit dessen Bau 70 n. Chr. begonnen wurde, war im Jahr 1327 1700 Kilometer lang. Neun Meter tief und stellenweise bis zu 30 Meter breit, stellte er eine bedeutende Verkehrsader dar, die den Osten Chinas von Norden nach Süden durchzog.

Als erstaunlichste Leistung der Kanalbaukunst im Altertum gilt der Suezkanal, der das Mittelmeer mit dem Roten Meer verband. Das Projekt wurde bereits unter den Pharaonen verwirklicht und vom persischen Herrscher Dareios erneuert. Sein größenwahnsinniger Sohn Xerxes (Reg. 486–465 v. Chr.) ließ weitere gigantische Grabungsarbeiten vornehmen, damit seine Flotte leichteren Zugang nach Griechenland hatte. Die schnellste Route für die persische Flotte, um die nordgriechische Küste zu erreichen, führte um die gebirgige Halbinsel Athos herum – ein gefährliches Unterfangen, bei dem eine frühere persische Expedition während eines Sturms schon einmal gescheitert war. Also entschied Xerxes 480 v. Chr., einen Kanal durch den felsigen Hals der Halbinsel graben zu lassen. Der griechische Historiker Herodot schildert, welch schweißtreibende Arbeit es für die großen Bautrupps bedeutete, den 2,5 Kilometer langen Athos-Kanal fertigzustellen, in dem zwei Kriegsschiffe in kürzester Zeit aneinander vorbeirudern konnten. Zu Beginn des 20. Jahrhunderts waren noch Reste des Kanals zu besichtigen.

Im Zuge dieser Aktion nahm Xerxes auch gleich ein anderes, womöglich noch spektakuläreres Bauwerk in Angriff, eine Ponton-Brücke über den Hellespont, die für einen kurzen Zeitraum Europa und Asien miteinander verband. Selbst an der engsten Stelle, die Xerxes für seinen Bau nutzte, ist diese Wasserstraße noch 1,5 Kilometer breit. 674 Schiffe wurden Seite an Seite vertäut und positioniert und mit schweren Ankern versehen,

Wo den Extravaganzen manischer Diktatoren so viel Meisterschaft zu Gebote stand, da ist es nicht verwunderlich, daß die damaligen Ingenieure auch viele praktische Neuerungen schufen. So wurde zum Beispiel schon mehrere tausend Jahre vor der Erfindung der Dampfmaschine das Prinzip der Schienenbahn entwickelt. Die älteste Schienenbahn ist der Diolkos, der auf dem Isthmus von Korinth eine Strecke von rund 6 Kilometern zurücklegte. Der Tyrann Periander ließ ihn im frühen 6. Jahrhundert v. Chr. errichten, und er blieb bis 900 n. Chr. in Gebrauch. Der Diolkos besteht aus einer aus Kalksteinquadern gebauten Straße, in die im Abstand von anderthalb Metern Rillen zur Führung der Wagenräder gehauen sind. Kleinere Kriegsschiffe oder leere Frachtschiffe wurden auf fahrbare Untersätze verladen und von ihren Mannschaften und Rudersklaven gezogen. 1961 wurden mechanische Hebevorrichtungen zum Verladen der Schiffe entdeckt. Mit dem Diolkos scheint auch das Konstruktionsprinzip der Schienenbahn in Vergessenheit geraten zu sein. Unsere heutige Eisenbahn hat ihren Ursprung im mittelalterlichen Bergwerkswesen. Seit dem 14. Jahrhundert kennt man den Gebrauch von Loren, in denen auf Schienen das Erz aus den Gruben befördert wurde.

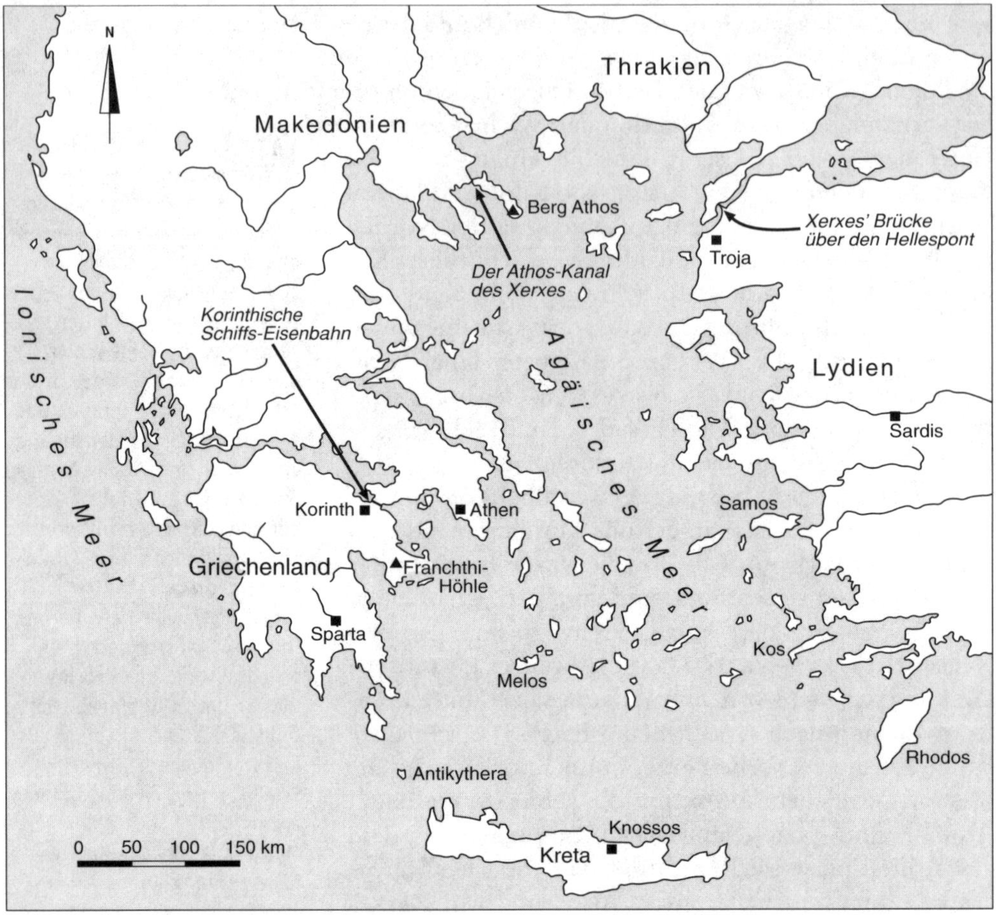

Die Karte zeigt den Athos-Kanal, Xerxes' Brücke über den Hellespont und den Diolkos (die korinthische Schiffs-Eisenbahn). Alle drei zählen zu den technischen Meisterleistungen des Altertums. (Ebenfalls eingezeichnet ist die Route für den Obsidianhandel im 11. Jahrtausend v. Chr. zwischen der Insel Melos und der Franchthi-Höhle, vgl. den Abschnitt ***Schiffe****).*

um zwei parallele Brücken zu tragen. Die ganze Konstruktion wurde mit Seilen stabilisiert, die sich von Kontinent zu Kontinent spannten. Auf den Schiffen wurden dann mit Erdreich, Reisig und Planken die beiden »Fahrbahnen« errichtet. Laut Herodot benötigte Xerxes eine Woche, um seine Truppen unter viel Peitschengeknall von einer Seite auf die andere zu bringen. Der verrückte römische Kaiser Caligula (Reg. 37–41 n. Chr.) imitierte dieses Bravourstück, als er eine ähnliche schwimmende Brücke über den fast 4,8 Kilometer breiten Golf von Baiae (nahe der Insel Capri) errichten ließ, die er zu Pferd überqueren konnte.

Die Meisterschaft, mit der die Ingenieure des Altertums nahezu jedes von der Natur vorgegebene Hindernis überwanden, ist in der Tat staunenswert. Auf den folgenden Seiten werden wir einige ihrer herausragendsten Leistungen bei der Beförderung zu Land, zu Wasser und sogar in der Luft vorstellen.

Kartographie

In den einschlägigen Büchern zur Kartographie werden in der Regel die Werke griechischer und römischer Kartographen als »die frühesten Landkarten« bezeichnet. Tatsache aber ist, daß sie nur den Gipfelpunkt einer jahrtausendealten Entwicklung darstellen. Für die großen Lücken, die unser Wissen um die frühe Kartographie aufweist, gibt es einleuchtende Gründe: Karten wurden immer auf leichte, gut transportable Materialien wie Knochen, Holz, Rinde und Papyrus gezeichnet, damit man sie auf Reisen mitnehmen konnte. Leider verrotten solche Materialien schnell, weshalb wir so gut wie keine frühen Landkarten besitzen.

Dennoch lassen vereinzelte Funde die Vermutung zu, daß die Anfänge der Kartographie bis in die Steinzeit zurückreichen. 1966 wurde in Mezhirich in der Ukraine das Fragment eines elf- bis zwölftausend Jahre alten gravierten Mammutzahns gefunden. Man nimmt an, daß er den Plan eines Flusses mit Wohnstätten an den Ufern zeigt (vermutlich Behausungen aus Mammut-Knochen). Archäologen haben immer wieder auch künstlerische Darstellungen aus späteren Phasen der Steinzeit ausgegraben, die Elemente

Diese vermutlich in der Steinzeit zwischen 12 000 und 11 000 v. Chr. entstandene Karte zeigt eine Reihe von Gebäuden am Ufer eines Flusses. Sie wurde in den Zahn eines Mammuts eingraviert und stammt aus Mezhirich in der Ukraine.

Dekorative Karte auf einer Silbervase, die in einem fünftausend Jahre alten Grab bei Maikop in der Ukraine gefunden wurde.

Der Titel »älteste Karte der Welt« gebührt wohl am ehesten einer gravierten Silbervase aus Maikop in der Ukraine. Sie stammt aus einem um 3000 v. Chr. datierten Grab und zeigt in liebevoll ausgeführten Details, wie zwei Flüsse, aus den Bergen kommend, sich bei einem See oder Meer vereinen. Ein Reigen wilder Tiere vervollständigt die Szene.

von Karten enthalten, zum Beispiel Einfriedungen, in denen Behausungen, Tiere oder Menschen abgebildet sind. Andere prähistorische Darstellungen zeigen etwa Flüsse mit ihren Seitenarmen und wurden deshalb als Beispiele komplexerer Kartographie gedeutet. Doch solche Zuschreibungen bleiben zweifelhaft, zumal die genannten Bildelemente, weniger klar als im Falle des Mezhirich-Zahns, die Absicht des Künstlers erkennen lassen. Einige Funde aus der Jungsteinzeit sind dagegen eindeutig als Karten zu identifizieren. Ein um 6200 v. Chr. datiertes Wandgemälde in der türkischen Stadt Çatal Hüyük zeigt die Anordnung von Häusern und Straßen vor dem Hintergrund eines ausbrechenden Vulkans. Diese Darstellung ist zwar keine Karte im engeren Sinn, aber sie ist sicherlich der älteste Stadtplan der Welt.

Karten aus Ton und Papyrus

Die älteste Karte der Welt, die Maikop-Karte, enthält viel schmückendes Beiwerk, doch nur wenig später kommt in Mesopotamien (dem heutigen Irak) die mehr auf praktische Zwecke reduzierte Karte in Gebrauch. In Yorgan Tepe im Nordirak wurde eine kleine, fragmentarische Karte aus Ton gefunden, die von etwa 2300 v. Chr. stammt. Sie zeigt eine von Hügeln umgebene Ansiedlung, durch die ein Fluß oder Kanal fließt und auf der die Besitzverhältnisse in Keilschrift vermerkt sind. Eine Angabe in der Mitte der Karte gibt den Namen des Besitzers und die Größe seines Grund-

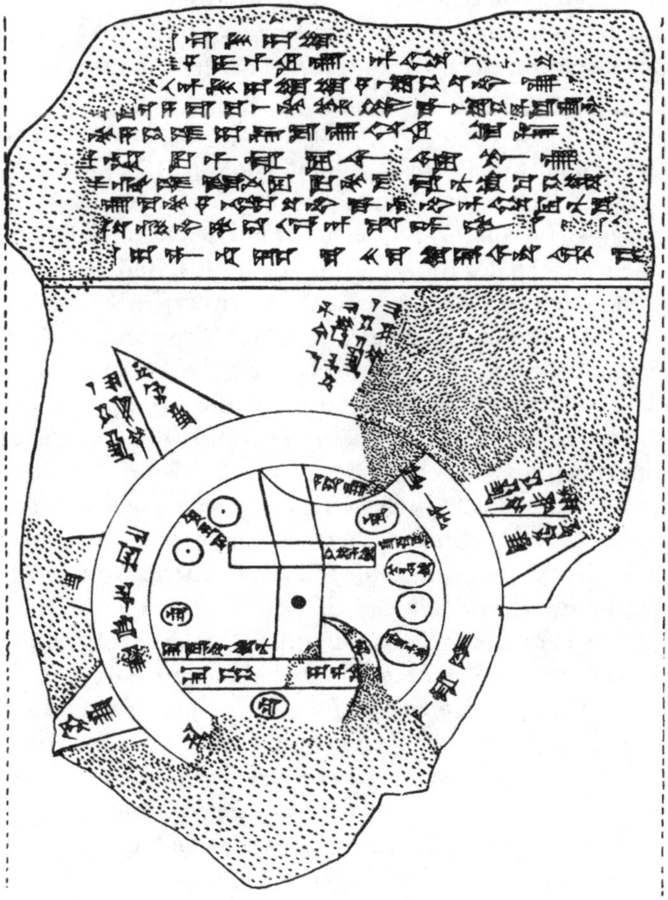

Babylonische Weltkarte von ca. 600 v. Chr.: Die senkrechten, parallelen Linien im Zentrum stellen den Euphrat dar. Das ihn überlagernde Rechteck ist in Keilschrift als ›Babylon‹ beschriftet. Das zweite Rechteck am unteren Rand der Karte bezeichnet das Sumpfland im Südirak, das an das Horn des Persischen Golfs angrenzt. Die kleinen Kreise sind die umliegenden Länder, darunter Assyrien (Nordirak), Urartu (Armenien) und Teile des Westiran. Die Karte ist stark abstrahiert, denn ihr eigentlicher Zweck war es, die »vier Weltgegenden« am Rand des großen kreisförmigen Ozeans in ihrer Relation zu Babylon darzustellen. In ihrer Anlage erinnert die Karte stark an die mappae mundi, wie sie zweitausend Jahre später im mittelalterlichen Europa entstanden sind.

stücks an. Ein Großteil der übrigen Inschriften auf der Tontafel sind unleserlich geworden, aber an den Kanten kann man noch deutlich die Bezeichnungen *Nord, Süd, Ost* und *West* erkennen. Dies ist die erste uns bekannte Karte, auf der die Himmelsrichtungen vermerkt sind.

In den folgenden Jahren war in Mesopotamien eine Vielzahl verschiedener Karten in Gebrauch. Ein herausragendes Exemplar findet sich auf der steinernen Statue des Gudea, dem Herrscher der sumerischen Stadt Lagash, von 2100 v. Chr. Er ist sitzend dargestellt und hält eine Steintafel auf den Knien, auf der deutlich erkennbar die Umrisse eines großen Gebäudes eingeritzt sind. In einer der oberen Ecken ist eine mit Meßstrichen versehene Linie – die erste nachweisliche Maßstabsangabe. Die meisten mesopotamischen Karten liegen in Form von Tontafeln vor, darunter etwa der um 1500 v. Chr. entstandene Plan der großen babylonischen

Stadt Nippur (womöglich der erste maßstabsgetreue Stadtplan). Er zeigt den großen Tempel, die Stadtmauern und Tore, die Kanäle, Lagerhäuser und einen Park und wird durch eine Legende in Keilschrift erläutert. Dutzende mesopotamischer Karten, die vor allem Felder, Grenzmauern und Kanäle verzeichnen, wurden offenbar im Zusammenhang mit Landverkäufen hergestellt.

Doch die Kultur des alten Mesopotamien hatte auch starkes Interesse an Geographie. Das Reich dehnte sich bis in das Gebiet der heutigen Türkei, des Irans und Ägyptens aus, und seine Handelskontakte reichten bis nach Indien. Es existierten Kenntnisse über Kosmologie, und man hatte recht genaue Vorstellungen von der Form der Welt und des sie umgebenden Universums. Einiges davon läßt sich einer Tontafel entnehmen, die um 600 v. Chr. in Babylon entstanden ist, eine der ältesten Weltkarten. Sie zeigt Babylon, umgeben von seinen Nachbarländern, also der »bekannten« Welt, die von einem kreisförmigen Ozean eingeschlossen ist. Außerhalb davon befinden sich ferne Länder wie etwa »das Land, wo man die Sonne nicht sieht«. Eine Bildunterschrift verzeichnet die sagenhaften Tiere, die diese fernen Regionen bevölkern.

Die alten Ägypter scheinen dagegen wenig Interesse an praktisch zu nutzenden Karten gehabt zu haben. Ihre kartographischen Bemühungen bringen meist religiöse Vorstellungen zum Ausdruck; sie erstellten symbolische Karten vom Universum oder von Wegen in die Unterwelt. Uns ist nur ein einziges Werk aus dem alten Ägypten erhalten, das als säkulare Landkarte gelten kann, diese ist dafür von herausragender Bedeutung. Es handelt sich um das von 1150 v. Chr. stammende Kartenfragment auf dem »Turiner Papyrus« (benannt nach seinem derzeitigen Aufbewahrungsort). Es ist die älteste Karte einer Grubenanlage und verzeichnet Position und Zugänge einer Goldmine am Roten Meer.

Karten des klassischen Altertums

Als die Griechen erste Landkarten herstellten, konnten sie auf die Erfahrung anderer zurückgreifen. Da waren vor allem die Babylonier, die bereits Maßstab, Himmelsrichtungen und das Konzept der Weltkarte entwickelt hatten. Besonders die Ionier, die griechischen Bewohner der heutigen türkischen Westküste, die im 7. und 6. vorchristlichen Jahrhundert in der Wissenschaftsentwicklung des Mittelmeerraums führend waren, profitierten von ägyptischen und babylonischen Vorbildern. Der herausragende ionische Astronom Anaximander von Milet wurde später von den griechischen

Enzyklopädisten als der Erfinder der Weltkarte gepriesen. Es existiert zwar kein Exemplar dieser Weltkarte mehr, aber das um 500 v. Chr. gezeichnete Werk seines Nachfolgers Hekataios (ebenfalls aus Milet) ist in der Literatur der Zeit so genau beschrieben, daß daraufhin eine moderne Rekonstruktion angefertigt werden konnte.

Die frühesten uns erhaltenen Karten aus Griechenland sind bei weitem nicht auf dem Stand des geographischen Wissens des 5. vorchristlichen Jahrhunderts. Auf den meisten wird Afrika direkt an Indien angeschlossen, Herodot hingegen wußte von Forschungsreisenden (vgl. den Abschnitt **Der erste Suezkanal**), daß die riesige Landmasse Afrikas nur an einer Stelle mit Asien verbunden ist. Im 3. Jahrhundert v. Chr. zeigen griechische Karten dann mit ziemlicher Genauigkeit, basierend auf den Berichten griechischer Schiffsexpeditionen, die relative Lage von Arabien, Indien und Ceylon im Osten und Skandinavien, Britannien und sogar Island im Westen. Dennoch trugen klassische Kartographen auch zur Verbreitung gängiger Irrtümer bei. Der Fortschritt westlicher Kartographie verlief bei weitem nicht kontinuierlich. Phasen der Hochblüte wurden abgelöst von Stagnation oder gar Rückschritten.

Den Griechen verdanken wir die Einführung der Längen- und Breitengrade, der Basis moderner Kartographie. Die wichtigsten Breitengrade (wie der Äquator und die Wendekreise des Krebses und des Steinbocks) sind Teile eines Systems, das im 4. Jahrhundert v. Chr. von griechischen Astronomen entwickelt wurde. Sie teilten den Globus mathematisch durch horizontale Linien (Breitengrade). Die vertikalen Linien kamen erst später hinzu, existierten aber um 100 v. Chr., als der Geograph Marinos von Tyros ein Raster aus Längen- und Breitengraden mit regelmäßigen Intervallen entwickelte. Er war auch der erste, der das Problem in den Griff bekam, die Dreidimensionalität der Erdkugel auf einer planen Oberfläche darzustellen. Seine Karte ist das früheste europäische Beispiel, das bis China reicht. Kenntnis über die Entfernungen erhielt er offenbar von syrischen Händlern, die auf der Seidenstraße bis nach China reisten.

Das Römische Reich (1. bis 5. Jahrhundert n. Chr.) einte große Teile Europas, Nordafrikas und des Vorderen Orients unter seiner Herrschaft. Die Erfahrungen griechischer Seefahrer wurden jetzt

Die Griechen wußten zwar bereits, daß die Erde eine Kugel ist, aber die einfachste Art, sie zweidimensional darzustellen, war der Kreis. Viele Geographen ließen sich dadurch verleiten, die Form der einzelnen Kontinente so zu idealisieren, daß sie genau in den vom Ozean umschlossenen Kreis paßten. Herodot, der große Reisende und Historiker und ebenfalls Ionier, machte sich 430 v. Chr. über diese Praxis lustig: »Ich muß lachen, wenn ich sehe, wie manche Leute Karten zeichnen, ohne eine vernünftige Vorstellung von ihrem Gegenstand zu haben. Sie lassen den Ozean wie einen Fluß die Erde umfließen und bilden dieselbe als exakten Kreis ab, der aussieht, als sei er mit dem Zirkel geschlagen. Asien und Europa sind bei ihnen genau gleich groß.« Herodot kannte besseres Kartenmaterial. Er beschreibt eine realistische Karte des Persischen Reiches (das vom Balkan bis nach Indien reichte), die ein Unterhändler aus Milet verwendete, als er den König von Sparta um 490 v. Chr. zu einem Krieg gegen Persien überreden wollte.

ergänzt durch das geographische Wissen, das den Römern aus dem Bau ihres und mit Meilensteinen versehenen Straßennetzes erwuchs. Der römische Staat förderte das Studium geographischer Zusammenhänge aus wissenschaftlichem Interesse, aber auch, um Handel und Kriegsführung zu erleichtern, und es entstanden verläßliche Wegbeschreibungen und Karten für den Mittelmeerraum.

Der bedeutendste Geograph des Römischen Reiches war der griechisch sprechende Ägypter Ptolemaios von Alexandria (ca. 90–168 n. Chr.). Sein Verdienst für die Kartographie besteht in der Entwicklung von Projektionstechniken, die weit besser waren als das von Marinos praktizierte Verfahren. Allein sechs Bücher seiner acht Bände umfassenden *Geographie* verzeichnen die Längen- und Breitengrade bestimmter Orte, und zwar bis zu einem Zwölftel Prozentgrad. Während die Breitengrade sehr präzise angegeben wurden, basierten die Angaben zur Länge weitgehend auf Vermutung. Doch das war ein Problem, das erst mit der Einführung moderner Navigationsgeräte im 18. Jahrhundert befriedigend gelöst werden konnte. Aber auch Ptolemaios war vor Fehlern nicht gefeit. Er ignorierte den Hinweis von Herodot und verband Südafrika mit Ostasien durch einen Streifen Land, den er »Terra incognita« nannte. Noch schwerwiegender aber war, daß er die Größe der Erde massiv unterschätzte. Schon gegen Ende des 3. vorchristlichen Jahrhunderts hatte der griechische Mathematiker Eratosthenes den Erdumfang mit 39 537 Kilometer bestimmt. Ptolemaios dagegen schätzte ihn auf nur rund 28 400 Kilometer. Die exakte Zahl lautet 39 843 Kilometer. Während Eratosthenes also im Rahmen von 1 Prozent Abweichung richtig liegt, hatte sich Ptolemaios schwer verschätzt.

Sein Irrtum führte dazu, daß die ihm bekannte Landmasse zwischen der Westküste Spaniens und Indien viel zu groß geriet. Das hatte weitreichende Folgen; Christoph Kolumbus unterschätzte aufgrund dieser Angaben den Erdumfang, was ihn glauben ließ, er sei in Indien, als er in Wahrheit Amerika erreicht hatte. Und die »Westindischen« Inseln verdanken ihren Namen ebenfalls dem Irrtum des Ptolemaios.

Wäre Kolumbus Araber gewesen, so wäre ihm das nicht passiert. Im 9. Jahrhundert beauftragte der Kalif von Bagdad zwei der Gebrüder Banu Musa, anerkannte Naturwissenschaftler ihrer Zeit (vgl. den Abschnitt **Automaten** im Kapitel **High-Tech**), den Erdumfang nachzurechnen. Nach komplizierten Berechnungen mittels der Entfernung zum Polarstern kamen sie auf die Zahl 38 400 und lagen damit nahe bei Eratosthenes' Schätzung der tatsächlichen Zahl.

Wunderwerke der Kartographie aus dem Fernen Osten

Zwar setzt die Erstellung von Landkarten – den bisherigen Belegen zufolge – im Orient erst vergleichsweise spät ein, dafür haben die dortigen Karthographen aber sehr bald ihre Kollegen vom Mittelmeer in vielfacher Hinsicht übertroffen. Die erste Erwähnung einer chinesischen Karte stammt aus dem Jahr 227 v. Chr., und zwar im Zusammenhang mit einem Mordversuch an dem Reichseiniger und späteren Kaiser Ch'in-shih Huang-ti. Von Ching K'o, dem Attentäter, heißt es, er habe seinen Dolch in einem Kartenetui verborgen. In der darauffolgenden Han-Dynastie erteilten die Kaiser einer Reihe von Beamten den Auftrag, Landkarten anzufertigen. Während der kaiserlichen Inspektionsreisen durch die Provinzen ritt immer ein Geograph neben der Kutsche des Kaisers und erläuterte seinem Herrn anhand von Karten die Gegend und ihre Produkte.

1973 wurden dann tatsächlich hanzeitliche Karten im Grab eines Adligen in Ma-wang-tui, Provinz Hunan, entdeckt, die aus dem Jahr 168 v. Chr. stammen. Sie sind auf Seide gezeichnet und die frühesten uns bekannten Karten aus dem alten Orient. Eine davon ist rein geographisch und verzeichnet Flüsse, Straßen, Ansiedlungen und weitere Landschaftsmerkmale. Die zweite wurde offenbar für militärische Zwecke hergestellt, sie zeigt die Position von Truppenteilen während eines Feldzuges 183 v. Chr. Garnisonen sind als Rechtecke gekennzeichnet, in denen die Namen der jeweiligen Befehlshaber notiert sind; Dörfer erscheinen als Kreise, wobei in einer Legende vermerkt ist, ob sie bewohnt oder verlassen sind, und die Festung, die als Hauptquartier diente, ist durch ein Dreieck markiert.

Die Karten aus den frühen Dynastien waren offenbar von unterschiedlicher Qualität, das zumindest schließen wir aus den kritischen Äußerungen von Fei Hsü, der 267 v. Chr. zum Minister für Arbeit berufen wurde. Wie die kürzlich gefundenen Beispiele aus der Han-Dynastie hatten auch sie noch kein Raster und waren daher ziemlich ungenau. Die wissenschaftlichen Grundlagen für die Kartographie legte um 100 n. Chr. der vielseitige Mathematiker und Erfinder Chang Hêng, der auch kaiserlicher Hofastronom war. Man vermutet, daß er als erster in China ein Raster für Landkarten entwickelt hat. Joseph Needham, Sinologe und bedeutender Wissenschaftshistoriker, meint sogar, er sei dabei vom Werk des antiken Geographen Marinos beeinflußt gewesen, der nachweislich Kontakte mit China hatte. Im späten 3. Jahrhundert erließ Fei Hsü strenge Regeln für die Erstellung von Landkarten, darunter auch Maßstabsangaben und ein rechtwinkliges Gitter aus parallelen Linien.

Während in Europa im Mittelalter die Kunst der Kartographie Rückschritte macht, beginnt im Fernen Osten deren Blütezeit. Die herausragenden Werke dieser Periode sind zwei in Stein gemeißelte großformatige Karten Chinas, die in der nordchinesischen Stadt Hsi-an (heute Xian), Provinz Shensi, gefunden wurden und aus dem Jahr 1137 stammen. Eine der beiden scheint auf ältere Quellen zurückzugehen und ist weniger exakt, die andere verfügt über ein rechtwinkliges Raster (ein Planquadrat zeigt genau 100 *li* [0,5 Kilometer]) und ist erstaunlich präzise. Needham bemerkt dazu: »Ein Vergleich mit den Flußläufen auf modernen Karten zeigt auf den ersten Blick, wie genau dieses Raster bereits war. Hält man Beispiele religiös beeinflußter Kosmographie daneben, wie sie zur selben Zeit im Westen entstanden sind, so kann man über den Vorsprung der chinesischen Kartographie nicht genug staunen.«

Auch koreanische Kartographen, die in der Tradition ihrer chinesischen Kollegen standen, produzierten bereits im Mittelalter erstaunliche Kartenwerke. Dabei ist vor allem eine 1402 n. Chr. entstandene Weltkarte hervorzuheben. Die Umrisse von Afrika und Europa sind weitgehend korrekt wiedergegeben, und die Karte verzeichnet sogar die Azoren. Ein charmantes Detail zeigt den Pharos von Alexandria (vgl. den Abschnitt **Leuchttürme**) in Form einer Pagode.

Die Karten der alten Seekönige

Obgleich die Karten aus dem Mittelalter uns zeitlich gesehen viel näher sind als die Karten der Griechen und Römer, geben sie der Forschung Rätsel auf. Nach dem Niedergang des Römischen Reiches im 6. Jahrhundert n. Chr. erlebte die Kartographie, wie so viele Wissenschaftszweige, im Westen einen rapiden Niedergang. Im arabischen Raum stagnierte sie immerhin nur, wesentliche Fortschritte waren allerdings nicht zu verzeichnen. Einzig den Chinesen gelang während des Mittelalters eine entscheidende Weiterentwicklung dieser Kunst. In Europa fiel man zurück in die Gewohnheit, idealisierte Karten mit geometrischen Umrissen herzustellen. Die typische mittelalterliche Weltkarte oder *mappa*

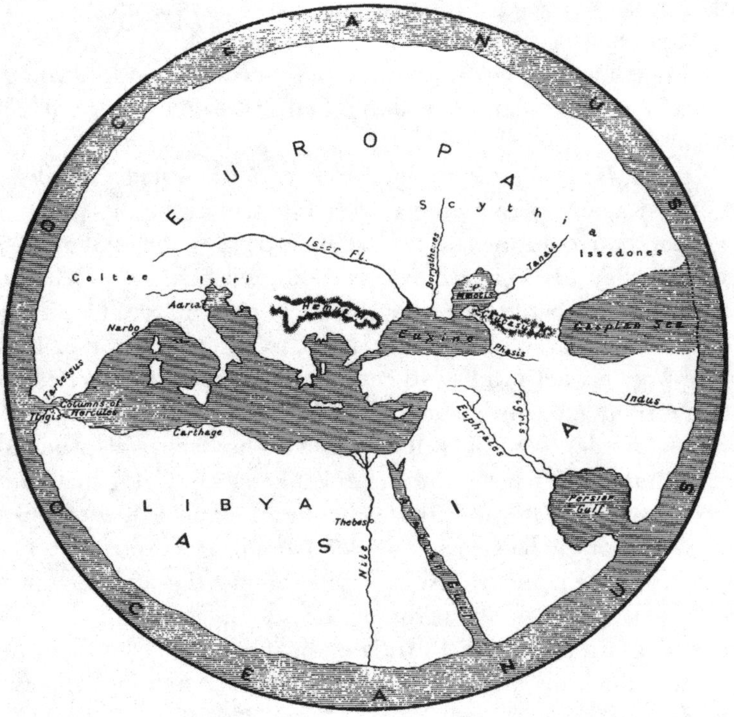

Schematische Weltkarte des Hekataios von Milet (um 500 v. Chr.). Die Welt wird zwar als Kugel gesehen, aber zweidimensional, also flach, dargestellt. Die Formen der einzelnen Kontinente fügten sich in den sie umschließenden Ozean.

mundi ist zwar wunderschön illustriert, zeugt aber von erschreckender Unkenntnis in Geographie. Jerusalem befindet sich dort normalerweise im Zentrum der Welt, und an ihrer Peripherie reihen sich geheimnisvolle Länder mit Bezeichnungen wie etwa: »Wo die Drachen hausen«. Ihr wissenschaftlicher Standard entspricht dem der babylonischen Karten aus dem 6. vorchristlichen Jahrhundert.

Die gleichzeitige Existenz hervorragend ausgearbeiteter, mittelalterlicher Karten macht die Historiker dieser Zunft ratlos. Die berühmte Vinland-Karte ist ein solches Beispiel. Sie war 1957, eingebunden in ein Buch mit mittelalterlichen Manuskripten, entdeckt worden und ist auf Pergament aus dem 15. Jahrhundert gezeichnet, gibt aber vermutlich einen früheren Wissensstand wieder. Eine Legende berichtet von der Reise eines gewissen Henricus 1118 nach Westen, der vom Papst zum Bischof von Grönland ernannt worden war. Die Karte zeigt noch die Nordküste Grönlands, die nach 1200 unter einer polaren Eisdecke verschwand und damit unsichtbar wurde. Erstaunlicherweise ist der Küstenverlauf hier sehr viel präziser festgehalten als auf der 1590 von dem Isländer Sigurdur Stefansson hergestellten Karte des Nördlichen

Atlantik. Ferner zeigt die Karte Vinland, den entferntesten Punkt von Henricus' Reise. Vinland ist die Bezeichnung der Wikinger für Neu-England, auch bekannt durch die Vinland-Sagas, die von der Entdeckung Nord-Amerikas durch Leif Eriksson um 1000 n. Chr. berichten.

Nach anfänglichen Zweifeln an ihrer Authentizität wurde die Vinland-Karte von Experten an der Yale-Universität als die »aufregendste kartographische Entdeckung dieses Jahrhunderts« gefeiert. Sie galt als weiterer Beweis dafür, wie genau die Wikinger Nord-Amerika bereits im frühen Mittelalter kannten. Eine eingehende Analyse erbrachte jedoch 1974, daß die Tinte dieser Karte große Anteile an Titandioxyd enthielt. Pigmente auf dieser chemischen Grundlage wurden aber erst 1920 hergestellt. Die Skeptiker waren zufrieden, und die Karte wurde als moderne Fälschung abgetan. Eine neuerliche Studie an der University of California konnte 1985 zeigen, daß die frühere chemische Analyse unzureichend war. Man konnte beweisen, daß der Titandioxyd-Anteil der Tinte in Wahrheit sehr niedrig ist und mit den Werten anderer mittelalterlicher Proben übereinstimmt. Dieses Ergebnis hat die Kontroverse um die Vinland-Karte aufs neue entfacht. Sie kann nun vielleicht doch als älteste kartographische Darstellung der nordamerikanischen Küste gelten.

Ebenso umstritten sind die Seekarten, die zwischen dem 13. und 15. Jahrhundert entstanden sind und als Portolane (nach dem lateinischen bzw. italienischen Wort *portolano* für Seefahrtshandbuch) bezeichnet werden, wenngleich ihre Authentizität nie ernsthaft in Zweifel gezogen wurde. Um die Jahrhundertwende wurden Wissenschaftler auf diese Karten aufmerksam und bezeichneten sie begeistert als die »ersten richtigen Karten«. Diese Bezeichnung ist durchaus gerechtfertigt. Die uns erhaltenen Portolane, vor allem aus Portugal, Spanien und Italien, sind aufs genaueste auf Pergament gezeichnet (zum Teil auch Atlanten beigebunden) und sind äußerst maßstabsgetreu. Sie haben keine Breiten- und Längengrade, sind aber von seltsamen Linien überzogen, die wie Speichen von einem Punkt im Meer ausgehen. Die Funktion dieser Linien ist unklar. Wurden sie als Hilfslinien zum Zeichnen der Karten benötigt? Dienten sie den Seeleuten als Richtungsanzeiger? Oder stehen sie mit dem Gebrauch eines Kompasses in Verbindung? Die Portolane decken in der Regel den Bereich des Mittelmeers ab, manche reichen aber bis zum Schwarzen Meer im Osten und bis Britannien und den Atlantik-Inseln im Westen.

Die mediterranen Küstenlinien, wie sie ein frühes Exemplar von 1311 zeigt, haben sich bis ins 18. Jahrhundert hinein nicht mehr

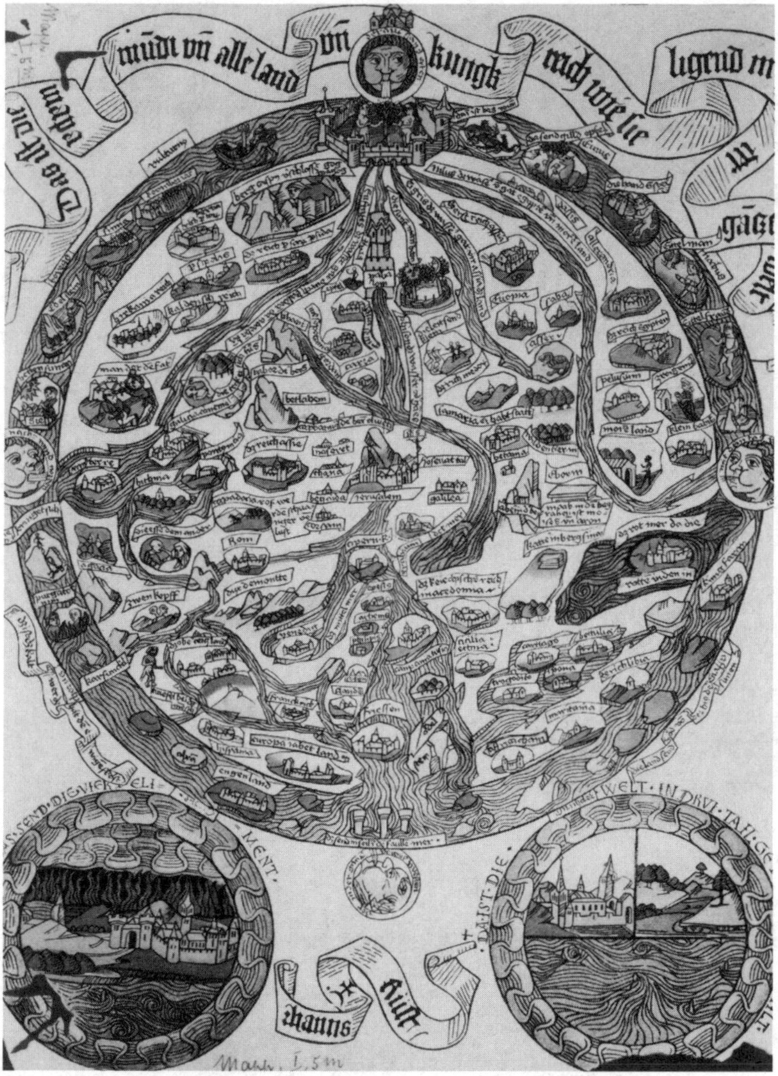

»Das ist die mappa mundi und alle land und Kunigreich wie sie liegend in der gantze welt.« Holzschnitt, ca. 1450, Durchmesser 27 cm.

wesentlich verändert. Legt man die Portolane gegen die naiven *mappae mundi*, so wirken sie wie Produkte aus zwei verschiedenen Zeitaltern, obgleich beide uns erhaltenen Kopien aus dem Mittelalter stammen. Die Portolane entstanden in einer völlig anderen Traditionslinie mittelalterlicher Kartographie, die ihre Daten aus der Praxis der Seefahrt und nicht von der Kirche bezog. Doch wo hat diese Tradition ihren Ursprung? Die Herkunft der *mappae mundi* läßt sich von den Römern her durchs Mittelalter hindurch verfolgen, die Portolane dagegen tauchten wie aus dem Nichts in ihrer ganzen Meisterschaft erstmals um 1270 auf. Viele der späte-

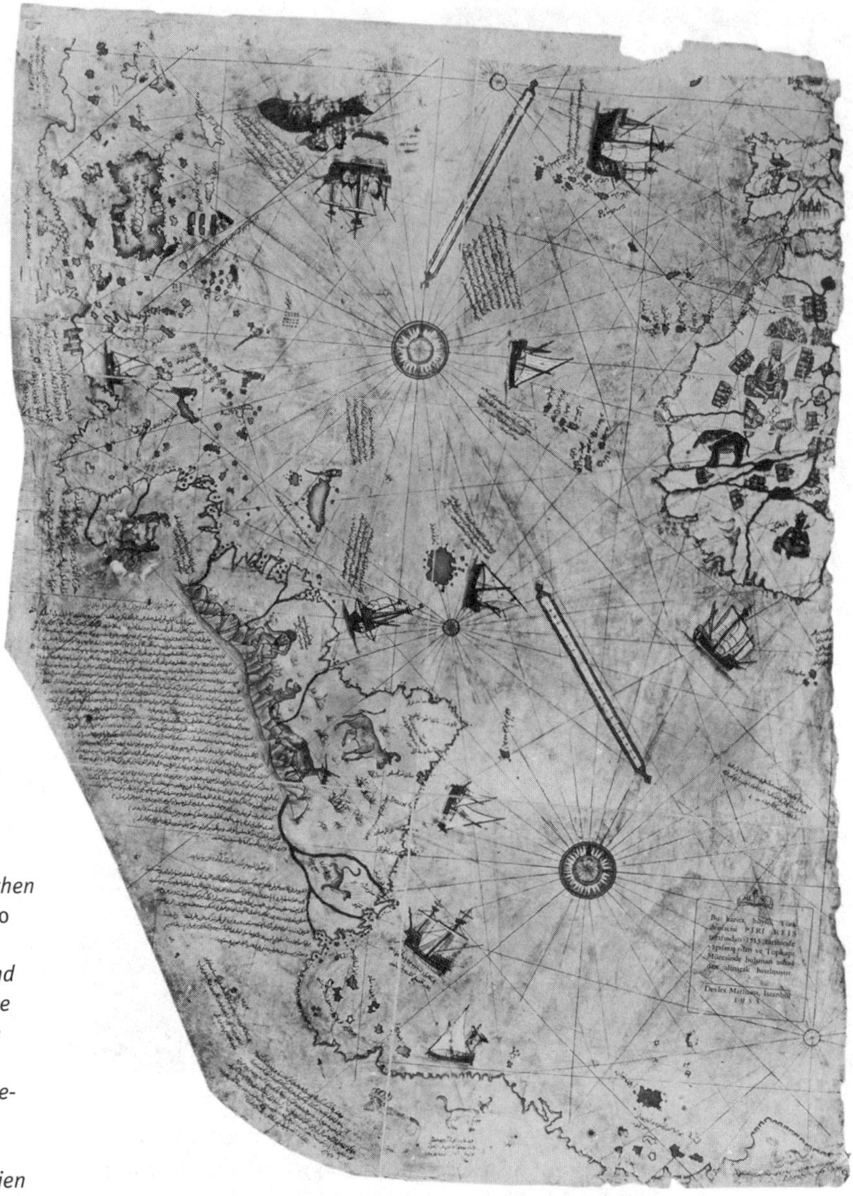

Die sogenannten Portolane (nach dem lateinischen bzw. italienischen Wort portolano *für Seefahrtshandbuch) sind mittelalterliche Seekarten. Sie zeichnen sich durch große Genauigkeit aus und sind von seltsamen Linien überzogen, deren Funktion bislang ungeklärt ist. Hier die Karte des türkischen Admirals Piri Reis, Faksimile der Ausgabe von 1513.*

ren Exemplare sind leicht aktualisierte Kopien der frühen Versionen. Es wird vermutet, daß das gesamte Korpus auf einige wenige Originale zurückzuführen ist.

Wer also hat die ursprünglichen Portolan-Karten hergestellt? Es gibt viele Vermutungen, unter anderen werden die Templer, die Chinesen, die alten Phönizier, ja sogar megalithische Seefahrer (vgl. den Abschnitt **Schiffe**) genannt. Keiner dieser exotischen Ursprünge ist jedoch belegt. Die größte Wahrscheinlichkeit spricht für die Chinesen: Sie erfanden den Kompaß, der im späten 12. Jahrhundert durch arabische Händler nach Europa kam (vgl. den Abschnitt **Der Kompaß**).

Andere Indizien weisen auf die antike Welt. Eines der herausragendsten Portolane wurde nachweislich von Ibn Ben Zara, einem Kartographen aus Alexandria, gezeichnet. In den Ecken dieser Karte befinden sich vier Gesichter im Stil griechischer oder ägyptischer Miniaturen, wie sie im 7. oder 8. Jahrhundert n. Chr. verbreitet waren. Hat Ibn Ben Zara diese Karte womöglich nach einem Original aus dem Byzantinischen Reich kopiert? Der türkische Admiral Piri Reis, von dem wir ebenfalls eine Karte in der Art der Portolane besitzen, nennt als seine Quellen unter anderem Kartenmaterial aus der Zeit Alexanders des Großen (Reg. 336–323 v. Chr.).

Beide Tatsachen weisen darauf hin, daß die Portolane ihren Ursprung in der Seefahrt der griechischen Antike haben, eine Ansicht, die von vielen Experten geteilt wird. Bei den griechischen Geographen werden Seekarten immer wieder erwähnt; leider ist uns bislang kein einziges erhaltenes Exemplar bekannt. Alexandria, die wissenschaftliche Hochburg des antiken Griechenland, kann als wahrscheinlichster Entstehungsort für so komplexe Karten gelten. Man könnte vermuten, daß einige Exemplare den Brand der dortigen Bibliothek unbeschadet überstanden haben (vgl. die **Einleitung** zum Kapitel **Kommunikation**) und im 13. Jahrhundert in die Hände von Seeleuten des Mittelmeers gelangten. Während dieser Zeit wurde auch eine Kopie von Ptolemaios' *Geographie* von Gelehrten des Byzantinischen Reiches aus arabischer Überlieferung rezipiert, wo das Werk das dunkle Zeitalter überdauert hatte.

Das Verdienst mittelalterlicher Seeleute um die Gattung des Portolans sollte nicht unterschätzt werden, aber wie so oft im Mittelalter wird es vermutlich die Entdeckung einer griechischen Seekarte gewesen sein, die im Westen die Renaissance der Kartographie einläutete.

Der Rødøy-Mann, eine Figur auf Skiern, wurde in einer Höhle in Norwegen entdeckt, wo man ihn um 2500 v. Chr. in den Stein ritzte.

Skier und Schlittschuhe

In den Eiswüsten Nordeuropas und Asiens sind Skier und Schlittschuhe schon seit Tausenden von Jahren ein beliebtes Mittel gewesen, um sich über Land und gefrorene Wasserflächen fortzubewegen. Da die ersten Skier aus Holz waren und

Für die früheste Darstellung eines Skifahrers müssen wir uns auf die kleine Insel Rødøy im hohen Norden Norwegens begeben. Dort zeigt eine etwa 2500 v. Chr. in den Fels geritzte Zeichnung eine Figur auf Skiern, die ungefähr zweimal so lang sind wie diese selbst und die sich mit einem einzelnen Stock vorwärtsbewegt. Der »Rødøy Man« wird in typischer Skifahrerhaltung – vorgebeugt und mit leicht abgewinkelten Knien – gezeigt und trägt einen Kopfputz mit Hasenohren. Womöglich sollte diese Kleidung sein Jagdglück erhöhen.

schnell verrotteten, besaß die Archäologie lange Zeit so gut wie keine Beispiele. Das änderte sich, als man in den 60er Jahren in Vis, nahe dem Ural, Reste steinzeitlicher Skier zutage förderte, die sich im sauren Boden eines Torfmoors erhalten hatten. Sie dürften vor etwa 8000 Jahren hergestellt worden sein. Unter den Fragmenten ist die in Form eines Elchkopfes geschnitzte Spitze eines Skis, die als eine Art »Bremse« fungiert haben könnte. Der Elch ist außerdem ein Symbol für Schnelligkeit.

Im 7. Jahrhundert n. Chr. war das Skifahren bis nach Zentralasien und selbst in China verbreitet. Der Stamm der Reiternomaden aus der Gegend des Baikalsees sandte 640 eine Delegation zum chinesischen Hof, wo sie folgendermaßen in die offizielle Geschichtsschreibung eingegangen sind: »Da ihr Land so häufig von Frost und Schnee bedeckt ist, benutzen sie Holzbretter von 15 Zentimeter Breite und gut 2 Meter Länge, mit denen sie über das Eis gleiten und Hirsche und andere Tiere jagen.«

In Skandinavien hatte das Skifahren auch militärische Bedeutung. 1200 v. Chr wurden vom norwegischen König Sverre in der Schlacht von Isen, nahe Oslo, sogar Spione auf Skiern eingesetzt. Sechs Jahre später ereignete sich einer der dramatischen Höhepunkte der norwegischen Geschichte: Zwei Leibwächtern auf Skiern gelang es, den Kindkönig Haakon Haakonson vom Schauplatz eines tobenden Bürgerkrieges verschwinden zu lassen. Ihrer Loyalität wird noch heute durch ein Skirennen entlang der 56 Kilometer langen Fluchtstrecke gedacht.

Schlittschuhe aus Knochen

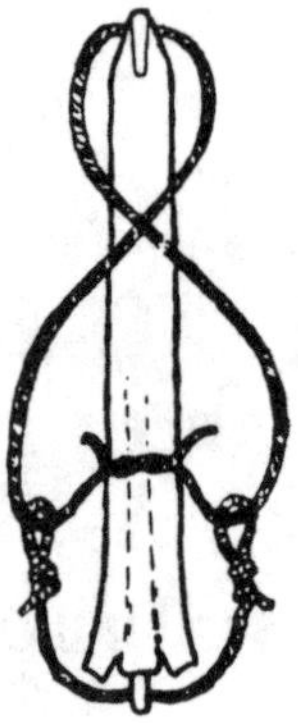

Schlittschuh aus Knochen (15 cm lang), der starke Gebrauchsspuren aufweist.

Die frühen Schlittschuhe sahen aus wie kleine Skier, und man benötigte Stöcke, um sich auf ihnen fortzubewegen. Von 1000 v. Chr. bis ins Mittelalter wurden sie aus Knochen hergestellt. Um 1120 n. Chr. kam der arabische Reisende Sharaf Al-Zaman zu den Yura, einem Stamm nördlich der Wolga in Südrußland. Er war tief beeindruckt von ihrer seltsamen, aber effektiven Methode, sich fortzubewegen: »Für einen Menschen ist es unmöglich, diese Schneemassen zu durchqueren, es sei denn, er bindet sich die Oberschenkelknochen von Rindern an die Füße und nimmt Speere zur Hand, mit denen er sich abstößt und so über die gefrorene Fläche vorwärtsgleitet. Bei günstigem Wind kann er auf diese Weise an einem Tag weite Strecken zurücklegen.«

Der Schlittschuhunfall der heiligen Liedwi, die daraufhin ins Kloster ging und zur Schutzpatronin der Schlittschuhläufer wurde. Die Abbildung stammt aus ihrer Biographie, die ein Jahrhundert nach dem Unfall, 1498, verfaßt wurde.

Im späten 12. Jahrhundert hatte sich das Schlittschuhlaufen in England bereits als regelrechter Sport etabliert. Dem Chronisten William FitzStephen verdanken wir eine lebhafte Schilderung, wie begeistert sich die Jugend Londons diesem Zeitvertreib hingab:

»Andere, besonders geschickte Wintersportler schnallen sich die Schienbeinknochen von Tieren fest an die Knöchel und nehmen eisenbeschlagene Stöcke in die Hände, welche sie von Zeit zu Zeit gegen das Eis stoßen. Auf diese Weise bewegen sie sich so schnell wie der Vogel im Flug oder wie ein Pfeil, der von einer Kriegsmaschine abgeschossen wird. Manchmal rennen zwei von ihnen nach vorheriger Absprache aus verschiedenen Richtungen aufeinander zu. Dann reißen sie die Stöcke hoch und stoßen gegeneinander. Oft gehen beide dabei zu Boden und tragen nicht selten schwere Verletzungen davon, denn die Wucht des Aufpralls schleudert sie oft weit übers Eis, und wo sie mit dem Kopf aufschlagen, wird die Haut oft gänzlich abgeschürft. Häufig brechen sie sich auch Arme und Beine, wenn sie ungünstig fallen. Doch ihre Jugend macht sie ruhmessüchtig, sie lechzen nach Siegen und ergehen sich in Schaukämpfen, um ihren Mut für den wahren Kampf zu erproben.«

Auch später, als der moderne Schlittschuh mit in Holzpantinen eingelassenen Metallkufen erfunden war, blieb Eislaufen ein gefährlicher Sport, wie das Beispiel einer fünfzehnjährigen Holländerin namens Liedwi zeigt. Sie wurde im Winter des Jahres 1395 von einem anderen Schlittschuhläufer umgerannt und schwer verletzt. Daraufhin zog sie sich in ein Konvent zurück und widmete sich bis zu ihrem Tod 1443 dem geistlichen Leben. Sie wurde zur Schutzheiligen der Schlittschuhläufer.

Entfernungsmesser

Als unentbehrlicher Bestandteil eines jeden Autos gehört der Kilometerzähler zu den verbreitetsten Apparaten der Welt. Von ihrer Leidenschaft für die Kartographie wissen wir, daß auch die Menschen des Altertums schon das Interesse hatten, die Distanz zwischen zwei Orten genau zu bestimmen. Es ist daher nicht verwunderlich, daß bereits in Antike und Mittelalter verschiedene Modelle von Entfernungsmessern entwickelt wurden.

Ein chinesisches Buch erwähnt schon 300 v. Chr. ein solches Gerät und verweist für die genaue Beschreibung seines Mechanismus auf ein wissenschaftliches Werk aus der frühen Han-Zeit. Leider ist uns dieser Text nicht erhalten. Viel später beschreibt das *Sung Shih*, die offizielle Geschichte der Sung-Dynastie (960 – 1279 n. Chr.), mit großer Ausführlichkeit die Herstellung eines »*li*-aufzeichnenden Trommelwagens« (das chinesische Längenmaß *li* entspricht 0,5 Kilometern).

Der Prototyp wurde 1027 von dem Ingenieur Lu Ta-lung gebaut. Sobald sich das Fahrzeug fortbewegte, setzten seine Räder ein System von Zähnrädern in Gang, die die zurückgelegten Entfernungen auf eine kleine Übersetzung übertrugen und als minimale Bewegung an der Oberfläche des Geräts sichtbar machten. Die Räderfolge endete in einem Hebel, der eine Holzfigur dazu brachte, bei jedem zurückgelegten *li* eine Trommel zu schlagen. Ein zusätzlicher Mechanismus reagierte auf jeweils zehn *li* mit einem Glockenschlag. Dem chinesischen Spezialisten für Wissenschaftsgeschichte Wang Chen-tuo gelang es in den fünfziger Jahren, einen solchen »Kilometerzähler« nach den Angaben der alten Texte annährend nachzubauen.

Der römische Entfernungsmesser

Die älteste erhaltene Beschreibung eines Entfernungsmessers, enthalten im Werk des römischen Architekten Vitruv aus dem 1. vorchristlichen Jahrhundert, konnte erst 1981 erfolgreich realisiert

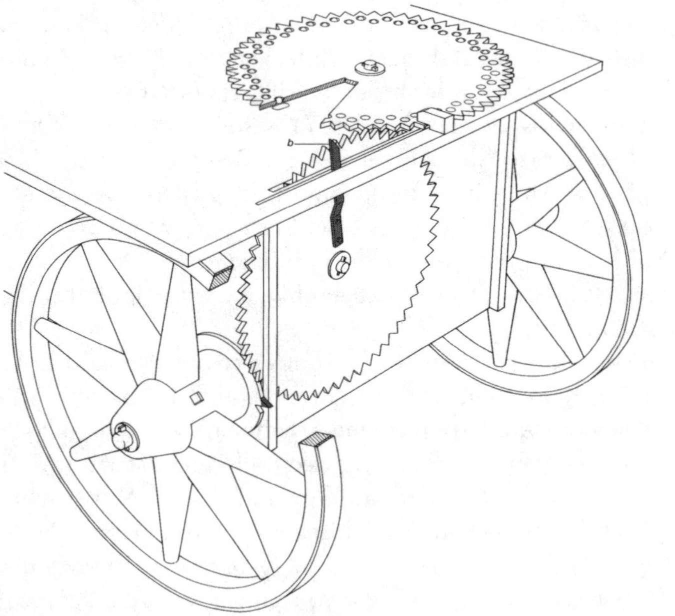

Das Hodometer des Vitruv in der Rekonstruktion des Ingenieurs André Sleeswyk. Der einzelne Zahn an der Radachse dreht das vertikale Zahnrad bei jeder Umdrehung um einen Zahn weiter. Eine ähnliche Vorrichtung läßt das horizontale Zahnrad bei je vierhundert Umdrehungen des Wagenrades einen Zahn weiterwandern. Das entspricht einer Entfernung von einer römischen Meile (ca. 1,5 Kilometer; aus Gründen der Übersichtlichkeit wurden nicht alle vierhundert Zähne gezeichnet). In den Löchern dieses horizontalen Rades liegen kleine Steinchen, die pro Meile durch einen Schlitz in eine Schachtel fallen. So konnte am Ende der Reise die zurückgelegte Entfernung bestimmt werden.

werden. Vitruv spricht vom *Hodometer* (griechisch *hodos*, der Weg, und *metron*, das Maß), einem Gerät, »mittels dessen man im fahrenden Wagen sitzend feststellen kann, welche Entfernung man zurückgelegt hat«. Weiter beschreibt er, welche Übersetzungen nötig waren und wie die Entfernung angezeigt wurde: Bei jeder zurückgelegten Maßeinheit fiel ein Steinchen rasselnd in eine Büchse. Am Ende der Reise wurden die Steine dann gezählt.

Auf dem Papier klingt die Beschreibung des Vitruv ganz einleuchtend. Sein Hauptrad hatte 400 Zähne und wurde von einem Zahn an der Radachse betrieben. 400 Radumdrehungen bewirkten also bei dem Zahnrad lediglich eine Umdrehung. Bei dem Versuch, seine Beschreibung in ein Modell umzusetzen, treten allerdings Probleme auf. Selbst der große Ingenieur der Renaissance, Leonardo da Vinci (1452–1519), hatte seine liebe Not damit. Von ihm sind zwei Zeichnungen überliefert, in denen er versuchte, die Angaben des Vitruv auf die Maßeinheiten seiner Zeit umzusetzen. Eine davon zeigt das Hauptzahnrad der Einfachheit halber mit 40 statt mit 400 Zahnrädern. In dieser Form läßt sich aus seiner Zeichnung ein praktikables Modell fertigen. Aber der Mechanismus kann, wie auch er schon festgestellt haben muß, unmöglich mit 400 Zähnen funktioniert haben, so wie es im Text angegeben wird. Selbst bei großem Umfang des Rades wären die einzelnen Zähne noch immer zu klein, als daß der Dorn an der Achse zuverlässig hätte greifen können. Leonardo löste dieses Problem in seiner zweiten Konstruktionszeichnung, indem er den »einzelnen Zahn« des Vitruv durch ein Schneckengetriebe (ein »Endloszahn«, der um einen Zylinder herum verläuft) ersetzte.

Leonardos zweites Modell funktionierte zwar, wies aber nur noch entfernte Ähnlichkeit mit der Beschreibung des Vitruv auf. Auch der Altertumskundler und Spezialist für antike Mechanik, Professor A. G. Drachmann, mußte 1963 passen und erklärte das Problem für unlösbar. Das Hodometer des Vitruv wurde den »Lehnstuhlerfindungen« zugeschlagen, ungeeignet für die praktische Umsetzung.

Damit tat man Vitruv allerdings unrecht. Die anderen komplexen Mechanismen, die er beschreibt (vgl. den Abschnitt **Wasser- und Windmühlen** im Kapitel **Landbearbeitung**), wurden vielfach erfolgreich nachgebaut. Von dem griechisch-ägyptischen Ingenieur Heron von Alexandria, der ein Jahrhundert nach Vitruv lebte, ist uns die Beschreibung eines viel einfacheren Hodometers überliefert. Es liegt daher nahe, anzunehmen, daß römische Entfernungsmesser als Vorbilder existierten. Davon ging auch der Ingenieur André Sleeswyk aus, der dieses Problem 1981 erneut aufgegriffen hat. Vitruv vermerkt nämlich ganz deutlich, daß der von ihm beschriebene Mechanismus »von unseren Vorgängern überliefert ist«, das heißt, er hat dieses Gerät nie in Aktion gesehen, sondern es aus zweiter Hand beschrieben. Auf dieser Annahme fußend, begann Sleeswyk die Rekonstruktion von neuem. Er führte an, daß die antike griechische Rechenmaschine von Antikythera (vgl. den Abschnitt **Ein Planetenradgetriebe** im Kapitel **High-Tech**) nicht die rechteckigen, zu Leonardos Zeiten gebräuchlichen Zähne aufweist, sondern dreieckige, spitze Zähne an seinen Zahnrädern hat. Sleeswyk benutzte also Zähne dieser Art, versah den einzelnen Zahn an der Achse mit einer tiefen Kerbe, setzte ihn im Winkel von 90 Grad an das vierhundertzahnige Rad und löste damit das Problem. Ein weiterer einzelner Dorn an dem großen Zahnrad setzte die Bewegung dann auf ein horizontales Zahnrad an der Oberfläche des Wagens um. Dort hinein bohrte Sleeswyk Löcher, durch die pro Längeneinheit ein Steinchen fiel. So konnte er Vitruvs Hodometer doch noch nachbauen, ohne dessen Beschreibung zu verfälschen.

Nun galt es nur noch, herauszufinden, wer der eigentliche Erfinder dieses Mechanismus war, den Vitruv als »überliefert« bezeichnet hat. Was hätte ein solcher Apparat den Römern zu einer Zeit nutzen sollen, als ihr Straßennetz bereits seit mehreren hundert Jahren zuverlässig mit Meilensteinen versehen war? Antwort darauf gibt vielleicht ein arabisches Manuskript aus dem Mittelalter, das einen vergleichbaren Steinchen-Mechanismus im Zusammenhang mit einer Wasseruhr beschreibt, die dem großen Archimedes zugeschrieben wird (287–212 v. Chr.). Der größte Ingenieur der Antike war zweifellos in der Lage, ein solches Getriebe zu entwickeln. Er war der wichtigste Berater des Königs von Syrakus, zu einer Zeit, da Sizilien ein enger Verbündeter Roms war (vgl. den Abschnitt **Die »Kralle des Archimedes«** im Kapitel **Militärtechnik**). Zu ebendieser Zeit wurde das römische Straßennetz vollendet. Es ist durchaus denkbar, daß man in Rom den wissenschaftlichen Genius seiner Zeit beauftragte, beim systematischen Straßenausbau zu helfen und ein Gerät zu entwickeln, das genaue Entfernungsangaben machen konnte. Sleeswyks Beweis stützt sich zwar lediglich auf Indizien, wirkt aber dennoch überzeugend.

Windbetriebene Fahrzeuge

Die Idee, statt Pferde und Esel auch andere Energiequellen vor ihre Wagen zu spannen, hat die Menschen schon immer gereizt. Bereits im Mittelalter haben Ingenieure sich darüber den Kopf zerbrochen. Die zuerst genutzte und praktikabelste Energieform war der Wind. Es verwundert nicht, daß es die Chinesen mit ihrer langen Tradition im Herstellen von Flugdrachen waren, die diese Energiequelle als erste nutzten.

So stellte man sich in Europa die chinesischen Windwagen vor. Vignette aus dem 17. Jahrhundert.

Die älteste Erwähnung eines »Landseglers« findet sich im *Buch vom Meister der goldenen Halle*, das der Gelehrten-Kaiser Liang (Reg. 552–554 n. Chr.) verfaßt haben soll. Er schreibt darin, daß der berühmte Philosoph Kao-ts'ang Wu-shu einen windgetriebenen Wagen konstruierte, der dreißig Personen befördern konnte und viele hundert Kilometer pro Tag zurücklegte. Eine größere, allerdings zusätzlich von Pferden gezogene Version wurde angeblich 610 n. Chr. vom Kaiser Yang der kurzlebigen Sui-Dynastie gebaut. Es wird behauptet, daß dieser Wagen mehreren tausend Fahrgästen Platz bot. Das ist nun sicherlich übertrieben, weist aber auf die Existenz eines Fahrzeugs von bescheideneren Ausmaßen hin. Verbreitet waren auch Schubkarren und Pflüge, an denen man Segel anbrachte, um sie leichter fortbewegen zu können. Im hohen Norden Chinas paßte man die Windfahrzeuge den Gegebenheiten an, indem man Eisgleiter mit Segeln baute, die auf kleinen Rädern übers Eis sausten.

Gegen Ende des 17. Jahrhunderts brachten europäische Reisende die sensationelle Neuigkeit von den Landseglern mit nach Hause. Dort wurden diese Fahrzeuge sofort eifrig nachgebaut und bestaunt. In dem Versepos *Paradise Lost* (1663) des großen englischen Dichters John Milton heißt es zum Beispiel: »Auf Sericanas unfruchtbaren Flächen [...], wo unter Wind und Segel Chinesen ihre Bambuswagen lenken.« Landsegler erreichten Geschwindigkeiten von knapp 50 Stundenkilometern, waren also schneller als die Dampfeisenbahnen des 19. Jahrhunderts. Das hat einige Leute dazu veranlaßt, über windgetriebene Eisenbahnen nachzudenken, aber da keine alternative Energie verfügbar war, falls es windstill war oder der Wind aus der falschen Richtung blies, wurde die Idee nicht weiterverfolgt.

Schiffe

Belege für die Existenz von Schiffen sind sehr viel älter als die uns überlieferten Reste solcher Fahrzeuge. Bereits während der letzten Eiszeit, von 40000 bis 10 000 Jahren vor unserer Zeit, hatten steinzeitliche Jäger jeden Kontinent außer der Antarktis kolonisiert. Der niedrige Meeresspiegel machte es möglich, beide Teile Amerikas über eine Landbrücke zwischen Sibirien und Alaska zu erreichen. Mit Asien und Australien war die Sache schon schwieriger. Der australische Kontinent erstreckte sich während der Eiszeiten im Norden bis Neu-Guinea, aber von Südostasien war er schon seit Millionen von Jahren durch Wasser getrennt. Neueste archäologische Funde belegen jedoch, daß erste Siedler Neu-Guinea und Australien bereits 40 000 Jahre v. Chr. erreichten. Es gibt daher keinen Zweifel mehr daran, daß sich die Menschheit schon in ihren Anfängen aufs Meer gewagt hat.

Es existieren noch weitere Hinweise auf die prähistorische Seefahrt, auch wenn uns aus dieser Zeit keinerlei Bootsteile überliefert sind. Im Ägäischen Meer zum Beispiel muß es regen Schiffsverkehr zwischen verschiedenen Siedlungen gegeben haben. In der Franchthi-Höhle in Süd-Griechenland haben Archäologen in aufeinanderfolgenden Grabungsschichten vom 11. Jahrtausend v. Chr. beginnend immer wieder Obsidian gefunden. Obsidian ist ein vulkanisch entstandenes Glas, das in prähistorischer Zeit sehr gefragt war (vgl. die Abschnitte **Rasiermesser** und **Spiegel** im Kapitel **Körperpflege**). Laboranalysen zeigen, daß der Obsidian aus der Franchthi-Höhle von der 160 Kilometer entfernten Insel Melos stammt (siehe Karte S. 62). Dieser Seehandel – übrigens der erste bislang nachweisliche auf der Welt – muß sich über die nächsten Jahrtausende fortgesetzt und ausgeweitet haben, denn Obsidian aus Melos findet sich immer wieder an den verschiedensten Fundorten Nord-Griechenlands.

Das Boot gehört zu den frühesten Erfindungen des Menschen. Wie die Boote aussahen, mit denen die ersten Siedler Australiens in ihre neue Heimat aufbrachen, wissen wir nicht, sie müssen allerdings erstaunlich robust gewesen sein. Teile der Überfahrt bestanden aus relativ einfachem »Insel-Springen«, doch es mußten auch Strekken von 80 bis 100 Kilometern über die offene See zurückgelegt werden. Man nimmt heute an, daß Fischer an der Küste Südostasiens entdeckten, daß sich aus einem ausgehöhlten Bambusstamm, der nach Art des modernen Katamarans mit mehreren Rundhölzern stabilisiert war, ein robustes und zugleich manövrierfähiges Boot bauen ließ, mit dem man sich aufs Meer wagen konnte.

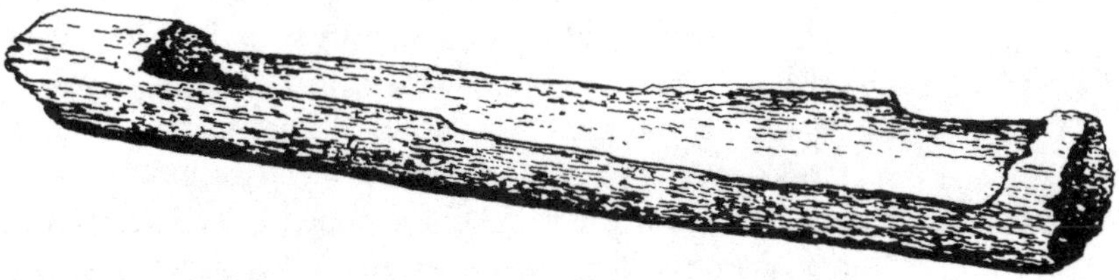

Einbaum

Seeleute aus dem Megalithikum

Am anderen Ende Europas war der Hochseefischfang schon 5000 v. Chr. an der Tagesordnung. Bei der Ausgrabung steinzeitlicher Siedlungen an den Küsten Irlands und Schottlands, etwa in Oban und Strathclyde, haben Archäologen große Mengen an Gräten und Fischknochen vom Kabeljau und anderen Fischarten gefunden, die sich selten in der Nähe der Küste aufhalten. Es müssen also Boote verwendet worden sein, um diese Fische zu fangen. Wahrscheinlich waren sie aus fest zusammengenähten Tierhäuten hergestellt, denn bei Grabungen wie in Oban wurden keinerlei Werkzeuge zur Holzbearbeitung gefunden.

Erste nachweisliche Bootsfunde kommen ebenfalls aus West-Europa. Das früheste uns bekannte Paddel, datiert auf etwa 8500 v. Chr., wurde in Star Carr in Yorkshire ausgegraben. Ungefähr 1000 Jahre jünger ist das früheste erhaltene Boot, das in Pesse,

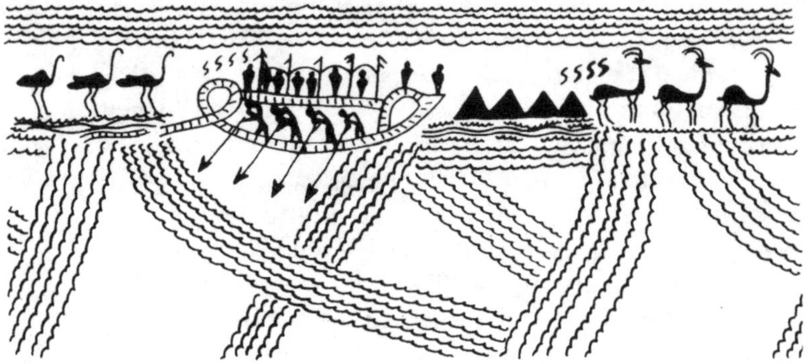

Darstellung eines frühen ägyptischen Schiffs auf einem Gefäß, um 3100 v. Chr. Die dreieckigen Figuren im Hintergrund sind Berge und keine Pyramiden. Die Zeichnung entstand nämlich lange vor ihrem Bau.

Niederlande, entdeckt wurde. Es ist ein simpler Einbaum aus dem Stamm einer Kiefer.

Diese frühen europäischen Belege für den Bau von Booten – bei den Obsidian-Händlern der Ägäis und den schottischen Fischern – reichen zurück ins Mesolithikum, also die Mittlere Steinzeit. Die anschließende Jungsteinzeit sah bereits die Anfänge des Ackerbaus, begleitet von einem technologischen und sozialen Entwicklungsboom. Besonders faszinierend ist, daß in der Zeit nach 4500 v. Chr. die megalithischen Kulturen an der Westküste Europas wie Pilze aus dem Boden sprießen. In Portugal, Spanien, Frankreich, Irland, Britannien und Süd-Skandinavien errichteten ähnlich strukturierte Gesellschaften große Monumente aus grob behauenen Steinen, die mit Begräbnissen oder Ritualen in Verbindung gebracht werden. Ihren Höhepunkt bildeten monumentale Anordnungen und Steinkreise – klassisches Beispiel ist Stonehenge –, die zum Teil sicher astronomischen Zwecken dienten, deren Bedeutung der Wissenschaft aber nach wie vor unklar ist. Da sich die megalithischen Siedlungen an der Küste konzentrieren, kann man vermuten, daß es sich um seefahrende Kulturen handelte, die den Atlantik beherrschten. Die Legende von Atlantis ist zweifellos reizvoll, doch wir haben keinerlei Beweis, daß eine solche Insel tatsächlich existiert hat.

Dennoch sprechen die Gemeinsamkeiten dieser megalithischen Kulturen für eine Verbindung auf dem Seeweg: Archäologische

Funde belegen den Kontakt von so weit voneinander entfernt liegenden Ländern wie Portugal und Irland. Die Seeleute des Megalithikums hatten mit großer Wahrscheinlichkeit Boote aus Leder. Spätere in dieser Region ansässige keltische Stämme waren für das Coracle bekannt, ein lederbezogenes Boot für eine Person, das von Flußfischern benutzt wurde und das Julius Caesar gesehen hat, als er Britannien 55 v. Chr. eroberte. Die Römer waren sehr beeindruckt, daß sich die Kelten in diesen scheinbar unzureichenden Booten auch auf den stürmischen Atlantik hinauswagten. Aber die Konstruktion aus fest vernähtem Leder, das über einen Holzrahmen gespannt war, scheint erstaunlich widerstandsfähig und seetüchtig gewesen zu sein. Außerdem hatten diese Boote den Vorteil, daß sie leicht waren; ein solches Lederboot von etwa 12 Meter Länge und einem Fassungsvermögen von zwei Tonnen konnte problemlos von zwei Männern getragen werden.

Langboote aus Leder waren auch die bevorzugten Wasserfahrzeuge der Kelten in Irland. Das sogenannte *curragh* (gälisch für Coracle) wurde von den seetüchtigen irischen Mönchen des frühen Mittelalters für ihre weiten Reisen über den Atlantik benutzt. Sie kamen damit nachweislich bis zu den Shetland-Inseln und nach Island. Die Legende vom heiligen Brendan berichtet, wie er mit einer Handvoll furchtloser Mönche in einem *curragh* nach langer Atlantik-Fahrt ein geheimnisvolles Land weit im Westen erreichte. Manche glauben aus den mittelalterlichen Schilderungen von Brendans Reise schließen zu können, daß er bereits im 7. Jahrhundert n. Chr. die Neue Welt erreicht hat. In einem spektakulären Experiment hat der Forschungsreisende Tim Severin 1978 diese Möglichkeit überprüft. Mit zeitgemäßen Techniken bauten er und sein Team ein *curragh*, dem sie den Namen *Brendan* gaben, und überquerten darin den Atlantik. Als sie in Amerika ankamen, waren Schiff und Besatzung in guter Verfassung.

Felszeichnungen und in Stein geritzte Darstellungen aus Dänemark zeigen, daß die Lederboote aus dem Megalithikum und der Bronzezeit den späteren *curraghs* sehr ähnlich waren. Andere dänische Felszeichnungen zeigen eine Art großen Einbaum. Es ist bislang ungeklärt, wann die ersten aus Planken gefertigten Boote an der Atlantikküste entstanden sind, allerdings wissen wir, daß die Kelten – immer schon Experten in der Seefahrt – es darin zu besonderer Meisterschaft brachten.

Die massiven Schiffe der Veneti (keltischer Volksstamm an der Küste Galliens) hinterließen bei Julius Caesar einen nachhaltigen Eindruck, als er 56 v. Chr. die Nordwestküste des heutigen Frankreich erreichte. Sie waren aus massivem Eichenholz und hatten riesige Ledersegel, die es mit den stärksten Atlantik-Stürmen aufnehmen konnten. Die Spanten, so notierte Caesar, bestanden aus »30 Zentimeter dicken Balken, die mit daumendicken Eisen befestigt waren«. Ihr Bug überragte die römischen Galeeren: »Durch Rammen konnten wir ihnen nichts anhaben, denn sie waren solide gebaut, und wegen ihrer Höhe konnten wir sie auch mit Wurfgeschossen und Enterhaken nicht erreichen.«

Die ersten Marineeinheiten

Was die Seefahrt betrifft, so müssen einige der großen Kulturen des Altertums als Nachzügler gelten. Die Ägypter zum Beispiel hatten kaum Zugang zur Küste, und ihre seemännische Erfahrung beschränkte sich weitgehend auf das Niltal. Dennoch zeigen Felszeichnungen im Wadi Hammamat am Roten Meer, daß sie sich bereits im 4. Jahrtausend v. Chr. aufs Meer wagten. Die dargestellten Boote waren vermutlich aus Papyrus oder Schilfbündeln – Materialien, aus denen die nächsten Jahrtausende hindurch die Nilschiffe gebaut werden sollten.

Die Kulturen des Mittelmeerraums waren zwar nicht führend in der Seefahrt, aber immerhin haben sie die ersten Schiffe aus Planken gebaut. Wie so oft warten auch hier die Ägypter mit spektakulären Grabungsfunden auf, der Welt erstes Schiff aus Planken wurde in unmittelbarer Nachbarschaft zur Großen Pyramide, dem Grabmal des Pharaos Cheops (ca. 2600 v. Chr.), entdeckt. Fünf große Gruben wurden ausgehoben, um zeremonielle Flußschiffe

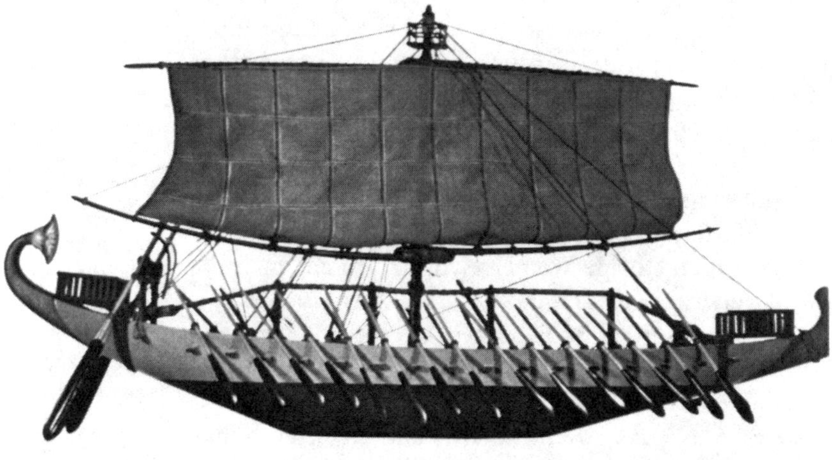

Modell eines seetüchtigen ägyptischen Schiffs aus der Zeit der Königin Hatschepsut, 15. Jahrhundert v. Chr.

für den toten Herrscher aufzunehmen, und dann wieder mit Steinen versiegelt. Eine davon war noch luft- und wasserdicht abgeschlossen, als man sie 1952 öffnete, und das darin enthaltene Schiff hatte sich bestens erhalten – es war in 1224 Einzelteile aus Zedern- und Sykomorenholz zerlegt. Nach sorgfältiger Rekonstruktion erstand es in seiner alten Pracht wieder auf: ein Schiff von 43 Meter Länge, gut 5 Meter breit und mit etwa 40 Tonnen Verdrängung.

Auch die Chinesen haben erst relativ spät mit dem Schiffsbau begonnen, doch wie die Ägypter machten sie dieses Versäumnis durch Organisationstalent und geniale Erfindungsgabe schnell wieder wett. Wie wir aus den kaiserlichen Annalen wissen, verfügte der südchinesische Staat Wu im späten 6. Jahrhundert v. Chr. bereits über eine Marineeinheit von nicht weniger als 1000 Mann. Die Werft in Kuang-chou verfügte zur Ch'in- und frühen Han-Zeit (spätes 3. und frühes 2. Jahrhundert v. Chr.) über drei Trockendocks, auf denen hölzerne Schiffe von 80 Meter Länge und 30 Meter Breite gebaut werden konnten, die Tragkraft dieser Anlagen dürfte bis zu 60 Tonnen betragen haben. (Zum Vergleich: Die *Mayflower*, die 1620 die Pilgerväter nach Amerika brachte, war ca. 18 Meter lang und 8 Meter breit.) 260 n. Chr. bauten die Chinesen sogar noch größere Dschunken, die den Ozean durchkreuzten.

In dieser Zeit wurde auch das Steuerruder erfunden. Eine Reihe von Texten verweist auf eine frühe chinesische Entwicklung, handfeste Beweise liefern aber erst die 1958 in einem Grab bei Kanton entdeckten, detailgetreuen Schiffsmodelle aus Ton. Sie haben ein deutlich erkennbares Pinnenruder und stammen aus dem 1. bis 2. Jahrhundert n. Chr.; das bedeutet 1000 Jahre Vorsprung vor dem ersten europäischen Beleg eines Ruders. Die Chinesen waren es auch, die den Kompaß im Vorderen Orient und in Europa einführten (vgl. den Abschnitt **Der Kompaß**).

Im Mittelalter verfügten die Chinesen über die stärkste Flotte der Welt. Der große Flottenbefehlshaber Cheng Ho, mächtiger Eunuch am Hof der Ming-Kaiser, verließ China 1405 zusammen mit 28 000 Mann und einer Flotte von 62, mit je vier Decks ausgestatteten Schiffen, 134 Meter lang und 56 Meter breit. Zwei Jahre lang bereiste man Südostasien, um Tribut von Völkern einzutreiben, die von dieser Demonstration kaiserlicher Macht zutiefst beeindruckt waren. Im Jahr 1420 verfügte die chinesische Kriegsflotte über 250 Langstrecken-Galeonen, 400 große Kriegsschiffe, 400 Frachter für den Getreidetransport, 1350 Patrouillenboote und 1300 Schlachtschiffe, die in den verschiedenen Küstenstützpunkten stationiert waren.

Die alten Ägypter hatten nicht nur hervorragende Handwerker, sie waren auch gut im Organisieren. Von ihnen haben wir die ersten Hinweise auf eine staatlich unterhaltene Marine. Von etwa 2300 v. Chr. an sprechen ihre Texte von großen Frachtern, die auf dem Nil verkehrten, aber auch von seetüchtigen Schiffen, die im Auftrag der Pharaonen Zedernholz und andere Waren von den Küsten des Libanon herbeischafften. Marineeinheiten spielen eine maßgebliche Rolle bei der ägyptischen Eroberung Palästinas und Syriens während der 18. Dynastie, die um 1550 v. Chr. begann. Die Pharaonen dieser Dynastie veranlaßten auch groß angelegte Flottenexpeditionen zu friedlichen Zwecken. Königin Hatschepsut, eine der wenigen Frauen, die Ägypten eigenverantwortlich regierte, schickte eine kleine Flotte in das entfernte Land Punt an der Ostküste Afrikas, um Weihrauch-Bäume zu holen (vgl. den Abschnitt **Der erste Suezkanal**). Ein Relief in ihrem Grabestempel zeigt, wie zwei gigantische, je 350 Tonnen schwere Obelisken von den Steinbrüchen bei Assuan nilabwärts transportiert werden. Sie wurden auf einen großen Lastkahn verladen, der mehr als 60 Meter lang und 21 Meter breit gewesen sein muß und eine Flotte von 30 mit Rudersklaven besetzte Schlepper benötigte, um sich fortzubewegen.

Antike Luxusliner

Die extravagantesten Schiffe des Altertums wurden im hellenistischen Zeitalter (3. bis 1. Jahrhundert v. Chr.) gebaut, als griechische Kultur und Technologie auf den gesamten Mittelmeerraum und den Vorderen Orient ausstrahlte. Damals, wie auch in moderner Zeit, waren die Griechen begnadete Schiffsbauer.

Im letzten Viertel des 3. vorchristlichen Jahrhunderts machte Ptolemaios IV., ein Herrscher jener griechischen Dynastie, die Ägypten vor den Römern regierte, von sich reden, weil er so großartige Schiffe bauen ließ. Die damals gängige griechische Kriegsgaleere (auch Trireme genannt) war in der Regel nicht länger als 35 Meter. Ptolemaios ließ ein Kriegsschiff bauen, das 130 Meter lang, 17 Meter breit und gut 20 Meter hoch war. Für seine Jungfernfahrt bedurfte es 4000 Mann, um die vierzig Ruderbänke zu füllen, mit 400 Ruderern als Reserve. Die Crew an Deck bestand aus weiteren 2800 Seeleuten. Dieses Schiff war zweifellos uneinnehmbar, aber seine Größe machte es nahezu manövrierunfähig. Nach der enormen Anstrengung, dieses Monstrum für seine Jungfernfahrt vom Stapel zu lassen, blieb es – abgesehen von fälligen Reparaturen im Trockendock – fürderhin als Schaustück an der Mole vertäut. Das Schiff ist nie zum militärischen Einsatz gekommen, hat aber seine abschreckende Wirkung bestimmt nicht verfehlt.

Das Heck eines römischen Segelschiffs (Teil eines Mosaiks um 400 n. Chr.). Der Hintersteven endet in einem Gänsekopf.

König Hiero II. von Syrakus (270–215 v. Chr.), ein Zeitgenosse des Ptolemaios, hat unter der Federführung von Archias, dem führenden griechischen Schiffsbaumeister, ein ebenso ambitioniertes Projekt in Auftrag gegeben. Das Schiff namens *Syracusa* hatte ein Jahr Bauzeit, brauchte die sechsfache Holzmenge eines normalen Schiffs, und seine Materialien wurden bis aus Spanien und Deutschland herangeschafft. Mit zwanzig Ruderbänken und drei Masten war es eine seltsame Mischung aus bewaffnetem Luxusliner und Superfrachter (für den Weizenexport gedacht). Es konnte 1800 Tonnen Ladung an Bord nehmen. Zu seiner Ausrüstung zählten Kräne, mit denen man Steine auf feindliche Schiffe fallen lassen und sie entern konnte, und riesige Katapulte nach Entwürfen des großen Archimedes, dem wissenschaftlichen Berater Hieros. Er löste auch das Problem, dieses gigantische Schiff zu Wasser zu lassen (vgl. den Abschnitt **Die »Kralle des Archimedes«** im Kapitel **Militärtechnik**). Das Waffenarsenal des Schiffes wurde von 200 Matrosen von acht Wehrtürmen aus bedient, in denen Steine und andere Wurfgeschosse lagerten. Von diesen Vorrichtungen waren die Piraten schon so beeindruckt, daß sie erst gar nicht angriffen. Der griechische Schriftsteller Athenaios (vgl. den Abschnitt **Kochbücher** im Kapitel **Essen, Getränke, Drogen**), von dem wir Schilderungen des Schiffes besitzen, nennt nicht die Zahl der vollständigen Besatzung. Sie muß aber zahlreich genug gewesen sein, um einen an Bord befindlichen Gerichtshof zu rechtfertigen, dem der Kapitän und einige seiner Offiziere vorsaßen.

Die genauen Abmessungen dieses Riesenschiffes sind bei Athenaios nicht angegeben, aber es muß so groß gewesen sein, daß nur ein Hafen der mediterranen Handelspartner von König Hiero in der Lage war, es aufzunehmen. Daher unternahm dieser Superfrachter nur eine einzige Seereise, und zwar von Sizilien nach Alexandria, wo er, beladen mit Getreide, dem König Ptolemaios zum Geschenk gemacht wurde, der es sofort auf Grund setzte. Die *Syracusa* war ein schwimmender Dinosaurier. Die Mode, solche überdimensionierten Schiffe zu bauen, hat sich schließlich um die Mitte des 2. vorchristlichen Jahrhunderts totgelaufen, die Schiffsbauer rund ums Mittelmeer kehrten zu praktikableren Modellen zurück.

Nur wenige Schiffe werden eine so luxuriöse Ausstattung gehabt haben, wie es uns Athenaios von der *Syracusa* berichtet. Ihr Trinkwassertank faßte 90000 Liter, daneben gab es einen weiteren Frischwassertank, um lebende Fische zu halten. Es gab zwanzig Pferdeställe, riesige Küchen, ausgestattet mit Getreidemühlen und Backöfen, und jede Menge Lagerräume für Brennholz, Nahrungsmittel, Tierfutter, Werkzeuge und Waffen. Das Offiziers-Deck hatte sein eigenes Badezimmer mit drei bronzenen Wannen, ferner eine Turnhalle und einen Aphrodite-Schrein, dessen Boden mit Halbedelsteinen belegt war und der Türen aus Zedernholz und Elfenbein hatte. Man wandelte unter traubenbehangenen Laubengängen und zwischen Blumenbeeten. Selbst eine Bibliothek mit Liegebetten und intarsienverzierten Wänden gab es. Fußböden, Wände, Decken und Möbel der gesamten »Ersten Klasse« waren mit aufwendigen Mosaiken und Schnitzereien geschmückt, die die Geschichte des Trojanischen Krieges nach Homers *Ilias* darstellten.

Schiffe mit Schaufelrädern

Bevor das Mittelalter hereinbrach, gelang den Schiffsbauern der griechisch-römischen Antike noch eine letzte große Erfindung. Das war, wenngleich nur auf dem Papier entwickelt, das Schaufelrad. Schaufelräder waren schon bei den Römern verbreitet. Man benutzte sie, um mit Hilfe von Wasserkraft Mühlen anzutreiben (vgl. den Abschnitt **Wasser- und Windmühlen** im Kapitel **Landbearbeitung**). Ferner existiert der auf einem solchen Gerät basierende Entwurf eines Entfernungsmessers für Schiffe aus der Hand des Vitruv. Kehrte man das Prinzip um, so konnten von Muskelkraft betrie-

Rekonstruktionszeichnung eines chinesischen Schaufelraddampfers von 1135 n. Chr., der für militärische Zwecke eingesetzt wurde. Er hatte seitlich 22 Schaufelräder und ein großes am Heck. Auf einem solchen Schiff konnten etwa 300 Soldaten samt Mannschaft Platz finden.

bene Schaufelräder ein Schiff im Wasser vorwärtsbewegen. Das um 370 n. Chr. entstandene anonyme römische Manuskript *De rebus bellicus* (Über Kriegsgerät) beschreibt eine Reihe ausgefallener Apparate, die das Römische Reich vor dem drohenden Einfall der Barbaren hätten retten sollen. Unter ihnen findet sich auch der Plan für ein Schiff mit sechs Schaufelrädern, von denen jedes von drei Ochsen in einer Tretmühle angetrieben wurde.

Im England des 13. Jahrhunderts entwickelte der Erfinder Roger Bacon diese Idee weiter, aber erst viel später sollte sie in Europa auch realisiert werden. 1543 wurden in Barcelona kleine Schlepper mit Schaufelrädern gebaut, jedes wurde von einer Tretmühle mit 40 Mann angetrieben. Diese Version des Schaufelraddampfers wurde später durch Modelle mit Dampfkraft ersetzt, die zum Beispiel die Engländer während des Opiumkriegs 1840 gegen die Chinesen einsetzten. Die Chinesen verfügten zum großen Erstaunen der Engländer ihrerseits über Schiffe mit Schaufelrädern. Die Engländer dachten zunächst, ihre Gegner hätten diese Technik eilends von ihnen kopiert, doch in China war dieser Antriebsmechanismus schon seit mindestens 1000 Jahren verbreitet. Er wurde vermutlich im 5. oder 6. Jahrhundert n. Chr. entwickelt. Der erste gesicherte Nachweis ist ein Bericht von 783 über Li Kao, den Gouverneur von Huangchao. Dort heißt es: »Li Kao, immer interessiert an neuen Maschinen, hat Schiffe bauen lassen, von denen jedes seitlich zwei Räder hat, die mittels einer Tretmühle gedreht werden. Diese Schiffe bewegen sich schnell wie der Wind und verursachen Wellen, als hätten sie Segel gesetzt.«

Im frühen 12. Jahrhundert setzte in China infolge eines anhaltenden Bürgerkriegs ein Wettlauf im Erfinden neuer, auf dem Wasser einsetzbarer Waffen ein. Viele der Kampfhandlungen konzentrierten sich nämlich auf strategisch wichtige Seen und Flüsse, weshalb man Schiffe brauchte, die nicht vom unzuverlässigen Wind, sondern von den Beinen der Besatzung angetrieben wurden. Solche Schiffe waren zwischen 60 und 90 Meter lang, hatten 700 bis 800 Mann an Bord und zum Teil mehr als zwanzig Schaufelräder. Als die Feindseligkeiten ein Ende hatten, verfügten beide Seiten jeweils über Tausende solcher Giganten, doch in Friedenszeiten kamen sie langsam wieder aus der Mode.

Der erste Suezkanal

Als Napoleon 1798 Ägypten eroberte, träumte er davon, einen Kanal zu bauen, der das Mittelmeer mit dem Roten Meer verbindet. Eine solche Wasserstraße hätte es ihm ermöglicht, die wirtschaftlichen Grundlagen des britischen Empire zu erschüttern, indem er sich direkten Zugang zu den Reichtümern Indiens und des Fernen Ostens verschaffte. Doch selbst wenn er nicht von Nelson aus Ägypten vertrieben worden wäre, hätte er seinen Plan wohl kaum verwirklichen können. Seine wissenschaftlichen Berater behaupteten, daß das Unternehmen so viel Arbeitskraft erfordere, daß es nie fertiggestellt werden würde. Außerdem warnten sie vor den Gefahren eines solchen Unternehmens. Das Nil-Delta würde dann nämlich, so sagten sie voraus, vom Meerwasser überschwemmt. Sie hatten die Höhen der beiden Gewässer falsch eingeschätzt und angenommen, daß der Wasserspiegel des Roten Meers mehrere Meter über dem des Mittelmeers läge.

Diese Befürchtungen hielten sich bis weit ins 19. Jahrhundert hinein. Erst der fähige französische Ingenieur Ferdinand de Lesseps konnte nach zwanzigjähriger Arbeit ein solches Projekt verwirklichen. 1869 wurde der Suezkanal eröffnet.

Ein Triumph antiker Baukunst

Die alten Ägypter scheinen sich mit derartigen Problemen nicht aufgehalten zu haben. Der persische Herrscher Dareios, der Ägypten zwischen 522 und 486 v. Chr. regierte, wurde von einigen seiner Berater, genau wie Napoleon, vor der Gefahr einer Überflutung gewarnt, doch seine Ingenieure ließen sich nicht beirren und fingen an, einen Kanal zu bauen. Eine der Inschriften, die uns über den Bau berichtet, lautet: »Ich befehle, daß dieser Kanal vom Flusse Nil in Ägypten bis zu jenem Meer gegraben wird, an dem Persien liegt. Dieser Kanal wurde also auf meinen Befehl hin gegraben. Und Schiffe fahren nun durch diesen Kanal nach meinem Willen von Ägypten bis nach Persien.«

Daraus müssen wir schließen, daß sowohl die geographischen als auch die technischen Fähigkeiten der alten Ägypter denen zu Zeiten Napoleons überlegen waren. Der Kanal des Dareios war breit genug, daß zwei große Galeeren aneinander vorbeifahren konnten. Die erste Hälfte der Strecke folgte dem Verlauf des modernen Suezkanals, er führte vom Roten Meer nordwärts, zweigte dann aber nach Westen ab und bediente sich dabei natürlicher Wasserwege. Das letzte Stück bis zum Mittelmeer wurde auf dem Nil zurückgelegt.

Doch Dareios kann nicht das ganze Verdienst für sich in Anspruch nehmen. Es scheint, daß seine Arbeiter zu großen Teilen eine Wasserstraße aus früherer Zeit repariert und vervollständigt haben. Die Ägypter selbst behaupten, der erste Kanal sei bereits vom großen Eroberer Sesostris erbaut worden, einer legendären Figur, deren Lebensdaten und Identität zweifelhaft sind. Wir wissen jedoch, daß 1470 v. Chr. eine solche Wasserstraße bereits existiert hat. Damals hat nämlich Königin Hatschepsut ihre Handelsexpedition nach Punt an der Ostküste Afrikas geschickt (vgl. den

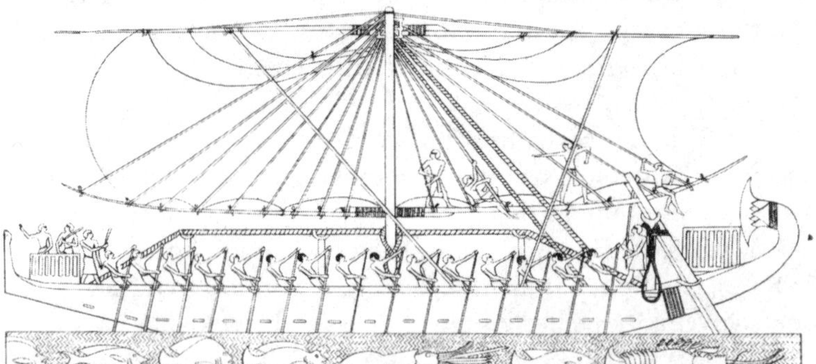

Mit solchen Segelschiffen ließ Königin Hatschepsut die Expedition nach Punt in Afrika durchführen. Die Fische, die sehr detailgetreu auf diesem Wandrelief ihres Tempels dargestellt wurden, sind typische Bewohner des Roten Meers. Das legt nahe, daß die Flotte von Theben am Nil über den alten Suezkanal direkt zum Roten Meer gelangte. Der Kanal müßte also bereits 1470 v. Chr. existiert haben.

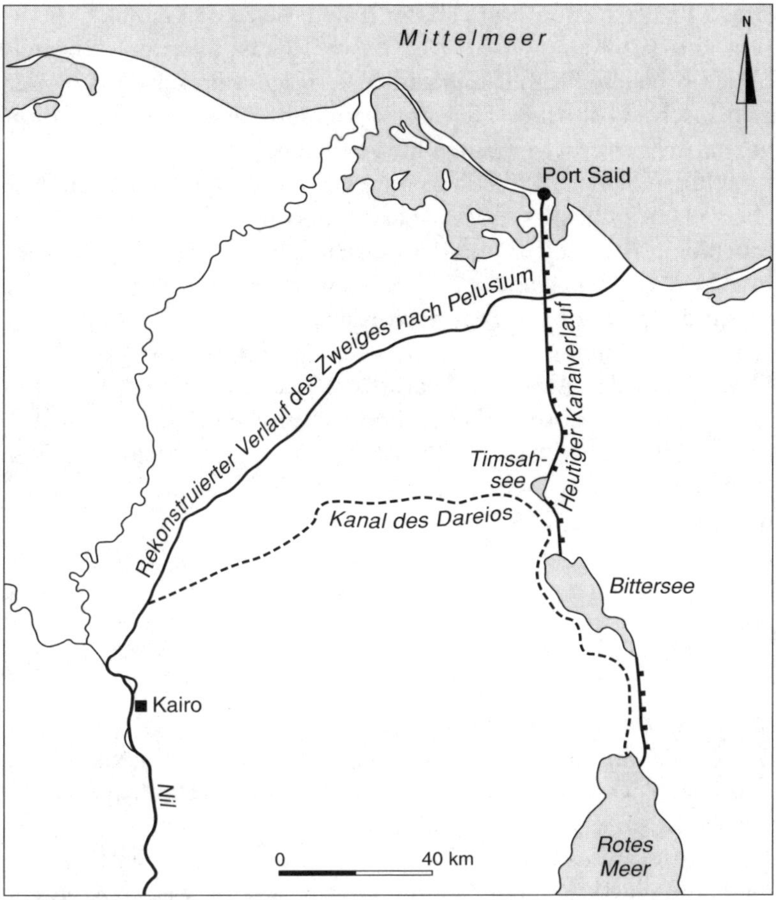

Die durchbrochene Linie zeigt den Suezkanal zur Zeit des persischen Herrschers Dareios (522–486 v. Chr.). Bereits zur Zeit der Pharaonen begonnen, bediente er sich einer natürlichen Wasserstraße, die vom Nil ostwärts floß. Das letzte Teilstück des alten Kanals, südlich vom Timsahsee, war identisch mit dem heutigen Kanalverlauf.

Abschnitt **Schiffe**). Das großartige Relief in ihrem Tempel in Deir el-Bahri (Theben) stellt diese Reise dar und läßt keinen Zweifel daran, daß die Seeleute den ganzen Weg vom Nil bis zum Roten Meer per Schiff zurücklegten. Wer immer diesen Kanal gebaut hat, es ist eine technische Meisterleistung, die dem modernen Suezkanal mindestens dreieinhalb Jahrtausende voraus ist. Doch der Wüstensand hat diese künstliche Wasserstraße mit der Zeit zugedeckt. Reparaturen wurden, so scheint es, von Pharao Ramses II. um 1250 v. Chr. veranlaßt.

Necho (Reg. 610–595 v. Chr.), einer der bedeutendsten einheimischen Herrscher Ägyptens, dem es gelang, sein Land vor dem Niedergang zu bewahren und es erneut zu internationalem Ansehen zu führen, hat sich ebenfalls an einem Kanalbau versucht. Er war auch der erste, der seine Flotte beauftragte, den afrikanischen Kontinent zu umsegeln – ein navigatorisches Meisterstück, das erst 2000 Jahre später durch Vasco da Gamas Expedition von 1498 ein zweites Mal gelang. Es ist allerdings zweifelhaft, ob Nechos Kanal tatsächlich fertiggestellt wurde. Wie der griechische Historiker Herodot berichtet, sind bei diesem Bauvorhaben 120000 Menschen ums Leben gekommen, und das Unternehmen wurde schließlich aufgegeben. Erst Dareios hat Nechos Pläne vollendet. Viele Jahre hindurch fuhren Schiffe zwischen dem Mittelmeer und dem Orient hin und her. Zur Zeit der griechischen Dynastie der Ptolemäer war die Wasserstraße erneut versandet und unbefahrbar geworden.

Es ist Ptolemaios II., dem wir auch den Bau des spektakulären Pharos (vgl. den Abschnitt **Leuchttürme**) verdanken und der Alexandria zum wissenschaftlichen und technischen Zentrum der Antike aufblühen ließ (vgl. die **Einleitung** zum Kapitel **High-Tech**). Zur Belebung des ägyptischen Handels veranlaßte er die Erneuerung des alten Kanals.

Der Kompaß

Ohne Kompaß wären die berühmten Seereisen im »Zeitalter der Entdeckungen«, wie beispielsweise Kolumbus' Fahrt nach West-Indien im Jahre 1492, nicht durchführbar gewesen. Es ist inzwischen allgemein bekannt, daß diese unersetzliche Navigationshilfe aus China stammt und von arabischen Kaufleuten während des 13. Jahrhunderts n. Chr. in den Westen gebracht wurde. Weniger bekannt ist jedoch die Tatsache, daß die Chinesen schon sehr lange vor dieser Zeit Kenntnis vom Kompaß hatten.

Bereits vor zweitausend Jahren wurde in China ein einfacher, aber funktionierender Kompaß entwickelt. Als Material diente ein Stück Magneteisenstein (ein natürlich vorkommendes, magnetisches Eisenerz), das in die Form eines Schöpflöffels geschnitzt wurde. Auf eine Steinplatte mit glattpolierter Oberfläche gelegt, begann sich dieser Löffel zu drehen, bis der »Griff« nach Süden zeigte, während sich die eigentliche Masse des Löffels nach dem magnetischen Nordpol ausrichtete. Die Schöpflöffelform war offenbar deshalb gewählt worden, weil sie an das Sternbild des Großen Bären oder Himmelswagens erinnerte, das in China als Großer Löffel bezeichnet wird, und weil sich bekanntlich der Polarstern, der wichtigste astronomische Orientierungspunkt der Seefahrer, auf der Verlängerung der Linie zwischen den beiden letzten Sternen des Himmelswagens befindet. Dieses eigentümlich

Rekonstruktion eines sinan, *der frühesten Form eines chinesischen Kompasses.*

geformte Instrument, das unter der Bezeichnung *sinan* erstmals 80 n. Chr. in schriftlichen Quellen belegt ist, läßt sich bis ins 4. vorchristliche Jahrhundert zurückverfolgen. So war der *sinan* anscheinend bei der Suche nach Jade unentbehrlich. Die Bergleute, die große Entfernungen überbrücken mußten, um an ihr Rohmaterial heranzukommen, trugen ihn bei sich, damit sie die Orientierung nicht verloren.

Es läßt sich auch noch eine andere Verbindung zur Jadeproduktion herstellen: Der Magneteisenstein ist ähnlich hart wie der Jadestein. Die Herstellung eines magnetischen »Schöpflöffels« und einer auf Hochglanz polierten Steinplatte setzte also ein hohes Maß an handwerklichem Können in der Steinbearbeitung voraus. Das legt die Vermutung nahe, daß die eigentlichen Erfinder des *sinan* die kunstfertigen Jade-Handwerker des alten China waren. Der Magneteisenstein büßte allerdings bei der Bearbeitung viel von seinem ursprünglichen Magnetismus ein. Durch Reibungswiderstände wurde die Wirksamkeit des Instruments zusätzlich eingeschränkt. Die Steinunterlage mußte deshalb mit größter Sorgfalt geglättet werden. Der Herstellungsprozeß war so aufwendig, daß wahrscheinlich nur wenige Geräte dieser Art produziert werden konnten. Der wachsende Bedarf an Kompassen in der Schiffahrt führte deshalb bald zur Entwicklung eines handlicheren, verläßlicheren und leichter herstellbaren Kompasses.

Navigation mit der Magnetnadel

Den nächsten großen Schritt in der Kompaßtechnologie machten dann die chinesischen Magier. Shen Kua, einer der berühmtesten Wissenschaftler des chinesischen Mittelalters, beschreibt in einem 1086 n. Chr. erschienenen Werk, wie »Magier die Spitze einer Nadel mit einem Magneteisenstein so lange reiben, bis sie nach Süden zeigt«.

Heutzutage werden Magnete durch eine sogenannte elektromagnetische Induktion hergestellt. Dabei wird ein Eisenstück in ein elektrisches Spannungsfeld gesetzt, das von einer stromdurchflossenen Drahtspule erzeugt wird. Bis in das späte 19. Jahrhundert hinein bediente man sich jedoch noch solcher nichtelektrischer Methoden, wie sie im alten China in Gebrauch gewesen waren. Das heißt, man machte ein Eisenstück durch Reibung mit einem Magneteisenstein oder mit einem anderen, bereits magnetisierten Eisenstück, magnetisch. Oder man bearbeitete ein glühendes, genau nach Norden ausgerichtetes Eisenstück mit dem Hammer, wodurch sich die Eisenmoleküle lockerten und sich dem Magnetfeld der Erde entsprechend in Nord-Süd-Richtung anordneten. Eine dritte Methode bestand darin, einen Eisenstab sehr stark zu erhitzen, um die Molekülstruktur aufzubrechen und ihn dann in einer exakten Nord-Süd-Ausrichtung in eiskaltes Wasser zu tauchen.

Im mittelalterlichen China wurden alle diese Techniken genutzt. Es gab kleine Werkstätten, die auf die serienmäßige Kompaßherstellung spezialisiert waren und eine breite Palette von unterschiedlichen Modellen anboten (vgl. den Abschnitt **Magnete und Magnetismus** im Kapitel **High-Tech**). Zu den vergleichsweise einfachen Modellen gehörte »Der nach Süden zeigende Fisch«, der in einem Text aus dem frühen 11. Jahrhundert erwähnt wird: Ein aus einer hauchdünnen Eisenfolie herausgesägter Fisch wurde in eine Schüssel mit Wasser gelegt. Durch die Oberflächenspannung des Wassers schwamm er und drehte sich so, daß der Kopf nach Süden zeigte. Dieses Modell ließ sich variieren, indem man einen etwas größeren Magneten auf einen hölzernen Fisch montierte oder indem man eine magnetische Nadel benutzte, die an einem Faden hing oder ganz einfach auf dem Daumennagel balanciert wurde.

Der Seekompaß begann sich vom 12. Jahrhundert an

In der chinesischen Enzyklopädie *Shih lin kuang chi*, die während der Südlichen Sung-Zeit (1127–1279 n. Chr.) verfaßt wurde, ist der Prototyp eines modernen Kompasses beschrieben: die magnetische Schildkröte. Genau wie bei den heutigen Instrumenten handelte es sich dabei um einen »trockenen« Kompaß mit einem festen Drehpunkt. Der einzige Unterschied bestand darin, daß an Stelle der heute üblichen freischwingenden Nadel die Figur einer Schildkröte eingesetzt war, die sich auf einem Bambusstift drehte und einen Magneten unter sich verbarg. Etwa zur gleichen Zeit wurden zusätzliche Verbesserungen entwickelt, wie beispielsweise, in Anlehnung an das alte *sinan*-Modell, plan geschliffene Untersetzer, die mit vierundzwanzig Peilungspunkten markiert waren. Damit konnte der Kompaß auch auf hoher See eingesetzt werden.

durchzusetzen. Der früheste Beleg dafür findet sich in einem Text von 1113, der sich auf ein Ereignis im Hafen von Kanton im Jahr 1090 bezieht: »Nachts halten die Lotsen Kurs mit Hilfe der Sterne, am Tag orientieren sie sich an der Sonne; bei trübem Wetter richten sie sich nach der südwärts zeigenden Nadel.« Während der Südlichen Sung-Periode wurde es allgemein üblich, den Kompaß auf allen langen Seereisen einzusetzen. Etwa im 13. Jahrhundert hatten die Chinesen die Meere Ostasiens und Südostasiens erforscht und kartographiert und die Ergebnisse in Seefahrtshandbüchern niedergelegt, die genaue Anweisungen für die Kompaß-Peilung enthielten.

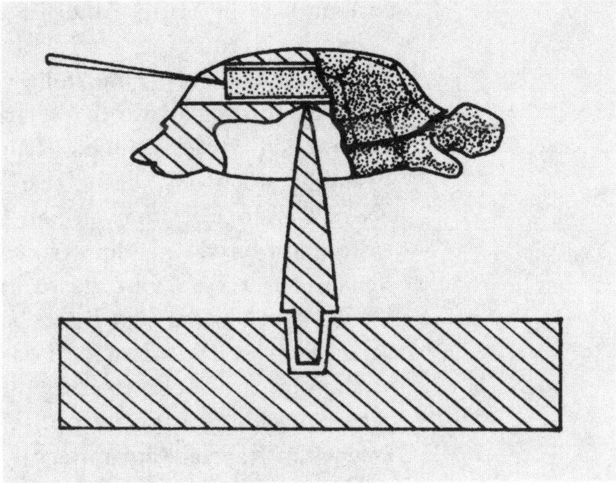

Rekonstruktion des ersten »trockenen« Kompasses, der in einem chinesischen Text aus dem 12. oder 13. Jahrhundert n. Chr. beschrieben wird. Die Nadel zeigt nach Norden. Sie ist mit einem Magneten verbunden, der im Schildkrötenpanzer verborgen ist. Das Modell rotiert auf einem Bambusstift.

Wie gut die Navigationskenntnisse der chinesischen Seefahrer im Mittelalter schon waren, läßt sich daran bemessen, daß sie bereits sehr genau zwischen magnetischem und geographischem Nordpol unterschieden. Dieses Phänomen, das als magnetische Mißweisung bekannt ist, wurde im Westen erst im Jahre 1492 entdeckt, als Kolumbus in die »Neue Welt« segelte. In China dagegen kannte man es schon seit 1086, als Shen Kua in dem bereits erwähnten Text vermerkt, »daß die Nadel häufig leicht nach Süd-Ost abweicht und nicht direkt südwärts« zeigt. Zur Zeit der Yuan-Dynastie (1271–1368 n. Chr.) wurde die Abweichung des magnetischen Nordpols vom geographischen Nordpol eindeutig auf den Kompaßtafeln vermerkt.

China oder Amerika?

In Europa findet sich der erste schriftliche Hinweis auf den Gebrauch eines Seekompasses in einem Werk des englischen Gelehrten Alexander Neckam aus dem Jahr 1190, fast ein ganzes Jahrhundert nach den frühesten chinesischen Textbelegen. Damit scheint die chinesische Vorreiterschaft in der Entwicklung des Kompasses – von den »Schöpflöffeln« aus Magneteisenstein für die Verwendung zu Land bis hin zu den Nadeln für die Seefahrt – gesichert. Tatsächlich gibt es jedoch Beweise dafür, daß derartige

Instrumente in Mittel-Amerika schon einige Jahrhunderte zuvor bekannt waren.

An der Olmeken-Fundstelle von San Lorenzo bei Veracruz in Mexiko wurden Mitte der sechziger Jahre des 20. Jahrhunderts Grabungen vorgenommen. Die Olmeken kannten weder den Eisenguß noch das Schmelzverfahren zur Gewinnung von Roheisen. Dennoch ist man in San Lorenzo und anderen Grabungsstätten auf Funde aus der »frühen formativen Periode« der Olmeken (1400–1000 v. Chr.) gestoßen, die eine erstaunliche Erfahrung in der Bearbeitung von Eisen bezeugen. In dieser prämetallurgischen Phase verwendete man das Eisenerz so, wie es in der Natur vorkommt, und schnitt und polierte es zu kunstvollem Schmuck oder Spiegeln von hoher optischer Qualität (vgl. den Abschnitt **Spiegel** im Kapitel **Körperpflege**).

Zu den rätselhaftesten Funden in San Lorenzo zählt ein abgebrochenes Stück eines sorgsam geschnitzten Stabes aus Roteisenstein, etwa 3,18 Zentimeter lang und mit einer Nute am Ende versehen. Das Fragment erregte die Neugier Michael Coes, des Projektleiters des archäologischen Teams: Die magnetischen Eigenschaften des Roteisensteins brachten ihn auf die Idee, daß es sich möglicherweise um ein Teilstück eines Kompasses handeln könnte. Er ließ es auf einem Korken in einer Schüssel mit Wasser schwimmen und entdeckte, daß »es sich mit einer geringfügigen westlichen Abweichung in einen gleichbleibenden Winkel zum magnetischen Norden hin ausrichtete und daß sich der gleiche Winkel mit entsprechender östlicher Abweichung ergab, wenn es herumgedreht wurde«.

Der Physiker John B. Carlson, der sich ebenfalls mit dem Fall beschäftigte, kam zu dem Ergebnis, daß ein hohes Maß an handwerklicher Geschicklichkeit nötig war, um das spröde Material in einen glatten, eingekerbten Stab zu formen. »Nach meinem Kenntnisstand eine einzigartige gestalterische Leistung, die alle anderen, heute bekannten mesoamerikanischen Techniken der Eisenbearbeitung übertrifft.« Seine eigenen Bemühungen, ein Stück Roteisenstein in ähnlicher Weise zu polieren, brachten »keinen nennenswerten Erfolg«.

Das rätselhafte Objekt ist auch heute noch stark magnetisch und stabilisiert sich, auf einer Korkbasis im Wasser oder in Quecksilber schwimmend, auf 35,5 Grad westlich des magnetischen Nordens, mit einer Abweichung von maximal einem halben Grad. Während der Experimente Carlsons zerbrach das Objekt in zwei Teile, was sich im nachhinein als Glücksfall erwies. Tests ergaben, daß sich die Einzelstücke in ihrer magnetischen Ausrichtung erheblich vom ganzen Stück unterschieden, was Carlson zu weiteren Schlußfolgerungen veranlaßte: Er setzte die ursprüngliche Größe des Olmeken-Fragments auf die doppelte Länge fest (6,36 Zentimeter), wobei »mit hoher Wahrscheinlichkeit davon ausgegangen werden kann, daß die magnetische Orientierung nahe bei der erdmagnetischen Nord-Süd-Richtung liegt«. Mit der Nute als Markierungspfeil und in Wasser oder Quecksilber schwimmend, hätte das Objekt als perfekter Kompaß dienen können. Ein Motiv für die Herstellung könnte in der olmekischen Architektur gefunden werden: Viele Häuser, Gräber und Ritualbauten sind in Nord-Süd-Richtung mit einer Abweichung von 8 Grad nach Westen ausgerichtet, das heißt, sie zeigen genau auf den magnetischen Nordpol.

Leuchttürme

Vor der Stadt Alexandria, die während der drei letzten vorchristlichen Jahrhunderte der über Ägypten herrschenden griechischen Dynastie der Ptolemäer als Residenzstadt diente, liegt eine kleine Insel mit dem Namen Pharos. Diese Insel spielte eine wichtige Rolle in dem Bemühen der Ptolemäer, Ägypten an den internationalen Mittelmeerhandel anzuschließen. Ein gewaltiger Verbindungsdamm zum Festland wurde errichtet, der den Bau von zwei sicheren Häfen für große Handelsschiffe ermöglichte. Um das Jahr 270 v. Chr. wurde der aus Knidos stammende griechische Architekt Sostratos von Ptolemaios II. damit beauftragt, am östlichen Ende der Insel einen Leuchtturm zu bauen. Er sollte den Schiffen als Wegweiser dienen und gleichzeitig die wiedererstarkte Macht des ägyptischen Herrscherhauses symbolisieren. Das war der erste Leuchtturm der Welt.

Der Pharos von Alexandria, der erste Leuchtturm der Welt.

Der Leuchtturm von Pharos wurde unter die Sieben Weltwunder der Antike eingereiht. Der wuchtige Bau hatte eine Höhe von 107 Metern und war in drei Abschnitte unterteilt: Unten hatte er eine quadratische Basis, die auf einer mächtigen steinernen Plattform stand. Darüber erhob sich ein achteckiges Mittelgeschoß, und darauf saß ein runder Turm. Dicht unterhalb der Turmspitze wurde ein Feuer in Gang gehalten, das bei guter Sicht 50 Kilometer weit über das Meer leuchtete. Der Name »Pharos« wurde zum Gattungsbegriff und ging in eine ganze Reihe von Sprachen als Bezeichnung für »Leuchtturm« ein (griechisch *pharos*, italienisch *faro* und französisch *phare*).

Unter den römischen Leuchttürmen außerhalb Italiens ist der Pharos von Dover einer der bekanntesten.

Die praktisch denkenden Römer waren die ersten, die die Idee aufgriffen und ein ganzes Netz von Leuchttürmen errichteten. Das Projekt wurde unter Kaiser Claudius im Jahr 50 n. Chr. mit dem Bau eines Leuchtturms in Ostia, dem Hafen von Rom, gestartet. Man schuf zunächst eine künstliche Insel, indem man ein gewaltiges Lastschiff von 100 Meter Länge und 20 Meter Breite, das vorher für den Transport eines riesigen Obelisken von Ägypten nach Rom gedient hatte, mit Steinen und Kalk füllte und auf Grund setzte. Darauf wurde ein vierstöckiger Turm gebaut. Dieser Leuchtturm von Ostia überdauerte bis ins 15. Jahrhundert n. Chr.

Die wohl bekanntesten römischen Leuchttürme außerhalb Italiens sind die von La Coruña, Boulogne und Dover. Der Leuchtturm von La Coruña an der Nordwest-Spitze Spaniens wurde ursprünglich den Phöniziern zugeschrieben. Tatsächlich handelt es sich jedoch um einen römischen Bau, der auf Kaiser Trajan im frühen 2. Jahrhundert zurückgeht und sich in der Bauweise eng an den Pharos in Alexandria anlehnte. Der Turm im französischen Boulogne war zunächst ein Denkmal gewesen, das sich Kaiser Caligula im Jahr 46 n. Chr. hatte errichten lassen. Erst im Jahr 191 wurde er zum Leuchtturm umgebaut. Er soll etwa 60 Meter hoch gewesen sein mit 12 oder 13 Stockwerken, die sich nach oben verjüngten. Auf der anderen Seite des Kanals, in Dover, standen ursprünglich zwei achteckige Leuchttürme, deren Bauzeit um 100 n. Chr. angesetzt wird. Einer davon hat überdauert, aber nur wenig mehr als die Hälfte der einstigen Höhe von etwa 25 Metern ist erhalten geblieben.

Um 400 n. Chr. waren im römischen Imperium etwa dreißig Leuchttürme in Betrieb. Einige waren mit riesigen Metallspiegeln ausgerüstet, die den Schein der Feuer reflektierten und in große Entfernungen trugen. Beim Niedergang des Römischen Reiches verloren sie ihre Funktion, zum Teil wurden sie militärisch als Wachttürme genutzt, die meisten verfielen.

In der arabischen und indischen Schiffahrt wurde das Sicherungssystem der Römer übernommen. Aus einem Bericht eines chinesischen Geographen wissen wir, daß um 800 n. Chr. an den

Küsten des Indischen Ozeans eine Kette von Leuchttürmen stand. Auch die Chinesen statteten einige ihrer internationalen Häfen mit Leuchttürmen aus.

Im mittelalterlichen Nord-Europa dienten Leuchtfeuer einem ganz anderen Zweck. Sie wurden von den Küstenbewohnern angezündet, um fremde Schiffe auf gefährliche Klippen zu locken, damit sie ausgeraubt werden konnten. Der englische König Richard Löwenherz, der auf seiner Rückkehr aus dem Heiligen Land im Jahr 1190 ein solches Schiffsunglück überlebt hatte, erließ schärfste Strafen gegen diese Art der Küstenpiraterie. Diese Strafandrohungen hatten jedoch wenig Erfolg. Erst die Errichtung echter Leuchttürme brachte eine Besserung. Sie waren, wie die römischen, mit großen Reflektoren ausgerüstet und wurden von heimkehrenden Kreuzfahrern gebaut, die mit Sicherheit arabische Vorbilder kopierten.

Taucherglocken

Der Wunsch des Menschen, sich unter Wasser ungehindert bewegen zu können, ist in der Praxis über das einfache technologische Versuchsstadium nicht hinausgekommen. Allerdings hat der Traum vom Tauchen die Phantasie so stark beflügelt, daß er sogar in der Literatur Eingang fand: Eine Bearbeitung des berühmten Alexanderromans aus dem europäischen Mittelalter läßt Alexander den Großen in einer gläsernen Taucherglocke in die Tiefen des Ozeans hinabsteigen, um mit dem König der Fische zu verhandeln. Die vorliegende Darstellung, die Alexander in Begleitung eines Hundes, einer Katze und eines Hahns zeigt, ist einer französischen Version des Romans vom ausgehenden 13. Jahrhundert n. Chr. entnommen.

Flugtaugliche Drachen und Fallschirme

Die Erfindung eines Flugdrachens, der das Gewicht eines Menschen zu tragen vermochte, geht auf die kriegerischen Zeiten während der Herrschaft der Nördlichen Ch'i-Dynastie zurück, die Nordchina von 550 bis 577 n. Chr. regierte. Kao Yang (Wen-hsüan-ti), der erste Ch'i-Kaiser, hatte sich vorgenommen, die Familie seines Vorgängers vollständig auszurotten. Allein im ersten Jahr seiner Regierung soll er 721 Mitglieder des alten Kaiserhauses umgebracht haben, und zwar mit einer höchst ungewöhnlichen Methode. Nach der Überlieferung lebte Kao Yang zu dieser Zeit in einem etwa 30 Meter hohen Turm und ließ sich dort im buddhistischen Glauben unterweisen. Dabei wurde ihm beigebracht, daß es im Buddhismus als gute Tat gilt, ein Tier, das in eine Falle geraten ist, zu befreien. Diese Lehre interpretierte er dann auf eine sehr eigenwillige Weise. Er ließ nämlich die zum Tode verurteilten Gefangenen zu sich in den Turm bringen, ließ sie an große Bambusmatten knüpfen, die wie Flügel an ihnen hingen, und hieß sie, von der Turmspitze auf die Erde zu fliegen. Das bezeichnete er

Dieser berühmte japanische Farbholzschnitt von Hokusai (19. Jahrhundert) zeigt den Samurai Tametamo (12. Jahrhundert), wie er seinem Sohn dabei hilft, mit einem Drachen von der Insel zu fliehen, auf die beide verbannt waren.

als »Freilassung der Gefangenen«. Alle auf diese Weise Befreiten kamen um. »Der Kaiser aber verfolgte dieses Schauspiel mit großer Begeisterung und viel Gelächter«, wie die offizielle Geschichtsschreibung zu berichten weiß.

Vom Jahr 559 an mußten die Verurteilten als Testpiloten für neue Flugdrachen dienen, die zur Personenbeförderung bestimmt waren und vom Boden aus gesteuert wurden. Einer von ihnen, Prinz Yüan Huang-t'ou, schaffte es, sich über eine Strecke von 3 Kilometern in der Luft zu halten. Kao Yang belohnte diese Höchstleistung aber nicht mit der Freilassung, sondern ließ den erfolgreichen Flieger verhungern.

Kegelförmiger Fallschirm aus Stoff. Aus dem Skizzenbuch eines italienischen Ingenieurs von 1480.

Man kann davon ausgehen, daß der Flugdrachen in China spätestens seit dem 3. Jahrhundert v. Chr. allgemein verbreitet und ein gewohnter Anblick am Himmel war. Zu dieser Zeit berichtete der Philosoph Mo Ti, daß ihn der Bau eines Drachens drei Jahre seines Lebens gekostet habe. In den überlieferten Texten werden sie häufig als Kinderspielzeug erwähnt. Es gab aber auch sogenannte Kampfdrachen, die bei sportlichen Wettbewerben eine wichtige Rolle spielten. Dabei ging derjenige als Sieger hervor, dessen Drachen die Schnur des gegnerischen Drachens durchschnitt. Nicht selten wurden große Flugdrachen auch militärisch genutzt, entweder um Flugblätter über den feindlichen Linien abzuwerfen oder als bewegliche »Aussichtsplattform« für Beobachter, die den Feind aus der Ferne auskundschaften sollten.

Die Japaner setzten Flugdrachen im Krieg ein, und zwar vor allem bei Belagerungen, um die eigenen Leute in eine belagerte Stadt zu transportieren oder wieder herauszuholen. Die berühmteste japanische Drachenfluggeschichte erzählt von dem Samurai Minamoto no Tametamo und stammt aus dem 12. Jahrhundert. Der heldenhafte Krieger und sein Sohn waren auf eine Insel vor der japanischen Küste verbannt worden. Tametamo baute einen Drachen, gurtete seinen Sohn daran fest und steuerte ihn sicher auf das Festland zurück. Weniger spektakulär, dafür jedoch ungemein praktisch, war der Einsatz japanischer Drachen bei Bauarbeiten. Sie wurden dazu genutzt, um Ziegelsteine leichter auf hohe Gebäude schaffen zu können.

In China ließ man Drachen auch zum Zweck der Wahrsagerei steigen. Ein entsprechender Fall wird von dem venezianischen Kaufmann Marco Polo berichtet, der das Land im ausgehenden 13. Jahrhundert bereiste:

»Bevor ein Schiff ausläuft, wird geprüft, ob die Sterne günstig stehen oder nicht. Die Mannschaft flicht aus biegsamen Weidenruten ein rechteckiges Gerüst und knüpft an jede Ecke und jede Seite ein Band, so daß es insgesamt acht Bänder gibt, die alle mit dem freien Ende an ein Seil geknotet werden. Irgendein Dummkopf oder Betrunkener wird an das Gestell gebunden, denn ein vernünftiger Mensch würde sich niemals einer solchen Gefahr aussetzen. Sie warten auf eine starke Bö, heben das Gestell dagegen, bis es emporgehoben und in den Himmel hinaufgetragen wird, und halten es an dem Seil fest. Wenn das Gestell vom Wind auf die Seite gelegt wird, ziehen sie am Seil, damit es sich wieder aufrichtet. Dann lassen sie das Seil locker, damit das Gestell noch weiter in die Höhe steigt. Es wird also gerade soviel am Seil gezogen, daß es sich nicht zur Seite neigt und doch nach oben steigt, bis nur noch ein kleiner Punkt am Himmel zu sehen ist. Wenn das Gestell geradewegs in den Himmel steigt, dann heißt es, daß die Geschicke des Schiffes unter einem günstigen Stern stehen, und alle Kaufleute eilen herbei, um mit diesem Schiff zu reisen. Wenn das Gestell nicht nach oben steigt, dann wird das Schiff von den Kaufleuten gemieden. Niemand will damit reisen und es bleibt ein Jahr lang im Hafen liegen.«

Alles, was in die Lüfte steigt, muß auch wieder herunterkommen. Daher überrascht es nicht, daß man sich auch schon früh mit dem Fallschirm beschäftigt hat. Der legendäre chinesische Kaiser Shun soll mit mehreren aneinandergebundenen Strohhüten von einem brennenden Turm gesprungen sein. Etwas glaubhafter klingt der Bericht eines wagemutigen chinesischen Räubers, einer Lokalberühmtheit, der im Jahre 1180 aus der großen arabischen Moschee in Kanton den goldenen Hahn vom Minarett gestohlen haben soll. Als man ihn mit seiner Beute oben auf dem Minarett stellte, entkam er, indem er sich an zwei Schirmen, die ohne Stiel waren, festhielt. »Nachdem ich in die Luft gesprungen war, hielt sie der Aufwind weit geöffnet, und so landete ich, als hätte ich zwei Flügel, unverletzt auf der Erde.«

Die ältesten echten Fallschirme wurden im Westen entwickelt. Leonardo da Vinci skizzierte im Jahre 1485 ein pyramidenförmiges Modell und wurde deshalb für den Erfinder des Fallschirms gehalten. Dann aber fand man in den Notizen eines unbekannten italienischen Ingenieurs, der einige Jahre vor Leonardo gelebt hatte, die Zeichnung eines konisch geformten, also wesentlich praktischeren, Stoffallschirms. Der Springer hat einen Schwamm zwischen den Zähnen, vermutlich, um den Schock beim Aufprall zu mildern. Leider findet sich kein Hinweis darauf, ob dieser Schwamm dem furchtlosen Flugpionier tatsächlich von Nutzen gewesen ist.

Ballone

Wegbereiter für die Erfindung des Ballonflugs waren die Chinesen. Vor mehr als 2000 Jahren fertigten sie aus ausgeblasenen Eiern Heißluftballone im Miniaturformat an. Kinder steckten getrocknete Pflanzenstiele hinein, entzündeten sie, um die Luft im Inneren zu erhitzen, und ließen sie davonfliegen. Dieser Technik wurde bis ins Mittelalter, als die militärische Nutzung von Ballonen einsetzte, nichts Wesentliches hinzugefügt. Um 1200 übernahmen die Mongolen von ihren neuen chinesischen Untertanen die Technik des Ballonbaus. 1241 ist in europäischen Berichten über die Schlacht von Liegnitz, als polnische und deutsche Ritter gegen die mongolischen Eindringlinge kämpften, zum ersten Mal davon die Rede. Die Mongolen versetzten ihre Gegner mit drachenförmigen Windhosen, die brennende Fackeln im Maul trugen und Feuer und Rauch spiehen, in Angst und Schrecken.

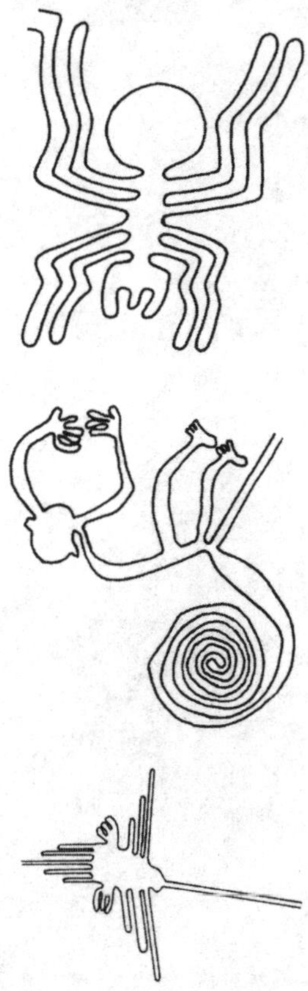

Riesige Tierfiguren sind von der Luft aus in der Nazca-Ebene an der peruanischen Küste zu sehen: Kolibri (Spannweite 60 Meter), Affe (vom Kopf bis zum Schwanz 80 Meter) und Spinne (45 Meter lang).

Auch das wesentlich früher lebende Nazca-Volk in Peru hat möglicherweise Drachen oder Heißluftballone gekannt. Es gibt ein berühmtes Denkmal dieser Kultur: Die Linien in der Nazca-Wüste an der peruanischen Küste. Daß wir diese Linien kennen, ist hauptsächlich der hingebungsvollen Arbeit der Mathematikerin Maria Reiche zu verdanken, die sich seit 1946 ihrer kartographischen Erschließung widmet. Es sind gerade Linien, die in einer Länge von 6 Kilometern quer über ein Plateau verlaufen und manchmal gigantische Spinnen, Vögel oder Fische formen. Diese Liniengebilde müssen als das größte Kunstwerk der Welt angesehen werden. Ihre Entstehung wird für die Zeit zwischen 500 v. Chr. und 900 n. Chr. datiert. Welchem Zweck sie gedient haben, ist nach wie vor ein Rätsel, denn von der Erde aus lassen sie sich nur schwer erkennen. Manche sind nur aus der Luft wahrzunehmen. Das hat gewagte Spekulationen ausgelöst und beispielsweise auch eine sogenannte

Im Ballon über der Ebene von Nazca: Die Condor I.

»Astronautentheorie« hervorgebracht, die davon ausgeht, daß die Erde einst von Außerirdischen aufgesucht wurde. Es gibt jedoch kein einziges archäologisches Zeugnis, das eine solche Theorie stützen könnte.

Ein archäologisches Experiment

Auch einige Wissenschaftler der *International Explorers Society* in Miami haben sich mit den Linien in Peru beschäftigt. In den Legenden der Inka, die 1000 Jahre nach dem Niedergang der Nazca-Kultur das Gebiet in Peru eroberten, fanden sie den Hinweis auf einen Jungen namens Antarqui. Er soll die Krieger der Inka dadurch unterstützt haben, daß er über die feindlichen Linien flog und die Stellungen der Gegner auskundschaftete. Technisch gesehen gab es nach Meinung der Wissenschaftler dafür nur einen einzigen Weg: den Flug in einem Heißluftballon aus Baumwolle. In der Nazca-Keramik gibt es Verzierungen, die als Ballone oder Drachen mit wehenden Bändern gedeutet werden können, und im textilen Dekor taucht immer wieder die Darstellung von fliegenden Menschen auf. Daraus kann man schließen, daß das Fliegen ein wichtiges Element in der Vorstellungswelt der Nazca-Kultur war.

Es waren aber nicht so sehr die Ziertextilien des alten Peru, die das Interesse der Wissenschaftler erregten, sondern schmucklose Stoffstücke, die in geplünderten Nazca-Gräbern gefunden worden waren. Bei einem Vergleichstest in einer Ballonfabrik stellte sich heraus, daß diese Stoffe wesentlich dichter gewebt waren als moderne Ballonstoffe. Um herauszufinden, ob die Möglichkeit des Ballonfahrens in der Nazca-Kultur überhaupt vorausgesetzt werden konnte, ließen sich die Wissenschaftler einen Ballon bauen. Er wurde *Condor I* genannt, war aus Baumwolle und Holz gearbeitet und hatte eine Passagiergondel aus Schilf vom Titicacasee. Zum Fliegen wurde er mit heißem Rauch gefüllt, der aus extrem trockenem Holz produziert wurde.

Am 23. November 1975 stiegen der Amerikaner Jim Woodman von der *Explorers Society* und der englische Ballonexperte Julian Nott im *Condor I* bis zu einer Höhe von etwa 115 Metern auf, blieben einige Minuten in der Luft stehen und landeten wieder sicher auf der Erde. Dieses Experiment konnte zwar nicht den Beweis erbringen, daß das Nazca-Volk Kenntnis vom Fliegen hatte, wohl aber hatte es gezeigt, daß die technischen Voraussetzungen dafür vorhanden gewesen waren.

Interessant und wenig bekannt ist im übrigen die Tatsache, daß die Brüder Montgolfier aus Paris ganz offensichtlich nicht als die ersten Ballonfahrer der Moderne gelten können. Diese Ehre gebührt einem Jesuitenpriester aus Brasilien, der im Jahr 1709 am portugiesischen Hof in Lissabon seinen Heißluftballon vorführte. Könnte es sein, daß ihn südamerikanische Legenden zu dem Ballonbau inspiriert hatten?

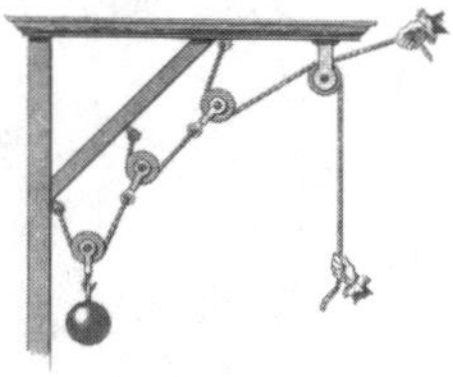

Kapitel 3

High-Tech

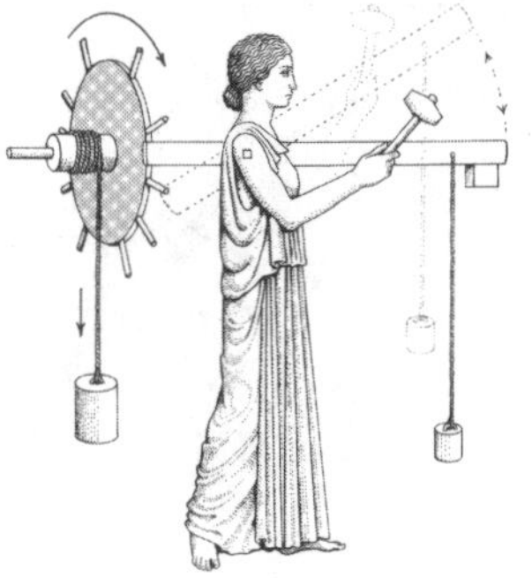

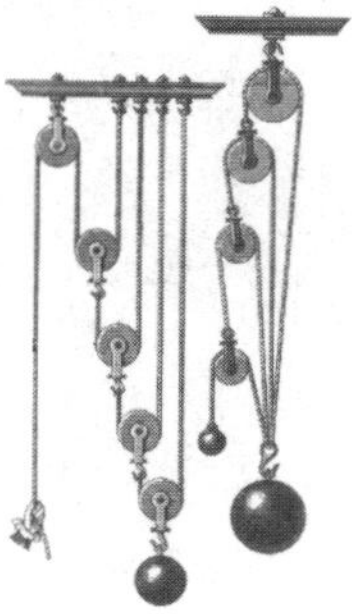

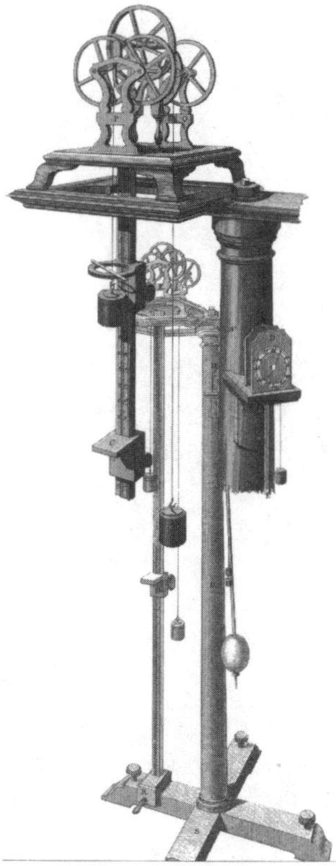

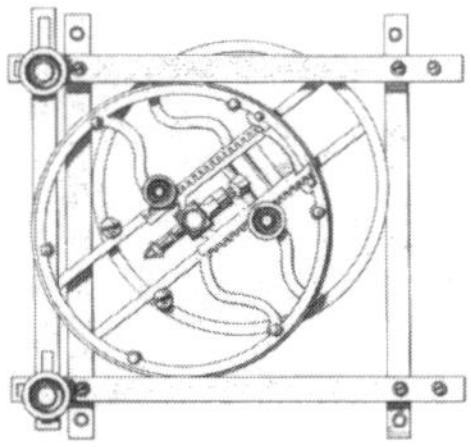

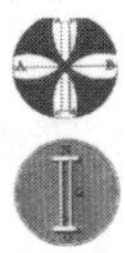

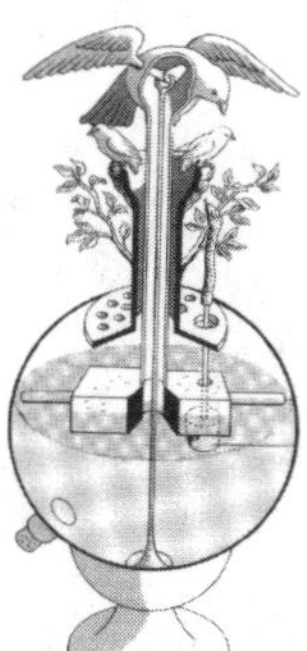

Einleitung

In der Fachliteratur wird auch heute noch regelmäßig die Frage diskutiert, ob die alten Griechen wirklich »exakte« Naturwissenschaftler hervorgebracht hätten. Eine solche Fragestellung wird den Leser dieses Buches wahrscheinlich überraschen. Tatsächlich steht dahinter eine Auffassung, die sich längst als unhaltbar erwiesen hat, aber offenbar nicht auszurotten ist. Diese überholte Auffassung läßt sich etwa so formulieren: Die Griechen können nicht als exakte Naturwissenschaftler angesehen werden, weil sie ihre Erkenntnisse nicht durch Experimente überprüft haben. Und sie waren so sehr auf die »reine« Wissenschaft (also die Mathematik) fixiert, daß sie jegliche »angewandte« Wissenschaft verachteten. Beide Behauptungen sind unsinnig, wie sich an zwei griechischen Wissenschaftlern, die von den Vertretern dieser Denkrichtung gern zitiert werden, unschwer belegen läßt: an Pythagoras und an Strato.

Pythagoras, einer der berühmtesten griechischen Denker, der im 6. vorchristlichen Jahrhundert lebte, wird in diesem Zusammenhang mit besonderer Vorliebe zitiert. Er war ein genialer Mathematiker, der vor allem wegen des seinen Namen tragenden geometrischen Lehrsatzes berühmt geworden ist. Gleichzeitig war er aber auch ein hoch angesehener Philosoph, der, ähnlich wie sein indischer Zeitgenosse Buddha, die Reinkarnationslehre vertrat und seine Anhänger aus Ehrfurcht vor dem Lebendigen zu einer vegetarischen Lebensweise anhielt (vgl. die **Einleitung** zum Kapitel **Essen, Getränke, Drogen**). Dieser metaphysische Aspekt seiner Lehre machte es den Naturwissenschaftlern der Neuzeit leicht, Pythagoras als spekulierenden »Naturphilosophen« abzuqualifizieren. In Wirklichkeit war er ein durchaus auch experimentell arbeitender Naturwissenschaftler, der beispielsweise seine mathematischen Theorien über die Tonleiter dadurch überprüfte, daß er mit unterschiedlich schweren Hämmern auf unterschiedlich lange Saiten schlug (vgl. den Abschnitt **Notenschriften** im Kapitel **Sport und Freizeit**).

Der Physiker Strato, der von 287 bis 269 v. Chr. das von Aristoteles und Theophrast begründete *Lyceum* leitete, vereinte in seinem Werk Naturphilosophie und Experimentalwissenschaft zu einem ausgewogenen System. Seine Schriften sind verlorengegangen, aber einige Texte haben sich als Zitate in den Werken nachfolgender Autoren erhalten. So erwähnt beispielsweise Heron von

Alexandria ein Stratosches Experiment zum Phänomen des Luftdrucks, das einen erstaunlich modernen Denkansatz erkennen läßt.

»Als erstes müssen wir einen allgemein verbreiteten Irrtum korrigieren. Es muß klargestellt werden, daß Gefäße, die leer erscheinen, in Wirklichkeit nicht leer sind, sondern mit Luft angefüllt sind. Luft besteht nach Meinung der Naturphilosophen aus winzigen, unsichtbaren Materieteilchen. Wenn man also in ein scheinbar leeres Gefäß Wasser hineingießt, dann entweicht Luft, und zwar genau die Menge, die man an Wasser hineingießt.

Als Beweis dient folgendes Experiment. Ein leeres Gefäß wird so herumgedreht, daß es genau senkrecht steht, und in Wasser getaucht. Auch wenn es bis unter die Wasseroberfläche gepreßt wird, kann kein Wasser in das Gefäß eindringen. Das beweist, daß Luft eine Materie ist, die das Wasser verdrängt …

Wenn nun aber ein Loch in den Gefäßboden gebohrt wird, kann das Wasser durch den Gefäßmund einfließen, während die Luft durch das Loch entweicht. Damit ist der Beweis erbracht, daß Luft eine körperliche Substanz ist.«

Auf Strato gehen noch viele andere Experimente über die Eigenschaften von Gasen zurück, die auch heute noch überall auf der Welt im Physikunterricht Anwendung finden. Insofern ist die Auffassung, die Griechen hätten keine »exakten« Naturwissenschaftler hervorgebracht, geradezu grotesk.

Vor seiner Ernennung zum Direktor des Athener *Lyceums* war Strato Erzieher des späteren Königs Ptolemaios II. in Alexandria. Diese Stadt, die von Alexander dem Großen nach der Eroberung Ägyptens im Jahre 332 v. Chr. gegründet worden war, hatte sich danach rasch zum wissenschaftlichen Zentrum der antiken griechischen Welt entwickelt. Alexanders Machtbereich erstreckte sich vom Balkan über Nordafrika bis nach Indien. Die griechische Wissenschaft kam dadurch in engen Kontakt mit der persischen, babylonischen und ägyptischen Kultur, und diese Symbiose führte zu einer neuen kulturellen Hochblüte, der sogenannten hellenistischen Zivilisation.

Die Herrschaft über Ägypten fiel nach Alexanders Tod im Jahre 323 v. Chr. an einen seiner Generäle. Der begründete unter dem Herrschernamen Ptolemaios I. eine neue Dynastie, die erst mit dem Tod Kleopatras im Jahre 30 v. Chr. endete. Während dieser drei Jahrhunderte regierten die Ptolemäer als aufgeklärte Potentaten und gaben große Geldsummen zur Förderung von Kunst und Wissenschaft aus.

Strato trug als königlicher Lehrer viel zu dieser Entwicklung bei: Der Thronfolger zeigte sich später allen wissenschaftlichen Be-

langen gegenüber höchst aufgeschlossen und setzte sich als König Ptolemaios II. (285–246 v. Chr.) geradezu leidenschaftlich für die naturwissenschaftliche Forschung und vor allem für die Verwirklichung technischer Großprojekte ein. Er veranlaßte den Bau des berühmten Leuchtturms von Alexandria und des antiken Suezkanals (vgl. den Abschnitt **Leuchttürme** und **Der erste Suezkanal** im Kapitel **Transport und Verkehr**). Außerdem ließ er in Alexandria eine neuartige Forschungsstätte einrichten, die den Namen »Museum« (griech. *museion)* erhielt und mit einer einmaligen Bibliothek ausgestattet wurde. Für diese Bibliothek ließ der König jeden Winkel des Reiches nach Texten aus allen Wissenschaftsbereichen durchsuchen (vgl. die **Einleitung** zum Kapitel **Kommunikation**).

Ptolemaios II. (285–246 v. Chr.) bringt als Schirmherr der Wissenschaften der Göttin Isis ein Opfer dar. Seiner Gönnerschaft sind die einzigartigen Leistungen in der Ingenieurskunst zu verdanken, die das griechisch-ägyptische Alexandria in den folgenden drei Jahrhunderten hervorgebracht hat.

Das ptolemäische Alexandria galt damals uneingeschränkt als das wissenschaftliche Zentrum der hellenistischen Welt. Auch nach der römischen Eroberung im Jahr 30 v. Chr. behauptete es sich als »Universität der mediterranen Welt«. Vor allem auf dem Gebiet des Ingenieurswesens hat diese Universität Großes hervorgebracht. In der Reihe bedeutender Erfinder ist als erstes Ktesibios zu nennen, der Sohn eines Barbiers, der seine Karriere damit begann, daß er einen verstellbaren Spiegel für den Salon seines Vaters erfand. Bezeichnend für viele seiner Entwürfe ist ein ausgeprägter Sinn für technische Kuriositäten. So soll er beispielsweise im Jahr 270 v. Chr. ein singendes Füllhorn für die Statue der Königin, der Gemahlin Ptolemaios' II., konstruiert haben. Ktesibios' eigene Aufzeichnungen sind verlorengegangen. Aus den Schriften späterer Autoren wissen wir jedoch, daß er auch Wasserpumpen und Wasseruhren entworfen hat, ebenso wie eine Wasserorgel, das erste Tasteninstrument der Welt (vgl. den Abschnitt **Orgeln** im Kapitel **Sport und Freizeit**).

Nicht minder berühmt war Philon von Byzanz, der im 2. vorchristlichen Jahrhundert auf Rhodos und in Alexandria lebte. Sein Hauptinteresse galt der Militärtechnik, wie ein von ihm verfaßtes

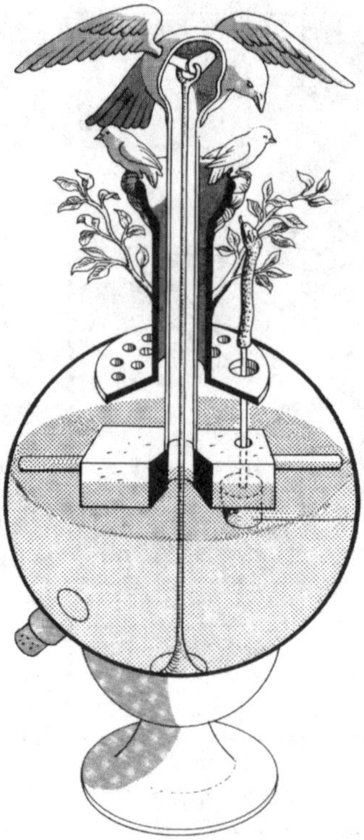

Modell eines Automaten aus der sogenannten goldenen Zeit der hellenistischen Ingenieurskunst, entworfen von Philon von Byzanz (2. Jahrhundert v. Chr.). Ein Nest mit zwei Vogeljungen ist an einem hohlen »Baum« (A) befestigt, der an den durchlochten Gefäßdeckel gelötet ist. Durch den Baum ist eine Röhre (B) geführt, deren unteres Ende mit einem von Trägern (D) gehaltenen Schwimmer (C) verbunden ist, während auf dem oberen Ende die Vogelmutter sitzt. Die Flügel der Vogelmutter sind an einen Draht (E) montiert, der durch die Röhre und den Schwimmer hindurch bis zum Gefäßboden verläuft, wo er befestigt ist. Ein kleinerer Schwimmer (F) unterhalb des großen ist an eine Schlange gekoppelt.

Wenn Wasser oder Wein in das Gefäß geschüttet wird, hebt sich zuerst der kleinere Schwimmer (F), so daß die damit verbundene Schlange das Vogelnest bedroht. Sobald der Pegel hoch genug steht, steigt auch der größere Schwimmer (C) und mit ihm die Röhre mit der Vogelmutter (B). Die an den Draht gekoppelten Flügel breiten sich zu einer aggressiven Abwehrpose aus. Läßt man die Flüssigkeit durch eine Öffnung im Gefäßboden wieder herausfließen, senkt sich zuerst der kleine Schwimmer mit der Schlange (F) und dann der große Schwimmer (C) bis zu den Trägern (D). Die Vogelmutter schlägt die Flügel wieder zusammen und nimmt die Ausgangsposition ein.

neunbändiges und größtenteils erhalten gebliebenes Werk bezeugt (vgl. den Abschnitt **Katapult und Armbrust** im Kapitel **Militärtechnik**). Aber in seinen mechanischen Geräten kommt auch die alexandrinische Vorliebe für technische Spielereien zum Ausdruck. Zu seinen Erfindungen gehört ein Tintenfaß in Form eines Oktaeders, das auf jeder Seite eine Öffnung hatte und nach Belieben gedreht und von jeder Seite aus benutzt werden konnte, ohne daß die Tinte auslief. Für dieses Wunder sorgte ein spezieller Mechanismus im Innern des Gefäßes: Der eigentliche Tintenbehälter war nämlich an drei konzentrisch ineinandergreifenden Ringen aufgehängt, einer sogenannten kardanischen Aufhängung, durch die die Oberfläche der Tinte stets in der Waagerechten blieb. Der gleiche Mechanismus findet sich in einem Räuchergefäß, das um 100 v. Chr. in China entstanden ist (möglicherweise nach der Vorlage eines importierten Tintenfasses). Im 13. Jahrhundert taucht die kardanische Aufhängung auch in Europa wieder auf (möglicherweise auf ein chinesisches Vorbild zurückgehend). 1546 verbesserten die Spanier den chinesischen Kompaß, indem sie ihn an einer kardanischen Vorrichtung befestigten und damit sicherstellten, daß er auch im größten Sturm seine waagerechte Position beibehielt. Es hat etwas Ernüchterndes, daß sich Europas Beitrag zur Kompaßtechnik in der Wiederbelebung einer Erfindung erschöpft, die bereits 18 Jahrhunderte zuvor gemacht worden war.

Eine besondere Erwähnung unter den Ingenieuren verdient Heron, der »Mechaniker« (*mechanicos*). Er lebte gegen Ende des 1. Jahrhunderts n. Chr. in Alexandria und konnte damals bereits auf eine lange Tradition fortschrittlicher Ingenieurskunst, insbesondere im Bereich der Pneumatik, aufbauen. Die Liste seiner Erfindungen ist lang und reicht vom praktischen Alltagsinstrument, wie beispielsweise der selbstreinigenden Öllampe, bis zum hochkomplizierten Vermessungsgerät, dem Prototypen des modernen Theodoliten (vgl. den Abschnitt **Tunnelbau** im Kapitel **Landbearbeitung**). Glanzstücke seiner genialen Erfindungsgabe sind verschiedene Automaten, die er für das Theater und für ägyptische Tempel schuf.

Spielzeug aus dem 1. Jahrhundert n. Chr., entworfen von Heron von Alexandria. Ein Feuer auf dem Dach des Karussells läßt erwärmte Luft durch das Röhrensystem zirkulieren, wodurch sich die Plattform mit den Tänzern in Bewegung setzt. Rekonstruktion aus der Renaissance.

Benjamin Farrington betont in seinem Standardwerk *Griechische Wissenschaften. Ihre Bedeutung für den heutigen Menschen*, daß die Wissenschaft von Alexandria und Rom die moderne Welt vorbereitet habe. Um so überraschender ist es, daß Farringtons Werk eine kaum verständliche Lücke aufweist. Abgesehen von einem beiläufigen Hinweis, daß bestimmte Zauberkunststücke in ägyptischen Tempeln auf Magnetismus beruhten, finden die Themen Magnetismus und Elektrizität keinerlei Erwähnung. Diese Unterlassung ist, angesichts des großen Interesses, das im Altertum diesen beiden Bereichen entgegengebracht wurde, mehr als merkwürdig. Immerhin leitet sich der Begriff »Elektrizität« aus den griechischen Experimenten mit Bernstein (griech. *electron*) her. Ebenfalls unerwähnt läßt Farrington eine der bedeutsamsten Entdeckungen der Wissenschaftsgeschichte, nämlich den Fund jener antiken Rechenmaschine, die im Jahr 1901 aus einem Schiffswrack vor der Küste der griechischen Insel Antikythera geborgen wurde. Dieser einzigartige Fund, der den hohen Stand der antiken Technologie endgültig bestätigte, hat unser Bild von der griechischen und römischen Ingenieurskunst geradezu revolutioniert.

Der frühe technologische Fortschritt beschränkt sich jedoch keineswegs nur auf den griechisch-römischen Kulturkreis. Einige technische Neuerungen tauchen gleichzeitig in Europa und im Fernen Osten auf (vgl. den Abschnitt **Entfernungsmesser** im Kapitel **Transport und Verkehr** und den Abschnitt **Wasser- und Windmühlen** im Kapitel **Landbearbeitung**). Tatsächlich entwickelte der berühmte chinesische Erfinder Chang Hêng (frühes 2. Jahrhundert n. Chr.) Techniken, die der Historiker Joseph Needham, um sie in ihrer Bedeutung zu würdigen, als ausgesprochen »alexandrinisch« charakterisiert. Etwa um 100 v. Chr. taucht China zum ersten Mal auf römischen Landkarten auf. Syrische Kaufleute waren um diese Zeit längst mit den Routen auf der Seidenstraße zwischen China und dem Mittelmeerraum vertraut (vgl. den Abschnitt **Kartographie** im Kapitel **Transport und Verkehr**). Wir dürfen deshalb annehmen, daß schon in dieser frühen Zeit Nachrichten über wissenschaftliche Erfindungen zwischen Europa und China ausgetauscht wurden und daß diese Kontakte eine wichtige Rolle gespielt haben während der »goldenen Zeit« der angewandten Wissenschaften, die vom 3. Jahrhundert v. Chr. bis zum 2. Jahrhundert n. Chr. andauerte.

Die Erfindungen dieser Zeit brachten die Alte Welt auf einen technologischen Stand, der durchaus dem des 17. Jahrhunderts entspricht. Die hohe technische Leistungsfähigkeit konnte aber den Untergang der griechisch-römischen Zivilisation nicht verhindern. Der Wissenschaftler Derek de Solla Price, der die in Antikythera gefundene Rechenmaschine untersucht hat, vermerkt dazu folgendes: »Der Gedanke ist ein wenig erschreckend, daß die alten Griechen unmittelbar vor dem Niedergang ihrer großen Kultur im Denken und in der wissenschaftlichen Technologie ein Niveau erreicht hatten, das dem unseren sehr ähnelt.«

Rechenmaschinen

Ostern 1900 befand sich eine Gruppe griechischer Schwammfischer auf dem Heimweg von ihren traditionellen Fischgründen an der nordafrikanischen Küste zur Insel Syme, in der Nähe von Rhodos. Die Fischer wurden jedoch vom Sturm abgetrieben und landeten auf der winzigen, unbewohnten Felseninsel Antikythera, nordwestlich von Kreta. Als sie dort nach Schwämmen tauchten, stießen sie auf das Wrack eines riesigen Schiffes, das vollbeladen war mit Statuen aus Marmor und Bronze. Sie meldeten ihre Entdeckung den Behörden und kehrten im November mit einem Archäologen-Team auf die Insel zurück, das bis September 1901 an der Bergung des Fundes arbeitete.

Acht Monate danach stieß man beim Reinigen der Funde auf ein winziges Bronzefragment mit einer griechischen Inschrift. Bald tauchten weitere Teilstücke auf und schließlich ein ganzes Sortiment von Zahnrädern, die ebenfalls zum Teil mit griechischen Inschriften versehen waren.

Dieser Fund war von Anfang an heftig umstritten. Weil die Fragmente offensichtlich zu einem komplizierten Mechanismus gehört hatten, zog man den Schluß, daß sie erst später auf das Schiffswrack geraten waren, denn dieses Wrack war inzwischen aufgrund der vorgefundenen Keramik ins 1. Jahrhundert v. Chr. datiert worden. Auch über die Funktion des Mechanismus waren sich die Experten nicht einig. Die einen hielten die Fragmente für die Reste eines Astrolabiums, eines Geräts zur Positionsbestimmung von Sternen. Die anderen waren überzeugt, es handle sich um die Reste eines Geräts zur Veranschaulichung des Planetenlaufs am Himmel. Da keine Seite schlüssige Beweise vorlegen konnte, schlief die Diskussion darüber schließlich ein. Der Antikythera-Fund blieb ein rätselhaftes, ungelöstes Puzzle.

Ein Planetenradgetriebe

Die Situation änderte sich 1951, als sich der Wissenschaftler Derek de Solla Price der Sache annahm. In zwanzigjähriger Arbeit unterzog er mit Hilfe von Röntgenstrahlen die Antikythera-Fragmente einer sorgfältigen Untersuchung und konnte schließlich die erhaltenen Teilstücke zu einem funktionierenden System zusammenfügen.

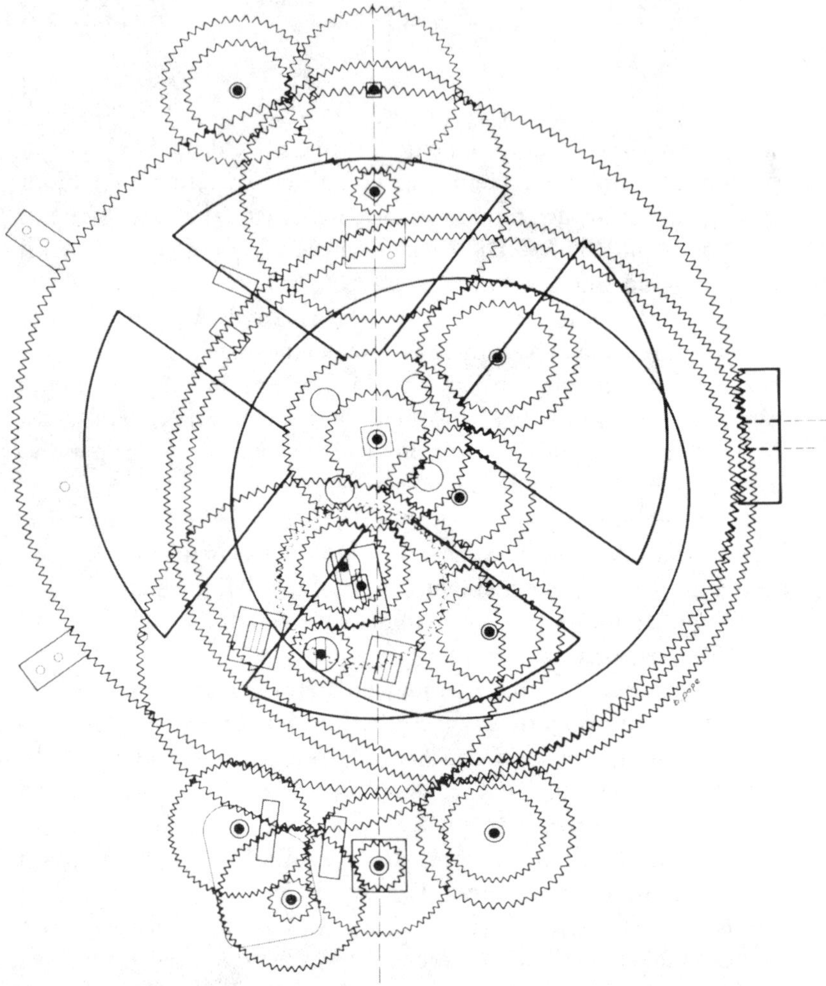

Bauplan des Antikythera-Instruments, eines hochkomplizierten Planetenradgetriebes zur Berechnung des Sonnen- und Mondkalenders. Rekonstruktion von Professor Derek de Solla Price.

Es stellte sich heraus, daß es sich um ein kompliziertes Planetenradgetriebe zur Berechnung des Sonnen- und Mondkalenders handelte. Eine Umdrehung des Hauptzahnrads entsprach einem Sonnenjahr. Die kleineren Räder zeigten die Positionen des Mondes und der Planeten im Lauf des Sonnenjahres an. Als Behältnis diente ein Holzkasten mit einer Tür, hinter der sich das mechanische Wunderwerk verbarg. Man geht heute davon aus, daß das Instrument zusammen mit den Statuen zur Fracht des Schiffes gehörte und nicht vom Kapitän als Navigationshilfe genutzt wurde.

Mit dem Antikythera-Instrument finden bislang ungeklärte Hinweise in der Literatur, daß nämlich griechische Wissenschaftler dieser Epoche im Bereich der Astronomie bereits mit hochkomplizierten mechanischen Geräten experimentierten, eine eindeutige Bestätigung. So schrieb der römische Rechtsgelehrte Cicero (106–43 v. Chr.) nur wenige Jahre nach dem Untergang des Antikythera-Schiffes, daß der Philosoph Poseidonios einen Globus gebaut habe, »dessen Umdrehungen die Bewegungen der Sonne, des Mondes und der Planeten bei Tag und bei Nacht bildlich darstellen, genauso wie sie am Himmel erscheinen«. Ebenso vermerkt er, daß der berühmte Archimedes (vgl. die Abschnitte **Die »Kralle des Archimedes«** im Kapitel **Militärtechnik** und **Entfernungsmesser** im Kapitel **Transport und Verkehr**) schon vorher ein ähnliches Gerät erfunden habe, »das die Bewegungen der Himmelskörper nachvollzieht«. Inzwischen nehmen einige Fachleute an, daß wir in dem bei Antikythera gefundenen Gerät tatsächlich die Erfindung des Archimedes vor uns haben.

Die Auswirkungen des Antikythera-Fundes auf unser heutiges Verständnis von der Technologie der alten Griechen können jedenfalls nicht hoch genug eingeschätzt werden. Ähnliche, wenn auch nicht ganz so komplex gebaute Planetenradgetriebe sind aus dem 11. Jahrhundert n. Chr. aus der islamischen Welt bekannt. Dasjenige des Astronomen Abu Sa'id as Siǧzi beispielsweise zeigte die Mondphasen und die Bewegung der Sonne durch die Tierkreiszeichen an. Diese arabischen Geräte können als Vorläufer der astronomischen Uhren des europäischen Mittelalters angesehen werden. Die Entwicklung dieser komplizierten mechanischen Geräte wurde deshalb lange Zeit einer späteren Epoche zugeschrieben. Seit der Antikythera-Entdeckung müssen wir jedoch, wie de Solla Price festgestellt hat, »unsere Haltung gegenüber den technologischen Leistungen der alten Griechen völlig neu überdenken. Die Konstrukteure der Antike waren auf einem Kenntnisstand, der es ihnen erlaubte, fast alle denkbaren mechanischen Geräte zu bauen. Die dazu notwendige Technologie war vorhanden, nur hat sie sich nicht erhalten wie die Bauwerke und Statuen aus Marmor und die literarischen Zeugnisse, die uns durch immer neue Abschriften überliefert sind.«

Uhren

Wir neigen dazu, den Menschen vergangener Epochen einen relativ sorglosen Umgang mit der Zeit zu unterstellen. Wir meinen, daß ihnen das beinahe zwanghafte Verhalten von heute, ständig auf die Uhr zu sehen, um nur ja keine Zeit zu verlieren, fremd war. Tatsächlich läßt sich jedoch die Erfindung der Uhr, also jenes Gerätes, mit dem sich die Zeit mehr oder weniger

Rekonstruktion einer ägyptischen Wasseruhr aus Karnak (14. Jahrhundert v. Chr.). Der Apparat wurde allabendlich mit Wasser gefüllt und während der Nacht als Zeitmesser genutzt. Durch eine Öffnung in der unteren Gefäßwand floß das Wasser langsam ab. Der absinkende Wasserspiegel markierte die vergehende Zeit, die an einer »Stunden«-Skala ablesbar war. Da die Nacht, unabhängig von der Jahreszeit, immer in zwölf Sektionen eingeteilt war, waren die angezeigten »Stunden« im Verlauf des Jahres unterschiedlich lang. Deswegen sind die »Stunden«-Markierungen in unterschiedlicher Höhe angebracht.

exakt messen läßt, 4000 Jahre weit zurückverfolgen. Die frühesten Versuche sind die Sterndiagramme der Ägypter. Damit ließ sich die Nacht nach dem Aufgang verschiedener Fixsterne in exakte Zeitabschnitte einteilen. Für den Tag verwendete man Schattenzeiger: Der Schatten eines Querbalkens zeichnete sich, dem Lauf der Sonne entsprechend, auf einer Markierungslinie ab. Konstruktionspläne für einen solchen Schattenzeiger wurden im Grab Pharao Sethos' I. gefunden, der um 1300 v. Chr. regierte. Diese einfachen Schattenuhren gelten als Vorläufer der Sonnenuhren. Die Römer perfektionierten die Sonnenuhr zu der Form, wie wir sie heute kennen, und bauten sogar tragbare Modelle für die Reise.

Die Wasseruhr

Die Wasseruhr, auch *clepsydra* genannt, wurde um 1500 v. Chr. von dem ägyptischen Hofbeamten Amenemhet erfunden, wie einer Inschrift an seinem Grab zu entnehmen ist. Ein Behälter mit einer kleinen Bodenöffnung wurde mit Wasser gefüllt. Der absinkende Wasserspiegel markierte die vergehende Zeit, die an einer Skala ablesbar war. Solche Uhren wurden insbesondere von Priestern genutzt, die nachts zu genau festgesetzter Stunde ihre Tempelrituale zu vollziehen hatten. Die älteste erhaltene Wasseruhr stammt aus der Regierungszeit Amenhoteps III. (frühes 14. Jahrhundert v. Chr.) und wurde 1905 im Tempel von Amun-Re in Karnak gefunden.

Der Erfindungsreichtum der Griechen war auch im Bereich der Wasseruhren unerschöpflich. Eines der raffiniertesten Modelle stammt von dem alexandrinischen Ingenieur Ktesibios und wurde um 270 v. Chr. gebaut. In seiner Uhr wurde der Wasserabfluß durch Wasserhähne reguliert und war mit einer Mechanik gekoppelt, die Glockenspiele, tanzende Figuren oder auch, wie bei den heutigen Kuckucksuhren, singende Vögel in Gang setzte. Auch der »Turm der Winde«, von dem Astronomen Andronichos Anfang des 1. Jahrhunderts v. Chr. in Athen gebaut, war eine Meisterleistung des antiken Uhrenbaus. Oben auf dem Turm stand eine Sonnenuhr, während im Inneren des Turmes eine komplizierte Wasseruhr lief, die die Zeit auf einer Skala anzeigte

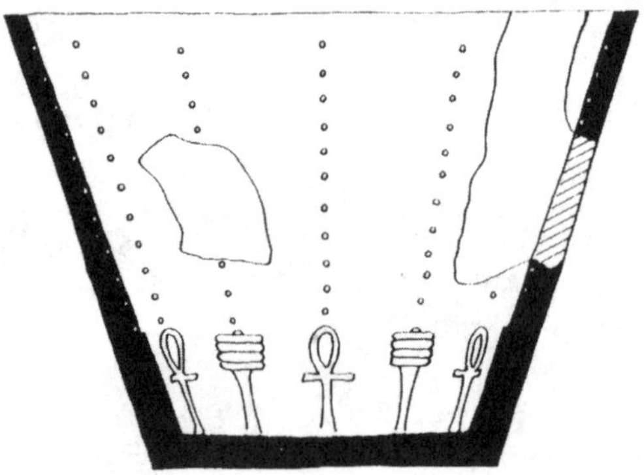

und gleichzeitig auf einer rotierenden Scheibe die Bewegungen der Sterne und den Lauf der Sonne durch die Sternbilder sichtbar machte.

Auch in den Schriften antiker Autoren hat die Wasseruhr ihren Niederschlag gefunden: »Wie von der *clepsydra* getrieben ... und nie zur Ruhe kommend« werden beispielsweise Rechtsgelehrte bei Plato beschrieben. Und Aristoteles betonte, »daß die Länge einer Tragödie sich nicht nach der *clepsydra* bemessen soll, sondern nach den Erfordernissen der Handlung«. Daß die Wasseruhr in der Antike zumindest in den Städten zum Alltag gehörte, läßt sich auch an den römischen und griechischen Gerichtsverhandlungen ablesen, wo sich die Anwälte genau an die vorgegebene Redezeit zu halten hatten. Im Falle einer Unterbrechung, beispielsweise bei der Prüfung von Dokumenten, wurde die Abflußvorrichtung der Uhr bis zur Fortsetzung des Plädoyers mit Wachs versiegelt. Auch im Bereich des Sports kam die Wasseruhr zum Einsatz, beispielsweise bei römischen Wagenrennen.

In späterer Zeit wurden auch von islamischen Ingenieuren prächtige Wasseruhren gebaut. Ein besonders schönes Exemplar wurde Karl dem Großen (742–814 n. Chr.) vom Kalifen Harun al-Rashid zum Geschenk gemacht. Während des 11. Jahrhunderts konstruierten arabische Ingenieure im spanischen Toledo eine Uhr mit zwei Wasserbehältern. Bei zunehmendem Mond wurde der zunächst leere zweite Behälter nach und nach gefüllt, bei abnehmendem Mond floß das Wasser wieder aus, wobei eine Automatik den Zu- und Abfluß regelte. Diese Automatik funktionierte so gut, daß die Uhr über hundert Jahre lang lief, ohne nachgestellt werden zu müssen.

Die Wasseruhr entwickelte sich in allen antiken Zivilisationen zum gängigen Zeitmesser. In China ist sie ab dem 6. vorchristlichen Jahrhundert nachweisbar und in den griechischen Metropolen trat sie spätestens ab 350 v. Chr. als alltägliche öffentliche Einrichtung in Erscheinung, wie die Überreste einer »Stadtuhr« in Athen belegen. Die Bewegung dieser Uhr, die in einen Brunnen eingebaut war, wurde an einem floßähnlichen Schwimmer gemessen, der sich im gleichen Maße absenkte, wie das Wasser durch eine winzige Öffnung am Brunnenboden herausrann. Der Schwimmer war möglicherweise mit einem Stab verbunden, der beim Absinken einen Markierungspfeil bewegte. Der Abnutzungsgrad der Steinstufen, die zum Brunnen hinunterführten, läßt darauf schließen, daß das Wasserreservoir der Stadtuhr täglich neu gefüllt werden mußte.

Mechanische Wunder

Der nächste größere Schritt in der Entwicklung der Uhr – die Erfindung der mechanischen Uhr – wurde lange Zeit Westeuropa zugeschrieben. Ein Text von 1321 berichtet von einer Maschine in einer Abtei in der Nähe von Rouen, aus der ein hymnisches Glockenspiel ertönte. Vermutlich handelte es sich um eine Uhr. Der italienische Dichter Dante beschreibt in seiner *Göttlichen Komödie*, die zur gleichen Zeit entstanden ist, eine Uhr mit Schlagwerk.

Der erste Hinweis auf eine eindeutig dokumentierte Uhr, nämlich jene in der Kirche von Sankt Gotthard in Mailand, stammt aus einer Chronik des Jahres 1335.

Tatsächlich wurde die mechanische Uhr jedoch bereits mehrere hundert Jahre vor den ersten europäischen Uhren in China gebaut. Die Motivation dafür erwuchs aus der Notwendigkeit, die exakte Empfängniszeit der verschiedenen Thronerben zu verzeichnen, so daß die Hofastrologen die kosmologischen Einflußfaktoren berechnen und den geeignetsten Kandidaten bestimmen konnten. Obwohl die Chinesen im Laufe der Jahrhunderte die Genauigkeit ihrer Wasseruhren verbessert hatten, einschließlich einer Stoppuhr, die anstelle des Wassers mit Quecksilber betrieben wurde, genügten sie den hohen Ansprüchen der Astrologen nicht.

Deshalb erfand der buddhistische Mönch und Mathematiker I-hsing im Jahr 723 n. Chr. ein auf der Wasseruhr basierendes astronomisches Gerät, das er »Sphärische Übersicht aller Himmelskörper« nannte. Das Wasser diente bei seiner Uhr allerdings nur als Antriebskraft, um die eigentliche Uhrenmechanik in Gang zu halten. Die aus Bronze und Eisen gearbeiteten Teile dieser Mechanik begannen jedoch nach wenigen Jahren zu rosten, und ein zusätzliches Problem entstand bei kalten Temperaturen, wenn das Wasser zu Eis gefror.

Su Sungs wasserbetriebene »Kosmische Maschine«, neun Meter hoch, aus dem Jahr 1090 n. Chr. Ein großes Wasserrad, das sich in einer Stunde um einen Sektor weiterdrehte, hielt den Uhrenmechanismus in Gang. Dazu gehörten zwei sich synchron drehende Globen auf dem Dach und im Innern des Turms und ein großes Aufgebot an Figuren, die rund um die Uhr die Tagesstunden anzeigten.

Als berühmteste Uhr des mittelalterlichen Chinas gilt die »Kosmische Maschine«, die der Astronom Su Sung auf Geheiß des Kaisers entwarf und im Jahr 1090 n. Chr. fertigstellte. Auf einem etwa 9 Meter hohen Turm saß ein kugelförmiges, astronomisches Gerät, das der Beobachtung der Sterne diente. Es war mechanisch verbunden mit einem Himmelsglobus im Innern des Turms. Beide Geräte waren in ihren Bewegungen synchronisiert. Die Fassade des Turms war wie eine Pagode gestaltet und in fünf Stockwerke unterteilt. Auf jedem Stockwerk war eine Tür angebracht, durch die Tag und Nacht in regelmäßigen Intervallen Holzfiguren traten. Sie schlugen die Trommel, ließen Glocken- oder Gongsignale ertönen, spielten auf Saiteninstrumenten und entfalteten Tafeln, auf denen die Zeit angegeben war. Auch diese Figuren waren mit der Mechanik verknüpft, die die beiden astronomischen Geräte bewegte. Alles zusammen bildete ein einziges großes Uhrwerk, das von einem großen Schöpfrad angetrieben wurde. Dieses Schöpfrad wiederum wurde in Gang gehalten vom ablaufenden Wasser einer Wasseruhr, die gerade so viel Flüssigkeit abgab, daß sich das Rad jede Stunde um einen Sektor vorwärtsbewegte.

Su Sungs großartige Uhr lief von 1090 bis 1126, bis zu den Eroberungszügen des Chin-Staates. Die neuen Machthaber ließen sie

abbauen und stellten sie in ihrer Hauptstadt Peking auf, wo sie noch einige Jahre in Funktion blieb. Su Sungs »Kosmische Maschine« kann als Höhepunkt mittelalterlicher Uhrmacherkunst in China gelten. Unglücklicherweise verhinderten die politischen Zerwürfnisse des nächsten Jahrhunderts eine Fortentwicklung dieser Kunst.

Münzautomaten

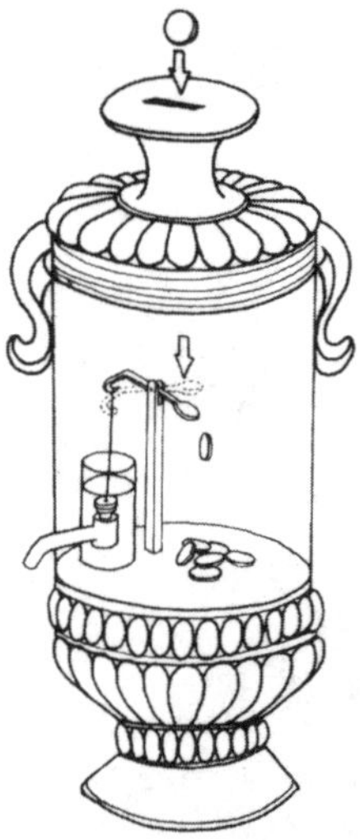

Weihwasserautomat, entworfen von Heron für den Gebrauch in ägyptischen Tempeln. Die Gläubigen konnten sich durch Einwurf einer Münze mit dem für die rituelle Waschung notwendigen Weihwasser versorgen.

Größtes Staunen rief im antiken Alexandria ein Münzautomat hervor, der als der erste der Welt bezeichnet werden kann. Er wurde von Heron gebaut, einem Sohn der Stadt, der seine Erfindungsgabe vor allem an Automaten erprobte. Auf Heron geht die erste Dampfmaschine zurück. Dazu entwarf er mechanische Puppentheater, einen Feuerlöscher, einen Entfernungsmesser, eine selbstreinigende Öllampe, eine neuartige Injiziernadel, ein dem heutigen Theodoliten vergleichbares Vermessungsgerät, mechanische Vögel, die singen konnten, einen solarbetriebenen Brunnen, eine Orgel mit Windmühlenantrieb und dergleichen mehr. Seine Erfindungen sind in einer Reihe von Handbüchern beschrieben, die Heron im 1. Jahrhundert n. Chr. selbst herausgegeben hat.

Sein Münzautomat war, wie auch viele andere seiner technischen Wunderapparate, für den Gebrauch in Tempeln gedacht. Den Gläubigen wurde, bei Einwurf eines Fünfdrachmenstücks in den Schlitz des Automaten, eine kleine Menge Weihwasser für die zum Betreten des Tempels notwendige rituelle Waschung dargeboten. Bei Tagesende wurde der Automat von den Tempeldienern geleert, genauso wie das auch heute noch in einigen katholischen Kirchen gemacht wird, wo es Automaten gibt, bei denen elektrische Kerzen durch den Einwurf einer Münze zum Leuchten gebracht werden können.

Der Münzautomat des Heron funktionierte nach einem ganz einfachen Prinzip: Die Münze fiel in eine kleine Pfanne, die am Ende eines Hebels befestigt war. Ihr Gewicht drückte den Hebel herunter, wodurch ein Verschluß geöffnet wurde, so daß Weihwasser herausfließen konnte. Sobald die Münze beim Niedergehen des Hebels aus der Pfanne herausrutschte, schnellte der Hebel wieder hoch und der Wasserfluß wurde unterbrochen.

Heron ließ sich bei diesem genialen Automaten möglicherweise von einer Kuriosität inspirieren, die 300 Jahre zuvor von Philon von Byzanz zur Belustigung bei Gastmählern konstruiert worden war. Dabei handelte es sich um einen Mechanismus, der die Gäste mit Wasser zum Händewaschen versorgte. Über dem Wasserhahn war eine Marmorhand angebracht. Auf der Handfläche lag ein Bimsstein. Sobald der Gast den Bimsstein wegnahm, um sich die Hände zu waschen, verschwand die Hand und aus dem Hahn ergoß sich ein Wasserstrahl. Nach einer Weile versiegte das Wasser, und die Hand tauchte wieder mit einem frischen Stück Bimsstein für den nächsten Gast auf. Unglücklicherweise ist keine detaillierte Beschreibung von diesem mechanischen Wunderwerk überliefert. Man kann jedoch davon ausgehen, daß es nach dem gleichen Prinzip funktionierte wie Herons Weihwasserautomat.

Automatische Türen

Beim nächsten Gang in einen Supermarkt sollten Sie eine Gedenkminute für Heron einlegen, den ungekrönten König der antiken »High-Tech«-Kunst. Vor etwa 2000 Jahren entwarf er für die Tempel in Alexandria automatische Türen.

Heron liebte die Show und schuf mit gutem Spürsinn für den Publikumsgeschmack mechanische Wunderwerke, die den Betrachter zum Staunen brachten. Seine automatischen Tempeltüren waren eine höchst willkommene Attraktion für die ägyptischen Priester, die schon seit Jahrhunderten alle möglichen Zaubertricks benutzt hatten, um ihre Autorität und ihr Ansehen bei den Gläubigen zu erhöhen.

Auch diese Erfindung Herons basierte auf ganz einfachen Prinzipien der Mechanik. Die Türen eines kleinen Tempels öffneten sich wie von Geisterhand, sobald der Priester auf einem Altar

Herons automatische Tempeltüren, Rekonstruktion aus der Renaissance. Die Mechanik war in einer unterirdischen Kammer außerhalb des Tempels verborgen.

außerhalb des Tempels ein Feuer entzündete. Das Feuer erwärmte eine unter dem Altar verborgene Metallkugel, die mit Wasser und Luft gefüllt war. Die Luft dehnte sich aus und preßte das Wasser durch einen Syphon in einen riesigen Eimer. Der Eimer hing an einem flaschenzugähnlichen System aus Ketten, Rollen und Gewichten, das mit den Türangeln verbunden war und die Türen aufdrehte, sobald der Eimer ein bestimmtes Gewicht erreicht hatte.

Ebenso überraschend schlossen sich die Türen wieder, wenn das Feuer gelöscht wurde. Die plötzliche Abkühlung der Metallkugel bewirkte, daß sich die Luft zusammenzog und das Wasser durch den Syphon hindurch wieder angesaugt wurde. Der leere Eimer schwang nach oben, worauf sich das Flaschenzugsystem rückwärts in Bewegung setzte und die Türen sich feierlich wieder schlossen.

Gegen Aufzahlung waren die magischen Tempeltüren auch mit Trompetenbegleitung zu haben. Die Musik setzte ein, sobald sich die Türen öffneten.

Die Dampfmaschine

Die Erfindung der Dampfmaschine im 18. Jahrhundert und die nachfolgenden revolutionären Neuerungen in Verkehr und Industrie haben das Gesicht der Welt grundlegend verändert. Aber wie so viele Schlüsselerfindungen der Moderne war auch die Nutzbarmachung der Dampfkraft im Grunde nur eine *Wieder*entdeckung von Erkenntnissen, die schon den griechischen Ingenieuren geläufig waren.

Die Erfindung der ersten Dampfmaschine ist ebenfalls Heron von Alexandria zu verdanken. Er hat eine detaillierte Beschreibung dieser Maschine, die er selbst als *aeolopile* (»Windkugel«) bezeichnete, hinterlassen. Sein Konstruktionsplan ist von verblüffender Einfachheit: Ein luftdicht abgeschlossener, wassergefüllter Kessel wurde auf ein Feuer gesetzt. Sobald das Wasser zu kochen anfing, stieg Dampf in zwei Rohren hoch, die in eine drehbar dazwischen aufgehängte Hohlkugel mündeten. Der Dampf entwich dann durch zwei gekrümmte Ventile, die an der Hohlkugel angebracht waren, und versetzte sie in Drehung. Heron nutzte also für seine Dampfmaschine das gleiche Prinzip, das dem modernen Düsenantrieb zugrunde liegt.

Als guter Ingenieur ordnete Heron alle seine Erfindungen in

Herons aeolopile (*»Windkugel«), ein Vorläufer der Dampfmaschine und des Düsenantriebs.*

zwei Kategorien ein: In »nützliche Alltagsgeräte« und in solche Apparate, die der bloßen Effekthascherei dienten. Die Dampfmaschine zählte er, wie aus seiner Beschreibung hervorgeht, der zweiten Kategorie zu. Es stellt sich also die Frage, warum Heron, der so gut wie nie auf die Nutzbarmachung potentieller Energiequellen verzichtete, im Falle der Dampfmaschine keine Veranlassung für eine praktische Anwendung sah.

Der Historiker J. G. Landels ließ sich Herons Dampfmaschine nachbauen. Es stellte sich heraus, daß das Modell die bemerkenswerte Geschwindigkeit von 1500 Umdrehungen pro Minute erreichte: »Man kann davon ausgehen, daß die Kugel in Herons Maschine das schnellste Drehobjekt dieser Zeit war.«

Die Höhe der Nutzleistung war abhängig von der Auslegung des Gelenks zwischen den beiden Zuleitungsrohren und der Hohlkugel. Ein Gelenk mit viel Spiel machte höhere Drehzahlen möglich, ließ aber viel Dampf entweichen. Bei einem Gelenk mit wenig Spiel mußte ein wesentlich stärkerer Reibungswiderstand überwunden werden, was ebenfalls Energie kostete. Mit einer mittleren Gelenkeinstellung kam Landels auf eine Nutzleistung von allenfalls

Dampfkraftbetriebenes Spielzeug, entworfen von Heron. Eine kleine Kugel wird von einem Dampfstrahl schwebend in der Luft gehalten. Nach einer Rekonstruktion aus der Renaissance.

1 Prozent der aufgewendeten Heizenergie. Herons Dampfmaschine arbeitete also tatsächlich völlig unwirtschaftlich. Und in einer Gesellschaft, die sich auf Sklavenarbeit stützte, gab es keinen Anreiz, seine Erfindung weiterzuentwickeln.

Automaten

Mechanisches Prinzip von Herons rollenden Podesten. Im Innern des Apparates befand sich ein mit Korn gefüllter Behälter. Auf diesem lag ein Gewicht, das durch einen Seilzug mit den Rädern verbunden war. Sobald das Korn durch eine Öffnung im Boden des Behälters floß, senkte sich das Gewicht, und die Räder drehten sich.

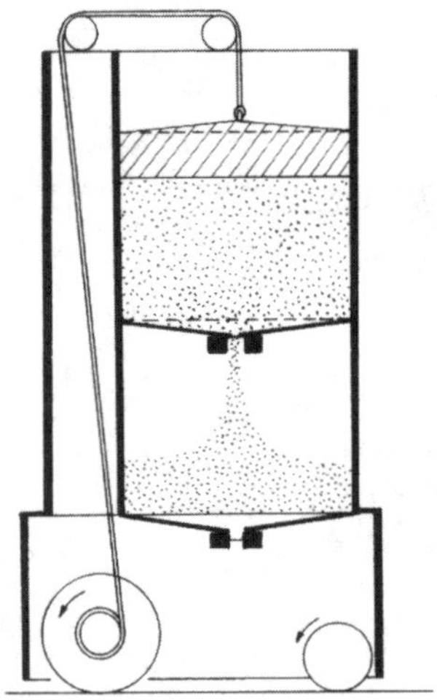

Die Idee vom Roboter, also vom Maschinenmenschen, der seinem Schöpfer willfährig zu Diensten ist, war schon den alten Griechen geläufig, wie bei Homer nachgelesen werden kann. In der *Ilias*, dem großen Epos aus dem 8. Jahrhundert v. Chr., sind technologische Wunderwesen erwähnt, die von Hephaistos, dem Gott der Schmiede- und Handwerkskunst, geschaffen wurden. Von mechanisch funktionierenden Dienerinnen aus Gold ist die Rede, die sprechen und sogar denken konnten. Oder von dreibeinigen Tischen, die auf goldenen Rädern rund um den Palast des Hephaistos verteilt waren. Auf sein Kommando setzten sie sich selbständig in Bewegung und folgten ihm wie Hunde, oder sie rollten auf sein Geheiß zurück nach Hause.

Diese Schöpfungen gehören ins Reich der Fiktion. Gleichwohl erlauben sie den Rückschluß, daß die alten Griechen eine hohe Meinung von der Kunstfertigkeit ihrer Ingenieure hatten. Auch auf die großen Erfinder in Alexandria, insbesondere auf Philon und auf Heron, übten Automaten eine starke Faszination aus (wobei »automaton« als mechanisch organisierter, sich selbst bewegender Apparat definiert wurde, im Unterschied zum »robot«, einer Maschine, die den Menschen in seinem Verhalten kopieren sollte). Die alexandrinischen Erfinder konnten bei der Konstruktion von Automaten auf den gesammelten Erfahrungsschatz der griechischen Naturwissenschaftler, einschließlich des großen Archimedes, zurückgreifen. Gleichzeitig standen ihnen die technologischen Kenntnisse der Ägypter zur Verfügung. Einfaches mechanisches Spielzeug war in Ägypten schon lange in Gebrauch (vgl. die **Einleitung** zum Kapitel **Sport und Freizeit**). Auch die sogenannten Tempelwunder hatten eine lange Tradition: Statuen, die mit dem Kopf nickten und mit versteckten Sprechröhren versehen waren, um die Illusion eines sprechenden Gottes hervorzurufen. Heron hat eine ganze Reihe weiterer solcher »special effects« für Tempel entworfen. Den größten Erfindungsreichtum hat er jedoch für ein spezifisch griechisches Medium entwickelt, das Theater. Viele seiner Schöpfungen für das Theater können als ausgereifte Vorläufer unserer heutigen Bühnentechnik gelten, wie beispielsweise die Blitz-und-Donnermaschine (vgl. den Abschnitt **Theater** im Kapitel **Sport und Freizeit**). Und einige seiner Automaten waren echte Kunstwerke eines Theaters der Illusionen.

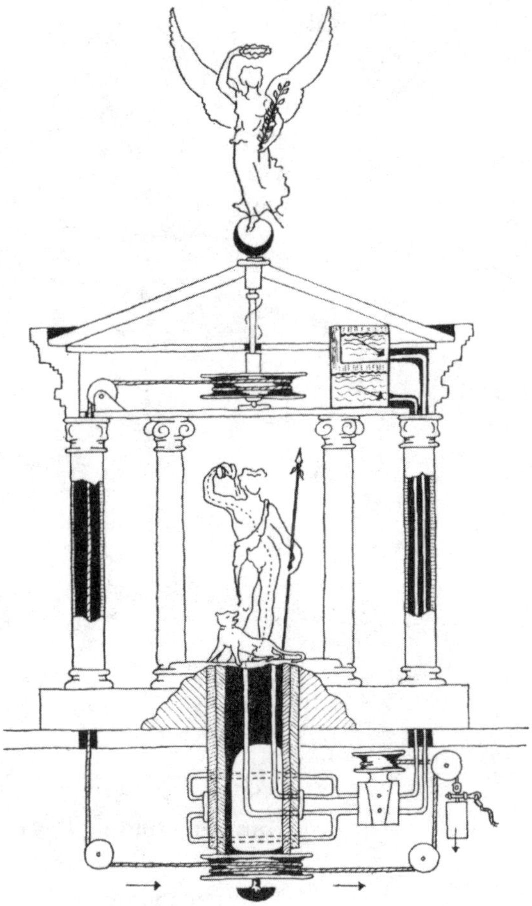

Rekonstruktion eines Heronschen Theaterautomaten. Die Figuren bewegten sich selbsttätig über die Miniaturbühne, Antrieb und Mechanik waren im Sockel des Podests verborgen.

Herons automatisches Theater

Heron hat Apparate konstruiert, die eine geradezu unheimliche Ähnlichkeit zu Hephaistos' legendären Dreibeinern aufweisen, nämlich kastenartige Gestelle auf Rädern, die wie von Geisterhand gezogen über die Bühne rollten. Tatsächlich aber waren es die Gesetze der Schwerkraft, die sie in Gang setzten: Ein Gewicht, durch Seilzüge mit den Rädern des Gestells verbunden, wurde auf einen mit Korn gefüllten Behälter gelegt. Während das Korn durch ein Bodenloch im Behälter in ein zweites, darunterliegendes Gefäß rann, sank das Gewicht langsam nach unten, bis sich das Seil straffte und die Räder des Gestells anzog. Herons geniale Erfindung bestand sozusagen aus der Kombination eines Aufziehspielzeugs mit einer überdimensionalen Eieruhr.

Dieses einfache Prinzip brachte Heron in zahllosen, höchst komplexen Varianten zur Anwendung. Es gab fahrende Gestelle, die sich im Kreis oder im Quadrat bewegten, die Achterschleifen beschrieben oder sogar die Richtung änderten und auf der gleichen Bahn wieder zurückfuhren. Aber nicht genug, daß sich die Gestelle selbsttätig hin und her bewegten, sie wurden auch als fahrbare Podeste für Puppen genutzt, die ihrerseits wiederum von einem System aus Seilen und Gewichten gesteuert wurden. So hat Heron ein Miniaturtheater auf Rädern entworfen, das sich selbst vor das Publikum rollte und eine eigene Aufführung in Gang setzte. Türen

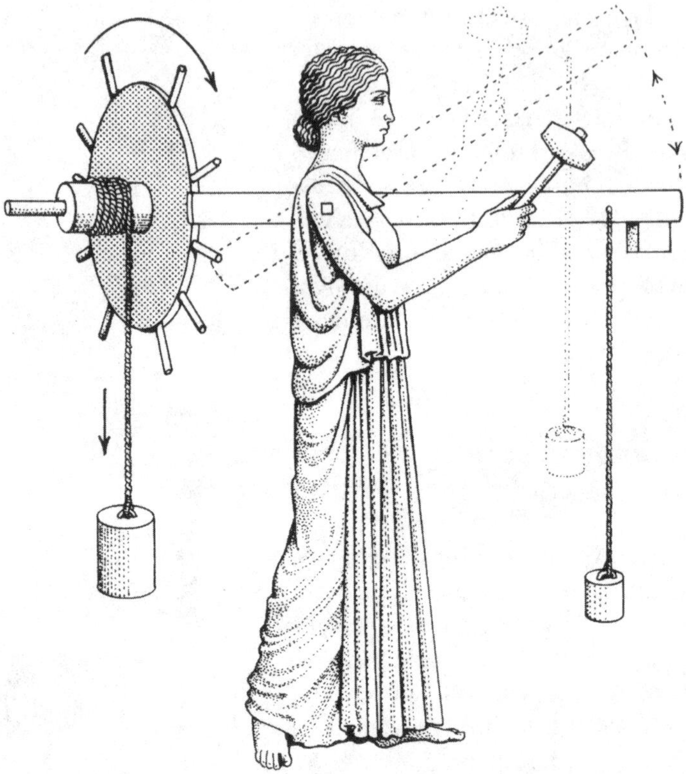

Schmiedende Nymphe aus dem Miniaturtheaterstück Nauplios. *Ein Gewicht setzt ein Rad mit Zapfen in Bewegung. Die Zapfen drücken in regelmäßigen Intervallen einen Hebel nieder, dessen anderes Ende den Arm der Nymphe hebt. Wenn sich die Zapfen weiterdrehen, klinkt der Hebel jedesmal aus, und der Arm der Nymphe mit dem Hammer schlägt nach unten.*

öffneten sich und schlossen sich wieder, winzige Altäre leuchteten auf und mechanische Figuren drehten und bewegten sich über die Miniaturbühne. Am Ende der Vorstellung rollte das Theater selbsttätig wieder davon.

Heron baute auch feststehende automatische Theater, die er mit wesentlich beweglicheren Puppen ausstatten konnte, weil er die platzraubende Mechanik für das Hin- und Herfahren einsparen konnte. Das Korn ersetzte er durch Sand, der langsamer floß, was längere Vorstellungen ermöglichte.

Eines seiner Miniaturtheater hatte er sogar mit einem kompletten Theaterstück programmiert, dem *Nauplios,* einer Tragödie, die in der Zeit des Trojanischen Krieges spielte: Der Sohn des Königs Nauplios wird von seinem Waffenbruder Ajax fälschlich des Verrats angeklagt und zu Tode gesteinigt. Unterstützt von der Göttin Athene sinnt der Vater auf Rache. Sobald sich der Vorhang zur ersten Szene gehoben hatte, erschienen mechanisch gesteuerte Nymphen, die mit Hämmern und Sägen Ajax' Schiff reparierten. »Es muß viel Lärm erzeugt werden«, schrieb Heron in einer Regieanweisung, »so als würde man tatsächlich arbeiten.« Nach einer

Weile schlossen sich die Türen wieder und öffneten sich erneut für die 2. Szene: Das Schiff wurde vom Stapel gelassen. In der 3. Szene blickte man auf das offene Meer. Hinten zog die griechische Flotte auf und vorne zeigten sich springende Delphine. Ein Sturm kam auf, das Meer schlug Wellen, die Schiffe holten die Segel ein. Wieder schlossen sich die Türen und öffneten sich zur nächsten Szene. Die Schiffe waren verschwunden. Statt dessen leuchtete eine helle Fackel, die Nauplios in die Höhe hielt, um die Griechen an Land und in den Tod zu locken, wobei ihn Athene wohlwollend beobachtete. In der Schlußszene erschien ein gestrandetes Schiff. Ajax kämpfte mit den Fluten, während Athene zum Himmel aufstieg. Donner krachte, während sie einen Blitz auf Ajax niederschleuderte, der daraufhin in den Wellen versank. Nauplios' Rache war vollendet.

Mit sichtlichem Vergnügen gibt Heron eine Beschreibung der »special effects«, wobei er jede Bewegung bis ins einzelne erklärt. Von den hämmernden Nymphen bis zu den springenden Delphinen wurde das gesamte Bühnengeschehen von der gleichen Mechanik in Gang gehalten: Von Gewichten, die ihre statische Energie über Seilzüge auf die agierenden Figuren übertrugen. Auch ohne elektronische Chips war es Heron, sicherlich zur größten Verblüffung seines Publikums, gelungen, eine ganze Theatervorstellung in seinen Automaten zu programmieren.

Elektrische Batterien

Quer durch die römische und griechische Literatur finden sich zahlreiche Hinweise dafür, daß die Wissenschaftler der Antike bereits über ein solides Basiswissen zum Thema Elektrizität verfügten.

Naturphänomene, wie beispielsweise die elektrischen Schläge, die von manchen Fischen ausgeteilt werden, stießen auf größtes Interesse. Der römische Dichter Claudian beschreibt, wie ein Torpedofisch (oder Zitterrochen), der an einem Angelhaken hing, seine »Ausstrahlung« an der Angelschnur und -rute entlang auf den Fischer übertrug und ihn lähmte. In der babylonischen Medizin kam der elektrische Fisch als lokales Betäubungsmittel zum Einsatz.

Weil die Griechen und Römer jedoch kein eigenes Wort für Elektrizität kannten, wurde lange Zeit angenommen, daß sie auch kei-

Der Blitz, auffälligste und am häufigsten zu beobachtende Erscheinung elektrischer Energie, erregte die besondere Aufmerksamkeit der Menschen im Altertum. Die meisten hielten ihn für eine übernatürliche Erscheinung, für eine Waffe der Götter, vor allem des Göttervaters Zeus oder Jupiter. Die Philosophen dagegen verfügten bereits über andere Einsichten. Nach ihrem Verständnis trat im Blitz eine fundamentale Kraft zutage. Von der alles bewegenden Kraft im Universum ist sogar die Rede, einer Vorstellung, die von der heutigen Anschauung, daß Materie aus Energie entstanden ist, gar nicht so weit entfernt ist.

ne Kenntnisse darüber hatten. Diese Ansicht läßt sich schon mit einem einzigen Zitat des römischen Schriftstellers Lukrez widerlegen, der den Blitz mit dem zu seiner Zeit gängigen Wortschatz beschreibt. Der Blitz, so sagt er, ist eine Art »verdünntes Feuer ... aus winzigen, beweglichen Teilchen bestehend, die jede Materie durchdringen können«. Lukrez' scharfer Beobachtungsgabe war auch nicht entgangen, daß Blitz und Donner gleichzeitig entstehen, obwohl der Donner erst nach dem Blitz in Erscheinung tritt. Er hatte sogar eine Erklärung dafür: »Der Schall bewegt sich langsamer als das Licht.«

Statische Elektrizität

Im kleineren Maßstab ließ sich das Phänomen der Elektrizität auch am Bernstein, dem gehärteten Harz von Nadelbäumen, untersuchen. Durch Reiben mit Wollstoffen oder Pelz konnte er mit statischer Elektrizität aufgeladen werden und zog dann leichtes Material wie Papier oder Stroh an. Chinesische Wissenschaftler machten die gleichen Beobachtungen wie die Griechen und Römer. Ein Text aus dem Jahr 83 n. Chr. beschreibt, wie sich mit Bernstein Senfkörner einsammeln lassen.

Die »magischen« Eigenschaften, die schöne Färbung und die glatte Oberfläche machten den Bernstein im Altertum zu einem der begehrtesten Handelsgüter. Die Chinesen importierten ihn aus Burma. In Europa wurde er seit der Steinzeit von den Küsten der Nordsee und des Baltikums quer über alle Handelsstraßen transportiert. Broschen, Anhänger und andere Schmuckstücke aus Bernstein galten als Statussymbole, die den Reichen und Mächtigen zusammen mit anderen Kostbarkeiten als Beigaben ins Grab gelegt wurden. Besonders die Griechen hatten eine Vorliebe für Bernstein. Schon seit 1600 v. Chr. wurde er in großem Umfang von den Kriegerfürsten Mykenes eingeführt, wie sich an den Funden in ihren reich ausgestatteten Schachtgräbern zeigen läßt.

Griechische Wissenschaftler experimentierten mit Bernstein, um herauszufinden, warum er auf gewisse Materialien anziehend wirkt, »so wie ein Magnet auf Eisen«. Aber trotz ähnlicher Reaktionen von Magnet und aufgeladenem Bernstein begriff man sehr gut, daß es sich um zwei unterschiedliche Phänomene handelte: Magneteisenstein, die den Griechen bekannte, natürliche Form des Magneten, beeinflußte Eisen durch Magnetismus, während im Bernstein die Kraft statischer Elektrizität wirksam war. Viele Jahrhunderte später nahm der englische Physiker William Gilbert (1544–1603) die Untersuchungen am Bernstein genau da wieder auf, wo die Griechen aufgehört hatten. Er nannte die anziehende Kraft des Bernsteins *vis electrica,* abgeleitet von *electron,* der griechischen Bezeichnung für Bernstein. So geht das Wort *Elektrizität*, das erstmals 1646 n. Chr. belegt ist, letztlich doch auf die griechische Naturphilosophie zurück.

Erwähnung verdient auch ein griechischer Mythos über den Ursprung des Bernsteins. Phaëton, der Sohn des Sonnengottes Helios, durfte einmal den Sonnenwagen seines Vaters steuern. Er lenkte ihn aus der Bahn, so daß die Welt fast in Brand geriet. Er wurde vom Blitz getroffen und stürzte tot ins Nordmeer, also dorthin, woher der Bernstein kam. Das legt die Vermutung nahe, daß die Griechen einen Zusammenhang zwischen dem Blitzschlag und den Eigenschaften des Bernsteins sahen. Oder anders ausgedrückt, sie standen dicht vor der Erkenntnis, daß Elektrizität eine spezifische Form der Energie darstellt, die sich in unterschiedlicher Weise äußern kann, als Entladung im Blitz und als Anziehungskraft im Bernstein. Die bisher vertretene Meinung der Wissenschaftshistoriker, wonach die Elektrizität erst im 17. Jahrhundert entdeckt wurde, läßt sich jedenfalls heute kaum mehr aufrechterhalten. Es könnte sogar sein, daß die Elektrizität schon 1500 Jahre vor ihrer angeblichen Entdeckung praktisch genutzt wurde.

Die »Bagdad-Batterie«

In der Sammlung des Irak-Museums in Bagdad wird ein kleines Tongefäß aufbewahrt, das unter Wissenschaftshistorikern eine Sensation ausgelöst hat. Es wurde nämlich spekuliert, daß dieses unscheinbare Gefäß eine elektrische Batterie gewesen sein könnte.

Im Juni 1936 war man beim Bau einer neuen Eisenbahnstrecke in der Nähe von Bagdad auf die Überreste einer Siedlung aus der Partherzeit (etwa 250 v. Chr. bis 250 n. Chr.) gestoßen. Aus dieser Fundstätte wurde eine Fülle von Material geborgen, darunter auch das erwähnte Tongefäß samt seiner eigenartigen Füllung: einem Kupferrohr, das an einem Ende versiegelt war, einem Eisenstab und einigen Asphaltbrocken.

Der Physiker Walter Winton vom Wissenschaftsmuseum in London unterzog das Gefäß einer Prüfung. Er war von dem Ergebnis überwältigt: »Wenn man in die Kupferröhre eine beliebige Säure hineingibt – selbst Essig kann verwendet werden –, dann erhält man eine Zelle, die Spannung erzeugt und Strom zirkulieren läßt. Mehrere solcher Zellen miteinander verbunden ergeben eine Batterie von Zellen, die genug Strom produziert, um beispielsweise eine Klingel oder eine Glühbirne in Gang zu setzen, oder einen kleinen Elektromotor zu betreiben.«

Daß es sich bei dem Objekt tatsächlich um eine Batterie handelte, war, wie Winton hervorhob, »überhaupt nicht von der Hand zu weisen und absolut überzeugend«. Ein Rest von Zweifel blieb dennoch bestehen, da es sich bei dem Tongefäß um einen sogenannten »Einzelfund« handelte, der sich archäologisch nicht defi-

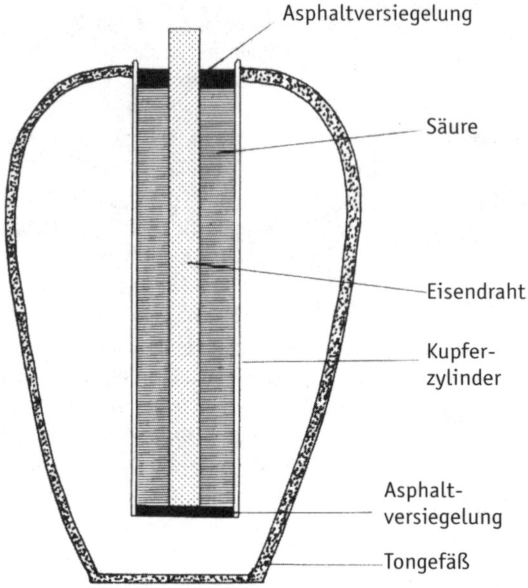

Rekonstruktion der »Bagdad-Batterie«. Das Tongefäß (etwa 18 Zentimeter hoch) enthält einen am oberen und am unteren Ende mit Asphalt versiegelten Kupferzylinder, durch den ein Eisendraht geführt ist. Ist der Zylinder mit einer Säure als Kontaktflüssigkeit gefüllt, entsteht zwischen dem Eisendraht und dem Kupfergehäuse eine elektrolytische Spannung, die Strom zirkulieren läßt.

nieren ließ. Wohl hatte man in einer anderen Parthersiedlung, in Ktesiphon nahe Bagdad, ähnliche Gefäße entdeckt, die zwischen Amuletten und anderen magischen Objekten gelegen hatten. Daraus könnte man schließen, daß sie von Alchimisten verwendet wurden. Dies würde jedoch nichts über ihre eigentliche Funktion aussagen.

Eine Geheimkunst

Wenn man die Batterie-Hypothese ernst nimmt, stellt sich natürlich die Frage, was man vor 2000 Jahren mit Batterien hätte anfangen können. Die interessanteste Antwort auf diese Frage gab bisher der Archäologe Wilhelm König, Direktor des Forschungslaboratoriums am Irak-Museum, der die »Bagdad-Batterie« im Jahre 1938 als erster untersuchte. Er kam zu dem Schluß, daß der Strom, der von mehreren Zellen erzeugt wurde, ausreichend war, um Metalle zu galvanisieren.

Tatsächlich wird in abgelegenen Gegenden von irakischen Handwerkern auch heute noch eine primitive Galvanisierungsmethode angewandt, um Kupferschmuck mit einer dünnen Silberschicht zu überziehen. Möglicherweise hat sich diese Technik über Jahrtausende hinweg aus der Partherzeit erhalten. Die Parther waren Nutznießer einer 3000jährigen wissenschaftlichen Tradition im Vorderen Orient. Auch das griechische Wissen war ihnen zugänglich, da Alexander der Große das Gebiet um 330 v. Chr. erobert hatte. Und die Griechen verfügten, wie bereits erwähnt wurde, zumindest über ein Basiswissen auf dem Gebiet der Elektrizität.

Wie weit ihre Kenntnisse gingen, ist nach dem heutigen Stand der Wissenschaft allerdings schwer abzuschätzen. Die irakischen Handwerker waren sorgsam darauf bedacht, ihr technisches Wissen geheimzuhalten. Auch jene babylonischen Tontafeltexte, die die Rezepte zur Herstellung von farbigem Glas festhalten, waren in einer unverständlichen Sprache abgefaßt, so daß nur Eingeweihte Zugang hatten. Die Geheimnisse des Galvanisierens wären sicherlich mit ebensolcher Achtsamkeit gehütet worden. Glücklicherweise sind im Irak noch immer Hunderte von Grabungsplätzen unerschlossen und Tausende von Schrifttafeln in den Museen unübersetzt. Es darf also spekuliert werden, daß die zukünftige archäologische Forschung auch auf dem Gebiet der Elektrizität noch einige Überraschungen zutage fördern wird.

Magnete und Magnetismus

Nach einer griechischen Sage wurde der Magnetismus von einem Schäfer entdeckt. Auf der Wanderschaft durch die gebirgigen Landstriche der Westtürkei soll er plötzlich mit dem Fuß am Boden klebengeblieben sein, weil sich die Nägel in seinen Sandalen an ein Stück Magneteisenstein geheftet hatten. Auch wenn es sich nur um eine Sage handelt, verdient dieser Bericht Aufmerksamkeit. Das Gebiet, von dem die Rede ist, ist reich an Magneteisenstein und liegt bei der Stadt Magnesia, die der geheimnisvollen und nutzbaren Fähigkeit gewisser Stoffe (hauptsächlich Eisen, aber auch Nickel und Kobalt), nämlich Eisen anzuziehen oder abzustoßen, für immer den Namen gegeben hat.

Nach der »offiziellen« Überlieferung wird die Entdeckung des Magnetismus dem griechischen Wissenschaftler Thales von Milet zugeschrieben, der im 6. Jahrhundert v. Chr. den ersten heute bekannten Versuch unternahm, die unsichtbare Kraft des Magneteisensteins zu erklären: »Der Magnet ist etwas Lebendiges, da er Eisen zu bewegen vermag.« Es ist unwahrscheinlich, daß Thales einen Magneten als »lebendig« im Sinne einer kreatürlichen Existenz beschreiben wollte, vielmehr glaubte er, daß der Magnet mit dem Lebendigen die Fähigkeit zur Bewegung teilte. Auch die Naturphilosophen der späteren Zeit erlagen der Faszination des Magnetismus. Durch zahlreiche Experimente machten sie sich mit den grundlegenden Gesetzmäßigkeiten dieses Phänomens vertraut. So wurde beispielsweise das Prinzip der magnetischen Induktion, nämlich die Fähigkeit des Magneten, seine Eigenschaften auf andere Eisenstücke zu übertragen, schon früh bekannt. Bei Plato (4. Jahrhundert v. Chr.) findet sich dazu folgende Beschreibung: »Der Magneteisenstein … besitzt die Fähigkeit, Eisenringe anzu-

Den Griechen war auch bekannt, daß zwischen der Anziehungskraft des Magnetsteins und der ganz ähnlichen Erscheinung, die beim Reiben von Bernstein entsteht, ein Unterschied besteht (vgl. den Abschnitt **Elektrische Batterien**). Die Wissenschaftler des klassischen Altertums entwickelten eine Reihe von Hypothesen zum Magnetismus, die von den modernen Erkenntnissen gar nicht so weit entfernt sind. Der römische Naturphilosoph und Dichter Lukrez, der die Wirkung des Magneten auf einen Strom unsichtbarer Teilchen zurückgeführt hat, kommt der modernen Feldtheorie sogar schon ziemlich nahe.

ziehen. Mehr noch, er kann seine Kraft an diese Ringe weitergeben, so daß sie ebenfalls andere Ringe anziehen. Am Ende entsteht eine lange Kette von aneinanderhängenden Ringen, die ihre magnetische Kraft alle von dem ursprünglichen Stein haben.«

Magnetismus und Medizin

Magneteisenstein war im Altertum ein hochgeschätztes Mineral und wurde in großem Umfang abgebaut. Abgesehen von dem wissenschaftlichen Interesse, das er hervorrief, stellt sich also die Frage, welcher Verwendung er außerdem noch hätte dienen können.

Die Assyrer nutzten ihn in Form eines Pulvers als Aphrodisiakum: Um die erotische Anziehungskraft zu erhöhen, wurde das Pulver auf den Penis gestäubt, während die Genitalien der Frau mit Eisenspänen bestreut wurden (vgl. den Abschnitt **Aphrodisiaka** im Kapitel **Sexualität**). Neben dieser eher kurios anmutenden Maßnahme sind aber auch durchaus ernstzunehmende medizinische Behandlungen mit pulverisiertem Magneteisenstein bekannt. Die Griechen rührten das Pulver zu einer Salbe an, die bei Verbrennungen eingesetzt wurde oder als linderndes Mittel bei Augenreizungen. Über die Wirksamkeit dieser Präparate ist nichts bekannt. Im Hinblick auf den vermehrten Einsatz elektromagnetischer Therapien bei Heilungsprozessen und zur Schmerzlinderung in der modernen Medizin könnte sich jedoch eine genaue Überprüfung der medizinischen Eigenschaften des Magneteisensteins vielleicht als lohnend erweisen.

Ein magnetisches Sicherungssystem

Was die praktische Verwertbarkeit des Magneteisensteins angeht, wurden die Griechen und Römer in ihrem Erfindungsreichtum von den Chinesen bei weitem übertroffen. Im Gegensatz zu den Wissenschaftlern der klassischen Antike, die dem Geheimnis der künstlichen Herstellung von Magneten nie ganz auf die Spur gekommen sind, befaßten sich die Chinesen auf gewerblicher Basis mit der Produktion von Kompaßnadeln, die zweifellos die bedeutsamste Nutzung des Magneten im Altertum darstellen. Das ehrgeizigste Projekt, für das die Chinesen Magneteisenstein verwendeten, ist in einer Erzählung über Ch'in-shih Huang-ti, dem ersten Kaiser von China (221–210 v. Chr.), festgehalten. Seine Grabstätte, nahe der Stadt Hsi-an (heute Xian), ist von geradezu

Im mittelalterlichen China wurden Magnetnadeln für Kompasse gewerblich hergestellt. Diese Szene stammt aus einer Schrift von 1637 und zeigt Bearbeitungstechniken, die jahrhundertelang in Gebrauch waren. Die Nadeln wurden bis zur Rotglut erhitzt, nach Norden ausgerichtet und von dem sitzenden Handwerker mit einem Hammer bearbeitet. (Durch das Hämmern wird die Molekularstruktur gelockert, worauf sich die Eisenmoleküle in Nord-Süd-Richtung formieren und die Nadel magnetisch machen.) Der zweite Handwerker hält einen Bogenbohrer in der Hand und versieht die Nadeln mit Löchern.

größenwahnsinnigen Ausmaßen. Sie besteht aus einer kompletten unterirdischen Palastanlage, die von einem gewaltigen Erdhügel bedeckt ist. In einer Kammer am Rande dieses Grabkomplexes wurde die inzwischen weltberühmte, aus 8000 Kriegern bestehende Terrakotta-Armee gefunden. Die Grabkammer soll mit unschätzbaren Reichtümern angefüllt gewesen sein, darunter ein Modell von China mit Flußläufen aus Quecksilber (vgl. den Abschnitt **Kartographie** im Kapitel **Transport und Verkehr**). In der Überlieferung heißt es, daß man sich der Tür zur Grabkammer nicht mit eisernen Waffen nähern konnte, weil sie aus einem Material bestanden habe, das alle eisernen Gegenstände anzog und festhielt.

Bestätigung findet diese Erzählung in einer erst kürzlich entdeckten, fragmentarisch erhaltenen Enzyklopädie, dem *Yung-lo ta tien* von 1406 n. Chr. Darin ist eine ähnliche Sicherheitsvorrichtung in einem anderen Bauwerk Ch'in-shih Huang-tis, dem A-fang-Palast in Hsien-yang, beschrieben: »Das Tor war aus magnetischem Stein gebaut. Krieger in Eisenrüstung wurden angezogen, sie hingen fest und konnten nicht passieren.«

L. C. Tai, Mitglied des Forschungsinstituts für Eisen und Stahl in Peking, unterzog diese Berichte einer Prüfung. Er fand heraus, daß der Sand im Gebiet des Wei-Flusses, der Wiege der chinesischen Zivilisation, einen extrem hohen Anteil an magnetischen Eisenoxyden aufweist und daß sich beim Erhitzen des Sandes und dem sogenannten Sintern die Oxyde zu beliebig großen Blöcken mit ausgeprägt magnetischer Kraft zusammenfügen lassen.

Die Freilegung der Terrakotta-Armee im äußeren Bereich der Grabanlage hat die Welt in Staunen versetzt. Die Bergungen in der Grabkammer selbst stehen noch bevor. Mit Sicherheit kann davon ausgegangen werden, daß sich ein Schatz an technologischer Kunstfertigkeit auftun wird. Darunter könnten sich auch Hinweise auf das erste magnetische Sicherungssystem der Welt befinden.

Kapitel 4

Sexualität

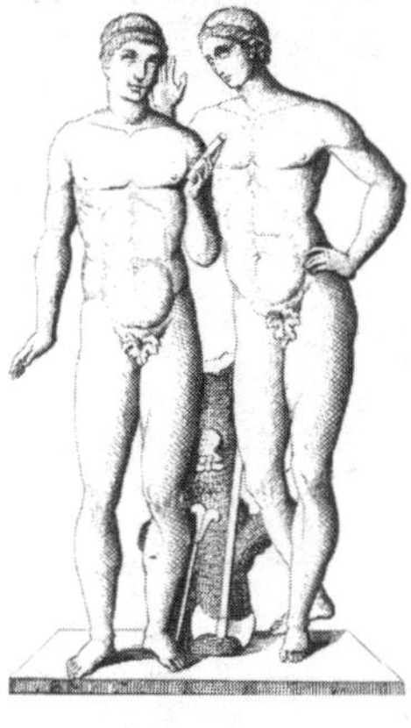

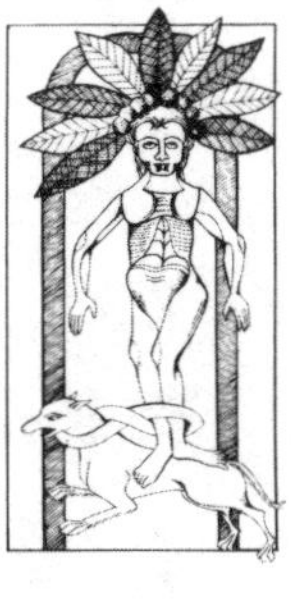

Einleitung

Was den rein körperlichen Vorgang anbelangt, so hat der Mensch der Variationsbreite sexuellen Verhaltens von Tieren wenig Neues hinzugefügt. Die meisten Beziehungsformen, von denen die Menschen annehmen, sie seien ihnen vorbehalten, haben auch andere Kreaturen erprobt. Es existiert eine Vielzahl von Verhaltensweisen mit den entsprechenden physiologischen und sozialen Merkmalen: Viele Lebewesen sind asexuell (das bekannteste unter ihnen ist die Amöbe), andere sind Zwitter (wie zum Beispiel viele Würmer), doch jene, die sich durch die Vereinigung andersgeschlechtlicher Partner vermehren, sind auch hier deutlich in der Überzahl. Neben der heterosexuellen Paarbindung, die wir als die gängige ansehen, wartet die Natur mit Beispielen von alleinerziehenden Müttern (etwa bei Katzen) und sogar mit homosexuellen Familien auf. 1977 waren 14 Prozent der Möwen auf einer Insel vor der kalifornischen Küste lesbisch. Weibliche Tiere warben umeinander, kümmerten sich paarweise um den Nestbau, legten zur gleichen Zeit – wenn auch unfruchtbare – Eier und blieben sich über mehrere Brutphasen treu.

Selbst die Ehe ist davon nicht ausgenommen; auch Monogamie ist keine menschliche Erfindung. Unsere entfernten Verwandten, die Gibbons – Affen, die in den Regenwäldern Südostasiens leben –, bleiben ihr Leben lang bei dem einmal gewählten Partner.

Ganz und gar menschlichen Ursprungs ist dagegen die Unmenge an Institutionen, Ritualen und Utensilien, mit denen der Mensch das Sexualverhalten umgeben hat. Nur er ist von diesem Thema so besessen. Weite Bereiche unserer sozialen und religiösen Geschichte befassen sich mit dem »Richtig« und »Falsch« in der Sexualität und mit der schwer zu beantwortenden Frage, welches Verhalten »normal« und »natürlich« sei.

Homosexualität wurde zum Beispiel in vielen alten Gesellschaften nicht in dem Maße für abweichend erklärt, wie das heute häufig der Fall ist, sie wurde offiziell gebilligt. In Athen und Sparta wurde während des 5. Jahrhunderts v. Chr. eine homosexuelle Bindung zwischen einem älteren Liebhaber und einem Knaben als förderlich für die Erziehung des letzteren angesehen. Die Spartaner glaubten, den Samen eines erfahrenen Kriegers zu empfangen, steigere die eigene Männlichkeit. In Athen betonte man die moralischen und ästhetischen Aspekte solcher Beziehungen.

In Theben hatte die Homosexualität, wie auch in Sparta, mili-

Homoerotische Beziehungen zwischen Männern und Knaben waren in vielen antiken Kulturen verbreitet und wurden sogar für erzieherisch wertvoll erachtet. Hier das Beispiel einer attischen rotfigurigen Vase.

tärische Bedeutung. Der Heilige Bund der Thebaner war eine Infanterieformation, die sich ausschließlich aus männlichen Liebespaaren zusammensetzte. Über 40 Jahre lang war sie siegreich, bis sie von Philipp II. von Makedonien 338 v. Chr. in der Schlacht von Chaeronea völlig aufgerieben wurde. Während der Kämpfe kamen alle dreihundert Soldaten ums Leben oder starben an den Folgen. Auch in Sparta waren homoerotische Praktiken der demographischen Entwicklung nicht gerade zuträglich. Daneben beförderte die getrennte Erziehung von Knaben und Mädchen lesbische Verbindungen und späte Heirat. Die Spartaner waren eine kleine Elite, die eine massiv anwachsende Bauernschaft unter der Knute hielt; niedrige Geburtenraten und große Verluste in dauernden Kampfhandlungen führten schließlich zu ihrem völligen Verschwinden.

Die Kreter hingegen förderten Homosexualität ganz gezielt als Mittel der Geburtenkontrolle. In klassischer Zeit war es für einen kretischen Teenager völlig normal, daß er von älteren Männern umworben wurde und, nach dem erforderlichen Austausch von Geschenken und Förmlichkeiten mit den Eltern des Knaben, bei seinem Liebhaber wohnte. Dieser war verantwortlich für den Unterhalt und die weitere Erziehung seines Schützlings. Erst im Alter von dreißig hatte ein Mann an Heirat und Familiengründung zu denken.

Natürlich hat die Mehrzahl menschlicher Gemeinwesen die Verheiratung heterosexueller Partner zur Norm erhoben, schließlich ist dies der beste Weg, sich fortzupflanzen. Aber auch hier variieren die Erscheinungsformen in den unterschiedlichen Kulturen ganz beträchtlich. Die chinesische Han-Dynastie war liberal in ihrer Einstellung zur Homosexualität, ja zur Sexualität generell, und die Einnahme von Aphrodisiaka zur Steigerung der Lust war weit verbreitet. Unter mongolischer Herrschaft (1260–1368 n. Chr.) jedoch verwandelte sich China in eine zunehmend puritanische Gesellschaft. Ausdruck dieser neuen Gesinnung war ein Kanon der Verdienste und des Fehlverhaltens, der gute und böse Taten auflistete und letztere mit Strafpunkten versah. Darunter finden sich etwa folgende: »das Unterhalten einer unanständig großen Zahl von Frauen und Konkubinen« – 50 Strafpunkte; »die Hände seiner Frauen berühren« entweder »zufällig« – ein Strafpunkt – oder »mit lüsterner Absicht« – zehn Strafpunkte, »außer, wenn man den Damen in einer Notlage beisteht« – keine Strafpunkte, »wenn es aber zur Erregung der Lust geschieht« – zehn Strafpunkte; »den Frauen unanständige Geschichten erzählen« – 20 Strafpunkte, »es sei denn, man wollte damit ihr Schamgefühl wecken« – keine Strafpunkte.

China wandelte sich von einer sexualitätsfreundlichen zu einer sexualitätsfeindlichen Kultur. In späteren Jahrhunderten erreichte die Prüderie solche Ausmaße, daß Frauen sich nicht einmal mehr zum Zwecke der medizinischen Untersuchung und Behandlung entkleiden durften (vgl. den Abschnitt **Akupunktur** im Kapitel **Medizin**). Heute gibt es nur noch wenige Gesellschaften, die eine positive Einstellung zur Sexualität haben (Thailand ist eine davon, was das Land infolge des Sextourismus zunehmend zum Opfer der AIDS-Epidemie werden läßt). Dieser Sinneswandel ist schwer zu erklären. Im Westen ist dafür sicherlich das Christentum – vor allem seine römisch-katholische Variante – verantwortlich zu machen. Judentum und Islam tragen nicht so viel Schuld an dieser Veränderung, da bei ihnen Sex nicht in dem Maße mit »Schuld« beladen ist wie im Christentum.

Moderne Gesellschaften würden den »Hochleistungssex«, der zu den Ehepflichten eines chinesischen Kaisers des Altertums gehörte, heftig ablehnen. Während der Han-Zeit (202 v. Chr. – 220 n. Chr.) wurde von einem solchen Würdenträger erwartet, daß er eine Kaiserin, drei weitere Gemahlinnen, neun Ehefrauen zweiten Ranges, 27 Ehefrauen dritten Ranges und 81 Konkubinen hatte. Diese Zahlen haben in der chinesischen Numerologie magische Bedeutung. Einige Hofdamen hatten die Funktion von »Sex-Sekretärinnen«. Sie hatten zu überwachen, daß der Kaiser am richtigen Tag mit der richtigen Frau ins Bett ging. Er mußte sich im Laufe eines Monats von der rangniedrigsten bis zur ranghöchsten hocharbeiten. Tag und Stunde des Beilagers wurden in einem Tagebuch festgehalten, und als Bestätigung trug jede der Frauen einen Silberring, den sie nach vollzogenem Beischlaf von der rechten an die linke Hand steckte. Auf diese Weise sollte der Kaiser die eigenen sexuellen Essenzen vermehren, indem er diejenigen seiner Partnerinnen systematisch im Laufe eines Monats absorbierte. Diese Theorie findet sich in den Sex-Handbüchern, die im China jener Zeit in Mode kamen.

An bizarren Beispielen für die Einstellung des mittelalterlichen Christentums gegenüber Sexualität fehlt es nicht. 585 n. Chr. dekretierte das Kirchenkonzil von Mâcon, daß männliche Leichname nicht neben weiblichen begraben werden durften, bevor diese sich zersetzt hatten. Während jener Zeit untersagte die Kirche auch den Beischlaf zwischen Eheleuten in den vierzig Tagen vor Weihnachten, den vierzig Tagen vor Ostern und der Woche nach Pfingsten, ebenso am Vorabend hoher Festtage, sonntags, mittwochs und freitags. Auch während der Schwangerschaft der Frau, dreißig Tage nach der Geburt eines Knaben und vierzig nach der Geburt eines Mädchens sowie fünf Tage vor dem Abendmahl war Geschlechtsverkehr verboten. Mittelalterliche Christen können diese Regeln unmöglich befolgt haben, die – stellt man die hohe Sterblichkeitsrate in Rechnung – den Fortbestand des Gemeinwesens ernstlich gefährdet hätten.

Generalisierungen sind immer problematisch, aber man kann wohl sagen, daß die großen alten Kulturen, die in diesem Buch eine Rolle spielen, eine positivere Einstellung gegenüber der Sexualität hatten als moderne westliche Gesellschaften. Sie begegneten dem Thema mit großer Neugierde und Einfallsreichtum. Das gilt auch für die Prostitution, die, wenn nicht das älteste Gewerbe der Welt, dann sicherlich das zweitälteste – nach den Schamanen und Schamaninnen – ist. Sie reicht bis in die frühe Steinzeit zurück. In vielen alten Gesellschaften war Prostitution eine offen betriebene, institutionalisierte und häufig sogar heilige Aktivität. Der früheste Beleg dafür stammt aus dem Irak, wo Texte wie das *Gilgamesch-Epos* zeigen, daß Prostitution während des zweiten Jahrtausends v. Chr. fester und durchaus respektabler Bestandteil des babylonischen Tempelbetriebs war. Tonplatten mit eindeutigen Darstellungen, die man bei Tempeln ausgegraben hat, reichen noch weitere tausend Jahre zurück. Der griechische Historiker Herodot, der Babylon um 450 v. Chr. besuchte, berichtet, daß Prostitution für jede Bürgerin der Stadt eine heilige Pflicht war.

»Jede babylonische Frau mußte einmal in ihrem Leben in den Tempel der Aphrodite gehen und sich dort einem Fremden hingeben. ... Hat die Frau sich einmal dort hingesetzt, darf sie nicht eher nach Hause zurückkehren, als bis ein Mann ihr eine Münze in den Schoß wirft, sie mit sich nimmt und ihr beiwohnt. Wenn er die Münze wirft, muß der Mann sagen: ›Im Namen der

Ein wenig bekannter religiöser Kult, der sich in Syrien um 250 n. Chr. herausbildete, benutzte Live-Sexshows, um Publikum anzulocken. Die Zeremonien fanden in flachen Wasserbecken statt, wo junge Mädchen nackt herumplanschten. Prüde römische Kaiser verboten diese Shows, und die christlichen Patres verdammten sie. Am Ende des 4. Jahrhunderts beklagt sich der heilige Johannes Chrysostomos (griech. »mit dem goldenen Mund«) von Antiochia über abtrünnige Mitglieder seiner Gemeinde, die »lieber schamlos sich entblößenden Frauen beim Bade zusehen«, anstatt zur Messe zu gehen. Trotz mehrfacher offizieller Intervention existierten solche Spektakel bis ins 6. Jahrhundert n. Chr.

»Zu den Schwestern«, Aushängeschild eines römischen Bordells.

Göttin Mylitta (Aphrodite)‹ ... Es ist gleichgültig, welchen Wert die Münze hat ... Die Frau muß dem erstbesten Mann folgen, der ihr Geld zuwirft. Hat sie sich ihm hingegeben, so ist ihre Pflicht gegenüber der Göttin erfüllt und sie darf nach Hause gehen.«

Prostitution brachte den babylonischen Tempeln Reichtum, so daß sich aus ihnen die ersten großen Finanzzentren entwickeln konnten (vgl. den Abschnitt **Banken** im Kapitel **Städtisches Leben**). Daneben gab es natürlich auch rein kommerzielle Bordelle wie etwa das Porneion, das Solon in Athen um 570 v. Chr. einrichten ließ, damit die jungen Männer ihre Begierden befriedigen konnten. Mit Teilen der Einnahmen wurde ein Tempel für Aphrodite, die Göttin der Liebe, errichtet. Später wurden griechische und römische Bordelle von den Behörden kontrolliert und mit Lizenzen versehen. Im 3. Jahrhundert n. Chr. gab es in Rom 45 Bordelle, die nicht vor 3 Uhr nachmittags öffnen durften, damit die Arbeitsmoral nicht untergraben wurde. Die Prostituierten, die meist aus dem Vorderen Orient stammten, saßen, farbenfroh gekleidet und mit Schmuck behängt, auf Bänken vor den Türen, über denen phallische Symbole angebracht waren. Marken aus Metall, die mit ebenso eindeutigen Motiven verziert waren, wurden an die Kunden ausgegeben und gewährten Einlaß. Die Prostitution im alten Rom hatte großstädtische Dimensionen; zu Beginn des 1. Jahrhunderts n. Chr. waren 32 000 Prostituierte im offiziellen Polizeiregister verzeichnet, verglichen mit 35 000 in New York um 1890.

Auch unter den römischen Staatsbeamten fanden sich Eunuchen, obwohl die Kastration von verschiedenen Kaisern verboten worden war. Und obwohl die Kirche gegen diese Praxis wetterte, erreichte die Macht der Eunuchen erst ihren Höhepunkt, nachdem Rom unter der Vorherrschaft des Oströmischen Reiches christianisiert worden war und von Konstantinopel (Byzanz) aus regiert wurde (395–1453 n. Chr.). Tausende von jungen Männern wurden kastriert und traten in den Staatsdienst ein. Aus dieser Gruppe gingen einige der fähigsten Beamten, Generäle, ja sogar kirchliche Würdenträger hervor. Im 10. Jahrhundert überstieg am Hof von Byzanz die Zahl der Eunuchen die der Nicht-Kastrierten, weshalb er als »Eunuchen-Paradies« galt.

Den sogenannten »Rotlichtbezirk« haben offenbar die Chinesen erfunden. Während der Sung-Dynastie (960–1279 n. Chr.) lockten Weinhäuser, die zugleich als Bordelle fungierten (und in vielen Fällen vom Kaiserlichen Haushaltsamt unterhalten wurden) ihre Kunden mit einer roten Laterne an. Ein zeitgenössischer Beobachter notiert:

»Solche speziellen Weinhäuser haben Bambuslaternen aus roter Seide über der Eingangstüre hängen, und zwar bei jedem Wetter, denn sie sind mit einem Dach aus gefalteten Bambusblättern geschützt. An diesen Lampen kann man die Etablissements erkennen.«

Auch Operationen an den Geschlechtsorganen wurden bereits im Altertum durchgeführt. Die alte chinesische Sitte, den Hodensack zu öffnen und kleine Glöckchen einzusetzen, soll als Kuriosität nur kurz erwähnt werden. Doch Kastration war in der römischen wie in der chinesischen Kultur an der Tagesordnung. Es gab dort zeitweilig so viele Eunuchen, daß man vom »dritten Geschlecht« sprach. Attraktive junge Männer wurden als Sklaven gehalten und entmannt, um als Spielzeuge der Reichen zu dienen und als bartlose Schmuckstücke deren Haushalte zu zieren.

Die eigentliche Bedeutung der Eunuchen in den alten Gesellschaften war jedoch politischer Natur. Sie waren die besten Haremshüter und fungierten als ungefährliche Begleiter und Sekretäre der Damen am Hof. Man konnte ihnen die höchsten Ämter im Staat anvertrauen, ohne befürchten zu müssen, daß sie sich diese Position zunutze machten und eigene Dynastien gründeten. Sie waren nicht, wie andere Männer, durch sexuelle Gunstbezeugungen erpreßbar und daher ideale Politiker und Beamte. Sie konnten weder der Vergewaltigung bezichtigt noch mit Vaterschaftsklagen belastet werden.

Das erste Staatswesen, das gezielt Eunuchen in die Ränge seiner Beamtenschaft aufnahm, war das assyrische Reich, das den Vorderen Orient im 1. Jahrtausend v. Chr. beherrschte. Die Praxis wurde in dem von Kyros dem Großen (Reg. 559–529 v. Chr.) gegründeten Perserreich weitergeführt. Der griechische Schriftsteller Xenophon berichtet, daß Kyros »vom Torwärter aufwärts alle Ämter in seinem persönlichen Umfeld mit Eunuchen besetzte«. Der König von Lydien, der wenig früher in der Westtürkei herrschte, bevorzugte weibliche Eunuchen, denen vor Dienstantritt die Eierstöcke entfernt wurden.

Etwa zur selben Zeit gewannen Eunuchen in China gewaltigen Einfluß. An der Wende vom 6. zum 5. vorchristlichen Jahrhundert klagt ein Text, daß Eunuchen und Frauen sich zu sehr in die Staats-

Römisches Kastrationswerkzeug aus dem 2. oder 3. Jahrhundert n. Chr. Es wurde in der Themse bei London gefunden und ist aus Bronze. Die beiden gezackten Arme, die ursprünglich durch Schraube und Mutter zusammengehalten wurden, formen an der Spitze einen ovalen Ring. Bei der Operation wurde der Penis durch den Ring in sicherer Entfernung gehalten, während die Zähne die Haut ergriffen, mit denen das Skrotum am Körper festgewachsen ist. Dann wurde diese Haut mit einem scharfen Operationsmesser durchtrennt.

geschäfte einmischten. Besonders mächtig waren die Eunuchen während der Han-Zeit (202 v. Chr. – 220 n. Chr.); damals war ein Kaiser gehalten, ebenso viele Eunuchen am Hof zu haben, wie er Ehefrauen hatte. Viele von ihnen nahmen hohe Ämter in Regierung und Verwaltung wahr.

Die meisten Eunuchen wurden zu diesem Los gezwungen oder von ihren Familien aus Karrieregründen dazu getrieben – ähnlich wie man den jüngsten Söhnen eine geistliche Laufbahn aufzwang. Es ist jedoch anzunehmen, daß ein gewisser Prozentsatz sich freiwillig meldete, vorzugsweise jene, die wir heute als Transsexuelle bezeichnen würden. Ein mittelalterlicher arabischer Text aus dem 9. Jahrhundert schildert Eunuchen, »die sich wünschen, Frauen zu sein«. Sie arbeiteten als Sänger, Tänzer und Prostituierte. Es gab auch religiöse Kulte, die zur Kastration aufriefen. Die Anhänger der Cybele etwa (eine Göttin aus Phrygien in der heutigen Türkei) erschreckten die Bürger von Rom, indem sie sich in aller Öffentlichkeit kastrierten.

Im Jahre 218 n. Chr. schaffte es ein Anhänger eines andern östlichen Kultes, der dem syrischen Sonnengott huldigte, im Alter von 14 Jahren den römischen Thron zu besteigen. Bekannt unter dem Namen Heliogabal hielt er als Frau gekleidet triumphalen Einzug in die Hauptstadt; um seinen geschmückten Wagen tanzten die Eunuchen seines Gefolges (vgl. den Abschnitt **Make-up** im Kapitel **Körperpflege**). Die Römer waren empört über sein aufreizendes, feminines Auftreten (vgl. den Abschnitt **Kühlhaltung** im Kapitel **Essen, Getränke, Drogen**), seinen Appetit für männliche Liebhaber und den erklärten Wunsch, als Frau behandelt zu werden. Zwei zeitgenössische römische Geschichtsschreiber berichten, daß er Ärzte bat, ihm operativ eine Vagina zu verschaffen. Leider äußern sich die Quellen nicht dazu, ob eine solche Operation durchgeführt wurde. Es scheint unwahrscheinlich, obgleich die Anekdote zeigt, daß die Idee einer chirurgischen Geschlechtsumwandlung nicht erst im 20. Jahrhundert aufkam.

Die Kenntnisse über Sexualität in der alten Welt gingen weit über die offenkundigen Geschlechtsunterschiede und -merkmale hinaus. Schwangerschaftstests wurden in Ägypten bereits im 13. Jahrhundert v. Chr. durchgeführt. Das beweist, daß man damals bereits über einige grundlegende Gesetze der Biochemie Bescheid wußte.

Im alten China hatte solches Wissen einen unglaublich hohen Stand erreicht. Wir wissen nicht, wie man sich diese Kenntnisse aneignete, kann aber mit Sicherheit sagen, daß dort bereits im 2. Jahrhundert n. Chr. Sexual- und Hypophysenhormone aus menschlichem Urin isoliert und zu medizinischen Zwecken eingesetzt wurden. Ein Text aus dem Jahre 1025 n. Chr. beschreibt ausführlich, wie sie in Verdunstungspfannen gewonnen wurden (ähnlich dem Verfahren bei der Salzgewinnung; vgl. den Abschnitt **Bergbau** im Kapitel **Landbearbeitung**). Durch weiteres Erhitzen und chemisches Aufbereiten konnten Salze und Harnstoff ausgesondert werden, und zurück blieb eine kristalline Substanz, die die Chinesen »Herbst-Mineral« nannten. Es wurde zur Behandlung verschiedener Sexualprobleme, von Impotenz über Zweigeschlechtlichkeit bis hin zu mangelhaftem Bartwuchs, verwendet. Es erhöhte bzw. stimulierte den Hormonspiegel des Patienten. Diese erstaunliche Technik wurde im Westen erst 1927 entdeckt. Seither ist die Gewinnung von männlichen und weiblichen Sexualhormonen aus Urin zur Routine geworden. Nichts scheint neu zu sein unter der Sonne, und auch das Geschlechtsleben macht da keine Ausnahme.

Aphrodisiaka

Ein Trank, der die Freuden der Liebe verlängern hilft oder die Begierde eines zunächst wenig geneigten Partners wecken kann, gehört zu den ewigen Menschheitsträumen. Die Idee des Liebestranks hat wie kaum etwas anderes den Erfindungsreichtum der Menschen herausgefordert. Die Zahl der von den Weisen der alten Kulturen empfohlenen Substanzen und Methoden ist phantastisch. Dabei wurde den einfachsten Rezepten oft die größte Wirksamkeit zugeschrieben.

Ibn Battuta, der große arabische Geograph des 14. Jahrhunderts, hat sich mit diesem Thema während seiner weiten Reisen in Asien ausführlich beschäftigt. Er wurde ein Anhänger der Fisch-und-Kokosnuß-Diät, wie sie die Bewohner der Malediven im Indischen Ozean zum Zwecke der Luststeigerung empfehlen. Nach Ibn Battutas Meinung hatten sie den großen Treffer gelandet. Bei seinem Besuch auf den Inseln bemerkte er, daß »die Einwohner eine verblüffende Ausdauer beim Geschlechtsverkehr aufwiesen. Sie vollführten wahre Spitzenleistungen.« Er blieb eine Zeitlang, aß die landesüblichen Nahrungsmittel und war vom Ergebnis nachhaltig beeindruckt:

»Ich selbst hatte vier rechtmäßige Ehefrauen in diesem Land, dazu etliche Konkubinen. Ich konnte sie alle während eines Tages befriedigen und verbrachte zudem die Nacht mit jener, die gerade an der Reihe war. So lebte ich anderthalb Jahre lang.«

Selbst wenn man von einer gewissen Übertreibung ausgeht, stellt sich die Frage, ob Ibn Battuta während seiner ausgedehnten Ferienromanze nur von der frischen Seeluft gekräftigt war oder ob die Fisch-und-Kokosnuß-Diät sich tatsächlich positiv auf seine Potenz ausgewirkt hat. Meeresfrüchte und Kokosnüsse werden auch heute noch in manchen Gesellschaften als Aphrodisiakum empfohlen. Ob sie tatsächlich wirksam sind, ist wissenschaftlich nie ernsthaft überprüft worden. Es gibt eben gewisse Dinge, die sich einer Erforschung im Laborversuch entziehen – das klassische Beispiel dafür ist die Frage, wie, warum und wann Katzen schnurren. Es bleibt also nur, was die Wissenschaft als anekdotisch abtut – persönliche Erfahrungsberichte und Traditionen. Die aphrodisischen Kräfte der »Spanischen Fliege«, zur Gattung der Blasenkäfer (*Melonidae*) gehörend, werden nach wie vor in der Regenbogen-

Der nach wie vor stark verbreitete Glaube, daß Austern und andere Meeresfrüchte luststeigernd wirken, wird immerhin durch eine mindestens zweitausendjährige Tradition gestützt. Im 2. Jahrhundert n. Chr. war er so weit verbreitet, daß der römische Schriftsteller Apuleius von konkurrierenden Bewerbern einer reichen Witwe mit der Beschuldigung vor Gericht gebracht wurde, er habe sie durch den Genuß von Tintenfisch, stark gewürzten Austern, Seegurken und Hummer zur Ehe verführen wollen.

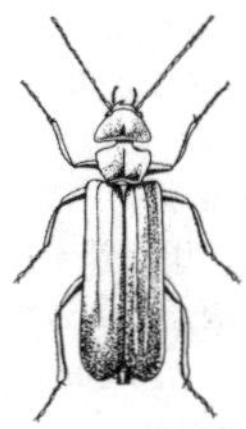

Die »Spanische Fliege« oder Lytta vesicatoria, *eine der vielen Käferarten, die den blasenbildenden Giftstoff Kantharidin enthalten. Er wurde bereits in der Antike als Aphrodisiakum geschätzt.*

presse beschrieben. Wie die Austern hat auch sie eine lange Geschichte als Stimulantium. Livia, die intrigante Gattin des Augustus (Reg. 31 v. Chr. – 14 n. Chr.) tat sie angeblich heimlich ins Essen von Mitgliedern der kaiserlichen Familie, um sie zu sexuellen Indiskretionen zu verleiten, die später gegen sie verwendet werden konnten.

Die Römer kannten auch eine Vielzahl von Kräutern, die die Freuden der Liebe steigern sollten. Sie stellten eine *foliatum* genannte Salbe aus Narde her, einer aromatischen indischen Pflanze aus der Familie der Baldriangewächse. Aus dem seltenen Enzian wurde ein stimulierender Wein gemacht. Ein anderes Gebräu mit Namen *hippomane*, das aus Kräutern und den Sekreten aus Geschlechtsteilen von Hengstfohlen und Stuten zusammengemixt wurde, sollte dem Mann die Potenz eines Hengstes verleihen. Sowohl Griechen als auch Römer benutzten eine Pflanze namens *satyrion*, mit roten Blättern, einer zweifachen Wurzel und einem fleischigen Stengel, als Aphrodisiakum. Normalerweise wurde sie dem Wein zugesetzt, aber man hielt sie für so wirkungsvoll, daß es angeblich schon genügte, sie in der Hand zu halten. Eine andere Pflanze, die Stabwurz (*Artemisia abrotanum*) aus der Familie der Wermutgewächse, brauchte sogar bloß unters Bett gelegt zu werden, um ihre luststeigernde Wirkung zu entfalten. Blanker Aberglaube oder ein frühes Beispiel für Aromatherapie? Als Potenzförderer galten weiterhin die Petersilienwurzel, die Kaiser Tiberius (Reg. 14 – 37 n. Chr.) extra aus Deutschland importieren ließ, und das Nesselöl, das als Gleitmittel verwendet wurde. Manche Römer – vermutlich nur die ganz hoffnungslosen Fälle – peitschten ihr Glied mit Nesseln, um es zu stimulieren.

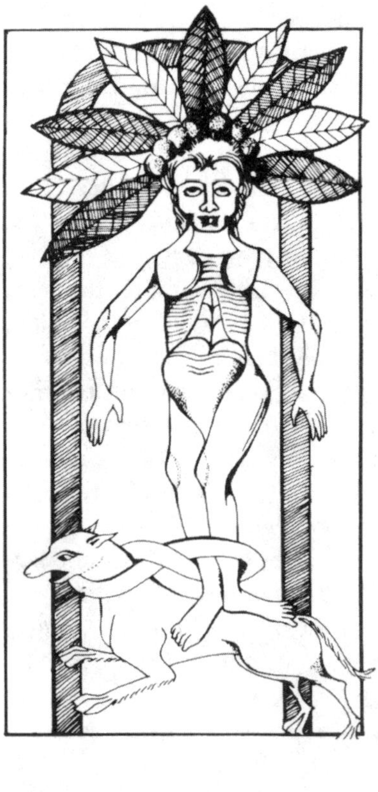

Der Alraune wurde immer schon eine liebesfördernde Wirkung zugeschrieben. Sie ist der Kartoffel verwandt und ihre Wurzeln ähneln manchmal der Gestalt eines Menschen. In ihren Wurzeln vermutete man so starke Kräfte, daß sie beim Ausgraben nicht mit der Hand berührt werden durften, sondern durch einen eigens dafür abgerichteten Hund aus der Erde gezogen wurden. Manchmal, so ging das Gerücht, schrie die Wurzel dabei schrill auf, so daß der Hund vor Schreck auf der Stelle tot umfiel. Hier eine Abbildung aus einem frühen englischen Kräuterhandbuch.

Für diejenigen, die die römischen Methoden ausprobieren möchten, halten alte lateinische Schriften noch zahlreiche Rezepte mit gängigeren Kräutern und Gemüsen bereit.

Martial, ein Dichter aus dem 1. Jahrhundert n. Chr., schrieb: »Wenn deine Frau alt und dein Glied erschöpft ist, so iß Zwiebeln in großen Mengen.« Der in Rom lebende griechische Arzt Galen (2. Jahrhundert n. Chr.) schwor ebenfalls auf Zwiebeln. Er verschreibt pulverisierten Zwiebelsamen vermischt mit Honig. Vor allem während der Fastenzeit genossen, verspricht dieses Mittel eine Anregung des sexuellen Appetits. Der große Gourmet Apicius (vgl. den Abschnitt **Kochbücher** im Kapitel **Essen, Getränke, Drogen**) favorisiert die Zwiebel – mit Pinienkernen in Wasser geköchelt oder mit Pfeffer in Kressesaft. Kresse kommt in derlei Rezepten bei römischen Autoren häufig vor, so auch bei dem Arzt Marcellus Empericus. Er empfiehlt eine Mischung zu gleichen Teilen aus Kresse, roten Zwiebeln, Pinienkernen und Indischer Narde (eine Art Balsam) zur Behandlung von Impotenz. Dem aromatischen Bohnenkraut wie auch dem Kerbel, die noch heute als Gewürz verwendet werden, wurden ebenfalls potenzsteigernde Kräfte zugeschrieben. Plinius berichtet, daß bei Männern der Kerbel »den vom Geschlechtsverkehr erschöpften Körper zu ungeahnten Leistungen befähigt«. Daneben empfiehlt er Pastinaken, vorzugsweise wild und auf felsigem Boden gewachsen. Auch in Ziegenmilch eingelegter Kohl und die guten alten Karotten standen bei den Römern hoch im Kurs.

Pillen und Elixiere

Die luststeigernden Mittel des Ostens waren in der Regel raffinierter als die der Römer. Von Wang Tao, einem Kräuterdoktor aus der T'ang-Zeit (618–906 n. Chr.), sind uns in seiner *Sammlung geheimer Rezepturen* Rezepte für die vier Jahreszeiten überliefert. Sie bestehen aus pulverisierten Kräutern, die mit Honig gebunden und zu Pillen gedreht wurden. Manche Männer schluckten pro Tag Dutzende davon, um ihre Potenz zu erhalten. In dem Text *Wichtige Anleitungen für das Jadezimmer*, der aus derselben Zeit stammt, werden weitere Aphrodisiaka erwähnt. Es handelt sich meist um Pulver, die auf Penis oder Vagina gegeben wurden und charmante Namen trugen. Drei davon sind für Frauen bestimmt: »Die Schöne hält den Liebsten kopfunter«, »Glückspuder« und »Das Lächeln der Schönen«. Das Pulver für den Mann gab ihm angeblich die Potenz, mehr als zehn Frauen pro Nacht zu befriedigen.

Bei einem assyrischen Liebeszauber wurden Eisenspäne auf die Genitalien der Frau gestreut, um einen Mann anzuziehen, der sein Glied mit pulverisiertem und mit Öl vermischtem Magneteisenstein

Ein arabisches Manuskript aus dem 9. Jahrhundert n. Chr., das angeblich einen Text des in Rom lebenden griechischen Arztes Galen wiedergibt, enthält ein Kapitel »Über die Geheimnisse der Frau« und eines »Über die Geheimnisse des Mannes«, in denen sich Erstaunliches findet. Zum Beispiel werden die Inhaltsstoffe eines Mittels aufgelistet, das »Frauen in solche Erregung versetzt, daß sie Heim und Herd verlassen, auf der Suche nach sexueller Befriedigung umherziehen und sich den Männern an den Hals werfen«. Es besteht aus: »gealtertem Olivenöl, Orchideen, den Samen der Gartenkarotte, Samen von Steckrüben, der Asche von Oleanderblättern, pulverisiertem und verbranntem Tropaelum (einer Kresseart), getrocknetem Alaun, den Exkrementen der Elster, pulverisierten Weidenblättern und feinem Dattelmark«. Diese Zutaten wurden zusammen mit Kokosmilch zerkleinert, getrocknet und zu Pillen gedreht. Zur Einnahme wurden sie wieder zerstampft und in Hagebuttensirup aufgelöst. Das Rezept endet mit dem Hinweis, daß sich der gewünschte Effekt natürlich nur dann einstellen wird, wenn Gott es so will. Der Text enthält auch Rezepturen, die Frauen lesbisch machen, »den Appetit der Männer für Frauen wecken, so daß sie Knaben und Eunuchen vergessen« oder »ihre Begierde nach Knaben befördern«, ja sogar ein Mittel, das »einen süchtig auf Selbstbefriedigung« macht.

eingerieben hatte. Als Aphrodisiakum dürfte diese Methode kaum funktioniert haben, gleichwohl beweist sie Grundkenntnisse in den Gesetzen des Magnetismus (vgl. den Abschnitt **Magnete und Magnetismus** im Kapitel **High-Tech**). Doch Eisenspäne scheinen im Osten zu diesen Zwecken weiterhin ein gewisses Ansehen genossen zu haben. Noch zweitausend Jahre später berichtet unser Freund Ibn Battuta vom Tod eines indischen Prinzen, der zum Zwecke des Liebeszaubers Eisenspäne gegessen hatte.

Die Kräfte, die der Alraune zugeschrieben wurden, erscheinen dagegen glaubhafter, denn sie genießt auf der ganzen Welt einen einschlägigen Ruf. Im Mittelalter wurde sie als Pflanze mit großer Zauberkraft geradezu verehrt. Strenge Rituale mußten eingehalten werden, wenn man sie sammeln wollte. Das reicht bis ins klassische Altertum zurück. Schon der griechische Botaniker Theophrast schreibt im 4. vorchristlichen Jahrhundert:

»Es heißt, man solle um eine Alraune drei Kreise mit dem Schwert schlagen und sie mit nach Westen gewandtem Gesicht schneiden. Beim Schneiden des zweiten Stücks soll man um die Pflanze herumtanzen und soviel wie möglich von den Mysterien der Liebe reden ... Die Blätter der Alraune sind, wenn mit der Nahrung genossen, gut für die Wundheilung. Die Wurzel hilft, wenn man sie raspelt und in Essig einlegt, bei *erysipelas* (einer Entzündung im Gesicht), bei Gicht und Schlaflosigkeit und sie wirkt als Liebestrank.«

Doch was genau ist diese Pflanze? Verwirrung ist dadurch entstanden, daß unter den Namen Alraune oder Mandragora verschiedene Pflanzen zusammengefaßt wurden, so etwa auch der Ginseng. Von ihm berichtet Marco Polo im 13. Jahrhundert n. Chr., daß er in China als Aphrodisiakum weit verbreitet gewesen sei. Die echte Alraune, auf die sich die Texte aus dem Vorderen Orient und Europa beziehen, ist vermutlich eine Pflanze aus der Familie der Kartoffeln, möglicherweise Datura oder »Stechapfel«. Datura enthält Atropin und Hyosciamin (Scopolamine), beides höchst wirksame Alkaloide, die zunächst Erregung hervorrufen und danach beruhigend und halluzinationsfördernd wirken. Alraune, in der richtigen Dosis genossen, kann den Geschlechtsverkehr durchaus positiv beeinflußt haben. Bei Römern und Chinesen wurde Datura darüber hinaus wegen seiner schmerzstillenden Wirkung geschätzt (vgl. den Abschnitt **Anästhesie** im Kapitel **Medizin**).

Opium ist als Aphrodisiakum ebenso brauchbar wie alle anderen einschlägig bekannten Mittel. Es stimuliert das sexuelle Verlangen nicht direkt, versetzt den Menschen aber in einen entspannten Zustand und verstärkt die sinnlichen Reize. Die islamischen Kulturen haben im Mittelalter starken Gebrauch davon gemacht. Dort wurden Frauen beschnitten (das heißt, die Klitoris wurde ihnen entfernt). Sie rauchten daher große Mengen Opium, um den Verlust mangelnder sexueller Stimulation wettzumachen. Auch die alten Griechen haben Opium geraucht. Bei einer Grabung in Aphrodosias, in der heutigen Osttürkei, wurde eine Statue des Liebesgottes Eros gefunden, der eine Mohnblüte in der Hand hält (vgl. den Abschnitt **Drogen** im Kapitel **Essen, Getränke, Drogen**).

Es wird immer wieder behauptet, ein wirkliches Aphrodisiakum gäbe es nicht. Das mag im engeren Sinne des Begriffs zutreffen, aber eine Reihe von Substanzen mit narkotisierender oder kräftigender Wirkung können sicherlich einen positiven Effekt auf das sexuelle Geschehen haben. Das erfolgversprechendste Rezept scheint das aus dem *Kamasutra* zu sein. Es besteht aus einer Mixtur aus pulverisiertem weißem Stechapfel (Datura), sogenannter »langer Paprika« (Chili?), schwarzem Pfeffer und Honig. Damit wird der Penis vor dem Verkehr eingerieben, was »die Frau dem Manne hörig machen« soll. Auch wenn man das nicht ganz wörtlich nimmt, so zeigt dieses Mittel zweifellos deutlichen Effekt bei beiden Partnern, denn die Substanzen werden von den Schleimhäuten der Geschlechtsteile schnell aufgenommen. Der Paprikaextrakt (den man nur in kleinsten Dosen verwenden darf) ruft eine Rötung des Penis hervor. Durch diese Irritation der Haut wird die Blutzirkulation angeregt, was wiederum die Erektion befördern hilft. Ein ähnlicher Effekt wird sich nach der Berührung auch bei der Frau einstellen und durch Irritation der Klitoris zu erhöhter sexueller Erregung führen. Der Honig fungiert als Gleitmittel, und die Wirkstoffe des Stechapfels bewirken, wie oben beschrieben, sowohl die Erregung als auch ein angenehm schläfriges Gefühl. Dieses Rezept hat eine vollkommen rationale Grundlage und scheint in der Praxis auch den gewünschten Erfolg gehabt zu haben.

Dildos

Sexhilfen sind keine Errungenschaft des 20. Jahrhunderts, auch unsere entferntesten Vorfahren zeigten in dieser Hinsicht Erfindungsreichtum. Dildos zum Beispiel waren eine Spezialität der alten Griechen. Die kurze Komödie *Der vertrauliche Plausch* des Herondas von Alexandria gibt einigen Einblick in den Gebrauch dieser Geräte in der griechischen Antike.

Metro besucht ihre Freundin Corrito und fragt sie, wo sie ihren Dildo hat anfertigen lassen. Corrito, leicht verwirrt, fragt zurück, wo sie ihn denn gesehen habe. Metro vertraut ihr daraufhin an, daß ihr eine Frau namens Nossis den Dildo gezeigt habe. Corrito ist darüber erzürnt. Sie hatte das gute Stück, das sie selbst noch nicht einmal ausprobiert hatte, ihrer Freundin Eubule geliehen und ist nun wütend, daß diese ihn einfach weitergegeben hat, noch dazu an eine Frau, die sie nicht mag. Nachdem sie ihre Freundin beruhigen konnte, wiederholt Metro ihre Frage nach dem Hersteller. Corrito nennt darauf den Täschner Ceron, der diesen Zweig seines Gewerbes geheimhalte, um den Steuerfahndern zu entgehen. Doch das Geschäft könne über Artemis, die Frau des Färbers, problemlos in die Wege geleitet werden. Das Stück endet damit, daß Metro davoneilt, um Artemis aufzusuchen.

Der Dildo (*olisbos*) in dieser anzüglichen Szene ist aus weichem Leder gefertigt. Es werden auch Leder- oder Wollbänder erwähnt, mit denen man den Dildo befestigen kann. Aus dem Stück geht allerdings nicht hervor, ob die Damen das Gerät an sich ausprobieren oder es anschnallen und an jemand anderem erproben wollten. Andere griechische Autoren gehen mehr ins Detail; es existiert sogar ein Eintrag in einer byzantinischen Enzyklopädie aus dem 10. Jahrhundert, wonach der *olisbos*, ein Phallus aus Leder, Witwen dazu diente, sich selbst zu befriedigen, und Lesben ihn in ihren »unanständigen« Beziehungen benutzten. Seit dem 5. Jahrhundert finden sich eindeutige Darstellungen auf Vasen. Einige zeigen sogar »doppelköpfige« Dildos, die zwei Frauen gleichzeitig befriedigen konnten. Nach der Zahl der erhaltenen Abbildungen zu schließen, muß der Dildo in der griechischen Antike weit verbreitet gewesen sein.

Die griechischen Zeugnisse für den Gebrauch des Dildos sind zugleich auch die bislang ältesten. Dennoch kann man nicht sagen, daß die Griechen das Gerät erfunden haben. Man kann solche Hilfsmittel leicht aus allen möglichen Materialien herstellen, ein poliertes Stück Holz oder eine Gurke genügen. Der Dildo aus Brot scheint allerdings eine griechische Spezialität gewesen zu sein. Hinweise auf solches Backwerk wurden erst 1968 von Professor Alexander Oikonomides entdeckt. Ihm fiel in einer scherzhaften Inschrift die Bezeichnung *kollix* für ein stabförmiges Brot auf. Dann fand er das Wort *olisbokolli* in der Bedeutung »Brotlaib-Dildo« in einem griechischen Lexikon aus dem 5. Jahrhundert n. Chr. Abbildungen bestätigten diesen Fund: Vasenbilder zeigen Frauen, die Körbe voll phallischer Brotlaibe tragen.

Nur wenige alte Gesellschaften versorgen uns mit so freizügigen Abbildungen, wie es die griechischen Vasenbilder tun, und Textbelege sind rar. Ausnahmen bilden Indien und China. Im *Kamasutra*, einem Sanskrit-Text, der zwischen dem 3. und 5. Jahrhundert n. Chr. entstanden ist, werden hohle Dildos (oder Penis-Verlängerungen) empfohlen, auf die ein Mann zurückgreifen kann, wenn seine Partnerin großzügig gebaut (»Elefanten-Dame«) und sein Glied zu klein ist. Sie waren aus Gold, Silber, Kupfer, Eisen, Elfenbein, Büffelhorn, verschiedenen Holzarten, Blech oder Blei und sollten »sich weich und kühl anfühlen, die sexuellen Kräfte anregen und in der Größe genau passen«. Sie konnten aus einem Stück oder in Gliedern, wie Armreifen an einem Arm, gefertigt sein. Und auch wenn keine teuren Materialien verfügbar waren, gibt das *Kamasutra* Tips für Alternativen: »Eine Röhre aus Holzapfel (*Feronia elephantum* oder »Elefantenapfel«, ein indischer Baum, aus dem sich Gummi gewinnen läßt), die länglichen Auswüchse eines Flaschenkürbis oder Schilfrohr, das mit Öl und Pflanzensäften weich gemacht und mit Schnüren festgebunden

Eine Athenerin vergnügt sich zu Hause, dargestellt auf einem Trinkgefäß von Epiktet, 5. Jahrhundert v. Chr.

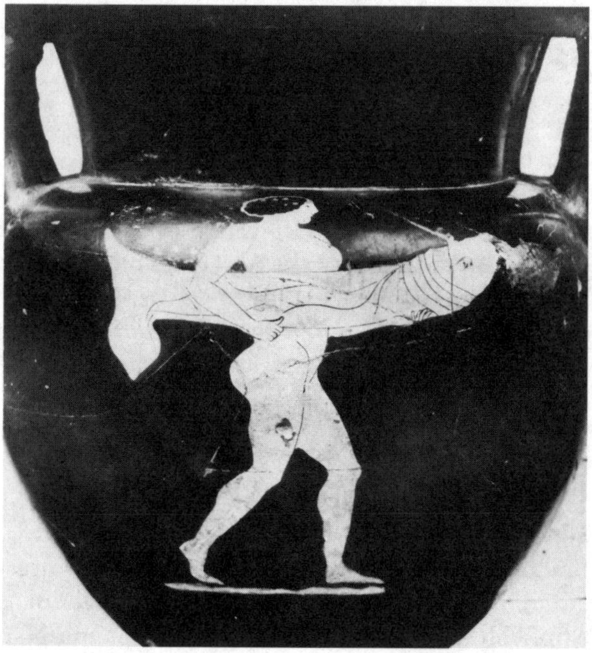

Übergroße Dildos in Fisch-Form wurden bei Prozessionen zu Ehren des Gottes Dionysos mitgetragen. Hier die Darstellung auf einer griechischen Vase aus dem 5. Jahrhundert v. Chr.

wird. ... Die oben genannten Dinge können in Verbindung mit einem Lingam oder anstelle eines solchen verwendet werden.«

Im mittelalterlichen China, wo Dildos in der Regel aus Elfenbein oder Holz hergestellt wurden, waren sie vor allem unter Lesben verbreitet. Zum Teil wurden sie mit Seidenbändern um die Taille der einen Partnerin gebunden. Auch der Doppel-Dildo war bekannt. Verschiedene Texte warnen allerdings vor allzu exzessivem Gebrauch, der zu Verletzungen des zarten Gewebes führen könne. Die Natur stellte ebenfalls Hilfsmittel zur Verfügung, und zwar einen phallisch geformten Pilz, der bei Gebrauch sogar anschwoll. Diese außerordentliche Pflanze beschrieb der mingzeitliche Autor T'ao Tsung-i im 14. Jahrhundert:

»Auf den ausgedehnten Weideflächen der Tartarei (Mongolei) kopulieren wilde Pferde oft mit Drachen. Tropfen ihres Samens gelangen in die Erde, und nach einer Weile wachsen daraus bambusartige Gewächse hervor. Sie laufen spitz zu, sind mit einer Art Schuppen bedeckt, die eng aneinanderliegen wie die Zähne eines Kamms. Die Oberfläche ist von einem Netz aus Adern überzogen, was ihnen das Aussehen eines männlichen Glieds verleiht. ... Lüsterne Frauen aus der dortigen Gegend stecken sich diese Gewächse in ihre Vagina. Sobald diese mit der *yin*-Essenz in Berührung kommen, schwellen sie an und werden länger.«

Empfängnisverhütung

»Alles Quacksalberei!« Soweit die Auffassung von Francis Llewellyn Griffith, eines der renommiertesten Ägyptologen seiner Zeit, zu den Hinweisen über Empfängnisverhütung in einer altägyptischen Schrift zur Gynäkologie, die im April 1889 in Kahun, Nordägypten, gefunden wurde. Da sie selbst in einer Epoche lebten, in der Empfängnisverhütung tabu war, konnten sich diese viktorianischen Gelehrten nicht vorstellen, daß es im Altertum tatsächlich wirkungsvolle Methoden gab, um eine Schwangerschaft zu verhindern. Die moderne Wissenschaft hat sie widerlegt.

Inzwischen wissen wir, daß viele der alten Methoden, wenn auch nicht hundertprozentig, so doch einigermaßen zuverlässig funktionierten. Der fast viertausend Jahre alte Kahun-Papyrus gibt die frühesten uns bekannten Ratschläge zur Verhütung. Man empfiehlt dort das Verstopfen der Vagina mit Naturgummi, einer

Mixtur aus Honig und Soda oder einer Paste aus Krokodildung vermischt mit Sauermilch. Honig und Gummi haben zweifellos die Beweglichkeit der Spermien beeinträchtigt. Und selbst Krokodildung ist nicht ganz so töricht, wie es zunächst klingt, denn er hatte zumindest absorbierende Eigenschaften oder könnte, in festerem Zustand, als Pfropf gedient haben. Abgesehen davon dürfte er den Eifer selbst des leidenschaftlichsten Liebhabers gedämpft haben. Elefantenkot wäre für den genannten Zweck allerdings noch geeigneter gewesen, denn er ist sauerer. Dieses ungewöhnliche Verhütungsmittel wird tatsächlich in einer islamischen Schrift aus dem 13. Jahrhundert empfohlen.

Dieser Akazienbaum zierte eine ägyptische Grabkammer. Akazienbäume enthalten den sogenannten Akaziengummi, ein natürliches Spermizid, das von den alten Ägyptern schon um 1500 v. Chr. als Spermizid benutzt wurde.

Ein ägyptisches Dokument, der Ebers-Papyrus, datiert auf 1525 v. Chr., rät zur folgenden Methode: »Damit eine Frau ein, zwei oder drei Jahre nicht schwanger wird, werden Akazienblätter zerrieben und mit Honig vermischt. Man gibt diese Masse auf eine Mullbinde, die man in die Vulva einführt.« Ein solcher Tampon kann durchaus empfängnisverhütend gewirkt haben, da der Saft der Akazie Milchsäure, ein höchst wirksames Spermizid, enthält.

Diesen bereits ausgereiften Techniken müssen einfachere Methoden vorangegangen sein. Texte der Sumerer (im heutigen Irak) aus dem 3. Jahrtausend v. Chr. berichten von Priesterinnen, die während ihrer rituellen sexuellen Praktiken den Analverkehr bevorzugten, und zwar erklärtermaßen, um nicht schwanger zu werden.

Olivenöl

Die medizinischen Schriften der Griechen und Römer warten ebenfalls mit zahlreichen Verhütungsmethoden auf. Erwartungsgemäß schieben sie die Last der Verhütung ausschließlich der Frau zu.

Im 4. Jahrhundert v. Chr. notierte der große Philosoph Aristo-

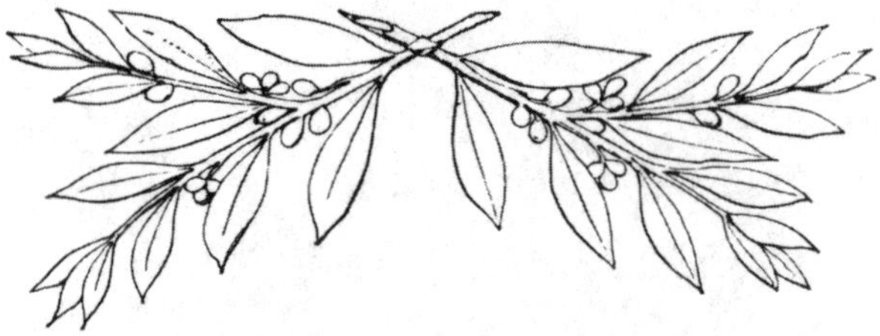

Auch dem Olivenöl sprach man eine empfängnisverhütende Wirkung zu. Die moderne Forschung bestätigt in vielen Fällen, was bereits Avicenna (980 bis 1037) in seiner medizinischen Enzyklopädie zu diesem Thema empfahl.

teles, daß Frauen, die nicht empfangen wollten, »sich jenen Teil der Gebärmutter, der mit dem Samen in Berührung kommt, mit Zedernöl, Bleisalbe oder Weihrauch vermischt mit Olivenöl einreiben«. Eines von Aristoteles' Rezepten enthält fatalerweise Blei, eine hochgiftige Substanz, die bei Griechen und Römern in Medizin und Kosmetik weit verbreitet war (vgl. den Abschnitt **Make-up** im Kapitel **Körperpflege**). Die Anwendung von Öl dagegen, insbesondere Olivenöl, ist durchaus sinnvoll: Die Beweglichkeit der Spermien wird dadurch stark behindert. Im Westen wurde diese Wirkung des Olivenöls von Marie Stopes wiederentdeckt. Die moderne Pionierin der Empfängnisverhütung gründete 1921 in London die Mütterklinik zur Geburtenkontrolle. Sie führte eine Studie über die verhütenden Eigenschaften des Olivenöls (in der Vagina) durch und veröffentlichte 1938 die Ergebnisse ihrer systematischen Tests. Keine Schwangerschaft war aufgetreten. Mehr als zweitausend Jahre nachdem Aristoteles diese uralte Methode aufgezeichnet hatte, wurde sie endlich wieder ernst genommen.

Soranus von Ephesus belebte im 1. Jahrhundert n. Chr. die von Aristoteles überlieferten und auch schon von den Ägyptern praktizierten Methoden in seiner *Gynäkologie* wieder. Ganz besonders favorisiert er Vaginaltampons, die mit verschiedenen Substanzen getränkt wurden:

»Die Empfängnis wird verhütet, indem man die Öffnung des Uterus mit Olivenöl, Honig, Zedernharz und dem Saft des Balsambaums einreibt, allein oder in Verbindung mit Bleiweiß (Bleikarbonat) oder einer Salbe, die Myrtenöl und Bleiweiß enthält. Vor dem Akt kann man die Vagina auch mit feuchtem Alaun (einem Mineralsalz) oder mit in Wein gelöstem Mastix behandeln. Man kann die Öffnung des Uterus mit feiner Wolle verschließen oder vor dem Verkehr ein Zäpfchen applizieren, das die Schleimhaut zusammenzieht. Substanzen, die einen adstringierenden, verstopfenden oder kühlenden Effekt haben und vor dem Koitus ein Zusammenziehen des Muttermundes bewirken, hindern den Samen daran, in die Gebärmutter einzudringen.«

Abgesehen von dem gefährlichen Bleiweiß hat die moderne Medizin alle diese Methoden bestätigt, und sie sind in der Volksmedizin des Westens bis heute verbreitet. Während Olivenöl die Mobilität der Spermien beeinträchtigt, ist Alaun mittlerweile ein anerkanntes Spermizid. Das Werk des Soranus stellt den Höhepunkt des Wissens seiner Zeit dar, aber natürlich haben auch Quacksalber und Scharlatane ihre Theorien verbreitet. Einige von ihnen haben selbst Plinius hinters Licht geführt, der 75 n. Chr. von einem verhütenden Amulett berichtet, das aus den Innereien der haarigen Spinne besteht, die in Hirschleder eingenäht wurden. Auch Mäusekot wurde zum Einreiben empfohlen.

Einen anderen Ansatz verfolgte die jüdische Tradition in dieser Frage. Rabbiner des 3. und 5. Jahrhunderts raten zum Einführen eines Schwamms in die Vagina. Dieser sollte den Samen aufsaugen und so eine Empfängnis verhindern. Der Gebrauch des Schwamms wird dann erst wieder 1832 von dem amerikanischen Pionier der Verhütung, Charles Knowlton, erwähnt. Erst seit kurzem zählt er in Verbindung mit einem Spermizid wieder zu den Standardmethoden der Empfängnisverhütung.

Die in Rom lebenden Ärzte Dioscorides (40–80 n. Chr.) und Galen (129–199 n. Chr.) listen etwa ein Dutzend Pflanzen auf, die als orale Verhütungsmittel klassifiziert wurden. Darunter sind Asafetida (Harze aus Pflanzen der Gattung *Ferula*), Wacholder, Krauseminze, »Spritzgurke« (*Ecballium elaterium*) und die wilde Karotte (*Daucus carota*). Die Wirksamkeit all dieser Kräuter wurde durch die medizinische Forschung im Laufe der letzten dreißig Jahre bestätigt. Viele von ihnen können jedoch gefährliche Nebenwirkungen haben, von denen manche auch schon den Ärzten der Antike bekannt gewesen sein müssen.

Die Geschichte der Verhütung ist nach dem Niedergang des Römischen Reiches im Westen nur noch schwer zu verfolgen, da die Kirche sie zum Tabu erklärte. Mit wenigen Ausnahmen fiel sie nun in den Zuständigkeitsbereich der weisen Frauen, die man später als Hexen verfolgte, und wurde in den Untergrund abgedrängt. Im Oströmischen Reich gab es keine so rigiden Beschränkungen. In seiner medizinischen Enzyklopädie aus dem 6. Jahrhundert übernimmt der byzantinische Hofarzt Aetio von Amida die Methoden des Soranus, den Muttermund mit adstringierenden, fettigen oder kühlenden Salben zu behandeln, um die Spermien am Eindringen zu hindern. Er empfielt den Männern, ihr Glied vor dem Verkehr mit Essig oder Salzwasser zu waschen (Essig ist eines der effektivsten Spermizide). Doch auch Aetio war offenbar von der Kirche beeinflußt, wenn er rät, den Beischlaf auf die »sichere« Phase zu Beginn und am Ende der Menstruation zu beschränken.

Das früheste Zeugnis indischer Verhütungspraxis findet sich in einer Sammlung medizinischer Rezepturen aus dem 8. Jahrhundert n. Chr. Danach soll die Vagina mit einer Mischung aus Honig und *ghee* (geklärter Butter) eingerieben oder durch gemahlenes und mit Öl vermischtes Steinsalz verschlossen werden. Beide Methoden sind zumindest teilweise wirkungsvoll. Die klebrige Flüssigkeit behindert die Spermien, und Steinsalz ist ein hervorragendes Spermizid.

Auch die islamische Welt, die nicht von den Restriktionen der

Römische Kondome?

Es gibt unterschiedliche Theorien über den Ursprung des Wortes *condom*, doch als Erfinder dieses Verhütungsmittels wird allgemein ein gewisser Dr. Condom genannt. Dieser Arzt oder Höfling stand in Diensten Karls II. von England (1660–1685) und war ein notorischer Schürzenjäger, dem die wachsende Zahl seiner unehelichen Kinder offenbar zu schaffen machte. Doch alle Versuche, zeitgenössische Belege für die Existenz dieses Herrn zu finden, waren vergeblich. Ferner steht fest, daß das Kondom schon lange vor dem 17. Jahrhundert in Gebrauch war.

Die erste gesicherte Beschreibung findet sich hundert Jahre früher in einem Werk des großen italienischen Anatomen Fallopius von 1564. Er behauptet, den Gebrauch von kleinen Leinenschützern eingeführt zu haben, die hinter die Vorhaut geschoben wurden und vor Syphilis schützen sollten. Experten vermuten, daß es sich bei Fallopius' »Erfindung« um die Verbesserung einer älteren Methode handelt, doch die Sache bleibt ungeklärt. Es gibt auch eine Theorie, die behauptet, das Kondom sei bereits im Mittelalter in Gebrauch gewesen und die Bezeichnung sei die scherzhafte Übernahme des persischen Wortes *kondu* oder *kendu* ins Lateinische. Es bezeichnet ein längliches Gefäß aus Tierdärmen, in dem Getreide aufbewahrt wurde. Man könnte auch vermuten, daß das Kondom bereits in Persien benutzt wurde und zusammen mit dem Namen überliefert worden ist.

Häufig werden die Römer als die wahren Erfinder des Kondoms bezeichnet. Es liegen zwar wenig überzeugende Beweise vor, doch die Theorie klingt überzeugend. Sie stützt sich auf eine Geschichte, die der römische Autor Antonius Liberalis (vermutlich 2. Jahrhundert n. Chr.) über den legendären König Minos kolportiert. Dieser regierte um 1400 v. Chr. und gab der prähistorischen Kultur auf Kreta ihren Namen. Laut Liberalis enthielt Minos' Samen Schlangen und Skorpione. Um gefahrlos mit ihm ins Bett gehen zu können, schützten sich die Frauen mit der Blase einer Ziege. Der Mythos spricht also von einem Schutz für die Frau und nicht für den Mann, doch das Prinzip ist dasselbe. Norman Himes, ein Verhütungshistoriker unserer Tage, sieht damit als bestätigt an, daß bei den Römern Tierinnereien zur Empfängnisverhütung eingesetzt wurden. Vieles spricht dafür, daß vor der Erfindung des vulkanisierten Gummis vor allem Innereien, wie die Ziegenblase aus der Minos-Legende, zu diesem Zweck benutzt wurden.

christlichen Kirche betroffen war, kannte eine Reihe von Verhütungsmethoden. Islamische Autoren konnten in dieser Hinsicht auf Kenntnisse aus Indien, Griechenland und dem Römischen Reich zurückgreifen. Den ausführlichsten Bericht über die entsprechenden Praktiken gibt Ibn Sina, der in der westlichen Welt auch als Avicenna bekannt ist (980–1037). Seine gewaltige, über eine Million Wörter umfassende medizinische Enzyklopädie erläutert zwanzig verschiedene Verhütungsmittel, jeweils mit Kommentaren hinsichtlich ihrer Sicherheit. Eine solche gründliche Behandlung des Themas und seiner Risiken ist erst im 20. Jahrhundert wieder erreicht worden. Norman Himes, der erste, der die Geschichte der Verhütung erforscht hat, schrieb 1936, daß Ibn Sina vielen modernen Medizinern weit voraus war, indem er feststellte, daß die traditionellen Methoden durchaus wirkungsvoll sind. Der Skeptizismus von Wissenschaftlern aus Himes' Tagen beruht auf Ignoranz und dem Vorurteil gegen Verhütungsmethoden, die sich nicht auf Chemie, sondern auf natürliche Substanzen stützten.

Schwangerschaftstests

Es mag verblüffend erscheinen, aber im Vorderen Orient waren bereits viele Jahrhunderte vor der Zeitenwende Schwangerschaftstests möglich. Eine babylonische Schrifttafel aus dem Jahr 700 v. Chr. beschreibt die Technik, die damals im heutigen Irak verbreitet war. Der Test wurde von Hebammen durchgeführt, deren Funktionen sich nicht nur auf die Geburt beschränkten. Ein Wolltampon, getränkt mit dem Saft einer bestimmten Pflanze, wurde in die Vagina eingeführt. Dort blieb er drei Tage lang. Während dieser Zeit sollte kein Geschlechtsverkehr stattfinden. Dann wurde er von der Hebamme entfernt und inspiziert. Je nach Art des Pflanzensaftes verriet ihr die Färbung, ob die Frau schwanger war oder nicht. Wenn zum Beispiel eine gewisse »weiße Pflanze«, gelöst in Alaun, benutzt worden war, so verfärbte sich der Tampon bei Schwangerschaft rot. Der Test basiert darauf, daß der pH-Wert (die saure bzw. basische Qualität) des Sekrets sich ändert, sobald eine Schwangerschaft eintritt. Die Pflanzensäfte hatten die Fähigkeit, auf diese Qualität zu reagieren wie heute das Lackmus-Papier im Labor.

Die alten Ägypter hatten eine andere Art des Schwangerschaftstests entwickelt. Er findet sich auf einem Papyrus aus dem

13. Jahrhundert v. Chr., das heute im Berliner Museum aufbewahrt wird. Eine Frau, die wissen wollte, ob sie schwanger war, mußte täglich auf Säckchen mit Weizen und Gerste urinieren. Der Urin beschleunigt, nach Angaben des Papyrus, das Wachstum des Getreides, wenn eine Schwangerschaft vorliegt.

Wie die moderne Forschung 1927 bestätigt, funktioniert diese Methode tatsächlich, und zwar infolge der wachstumsfördernden Wirkung eines Hormons, das eine Schwangere ausscheidet. Eine Reihe von Tests, die seit den dreißiger Jahren durchgeführt wurde, hat gezeigt, daß in 40 Prozent der Fälle die Hormone im Urin einer Schwangeren das Wachstum von Getreide beschleunigen, während der Urin einer Nicht-Schwangeren (oder eines Mannes) dessen Wachstum behindert. Der Berliner Papyrus beschreibt also die erste Beobachtung dieses hormonalen Effekts.

Im antiken Ägypten glaubte man, daß der Urin einer Frau das Wachstum von Weizen befördern würde, wenn sie einen Jungen bekommen würde, bei einem Mädchen dagegen würde das Wachstum von Gerste beschleunigt. Ähnliches glaubten später auch die Griechen, und diese Theorie findet sich sogar in den Schriften des großen Hippokrates (vgl. die **Einleitung** zum Kapitel **Medizin**). Die Griechen haben diese Vorstellung eindeutig von den Ägyptern übernommen. Deren Ärzte standen in Griechenland in hohem Ansehen, vor allem, was die Gynäkologie betraf. Über die Griechen gelangte dieser Geschlechts-Test zu den Römern und wurde bis in die Medizin des Mittelalters überliefert. Noch während der Renaissance war er in Europa gängige Praxis. Hier haben wir einen der seltenen Fälle, wo sich altägyptisches gynäkologisches Wissen über dreitausend Jahre hinweg erhalten hat. Allerdings hat die moderne Wissenschaft – im Gegensatz zum Schwangerschaftstest – diese Methode nicht bestätigt.

Kapitel 5

Militärtechnik

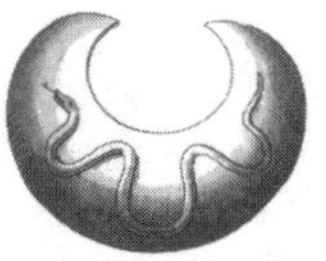

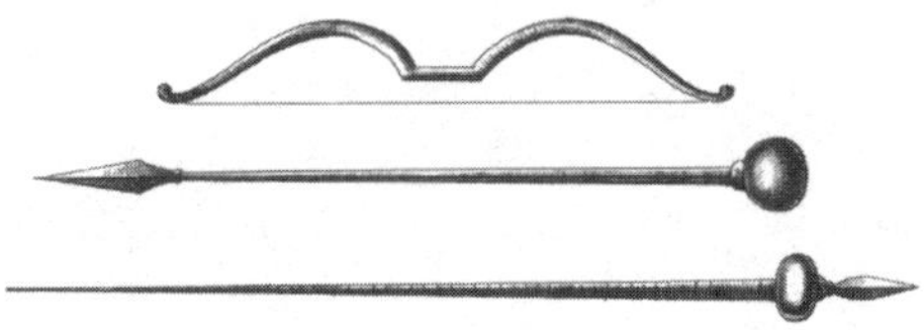

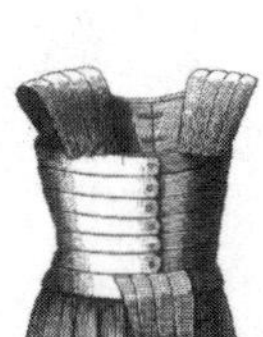

Einleitung

Der Krieg ist so alt wie die Menschheit, auch wenn uns moderne Phantasien das Gegenteil glauben machen wollen. Es gibt keinerlei Belege dafür, daß in grauer Vorzeit ein »goldenes Zeitalter« des Friedens und der Fülle existierte, ein Matriarchat, in dem friedvolle Herrscherinnen die aggressiven Instinkte der Männer unter Kontrolle hatten. Traurige Wahrheit ist, daß sich seit den Anfängen der Zivilisation menschliche Erfindungsgabe mit Eifer in den Dienst der Rüstung stellte.

Jericho, nahe dem Roten Meer in Palästina, ist vermutlich die älteste Stadt der Welt, ihre Ursprünge reichen 10 000 Jahr zurück. Dasselbe gilt für ihre Befestigungsanlage. Im Jahr 7000 v. Chr. war die Stadt bereits von einer 4 Meter dicken und 35 Meter hohen Steinmauer umgeben, die eine Fläche von etwa 4 Hektar umschloß. Das Kernstück bildete ein wehrhafter Steinturm, in dem eine Wendeltreppe nach oben führte. Von diesem Meisterwerk prähistorischer Baukunst war noch eine 9 Meter hohe Ruine übrig, als Jericho in den 50er Jahren von einer Gruppe britischer Archäologen ausgegraben wurde. Das erstaunlich frühe Datum dieser Konstruktion wird von der Tatsache gestützt, daß sie noch vor der Erfindung der Keramik errichtet wurde. Bei anderen Grabungen im Vorderen Orient war die Keramik der Entwicklung städtischer Zentren – ganz zu schweigen von solch komplexen Wehranlagen – immer vorausgegangen.

Während des gesamten Altertums finden sich im östlichen Mittelmeerraum hervorragende Beispiele für derartige Wehrarchitektur, was auf den kriegerischen Geist der dort ansässigen Völker schließen läßt. Die eindrucksvollsten Befestigungen wurden zwischen dem 14. und 13. Jahrhundert v. Chr. von den griechischen Kriegerkönigen in Mykene angelegt. Diese Herrscher der Bronzezeit, die Helden der Homerischen Epen, schützten ihre Paläste und Städte mit gewaltigen Verteidigungsmauern. Die Ringmauern waren aus grob behauenen Steinblöcken, deren Größe allein die Griechen der klassischen Periode davon überzeugte, sie seien von Zyklopen, den legendären einäugigen Riesen, errichtet worden. Unterbrochen wurden sie von monumentalen Eingangstoren. Bekanntestes Beispiel ist das Löwentor von Mykene. Die Zitadellen dagegen hatten nur kleine »Hintereingänge«, die sich leicht unter Gebüsch verbergen ließen und für Überraschungsangriffe dienten. Für den Fall einer Belagerung versuchte man die Trinkwasserver-

Der Hadrianswall, den Kaiser Hadrian in Südschottland von Küste zu Küste errichten ließ. Die Abbildung zeigt das Kastell Cawfield. Im Abstand von je einer Meile (1,6 Kilometer) wurden solche Befestigungen errichtet, die als bewachter Durchlaß durch die Mauer dienten. Ihre Eingangstore waren nach Süden bzw. Norden ausgerichtet. Zu beiden Seiten befanden sich Barrakken, in denen bis zu zwölf Soldaten untergebracht werden konnten.

sorgung zu gewährleisten, indem man die Zitadelle um eine Quelle herum erbaute oder unterirdische Geheimgänge grub.

In Griechenland gibt es fast hundert mykenische Zitadellen. Sie zeugen von einer versprengten Gesellschaft, in der Stadtstaaten ständig im Krieg mit ihren Nachbarn lagen. Ihre Wehrbauten ähneln sich auf verblüffende Weise. Der gemeinsame Ursprung soll in Anatolien liegen, und tatsächlich haben die Hethiter auf der zentralanatolischen Hochebene Wehranlagen errichtet, die den zeitgleichen Anlagen mykenischen Ursprungs sehr ähnlich sind. Sollten die Hethiter die Zitadelle im »Zyklopen-Stil« erfunden haben, so gelangte er in Mykene zweifellos zur Hochblüte. Einige der Anlagen sind von enormem Ausmaß. Die Mauern von Gla in Zentral-Griechenland sind gut 3 Kilometer lang und umschließen eine Fläche von 1,3 Quadratkilometern.

Die Römer schließlich machten regelrechte Kunstwerke aus ihren langgestreckten Wehrmauern. Während des 2. Jahrhunderts n. Chr. erkannten sie, daß Barrieren das beste Mittel gegen lästige Barbareneinfälle an ihren Grenzen waren. Eindrucksvollstes Beispiel hierfür ist der Wall, den Kaiser Hadrian (Reg. 117–138 n. Chr.) in Südschottland errichten ließ. Er reicht von einer Küste zur anderen und ist fast 200 Kilometer lang. Der größtenteils aus Steinquadern errichteten Mauer ist im Abstand von 1,6 Kilometern jeweils ein Gebäude angefügt, das als Zollstelle, Wache und Signalstation diente. Von diesen Stationen aus konnte mit Lichtzeichen kommuniziert werden (vgl. den Abschnitt **Telegraphie** im Kapitel **Kommunikation**). Die Mauer war wie eine erhöhte Straße angelegt, 5,5 Meter hoch und breit genug (etwa 3,5 Meter), daß zwei Soldaten leicht nebeneinander gehen konnten. An beiden Seiten der Mauer befanden sich 9 Meter breite Gräben. Südlich davon verlief eine Straße, die die zahlreichen Befestigungen, die ebenfalls zum Verteidigungssystem gehörten, miteinander verband.

Doch selbst die Meisterleistungen römischer Befestigungskunst verblassen vor der Großen Mauer der Chinesen. Sie ist 3440 Kilometer lang und verfügt zudem über weitere fast 3000 Kilometer an Verzweigungen. Sie ist das einzige vor dem 20. Jahrhundert errichtete menschliche Bauwerk, das vom Weltraum aus sichtbar ist.

Sie hatte ihren Ursprung in Erdwällen, die nordchinesische Königreiche um das 4. Jahrhundert v. Chr. angelegt hatten, um sich die Nomadenstämme der zentralasiatischen Steppe vom Leib zu halten. Der größenwahnsinnige erste Kaiser Chinas, Ch'in-shih Huang-ti (vgl. den Abschnitt **Magnete und Magnetismus** im Kapitel **High-Tech**), ließ etwa 800 Kilometer Mauer errichten, um bereits existierende Wälle zu verbinden. Er schuf damit eine durchgehende Barriere von gut 2000 Kilometer Länge. Während der Han-Dynastie (202 v. Chr. – 220 n. Chr.) wurde die Anlage durch gemauerte Türme noch verstärkt. Spätere Dynastien verloren die Herrschaft über die Gebiete rund um die Große Mauer und sie zerfiel. Erst die Ming-Kaiser ließen sie in Stein wieder aufbauen. Die neue Mauer war ein imposanter Grenzwall von bis zu 12 Meter Höhe und fast 10 Meter Breite. Im Abstand von jeweils zwei Pfeilschüssen hatte sie insgesamt 25000 Wachttürme. Diesen letzten Versuch, die Steppenvölker fernzuhalten, können wir heute

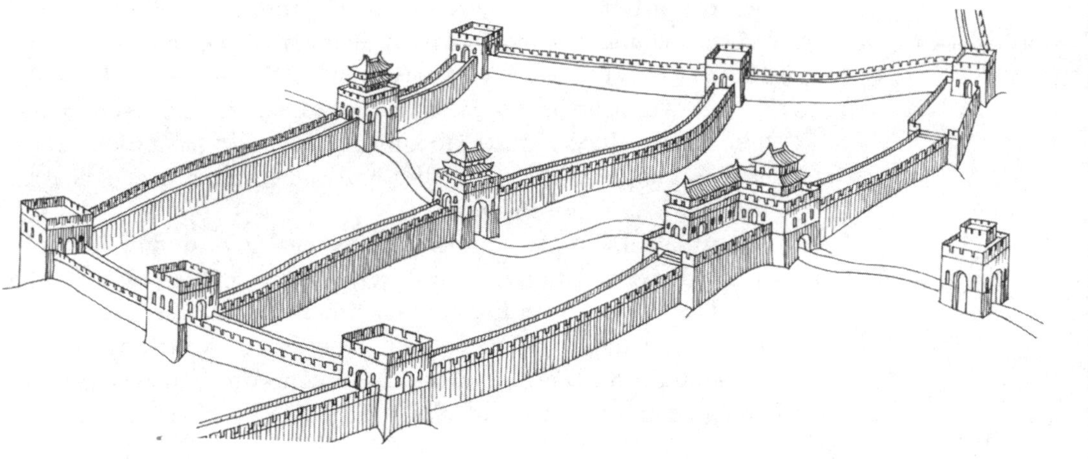

Rekonstruktionszeichnung eines Abschnitts der Großen Mauer in der Provinz Hepei. An vielen Stellen zweigen von der durchgehenden Mauer Seitenarme ab. Sie sind mit Zinnen versehen und dienten dazu, wichtige Übergänge oder Pässe zu sperren.

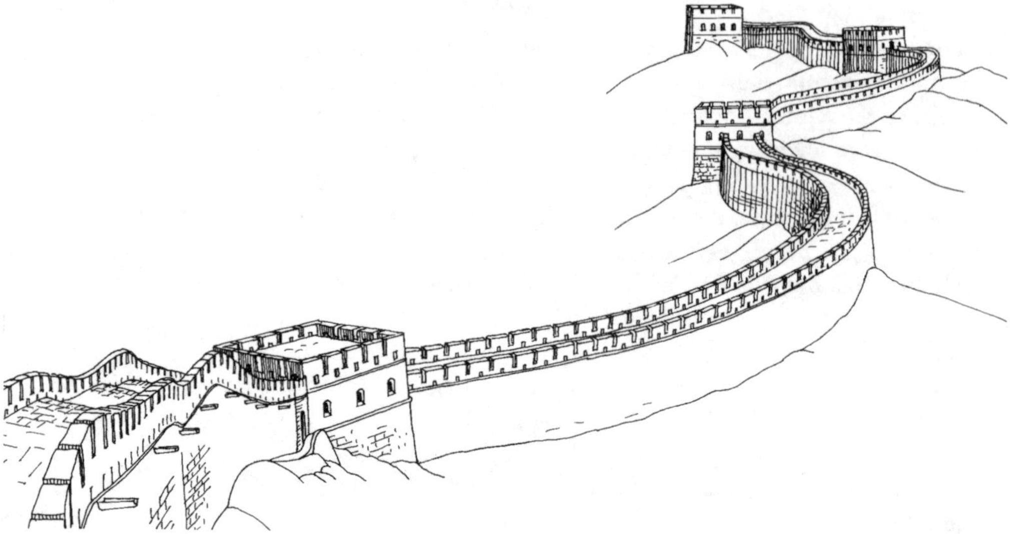

Rekonstruktion einer Sperrfestung mit Torbauten in der Nähe des Hsi-feng-k'ou-Passes, ca. 150 Kilometer vom östlichen Ende der Großen Mauer entfernt.

noch bewundern, obgleich es den Mandschus 1644 gelang, China unter ihre Kontrolle zu bringen.

Burgen wurden später gebaut als Verteidigungsmauern; früheste Beispiele stammen aus dem 1. Jahrhundert n. Chr. Der Prototyp könnte die Burg im Enda-Mika'el-Palast in Axum, Äthiopien, gewesen sein. In der Mitte des Palastes stand ein burgartiges Gebäude mit vier Ecktürmen, die sich über einem gestuften, vierstöckigen Unterbau erhoben. Die Burgen Westeuropas scheinen sich allerdings eher an byzantinischen Vorbildern orientiert zu haben. Während seiner Nordafrika-Feldzüge im 6. Jahrhundert ließ der erfindungsreiche General Belarius mehrere quadratische Forts mit hohen, wehrhaften Ecktürmen bauen, in die sich seine Garnisonen im Ernstfall zurückziehen konnten. Die muslimischen Eroberer Nordafrikas kopierten hundert Jahre später die Idee der Wehrtürme und brachten sie nach Spanien. Von dort aus breitete sich das Konzept bis ins westliche Frankreich aus, wo die Burg als privater Wohnsitz im 10. Jahrhundert zum ersten Mal auftaucht. Diese frühen Burgen aus Holz und Lehmziegeln sollten die Adligen, zusammen mit ihren Familien und Bediensteten, gegen die Angriffe der Wikinger schützen.

Es war Wilhelm der Eroberer, selbst ein Abkömmling der Wikinger, der das erstaunlichste Burgmodell konstruieren ließ. Als seine Flotte 1066 nach England segelte, hatte sie eine zusammenlegbare Burg an Bord. Die Balken waren in Frankreich bearbeitet und dann für die Seereise verpackt worden. Als sie in Pevensey an Land gingen, brauchten die Normannen die Burg nur zusammenzubauen, und sie hatten eine sichere Stellung, von wo aus sie ihre Feldzüge erfolgreich durchführen konnten.

Weit weniger als über Verteidigung wissen wir über Angriffsmethoden. Im Gegensatz zu den Befestigungsanlagen haben sie kaum archäologische Spuren hinterlassen. Ab dem 3. vorchristlichen Jahrtausend geben schriftliche Berichte Aufschluß über die Kriegsführung. Um 2300 v. Chr. schuf Sargon der Große von Babylon das erste Großreich der Geschichte, das sich vom Mittelmeer bis zum Persischen Golf erstreckte. Er befehligte die erste Berufsarmee der Welt. 5400 Soldaten standen in seinem Sold, die ihre täglichen Mahlzeiten in seiner Gegenwart einnahmen.

Zu Sargons Zeiten war man in der Lage, durch Verschmelzen von Zinn und Kupfer harte Bronze herzustellen, aus der sich haltbare Waffen wie Schwerter, Dolche, Äxte, Speer- und Pfeilspitzen im Guß als Massenware gießen ließen. Bronze war leichter zu bearbeiten als Feuerstein, brach nicht so leicht und konnte in alle erdenklichen Formen gegossen werden. Die Technik des Beschlagens von Pferden erhöhte zudem die Beweglichkeit der Soldaten.

Szene von der sogenannten »Standarte von Ur« von 2500 v. Chr., die die erste Berufsarmee der Welt zeigt. Die sumerischen Krieger trugen Lederrüstungen und waren mit Speeren bewaffnet.

Dieser ersten Hochblüte der Kriegskunst, eingeleitet durch Sargons Eroberungszüge, folgte die Erfindung des Wagens. Er garantierte schnellen Transport zum Kampfplatz. Dort konnte ein stehender Gegner vom fahrenden Wagen aus mit Wurfgeschossen (Speere und Pfeile) überschüttet werden, während der Fahrer durch die Geschwindigkeit relativ sicher war. Die erste uns bekannte Abbildung eines Kriegswagens, der von vier Ongern (wilden Halbeseln) gezogen wurde, ist eine Bronze-Statuette aus Tell Agrab im heutigen Irak, die auf rund 3000 v. Chr. datiert wird. Fünfhundert Jahre später zeigen Einlegearbeiten auf einem Kästchen, der sogenannten Mosaikstandarte von Ur, Kriegswagen und die erste Armee der Welt.

Während der folgenden zweitausend Jahre wurden die Kriegswagen ständig verbessert (Speichenräder, Achsen aus Metall), mit dem Ziel, ihr Gewicht zu verringern und ihre Geschwindigkeit und Schlagkraft zu erhöhen. Ein Wagen aus dem 8. Jahrhundert vom königlichen Friedhof zu Salamis auf Zypern hat große eiserne Rasseln am Chassis befestigt, um das Geräusch des heranrollenden Wagens besonders bedrohlich zu machen. Und der griechische Historiker Xenophon berichtet, daß der persische Herrscher Kyros (559–529 v. Chr.) lange Klingen an den Radnaben der Fahrzeuge anbringen ließ, um die Beine feindlicher Pferde und Soldaten zu verletzen.

Assyrische Einheiten waren mit aufblasbaren Tierhäuten ausgestattet, mit denen sie Flüsse überqueren konnten.

Die Großreiche des Altertums investierten enorme Summen in die Rüstung. Das sungzeitliche China stand unter der ständigen Bedrohung durch das Nomadenreich der Liao, die von Norden über die Große Mauer nach China vordrangen. Seit etwa 1040 n. Chr. wurde ein Großteil der Eisenproduktion der Provinz Hepei (ca. 80 000 Tonnen pro Jahr) für Waffen verwendet. Riesige Fabriken entstanden, die das Millionenheer mit Waffen versorgten. Jährlich wurden 32 000 Rüstungen in drei Standardgrößen und 16 Millionen Pfeilspitzen für die Armbrustschützen hergestellt, die das Rückgrat der Armee darstellten. Trotz dieser neuen Geschütze und der Erfindung von Feuerwaffen mußte die Sung-Armee 1125 n. Chr. Nordchina verloren geben.

In der alten Welt gab es natürlich – genauso wie heute – das unbekannte Genie, das mit seinen Erfindungen im stillen Kämmerlein seiner Seite zum Sieg verhalf. Ein solcher unbekannter Assyrer kam im 9. Jahrhundert v. Chr. auf die Idee, die Armee mit aufblasbaren Tierhäuten auszustatten, so daß die Soldaten in voller Ausrüstung einen Fluß durchqueren konnten. Sie wurden daraufhin Teil der Standardausrüstung eines jeden assyrischen Kriegers.

Die genialsten Erfinder hatte China aufzuweisen. Ihre Experimente mit Sprengstoffen führten zur Erfindung der Mine. Zum ersten Mal 1277 gegen die vorrückenden Mongolen eingesetzt, wurde sie später in allen Formen und Größen hergestellt. Eine der zerstörerischsten Erfindungen war eine Landmine mit dem klangvollen Namen »Unterirdischer, zum Himmel aufsteigender Donner«. Dazu wurden Speere und Banner, begehrte Kriegstrophäen, über vergrabenen Sprengladungen in den Boden gesteckt. Der dadurch angelockte Feind löste einen Zündmechanismus aus und dann ... Im 14. Jahrhundert stellten die Chinesen bereits Unter-

wasserminen her, die in aufgeblasenen Ochsenblasen auf den Feind zuschwammen. Als Lunte diente ein Weihrauchstäbchen.

Der führende römische Militärtechnologe und Gouverneur von Britannien, Julius Frontinus (74–78 n. Chr.), schrieb in seinem Buch *Strategeme*: »Ich werde mich zukünftig nicht mehr um neue Ideen bei der Konstruktion von Kriegsgerät kümmern. In diesem Bereich hat die Entwicklung ihren Endpunkt erreicht. Ich sehe keine Möglichkeiten mehr für Verbesserungen.« Wie unzutreffend sein Urteil war, werden wir im folgenden sehen.

Dieses Relief aus dem Palast von Nimrud im nördlichen Mesopotamien zeigt die schwimmenden Soldaten im Einsatz (9. Jahrhundert v. Chr.).

Rüstung für Mensch und Tier

Da der Mensch immer grausamere Tötungsmethoden ersonnen hat, brauchte er auch entsprechend raffinierte Schutzvorrichtungen. Das verzierte Schächtelchen aus der Mitte des 3. vorchristlichen Jahrhunderts, die Mosaikstandarte von Ur, zeigt die erste uns bekannte Armee der Welt. Sie war in der sumerischen Stadt Ur, im heutigen Südirak, stationiert. Wenn sie in den Kampf zogen, trugen die Soldaten eine Rüstung, die aus Helm, Uniformjacke und einem schweren Umhang bestand und offenbar aus Leder gefertigt war. Dieses im Altertum für Rüstungen gängige Material war zwar leicht verfügbar, bot aber keinen ausreichenden Schutz. Es waren die Chinesen, die dieses Problem lösten, indem sie ihre Lederrüstungen mit einer Lackschicht überzogen. Zwölf Rüstungen aus lackierten Lederplatten, die von den Unterarmen bis über die Schenkel reichten, wurden im Grab des Fürsten Yi von

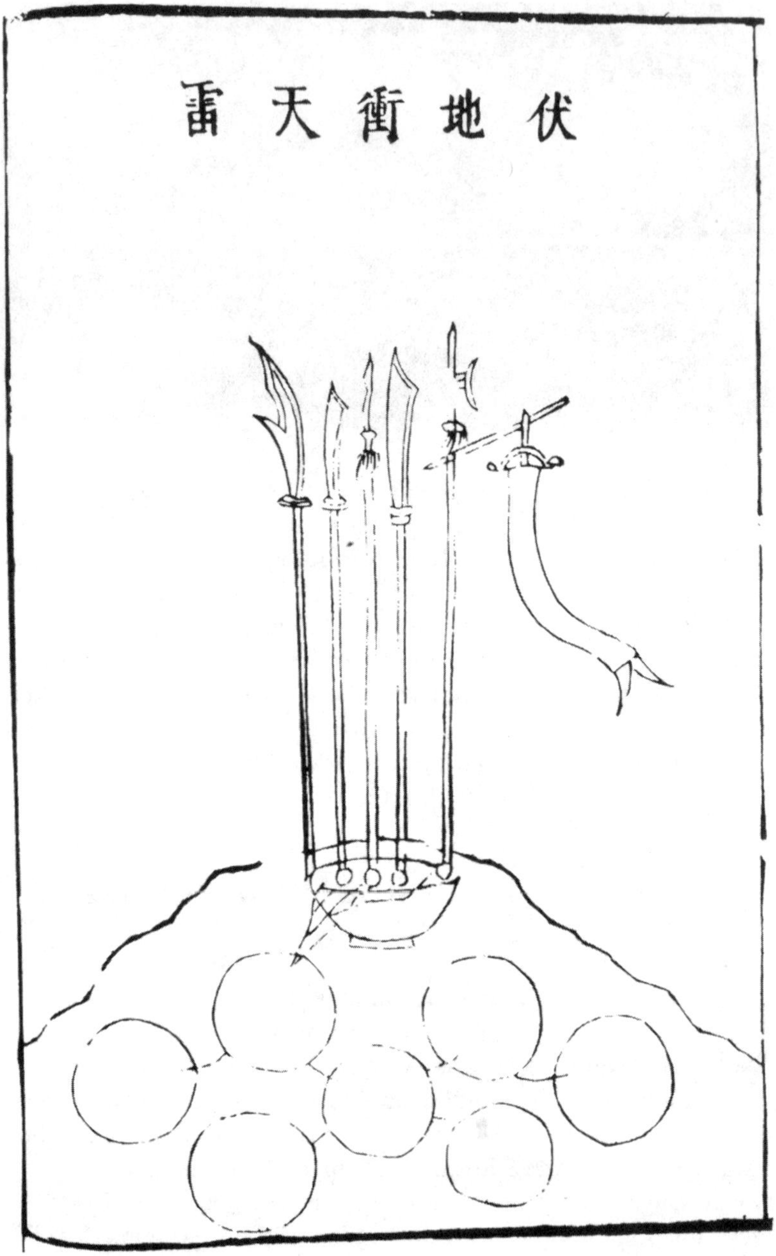

Die Abbildung aus dem 14. Jahrhundert zeigt die zerstörerische chinesische Landmine mit dem klangvollen Namen »Unterirdischer, zum Himmel aufsteigender Donner«. Der tödliche Mechanismus war unter Speeren und Bannern verborgen – begehrte Kriegstrophäen, die den Feind anlocken sollten.

Tsêng gefunden. Das Grab stammt aus dem Jahr 433 v. Chr. und enthielt außerdem die entsprechenden Helme, ebenfalls aus lackiertem Leder.

Das erste Stück Rüstung, das aus dem deutlich widerstandsfähigeren Metall gemacht wurde, scheint der Helm gewesen zu sein. Auf dem Königsfriedhof von Ur (vgl. den Abschnitt **Schmuck** im Kapitel **Körperpflege**), wo auch die »Standarte« gefunden wurde, haben Archäologen das Grab eines Prinzen aus dem Jahr 2500 v. Chr. ausgegraben. Auf dem Kopf trug er einen großartigen Helm, gefertigt aus einem einzigen Stück Elektrum (eine natürliche Legierung aus Gold und Silber). Der Helm ist hervorragend ausgearbeitet, mit Löckchen verziert und schützt das Gesicht seines Besitzers bis unter das Kinn. Die Ohren sind nachgeformt und mit Löchern versehen, damit der Träger auch hören kann. Hier haben wir es offenbar mit einem »Paradehelm« zu tun, es ist aber anzunehmen, daß für die unteren Chargen einfachere Modelle aus Kupfer oder Bronze zur Verfügung standen.

Der früheste uns verfügbare Körperpanzer ist wohl jener aus einem Grab in Dendra, unweit Mykene in Südgriechenland. Hier wurde im späten 15. Jahrhundert v. Chr. ein mykenischer Adliger zusammen mit seinen Reichtümern beigesetzt, darunter auch eine bemerkenswerte Rüstung. Bis zu diesem 1960 gemachten Fund hatten die Wissenschaftler nicht so recht gewußt, was sie von den Homerischen Schilderungen der mit Rüstungen bewehrten mykenischen Helden im Trojanischen Krieg halten sollten. Homer berichtet, wie sie ihre Rüstungen anlegen, bevor sie ins Gefecht ziehen. Woraus diese gemacht waren, war Gegenstand heftiger Dispute. Der Dichter nennt die Helden »in Bronze gekleidet«, doch das Fehlen jeglicher archäologischer Belege ließ die Wissenschaftler zweifeln, ob in so früher Zeit schon Brustpanzer aus Metall in Gebrauch waren. Der Dendra-Fund hat diese Zweifel weggewischt. Es handelt sich um eine vollständig erhaltene Rüstung aus Bronze, die aus überlappenden Platten hergestellt ist. Sie hat einen runden Kragen, Schulterplatten und drei große Platten, die den Körper bis zu den Schenkeln schützen. Das Ganze hat verblüffende Ähnlichkeit mit den Rüstungen, die die mittelalterlichen Ritter 3000 Jahre später trugen.

Schuppenpanzer und Kettenhemden

Die Rüstung aus Dendra hat ihren Träger zuverlässig geschützt, aber sie dürfte sehr schwer und unbeweglich gewesen sein. Wahrscheinlich wurde sie von Wagenlenkern getragen, die von ihrem Gefährt aus Pfeile auf den Feind abschossen, denn an der Rüstung sind noch die Spuren eines Köchers zu erkennen.

In China und in Ägypten scheint es zeitgleich Ansätze gegeben zu haben, um Rüstungen beweglicher zu machen. In einem chine-

Chinesische Rüstung. Seit ihrer Entdeckung wird die Tonarmee des Kaisers Ch'in-shih Huang-ti (Reg. 221–207 v. Chr.) nach und nach freigelegt. Die Hauptstreitmacht besteht aus gepanzerten Bogenschützen und Fußsoldaten. Jeder der lebensgroßen Krieger hat einen individuellen Gesichtsausdruck und ist in seiner militärischen Rangstufe gekennzeichnet.

sischen Grab um 1400 v. Chr. wurden Lederrüstungen gefunden, die mit überlappenden Bronzeschuppen verstärkt waren. Etwa zur selben Zeit wurden Schuppenpanzer aus Bronze auch in Ägypten hergestellt. Beispiele dafür wurden im Palast des Pharaos Amenhotep III. in Theben gefunden. Ob die beiden Erfindungen unabhängig voneinander gemacht wurden, läßt sich nicht sagen.

Um 100 v. Chr. wurde die Bronze vom Eisen abgelöst und wir finden die ersten Eisenpanzer, wie sie in der Alten Welt für die nächsten 2500 Jahre in Gebrauch waren. Ähnlich wie beim Schuppenpanzer taucht auch der Kettenpanzer (hergestellt aus kleinen Metallringen, wobei jeder Ring mit vier anderen verbunden ist – zwei in der oberen und zwei in der unteren Reihe) gleichzeitig in ganz verschiedenen Regionen auf. Er läßt dem Träger größere Bewegungsfreiheit als der Schuppenpanzer. Das erste Beispiel im Westen findet sich an einer Triumphalplastik des 2. Jahrhunderts v. Chr. in Pergamon, Türkei. Die Soldaten aus der Tonarmee des ersten chinesischen Kaisers Ch'in-shih Huang-ti (vgl. den Abschnitt **Magnete und Magnetismus** im Kapitel **High-Tech**) zeigen gleich sieben verschiedene Arten von Kettenpanzern. Wir wissen, daß der wehrhafte Nomadenstamm der Skythen in Südrußland ebenfalls eiserne Schuppenpanzer trug. Vielleicht waren es die Skythen, die als erste das Kettenhemd produzierten und die Idee bei ihren Wanderungen nach Osten und Westen verbreiteten.

Rüstungen aus Papier

Die erstaunlichste Innovation auf dem Gebiet der Schutzkleidung ist der Gebrauch von Papier, eine Technik, die die Chinesen erfunden haben. Seit dem 6. Jahrhundert v. Chr. wurden in China Kleidungsstücke aus Maulbeer-Papier hergestellt (vgl. den Abschnitt **Kleidung und Schuhe** im Kapitel **Körperpflege**). Diese Technik wurde schließlich auch für militärische Zwecke genutzt. Im 9. Jahrhundert n. Chr. befehligte Gouverneur Hsü Shang aus Hotung in der Provinz Shensi ein stehendes Heer von 1000 Soldaten, die mit dicken Papierrüstungen ausgestattet waren. Ihnen konnten selbst die stärksten Pfeile nichts anhaben. Raffiniert übereinandergeschichtetes Papier verhinderte ihr Eindringen.

Später gehörte die Papierrüstung bei Land- und Seestreitkräften zur Standardausrüstung. Im 12. Jahrhundert erbat ein gewisser Chen Te-hsiu, Magistrat, von der Zentralverwaltung die Erlaubnis, 100 der herkömmlichen Eisenrüstungen gegen 50 der überlegenen Papiermodelle austauschen zu dürfen. Mit der Erfindung der Armbrust, die den eisernen Pfeilspitzen eine enorme Wucht verlieh, war allerdings auch diese Technologie überholt.

Bei der römischen Kavallerie trugen Roß und Reiter ein Kettenhemd. Relief auf der Trajanssäule, Rom.

Die Azteken in Mexiko stellten Schutzkleidung aus dicker Baumwolle her. Ihre Armee, die gegen die spanischen Konquistadoren kämpfte, trug enganliegende Anzüge, die mit zwei Finger dicker Baumwolle ausgestopft waren. Die Azteken hatten diese Technik von den Maya aus dem Süden übernommen. Diese waren im 10. Jahrhundert von der mexikanischen Armee, ausgerüstet mit gefährlichen Pfeilen und Bogen, überrannt worden und hatten zur Verteidigung eine Methode entwickelt, ihre wattierten Umhänge mit Salzlake zu härten.

Elefanten in Rüstung

In der Antike wurden auch Tiere mit Rüstungen geschützt. Die furchteinflößendsten Geschöpfe im Römischen Reich waren zweifellos die Elefanten, deren Stirn und Körper mit Eisenplatten geschützt waren. Die Idee stammte von den Griechen, die während der Feldzüge Alexanders des Großen in Indien (362 v. Chr.) mit ledergerüsteten Elefanten in Berührung gekommen waren. Doch die enormen Kosten, die damit verbunden waren, lassen uns vermuten, daß solcher Aufwand nur in Ausnahmefällen betrieben wurde.

Häufiger dagegen dürften Rüstungen für Pferde gewesen sein. Der griechische Söldner Xenophon berichtet zu Beginn des 4. Jahr-

Selbst die Elefanten gingen gut gerüstet in die Schlacht.

hunderts v. Chr., daß bei den berittenen persischen Elitetruppen Roß und Reiter mit einer Rüstung geschützt waren. Die Nachfolger von Alexander dem Großen im Osten bauten ihre eigene schwere Kavallerie auf, und 189 v. Chr. verfügte Antiochus von Syrien bereits über 3000 Pferde mit eisernem Brustpanzer. Die Römer übernahmen diese Idee erst sehr viel später. Im dritten Jahrhundert n. Chr. waren auch ihre »Stoßtrupps« mit Rüstungen ausgestattet.

Panzerfahrzeuge

Als die unbarmherzigste Armee der Antike kann das assyrische Heer gelten. Es beherrschte den Vorderen Orient während des 1. Jahrtausends v. Chr., indem es alle Rebellionen systematisch niederschlug. Städte, die den Gehorsam verweigerten, wurden dem Erdboden gleichgemacht. Die Belagerungsmaschinen, die dazu verwendet wurden, sind uns in Abbildungen erhalten. Es sind eindrucksvolle, mit Korbgeflecht verkleidete Gefährte auf vier oder sechs Rädern, die unterschiedlich ausgestattet sind.

Die einen haben vorne einen stumpfen Rammbock, die anderen ein Paar massiver Lanzen, mit denen man Stücke aus dem Mauerwerk brechen konnte, nachdem der Rammbock entsprechende Vorarbeit geleistet hatte.

Die größte Gefahr für Angreifer einer Befestigungsmauer war der Regen von brennenden Wurfgeschossen, den die Verteidiger auf die Anstürmenden niedergehen ließen. Für derartige Angriffe konstruierten die Assyrer den Prototyp eines Wehrfahrzeugs mit turmartigem Aufbau, von dem aus die Angreifer sich den Mauerschützen Auge in Auge gegenübersahen. Solche Türme waren

Assyrische Soldaten setzen bei ihrem Angriff auf die Türme von Gazru eine Kriegsmaschine mit Mauerbrechern ein. Diese Szene ist auf einem Relief in Nimrud festgehalten.

manchmal sogar mit Wassertanks ausgerüstet, damit man löschen konnte, bevor das ganze Fahrzeug in Flammen aufging. Natürlich kostete es enormen Aufwand, mit diesen Kolossen an die Befestigungsanlagen heranzufahren, selbst dann, wenn Zufahrtswege bereits vorhanden waren. Die Tendenz war daher, solche Fahrzeuge kleiner, beweglicher und feuersicher zu machen.

Der Böhmische Panzer

Die entscheidende Verbesserung in der Entwicklung des Panzerfahrzeugs ereignete sich im sungzeitlichen China. Zeitgenössische Quellen berichten, daß gegen die Angriffe der berittenen Tataren, die im Norden des Reiches einfielen, Fahrzeuge mit Eisenplatten eingesetzt wurden. Diese Erfindung trug sicher dazu bei, daß der Tatareneinfall 1127 gestoppt werden konnte. Die dadurch entstandene Grenze hielt immerhin für weitere hundert Jahre. Danach finden sich kaum noch Zeugnisse über Panzerfahrzeuge bei den Chinesen.

In Böhmen, während der Auseinandersetzungen, die der Abspaltung des Protestantismus vorausgingen, entstand der erste eigentliche Panzer. Im Zuge der religiösen Reformbestrebungen kam es zu Bauernaufständen, in denen ein gewisser Jan Žižka seine Leute gegen die Kaiserliche Deutsche Armee ins Feld führte (nach dem Kirchenreformer Jan Hus auch Hussitenkriege genannt).

Da sein Bauernheer von den böhmischen Städten keine Unter-

Bogenkatapult, wie es für Dionysios den Älteren von Syrakus 399 konstruiert worden war. Nachdem der Pfeil in den Schuber eingelegt war, befestigte man die Sehne mit dem Haken. Dann wurde der gesamte Schuber mittels einer Winde gegen den Widerstand der Sehne zurückgezogen und durch Einrasten in die Zahnreihe gehalten. Löste man den Haken durch einen Druck auf den Auslöser, so schnellte der Pfeil davon. Das Kardangelenk zwischen Gestell und Katapult erlaubte es dem Schützen, mit der Waffe in alle Richtungen zu zielen.

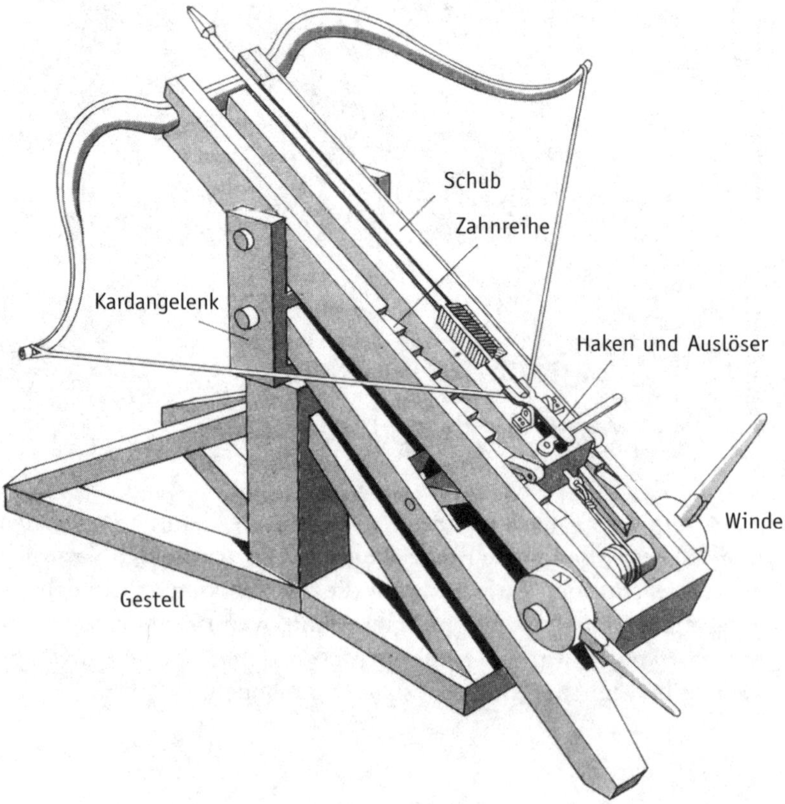

stützung erwarten durfte, kam Žižka auf die Idee, mit Eisenplatten geschützte und von Pferden gezogene Wagen einzusetzen. Die mit Speeren und Äxten bewaffneten Mannschaften feuerten ihre Armbrüste und Feuerwaffen durch Schießscharten in den Eisenplatten ab.

Zwischen 1420 und 1431 gelang es Žižkas 25000 Mann starker Armee wiederholt, das 200000 Mann zählende kaiserliche Heer zu schlagen. Während des Gefechts wurden diese Panzerwagen zu Wagenburgen zusammengezogen und Zwischenräume wurden mit faltbaren Wehrgängen aus Eichenholz überbrückt.

Als sich Genauigkeit und Schlagkraft der Feuerwaffen gegen Ende des Mittelalters immer weiter verbesserten, wurden diese Ansätze nicht weiterentwickelt. Die Panzerfahrzeuge konnten dem Ansturm nicht standhalten, und die Pferde, die sie zogen, waren den Geschossen schutzlos ausgeliefert. Erst mit der Erfindung des Verbrennungsmotors im späten 19. Jahrhundert bot der Panzer wieder effektiven Schutz.

Selbst in seinen Anfängen schleuderte ein Katapult Pfeile sehr viel weiter, als selbst der stärkste Mensch es vermochte. Weitere staatlich finanzierte Forschung, gesponsert vor allem durch König Philipp II. von Makedonien (Reg. 359–336 v. Chr.), ermöglichte die Konstruktion größerer Katapulte, die mit Tiersehnen bespannt waren und vier Meter lange Pfeile abschießen konnten – doppelt so lange Geschosse wie die Wurfmaschinen des Dionysios. Der Sohn Philipps, Alexander der Große, brachte sie erfolgreich zum Einsatz, als er die hervorragend bewehrten Städte des persischen Reiches eroberte, unter anderen Tyrus im heutigen Libanon.

Katapult und Armbrust

Im Jahr 399 v. Chr. bereitete sich Dionysios der Ältere, Herrscher der griechischen Kolonie Syrakus (Sizilien), auf einen Krieg gegen das karthagische Reich vor, indem er massiv in die Forschung und Entwicklung neuer Waffentechnologie investierte. Das weitreichendste Ergebnis dieses Innovationsschubs war das Katapult, die Schlüsselwaffe der Antike.

Katapulte konnten eine enorme Größe erreichen, wie jene, die Archimedes konstruierte und auf dem Superfrachter *Syracusa* installieren ließ (vgl. den Abschnitt **Schiffe** im Kapitel **Transport und Verkehr**). Sie waren in der Lage, über 80 Kilogramm schwere Steine 180 Meter weit zu schleudern. Mit einem derartigen Geschoß konnte man jeden feindlichen Schiffsrumpf zertrümmern.

Chinesischer Bogenschütze. Im Laufe der Jahrhunderte wurde Nordchina immer wieder von nomadischen Reiterhorden überrannt. Neben der Großen Mauer wappnete man sich gegen solche Übergriffe durch fortschrittliche Kriegstechnik.

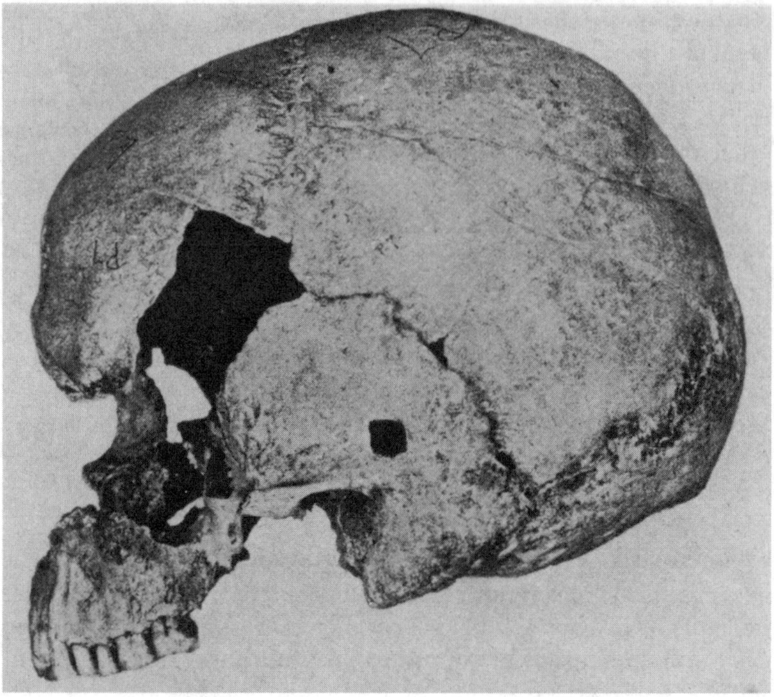

Schädel mit Einschußloch, das von einem Bolzen mit großer Durchschlagkraft stammen muß. Er wurde in der Bergfeste Maiden Castle gefunden. Die keltischen Soldaten hatten dort 43 n. Chr. keine Chance gegen die römischen Legionäre unter dem späteren Kaiser Vespasian und deren fortgeschrittene Waffentechnologie.

Solche Riesenmaschinen verschoben das Gleichgewicht zugunsten der Belagerer. Philon von Byzanz schreibt 200 v. Chr. in seinem Artillerie-Handbuch, daß eine Mauer mindestens viereinhalb Meter dick sein müsse, um Katapult-Geschossen von 175 Kilogramm widerstehen zu können. Die Verteidigungsgräben mußten mindestens 150 Meter außerhalb des Mauerrings angelegt werden, um die feindlichen Katapulte wirkungsvoll zu stoppen.

Die Erfindung des Katapults ist den Römern zuzuschreiben, die der Armbrust den Chinesen. Die früheste Erwähnung findet sich in der *Kriegskunst* des Sun-tzu, einem bemerkenswerten Klassiker der Kampfstrategie und -taktik, der im 4. Jahrhundert v. Chr. geschrieben wurde und auch heute noch zur Pflichtlektüre der Volksbefreiungsarmee gehört. Abbildungen von Armbrustschützen zeigen auch Bronzegefäße aus der Zeit des ersten Kaisers Ch'in-shih Huang-ti (Reg. 221–210 v. Chr.). Die Armbrust war die wichtigste Waffe seiner kaiserlichen Armee. Neben der Handarmbrust gab es auch schwere Modelle, die auf Wagen montiert wurden. In der Grabkammer Nummer 1 des kaiserlichen Tumulus am Berg Li wurde eine Vorhut von zweihundert Tonsoldaten gefunden, die mit Armbrüsten ausgestattet waren (vgl. den Abschnitt **Magnete und Magnetismus** im Kapitel **High-Tech**); eine bewegliche Truppe, die den Feind auf eine Entfernung von 200 Metern beschießen konnte.

Im Jahr 209 v. Chr. verfügte die kaiserliche Armee bereits über 50 000 Armbrustschützen, und 157 n. Chr. verzeichnet das kaiserliche Arsenal eine halbe Million Armbrüste. Es ist eine erstaunliche Meisterleistung, daß damals so hochkomplizierte Mechanismen bereits in Massenproduktion hergestellt werden konnten. Die Waffen wurden zunächst in Bronze gegossen, maschinell bearbeitet und schließlich zusammengesetzt. Im Einsatz gegen die einfallenden Mongolen erwiesen sie sich zudem als ideale Waffe, da sie dem Feind im Falle einer Eroberung nicht viel nutzten. Die Mongolen waren nicht in der Lage, ihren komplexen Mechanismus ausreichend zu warten, und die kurzen Pfeile waren für herkömmliche Bogen nicht zu gebrauchen. Auch die Präzision der Armbrust erhöhte sich um diese Zeit entscheidend durch den Einsatz eines Rasters, das das Zielen erleichterte. Diese Raster bestanden aus einem Gitter senkrechter und waagerechter Drähte, ähnlich wie sie heute noch bei Kameras oder Flak-Geschützen benutzt werden.

Einen weiteren Fortschritt brachte die Erfindung der Römer, kleinere Katapulte auf einen fahrbaren Untersatz zu montieren, so daß sie auf dem Schlachtfeld hin und her fahren konnten. Sie benutzten statt Steinen nun hauptsächlich Bolzen von der Standardlänge 7 Zentimeter mit einer Reichweite von 640 Metern. Die Schlagkraft dieser Waffe ist durch einen Fund aus der Bergfeste Maiden Castle bezeugt, eine der frühesten Eroberungen des späteren römischen Kaisers Vespasian in Britannien. Es handelt sich um einen Schädel mit einem viereckigen Loch, das eindeutig von einem Katapult-Geschoß stammt. Der Bolzen muß eine enorme Wucht gehabt haben, um den Knochen so sauber durchschlagen zu können.

Antike Maschinengewehre

Sowohl beim Katapult als auch bei der Armbrust war es erstrebenswert, möglichst viele Pfeile in unmittelbarer Folge abschießen zu können, ohne nachladen zu müssen. 100 n. Chr. gelang es Dionysios von Alexandria, ein kleines Schnellfeuer-Katapult zu entwickeln, eine Art frühes Maschinengewehr. Ein Magazin mit Pfeilen wurde auf der Nut des Katapults befestigt, aus dem ein neuer Pfeil herunterfiel, sobald der letzte abgeschossen war. Seine Reichweite (180 Meter) und seine Zielgenauigkeit waren erstaunlich, doch hatte das Gerät einen Nachteil: Die Schußrichtung konnte nicht geändert werden. Es konnte daher nur sinnvoll eingesetzt werden, wenn ein bestimmter Ort unter Beschuß genommen werden sollte.

Die Chinesen lösten dieses Problem, indem sie ihre Armbrüste mit Magazinen ausstatteten, die in alle Richtungen zielen konnten. Die erste »Maschinengewehr-Armbrust« dürfte im 11. oder

12. Jahrhundert n. Chr. gebaut worden sein. Tests mit nachgebauten Modellen zeigen, daß eine hundert Mann starke, mit diesen tödlichen Waffen ausgerüstete Truppe 2000 Geschosse in nur 15 Sekunden abschießen konnte, und zwar mit einer Reichweite von 73 Metern. Da die Pfeile oft mit Gift getränkt waren, konnte bereits ein kleiner Kratzer tödlich sein. Kein Wunder, daß die chinesischen Armbrustschützen der Schrecken der gesamten mittelalterlichen Welt waren.

Die »Kralle des Archimedes«

Die Römer waren siegesgewiß, als sie 215 v. Chr. ein großes Expeditionskorps nach Sizilien entsandten, das die Stadt Syrakus einnehmen sollte, doch was die Soldaten dort erwartete, traf sie völlig unvorbereitet. Der griechische Wissenschaftler und Ingenieur Archimedes hatte die Stadt mit einer Reihe von Apparaten von erstaunlicher Wirkung und Präzision ausgestattet, die der gewaltigen römischen Kriegsmacht unvermittelt Einhalt geboten.

Die Wirkungsweise dieser Waffen ist uns in verschiedenen Quellen überliefert. Sobald die römischen Legionen angriffen, ging ein Geschoßregen auf sie nieder, darunter auch große Steinbrocken, die von riesigen Katapulten geschleudert wurden. Das gnadenlose Sperrfeuer ließ nicht nach, während sie die Festungsmauern zu erreichen suchten. Verzweifelte Römer verbargen sich unter ihren Schilden, liefen dann aber Gefahr, von den herabfallenden Baumstämmen und Felsbrocken zerschmettert zu werden, die ausschwingende Kräne über dem Schlachtfeld abwarfen. Doch die schrecklichste Waffe war eine riesige Kralle, die die römische Flotte vernichtete, als sie versuchte, den Hafen zu erobern. Sie ergriff die Schiffe, schleuderte sie herum und hob sie sogar aus dem Wasser. Der griechische Historiker Plutarch beschreibt sie folgendermaßen:

»Die Schiffe wurden von Maschinen gezogen, die von innen heraus bedient wurden. Sie wurden herumgeschleudert und gegen die steile Felswand unter der Befestigungsmauer geschmettert. Dies brachte große Verluste unter den Mannschaften. Schiffe wurden auch in die Höhe gehoben – ein grauenhafter Anblick – und hin- und hergeschwenkt, bis die Seeleute ins Meer geschleudert wurden. Dann zerschellten die Schiffe an den Felsen oder wurden fallen gelassen.«

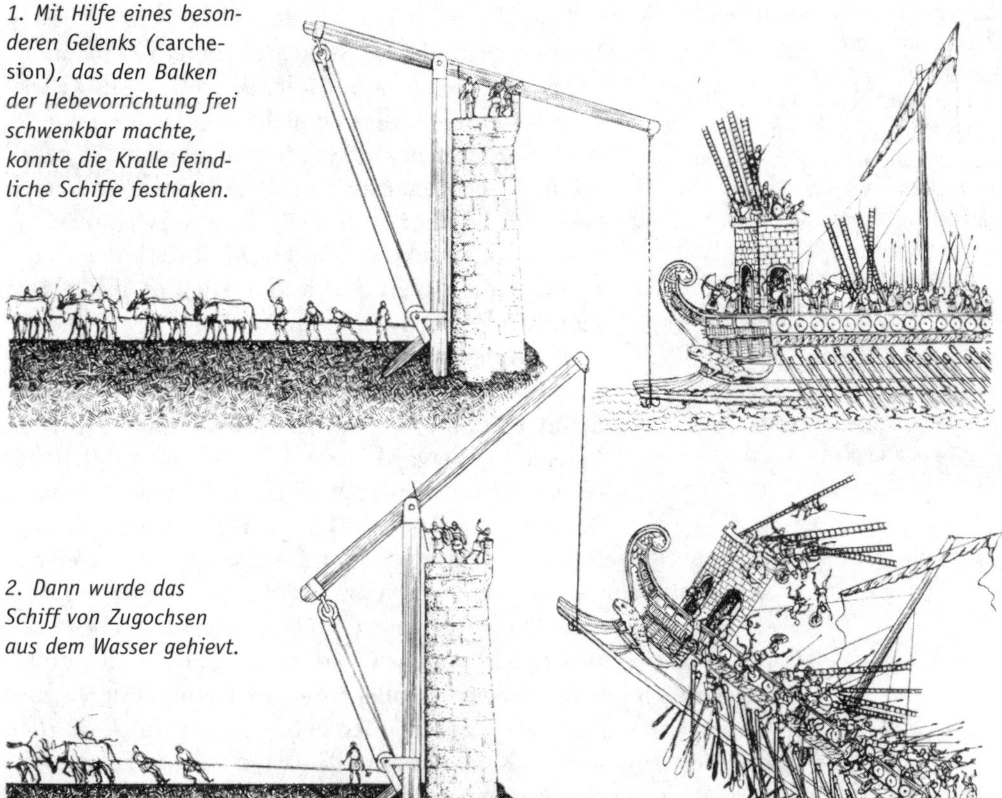

*1. Mit Hilfe eines besonderen Gelenks (*carchesion*), das den Balken der Hebevorrichtung frei schwenkbar machte, konnte die Kralle feindliche Schiffe festhaken.*

2. Dann wurde das Schiff von Zugochsen aus dem Wasser gehievt.

3. Wenn es weit genug aus dem Wasser ragte, ließ man plötzlich los, so daß das Schiff an Felsen zerschellte und unterging.

Vereinfachte Rekonstruktion der gefürchteten »Kralle des Archimedes«

Es wird behauptet, daß sich unter den Wunderwaffen des Archimedes auch riesige Hohlspiegel befanden, die das Sonnenlicht zur Stärke von Laserstrahlen bündelten und die Segel der feindlichen Schiffe in Brand setzten. Leider gibt es keine Anhaltspunkte in älteren Quellen, die dies bestätigen. Neuere Untersuchungen legen nahe, daß so etwas zur damaligen Zeit technisch unmöglich gewesen ist. Weit besser dokumentiert ist die oben beschriebene »Kralle«. Sie wird in allen Berichten über die Belagerung von Syrakus erwähnt.

So wurde die römische Armee von einem zweiundsiebzigjährigen Genie in die Schranken gewiesen. Livius beschreibt die Szene aus römischer Sicht:

»Eine Expedition mit solcher Truppenstärke versprach Erfolg, hätte sich nicht zu jener Zeit ein gewisser Archimedes in Syrakus aufgehalten. Er besaß beispiellose Kenntnisse in Astronomie, und noch bemerkenswerter waren die Kriegsmaschinen, die er erdachte und konstruierte. Mit ihrer Hilfe gelang es ihm, die Operationen des Feindes mit einem Handstreich zu durchkreuzen.«

Plutarch spricht davon, daß die Kralle von »innen heraus« operierte, womit vermutlich der Hafen gemeint ist. Eine Rekonstruktion des schwedischen Ingenieurs Sigvard Strandh zeigt, wie solch ein Apparat funktioniert haben könnte, indem er unter Wasser nach den Schiffen griff. Das erscheint aber eher unwahrscheinlich, denn solche Unterwasserkrallen wären nur dann wirksam gewesen, wenn das Schiff direkt über sie hinweggefahren wäre. Die Berichte von Livius und anderen beschreiben etwas viel Beweglicheres, das von oben dirigiert werden konnte, nämlich riesige eiserne Krallen, die an Ketten festgemacht waren und an Schwenkarmen über den Hafen geführt werden konnten. Eine solche Kralle konnte den Rumpf eines Schiffes ergreifen wie die Spielzeugkräne, die heutzutage in Jahrmarktsbuden nach Plüschtieren oder Süßigkeiten greifen. Indem das freie Ende des Hebels hinter der Befestigung nach unten gezogen wurde, konnte man den Rumpf oder sogar das ganze Schiff in die Höhe hieven, nur um dann plötzlich wieder loszulassen: »Das Ergebnis war, daß manche Schiffe auf die Seite fielen, andere völlig kenterten, während die Mehrzahl, nachdem ihr Rumpf angehoben worden war, mit Wasser vollief und an Bord allgemeine Panik ausbrach.«

Flammenwerfer

Im Jahr 674 befand sich Konstantinopel (das heutige Istanbul) in arger Bedrängnis. Die islamischen Truppen des Kalifen von Damaskus belagerten die Stadt. Doch ein Retter war zur Hand, und zwar in Gestalt des syrischen Architekten und Chemikers Callinicus. Er war der Erfinder des »Griechischen Feuers«, der

Byzantinischer Flammenwerfer; das sogenannte »Griechische Feuer«. Illustration aus dem 13. oder 14. Jahrhundert (Kodex Scylitzes).

Geheimwaffe des Byzantinischen Reiches. Seine Zusammensetzung wurde so streng gehütet, daß die genauen Bestandteile bis heute unbekannt sind. Die Flotte der Belagerer wurde in einem massiven Angriff mit Griechischem Feuer völlig vernichtet. Die nächsten achthundert Jahre hatte Byzanz Ruhe vor weiteren Belagerungen.

Nicht nur die islamischen Angreifer bekamen die Wirkung des Griechischen Feuers zu spüren. Im 10. Jahrhundert wurde Byzanz an seiner Nordgrenze bedroht. Wikinger aus Südschweden, auch Rus genannt, hatten ein mächtiges Staatswesen in der Gegend des heutigen Kiew gegründet; es bildete den Kern des späteren russischen Reiches. 941 führte Prinz Igor von Kiew die Armee der Rus zu einer Expedition über das Schwarze Meer nach Byzanz. Die Konfrontation findet sich in der *Nestorchronik* beschrieben:

»Die Rus griffen die Griechen an und es entspann sich ein heftiger Kampf. Obgleich die Griechen unterlegen waren, wendeten die Rus ihre Schiffe und flüchteten. Die Griechen waren ihnen nämlich entgegengefahren und hatten die feindliche Flotte aus Rohren mit Feuer beschossen. Ein grauenvolles Wunder geschah. Die Rus warfen sich, sobald sie die Flammen sahen, verzweifelt ins Wasser und wollten wegschwimmen. Der Rest kehrte um. Als sie die Heimat erreichten, erzählten sie ihren Landsleuten, was sich ereignet hatte. ›Die Griechen‹, sagten sie, ›verfügen über etwas, das dem Blitz aus dem Himmel ähnlich ist. Sie haben es auf uns niedergehen lassen und uns damit verbrannt. Deshalb konnten wir sie nicht besiegen.‹«

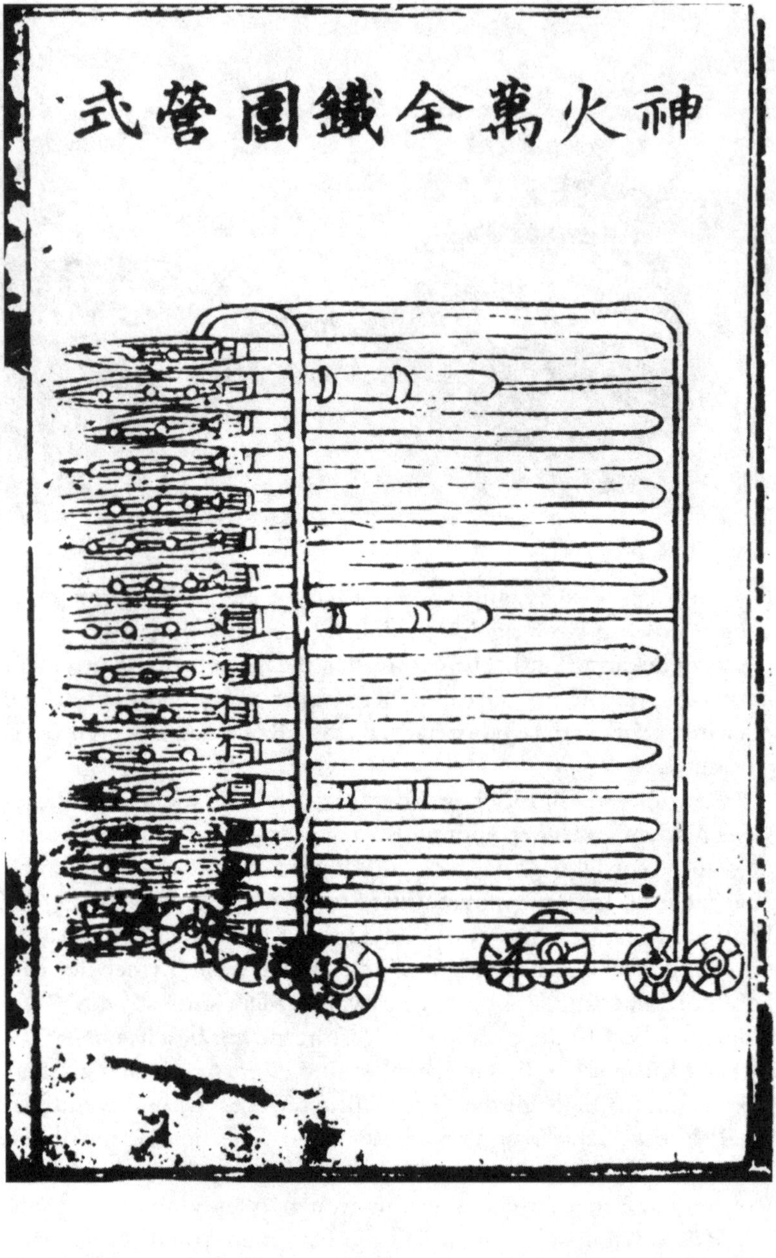

Fahrbarer Flammenwerfer aus dem China des 14. Jahrhunderts. Alle Feuerlanzen wurden gleichzeitig gezündet und eröffneten ein todbringendes Sperrfeuer auf den Feind.

Beobachter auf der byzantinischen Seite behaupten, daß ganze fünfzehn Schiffe, ausgerüstet mit Griechischem Feuer, genügten, um eine russische Flotte von circa tausend Schiffen in die Flucht zu schlagen.

Die schreckenverbreitende Erfindung des Callinicus war nur der Endpunkt des tausendjährigen Umgangs der Griechen mit Feuerwaffen. Schon der Historiker Thukydides berichtet vom Einsatz des Feuers im Großen Peloponnesischen Krieg, in dem sich Athener und Spartaner um die Vorherrschaft in der Ägäis stritten. 424 v. Chr. wurde die lange Belagerung von Delion dadurch beendet, daß die zum Teil aus Holz gemachten Befestigungsmauern niedergebrannt wurden. Die Angreifer erreichten dies, indem sie mit Rohren auf Rädern möglichst nahe an die Mauern heranfuhren. Die Rohre enthielten Holzkohle, Pech und Schwefel. Mit Hilfe von Blasebälgen wurde das brennende Gemisch dann gegen die feindlichen Mauern geblasen. Dieses Gerät konnte allerdings nur bei schlecht bewehrten Gegnern eingesetzt werden, denn da man noch kein Benzin kannte, arbeitete es ziemlich langsam.

Spätere Autoren, wie etwa Mark der Grieche im 13. Jahrhundert, verraten uns, daß das Griechische Feuer Schwefel, Salpeter, Benzin und verschiedene Harze enthielt. Die Mischung wurde entweder mit einer Pumpe, die immer wieder nachgeladen werden mußte, über die feindlichen Schiffsrümpfe gesprüht oder in Hülsen gegossen und mit Katapulten abgeschossen. In beiden Fällen war der Effekt verheerend. Die entflammte Flüssigkeit schwamm, weil auf Ölbasis, auf der Wasseroberfläche, entzündete die Schiffe und versengte unglückliche Seeleute, die sich schwimmend zu retten versuchten.

Es waren die Chinesen, die diese heimtückische Waffe zur Vollendung brachten. In China scheint die Idee des Griechischen Feuers erst relativ spät, etwa um 900 n. Chr., aufgekommen zu sein, aber man hatte dort schon früh einen Doppelrohr-Blasebalg entwickelt, der auf Zug wie auf Druck Luft ansaugte und so ununterbrochen einen Luftstrom erzeugte. Diese Erfindung brachte den Durchbruch. Der Flammenwerfer wurde zur gefürchteten Waffe, manchmal allerdings auch für die eigenen Reihen. So etwa 975 in der Seeschlacht auf dem Yang-tse, von der Shih Hsü-pai berichtet:

»Admiral Chu Ling-pin wurde von den Truppen des Sung-Kaisers in voller Stärke angegriffen. Chu befehligte ein großes Kriegsschiff von mehr als zehn Decks Höhe, das mit wehenden Bannern und Paukenschlag einhersegelte. Die Schiffe der kaiserlichen Armee waren kleiner, doch sie kamen in heftiger Attacke flußabwärts. Die Pfeile flogen so schnell, daß die Schiffe von Admiral Chu bald wie Stachelschweine aussahen. Chu wußte sich zunächst keinen Rat. Dann aber ließ er rasch die Flammenwerfer füllen, um damit den Feind zu vernichten. Die Sung-Armee hätte einem solchen Angriff nicht standhalten können. Plötzlich aber erhob sich ein Nordwind und trieb Rauch und Flammen gegen Chus eigene Schiffe und Mannschaften. 150 000 Mann kamen dabei um. Chu selbst, von Kummer gepeinigt, suchte den Freitod in den Flammen.«

Chinesischen Truppen mangelte es nicht an Erfindungsgabe, und am Ende des 10. Jahrhunderts war bereits die »Feuerlanze« –

ein tragbarer Flammenwerfer – in Gebrauch. Er war aus Bambusrohren (später auch Gußeisen), die mit Treibstoff auf Petroleumbasis gefüllt und an der Spitze einer Lanze fest verschnürt wurden, damit sie nicht davonfliegen konnten. Mit einer Brenndauer von etwa fünf Minuten wurden sie zur wichtigsten Waffe bei der Verteidigung der im Norden einfallenden Barbaren.

Islamische Handgranaten aus Ton, wie sie gegen christliche Kreuzfahrer eingesetzt wurden.

Den Höhepunkt der Entwicklung dieser Waffe stellt eine fahrbare Flammenwerfer-Batterie dar, die im 14. Jahrhundert in Gebrauch kam. Man muß sich diese Geräte, die als »Heftig flammensprühendes Schild« bekannt waren, wie ein großes Weinregal vorstellen, das mit Ochsenhaut ummantelt und auf Räder montiert war. In jedem fanden drei Dutzend Feuerlanzen Platz, die mit verschiedenen Schießpulvermischungen gefüllt waren und bei Bedarf mit langsam brennenden Streichhölzern gezündet wurden. Der Autor des *Hung-lung-chin* von 1412 beschreibt ein solches Schild in Aktion:

»Wenn zwei feindliche Armeen sich gegenüberstehen, werden auf ein Signal hin die Schilde aufgestellt und gezündet. Wenn sie dann Feuer sprühen, schießen die Flammen sechs bis neun Meter weit hervor. Eine Gruppe Soldaten zur Linken bedient das Schild, während eine Gruppe zur Rechten ihre Säbel schwingt. Diese versucht, die feindlichen Soldaten zu enthaupten und ihren Pferden die Beine abzuschneiden. Dabei nutzen sie die allgemeine Panik, die der Flammenwerfer hervorruft. Ein einziges dieser Schilde wiegt zehn mutige Soldaten auf.«

Kein Feind war den Mauern aus Feuer gewachsen, die solche Flammenwerfer produzierten. Doch mit der Entwicklung der Kanone wurde ihr Einsatz gefährlich, da sie oft schon in die Luft gingen, bevor sie ihre Position auf dem Schlachtfeld erreicht hatten.

Handgranaten

Die Granate gilt als eine der wichtigsten Waffen der modernen Infanterie. Es erstaunt daher, daß sie bereits zur Zeit der Kreuzzüge im Kampf zwischen Christen und Muslimen eingesetzt wurde. Entflammbare Flüssigkeiten wurden erstmals im Byzantinischen Reich für kriegerische Zwecke verwendet (vgl. den Abschnitt **Flammenwerfer**), doch zeitgenössische schriftliche Quellen berichten schon um 1000 n. Chr., daß in der islamischen Welt mit Benzin gefüllte Granaten aus Glas oder Ton bei der Verteidigung besetzter Städte zum Einsatz kamen. Diese wurden von Hand oder mit Katapulten auf den Feind und seine hölzernen Eroberungstürme geschleudert.

Bis vor kurzem gab es dafür kaum archäologische Beweise. Allerdings sind Archäologen im gesamten Mittleren Osten – von Ägypten bis Samarkand – immer wieder auf eiförmige Tongefäße gestoßen. Manche waren mit Wappen verziert, andere hatten Kampfrufe wie »Ruhm!« oder »Allah« als Inschriften. Diese Funde stammen eindeutig aus islamischen Kulturen des Mittelalters,

Ein chinesischer Dämon schickt sich an, eine bereits rauchende Handgranate zu werfen. (Buddhistischer Höhlentempel in Ta-tsu, Provinz Ssuch'uan, 1128 n. Chr.).

Die Chinesen übernahmen das Konzept der Granate von arabischen Kaufleuten und stellten Handgranaten aus Ton seit dem frühen 12. Jahrhundert selber her. Unter den Skulpturen von 1128, die in den buddhistischen Höhlentempeln bei Ta-tsu in Ssuch'uan gefunden wurden, sind die bemerkenswerten Figuren zweier Dämonen, die Waffen in der Hand haben. Der eine ist mit einem Gewehr bewaffnet (vgl. den Abschnitt **Vom Schießpulver zur Kanone**), der andere hält eine eiförmige Handgranate. Der Zünder ist deutlich sichtbar, und über der rechten Schulter schwebt eine Rauchwolke.

aber ihr Verwendungszweck war lange strittig. Eine Schule behauptete, in ihnen sei Quecksilber aufbewahrt worden, während andere sie als unbenutzte Handgranaten bezeichneten.

Eine Studie, die Peter Pentz vom Dänischen Nationalmuseum 1988 veröffentlicht hat, wirft neues Licht auf diese Frage. 1930 hat ein dänisches Grabungsteam in der Stadt Hama in Syrien eine seltsam ausgestattete Werkstatt aus dem 13. Jahrhundert freigelegt, in der offenbar Asphalt hergestellt wurde. Man fragte sich, zu welchem Zweck. Pentz' Neuinterpretation dieses Fundes brachte eine überzeugende Antwort: Dort wurden Handgranaten hergestellt. Damit ließe sich die ungewöhnliche Einrichtung erklären. Es gibt eine Feuerstelle, wo Benzin destilliert wurde, es gibt Löcher in der Wand, die für Frischluft sorgten, und ein großes mit Deckel versehenes Gefäß ist in den Boden eingelassen, um das Benzin vor Funkenflug zu schützen. Vor der Werkstatt befindet sich eine Grube voller Muscheln, aus denen man den Kalk herstellte, der später mit dem Benzin vermischt wurde. Die Produktion lief in großem Maßstab ab. Offenbar hat das der Stadt aber nichts genützt, denn sie wurde 1259 samt der Granaten-Werkstatt von den Mongolen eingenommen und zerstört.

Vom Schießpulver zur Kanone

Erstaunlich wenig ist über den tatsächlichen Ursprung des Schießpulvers bekannt, bedenkt man, wie sehr es die Welt verändert hat. Bis noch vor zwanzig Jahren wurde verbreitet, es sei die genialste Erfindung des feudalen Europa, ein Beleg für die Schöpferkraft des Abendlandes. Als Beweis dafür galt das Manuskript des englischen Soldaten Walter de Milemete *Über die Majestät, Weisheit und Klugheit der Könige* von 1326. Dort nämlich findet sich die erste Abbildung einer Kanone.

Traditionsgemäß galt entweder der englische Philosoph Roger Bacon oder ein deutscher Mönch, der Schwarze Bertold (Fehlübersetzung von Bertoldus niger, eigentlich aber nigromanticus). Über letzteren wissen wir, daß er in der ersten Hälfte des 14. Jahrhunderts in Konstanz Domherr war, und Roger Bacon

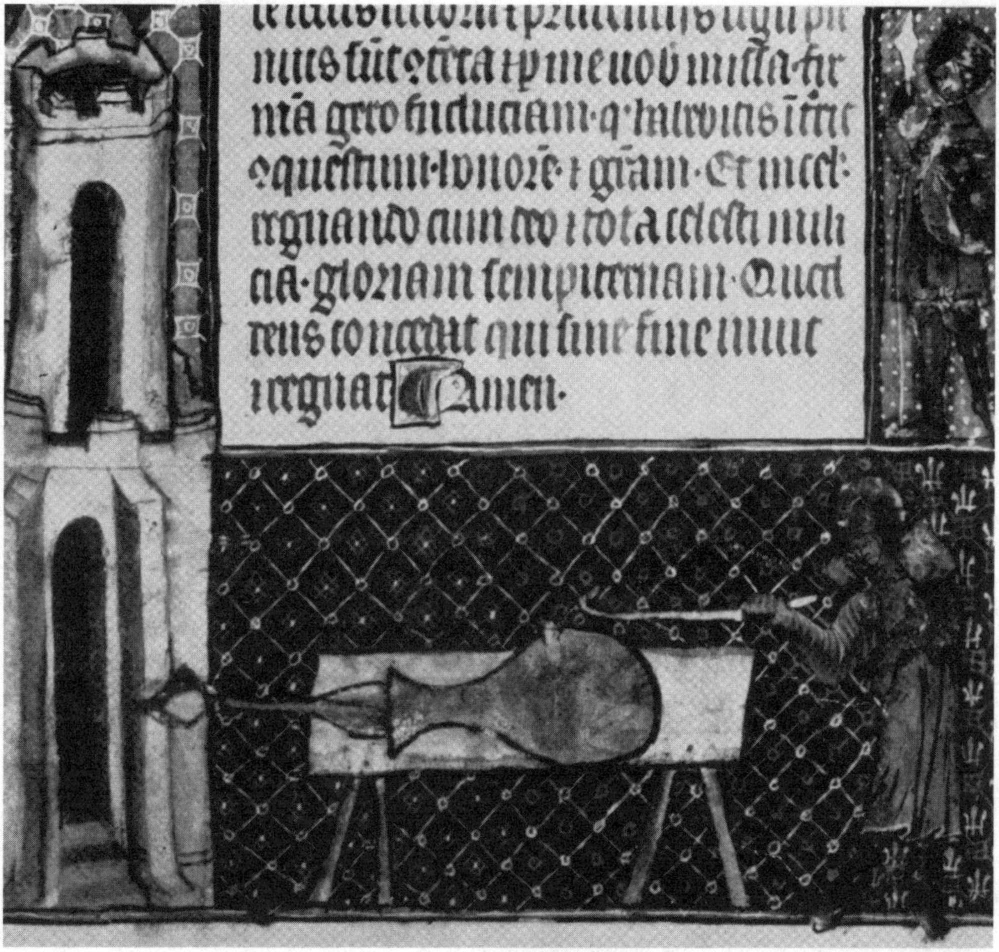

(1217–1292) hat das Schießpulver zumindest beschrieben. Sein Bericht bezieht sich auf chinesische Feuerwerkskörper, was zu der These geführt hat, die Chinesen hätten das Pulver erfunden, es aber nur dazu benutzt, herrliche Feuerwerke zu veranstalten. Zweifellos haben die Chinesen die ersten Feuerwerke abgebrannt, doch haben sie auch eine entscheidende Rolle bei der Erfindung der Kanone gespielt.

Die früheste Darstellung einer Kanone in Europa findet sich in Walter de Milemetes Manuskript De Notabilitatibus Sapientis et Prudentis *von 1326.*

Das Schießpulver wurde in China offenbar durch Zufall erfunden, und zwar ironischerweise von Alchimisten, die nach einem Unsterblichkeitselixier suchten. Unter den vielen Mixturen, die sie ausprobierten, war auch ein Gemisch aus Salpeter, Schwefel und Holzkohle. Ein alchimistischer Text von 820 n. Chr. warnt vor Experimenten mit dieser Mischung: »Manche haben (dieses Gemisch) erhitzt und mit Honig versetzt, darauf entstanden Rauch und Flammen, die ihnen Hände und Gesicht verbrannt und sogar ganze Häuser vernichtet haben.«

919 n. Chr. scheint das Schießpulver in China erstmals zu militärischen Zwecken eingesetzt worden zu sein, und zwar um die »Feuerlanze« zu zünden (vgl. den Abschnitt **Flammenwerfer**). Für brennbare Pfeile wurde um 1000 v. Chr. statt des bisher gebräuchlichen Öls und Schwefels erstmals Schießpulver benutzt. Und im 11. Jahrhundert konstruierte man mit Schießpulver gefüllte Bomben, die von Katapulten abgeschossen werden konnten.

Ebenfalls im Höhlentempel von Ta-tsu, Ssuch'uan, findet sich ein chinesischer Dämon mit einem Gewehr (1128 n. Chr.).

Erste Geschütze

Ungefähr zur gleichen Zeit verbesserten die Chinesen ihre »Feuerlanzen«, so daß sie auch Projektile abschießen konnten, nachdem der Feuerregen beendet war. Als Geschoß diente alles mögliche, von Metallstückchen bis zu Porzellanscherben; Giftpfeile waren besonders beliebt.

Das erste wirkliche Gewehr wurde erst im 12. Jahrhundert entwickelt. Dazu waren drei Dinge nötig: ein Lauf aus Metall, Schießpulver mit hohem Nitratgehalt und ein Projektil, das den Lauf ganz ausfüllte, damit die Pulverladung ihre ganze Schubkraft entfalten konnte. Bis vor kurzem galt das Gewehr, das 1970 bei einer Grabung im Dorf Pan-la-ch'eng-tzu in der Mandschurei gefunden wurde, als das erste seiner Art in China. Es stammt aus der Zeit um 1290 n. Chr. Die Erforschung der buddhistischen Höhlentempel bei Ta-tsu in der Provinz Ssuch'uan brachte neue Einblicke in die Geschichte der Schußwaffe. Unter den vielen Höhlenreliefs ist eines, das einen kleinen, gehörnten Dämon zeigt, der eine Feuerwaffe in der Hand hält. Auf einem anderen Relief ist ein Dämon mit Handgranate abgebildet. Mit Hilfe der Inschriften in der Höhle können sie auf 1128 n. Chr. datiert werden.

Es waren ebenfalls die Chinesen, die im frühen 14. Jahrhundert bereits mobile Artillerie auf die Schlachtfelder brachten, zu einer

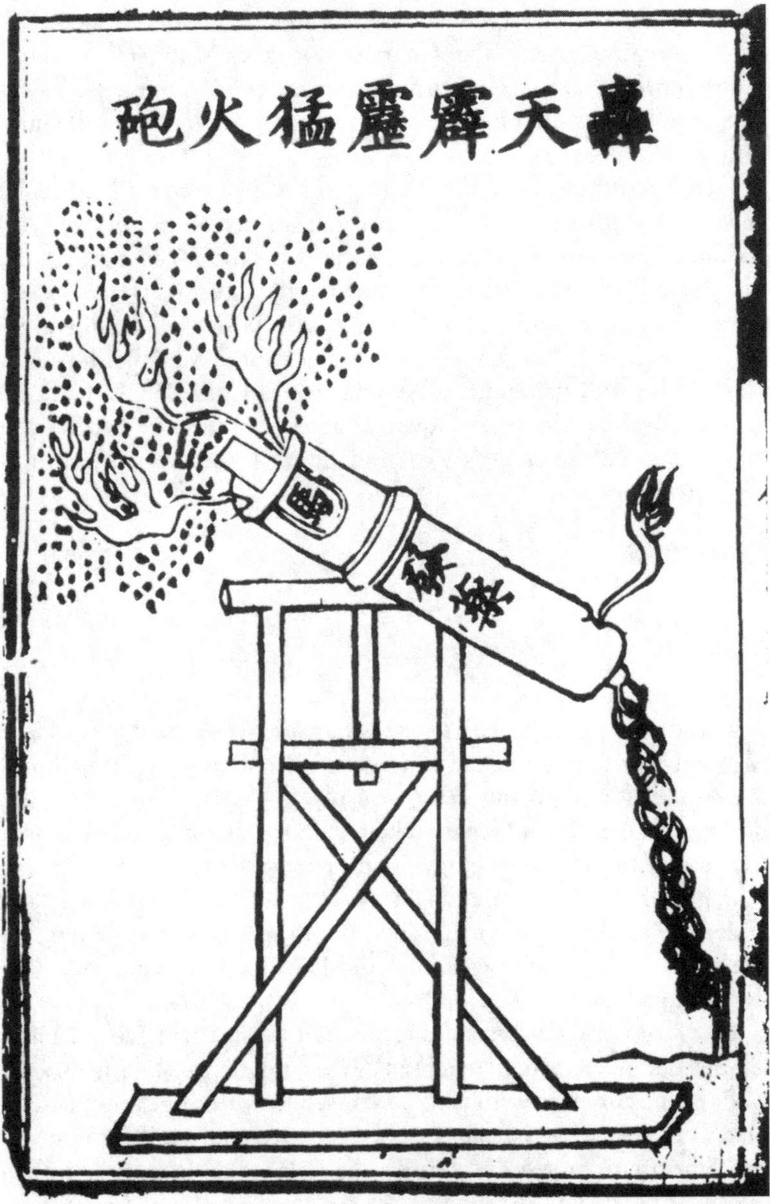

»Giftrauch-Bombe«, wie sie in China im 11. Jahrhundert zum Einsatz kam.

Zeit also, als im Westen das Schießpulver und einfache Feuerwaffen erstmals auftauchten. Von diesem Punkt an verlief die Entwicklung der Feuerwaffe sehr rasch: 1453 setzten die ottomanischen Türken schwere Geschütze bei ihrer siegreichen Belagerung Konstantinopels ein, der letzten Bastion des einstmals großen Byzantinischen Reiches. Das größte davon hatte einen Lauf von 90 Zentimeter Durchmesser und konnte eine Kugel von mehr als

300 Kilogramm abschießen. Eine Granate, die aus zweieinhalb Kilometer Entfernung abgefeuert wurde, zerschlug ein venetianisches Schiff in zwei Teile. Um derart riesige Geschütze zu bewegen, brauchte es angeblich eine Armee von bis zu tausend Mann und siebzig Ochsen.

Gleichzeitig mit der Entwicklung von Gewehren und Kanonen arbeiteten chinesische Militärstrategen an der Konstruktion von Raketen. Einem unbekannten Genius kam um 1180 n. Chr. die Idee, man könnte Feuerlanzen ja auch andersherum an einen Speer oder eine Lanze binden, so daß diese von ihrem Schub davongetragen würden. Das Prinzip setzte sich durch und bald kamen alle Arten von Raketen in Gebrauch, zum Beispiel auch solche, die von fahrbaren Abschußrampen abgefeuert wurden. Im Westen kamen diese gefährlichen Waffen nicht vor Ende des 18. Jahrhunderts in Gebrauch.

Giftgas

Als die portugiesischen *conquistadores* zu Beginn des 16. Jahrhunderts in Brasilien landeten, verteidigten die Eingeborenen ihr Land mit Hilfe von rotem Pfeffer, der auf Kohlebecken giftige Dämpfe entwickelte. Trotz dieser einfallsreichen Methode mußten sie sich aber den Feuerwaffen der Eroberer geschlagen geben. Ursprünglich aber wurde Giftgas gegen einen ganz anderen Feind eingesetzt, nämlich die Flöhe. Im alten China wie auch in Ägypten räucherte man die Häuser regelmäßig aus, um diese Plage loszuwerden.

Es waren die Chinesen, die diesen Hausfrauentrick zu einer Geißel der Menschheit machten. Texte aus dem 4. Jahrhundert v. Chr. berichten vom Einsatz chemischer Waffen gegen eine Armee, die eine Stadt belagerte. Die Angreifer hatten Tunnel unter den Stadtmauern gegraben, doch die Belagerten leiteten heimlich giftige Substanzen dort hinein. Zu diesem Zweck wurden Senfkügelchen oder die Artemisia-Pflanze verbrannt, und die Dämpfe pumpte man mit Blasebälgen in den Tunnel, wo sie in der Enge des Raums bisweilen sogar tödlich wirkten.

Im Mittelalter wurden Gifte als Kampfstoffe eingesetzt. Sie wurden zusammen mit Schießpulver in Harz gebunden und in Bomben verpackt. Zunächst wurden diese von Katapulten abgeschossen, später von Kanonen. Eine brennende Lunte stellte sicher, daß das Ganze in der Luft oder bei der Landung explodierte und brennend seine giftigen Dämpfe im feindlichen Lager verbreitete.

In seiner 1044 n. Chr. kompilierten *Militärischen Enzyklopädie* gibt Tsêng Kung-liang die Formel für eine »Giftrauch-Bombe« an, die per Katapult auf den Feind abgeschossen wurde. Die Hauptbestandteile waren: Akonit, Eisenhut und Arsen. Die Bombe war in Papier eingewickelt und mit Hanfstricken verschnürt. Kurz bevor man sie abschoß, wurde die Lunte gezündet. Tseng vermerkt, daß diejenigen, die die Dämpfe einatmen, aus Mund und Nase zu bluten beginnen.

Kapitel 6

Körper-
pflege

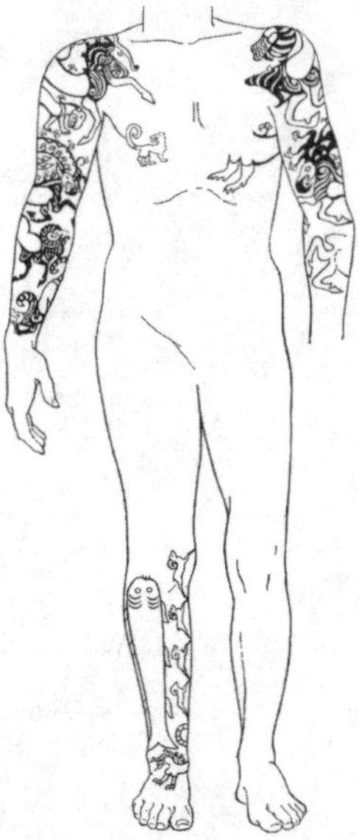

Einleitung

»Not macht erfinderisch« heißt es im Volksmund. Das gleiche könnte man von der Eitelkeit sagen. Das Aussehen wird heutzutage ganz selbstverständlich künstlich aufgebessert, die Maskerade ebenso ungeniert vor dem Zu-Bett-Gehen wieder demontiert. Schon im alten Rom war das so. Vor etwa 2000 Jahren dichtete der Satiriker Martial einen Spottvers auf eine Freundin namens Galla, die gerade auf die Lieferung einer neuen Perücke aus importiertem Haar wartete.

»In deinem Hause, Galla, mitten in Subura (einem ziemlich heruntergekommenen Stadtbezirk in Rom), putzt du an dir herum, während dein Haar beim Friseur ist. Nachts nimmst du die Zähne heraus und schläfst bis oben hin verpackt in Schönheitsmittel – nicht einmal einem Bettgenossen zeigst du dein eigenes Gesicht. Und am Tag zwinkerst du den Männern unter Brauen zu, die du am Morgen aus der Schublade gezogen hast.«

Körperhygiene und Schönheitspflege erreichten zur Zeit des Römischen Reiches ein Niveau, das in der westlichen Welt erst im 18. und 19. Jahrhundert wieder erreicht wurde. Vom Bad und Klosett mit Wasserspülung (vgl. das Kapitel **Haus und Heim**) über Zahnprothesen (vgl. das Kapitel **Medizin**) bis hin zum kosmetischen Zubehör, wie Perücken und Haarnetze, Spiegel, Rasiermesser, Parfums und Make-ups, stand den Römern alles in großer Auswahl zur Verfügung. Jede Römerin, die etwas auf sich hielt, trug an einem Ring am Gürtel ein kleines Necessaire mit Nagelreiniger, Pinzette, Ohrlöffel und Zahnstocher. Ein Taschentuch zum Naseputzen, *mucinium* genannt, gehörte ebenfalls zur Grundausstattung einer gepflegten Dame.

Eine römische Dame, die ihr Haar mit einem Netz aus Garn in Form hält.

Dieses Niveau ließ sich nach dem Niedergang des Römischen Reiches im 5. Jahrhundert n. Chr. nicht mehr halten. Der wirtschaftliche Zusammenbruch des Imperiums führte zu einfacherer und groberer Kleidung, da man anstelle der importierten Seiden- und Baumwollstoffe auf heimische Materialien wie Wolle und Leder zurückgriff. Das nun folgende »Dunkle Zeitalter« machte seinem Namen hinsichtlich der Körperhygiene alle Ehre. Das blieb auch so bis ins Mittelalter. Die »strahlenden Ritter der Tafelrunde« an König Artus' Hof schenkten ihren Rüstungen wesentlich mehr Aufmerksamkeit als der eigenen Haut.

Ab dem 12. Jahrhundert setzte dann aber wieder ein starker

Drang nach schönen Kleidern ein. Ausgefallene modische Extravaganzen sind für das Späte Mittelalter und die Renaissance kennzeichnend, und im 16. Jahrhundert erlebte auch die Perücke unter dem Einfluß Königin Elisabeths I. (Reg. 1558–1603) ihr Comeback. Die Hygiene-Standards blieben allerdings weiterhin auf einem Tiefstand, weshalb sich Elisabeth veranlaßt sah, ihrem Volk ein gutes Beispiel zu geben und einmal im Monat ein Bad zu nehmen. Ihr Nachfolger, Jakob I., hielt das nicht für nötig. Er weigerte sich sogar, nach dem Essen die Fingerschale zu benutzen. Der durchschnittliche Römer oder Grieche hätte seine Gesellschaft sicherlich als Zumutung empfunden.

Römisches Kosmetikset aus Britannien (2. Jahrhundert n. Chr.) mit Pinzette, Nagelreiniger, Feile, Ohrlöffel und Zahnstocher.

Griechen und Römer waren aber keineswegs die Erfinder der Körperhygiene. Fast ihre gesamte Kosmetik stammt von den Ägyptern und anderen Völkern des Vorderen Orients. Die Seife beispielsweise wurde bereits 2000 v. Chr. von den Babyloniern hergestellt. Im Ebers-Papyrus, der auf das Jahr 1525 v. Chr. datiert ist, sind Rezepte für Lotionen gegen Körpergeruch notiert. Die Geschichte des Rasierens läßt sich in Westeuropa über 30000 Jahre zurückverfolgen, also bis in die Altsteinzeit.

Im Osten haben die großen Kulturen Indiens, Chinas und Japans eigene Traditionen in der Hygiene entwickelt, die seit Jahrtausenden Bestand haben und nie eine vergleichbare Unterbrechung, wie die des »Dunklen Zeitalters« in Europa, erfuhren. Das besondere Augenmerk der Chinesen galt beispielsweise der Mundhygiene. So mußten chinesische Hofbeamte eine Nelke zerkauen, bevor sie vor den Kaiser traten. Vieles, was im Westen nach dem Fall des römischen Imperiums verlorengegangen ist, wie zum Beispiel der Sonnenschirm, wurde später wieder aus China eingeführt.

Das Schönheitsempfinden der verschiedenen Kulturen unserer Welt entsprach nicht immer dem modernen westlichen Geschmack. Gesichtsnarben und Halsstreckungen, wie sie bei manchen Völkerschaften in Mode waren, oder die eingebundenen Füße der Chinesinnen (eine Sitte, die bis ins 20. Jahrhundert hinein praktiziert wurde) stoßen heute auf Unverständnis. Ebensowenig läßt sich die Vorliebe der Maya für ein leichtes Schielen nachvollziehen, das sie dadurch erreichten, daß sie ihren Babys Perlen vor das Gesicht hängten. Eine weitverbreitete Sitte in der Alten und in der Neuen Welt war auch die künstliche Deformation des Kopfes. Die Indianer bevorzugten eine flache Stirn. Die Neugeborenen wurden deshalb auf ein speziell geformtes Brett gebunden, so daß die Stirn in die gewünschte Form gepreßt wurde. Die Kinder der Inka mußten diese Prozedur bis zu einem Alter von drei bis vier Jahren über sich ergehen lassen. Weniger drastisch war die Sitte des Tätowierens, die über Jahrtausende hinweg immer wieder in Erscheinung trat und Eingang in die verschiedensten Kulturen und die unterschiedlichsten Gesellschaftsschichten fand. Heutzutage ist diese Mode vor allem bei Seeleuten und bei Jugendlichen verbreitet. In Rußland, auf dem Balkan und in Mittelamerika wurden Tätowierungen früher als Kunstform angesehen und waren ausschließlich dem Adel vorbehalten.

Das Schönheitsempfinden ist also eine Sache des Geschmacks und der Mode. Im folgenden werden deshalb nur solche Verschönerungshilfen vorgestellt, die auch heute noch in Gebrauch und uns geläufig sind.

Spiegel

Die bewußte Wahrnehmung der eigenen Person gilt als Verhaltensmerkmal des Menschen. Vermutlich gab es aber auch schon vor dem Auftreten des *homo sapiens* intelligente Menschenaffen, die ihr Spiegelbild in einem stehenden Wasser entdeckt haben. Deswegen ist es nicht weiter überraschend, daß der Spiegel rund um die Welt in fast allen Kulturen in Gebrauch kam.

Die ältesten bekannten Zeugnisse stammen aus der jungsteinzeitlichen Siedlung Çatal Hüyük im türkischen Hochland. Dort wurden in zehn Frauengräbern aus dem 6. Jahrtausend v. Chr. Spiegel aus makellos poliertem Obsidian, einem extrem schwer zu bearbeitenden vulkanischen Glas, gefunden.

Auch die Ureinwohner Amerikas nutzten die reflektierenden Eigenschaften des Obsidians und anderer Mineralien für Spiegel. Die Inkas in Peru verwendeten einen Vulkanstein, heute als Inka-Stein bekannt, der im polierten Zustand wie weißglänzender Stahl aussieht. Bei den Azteken in Mexiko dienten die Spiegel zeremoniellen oder magischen Zwecken und waren aus Obsidian oder Pyrit, einem metallisch glänzenden Kristall, gefertigt. Die Augen aztekischer Götterbilder waren manchmal mit schwarzem Obsidian unterlegt, um ihnen einen dämonischen Glanz zu verleihen.

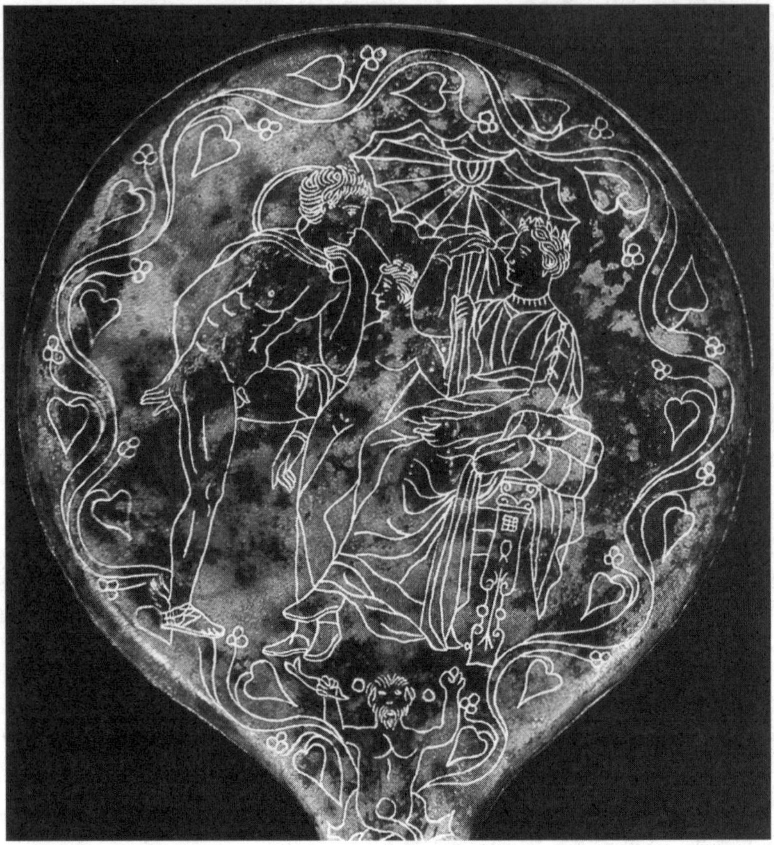

Etruskischer Bronzespiegel aus dem 4. Jahrhundert v. Chr. (Fundort Praeneste). Er zeigt Merkur und Juno, die unter einem Sonnenschirm auf einem Thron sitzen. (Rom, Villa Giulia).

Metallspiegel

In der Antike wurde zur Herstellung von Spiegeln polierte Bronze oder Kupfer verwendet. Erste ägyptische Beispiele sind für das Jahr 2900 v. Chr. belegt. Die Kultur des Indus-Tals folgt mit Spiegeln aus der Zeit von 2800 bis 2500 v. Chr. In China geht die Herstellung von Bronzespiegeln bis zur Shang-Zeit zurück (um 1500 bis 1000 v. Chr.). Die berühmtesten chinesischen Bronzespiegel stammen aus der Han-Zeit (202 v. Chr. – 220 n. Chr.). Sie sind kunstvoll mit Gold, Silber und Türkisen unterlegt und dienten als Gürtelverzierung.

Während der Han-Zeit führte das Experimentieren mit Spiegeln zur Entdeckung des Periskops. Im *Huai-nan wan-bi shu* (»Zehntausend unfehlbare Künste des Prinzen von Huai Nan«) ist aus dem 2. Jahrhundert v. Chr. eine entsprechende Passage überliefert: »Wenn du einen großen Spiegel aufhängst und darunter ein Becken mit Wasser stellst, kannst du die Menschen um dich herum sehen.«

In Palästina waren Spiegel spätestens ab dem 14. Jahrhundert v. Chr. in Gebrauch. Zu dieser Zeit wurden in den Minen von Serabit el-Khadim auf der Halbinsel Sinai bronzene Spiegel gegossen. Sie dienten möglicherweise als Lichtreflektoren zur Beleuchtung der dunklen Minenschächte (vgl. den Abschnitt **Bergbau** im Kapitel **Landbearbeitung**).

Rückseite eines Bronzespiegels aus Holcombe, England. Typisches Beispiel für die abstrakte Gravurkunst der Kelten. 1. Jahrhundert v. Chr.

Bronzespiegel mit reichem Gravurschmuck gab es bei den Kelten in Britannien und Frankreich und bei den Etruskern in Mittelitalien. In den letzten vier vorchristlichen Jahrhunderten erlebten sie geradezu eine Blütezeit. Die Kelten hatten eine Vorliebe für abstrakte Muster, insbesondere spiralige Formen, die sich als Hauptmotiv durch ihr gesamtes Kunsthandwerk ziehen. Die etruskischen Handspiegel gehören zu den erlesensten Erzeugnissen etruskischer Bronzekunst und waren mit bildlichen Szenen aus Alltag und Mythologie verziert oder auch einer Kombination beider Themen, wie ein Spiegel aus dem 4. Jahrhundert v. Chr. zeigt, auf dem die Göttin Venus bei ihrer Toilette dargestellt ist.

Auch die Griechen hatten ein Faible für Spiegel und erfanden im 5. Jahrhundert v. Chr. die Spiegeldose, den Vorläufer des heutigen Kompaktspiegels. Sie bestand aus zwei zusammenpassenden und mit einem Scharnier verbundenen Metallscheiben. Die Innenseite einer Scheibe war zum Spiegel poliert, die anderen Flächen waren mit Gravierungen verziert. Die Römer verwendeten Handspiegel aus Bronze, Kupfer oder Silber mit Ornamentierungen in etruskischem oder griechischem Stil. Wenn der Spiegel angelaufen war, wurde er mit einem in Bimssteinpuder getauchten Schwamm wieder auf Hochglanz gebracht.

In Rom entwickelte sich die Spiegelherstellung zu einem florierenden Wirtschaftszweig. Spiegel wurden in großem Umfang und für alle möglichen Zwecke produziert, für erotische genauso wie für sicherheitstechnische. Wandspiegel aus halbtransparentem oder schwarzem Glas kennen wir aus literarischen Texten. In einem der Häuser von Pompeji hat sich sogar ein Originalmodell erhalten. Als Besonderheit galten Gleitspiegel, die sich wie Schiebefenster bewegen ließen, und sogenannte Trick-Spiegel. Bei Seneca, dem Erzieher Kaiser Neros, findet sich die Beschreibung eines Spiegels, der aus unzähligen polierten Einzelstücken zusammengesetzt ist und das Bild des Betrachters wie ein Kristall reflektiert.

Der despotische Kaiser Domitian (Reg. 81–96 n. Chr.), der sich zahllose Feinde geschaffen hatte, verkleidete die Säulengänge seines Palastes mit Spiegeln aus Phenazit (einem durchscheinenden Stein), damit sich niemand unbemerkt an ihn heranschleichen konnte. Die Vorsichtsmaßnahme nutzte ihm nicht viel. Eine Gruppe von Verschwörern drang nachts in sein Schlafgemach ein und brachte ihn um.

Glasspiegel

Wie der Wandspiegel in Pompeji und eine Reihe ägyptischer Funde zeigen, bestanden die frühesten Glasspiegel aus einer einfachen dunklen oder schwarzen Glasfläche. Im römischen Kaiserreich wurde aber auch echtes Spiegelglas hergestellt, das heißt, die Rückseite einer Glasscheibe wurde mit einer reflektierenden, glänzenden Metallauflage versehen. Die Römer verwendeten zu diesem Zweck dünne Folien aus Gold, Silber oder Kupfer. Da das Glas noch nicht poliert wurde, warfen diese Spiegel allerdings immer nur ein leicht verzerrtes Bild zurück. Nach Aussagen des römischen Gelehrten Plinius ist die Herstellung von Spiegelglas jedoch nicht in Rom selbst erfunden worden, sondern in der phönizischen Stadt Sidon am Libanon, was in Anbetracht der einzigartigen Glaskunst der Phönizier durchaus glaubhaft erscheint. Wie auch immer, die frühesten, uns bekannten Glasspiegel sind römischen Ursprungs und stammen aus dem frühen 3. Jahrhundert n. Chr.

Aus gallisch-römischen Grabfunden des 3. bis 4. Jahrhunderts n. Chr. wissen wir, daß in spätrömischer Zeit kleine Taschenspiegel in Gebrauch kamen, für die eine andere Herstellungsmethode angewendet wurde: Konvex geformte Glasscheiben (etwa 4 bis 5 Zentimeter im Durchmesser und vermutlich aus einem Glasballon herausgeschnitten) wurden mit glänzendem Flüssigblei gefüllt, wobei man sorgfältig darauf achtete, daß das erhitzte Blei das Glas nicht zum Zerspringen brachte. Das Ergebnis war ein Spiegel mit einem winzigen, verzerrenden Bild, vergleichbar der Rückseite eines glänzenden, flachen Löffels.

Bis zum Ende des Römischen Reiches hielt die Produktion von Glasspiegeln an. Im frühen

7. Jahrhundert n. Chr. schrieb Bischof Isidor von Sevilla, der größte Gelehrte seiner Zeit, daß »es kein geeigneteres Material als Glas für die Spiegelherstellung gibt«. Danach verlor sich diese Fertigkeit, denn wie so viele andere Handwerkskünste auch wurde die Glasspiegelherstellung während des »Dunklen Zeitalters« eingestellt, wobei nicht nur Europa betroffen war, sondern auch der Vordere Orient.

Im frühen 11. Jahrhundert verfaßte der arabische Wissenschaftler Ibn-al-Haytham (im Westen als Alhazen bekannt) ein umfassendes Werk über Optik. Darin sind Eisen- und Silberspiegel erwähnt, aber keine Glasspiegel. Die Technik der Spiegelglasherstellung wurde offenbar erst im 13. Jahrhundert wieder erfunden.

Make-up

Der Drang, sich zu schmücken, ist so alt wie die Menschheit selbst. Die frühesten archäologischen Zeugnisse für den Gebrauch von Kosmetika finden sich in den ersten Stadtkulturen der Alten Welt. Genauso wie es heute noch üblich ist, umrandeten die sumerischen Frauen (im heutigen Südirak) ihre Augen mit einem Kohlstift (aus mineralischem Antimon oder dem Bleierz Galenit), um sie größer erscheinen zu lassen, und färbten sich die Wangen mit Rouge. In einem Grab der sumerischen Stadt Ur fand man einen muschelförmigen Kosmetikbehälter aus Gold, der ein komplettes Make-up-Set enthielt.

Junge Dame aus dem alten Ägypten mit Handspiegel und Lippenstift.

Noch mehr huldigten die Ägypter der Kosmetik, wie ägyptische Grabmalereien zeigen. Sowohl Männer als auch Frauen benutzten Kohlfarbe und grünen Lapislazuli oder Malachit (ein Kupfererz) als Lidschatten. Der Teint wurde von Männern und Frauen mit einem gelblichen Ocker aufgehellt. Die Haut dunkler zu tönen, war nur den Frauen erlaubt. Dazu wurde orangefarbener Ocker verwendet. Für die Wangen benutzte man ein Rouge aus rotem Ocker und Fett, für die Lippen eine ähnliche Mixtur.

Die berühmte Kleopatra, die Caesar und Mark Anton verführte, betonte Brauen und Wimpern mit Maskara und färbte sich die oberen Lider blau und die unteren nilgrün. Die Färbemittel wurden in fester Form in kleinen Leder- oder Leinenbeuteln aufbewahrt, bei Bedarf auf einer Palette zu feinem Puder zerstoßen und mit einem befeuchteten Stäbchen aus Holz, Elfenbein, Silber, Glas oder Bronze aufgetragen. Make-up-Sets dieser Art gehören zu den gängigen Funden in Gräbern des ägyptischen Adels und tauchen schon im 4. Jahrtausend v. Chr. auf.

Obwohl ägyptische Frauen oft mit gefärbten Nägeln abgebildet sind, wozu vermutlich Henna diente, empfanden sie diese Mode bei weitem nicht als so attraktiv wie die Chinesinnen. Der in China verwendete Nagellack war tiefrot und wurde aus einem Kräuterextrakt gewonnen. Noch bis vor kurzem hielten die Chinesen lange Fingernägel für ein Zeichen von feiner Lebensart, bewiesen sie doch, daß mit den Händen keine schwere Arbeit geleistet werden mußte. Reiche Chinesen schützten ihre eleganten Krallen daher mit Futteralen aus Silber, um ein Abbrechen oder Zersplittern zu verhindern.

Die Kulturen des Indus-Tals (3. Jahrtausend v. Chr.) waren möglicherweise die ersten, die ihre Hautfarbe mit einer Gesichtscreme aus Bleiweiß (Bleioxyd) aufhellten. Kosmetische Mittel, die Bleiweiß enthielten, haben sich danach offenbar über den ganzen eurasischen Kontinent von Britannien bis nach China ausgebreitet. Die Griechen importierten Bleiweiß aus dem Osten in Form von Tafeln. Die Römerinnen benutzten es trotz der Warnungen ihrer Ärzte, die inzwischen herausgefunden hatten, daß Blei hochgiftig ist.

Kosmetikkult in Rom

Der maßlose Kosmetikkult Poppaeas, der Gemahlin Kaiser Neros (Reg. 54–68 n. Chr.), trug wesentlich zu der verhängnisvollen Popularität des Bleioxyds bei. Zeitgenössischen Berichten zufolge beschäftigte sie mehr als hundert Dienerinnen zur Erhaltung ihrer Schönheit. Jede Nacht ließ sie sich eine Gesichtsmaske aus Bohnenbrei auflegen, die während des allmorgendlichen Bades in Eselsmilch wieder entfernt wurde. Die wohltuende Wirkung dieser Maßnahmen wurde allerdings durch die anschließende Prozedur wieder zunichte gemacht: Der Körper wurde mit weißem Kalk gepudert und das Gesicht mit der giftigen Creme aus Bleiweiß gesalbt. Wangen und Lippen wurden mit Rouge aufgefrischt, die Augen mit farbigen Lidschatten bedeckt, Wimpern und Brauen mit schwarzem Antimon gefärbt und die Nägel mit einer mysteriösen Tinktur aus »Drachenblut« und Fett überzogen. Bei Bedarf kamen auch Enthaarungscremes zum Einsatz oder Bohnenmehlpaste und Zitronensaft zum Entfernen der Sommersprossen. Zum Weißen der Zähne wurde Bimssteinpulver benutzt, gegen Pickel Gerstenmehl und Butter und zum Aufhellen der Haare germanische Seife. Selbstverständlich waren es nur die Reichen, die sich eine derart aufwendige und kostspielige Schönheitspflege leisten konnten.

In Rom war man also durchaus an kosmetische Extravaganzen gewöhnt. Als aber der minderjährige Kaiser Heliogabal im Jahr 218 n. Chr. in Rom Einzug hielt, ging ein Sturm der Entrüstung durch die Reihen der Senatoren. Heliogabal, der durch die Ränke seiner Großmutter, einer Schwägerin des vorangegangenen Herrschers, auf den Thron gelangt war, hatte eine Vorliebe für Frauenkleider. Da er in Syrien aufgewachsen war, bevorzugte er die Tracht der Syrerinnen. Der Hauptstadt präsentierte er sich in einem pompös geschmückten Triumphwagen, den halbnackte Eunuchen, Freigelassene und Sklaven in provokativer Unterwürfigkeit umsprangen. Der frisch gekürte Herrscher des römischen Weltreichs selbst war in seidene Gewänder gehüllt und trug einen bändergeschmückten Hut. An den Ohren hatte er riesige Ohrgehänge, die Augen waren von konzentrischen Ringen in blauer und goldener Farbe umrahmt, die Lippen waren blau, die Füße hennarot bemalt. Die Hände und die Sandalen waren im Übermaß mit Juwelen geschmückt. Die Mutter und die Großmutter an seiner Seite hatten sich mit all jenen Machtsymbolen ausgestattet, die traditionell nur von Männern getragen werden durften. Ihre Gesichter waren mit Bleioxyd geweißt, die Wangen mit Rouge betont, die Lidschatten blau, die Lippen rot gefärbt, ein Make-up, wie es damals nur bei Prostituierten üblich war. Der Schock war so groß, daß viele Senatoren das Ende des Imperiums nahe glaubten. Es ist daher nicht weiter überraschend, daß Heliogabals Regierungszeit nur von kurzer Dauer war.

Solche Exzesse der Körperpflege waren sicherlich auch ein Grund dafür, daß die christlichen Priester die Kosmetik scharf kritisierten. Der heilige Hieronymus verteufelte sie als »Inbegriff der Fleischeslust« und stellte die mahnende Frage, was eine Frau im Himmel schon zu erwarten habe, »wenn sie bei der Bitte um Gnade ein Gesicht emporhebt, das der Schöpfer nicht erkennt«. In den christlichen Ländern erlebte die kosmetische Industrie eine lange Zeit des Niedergangs. In der islamischen Welt erhob sie sich dagegen zu neuer Blüte, wie der Fall des berühmten Komponisten und Vortragskünstlers Ziryab aus Bagdad zeigt. Der eröffnete um 840 n. Chr. in Córdoba ein Schönheitsinstitut, wo er die Andalusierinnen in der Kunst des Frisierens und in den verschiedenen kosmetischen Behandlungstechniken, wie beispielsweise dem Entfernen von Haaren, der Verwendung von Zahnpulver oder der Herstellung von Deodoranten, unterrichtete.

Tätowierungen

Die Anfänge des Tätowierens sind wissenschaftlich ungeklärt, da sich die menschliche Haut in den von den Archäologen untersuchten Grabstätten nur selten erhalten hat. Einer dieser Ausnahmefälle war der im Jahr 1991 in den Ötztaler Alpen gefundene »Gletscher-Mensch« (»Ötzi«), der vor etwa 5300 Jahren gelebt hatte und an mehreren Stellen seines Körpers tätowiert war. Am Rücken trug »Ötzi« drei Linienmuster, am rechten Knöchel ein weiteres Linienmuster und am linken Knie ein Kreuz. Die blauen Markierungen aus pulverisierter Holzkohle waren vermutlich mit kleinen Nadeln unter die Haut gebracht worden. Es sind die ältesten Tätowierungen, die bisher gefunden wurden.

In Ägypten und im Sudan wurden weibliche Mumien mit Tätowierungen im Gesicht gefunden, die etwa 4000 Jahre alt sind. Allem Anschein nach dienten diese Tätowierungen erotischen Zwecken, da es sich ganz offensichtlich um Mumien von Konkubinen handelte, und weil bekannt ist, daß sich Tänzerinnen und Sängerinnen einige Jahrhunderte später ihren Schutzgott Bes auf die Schenkel tätowieren ließen. Die Tätowierungen der Mumien waren blau. Nach Meinung der Archäologen ist die Farbe mit einem Punktiergerät aus Fischbein unter die Haut gebracht worden.

Das spektakulärste Beispiel für eine frühe Tätowierung wurde jedoch in der Pazyryk-Grabstätte im Grenzdreieck zwischen Rußland, China und der Mongolei entdeckt. Die mit Filz ausgekleideten hölzernen Grabkammern blieben 2400 Jahre im Eis eingeschlossen, das, wie durch ein Wunder, die kunstvoll tätowierten Körper bestatteter Nomadenhäuptlinge erhalten hat. Ein etwa sechzigjähriger Mann, war mit Ungeheuern, Hirschen und Vögeln, einem Widder, einem Esel, einem Fisch und einer Ziege verziert.

Der Pazyryk-Fund bestätigt die Berichte antiker Autoren, wonach bei einigen Volksstämmen im Norden und Osten Griechenlands Tätowierungen ein Vorrecht des Adels waren. Nach Herodot, der zu Lebzeiten der Pazyryk-Häuptlinge schrieb, betrachteten die Thraker an der unteren Donau eine Tätowierung als »Zeichen hoher Abstammung, das Fehlen einer solchen dagegen als »Zeichen niedriger Geburt«. Eine andere klassische Quelle berichtet, daß die Thraker die Kunst des Tätowierens von den nomadisierenden Skythen erlernt hätten, die weite Teile Rußlands bevölkert haben und möglicherweise auch kulturelle Beziehungen zu jenen Volksstämmen unterhielten, denen die Häuptlinge in den Pazyryk-Gräbern angehörten.

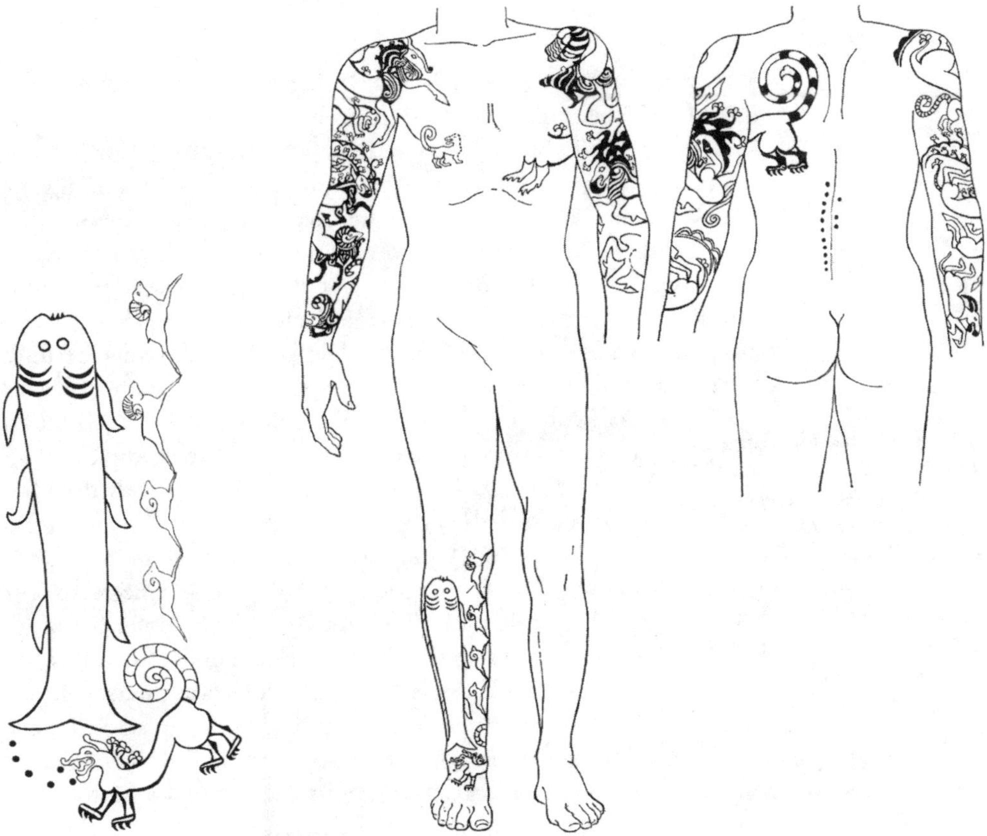

Das Tätowieren war im Altertum offenbar über die ganze Welt verbreitet – von China und Japan (wo es heute noch in hohem Ansehen steht) über Zentralamerika bis nach Europa. Julius Caesar notierte während seiner Expeditionen nach Britannien, daß die »Britannier ihre Körper mit Waid färben, einer Pflanze, die die Haut blau macht und den Kriegern ein wildes Aussehen verleiht«.

Nach der Eroberung Britanniens im Jahr 43 n. Chr. verbreiteten römische Legionäre die Sitte des Tätowierens über das gesamte Imperium. Kaiser Konstantin (Reg. 306–373 n. Chr.), der erste christliche Kaiser, verbot Gesichtstätowierungen als heidnischen Brauch, der Gottes Geboten widersprach. Ein generelles Verbot wurde schließlich im Jahr 787 n. Chr. auf dem Kirchenkonzil von Calcuth in Nordengland erlassen. Erst im 18. Jahrhundert, als man mit der meisterhaften Tätowierungskunst des Fernen Ostens in Berührung kam, fand man wieder Geschmack am Tätowieren.

Tätowierter Körper eines Nomadenhäuptlings, der um 400 v. Chr. im sibirischen Pazyryk bestattet wurde. Der Detailausschnitt zeigt die Tätowierungen auf dem rechten Unterschenkel, einen Fisch und vier Widder.

Seife

Erstaunlicherweise lernten die Römer die Seife zunächst nur als Haarfärbemittel kennen. Plinius berichtet 79 n. Chr. in seiner *Naturgeschichte*, daß aus dem germanischen Norden eine Substanz namens *sapo* eingeführt werde, die aus Ziegentalg und Buchenasche bestehe und zu kleinen Kugeln gepreßt sei. Sie diene dazu, dem Haar einen rötlichen Glanz zu verleihen und werde bevorzugt von Männern verwendet. Erst im ausgehenden 2. Jahrhundert n. Chr. wurde diese germanische Seife von den Römern auch als Reinigungsmittel genutzt. Der große Galen, der berühmteste Arzt der klassischen Antike, empfahl die Seife ausdrücklich als Ersatz für das bis dahin übliche Soda als Mittel zur Körperwaschung. Zu Galens Zeit wurde die Seife aus Pottasche und Fetten gekocht, wodurch sich die Qualität wesentlich verbesserte.

Schon 2000 Jahre zuvor war die Seife in Mesopotamien erfunden worden. Babylonische Chemiker verkochten Öle und alkalihaltige Stoffe zu einer Substanz, mit der man sich wusch. Die Phönizier der Levante übernahmen diese Seife. Und laut Herodot wuschen sich auch die Skythen Südrußlands das Haar mit Seife, eine Sitte, die sie möglicherweise während ihrer Eroberungszüge in den Vorderen Orient angenommen hatten.

Aus der Tatsache, daß die Seife im Altertum nicht allzuweit verbreitet war, läßt sich aber keineswegs auf mangelnde Reinlichkeit bei jenen Völkern schließen, die die Seife nicht kannten. Tatsächlich stand eine Vielzahl von alternativen Reinigungsmitteln zur Verfügung. Die Ägypter und Juden verwendeten Soda, die Griechen bevorzugten Kleie, Sand, Asche und Bimsstein, während sich die Römer mit Olivenöl abrieben.

Erst nach dem Niedergang des Römischen Reiches ging es mit der Reinlichkeit bergab, allerdings nur in Europa. In den Ländern des byzantinischen und später des muslimischen Herrschaftsbereichs wurde weiterhin großer Wert auf körperliche Sauberkeit gelegt. Feste Seifenstücke wurden eingeführt, und die Seifenproduktion entwickelte sich, wie beispielsweise ab dem 10. Jahrhundert im maurischen Spanien, zu einem florierenden Wirtschaftszweig. Die Grundbestandteile waren Olivenöl und Holzasche. Weiße, geruchlose Seifen waren für den allgemeinen Gebrauch bestimmt,

In China wurde nie Seife hergestellt. Auch hier war der Grund keineswegs mangelnde Reinlichkeit. Die Chinesen verfügten vielmehr über eine natürlich vorkommende Alternative, die reich an Saponin, der reinigenden Substanz der Seife, war. Dabei handelt es sich um die »Seifenbohne«, die gepreßt wird und dabei ein Öl mit mild reinigender Wirkung absondert. Dieser Extrakt wurde mit Mehl, mineralhaltigen Pudern und Parfums seit der Han-Zeit zu kleinen Kugeln geformt und bis zum 20. Jahrhundert als Waschmittel für Körper und Kleidung genutzt. Als in China Fettseifen eingeführt wurden, weigerten sich die Älteren, sie zu benutzen, weil sie weniger sanft auf Textilien wirkten als der Seifenbohnenextrakt, der Seide auch bei häufigem Waschen weiß hielt.

während farbige, parfümierte Seifen als Luxusartikel galten. In Nordeuropa wurde die Seife zu dieser Zeit aus Holzasche und Talg oder Fischtran gekocht und im wesentlichen zum Waschen von Kleidern benutzt. Um 1300 n. Chr. wurde jedoch in London eine stark duftende Flüssigseife produziert, die man in Holzflaschen abfüllte.

Rasiermesser

Prähistorische Höhlenmalereien und Gravuren deuten darauf hin, daß sich die Männer schon seit mindestens 30 000 Jahren rasieren. Die ersten Rasiergeräte waren vermutlich Klingen aus Feuerstein. Sie hatten extrem scharfe Schneiden und wurden wahrscheinlich weggeworfen, sobald sie stumpf wurden. Klingen aus Obsidian, einem vulkanischen Glas, waren noch im 16. Jahrhundert bei den Azteken in Nordamerika in Gebrauch sowie um 1900 bei einigen Volksstämmen in Zentralafrika.

Rasierklingen aus Metall gibt es seit Erfindung der Metallurgie. Sowohl in Indien als auch in Ägypten wurden schon im 3. Jahrtausend v. Chr. Rasiermesser aus Kupfer hergestellt. Da in Ägypten Gesichtshaar als Zeichen körperlicher Verwahrlosung galt, war bei den Männern eine regelmäßige Rasur üblich. Allerdings setzten sich von Zeit zu Zeit Moderichtungen durch, die das Tragen von sauber gestutzten Schnauz- oder Knebelbärten erlaubten. Wer es sich leisten konnte, hielt sich einen eigenen Barbier, die anderen suchten öffentliche Barbierläden auf. In einem um 1700 v. Chr. entstandenen Schultext für angehende Schreiber, der *Satire über Berufsstände*, wird ein fahrender Barbier beschrieben, der auf der Suche nach Kundschaft durch die Straßen zieht.

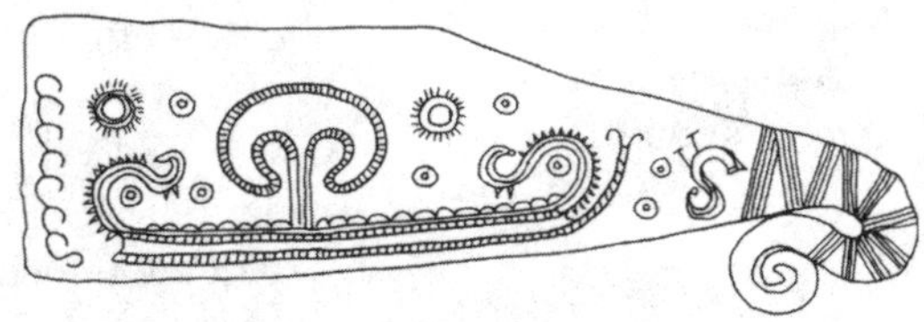

Kunstvoll ornamentiertes Bronzerasiermesser aus Skandinavien. Spätes 2. Jahrtausend v. Chr.

In Mesopotamien waren die Barbiere in Zünften organisiert, was ihnen ein höheres Ansehen eintrug. Jede Stadt verfügte, meist in einer einzigen Straße konzentriert, über eine feste Anzahl von Läden, die von den Kunden aufgesucht wurden. Die Barthaare wurden mit Messer und Bimsstein entfernt, das Gesicht anschließend mit wohlriechenden Ölen massiert.

Ähnliche Gepflogenheiten gab es im 4. vorchristlichen Jahrhundert in Indien. Zeitgenössischen Autoren zufolge hielten die Männer ihre Bärte mit Schere und Rasiermesser unter Kontrolle, ent-

Aus Skandinavien sind eine Reihe kunstvoll gearbeiteter Rasiermesser aus Bronze bekannt. Die ältesten gehen bis auf 1500 v. Chr. zurück. In dänischen Hügelgräbern wurden einige Exemplare aus der Zeit von 1300 bis 1200 v. Chr. gefunden. Sie steckten in ledernen Futteralen, ihre Griffe waren zu Pferdeköpfen geformt und die Klingen mit mythischen Bildern verziert. Die Männer in diesen Gräbern, die man in luftdicht verschlossenen Baumsärgen bestattet hatte, waren glatt rasiert. Die in späterer Zeit lebenden Kelten dagegen trugen Schnauzbärte, wie Julius Caesar berichtet: »Die Britannier rasieren sich am ganzen Körper, mit Ausnahme des Kopfes und der Oberlippe.«

fernten jedoch Brust- und Schamhaar. Die indischen Frauen bekämpften unliebsames Beinhaar mit Pinzette und Rasiermesser, ähnlich wie die griechischen Frauen, die sich aber einer wesentlich gewagteren Prozedur unterzogen und sich die Härchen absengen ließen. Die griechischen Männer griffen, dem Beispiel Alexanders des Großen folgend, erst im 4. Jahrhundert v. Chr. zum Rasiermesser.

Das Bartproblem in Rom

In Rom bestand Uneinigkeit darüber, ob das Gesicht glatt rasiert sein sollte oder nicht. Traditionell trug der römische Mann einen Bart. Um 300 v. Chr. brachte jedoch der wohlhabende Publius Ticinius Maenas griechische Barbiere aus Sizilien nach Rom. Von da an setzte sich die Mode des Rasierens durch und hielt sich bis zur Regierungszeit Kaiser Hadrians (117–138 n. Chr.), der der Bartmode wieder zum Durchbruch verhalf. Während dieser Zeit bürgerte es sich ein, daß den Männern im Alter von 21 Jahren der Bart abgenommen wurde, wobei die erste Rasur mit einem besonderen Fest begangen wurde, an dem der junge Mann Geschenke erhielt. Das rasierte Haar wurde zum Andenken an dieses Ereignis aufbewahrt.

Mit zunehmendem Alter jedoch ließen sich viele Römer, dem Modediktat zum Trotz, doch wieder einen Bart stehen. Dieser für römische Verhältnisse ungewöhnliche Wankelmut findet seine Begründung möglicherweise in der Rasiermethode der Barbiere. Der Bart wurde mit Wasser und einer dünnen, auf einem Wetzstein geschärften Eisenklinge entfernt. Seifen und Öle zur Vorbehandlung der Barthaare waren nicht in Gebrauch, was die Rasur sehr langwierig machte und zu der allgemeinen Klage führte, daß man das halbe Leben beim Barbier zubringen müsse. Abhilfe versprachen Barbiere mit fahrenden Ständen, die es an jeder Straßenecke gab. Sie arbeiteten zügig, allerdings ohne auf Schnittverletzungen Rücksicht zu nehmen. Auch der Dichter Martial (40–104 n. Chr.) stimmte ein Klagelied über die Ungeschicklichkeit dieser Barbiere an:

»Wer nicht in die Unterwelt hinabsteigen will, soll Antiochus, den Barbier, meiden. Die zahllosen Narben auf meinem Kinn, die mich wie einen Boxer aussehen lassen, stammen nicht von den Krallen einer wütenden Frau, nein, ich verdanke sie dem verfluchten Stahl in der Hand des Antiochus. Der Ziegenbock ist das einzig verständige Wesen: Er läßt den Bart wachsen und lebt unbehelligt von allen Barbieren.«

Die leidgeprüften Kunden der römischen Barbiere konnten Hilfe bei Plinius finden, der in seiner *Naturgeschichte* ein Heilpflaster für Rasierschnitte aufführt.

Kleidung und Schuhe

Die Jäger, die während der Altsteinzeit die kalten Gebiete der nördlichen Hemisphäre bevölkerten, waren keineswegs so bekleidet, wie sie im 19. Jahrhundert gern dargestellt wurden: in Felle gehüllt, die sie sich nachlässig über die Schulter warfen. Sie trugen vielmehr gut sitzende Kleidung aus Tierhäuten, wie sich aus archäologischen Funden nachweisen läßt. Bereits 20000 v. Chr. waren Knochennadeln mit Öhr in Gebrauch, die ganz offensichtlich zum Nähen von Kleidungsstücken dienten. In drei Männergräbern der paläolithischen Fundstätte Sungir in Rußland wurden Farbspuren, Reihen von Schmuckperlen und andere Ornamente gefunden, die den Schluß nahelegen, daß die Bestatteten mit Mütze, Hemd, Hosen und Mokassins aus Leder oder Fell bekleidet waren. In der ebenfalls paläolithischen Fundstätte Buret entdeckte man eine aus einem Mammutzahn geschnitzte Figurine, die Fellbekleidung trug, wie sie noch heute bei den Eskimos üblich ist.

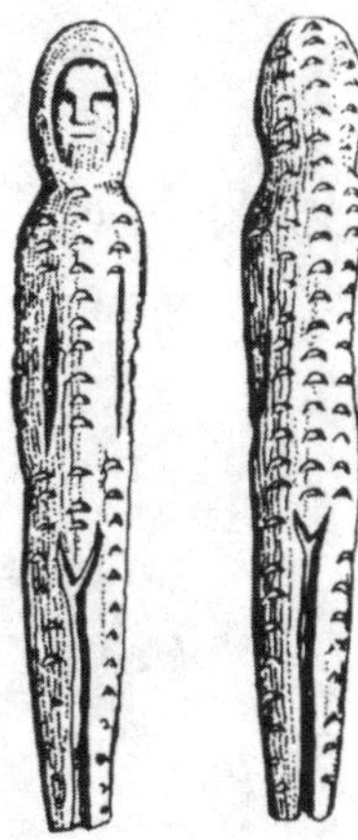

Geschnitzte Figurine (12 Zentimeter hoch) aus Mammutzahn mit Fellbekleidung von 18000 v. Chr., gefunden in der sibirischen Fundstätte Buret.

Wandmalereien in der jungsteinzeitlichen Siedlung Çatal Hüyük in der Türkei, die in das ausgehende 7. Jahrtausend v. Chr. datiert werden, zeigen Männer in Leopardenfellen, die Mützen aus dem gleichen Material tragen. Außerdem wurden in Çatal Hüyük Gewebefragmente aus Flachs, offensichtlich von einem Mädchenrock stammend, gefunden, die lange Zeit als die ältesten textilen Zeugnisse galten. Erst in jüngster Zeit wurden einige noch ältere Leinenstücke gefunden, die sich in der trockenen Wüstenluft einer winzigen Höhle bei Nahal Hemer in Palästina erhalten haben und aus der Mitte des 7. Jahrtausends v. Chr. stammen.

Das älteste Stück Baumwollstoff datiert aus dem 5. Jahrtausend v. Chr. und wurde bei Grabungen in Mehrgarh im Indus-Tal in Pakistan gefunden. In der Neuen Welt begann die Kultivierung der Baumwolle um 3500 v. Chr. an der Küste Perus. In der sumerischen Siedlung Ur im Süden Mesopotamiens hatte sich die Textilherstellung um 2000 v. Chr. bereits zu einem eigenständigen Berufsstand

Überreste einer 20 000 Jahre alten Erdbestattung aus der altsteinzeitlichen Fundstelle Sungir in Rußland. Die zahlreichen »Perlen« aus Elfenbein am Oberkörper und am Kopf stammen von der reichverzierten Kopf- und Brustbekleidung.

entwickelt. Die Stoffherstellung im Altertum war ein langwieriger Prozeß, obwohl um diese Zeit bereits ein einfacher Webstuhl in Gebrauch war. Der Historiker Samuel Kramer hat ausgerechnet, daß drei sumerische Frauen acht Tage benötigten, um ein Stück Stoff von 3,20 Meter Breite und 3,90 Meter Länge zu spinnen und zu weben. Einen noch wesentlich größeren Aufwand trieben ägyptische Berufsweber, die schon in der antiken Welt für ihre ungewöhnlich feinen Leinenstoffe berühmt waren. Mikroskopische Untersuchungen an einem Stück Stoff aus dem Memphis-Gebiet ergaben, daß auf jeden Quadratzentimeter des Stoffes 540 Kettfäden und 110 Schußfäden kamen. Die Baumwollstoffe der Peruaner aus den letzten vorchristlichen Jahrhunderten waren von ähnlicher Feinheit und noch dichter gewebt als die modernen Fallschirmstoffe (vgl. den Abschnitt **Ballone** im Kapitel **Transport und Verkehr**).

Das Geheimnis der Seide

Seide war im Altertum das begehrteste Material für Kleidung. Die Seidenweberei wurde zweifelsfrei in China erfunden. Der Seidenfaden wird von der Seidenraupe erzeugt, die sich von den Blättern des weißen Maulbeerbaumes ernährt. Vor der Verpuppung verspinnt sie sich in einen Kokon, der aus einem einzigen Faden besteht. Der älteste Fund eines offensichtlich kultivierten Seidenraupenkokons stammt aus Hsi-yin ts'un in der Provinz Shansi und wird auf 3000 v. Chr. datiert. Die große Anzahl von Seidenfäden, die aus der Shang-Zeit (1500 – 1000 v. Chr.) gefunden wurde, beweist, daß die Seidenraupenzucht zu dieser Zeit bereits professionell betrieben wurde und sich zu einer echten Seidenraupenindustrie entwickelt hatte. Die Seidenraupe wurde mit den Blättern eines eigens gezüchteten Maulbeerbaumes versorgt. Die Larve im Innern des Kokons wurde durch Trocknen in Heißluft oder an der Sonne zum Absterben gebracht. Der Seidenfaden des Kokons konnte dann auf einen Holzrahmen abgespult werden. Die ältesten Seidenstoffe sind aus der Periode der Streitenden Reiche (5. – 3. Jahrhundert v. Chr.) erhalten geblieben. Vollständig erhaltene Roben, Kleider, Schuhe, Socken und Handschuhe aus Seide wurden in Gräbern der Han-Zeit (202 v. Chr. bis 220 n. Chr.) gefunden.

Ein reger Seidenhandel zwischen China und dem Westen ist seit dem 10. Jahrhundert v. Chr. nachweisbar und dehnte sich bis nach Ägypten aus. Die Ausfuhr von Seidenraupen war in China jedoch verboten und stand unter Todesstrafe. Erst 552 n. Chr. wurden einige Exemplare in ausgehöhlten Bambusstäben außer Landes geschmuggelt und nach Konstantinopel gebracht. Muslimische Handwerker fanden dann bald die Geheimnisse der Zucht heraus und stellten selbst Seidengewebe her, die von hoher Qualität waren. Einige dieser ori-

Seide war den wohlhabenden Schichten vorbehalten, die Ärmeren mußten sich mit weniger kostbaren Materialien begnügen. Stoffe aus Hanf- oder Ramiefasern können in China bis ins 3. Jahrtausend v. Chr. zurückverfolgt werden. So war während der Chou-Dynastie im 1. Jahrtausend v. Chr. die Dienerschaft im Kaiserpalast mit Stoffen aus Hanf bekleidet. Chinesische Ingenieure entwickelten einen mit Wasserkraft betriebenen Spinnrahmen für Ramie und Hanf, mit dem bis zu 32 Fäden gleichzeitig gesponnen werden konnten, was eine Massenproduktion von Hanf- und Ramiestoffen ermöglichte.

Dekor eines chinesischen Bronzegefäßes aus der Zeit der Streitenden Reiche (480–221 v. Chr.). Der Ausschnitt zeigt Frauen beim Sammeln von Maulbeerblättern für die Fütterung der Seidenraupen.

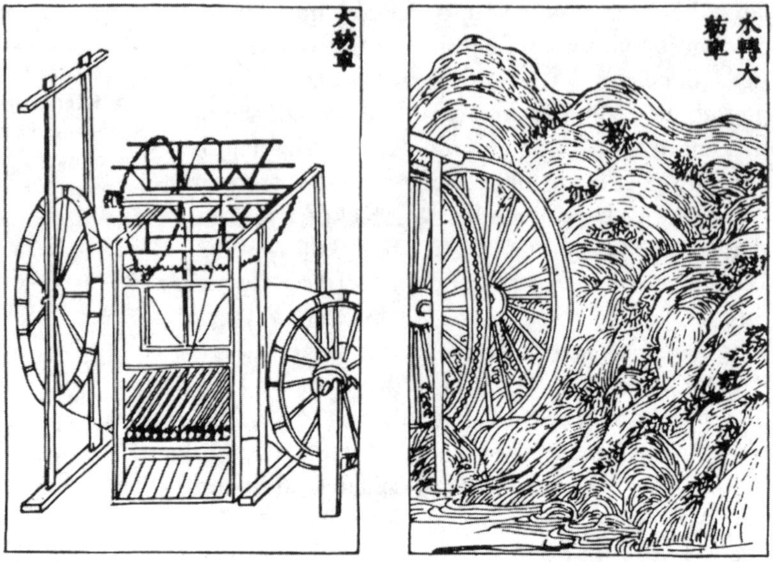

Wasserbetriebener Spinnrahmen für Ramie, mit dem mehrere Fäden gleichzeitig gesponnen werden konnten. Buchillustration von 1530 aus dem Werk Über die Landwirtschaft *von Wang Cheng. Zur Zeit der Erstausgabe des Buches im Jahr 1313 waren solche Textilmaschinen bereits so weit verbreitet, daß man ihre Erfindung um hundert Jahre früher ansetzt. Ein Wasserrad von 1,80 Meter Durchmesser (rechts außen im Bild) setzte den Mechanismus über ein Antriebsrad in Gang. Die gesponnenen Fäden wurden auf das Rad links im Bild gespult.*

entalischen Seidenstoffe kamen auch nach Europa und wurden dort zur Umhüllung von Reliquien verwendet. Nicht ganz passend, wie sich später herausstellte. Denn die muslimischen Weber hatten den geheiligten arabischen Text *La Ilaha illa Allah* (Es gibt keinen Gott außer Allah) eingewebt.

Auch eine Reihe ganz ungewöhnlicher Materialien wurde früher für Bekleidungszwecke genutzt. Die Bevölkerung Mittelamerikas zum Beispiel trug seit dem 13. Jahrhundert v. Chr. Schuhe aus Gummi. Die spanischen *conquistadores* berichten, daß diese Gummischuhe von Keramikmodellen abgenommen wurden. In Südchina wurde die dicke Rinde des Papiermaulbeerbaumes, die zur Herstellung von Schreibpapier diente, auch als Bekleidungsstoff verwendet. Von Yüan Hsien, einem Schüler des Konfuzius, ist überliefert, daß er einen Hut aus Papier getragen hat. Tatsächlich wurden in Turfan in Westchina ein Hut, ein Gürtel und Schuhe aus Papier gefunden, die aus dem Jahr 418 n. Chr. stammen. Die Wärmedämmeigenschaften dieser Papierbekleidung müssen hervorragend gewesen sein, denn zeitgenössischen Berichten zufolge war sie unangenehm heiß. Das Papier des Maulbeerbaumes war sogar so stabil, daß Rüstungen daraus gemacht wurden (vgl. den Abschnitt **Rüstung für Mensch und Tier** im Kapitel **Militärtechnik**). Das wahrscheinlich ausgefallenste Bekleidungsmaterial war jedoch Asbest, das vom 3. Jahrhundert n. Chr. an in China nachweisbar ist und »in Feuer waschbarer Stoff« genannt wurde. Allerdings wurde es nur von einigen Exzentrikern verwendet.

Nähen und Stricken

Die ältesten bisher gefundenen Nähnadeln aus Bein sind 20000 Jahre alt. Die ältesten Nähnadeln aus Eisen wurden in der Keltensiedlung bei Manching in Oberbayern gefunden und stammen aus dem 3. Jahrhundert v. Chr. Ohne Zweifel zog die im Vergleich zur Knochennadel weitaus spitzere Metallnadel sofort die Erfindung des Fingerhuts nach sich. Chinesische Archäologen legten das Grab eines niederen Beamten aus der Han-Dynastie (202 v. Chr. bis 220 n. Chr.) frei, das ein komplettes Nähset samt Fingerhut enthielt, der älteste, der bisher gefunden wurde. Römische Exemplare sind, entgegen anderslautenden Behauptungen, nicht bekannt, erst aus byzantinischer Zeit gibt es eine Reihe von Funden.

Das Stricken hat seinen Ursprung wahrscheinlich im islamischen Ägypten, wo es sich aus einer älteren Wirktechnik, dem sogenannten Fadenschlingen, entwickelte. Dabei wurden mit einer großen Nähnadel und mit einem Faden von begrenzter Länge

Die »Strickende Madonna« aus dem Buxtehuder Marienaltar. Um 1400 von Meister Bertram von Minden gemalt.

Maschen zu einem Gewebe aneinandergereiht. Das älteste erhaltene Beispiel für diese Technik stammt aus der Römerstadt Dura-Europos in Syrien, die 256 n. Chr. von den Persern zerstört wurde. Im römischen Ägypten entwickelte sich das Fadenschlingen zur Hochblüte, wofür zahllose Muster in vielen Museen der ganzen Welt Zeugnis ablegen. Häufig handelt es sich dabei um buntgemusterte Socken, die aus einem feinen, strickähnlichen Maschengewebe bestehen. Die frühesten Beispiele für richtiges Stricken, wobei zwei öhrlose Nadeln und ein Endlosfaden verwendet wurden, stammen aus dem 12. Jahrhundert. Da es sich auch hier in der Hauptsache um Socken handelt, wird davon ausgegangen, daß sich das Stricken aus der Fadenschling-Tradition in Ägypten entwickelt hat.

Das erste europäische Strickgewebe, ein Kissen mit einem höchst komplizierten Muster, stammt aus dem Grab des Infanten Fernando de la Casa, dem 1275 gestorbenen Thronerben des spanischen Königreichs Kastilien. Danach wurde das Stricken in Europa so populär, daß es sogar Eingang in die Kunst fand. Die »Strickende Madonna« wurde ein beliebtes Motiv in der Malerei des ausgehenden 14. Jahrhunderts. Zu den berühmtesten Darstellungen dieser Art gehört der Buxtehuder Marienaltar, auf dem die Jungfrau Maria Kleidung für Jesus strickt.

Ausgefallenes Schuhwerk

In Rom gab es eine strikte Kleiderordnung, die sogar die Farbe der Schuhe vorschrieb. Ein bestimmtes Rot beispielsweise war ausschließlich den Mitgliedern des Magistrats vorbehalten. Nur den Mächtigen wurde die ganze Farbpalette zugestanden. Zudem war es ihnen erlaubt, Gold- und Silberschmuck und kostbare Juwelen aufnähen zu lassen. Als die weniger Wohlhabenden dazu übergingen, die Mode der Reichen nachzuahmen, schritt Kaiser Heliogabal (204–222 n. Chr.) ein. Der Kaiser, im ganzen Land bekannt für sein ausgefallenes Schuhwerk, verfügte, daß kostspielige Schuhe nur noch von hochstehenden Damen getragen werden durften – und natürlich von ihm selbst. Kaiser Aurelian (Reg. 270–275 n. Chr.) hatte eine Abneigung gegen bunte Schuhe. Männern wurden daher Schuhe in Rot, Weiß, Gelb und Grün untersagt, damals offenbar die bevorzugten Farben des modebewußten Römers.

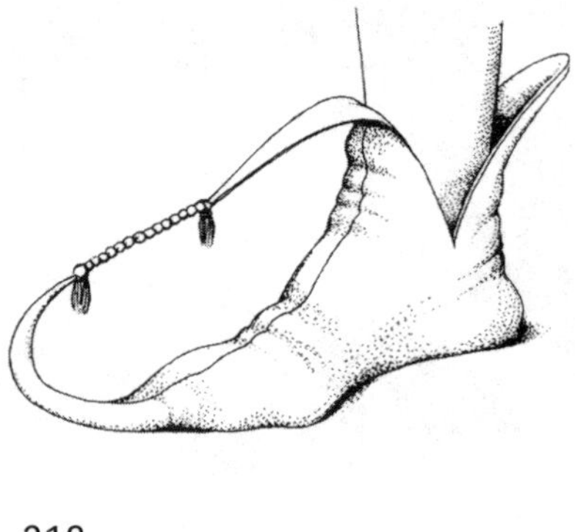

Typische Schuhmode aus dem Mittelalter: der Schnabelschuh.

Ein Schuhtyp besonderer Art setzte sich im 13. Jahrhundert in England durch: Schuhe mit langen, aufgebogenen Spitzen. Die Spitzen wurden immer weiter ausgezogen und erreichten schließlich eine Länge von bis zu 30 Zentimetern. Um sie in aufrechter Position zu halten, mußten sie mit Moos und Kork ausgestopft werden. Und damit der Träger nicht ins Stolpern kam, wurden sie beim Laufen am Knie festgebunden. Manchmal wurde die oberste Spitze wie die Eichel eines Penis ausgeformt. Diese Penis-Schuhe wurden bevorzugt bei großen Gastmählern angezogen. Die Herren versuchten damit, bei Tisch Kontakte zu knüpfen. Kirche und Staat erhoben scharfe Proteste, neue Vorschriften wurden erlassen, die die Schuhspitzen auf 15 Zentimeter Länge beschränkten.

Schmuck

Zweifellos hat der Mensch schon seit den ältesten Zeiten aus hübschen Muscheln und Steinen Halsketten hergestellt. Die Fertigkeiten der altsteinzeitlichen Jäger Europas und Asiens gehen jedoch weit über diesen Rahmen hinaus. In 30000 Jahre alten Gräbern wurde eine Vielzahl von Schmuckstücken gefunden, die von Gehängen aus gebranntem Ton über Halsketten aus Tierzähnen bis hin zu kunstvoll verzierten Armreifen aus geschnitztem Elfenbein reichen.

Altsteinzeitlicher Armreif, geschnitzt aus einem einzigen Stück Mammutzahn. Fundort Mezin in Südrußland. 20 000 v. Chr.

Noch mehr Beachtung verdienen die jungsteinzeitlichen Schmuckhandwerker. Im Vorderen Orient sind aus dem 6. Jahrtausend v. Chr. durchbohrte Perlen aus Obsidian, einem außerordentlich harten, schwarzen Glas vulkanischen Ursprungs, bekannt. James Mellaart, maßgeblich an den Grabungen in der Fundstätte Çatal Hüyük beteiligt, notierte verwundert: »Wie haben sie es bloß fertiggebracht, derart feine Löcher zu bohren, daß selbst der dünnste moderne Stahlbohrer nicht hindurchpaßt?« Solche Obsidianperlen finden sich in einer prachtvollen, siebentausend Jahre alten Halskette, die in Arpachiyah im Nordirak freigelegt wurde.

Ein goldenes Zeitalter?

Erste Versuche in der Metallbearbeitung gab es bereits zu der Zeit, als die Arpachiyah-Kette ins Grab gelegt wurde. Zu Anfang wurde natürlich vorkommendes Kupfer (Klumpen aus einer kupfer-

7000 Jahre alte Halskette aus Arpachiyah im Nordirak, bestehend aus polierten Obsidianperlen, Muscheln, einer Perle aus Ton und einem Steinanhänger.

haltigen Erzader) durch Hämmern zu Schmuckperlen, Nadeln und Angelhaken verarbeitet. Die Technik, Kupfererz zu schmelzen, wurde erst später entwickelt (vgl. den Abschnitt **Bergbau** im Kapitel **Landbearbeitung**). Lange Zeit wurde angenommen, daß die frühe Form der Metallbearbeitung nur im kleinen Maßstab ausgeübt wurde. Höchstes Erstaunen lösten unter Archäologen daher die massenhaften Funde an Goldschmuck aus, die in den 1970er Jahren aus einem Gräberfeld bei Varna an der bulgarischen Schwarzmeerküste, einer Fundstätte aus der zweiten Hälfte des 5. Jahrtausends, zutage gefördert wurden. Das Gold war aus den örtlichen Flüssen gewaschen und danach in eine Vielfalt von Formen gehämmert worden. Einer der bestatteten Toten trug drei Halsketten, je drei schwere Armreifen, zwei Ohrringe, sechs kleine Haarringe und eine Reihe von Scheiben, die ursprünglich auf seiner Kleidung aufgenäht waren, alles aus massivem Gold.

Der berühmteste Goldschmuck des Altertums stammt aus den rätselhaften Königsgräbern des sumerischen Stadtstaates Ur im heutigen Südirak, die in den 1920er Jahren von Sir Leonard Woolley entdeckt wurden. Um 2500 v. Chr. wurde hier eine ganze Reihe von Herrschern in unvorstellbarer Pracht bestattet. Neben den

Skeletten der Könige lagen nicht nur ihre kostbaren Schätze, sondern auch die Skelette von verschiedenen Männern und Frauen (in einem der Gräber 74 an der Zahl). Man nimmt an, daß sie, durch Gift eingeschläfert, ihrem Herrscher ins Reich der Toten folgten. Die männlichen Toten trugen teilweise Kopfbinden mit drei großen Edelsteinen an der Stirn und einer Goldkette am Hinterkopf, vermutlich um den Kopfputz in Form zu halten. Der Schmuck der Frauen war weitaus kunstvoller mit goldenen Blumen und Blättern im Haar, riesigen, halbmondförmigen Ohrringen, enganliegenden Halsringen und großen Gewandnadeln. Das am reichsten ausgestattete Grab gehörte der Königin Pu-abi, deren Körper bis hinunter zur Taille mit einem Perlencape aus Gold, Silber, Lapislazuli, Karneol, Achat und Chalzedon bedeckt war. Zudem trug sie schwere Ohrgehänge und eine herrliche Krone aus drei Goldkränzen, durch die sich eine dreifache Kette aus Lapislazuli- und Karneolperlen wand.

Der hohe technologische Standard, der zur Herstellung dieser Kostbarkeiten nötig war und der die Gußtechnik ebenso einschloß wie Nieten, das Löten und das Vergolden mit Blattgold, veranlaßte Woolley zu der Bemerkung, daß »der sumerische Kunsthandwerker schon fast alle Techniken beherrschte, die auch der moderne Goldschmied kennt«.

Die »verlorene Kunst« des Granulierens

Viel Erfindungsgeist wandten die antiken Goldschmiede auch dafür auf, den Wert billigen Metalls durch einen Gold- oder Silberüberzug zu erhöhen. Als unzureichend erwies sich die Methode, das Schmuckobjekt in flüssiges Edelmetall zu tauchen, da sich der Überzug nicht gleichmäßig verteilte. In römischer Zeit wurde deshalb eine wesentlich bessere Technik entwickelt: Auf das Objekt wurde ein Gemisch aus Quecksilber und Gold aufgetragen. Anschließend wurde es erhitzt, so daß das Quecksilber abtropfte und eine gleichmäßige, glänzende Goldschicht übrigblieb. Auch das Galvanisieren war möglicherweise schon bekannt, wie von einigen Wissenschaftlern spekuliert wird (vgl. den Abschnitt **Elektrische Batterien** im Kapitel **High-Tech**).

Zu den bemerkenswertesten Goldschmiedekünsten des Altertums zählt die Granulation. Bei dieser Verzierungstechnik sind winzige körnchengroße Goldkügelchen, ohne die geringste Spur eines Lötvorgangs, fest auf einen Untergrund aufgesetzt. Diese Erfindung geht wahrscheinlich auf die Sumerer zurück, da das

Etruskische Granulierkunst aus dem 5. Jahrhundert v. Chr. Die 3,2 Zentimeter große Maske aus Gold stellt einen gehörnten Flußgott dar und diente als Kettenanhänger. Fundort Praeneste.

früheste erhaltene Beispiel, ein kleiner Ring, der aus sechs Goldkugeln zusammengesetzt ist, aus den sumerischen Königsgräbern des 3. Jahrtausends v. Chr. stammt.

Um 2000 v. Chr. beginnt sich die Granulierkunst nach Westen auszubreiten. In Ägypten tritt sie um 1900 v. Chr. in Erscheinung, in Mykene ist sie um 1500 v. Chr. bereits fest in der Goldschmiedekunst etabliert. Die Phönizier brachten sie vermutlich in den zentralen und westlichen Mittelmeerraum, insbesondere nach Italien, wo sie von den Etruskern im 7. Jahrhundert v. Chr. zur Vollendung gebracht wurde. Etruskische Goldschmiede beherrschten die Fähigkeit, winzige Kügelchen von 0,125 Millimeter Durchmesser auf den Untergrund aufzubringen.

In römischer und byzantinischer Zeit kam das Granulieren aus der Mode, in Europa verschwand es im 12. Jahrhundert ganz aus dem Repertoire der Goldschmiede, wohingegen die Kunst im Orient nie ganz verlorenging.

Westliche Juweliere versuchen seit einiger Zeit, sie neu aufleben zu lassen. Dabei hatten sie mit erheblichen Anfangsschwierigkeiten zu kämpfen. Zuerst mißglückte der Versuch, die Goldkügelchen in der gewünschten Kleinheit herzustellen. Dann gelang es nicht, die Kügelchen auf den Untergrund zu löten. Entweder zerlief die Lötmasse und ruinierte den Untergrund, oder sie schlug Blasen und verschob die Kügelchen. Inzwischen weiß man, daß verschiedene Granulierungsverfahren möglich sind und im Altertum auch Anwendung fanden. Eine Methode bestand darin, die Goldkügelchen mit der Pinzette und einer Paste aus Fischleim, Kupferhydroxyd und Wasser auf den Untergrund aufzukleben und anschließend zu erhitzen. Durch die Hitze brannte der Fischleim zu Kohlenstoff, und durch Reduktion entstand aus dem Kupferhydroxyd Kupfermetall, das mit dem Gold eine Legierung einging und damit eine perfekte Verbindungsstelle bildete. Erst 1933 wurde das Geheimnis dieser Technik wiederentdeckt.

Brillen

Auf einem mittelalterlichen Kirchenfresko in Treviso ist eine ungewöhnliche Szene dargestellt: Ein nicht mehr ganz junger Geistlicher ist in ein Manuskript vertieft und trägt auf der Nase, deutlich sichtbar, eine Lesebrille. Das Porträt stammt von Tommaso da Modena, es ist 1352 entstanden und gilt als das früheste Dokument für die Abbildung einer Brille. Daß die Brille tatsächlich erst kurz vor dieser Zeit in Italien in Erscheinung getreten ist, wird heute von niemandem mehr bestritten. Ungeklärt ist aber nach wie vor die Frage, wem die Erfindung letztlich zuzuschreiben ist. Verschiedene Hypothesen nennen Italien, Belgien, Deutschland, Britannien, China und Ägypten als Ursprungsländer, wobei die Theorie, daß die Brille in Italien entwickelt wurde, am plausibelsten erscheint.

Kardinal Hugo von Provence mit einer Nietbrille, gemalt von Tommaso da Modena im Jahr 1352. Älteste bekannte Darstellung einer Brille. Fresko im Kloster San Nicolo, Treviso.

Für Verwirrung sorgten vor allem einige Gelehrte des 17. Jahrhunderts. Einer von ihnen, der Florentiner Carlo Roberto Dati (1619–1676), verfaßte die erste detaillierte Untersuchung über die Entwicklung der Brille. Darin wird der Mönch und Wissenschaftler Alessandro Spina, der bis zu seinem Tod im Jahr 1313 in Pisa lebte, als der Erfinder bezeichnet, allerdings mit der Einschränkung, daß es zuvor schon einen anderen Erfinder gegeben habe. Der hätte das Geheimnis der Brillenherstellung jedoch nicht preisgegeben, so daß Spina die Augengläser neu habe erfinden müssen. Laut Dati war Spina jedoch »so talentiert, daß er alles Neue, von dem er durch Hörensagen Kenntnis bekam, selbst nacherschaffen konnte«.

Die Frage nach dem Erfinder der Brille war damit scheinbar beantwortet. Wissenschaftler des 20. Jahrhunderts konnten jedoch den Beweis erbringen, daß Spina die Brille keineswegs nur vom Hörensagen kannte, sondern sie selbst in Augenschein genommen und kopiert hatte. Die Diskussion um den wahren Erfinder der Brille entbrannte von neuem. Beweiskräftiges Material zur Identifizierung seiner Person konnte nicht erbracht werden, obwohl die Erfindung der Brille unter den Zeitgenossen großes Aufsehen ausgelöst hatte. So erwähnt Giordano da Rivalto aus Piacenza die Brille in einer 1305 gehaltenen Predigt: »Es ist noch nicht zwanzig Jahre her, daß man angefangen hat, Augengläser zu fertigen ... Ich selbst bin dem Erfinder begegnet und habe mit ihm gesprochen.« Genauere Angaben über die Person des Erfinders gibt aber auch Giordano nicht, seine Aussage läßt lediglich eine exakte Datierung zu: Die ersten Brillen müssen um 1285 in Italien gefertigt worden sein.

Wer auch immer der Erfinder der Brille war, unstrittig ist, daß Italien von Anfang an eine führende Rolle in der Brillenherstellung einnahm. Venezianische Glaskünstler, im Mittelalter weithin berühmt für ihre feinen Glasprodukte, hatten sich bald die Fertigkeit des Linsenschleifens angeeignet. Seit 1300 finden sich in den Bestimmungen der Glasmacherzunft zunehmend Hinweise auf die Herstellung von Linsen, nämlich Vorschriften, die den Ersatz von Kristallglas durch einfaches Glas unter Strafe stellten. Diese Bestimmungen sind ein Beleg für die außerordentliche Schnelligkeit, mit der sich die neue Erfindung durchsetzte. Wenn man bedenkt, daß es damals noch keinen urheberrechtlichen Schutz für technische Erfindungen gab, ist es durchaus vorstellbar, daß der Erfinder aus der Brille zunächst ein Geheimnis machte, um den zu erwartenden Gewinn nicht mit anderen teilen zu müssen.

Kapitel 7

Essen, Getränke, Drogen

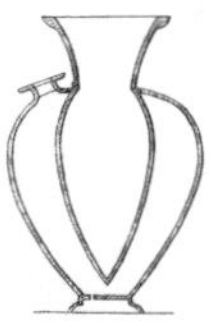

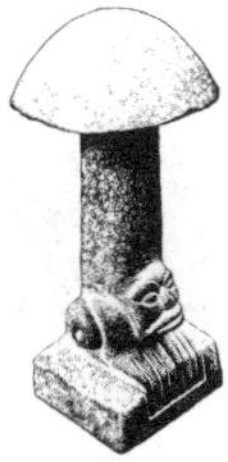

Einleitung

Es gab – und gibt noch heute – einige isolierte Gesellschaften, die ihre Speisen ohne Feuer zubereiten, doch insgesamt gesehen kann man sagen, daß das Feuer für den großen Durchbruch in der Geschichte der Kochkunst sorgte. Wann dieser entscheidende Schritt getan wurde, wird wohl ungeklärt bleiben, wir wissen jedoch, daß sich der Mensch bereits vor einer halben Million Jahre des Feuers bediente. In der Chou-kou-tien-Höhle in Nordchina fand man unter anderem eine Feuerstelle, in deren Nähe der »Pekingmensch«, einer unserer ältesten Vorfahren, seine Küchenabfälle in Form verkohlter Knochen zurückgelassen hat. Aus ihnen kann man schließen, daß Hirsch, Antilope, Pferd, Schwein, Bison, Wasserbüffel, Elefant, Nashorn und Affe auf seinem Speisezettel standen.

Das Erhitzen der Nahrung – zunächst über offenem Feuer – ermöglichte eine breitere Palette an Nahrungsmitteln und Geschmacksrichtungen (manche Pflanzen sind im rohen Zustand ungenießbar oder sogar giftig). Der nächste Innovationsschub betraf die Aufbewahrung von Lebensmitteln und Getränken. Tierhäute, geflochtene Körbe und Kürbisflaschen gehören zu den frühesten Behältnissen, doch erst die Herstellung von Tongefäßen brachte den Durchbruch. Lange Zeit hat man angenommen, daß Keramik im Vorderen Orient, »der Wiege der Zivilisation«, erstmals von dort ansässigen frühen Ackerbaukulturen hergestellt wurde (vgl. die **Einleitung** zum Kapitel **Landbearbeitung**). Aber in den 60er Jahren unseres Jahrhunderts wurden in Japan erstaunliche Funde gemacht, und zwar aus einer Zeit, als die dortigen Bewohner noch als Jäger und Sammler lebten. Die 13 000 Jahre alten Tongefäße aus Ushirono auf der Insel Honshu sind die bislang ältesten der Welt. Die frühesten uns bekannten Tongefäße aus dem Vorderen Orient entstanden um 9000 v. Chr. und sind im Gegensatz zu der gebrannten japanischen Keramik nur in der Sonne getrocknet.

Erst als die Zubereitung über das einfache Braten von Fleisch, Fisch und Gemüse hinausging, erweiterte sich das Speisenangebot, und die Notwendigkeit der Konservierung führte zur Entdeckung neuer Nahrungsmittel. Dörren (in der Sonne oder über dem Rauch des Feuers) und Einfrieren (wenn das Klima kalt genug war) sind die einfachsten Konservierungsmethoden. Auch durch Pökeln und Einlegen in Salzlake konnte man sich Vorräte für den Winter anlegen. Diese Methoden sind wahrscheinlich durch gezieltes Ausprobieren entstanden. Die nächste entscheidende Entdeckung, der Gärungsprozeß, wird wohl eher unbeabsichtigt erfolgt sein. Die Bakterien, die die Nahrung zunächst »schlecht« werden ließen, machten sie letztlich sehr viel haltbarer und erwiesen sich als äußerst nützlich. Im Zuge der agrarischen Revolution am Übergang von der Mittleren Steinzeit zur Jungsteinzeit lernte die Menschheit, die Gärung gezielt zu nutzen, indem sie Milch in Käse und Joghurt, Traubensaft in Wein und Sojabohnen in Sojasoße verwandelte. Alle diese Nahrungsmittel sind schmackhaft und haltbar. Ließ man den Traubensaft noch länger gären, so wurde Essig daraus, der – auf Flaschen gezogen – nahezu unbegrenzt haltbar war und als Würze oder zur Haltbarmachung anderer Speisen dienen konnte.

Küchen, Bäckereien und Brauereien sind immer schon die Keimzellen technologischen Fortschritts gewesen: von Techniken des Zerkleinerns, Pressens, Schrotens und Mahlens bis hin zu Geräten zum Kochen, Braten und Backen. Die ersten als solche erkennbaren Herdfeuer wurden in der Ukraine entdeckt und stammen aus der Zeit um 20 000 v. Chr. Eine Grube wurde mit Holzkohle gefüllt und mit einer Schicht Asche abgedeckt, dann wurden die Nahrungsmittel in Blätter verpackt, darauf gelegt und Erde darüber gehäuft. Gemauerte Herde kamen bei den frühen Hochkulturen der Sumerer und Ägypter um 2500 v. Chr. in Gebrauch und wurden mit der Zeit immer weiter verbessert. Die Sumerer waren die ersten, die Herde konstruierten, auf die man Gefäße zum Kochen und Braten stellen konnte. Bei Grabungen in der sumerischen Stadt Ur entdeckte man gleich mehrere gemauerte Feuerstellen aus der Zeit um 1800 v. Chr. Der Grabungsleiter, Sir Leonard Woolley, machte in einem besonders gut erhaltenen Herd ein Feuer und kochte sein Essen darauf.

Im allgemeinen wurde damals Holz zum Kochen verwendet, aber ein griechischer Text aus dem frühen 2. Jahrhundert n. Chr. (Aristoteles zugeschrieben) berichtet von der erstaunlichen Tatsache, daß im heutigen Iran zu diesem Zweck bereits Erdgas benutzt wurde:

»In Media und dem Distrikt von Psittakos in Persien gibt es Feuer mit klaren Flammen. Ein kleines Feuer brennt bei Media, ein größeres in Psittakos. Also ließ der König von Persien Küchen in ihrer Nähe errichten. Beide Feuer befinden sich in flachem Gelände, nicht auf einer Erhebung, und man kann sie Tag und Nacht sehen.«

Offenbar hatten sich die Perser ein natürliches Gasvorkommen

Eine ägyptische Bäckerei, wie sie im Grab Ramses' III. (frühes 12. Jahrhundert v. Chr.) abgebildet ist. Links stampfen die Bäcker in großen Bottichen den Teig mit den Füßen. In der Mitte werden Brote in phantasievollen Formen geknetet. Und rechts brutzelt spiralförmiges Gebäck in siedendem Öl. Alles wird später in dem konischen Ofen (rechts außen) gebacken.

zunutze gemacht und das Gas durch Rohre in die nahe gelegenen königlichen Küchen geleitet. Gezielte Bohrungen nach solchen Vorkommen wurden von den Chinesen um etwa 300 v. Chr. durchgeführt. Das Erdgas wurde hauptsächlich zum Salzsieden, gelegentlich aber auch zum Kochen benutzt (vgl. den Abschnitt **Bergbau** im Kapitel **Landbearbeitung**). Ein antiker Gaskocher ist bislang noch nicht gefunden worden; lassen wir uns überraschen.

Nahezu überall auf der Welt gibt es Pflanzen, aus denen man Öl pressen kann, und schon im Altertum hat man unter anderem Mais, Sesam, Rüben und Raps zu nahrhaftem Speiseöl verarbeitet. Wie heute wurde es zum Braten und Anmachen von Speisen verwendet. Schon um 3500 v. Chr. wurde an den Küsten des Mittelmeers Olivenöl produziert. Der früheste Nachweis für den Anbau von Olivenbäumen stammt aus dem bronzezeitlichen Palästina. Dort kultivierten Bauern bereits die modernen, besonders ölhaltigen Sorten, im Gegensatz zu den dornigen Wildformen, deren Früchte sehr viel kleiner sind. Zur Zeit des Römischen Reiches (1. bis 5. Jahrhundert n. Chr.) wurde Olivenöl im gesamten Mittelmeerraum in riesigen Mengen produziert und zum Reinigen, zur Beleuchtung, bei der Herstellung von Parfum und Arzneimitteln sowie zum Kochen verwendet (vgl. den Abschnitt **Seife** im Kapitel **Körperpflege** und die **Einleitung** zum Kapitel **Haus und Heim**). Das enorme Ausmaß des antiken Ölhandels kann man an der riesigen Abraumhalde zerbrochener Tonkrüge ermessen, in denen das Öl von Spanien nach Rom gebracht worden war. Dieser Haufen hat einen Umfang von 900 Metern und erhebt sich noch heute 42 Meter über die Ufer des Tiber. Archäologen haben errechnet, daß etwa 40 Millionen Krüge dort entsorgt wurden, in denen zuvor fast 2000 Billionen Liter Öl transportiert worden waren.

Der meistgenutzte Süßstoff unserer Vorfahren war der Honig. Wilden Honig gab es zur Genüge, und systematische Bienenzucht

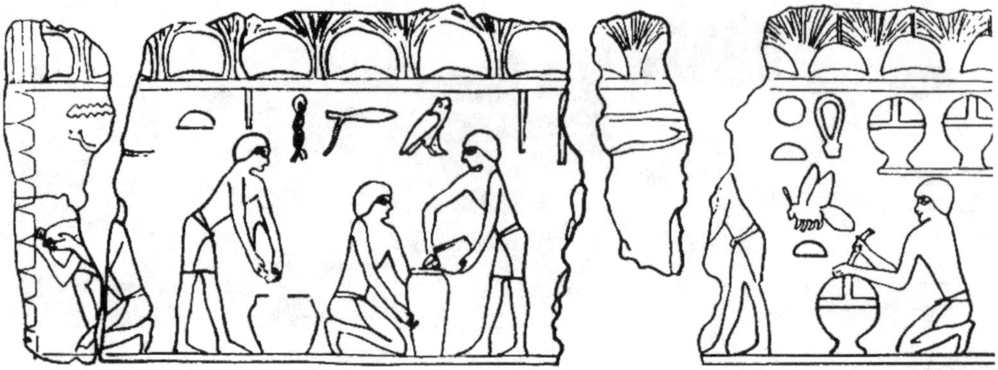

Älteste uns bekannte Darstellung der Bienenzucht in Ägypten um 2400 v. Chr. Sonnentempel von Neuserre, Abu Ghorab.

wurde in Ägypten bereits um 2500 v. Chr. betrieben (vgl. den Abschnitt **Imkerei** im Kapitel **Landbearbeitung**). Auch Früchte wurden zum Süßen von Speisen verwendet. Im Gebiet des heutigen Irak zum Beispiel wurde ein Sirup aus dem Saft gepreßter Datteln hergestellt und in großen Mengen genossen.

Vielleicht erklärt die Beliebtheit von Honig und Dattelsirup, daß man in der alten Welt keinen Zucker kannte, obwohl Zuckerrohr zu jenen Pflanzen gehörte, die in Indien schon sehr früh gezielt angebaut wurden. Bereits während der Jungsteinzeit (5. und 4. Jahrtausend v. Chr.) wurde es von Neu-Guinea auf den Subkontinent gebracht und hat dort seither eine wichtige Rolle in der Ernährung gespielt. Seine Bedeutung spiegelt sich in einem alten Hindu-Mythos, der einen heiligen Berg inmitten von sieben Kontinenten beschreibt, die ihrerseits durch sieben Meere getrennt sind. Diese symbolisieren die Grundnahrungsmittel des Menschen: Salz, Zucker, Wein, Ghee (geklärte Butter), Milch, Joghurt und frisches Wasser.

Gewürze haben sich schneller nach Westen ausgebreitet. Die Bewohner des Mittelmeerraums schätzten sie schon in der Antike. Zu einer Zeit, da es sich nur die Superreichen leisten konnten, ihre Lebensmittel durch Eis haltbarer zu machen, spielten Gewürze zu diesem Zweck eine wichtige Rolle, zumindest verdeckten sie die Tatsache, daß die Zutaten nicht immer ganz frisch waren. Die meisten uns heute vertrauten Gewürze sind auf dem indischen Subkontinent und den asiatischen Inseln heimisch, wo man sich ihrer seit unvordenklicher Zeit bedient hat. Wir haben allerdings keine gesicherten Informationen darüber, wann und wie sie zum ersten Mal angebaut wurden. Den frühen Gebrauch solcher Gewürze belegt die eine oder andere literarische Quelle. 1972 entdeckten chinesische Archäologen das Grab einer Adligen aus der Han-

Dynastie von 165 v. Chr. Ihr Leichnam war erstaunlich gut erhalten, dasselbe galt für die zahlreichen Lebensmittel, die in Bambusbehältern, Krügen und Säcken mit beigesetzt worden waren. Neben Getreide, Fleisch und Fisch fanden sich Ingwer, Zimt und andere Gewürze. 406 n. Chr. muß Ingwer in China so beliebt gewesen sein, daß Fa-hsien in seinem Reisebericht schreibt, die Wurzel sei an Bord der Schiffe in Töpfen gezogen worden, damit die Seeleute sie frisch verzehren konnten.

Der aus Indien stammende Pfeffer tauchte erstaunlich früh in Ägypten auf. Bereits zu Beginn des 12. Jahrhunderts fand er beim Ausstopfen der Mumie von Ramses III. Verwendung. Die Griechen entdeckten den Pfeffer erst viel später. Zum ersten Mal erwähnt wurde er um das Jahr 400 n. Chr. in den Schriften des berühmten Arztes Hippokrates, was nahelegt, daß Pfeffer zunächst als Heilmittel gebraucht wurde.

Als das Römische Reich sich auf dem Höhepunkt seiner Macht befand (am Übergang vom 1. zum 2. Jahrhundert n. Chr.) hatte sich der Appetit seiner Bewohner auf exotische Gewürze zur Manie gesteigert. Staatlich geführte Pfeffer-Häuser importierten Gewürze über Alexandria, wohin sie durch Zwischenhändler – in der Regel Araber – aus Indien gebracht wurden. Schwarzer und weißer Pfeffer wurde von den Küsten Malabars und Keralas, Südindien, eingeführt. Das Ursprungsland des Zimts und der nahe verwandten Kassia war das ferne Vietnam. Nelken und Muskatnüsse hatten einen noch weiteren Weg; sie kamen von den Molukken, den berühmten »Gewürzinseln« Indonesiens, um die die europäischen Großmächte im 16. und 17. Jahrhundert erbitterte Kämpfe ausfochten. Um diese hochgeschätzten Gewürze nach Rom zu bringen, mußte die Ware etwa 10 000 Kilometer zurücklegen. Immer wieder wurde der römische Senat einberufen, um über den massiven Kapitalabfluß zu beraten, den der unmäßige Import solcher Gewürze aus dem Orient der Wirtschaft auferlegte.

Den Römern war der Zucker offenbar noch unbekannt, denn Plinius beschrieb ihn in seiner *Naturgeschichte* 75 n. Chr. als »eine Art Honig, der sich in Halmen ansammelt, ähnlich wie Gummi«, und der »nur als Medizin« Verwendung finde. Er fügt hinzu, daß Zucker größtenteils aus Arabien komme, die beste Qualität aber in Indien zu finden sei. Während des 6. und 7. Jahrhunderts n. Chr. verbreitete sich der Zuckerrohranbau allmählich auch im Vorderen Orient, und schon im 8. Jahrhundert war Zucker ein fester und häufiger Bestandteil der gehobenen Küche Bagdads.

Wenden wir uns nun von der Küche dem Eßtisch zu. Man kann mit einiger Sicherheit davon ausgehen, daß die Chinesen die Stäbchen erfunden haben, die auch heute noch das zweithäufigste Eßwerkzeug der Erde sind. Früheste literarische Erwähnungen reichen bis ins 3. vorchristliche Jahrhundert zurück. Aus ägyptischen Gräbern hat man eine Vielzahl von Löffeln zutage gefördert, die offenbar sowohl zum Essen als auch zum Vorlegen von Speisen verwendet wurden. Doch im allgemeinen werden die alten Ägyp-

Die Gabel hat ihren Ursprung vermutlich in Byzanz. Dort war sie seit dem 4. Jahrhundert v. Chr. in Gebrauch, breitete sich aber über Griechenland und Italien nur ganz allmählich in Europa aus. Eine byzantinische Prinzessin, die einem venezianischen Dogen angetraut wurde, brachte zum Entsetzen der Venezianer einige zweizinkige Gabeln in ihrer Aussteuer mit. Italien galt im Mittelalter als nachahmenswertes Vorbild für die feine Lebensart, doch zum Gebrauch der Gabel hat sich das restliche Europa erst im 18. Jahrhundert entschließen können.

ter, wie auch die Griechen, das meistgebrauchte Eßwerkzeug der Welt benutzt haben, nämlich die Finger. Da griechische Feinschmecker ihre Speisen gerne heiß zu sich nahmen, stellte das Fehlen von Besteck die besonders Gierigen unter ihnen vor gewisse Schwierigkeiten. Von dem erfindungsreichen Gourmet Philoxenos wird berichtet, daß er Stunden damit verbrachte, seine Fingerkuppen unempfindlich zu machen und mit nahezu siedendem Wasser zu gurgeln, um sich beim Gelage die besten Bissen schnappen zu können. Man beschuldigte ihn, daß er nach erfolgreichem Training die Köche bestach, die Speisen besonders heiß zu servieren, so daß die anderen Gäste leer ausgingen. Die Römer aßen ebenfalls mit den Fingern, aber auch mit Löffeln und Messern, wobei es sich die reiche Oberschicht leisten konnte, einen »Trancheur« anzustellen, der ihnen das Fleisch zerkleinerte.

In Athen pflegte man gut zu speisen; bereits im 4. Jahrhundert n. Chr. wurden dort Delikatessen wie Pfaueneier geschätzt. In Rom wurde diese Tradition fortgesetzt und noch gesteigert. Den Einfallsreichtum römischer Gelage studiert man am besten im *Satyricon*, einem der wenigen uns überlieferten Romane der römischen Literatur. Verfaßt wurde er von einem gewissen Petronius, der die Gastmähler des Kaisers Nero (Reg. 54–68 n. Chr.) ausrichtete. Der Text schildert ein Gelage im Haus des reichen Kaufmanns Trimalchio. Seinen Gästen wurden Wildschweine serviert, deren Bäuche mit lebenden Drosseln gefüllt waren, ein geflügelter Hase, der wie ein Pegasus hergerichtet war, mit Dornen gespickte Quitten, die wie Seeigel aussahen, und Schweinebraten, der in Form von Fischen, Singvögeln und Gänsen aufgetragen wurde. Petronius scheint nicht übertrieben zu haben. Die Römer fütterten Schnecken mit Milch, bis sie zu fett waren, um sich in ihre Häuser zurückzuziehen; Haselmäuse wurden in Tongefäßen gehalten und mit Nüssen gemästet; Tauben beschnitt man die Fügel und brach ihnen die Beine, um sie mit vorgekautem Brot aufzufüttern. Von Kaiser Vitellius (Reg. 69 n. Chr.) heißt es, er habe gleich dreimal am Tag die üppigsten Bankette abgehalten, deren Zutaten aus allen Ecken des Reiches herangeschafft werden mußten. Unter anderem kam dabei Hechtleber, Fasanen- und Pfauenhirn, Flamingozunge und der Rogen von Neunaugen auf den Tisch.

Die Ausschweifungen der Römer wurden vermutlich nur noch vom chinesischen Kaiserhof übertroffen, wo im 3. Jahrhundert v. Chr. 2271 der rund 4000 Bediensteten allein mit dem Zubereiten und Servieren von Speisen und Getränken beschäftigt waren. Dazu zählten 162 »Speisemeister«, die die tägliche Menüfolge zusammenstellten, 128 Köche für die kaiserliche Familie und weitere

Römischer Herd mit Rauchabzug aus einem Haus in Pompeji. Die untere Öffnung war für Heizmaterial gedacht. Auf dem breiten Bord vor der eigentlichen Ofenöffnung konnte man die Backwaren ablegen. Die konischen Formen im Vordergrund sind Überreste von Getreidemühlen.

128 Köche für Gäste, dazu 62 Hilfsköche, 70 Fleisch-Spezialisten, 62 Wild-Spezialisten, 342 Fisch-Spezialisten, 24 Schildkröten- und Krustentier-Spezialisten, 335 Spezialisten für Getreide, Gemüse und Früchte, 28 Fleisch-Dörrer, 110 Wein-Offiziere, 340 Mundschenke, 62 Fachleute für eingelegtes Gemüse und Soßen sowie 62 Salz-Männer, nicht zu vergessen die Vorkoster.

Nur wenige konnten sich in der Vergangenheit solchen Überfluß leisten. Auch in den Großstädten des Altertums lebte die Mehrzahl der Menschen aus ökonomischen Gründen sehr bescheiden, nicht selten vegetarisch. Daneben gab es immer schon Vegetarier aus Überzeugung. Grundsätzliche Überlegungen zu dieser Ernährungsweise wurden zuerst in Indien angestellt. Schon sehr früh wurde dort der Kuh als der wesentlichen Stütze der Landwirtschaft ein heiliger Status zuerkannt. Unzählige Siegel aus den städtischen Zentren, die

Einer der frühesten Belege für die Gabel bei Tisch. Hier zusammen mit einem Löffel als verziertes silbernes Tafelbesteck aus Byzanz, 4. Jahrhundert n. Chr.

im 3. Jahrhundert v. Chr. im Indus-Tal florierten (vgl. die **Einleitung** zum Kapitel **Städtisches Leben**), zeigen das majestätische Tier mit seinem charakteristischen Höcker. Wegen der großen Bedeutung von Milchprodukten galt die Kuh bei den Hindus als *aghnya* (»nicht zu schlachten«). Das indische Nationalepos *Mahabharata*, vermutlich noch vor der Zeitenwende entstanden, droht demjenigen mit schrecklichen Strafen, der sich an einer Kuh vergreift:

»Jeder, der eine Kuh tötet, ißt oder ihre Tötung zuläßt, wird so viele Jahre in der Hölle schmoren, wie Haare auf dem Fell der geschlachteten Kuh sind.« Außerdem nennt das Epos gute Gründe für eine fleischlose Ernährung: »Wer über ein gutes Gedächtnis verfügen und sich eines langen Lebens in Schönheit, Gesundheit und moralischer Stärke erfreuen will, der sollte tierische Nahrung meiden.«

Eine Philosophie des Vegetarismus entwickelten die Dschainisten und Buddhisten. Beide Religionen entstanden im 6. Jahrhundert v. Chr. als Reaktion auf die gewalttätige, von strenger Kastenzuordnung bestimmte frühe Hindu-Gesellschaft. Die Ehrfurcht vor jeglicher Form des Lebens ist bei ihnen besonders ausgeprägt. Noch heute müssen strenggläubige Dschainisten einen Mundschutz tragen, um nicht unabsichtlich Kleinstlebewesen einzuatmen; und die Anhänger beider Religionen leben selbstverständlich vegetarisch. Mit dem Buddhismus verbreitete sich die fleischlose Ernährung in China und Japan, wo sich die sogenannte »Mönchsküche« herausbildete. Mit Tofu und Gluten werden Fleischgerichte verblüffend geschmacksecht nachgekocht.

Ungeklärt bleibt, ob die vegetarische Ernährung in Griechenland unabhängig oder durch den Einfluß aus dem Osten entstanden ist. In dem Mathematiker und Philosophen Pythagoras (vgl. die **Einleitung** zum Kapitel **High-Tech**) hatte sie jedenfalls einen berühmten Fürsprecher. Während des späten 6. Jahrhunderts predigte er so wortreich das vegetarische Evangelium, daß es im Römischen Reich noch tausend Jahre später nachhallte. Wie Buddha war auch er überzeugt, daß die menschliche Seele in neuer Inkarnation wiedergeboren wird. Wenn man ein Tier tötet, unterbricht man die lange Kette der Wiedergeburten, die sich zu höheren Lebensformen hinarbeitet. Auch wenn er in diesem Glauben von der indischen Philosophie beeinflußt gewesen sein mag, so hat Pythagoras sie zumindest um ein eigenes Ernährungstabu erweitert. Er glaubte nämlich, daß die menschliche Seele ihre lange Reise als Bohne beginnt. Dieser Hauptbestandteil moderner vegetarischer Küche war bei den Pythagoreern daher auch verboten.

Abgesehen von der vegetarischen Ernährungsweise gibt es im

Altertum keine theoretischen Grundlagen für eine gesunde Ernährung. Trotz ihrer profunden Kenntnisse auf so vielen anderen Gebieten haben unsere Vorfahren der Ernährungswissenschaft im heutigen Sinne keine Beachtung geschenkt. Ihr Erfindungsreichtum beim Essen und Trinken wurde vorwiegend von dem Wunsch geleitet, den Sinnen zu schmeicheln und sich das Leben so angenehm und abwechslungsreich wie möglich zu machen.

Kochbücher

Das früheste uns bekannte Kochbuch stammt aus dem Irak, der Wiege der mesopotamischen Kultur. Drei Schrifttafeln aus der Yale Babylonian Collection, die aus der Zeit des Herrschers Hammurapi um 1700 v. Chr. stammen, wurden erst kürzlich entziffert und erwiesen sich als Kochrezepte. Vermutlich wurden sie in der Küche einer wohlhabenden, vielleicht sogar königlichen Familie verwendet, doch die beschriebenen Gerichte sind aus heutiger Sicht wenig appetitanregend. Es handelt sich vorwiegend um Fleischeintöpfe, zum Beispiel Jungziege mit Knoblauch, Zwiebeln, Sauermilch und Blut gekocht.

Unserem Gaumen schon vertrauter ist die kulinarische Literatur der Griechen und Römer. Athenaios, ein Grieche aus Naukratis in Ägypten, ist der beste Führer durch die Speisekultur der klassischen Antike. Sein um 200 n. Chr. entstandenes *Deipnosophistai* (»Gastmahl der Gelehrten«) ist voll von aufschlußreichen Anekdoten. Fünfzehn Bände des ursprünglich wohl dreißigbändigen Werkes sind uns erhalten. Ausgehend von den aufgetragenen Köstlichkeiten, entfaltet Athenaios seine Themen, die von Fischerei, Jagd, Landbau, Naturgeschichte, Ernährung und Aphrodisiaka bis hin zu Medizin, Philosophie und Literatur reichen und mit viel Klatsch und Tratsch angereichert sind. Einige der Anekdoten, etwa jene, die dem Arzt Galen (vgl. die **Einleitung** zum Kapitel **Medizin**) in den Mund gelegt werden, wurden wahrscheinlich von Gästen kolportiert, einige sind von anderen Autoren entlehnt. Wie auch immer, das Ganze ist ein faszinierender Leitfaden der guten Lebensart in der griechisch-römischen Antike.

Athenaios bezieht sich mehrfach auf Kochbücher sei-

Reiche Römer hatten einen abwechslungsreichen Speisezettel. Die Gerichte wurden mit Wein, exotischen Gewürzen und Kräutern schmackhaft gemacht, und Honig diente in Ermangelung von Zucker als Süßstoff. Apicius hat sein Kochbuch offenbar für Profis geschrieben, denn der Verfasser hielt sich nicht mit genauen Mengenangaben auf. Darüber sind in der Folge große Debatten entbrannt, bis John Edwards, ein englischer Lehrer und Hobbykoch mit den nötigen Lateinkenntnissen, eine Neuübersetzung vorlegte, wobei er alle Rezepte vorher nachkochte. Das Ergebnis erschien 1984, und seither stehen die Rezepte des Apicius in den Bücherschränken experimentierfreudiger Köche aus aller Welt.

Rezept aus einem römischen Kochbuch

Am besten, Sie probieren selbst einmal aus, wie es bei den alten Römern schmeckte. Hier ist ein modernen Verhältnissen angepaßtes Beispiel aus dem Kochbuch des berühmten Feinschmeckers Apicius aus dem 1. Jahrhundert n. Chr.

Fischfilet
mit Steckrüben-Soße

6 mittelgroße Steckrüben
2 Pfund Fischfilet
1 Tasse Fischfond
Öl zum Braten
Weißwein oder Apfelessig

Für die Soße:
1 Teelöffel Olivenöl oder Butter
1 Teelöffel Mehl
3/4 Tasse Fischfond
1/4 Tasse Weißwein
1 Teelöffel Honig
1/2 Teelöffel gemahlener Kümmel
ein paar zerdrückte Lorbeeren
oder 1/4 Teelöffel gemahlener Pfeffer
eine Prise Safranpulver

Die Rüben schälen und weich dünsten. Filets im Fischfond dünsten, bis der Fisch halb gar ist, dann abgießen und beiseite stellen. Für die Soße das Öl bei geringer Hitze in einer Pfanne erhitzen und unter Rühren das Mehl hinzufügen. Den Fischfond nach und nach angießen, dann Weißwein, Honig, Kümmel, Lorbeer und Safran ebenfalls einrühren. Das Ganze aufkochen und anschließend weitere 25 Minuten köcheln lassen, gelegentlich umrühren. Inzwischen die Rüben pürieren und das Püree über die Fischfilets geben. In heißem Öl ausbacken. Die fertigen Filets in eine Kasserole legen und mit der Soße übergießen. Mit einem Schuß Essig servieren.

---

ner Zeit, auf Titel griechischer Autoren wie etwa *Die Kunst des Kochens*, *Leitfaden der Bewirtung*, *Sizilianische Küche* und *Eingelegte Gemüse*.

Der große Apicius

Leider ist keines dieser altgriechischen Kochbücher erhalten. Vielleicht werden die Archäologen ja eines Tages noch fündig, vorerst müssen wir uns mit römischer Überlieferung begnügen – die griechische Küche, wie sie uns Apicius im ersten ausführlichen Kochbuch der Welt *Über das Kochen* aus dem 1. Jahrhundert n. Chr. schildert. Seine Autorschaft ist nicht ganz zweifelsfrei, und der uns überlieferte Text ist eine im Latein des späten 14. Jahrhunderts abgefaßte Version, die über die Jahrhunderte vermutlich immer wieder überarbeitet wurde. Auch entspricht die Gliederung von *De re coquinaria* nicht ganz unserem heutigen Verständnis von einem Kochbuch: Kapitel 1, »Der umsichtige Koch«, enthält Rezepte für gewürzten Wein, Soßen und die Haltbarmachung von Speisen, aber auch Tips, wie man überständige Lebensmittel schmackhaft serviert. Dann folgen Kapitel über Fleischgerichte (einschließlich Würste und Klöße) und Gemüsezubereitung (roh und gekocht). Kapitel 4 behandelt »Gerichte aller Art« und enthält Spezialitäten wie Nußomelett, gefüllt mit einer Creme aus Kalbshirn, Püree aus grünem Salat und Fischpudding. Weitere Kapitel belehren über die Zubereitung von Hülsenfrüchten und Geflügel. Unter der Überschrift »Der Feinschmecker« sind besonders üppige Rezepte für Kaldaunen, Schweinefleisch, Trüffel, Schnecken, Eier, Pilze, Lunge, Kuchen und Süßspeisen versammelt. Das Kapitel 8 »Vierfüßler« enthält weitere Fleischgerichte, zwei weitere Kapitel, »Die See« und »Der Fischer«, behandeln Meerestiere und die entsprechenden Soßen.

Kühlhaltung

Die alten Römer liebten es genau wie wir, ihre Getränke mit Eiswürfeln zu kühlen. In der Frühzeit des Römischen Reiches (im 1. Jahrhundert n. Chr.) wurde bei üppigen Gastmählern Eis und Schnee in großer Menge gereicht und dem Wein zugesetzt. Diese Extravaganz, die schon die Form einer Sucht annahm, wurde von Philosophen immer wieder gerügt. Sie sahen darin ein Zeichen wachsender Dekadenz. Seneca, Erzieher des jungen Nero (Reg. 45 bis 68 n. Chr.), wetterte gegen derartige Marotten: »In den Straßen sieht man abgemagerte, bläßliche junge Männer, eingepackt in Umhang und Schal, die am Schnee nicht nur nippen, sondern ihn regelrecht essen und ihn ihren Getränken beifügen, nur damit sich diese während des Trinkens nicht erwärmen.«

Römische Ärzte stimmten mit Seneca darin überein, daß der Genuß von schneegekühlten Getränken die Gesundheit schwächt und die inneren Organe schädigt. Daraufhin entschied sich Nero für eine andere Kühlmethode: Er stellte seinen Weinkrug in einen

Eimer mit Schnee – der Sektkühler war erfunden. Er beobachtete auch ganz richtig, daß abgekochtes Wasser sich schneller abkühlt als frisches; die Gase in ungekochtem Wasser verzögern das Auskühlen. Dennoch kann Nero nicht als Erfinder des Sektkühlers gelten. Die Athener servierten ihren Wein bereits im 6. Jahrhundert v. Chr. in speziellen Kühlgefäßen.

Eiskeller und Schneeverkäufer

Obwohl Griechen und Römer ihre Getränke und Speisen, ja sogar das Badewasser, mit Eis kühlten, waren sie noch nicht in der Lage, es künstlich herzustellen. Woher kam dann aber der tägliche Nachschub dieses so begehrten Artikels? Eis und Schnee wurden importiert. Lange Eselskarawanen brachten sie, nicht selten über weite Entfernungen, vom Gebirge in die Städte. Die Extravaganzen des Kaisers Heliogabal (Reg. 218–222 n. Chr.) geben uns eine Vorstellung vom Ausmaß des damaligen Schneehandels. Er ließ während der Sommermonate im Garten hinter seiner Villa einen riesigen Schneehaufen errichten – eine frühe und recht aufwendige Form der Klimaanlage.

Nachdem der Schnee in die Städte transportiert war, wurde er entweder von Schneehändlern verkauft oder in unterirdischen Eiskellern eingelagert. In römischer Zeit waren das tiefe Gruben, die mit Schnee gefüllt und dann mit gut isolierendem Stroh abgedeckt wurden. Die oberste Schneeschicht schmolz zwar, doch das Schmelzwasser gefror weiter unten in der Grube, und der Druck des Schnees verwandelte die gesamte untere Hälfte in solides Eis. Dieses konnte wesentlich teurer verkauft werden als der Schnee, und der arme Seneca klagte, daß die reichen Römer für dieses Luxusgut jeden Preis bezahlten, oft mehr als für den Wein selber. »Nicht einmal das Wasser hat mehr einen einheitlichen Preis«, schimpfte er und sah damit den Niedergang römischer Moral besiegelt.

Die Bauweise der Eiskeller haben Griechen und Römer wahrscheinlich aus dem Vorderen Orient übernommen. Eiskeller tauchen in Griechenland erstmals unter Alexander dem Großen von Makedonien auf (Reg. 336–323 v. Chr.). Im heutigen Nordirak wurden sie bereits um 1700 v. Chr., zur Regierungszeit des Zimri-Lin, dem Herrscher von Mari, gebaut. Die Inschrift an der Wand eines solchen *bit shuripim* (Eishaus), das Zimri-Lin in der Nähe seiner Hauptstadt errichten ließ, brüstet sich, das erste zu sein, »das je ein Herrscher an den Ufern des Euphrat errichtet hat«. Es

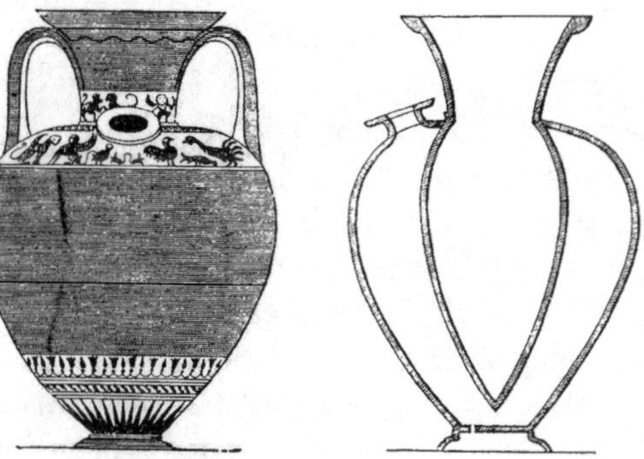

Griechischer Weinkühler aus dem 6. Jahrhundert v. Chr. Dieses doppelwandige Gefäß, dessen äußerer Hohlraum mit Eis gefüllt wurde, stammt aus Vuculi in Mittelitalien.

wird dort auch beschrieben, wie das Eis herangeschafft und eingelagert wurde.

Die Kunst der Kühlhaltung hat auch im Fernen Osten eine lange Geschichte. Aus dem tangzeitlichen China berichten Textquellen von einem uralten Ritual im Zusammenhang mit Eiskellern. Die unterirdischen Räumlichkeiten wurden vor der alljährlichen »Eisernte« gereinigt. Mit den Lagerbeständen wurde dann im Sommer Obst und Gemüse gekühlt. Diese Praxis reicht zurück bis in die Zeit der späten Chou-Kaiser (4. und 3. Jahrhundert v. Chr.), deren »Eisservice« aus neunzig Bediensteten bestand. Ihre Aufgabe war es, vom kaiserlichen Wein bis zur kaiserlichen Leiche alles zu kühlen.

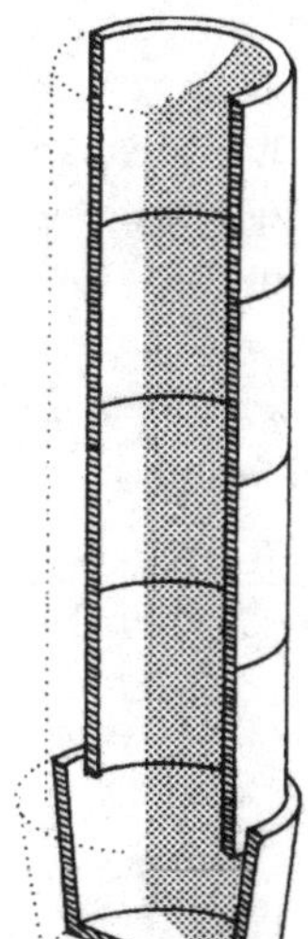

Querschnitt eines chinesischen »Kühlschranks«. Solche Eiskeller, die schon der erste Kaiser Ch'in-shih Huang-ti (Reg. 221–207 v. Chr.) errichten ließ, bestehen aus riesigen Keramikringen, die, zu Röhren übereinandergelegt, bis zu dreizehn Meter tief in die Erde eingelassen wurden.

Für die Ch'in-Dynastie konnte diese Sitte durch archäologische Funde belegt werden. In der Hauptstadt des ersten Kaisers Ch'in-shih Huang-ti fand man die Luxus-Ausführung eines Eiskellers. Sie bestand aus riesigen Keramikringen, die, zu Röhren übereinandergelegt, dreizehn Meter tief in den Boden reichten.

Kühlen ohne Schnee

In der Alten Welt wurden aber auch schon Kühlmethoden (sogar die Herstellung von Eis) ohne Schnee entwickelt, und zwar in den beiden heißesten Ländern Ägypten und Indien. Man bediente sich dabei zweier physikalischer Vorgänge: Wärmeabstrahlung und Verdunstung. Athenaios beschreibt, wie in Ägypten im 2. Jahr-

Ein noch effektiveres, ebenfalls auf Verdunstung basierendes Kühlverfahren wurde in Indien seit unvordenklichen Zeiten praktiziert. Europäische Reisende aus dem 19. Jahrhundert berichteten, wie man dort flache Tongefäße mit Wasser in langen Reihen aufstellte, mit Stroh oder Zuckerrohr abdeckte und dann starkem Luftzug aussetzte. Die Verdunstung kühlte das Wasser so sehr ab, daß sich manchmal sogar Eiskristalle bildeten. Ein indischer Text aus dem 4. Jahrhundert v. Chr. macht bereits auf die Tatsache aufmerksam, daß das Wasser einen höheren Gefrierpunkt hat, wenn man ein wenig Salz zusetzt.

hundert n. Chr. Wasser gekühlt wurde, indem man es nachts auf die Dächer stellte:

»Während des Tages stellte man das (Fluß-)Wasser in die Sonne. Sobald die Nacht hereinbrach, wurde die dicke Sedimentschicht abgeseit und das Wasser in Tonkrügen auf die Dachterrassen der Häuser gestellt. Die ganze Nacht hindurch mußten zwei Sklaven die Krüge befeuchten. Bei Sonnenaufgang trugen sie die Krüge wieder ins Haus. ... Dort packten sie die Gefäße in Strohhaufen. So konnte es ohne den Zusatz von Schnee oder Eis genossen werden.«

Bei dieser Art der »Himmelskühlung« wird die Wärme in die Atmosphäre abgegeben. Alles was man braucht, ist ein klarer Nachthimmel, der die Hitze aufnimmt und die Bodentemperaturen bisweilen sogar unter den Gefrierpunkt absinken läßt.

Das Befeuchten der Krüge befördert durch Verdunstung das Abkühlen noch zusätzlich. Ägyptische Grabbilder zeigen Sklaven, die großen Krügen Luft zufächeln. Letztere waren aus besonders porösem Ton gemacht, so daß kleine Mengen an Flüssigkeit entweichen und damit den Inhalt des Kruges kühlen konnten. Experimente zeigen, daß man Wasser damit bis zu 20 Grad Celsius unter die umgebende Raumtemperatur herunterkühlen kann. Diese Kühlmethode wird im Vorderen Orient noch heute angewandt. Dasselbe passiert übrigens, wenn der Mensch im Sommer schwitzt.

Kaugummi

Heute ist Kaugummi in der ganzen Welt verbreitet, doch zunächst war sein Gebrauch auf Mittelamerika beschränkt, wo er auch erfunden wurde. Als die *conquistadores* 1518 das Azteken-Reich eroberten, begegneten sie kaugummikauenden Prostituierten, die in den Straßen nach Kundschaft Ausschau hielten. Diese Frauen hatten ihre Gesichter mit gelber Creme eingerieben, sich die Zähne mit Kaktusblüten (*Noalea coccinellifera*) rot gefärbt, reichlich Parfum aufgelegt, und sie kauten Kaugummi.

Dieser war Jahrhunderte zuvor von den Maya in Südmexiko erfunden worden. Die Maya hatten entdeckt, daß *chicle*, der dicke, milchige Saft des Sapodilla-Baums (*Archas Zapota*), sich an der

Quetzalcoatl, die aztekische Version des kaugummikauenden Helden Kukulkan der Maya.

Luft zu Gummi verhärtet und sehr gut schmeckt. Die Bedeutung, die *chicle* bei ihnen hatte, läßt sich an ihrer Mythologie ablesen. Die Heldengestalt des Kukulkan (»Gefiederte Schlange«), der das Volk der Maya eroberte und ihr Leben so veränderte, daß er als Gottheit verehrt wurde, war ein großer Freund des Kaugummis.

Hernán Cortés, der spanische Eroberer Mexikos, wurde wie einst Kukulkan als Gott Quetzacoatl willkommen geheißen. Doch anstatt, wie eine Prophezeiung es vorhergesagt hatte, im Triumph zu seinem Volk zurückzukehren, zerstörte Cortés die aztekische Kultur. Unter spanischer Herrschaft verschwanden auch die ausgedehnten Handelsrouten, auf denen *chicle* aus den Wäldern in die Hauptstadt gebracht worden war. Die Sitte des Kaugummikauens hielt sich aber bei den Dschungelbewohnern Mexikos, bis der Kaugummi dort von dem Amerikaner Thomas Adams jr. um 1870 entdeckt wurde und einige Jahre später unabhängig von ihm auch von William Wrigley jr. Der Bedarf an Sapodilla-Saft stieg daraufhin sprunghaft an. Um die Nachfrage zu befriedigen, drangen die letzten überlebenden Maya zu Beginn dieses Jahrhunderts immer weiter in die Bergwälder ein und stießen dabei – Ironie des Schicksals – auf die Ruinen der großen Städte ihrer Ahnen.

Tee, Kaffee und Schokolade

Diese drei Getränke teilten im Altertum die Welt nahezu unter sich auf: In Ostasien trank man Tee, im Vorderen Orient Kaffee und in Mittelamerika Schokolade. Von den dreien ist die Geschichte des Tees am besten dokumentiert; viele altchinesische Texte befassen sich mit dem Tee und seiner Kultur.

Bereits um 50 v. Chr. wurde in Südchina nachweislich Tee getrunken. Während der folgenden Jahrhunderte breitete sich die Sitte von dort über die ganze Welt aus. Tee wurde zunächst als Heilmittel betrachtet. Er diente als Stimulanz oder als Medizin nach zu reichlich genossenem Essen oder Alkohol. Allmählich aber wurde er zum Genußmittel. Die »Kunst des Tees« bildete sich während der T'ang-Dynastie (619–906) heraus. Lu Yü verfaßte 780 das erste Kompendium, das als *Tee-Klassiker* bekannt wurde. Dort heißt es:

»Tee hat eine kühlende Wirkung. Dieses Getränk paßt gut zu Menschen, die über Selbstbeherrschung und Haltung verfügen.

Chinesische Teekultur in der Liao-Dynastie (937–1125 n. Chr.). Grabgemälde aus Hsüan-hua, Provinz Hopei.

Wenn man überhitzt, durstig und deprimiert ist, an Kopf- oder Gelenkschmerzen leidet oder schwere Glieder hat, sollte man nur Tee trinken, und zwar vier- bis fünfmal (am Tag).«

Bereits 793 n. Chr. wurde Tee in China mit Steuern belegt. Damals baute man den besten Tee in der Gegend um Shanghai an, und auf den dortigen Teeplantagen waren 35 000 Menschen mit dem Pflücken und Trocknen der Teeblätter beschäftigt. Mit der Zeit nahm die Bedeutung des Tees noch zu. Während der Sung-Dynastie (960–1280) wurden unter höheren Beamten Teewettbewerbe abgehalten, wo nur beste Ware zugelassen war. Für ein Pfund Tee dieser Qualität wurden bis zu eineinhalb Unzen Gold bezahlt.

Schokolade beziehungsweise Kakao wurde in Mexiko erstmals um 100 n. Chr. getrunken. Bei den Maya stand dieses Getränk so hoch im Kurs, daß die Kakaobohne sich zu einer Währung entwickelte. Dort wuchs das Geld also buchstäblich auf den Bäumen. Betrügerische Händler entfernten die Schalen von den Bohnen und füllten diese mit Sand. Doch die Käufer gewöhnten es sich an, die Bohnen genau zu untersuchen, bevor das Geld den Besitzer wechselte. Die Kakaobohnen wurden geröstet, gemahlen und mit Maisstärke vermischt. Manchmal mischte man auch getrocknete Blüten und Zucker hinzu. Man formte die Paste zu kleinen Plätzchen, die man bei Bedarf mit Wasser in einer Kalebasse so lange schüttelte, bis ein schaumiges Getränk entstand, das man in einem Zug austrank.

Die Azteken forderten Kakaobohnen als Tribut von den Küstenbewohnern ihres Reiches. Die aztekische Oberschicht trank am liebsten *xocatl*, eine Mischung aus Kakao, Chili, Maisstärke und Wasser. Die spanischen Eroberer fanden dieses Getränk abstoßend und veränderten das Rezept, indem sie den Chili wegließen, und statt dessen Zucker und Zimt zugaben. So entstand die süße Trinkschokolade, die wir heute kennen.

Im Vergleich zu Tee und Kakao setzte sich der Kaffee erst relativ spät durch. Zum ersten Mal erwähnt wird er im 10. Jahrhundert n. Chr. von dem arabischen Arzt Rhazes. Die frühesten Anbaugebiete lagen in Äthiopien. Von dort hat sich die Kaffeepflanze nach Süden, in den Jemen, ausgebreitet, wo man um 1200 n. Chr. bereits Kaffeebohnen röstete. Besonders beliebt war das Getränk bei den tanzenden Derwischen, die sich damit für ihre langen Kreiseltänze fit machten. Im 15. Jahrhundert brachten sie den Kaffee nach Mekka, wo daraufhin die ersten Kaffeehäuser entstanden und von wo dankbare muslimische Pilger die Sitte in der gesamten islamischen Welt, bis nach Spanien, Ägypten, die Türkei und den Iran, verbreiteten. Die Pariser mußten bis 1643 auf ihr erstes Café warten, und in Oxford öffnete das erste Coffee-House 1650. In Wien benutzte man die von den Türken nach ihrem erfolglosen Belagerungsversuch zurückgelassenen Kaffeesäcke, um 1683 das erste Kaffeehaus zu eröffnen.

Wein, Bier und Brauwesen

Der Vordere Orient, einschließlich des südlichen Kaukasus, ist die Wiege des Weinbaus. Weintrauben wurden dort schon um 8000 v. Chr. verspeist. Das können wir aus den Traubenkernen schließen, die bei Grabungen in der Türkei, in Syrien, Jordanien und im Libanon gefunden wurden. Die länglichen, etwa 5000 Jahre alten Kerne aus Georgien (Kaukasus) stammen eindeutig von einer kultivierten Traubenart. Hier wurden auch große Krüge gefunden, die zur Aufbewahrung des Weins gedient haben dürften. Man kann also davon ausgehen, daß die Georgier bereits um 3000 v. Chr. Weinbau betrieben.

Neuere Forschungen datieren den Ursprung des Weinbaus sogar noch früher. Wenn bereits um 8000 v. Chr. Trauben gegessen und wahrscheinlich auch ausgepreßt wurden, warum sollte die zufällige Entdeckung der Weinherstellung nicht ähnlich früh erfolgt sein? Die Haut der Traube enthält genug Hefe und Zucker, um die Gärung auch ohne Zusatz einsetzen zu lassen. Unter geeigneten Umständen könnten sich also gepreßte Trauben, die in einem Gefäß ein paar Tage stehengelassen wurden, durchaus in Wein verwandelt haben. Der angenehme Effekt, den dieses Getränk auf den Menschen hat, wird dann vermutlich der Ansporn gewesen sein, um gezielten Weinanbau zu betreiben. Vielleicht liegt hier sogar einer der Auslöser für die landwirtschaftliche Revolution der Jungsteinzeit (vgl. die **Einleitung** zum Kapitel **Landbearbeitung**), die zur Züchtung und zum Anbau von Getreidearten wie Hirse und Weizen geführt hat, aus denen man Bier herstellen konnte. Diese kühne These wird durch schriftliche Quellen gestützt. Weinbau wird bereits im Buch Genesis erwähnt. Dort heißt es, daß Noah kurz nach der Sintflut die ersten Rebstöcke pflanzte und Wein machte. Das ist der früheste biblische Beleg für den gezielten Anbau einer bestimmten Pflanze.

Kenner bevorzugen Weine, die durch Lagerung gereift sind, aber selbst die ältesten Jahrgänge aus französischen Kellereien wirken wie Beaujolais Primeur, wenn man sie neben die beiden Flaschen stellt, die 1980 aus einem chinesischen Grab in Hsin-yang, Provinz Hunan, zutage gefördert wurden. Andere Funde aus diesem Grab belegen, daß der Wein um 1300 v. Chr., während der Shang-Dynastie, abgefüllt worden ist. Damit ist er der derzeit älteste auf der Welt. Weinkenner dürfen sogar auf noch gereiftere Jahrgänge gespannt sein. Neueste archäologische Erkenntnisse legen nämlich nahe, daß die Kunst des Weinkelterns mindestens 10000 Jahre alt ist.

Die Ägypter betrieben den Weinbau bereits im großen Stil. Um 3000 v. Chr. wurden in Manufakturen Weinkrüge in großen Mengen hergestellt, und Hieroglyphen auf Pfropfen und Siegeln belegen, daß die Herrscher eigene Weingüter besaßen. Spätere Abbildungen in Grabstätten zeigen die Weinherstellung in allen Details, vom Aufbinden der Rebstöcke auf Spaliere bis zum Pressen der Trauben und dem

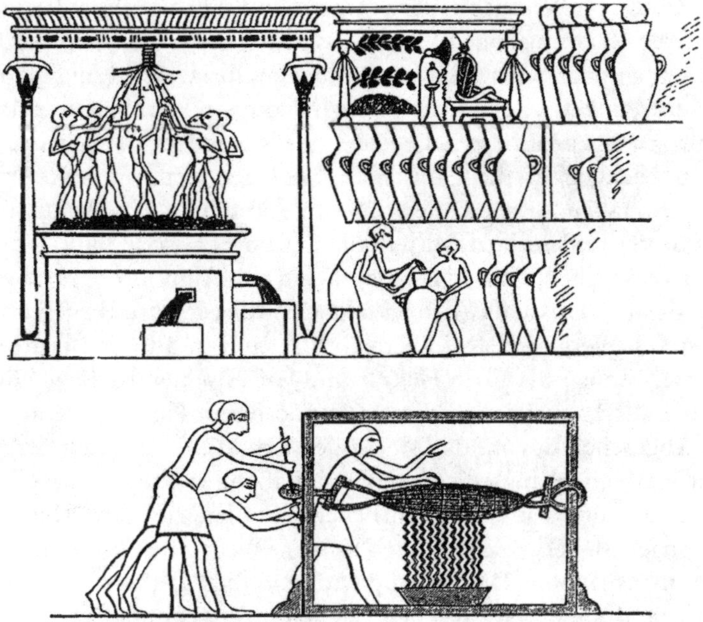

Die zwei Methoden des Traubenpressens in Ägypten nach einem Wandgemälde in Theben: Oben werden die Früchte in großen Behältern zerstampft. Der Saft fließt in Eimer und wird dann (rechts) in Tonkrüge abgefüllt. Bei der unten abgebildeten Methode werden die Trauben in einen Stoffsack gefüllt, der in einem Rahmen hängt. Das Pressen erfolgt durch Drehen bzw. Auswringen des Sackes.

Mischen und Einlagern des Saftes. Die Krüge wurden mit perforierten Deckeln (Gärungs-Schleuse) verschlossen, die das bei der sekundären Gärung entstehende Kohlendioxyd entweichen ließen. Aber trotz aller Bemühungen der Ägypter war das Ergebnis wenig befriedigend; Boden und Klima waren dort für den Weinbau einfach nicht geeignet. Römische Weinkenner rümpften die Nase über das ägyptische Getränk, und der Satiriker Martial behauptete, Essig sei ihm noch lieber als ägyptischer Wein.

Die Römer bevorzugten griechische Weine, besonders jene von den Inseln. Die Griechen waren es, die die Weinkelterei perfektionierten. Das Lagern, Mischen und Genießen von Weinen hat in Griechenland zur höchsten Vollendung der Keramik geführt.

Die Griechen tranken ihren Wein immer mit Wasser verdünnt, und die barbarische Sitte, ihn pur zu trinken, entsetzte sie. Man sprach von »skythischen Trinksitten« und meinte damit die Art, wie sich die Ureinwohner Rußlands mit unverdünntem Wein sinnlos betranken. Die Römer folgten dem griechischen Brauch und verdünnten und kühlten ihren Wein (vgl. den Abschnitt **Kühlhaltung**). Je nach Geschmack wurde er aber auch mit heißem Wasser gemischt. Sie erfanden den Prototyp des modernen Samowars, um immer heißes Wasser zum Mixen zu haben: Ein doppelwandiger Zylinder wurde innen mit glühender Holzkohle gefüllt, die das Wasser in dem umgebenden Gefäß erhitzte.

Römische Weinliebhaber entwickelten sich zu echten Kennern, und die Nachfrage nach Jahrgangsweinen stieg. Als besonders ausgereift galt der Wein nach etwa fünfzehnjähriger Lagerung. Für die Trinkfreude der Gallier hatte man in Rom nur Herablassung übrig, andererseits profitierten die Römer davon, indem sie Wein in enormen Mengen in die gallischen Provinzen exportierten. Archäologen haben ausgerechnet, daß um 100 n. Chr. das Weingut Settefinestre im heutigen Mittelitalien auf drei Hektar Land jährlich 1 125 000 Liter Wein (das entsprach 4260 Amphoren) produzierte, die fast ausschließlich von den Galliern getrunken wurden. Dazu ein Vergleich: Das Château Mersault in Burgund bearbeitet heute weniger als einen Hektar und hat in seinen Kellergewölben eine Lagerkapazität von etwa 369 000 Litern Flaschenwein.

Abgesehen davon, daß sie an den Trinkgewohnheiten der Gallier verdienten, fügten sich die wohlhabenden Römer durch ihren Weinkonsum selbst beträchtlichen Schaden zu. Um seinen Geschmack zu verbessern, fügten sie dem Wein einen konzentrierten Traubensirup bei. Dieser Sirup wurde in Bleibehältern aufbewahrt und fand auch beim Kochen reichlich Verwendung. Die giftigen Substanzen, die er enthielt, führten bei den Reichen zu Gicht, Bleivergiftung und Nierenversagen.

Die Ursprünge des Bieres

Das Bier muß etwa zur selben Zeit wie der Wein erfunden worden sein, vermutlich indem jemand eine unabsichtlich vergorene Getreidemischung, etwa eine Schüssel voll Hirsebrei, probierte. Die Erfindung des Biers ist auch in Verbindung mit Brot zu sehen. Beide werden aus denselben Getreidearten hergestellt, und aus archäologischen Zeugnissen wissen wir, daß bereits in der Jungsteinzeit eine bestimmte Sorte Brot verbreitet war, die beim Brauen hilfreich gewesen sein könnte. Um dieses Brot herzustellen, ließ man Getreide ankeimen, bevor es gemahlen wurde. Bei der Keimung wird ein Teil der Stärke von Enzymen in Zucker beziehungsweise Maltose verwandelt, die die Gärung fördert. Aus einer solchen Mischung kann man Bier machen, indem man sie nicht ganz durchbackt und in kleinen Stückchen mit Wasser ansetzt. Bei den hohen Temperaturen in Ägypten und im Irak dauerte es nur wenige Tage, bis das Bier trinkbar war.

Die frühen städtischen Hochkulturen in Ägypten und dem Irak produzierten und konsumierten um 3000 v. Chr. Brot und Bier in großen Mengen. Die ersten passionierten Biertrinker waren die

Sumerer. Sie stellten zwar auch Wein aus Datteln und aus Trauben her, aber das Bier war ihr Lieblingsgetränk. Eine griechische Legende berichtet, daß Dionysos, der Gott des Weines, entsetzt aus Mesopotamien floh, weil seine Bewohner so hemmungslos dem Bier zusprachen. Und tatsächlich wurden dort 40 Prozent der gesamten Getreideernte fürs Bierbrauen verwendet. Ein Tempelarbeiter erhielt etwa einen Liter pro Tag, Höhergestellte bekamen das Fünffache, verkauften aber ihre Ration größtenteils an die Arbeiter. Das mesopotamische und ägyptische Gebräu war viel dicker als unser gefiltertes Bier und daher auch ein guter Nährstofflieferant. Es enthielt reichlich Vitamin B 12, das bei fleischarmer Ernährung besonders wichtig ist.

Männer trinken Bier mit langen Trinkhalmen. Abbildung von ca. 2000 v. Chr. aus Bahrain am Persischen Golf. Trinkhalme sind ursprünglich eine sumerische Erfindung. Das eine Ende wurde mit kleinen Löchern versehen, so daß das Bier gleichzeitig durchgesiebt wurde.

Das Brauwesen war in Mesopotamien fest in weiblicher Hand. Die Frauen brauten ihr Bier zu Hause und schenkten es dort auch aus. Der berühmte Gesetzeskodex des babylonischen Königs Hammurapi von 1750 v. Chr. versuchte, diese Form des Ausschanks zu reglementieren. Offenbar hatte es Ärger gegeben. Daraufhin erließ Hammurapi die erste Bierpreisbindung in der Geschichte der Menschheit. Frauen, die ihr Bier zu teuer verkauften, wurden zur Strafe in den Fluß geworfen. Wenn sie an Banditen oder Geächtete ausschenkten, ohne die Behörden zu verständigen, drohte ihnen die Todesstrafe.

Schon damals waren die Bierhäuser Sammelpunkte für Unruhestifter. Ein ägyptischer Papyrus von 1400 v. Chr. warnt Biertrinker davor, in solchen Etablissements die Herrschaft über ihre Zunge zu verlieren:

»Werdet in Tavernen, in welchen Bier ausgeschenkt wird, nicht betrunken, sonst könnten die Leute die Worte, die unwissentlich eurem Munde entschlüpft sind, später wiederholen.«

Die Ägypter brauten viele Biersorten, die sie mit verschiedenen Kräutern aromatisierten und denen sie klangvolle Namen wie »Freudenbringer«, »die Schöne« oder »die Himmlische« gaben. Im gräko-römischen Ägypten verordneten die Ärzte Tonik-Biere, die mit Weinraute, Färberdistel und Alraune versetzt waren.

Den mittelalterlichen Germanen verdanken wir die Erfindung des Bieres in seiner heutigen Form, aus einem Gärungsprozeß von Hopfen und Getreide. Hopfen gibt dem Bier den typischen bitteren Geschmack – das Bier der alten Ägypter war im Vergleich dazu ziemlich süß – und dient gleichzeitig als Konservierungsstoff. In Bayern wurde Hopfenbier bereits 859 n. Chr. hergestellt. Seine

Statue einer Bierbrauerin aus Gisa, Grab des Mer-su-anch, um 2350 v. Chr.

erste schriftliche Erwähnung findet es in den botanischen Schriften der Hildegard von Bingen im frühen 11. Jahrhundert. Im Kloster Sankt Emmeram bei Regensburg gab es schon 1031 einen Hopfengarten ausschließlich für die Bierproduktion. Damit begann die lange Tradition klösterlicher Brauereien, die sich während des Mittelalters zu regelrechten Großbetrieben entwickelten. Die auf Reinheit bedachte Massenproduktion der Mönche setzt bis heute die Standards für das Brauwesen.

Ein anderes Getränk, dessen Ursprünge ins Altertum zurückreichen, ist der Sake. Mittlerweile ist er auch im Westen sehr beliebt, doch nur wenige wissen, daß er aus einer Variante der alkoholischen Gärung entstand, wie sie nur in China und Japan gebräuchlich war. Sake wird aus kurzzeitig gekochtem Weizen hergestellt, den man schimmelig werden läßt. Der Schimmelpilz verwandelt die Getreidestärke in Zucker, dann werden Hefe und Weizen zugesetzt, was die weitere Gärung fördert. Um 1000 v. Chr. brauten die Chinesen auf diese Weise Bier mit einem Alkoholgehalt von 15 Prozent (normales Bier enthält etwa 5 Prozent Alkohol). Sake ist nichts anderes als die moderne Version dieses hochprozentigen Biers.

Hochprozentiges

Leider gibt es keine Belege für die traditionelle Behauptung, der heilige Patrick, Patron Irlands, hätte um 450 n. Chr. den Whiskey erfunden. Ein Rätsel bleibt auch, seit wann auf der smaragdenen Insel Whiskey (von *uisgebeatha,* »Wasser des Lebens«) hergestellt wird, wahrscheinlich aber nicht vor dem Mittelalter, als sich das Destillieren von Alkohol in ganz Europa ausbreitete. Der erste Schnaps wurde offenbar von Ärzten im 12. Jahrhundert in Salerno auf Sizilien gebrannt – zu rein medizinischen Zwecken, versteht sich. Die Sizilianer lernten diese Kunst von den Arabern, wo sie seit dem 9. Jahrhundert bekannt war, um Parfum und Kosmetika wie zum Beispiel den Eyeliner *kohl* herzustellen. Von *al kohl* stammt auch der Name, obwohl die Araber diese Methode nie zur Alkoholherstellung nutzten.

Mittlerweile haben Funde ergeben, daß man in Zentralasien bereits tausend Jahre vor den sizilianischen Ärzten Schnaps gebrannt hat, allerdings ohne die Hilfe komplizierter Destillationsapparate. An der Nordgrenze Chinas entdeckten Nomaden, daß man aus Wein ein sehr viel stärkeres Getränk gewinnen kann, wenn man ihn dem Frost aussetzt. Ein kleiner Teil der Flüssigkeit gefror nicht, das war der Alkohol. 290 n. Chr. schilderte der chinesische Schriftsteller Chang Hua in seiner Schrift *Po-wu chih* (»Bericht über weitreichende Angelegenheiten«) den Effekt dieses harten Stoffs: »In den westlichen Gegenden stellen die Leute einen Wein aus Trauben her, der sich, wie es heißt, zehn Jahre lang aufbewahren läßt. Wenn man von ihm trinkt, ist man über Tage betrunken.«

Daß die Destillationstechniken der Chinesen wenig bekannt sind, liegt daran, daß die Quellen kaum darüber berichten. Das wiederum liegt an der Verstaatlichung der Brau- und Destillationsindustrie durch Kaiser Wang Mang (Reg. 9–23 n. Chr.), der eine Behörde für alkoholische Getränke ins Leben rief, die ein wachsames Auge auf die entsprechenden Betriebe und Techniken hielt. Das staatliche Monopol wurde offenbar häufig hintergangen, denn im 5. Jahrhundert wurde die Todesstrafe für illegale Brauer und Schwarzbrenner eingeführt. Im Zuge dieser Verbote entwickelten sich allerlei blumige Decknamen für das begehrte Getränk; so schenkte einem der lokale Schwarzbrenner im 11. Jahrhundert zum Beispiel in aller Heimlichkeit eine Schale »Weisheitssuppe« ein.

Die Chinesen stellten im 6. Jahrhundert n. Chr. Branntwein her, indem sie Wein erhitzten. Da der Alkoholanteil den geringsten Siedepunkt hat, verdunstete er zuerst und konnte durch Kühlen kondensiert und aufgefangen werden. Die Chinesen nannten dieses Getränk »verbrannten Wein«, eine Bezeichnung, die sich über das holländische *brandewijn* bis in unsere Tage erhalten hat. Man könnte vermuten, daß auch die Methode von holländischen Seeleuten nach Europa gebracht wurde. Im 7. Jahrhundert destillierten die Chinesen bereits Whisky aus vergorener Getreidemaische.

Drogen

Sich durch Drogen in andere Bewußtseinszustände zu versetzen, scheint ein uralter Menschheitstraum zu sein. Nach der Entdeckung der erstaunlichen, 30000 Jahre alten Höhlenzeichnungen in Frankreich und Spanien hat man vermutet, daß sie von Schamanen oder Medizinmännern in einer durch Drogen hervorgerufenen Trance geschaffen wurden. In Sibirien sind schamanistische Religionen noch heute lebendig. Dort wird bei rituellen Handlungen ein roter Fliegenpilz mit weißen Tupfen (*Amanita muscaria*) gegessen. In größeren Mengen verzehrt ist er absolut tödlich, kaut man ihn aber in geringen Dosen, so löst er farbenfrohe Halluzinationen aus. Der Effekt wird durch rhythmisches Trommeln noch erhöht.

Der amerikanische Kontinent ist gesegnet – oder verflucht – mit einer Vielzahl von Pflanzen, die als starke Rauschmittel wirken. Die Drogeneinnahme im Dienste übersinnlicher Erfahrung wurde zum festen Bestandteil der altamerikanischen Religionen. In den phantastischen Kunstwerken der Maya, Azteken und Inka ist das »psychedelische« Element unschwer zu erkennen.

Der Peyote-Kaktus, aus dem Mescalin gewonnen wird, ist aus späteren Kulten (und Kultbüchern) im Südwesten der Vereinigten Staaten bekannt. Abbildungen auf Keramikgefäßen aus Mexiko zeigen, daß sein Gebrauch mindestens bis ins 3. Jahrhundert n. Chr. zurückgeht. Der ebenfalls halluzinogen wirkende San-Pedro-Kaktus enthält getrocknet die höchste pflanzliche Konzentration an Mescalin, nämlich 2 Prozent. Er wurde sogar noch früher konsumiert, wie aus Felszeichnungen in der Stadt Chavin de Huantar in den nordperuanischen Anden ersichtlich ist.

Pilzstein der Maya aus dem Hochland von Guatemala; entstanden zwischen 100 und 300 n. Chr.

Ein Pilz namens *teonanacatl* (»Fleisch der Götter«), der das Halluzinogen Psilocybin enthält, findet sich auf Wandmalereien um 300 n. Chr. in Mittelmexiko, und in den Küstengebieten hinterließen die Maya seit 500 v. Chr. unzählige »Pilz-Steine«. Sie werden von einer charakteristischen Haube gekrönt, und auf den Stielen sind Menschen – häufig beim Zerstampfen von Pilzen – oder Tiere abgebildet. Das Mus wurde mit Wasser vermischt und getrunken. Manchmal wurde der Pilz auch mit Honig beschmiert und bei Banketten als Leckerbissen gereicht, wovon die Gäste phantastische Visionen bekamen. Pater Bernardino de Sahagún, ein früher spanischer Chronist, berichtet von einem solchen Bankett:

»Das erste, was bei dem Festmahl serviert wurde, war ein kleiner Pilz, der den Menschen trunken macht und ihm Halluzinationen verursacht. ... Sie aßen ihn vor Sonnenaufgang ... zusammen mit Honig; und als er zu wirken begann, fingen sie an zu tanzen. Manche tanzten, manche weinten, so betrunken waren sie von

dem Pilz. Andere wieder saßen ruhig in einer Ecke und grübelten. … Nachdem die von dem Pilz hervorgerufene Trunkenheit von ihnen gewichen war, erzählten sie einander von ihren Visionen.«

Das abendliche Ritual des Koka-Kauens ist auf einer Vase der Moche-Kultur aus Peru (200 v. Chr. bis 600 n. Chr.) abgebildet. Die drei Männer tauchen die Blätter zunächst in ein Gefäß mit Kalk, den sie zusammen mit dem Rauschmittel zu sich nehmen.

Belege für den Genuß von Koka, eher ein Stimulans als ein Halluzinogen, reichen noch viel weiter zurück. Wenn die Blätter des Koka-Busches zusammen mit Kalk gekaut werden, wird Kokain freigesetzt. Solche halbzerkauten Kokapfropfen wurden in den Müllhalden früher peruanischer Siedlungen von 2500 v. Chr. gefunden. Geschnitzte Idole mit den typischen aufgeblasenen Backen der Koka-Kauer kennt man aus Kolumbien aus der Zeit um 1500 v. Chr. Und zu den feinsten Stücken der Goldschmiedekunst der präkolumbianischen Quimbaya-Kultur zählen Behältnisse für den Kalk, der zusammen mit den Koka-Blättern gekaut wurde. Bei den Inka in Peru war das Koka-Kauen der Elite vorbehalten. Offiziere, Gelehrte, Ärzte, Priester und königliche Boten trugen ihre Ration in kleinen Täschchen bei sich. Angebaut wurde die Pflanze von Strafgefangenen, da die Inka das Klima der Küstenregionen für ungesund hielten.

Mittlerweile hat die moderne Gerichtsmedizin bestätigt, daß auch vor den Inka schon Koka gekaut wurde. Die Analyse von 170 Mumien aus Peru und Chile, einige von ihnen zweitausend Jahre alt, hat ergeben, daß ein Drittel von ihnen, darunter auch Kinder, regelmäßig Kokain konsumierten.

Cannabis

Cannabis (Hanf) ist heute die meistbenutzte Droge auf dem amerikanischen Kontinent. Ihre Geschichte ist unklar, obwohl anzunehmen ist, daß manch eine Tabakspfeife (vgl. den Abschnitt **Pfeifen und Tabak**) auch zum Rauchen von Cannabis verwendet wurde. Berichte von den Visionen der Häuptlinge Sitting Bull und Schwarzer Elch könnten auf den Genuß dieses Rauschmittels schließen lassen. Die Cannabis-Pflanze in ihrer wilden Form ist in Amerika heimisch, gezielt angebaut wurde sie aber erst nach Kolumbus.

Der griechische Geschichtsschreiber Herodot, dessen Werk eine Fundgrube an Informationen über den Lebensstil benachbarter Völker während des 5. Jahrhunderts v. Chr. ist, berichtet, daß die Skythen in Südrußland berauschende Dampfbäder in eigens dafür konstruierten Zelten nahmen (vgl. den Abschnitt **Saunas** im Kapitel **Haus und Heim**). Sie waren aus dickem Fell gemacht, und alle Ritzen wurden sorgfältig verschlossen. Man füllte eine Schale mit glühend heißen Steinen und legte Cannabis-Samen darauf. Laut Herodot jauchzten die Skythen vor Entzücken, wenn sie in diesen Dämpfen badeten.

Die Schilderungen Herodots wurden durch Funde in den vereisten Gräbern von Pazyryk aus der Zeit um 400 v. Chr., im Grenzgebiet zwischen Rußland, der Mongolei und China, bestätigt (vgl. die Abschnitte **Tätowierungen** im Kapitel **Körperpflege** und die **Einleitung** zum Kapitel **Haus und Heim**). In einem der Gräber fand man Bestecke zum Rauchen von Cannabis. Jedes Set besteht aus einem Kohlebecken, das mit Steinen und Hanfsamen gefüllt und mit Stoff bedeckt ist. Dazu gehört ein Lederetui zur Aufbewahrung der Hanfsamen. Die von Herodot beschriebene Methode muß also auch bei anderen Völkern Zentralasiens verbreitet gewesen sein.

Im alten China wurden taoistische Mönche »high«, indem sie Cannabis-Dämpfe aus ihren Weihrauchgefäßen inhalierten. Offenbar wurden große Mengen davon konsumiert. In der taoistischen Schrift *Shen-nung pen-tsao ching* vom Beginn des 1. Jahrhunderts v. Chr. heißt es: »Wenn sie viel davon nehmen, sehen die Menschen Dämonen und benehmen sich wie Wahnsinnige. Inhaliert man aber über einen längeren Zeitraum hinweg, kann man mit den Geistern in Kontakt treten und der Körper wird ganz leicht.«

In Asien war Cannabis immer schon als Droge gebräuchlich. Einer der Hauptlieferanten war Indien, wo die medizinische Wirkung dieser Pflanze von europäischen Ärzten entdeckt wurde. Sie nannten sie daher Indischen Hanf. Die Inder nahmen sie traditionellerweise als Tee zu sich, den sie mit Milch, Zucker und Gewürzen anreicherten. Dieses Getränk namens *bhang* wird noch heute hergestellt und seine Wirkung ist hinlänglich bekannt: Sie reicht von Albernheit bis zu Schläfrigkeit und starkem Hungergefühl. Die erste Erwähnung der berauschenden Eigenschaften von Cannabis findet sich in der *Veda*, einer altindischen religiösen Dichtung aus dem ersten Jahrtausend v. Chr. Dort wird die Macht des *soma* gepriesen, einer heilkräftigen Pflanze, die die Götter essen, um sich zu stärken und in Ekstase zu versetzen. Es ist heftig darüber diskutiert worden, ob es sich bei *soma* um Cannabis handeln könnte. In den Gesängen werden zwei Formen erwähnt, eine irdische (möglicherweise Cannabis) und eine, die den Göttern vorbehalten bleibt.

Haschisch und die Assassinen

Cannabis-Pflanze mit Samen.

Haschisch ist ein Konzentrat aus der Cannabis-Pflanze und besteht aus ihren harzhaltigen Pollen. In Afghanistan sammeln die Bauern noch heute diese Pollen, indem sie in Lederumhängen durch die Felder gehen und an den Pflanzen vorbeistreifen. Die Pollen werden dann von dem Leder geschabt und zu Kuchen gepreßt. Wahrscheinlich stammt das Haschisch aus dem Vorderen Orient, wo sogar eine Sekte nach ihm benannt ist – die Assassinen. Diese fanatische islamische Minderheit wurde von Hasan-ibn-al-Sabbah, einem ehrgeizigen persischen Adligen arabischer Abstammung, gegründet. 1090 n. Chr. kam die Bergfeste Alamut in seinen Besitz, die an der kürzesten Handelsroute vom Kaspischen Meer nach Persien liegt. Dort wollte er ein Machtzentrum der Schiiten innerhalb eines von Sunniten dominierten Gebiets errichten, wobei er auch vor gezieltem Mord nicht zurückschreckte (vgl. das englische Wort *assassination,* »Mord, Attentat«).

Hasan und seine Nachfolger bereiteten ihre Anhänger mit Paradiesversprechungen auf ihre Mission vor. Wie Marco Polo berichtet, umschloß die Bergfeste einen herrlichen Garten, wohin die jugendlichen Sektenanhänger gebracht, unter Drogen gesetzt und von hübschen Frauen in ihren erotischen Phantasien tatkräftig unterstützt wurden. Nach diesem Vorgeschmack aufs Paradies hatten die Jünglinge nichts Eiligeres zu tun, als ins Jenseits zu kommen. In diesem Zustand wurden die Attentäter auf ihre Opfer losgelassen. Die Macht der Assassinen von Alamut wurde durch Angriffe der Mongolen gebrochen, doch die Sekte überlebte und nahm später friedlichere Formen an. Ihre Anhänger sind heute unter dem Namen Ismailiten bekannt und werden von Aga Khan, einem entfernten Nachfahren des letzten Großmeisters von Alamut, geführt.

Die alte Opium-Route

Jüngste archäologische Funde eröffneten ein völlig neues Kapitel in der Geschichte des Opiums, einem Narkotikum aus dem milchigen Saft des Schlafmohns. Durch seinen Morphium-Gehalt wirkt Opi-

»Der Weise vom Berge und sein Paradies«. So stellte man sich im mittelalterlichen Europa die Assassinen vor, von denen man aus den Reisebeschreibungen des Odoric von Pordenone Kunde hatte. Illustration aus dem Livre des Merveilles, frühes 15. Jahrhundert.

um gegen Schmerz, Schlaflosigkeit und Angstzustände. Bislang hatte man angenommen, Opium sei erst zu römischer Zeit im Vorderen Orient in Gebrauch gekommen. 1962 aber machte der australische Archäologe Robert Merrillees darauf aufmerksam, daß ein auf Zypern zwischen 1600 und 1500 v. Chr. hergestellter Tonkrug genau die Form der Samenkapsel des Schlafmohns aufweist. Auf einigen dieser kleinen Krüge sind sogar die parallelen Schnitte nachgeahmt, die die Opium-Bauern in die Samenkapseln machten, damit die Milch ausfließen konnte. Form und Dekoration vieler antiker Gefäße läßt auf ihren Inhalt schließen. Daher vermutet man, daß Zypern ein Zentrum des Opium-Handels im östlichen Mittelmeer gewesen ist, zumal solche Gefäße auch bei Grabungen in Syrien, Palästina und Ägypten gefunden wurden.

Die Bedeutung Zyperns im Opium-Geschäft wurde 1975 durch weitere Funde bestätigt. In der antiken Stadt Kition entdeckte man eine kleine, mit geschnitzten Ornamenten verzierte Pfeife aus Elfenbein, die aus der Zeit um 1200 v. Chr. stammt. Die Brandspuren an einer der beiden Öffnungen lassen den Schluß zu, daß es sich hier um eine Opium-Pfeife handelt. Vergleichbare Modelle werden noch heute zum Rauchen von Haschisch und Opium verwendet.

Pfeifen und Tabak

Christoph Kolumbus dürfte nach seiner Ankunft in der Neuen Welt am 12. Oktober 1492 sehr erstaunt gewesen sein, als die Eingeborenen ihm immer wieder Häufchen schrumpliger Blätter anboten. Er hatte zunächst keine Ahnung, was er mit diesen Geschenken anfangen sollte. Die *Historia des las Indias* von Bartolomé de las Casas berichtet uns, wie zwei Männer aus Kolumbus' Mannschaft, Luis de Torres und Rodrigo de Jerez, als erste Europäer mit dem Rauchen von Tabak bekannt wurden:

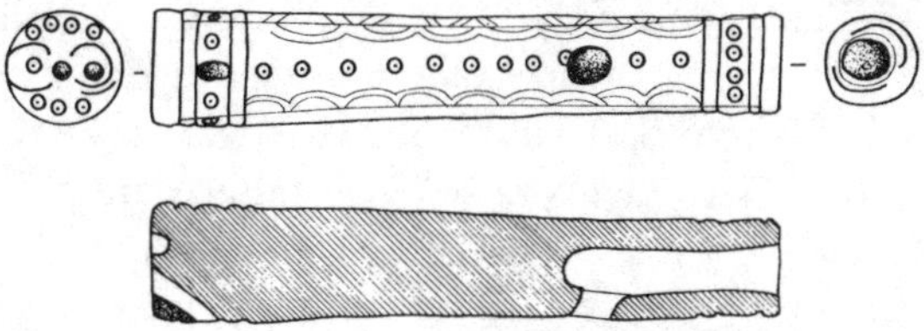

Die erste Opiumpfeife der Welt. Sie ist um 1200 v. Chr. in der Stadt Kition auf Zypern entstanden, aus Elfenbein geschnitzt und 40 Zentimeter lang. Ein glimmendes Stück Opium wurde in das kleine Loch auf der linken Seite der Pfeife gelegt. Den Rauch sog man durch das große Loch auf der rechten Seite ein. Beide Löcher sind nicht direkt miteinander verbunden, damit der Raucher nicht aus Versehen das glühende Opium verschluckte.

»Diese beiden Christen stießen immer wieder auf Leute, Männer und Frauen, die mit einer Brandfackel in der Hand durch die Straßen liefen. Sie hatten getrocknete Kräuter in ein Blatt gewickelt, das wie ein Musketenlauf aus Papier aussieht. Dieser wird an einem Ende angezündet und am anderen saugen sie mit ihrem Atem den Rauch ein, der ihr Fleisch abstumpft und sie berauscht, so daß sie keine Müdigkeit verspüren. Diese Musketen, oder wie immer wir sie nennen wollen, werden von den Eingeborenen *tabacos* geheißen.«

Nach Ansicht der Maya in Mexiko war Tabak ein Allheilmittel, das bei Asthma, Verstopfung der Nase, Kopfschmerzen, Verdauungstörungen, Zahnschmerzen, Furunkeln, ja sogar bei Geburtskomplikationen half. Bei den Azteken mischte man Tabakblätter mit pulverisierter Holzkohle und aromatisierte sie mit Blüten und anderen süß riechenden Substanzen. Während einfache Leute – wie jene, die Kolumbus' Seeleuten begegneten – diese Mischung in Blätter zu Zigarren wickelten, rauchten die Reichen mit länglichen Pfeifen aus Silber, Schildpatt oder bemaltem und vergoldetem Holz. Der letzte Azteken-König Montezuma (Reg. 1502–1520) rauchte angeblich jeden Tag vor dem Schlafengehen eine Pfeife zur Entspannung.

Ein Maya entspannt sich bei einer Zigarre. Ein Pfropfen aus Gras am Mundstück der Zigarre verhinderte, daß dem Raucher die Asche in den Mund fiel.

Allerdings war der Tabak schon lange vor dem Eintreffen der Spanier sowohl in Nord- wie in Südamerika verbreitet. Die schönsten Pfeifen stammen aus der Hopewell-Kultur (100 v. Chr. – 700 n. Chr.) im Osten der Vereinigten Staaten. Dort schnitzte man Pfeifen aus seltenen Steinen, die aus ganz Nordamerika stammten, und kreierte eine neue Form: die Plattform-Pfeife, deren Kopf in der Mitte auf einer rechteckigen Plattform sitzt. Die Luft wurde durch ein Loch am Rand der Plattform eingesogen. Die Pfeifenköpfe sind wahre Meisterwerke der Kleinplastik und stellen Tier- oder Menschengestalten dar.

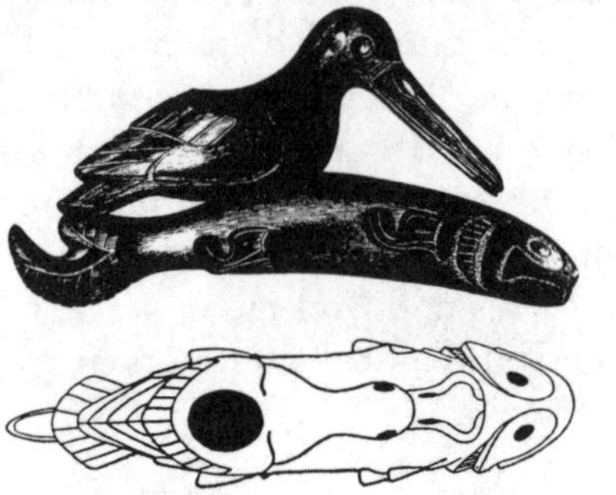

Steinpfeife der Hopewell-Kultur aus dem Osten Amerikas. Um die Jahrtausendwende entstanden viele solcher sogenannter Plattform-Pfeifen, deren Kopf meist als Tierfigur geformt ist.

Kapitel 8

Städtisches Leben

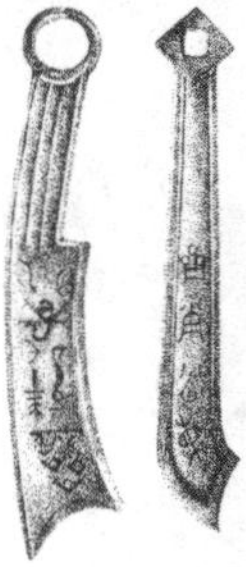

Einleitung

Die ersten Städte entstanden um 8000 v. Chr. aus den Winterlagern halbseßhafter Wanderhirten, die zusätzlich Landwirtschaft betrieben. Jericho im südlichen Palästina gilt als die älteste bekannte Siedlung, die diese Entwicklung vom Lagerplatz zum festen Siedlungsplatz durchmachte. Bereits um 7000 v. Chr. bildete es einen stadtartigen Komplex mit ungefähr zweitausend Einwohnern und eindrucksvollen Befestigungsanlagen (vgl. **Einleitung** zum Kapitel **Militärtechnik**).

In den folgenden zwei Jahrtausenden wurden im Vorderen Orient und im östlichen Mittelmeerraum zahlreiche weitere Stadtsiedlungen gegründet. Als einzigartig für diese frühe Zeit gilt Çatal Hüyük in der Türkei. Der Ort entstand 6700 v. Chr. und umfaßte eine Fläche von 13 Hektar (die vierfache Größe von Jericho). Für die Wohnbauten, die blockweise dicht beieinanderstanden, wurden rechteckig geformte Lehmziegel verwendet, die den Bau mehrstöckiger Häuser möglich machten. Es gab keine Straßen und Gassen, der Zugang zu den Häusern führte über die Dächer. Die Toten wurden in den Wohnräumen unter erhöhten Sitz- und Schlafplattformen beigesetzt. Gleichzeitig entstanden Kulteinrichtungen mit eindrucksvollen Wandmalereien. Diese Bilder zeigen naturalistisch dargestellte Tiere und Menschen in unterschiedlichen Szenen, bei Prozessionen, bei der Jagd, beim Tanz und sogar in einer von einem Vulkanausbruch bedrohten Stadt. Wegen seiner herausragenden Größe, seiner gut durchdachten Anlage und den außergewöhnlichen Wandgemälden gilt Çatal Hüyük als eines der größten Wunder der vorgeschichtlichen Zeit.

Um 3000 v. Chr. lassen sich entlang der großen Flußtäler Ägyptens, Mesopotamiens und des Indus-Gebiets große urbane Zentren mit voll ausgebildeter Stadtkultur nachweisen. Uruk in Mesopotamien, das um 3000 v. Chr. bereits 50000 Einwohner zählte und von einer 9 Kilometer langen Mauer umgeben war, gilt als die erste Siedlung mit allen Merkmalen einer Stadt. Im Zentrum des politischen und sozialen Lebens der frühen Städte stand immer ein Palast- und Tempelbezirk, der nicht nur religiöse, sondern auch wirtschaftliche Funktionen erfüllte. Die Tempel, die sich jeweils über ein großes Areal erstreckten, waren nämlich Empfänger großer Mengen von Wirtschaftsgütern, die von den Einwohnern der Städte als Opfergaben dargebracht wurden.

Charakteristisch für die altmesopotamischen Städte war die

Zikkurat, eine mehrfach gestufte, aus massiven Ziegelkuben erbaute Tempelanlage, die sich aus frühgeschichtlichen Hochterrassen und den darauf errichteten Tempeln entwickelt hat. Diese turmähnlichen Hochtempel, die noch heute vielerorts im Irak erkennbar sind, sollten den Göttern den Zugang zur irdischen Welt erleichtern und gleichzeitig die Gläubigen dem Himmel näher bringen. Die erste nachweisbare Zikkurat ist um 2000 v. Chr. in Ur entstanden und bestand aus drei abgestuften Terrassen. Auf der obersten Plattform stand ein dem Mondgott geweihter Tempel. Der Mauerkern bestand aus luftgetrockneten Lehmziegeln, die Außenwände waren mit Backziegeln verblendet. Ablaufrinnen sorgten dafür, daß sich das Wasser während der Regenzeit nicht staute und den Mauerkern aufweichte. Reste der beiden unteren Terrassen haben sich bis heute erhalten.

Die mit Abstand größte Zikkurat stand in Babylon und trug einen dem Gott Marduk geweihten Tempel. Nach dem Bericht des griechischen Historikers Herodot, der den riesigen Bau um 450 v. Chr. selbst gesehen hat, war der Tempel mit Gold verziert und saß auf einem achtstufigen Turm, dessen einzelne Plattformen durch umlaufende Treppen miteinander verbunden waren. In regelmäßigen Abständen gab es Ruhebänke, die den Gläubigen den Aufstieg erleichterten. Der Turm hatte ein Höhe von 90 Metern und könnte durchaus als Vorlage für die biblische Geschichte vom Turm zu Babel gedient haben, dessen Erbauer den »Himmel erreichen wollten« (Genesis 11,4). Auch sonst muß die Stadt in ihren Dimensionen überwältigend gewesen sein. Herodot zumindest hatte zuvor nie etwas Vergleichbares gesehen: »Babylon ist in einer weiten Ebene gelegen, eine gewaltige, im Viereck gebaute Stadt mit einem Umfang von über 90 Kilometern. Alle anderen Städte übertrifft es an Größe und in der Pracht seiner Bauten.« Hundert bronzebeschlagene Tore führten in die Stadt. Die Hauptmauer der Stadtbefestigung war so breit, daß darauf beidseitig Häuserreihen mit jeweils einem Zimmer Platz hatten und dazwischen eine Straße, auf der ein vierspänniger Wagen wenden konnte.

Die großen Metropolen des Altertums hatten wesentlich mehr Einwohner als die Städte des europäischen Mittelalters und müssen eher mit modernen Großstädten verglichen werden. In Babylon lebten zeitweise bis zu einer halben Million Menschen. Rom hatte um Christi Geburt rund 900000 Einwohner. Im Jahr 1526 waren es nur noch 55000. Einen vergleichbaren Rückgang gab es in Alexandria in Ägypten. Um 50 v. Chr. zählte die Stadt über 600000 Einwohner, um 1300 n. Chr. nur noch 35000.

Die rasche Bevölkerungsvermehrung führte in vielen antiken

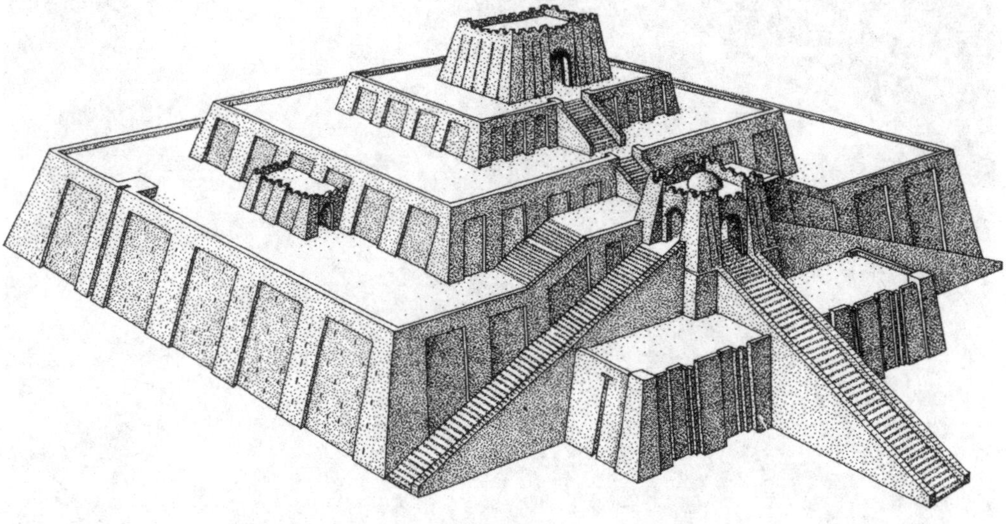

Die Zikkurat des Urnammu, um 2000 v. Chr. in Ur erbaut. Reste der beiden unteren Terrassen haben sich bis heute erhalten.

Städten zu einer unkontrollierten Ausdehnung der Wohnquartiere. Es gab aber auch Städte, die dem ständigen Zuzug mit planvoll gelenkten Maßnahmen begegneten. Der griechische Architekt Hippodamos von Milet, heutigen Architekten als der Begründer einer geordneten Städteplanung bekannt, entwickelte im 5. Jahrhundert v. Chr. einen neuen Stadttypus: die schachbrettartig angelegte Stadt. Straßen, die in einem rechtwinkligen Gitter angelegt waren, bildeten das Grundgerüst seiner Musterstadt. Alle jüngeren griechischen Kolonistenstädte wurden nach den Plänen des Hippodamos angelegt.

Die Archäologen haben jedoch inzwischen längst entdeckt, daß Hippodamos allenfalls als Neuerfinder einer alten Idee gelten kann. Am anderen Ende der damals bekannten Welt, im chouzeitlichen China, hatte der Teilstaat Ch'in im Jahr 677 v. Chr. seine neue Hauptstadt Yung-ch'ang ganz ähnlich angelegt, nämlich in einem Gitter von geradlinig verlaufenden Parallelstraßen, die in Nordsüd- und Ostwest-Richtung ausgerichtet waren. Jede dieser Straßen war 3 Kilometer lang und 15 Meter breit. Mehr als tausend Jahre früher, um 1900 v. Chr., war auch die ägyptische Stadt El Lahun nach diesem Muster erbaut worden. Noch ältere Beispiele wurden in Indien und Pakistan entdeckt, wo die Kultur des Indus-Tales zwischen 2800 und 2500 v. Chr. ihre Hochblüte erlebte. Es ist geradezu ein Merkmal dieser Kultur, daß sie alle ihre Siedlungen methodisch anlegte. Als älteste einer rechtwinklig angeordneten Stadt gilt das im westlichen Indus-Tal gelegene Rahman Dehri. Durch die Mitte dieser mit 12 000 Einwohnern dichtbevöl-

Überreste der Stadt Lothal, die um 2500 v. Chr. erbaut wurde und exemplarisch ist für das städteplanerische Konzept der frühen Indus-Siedlungen: eine regelmäßige Anlage von Haupt- und Nebenstraßen, die exakt im rechten Winkel aufeinanderstoßen.

kerten Großsiedlung war eine Straße geführt, die von Nordwest nach Südost verlief. Zu beiden Seiten dieser Achse standen rechtwinklig angeordnete Häuserblöcke. Die Erbauer von Rahman Dehri, die um 3500 v. Chr. lebten, haben also Hippodamos' Stadtplanungsmodell um 3000 Jahre vorweggenommen

Das stete Wachstum der antiken Städte machte nicht nur bauplanerische Maßnahmen erforderlich. Die ständig zunehmende Komplexität der Gesellschaft verlangte auch nach neuen Organisationsformen innerhalb der Gemeinwesen. Die Aufstellung von Sicherheitsbehörden läßt sich erstmals in Ägypten während der 4. Dynastie (um 2500 v. Chr.) nachweisen, wo in jeder Provinz ein Regierungsbeamter eingesetzt war, der den Titel eines »Polizeihauptmanns mit richterlichen Befugnissen« trug. Aus späterer Zeit wissen wir, daß die Medjau, ein nubischer Stamm, den Großteil der ägyptischen Polizisten stellten. Um 1320 v. Chr. wurde von Pharao Haremheb ein »Sicherheitsdienst zur Flußüberwachung« geschaffen, der befugt war, Schiffe, die des Schmuggels verdächtig waren, zu kontrollieren. Eine andere Spezialeinheit hatte die Aufgabe, die Schätze in den Gräbern der Pharaonen zu bewachen, insbesondere im Tal der Könige bei Theben, wo ein »Polizeihauptmann der Stadt der Toten« Dienst tat, um die Grabräuber abzuschrecken.

Sicherheitsdienste setzten sich später auch in allen anderen Gesellschaften der Antike durch. Um 367 v. Chr. ist die erste Polizeitruppe in Rom nachweisbar. Im hanzeitlichen China (221 v. Chr. – 220 n. Chr.) war das Bild des Polizisten bereits fest im öffentlichen Bewußtsein verankert und taucht als Zeiger einer Wasseruhr auf. Auch in Indien hatte sich, schriftlichen Aufzeichnungen zufolge, schon im 3. Jahrhundert v. Chr. ein gut geregeltes Polizeisystem etabliert. Jeder Stadtverwaltung standen zur Aufrechterhaltung von Recht und Ordnung polizeiliche Einsatztrupps zur Verfügung, dazu Geheimpolizisten und Wachleute, die gleichzeitig als Feuerwehr dienten. Der Geheimpolizei oblag es, den Ein- und Ausgang der Bürger an den Stadttoren zu überwachen und jeden Fremden zu registrieren.

Auch die Einführung von nächtlicher Beleuchtung diente der öffentlichen Sicherheit. Die ersten Berichte darüber stammen aus dem Osten des römischen Imperiums. Die Kirchenlehrer Libanius (314–393 n. Chr.) und Hieronymus (345–420 n. Chr.) berichten, daß die syrische Hauptstadt Antiochia von Öllampen erhellt wurde, die an Seilen über den Straßen hingen. Der heilige Basilius (330–379 n. Chr.) erwähnt eine vergleichbare Einrichtung in Caesarea. Über das fortschrittlichste Beleuchtungssystem verfügten jedoch die Chinesen. Schriftlichen Quellen zufolge wurden in der Provinz Ssuch'uan, dem Zentrum der chinesischen Gasindustrie, bereits vor 1000 Jahren Leitungen aus Bambusrohr von den Gasvorkommen in die Städte verlegt und damit Straßenlaternen gespeist.

Auch die Straßenbeleuchtung ist also keineswegs eine moderne Erfindung, ebensowenig wie die Kanalisation, die zentrale Wasserversorgung und das Bankenwesen.

Kanalisation

Schon die ersten stadtähnlichen Siedlungen vor 7000 Jahren brachten den Menschen zu der Einsicht, daß er über kurz oder lang knietief in einer Kloake versinken mußte, wenn er nicht eine praktikable Lösung zur Beseitigung des eigenen Schmutzes fand. Erste Versuche, die unliebsamen Abfallstoffe auf die Felder zu transportieren und als Dünger zu nutzen, führten bei zunehmender Einwohnerzahl bald zu organisatorischen Problemen.

Typischer Abwasserkanal von Mohenjo-Daro im Indus-Tal (heutiges Pakistan), um 2500 v. Chr. gebaut. Die Kanalisation entlang der Straßen war eine bemerkenswerte Errungenschaft der Indus-Städte. Einsteigeöffnungen ermöglichten Reinigungs- und Reparaturarbeiten.

Die Idee, eine Kanalisation zu bauen, entstand allerdings nicht in den großen urbanen Zentren der antiken Welt. Sie wurde vielmehr in einigen kleinen neolithischen Siedlungsgemeinschaften auf den Orkney-Inseln an der schottischen Küste geboren. In der Fundstätte Skara Brae aus dem 3. Jahrtausend v. Chr. wurden 35 bis 60 Zentimeter tiefe und mit Steinplatten ausgekleidete Gräben entdeckt, die ganz offensichtlich von separaten Toilettenhäusern unter der Siedlung hindurch bis zur nahe gelegenen Küste führten, wo sich die Fäkalien ins Meer ergießen konnten.

Ähnlich, allerdings in weitaus größerem Maßstab, gingen die Begründer der Indus-Kultur kurze Zeit später vor.

Sie legten ein Netz von Abwasserrinnen an, das an den Hauptstraßen orientiert war, wobei die einzelnen Gräben jeweils nur auf einer Straßenseite an der Rückseite der Häuser entlangliefen. Die Kanäle waren U-förmig in den Boden gegraben, hatten eine Breite von 18 bis 25 Zentimetern, eine Tiefe von bis zu 60 Zentimetern, waren mit Ziegelsteinen ausgekleidet und mit Steinplatten, Holzbrettern oder losen Ziegeln, die zum Reinigen leicht entfernt werden konnten, bedeckt. Überall dort, wo sich zwei Kanäle kreuzten, befanden sich Senkgruben, in denen sich der feste Abfall sammelte. Diese Senkgruben waren durch Treppen zugänglich gemacht, so daß sie leicht entleert werden konnten.

Die Paläste der Antike waren ebenfalls mit ausgeklügelten Abwässersystemen ausgestattet. Eine technisch bemerkenswerte Anlage findet sich in dem um 2000 v. Chr. gebauten Palast von Knossos auf Kreta. Aus jedem Teil des Palastes führten Abwasserrohre zu einem mit Steinplatten verkleideten Hauptkanal, der gleichzeitig durch eine Reihe von Wassergräben mit Regenwasser gespeist wurde. Auf diese Weise wurde erreicht, daß die wolkenbruchartigen Regengüsse, von denen die Insel regelmäßig heimgesucht wurde, das Kanalsystem jedesmal gründlich durchspülten. In

Kanaltunnel der cloaca maxima *in Rom. Einmündung des Hauptsammlers in den Tiber. Radierung von Giovanni Battista Piranesi.*
A Einmündung
B Verlauf der cloaca maxima *in Richtung Forum*
C Überreste der Ufereinfassung aus Tuffstein
D/E Dreifach gesprengter Bogen im Bereich der Ufereinfassung
F Detaildarstellung des Bogens

Mesopotamien sind aus den Palästen des 1. Jahrtausends v. Chr. Abwasserkanäle mit Asphaltverkleidung bekannt. Sie waren so groß, daß sie zur Abwehr geruchsunempfindlicher Einbrecher mit Gittern verschlossen werden mußten.

Erheblich weniger raffiniert (und auch weitaus unhygienischer) waren die Methoden, die in der frühen klassischen Zeit in Griechenland und Rom zur Anwendung kamen. Zur Glanzzeit Athens im 4. Jahrhundert v. Chr. wurden die Abwässer von den Häusern direkt auf die Straße geleitet, und zwar in Senkgruben, die von den Bürgern jeweils selbst entsorgt werden mußten. In Rom hatten die etruskischen Könige die sogenannte *cloaca maxima* errichten lassen, eine gewaltige Abwässerrinne, die sechs Jahrhunderte lang ohne Abdeckung mitten durch die Stadt lief. Erst 33 v. Chr., unter Kaiser Augustus, wurde die Anlage von Grund auf erneuert und dann endlich auch mit einem Gewölbe bedeckt (letzteres jedoch nicht etwa aus hygienischen Gründen, sondern weil die Geruchsbelästigung unerträglich geworden war). Der neue Kanaltunnel war so groß, daß ein mit zwei Pferden bespannter Wagen hätte durchfahren können.

Nach dem Vorbild der modernisierten *cloaca maxima* entstanden in allen größeren Städten des Imperiums mehr oder weniger ausgedehnte Kanalsysteme, die meist in Ziegelbauweise errichtet wurden. In den mittelalterlichen Klöstern hielt sich diese Tradition. Für die Mönche und Nonnen war es selbstverständlich, daß die Abtritte über Ziegelsteinrinnen mit fließendem Wasser verfügten. Diese Rinnen wurden unterirdisch bis weit vor das Kloster geführt. Die sogenannten Geheimgänge, die zwischen den Klöstern von Nonnen und Mönchen existiert haben sollen und Anlaß für alle möglichen Unterstellungen hinsichtlich der Moral der Geistlichkeit gegeben haben, waren wohl lediglich Abwasserkanäle.

Leitungen und Rohre

Eine funktionierende Wasserversorgung wird heute in der westlichen Welt als Selbstverständlichkeit angesehen. Den größten Teil seiner Geschichte war der Mensch jedoch auf eine nahe gelegene Quelle oder den nächsten Fluß angewiesen. Erst seit den Anfängen der Stadtentwicklung um 7000 v. Chr. und der damit verbundenen Zunahme des Wasserbedarfs ergab sich die Notwendigkeit, eine weniger zeitaufwendige Lösung zu finden.

Die ersten Wasserrohre lassen sich um 2700 v. Chr. in der Indus-Kultur im heutigen Pakistan und Indien nachweisen. Sie waren aus Ton, in den Abmessungen standardisiert und an den Enden mit Flanschen versehen, damit sie leichter ineinandergesteckt und mit Asphalt abgedichtet werden konnten. Nach wenigen Jahrhunderten gab es bereits Wasserrohre auch im Vorderen Orient und Europa. Die älteste bisher bekannte Rohrleitung aus Metall fand sich in Ägypten und stammt aus der 5. Dynastie (um 2450 v. Chr.): In der Tempelanlage der Pyramide des Pharaos Sahurê bei Abusir kamen Reste einer Rohrleitung aus Kupferblech zum Vorschein, die auf einer Länge von etwa 400 Metern durch einen Innenhof verlegt war.

Als technische Glanzleistung gilt das Leitungssystem im Palast von Knossos auf Kreta (2000 v. Chr.). Das Wasser wurde teilweise

Die Sahurê-Pyramide bei Abusir. In der 4500 Jahre alten Tempelanlage wurde die erste Wasserleitung aus Metall verlegt.

über Aquädukte von einer sieben Kilometer weit entfernten Quelle herangebracht und durch Rohre aus gebranntem Ton in den Palast geleitet. Die Rohre waren etwa 1 Meter lang und an einem Ende verjüngt, wodurch sich der Wasserdruck jeweils erhöhte und Ablagerungen verhindert wurden. Außen waren sie mit Ösen versehen und durch Seile fest miteinander verbunden. Die Verbindungsnähte waren versiegelt.

Kanalbrücken zur Heranleitung frischen Quellwassers finden sich später in vielen Städten. Berühmtheit erlangten vor allem die römischen Aquädukte, die sich vielerorts bis heute erhalten haben und mit der typischen Arkadenbauweise aus Ziegelstein zu den großartigsten Baudenkmälern des Römischen Reiches gehören.

Weitaus weniger bekannt, technisch gesehen aber nicht minder spektakulär, sind die Druckrohrleitungen der Antike. Die eindrucksvollste Anlage dieser Art wurde von den Griechen im 2. Jahrhundert v. Chr. zur Versorgung der Akropolis von Pergamon gebaut. Das Wasser wurde aus einer 365 Meter hoch gelegenen Quelle quer durch zwei tiefe Taleinschnitte hindurch an den Fuß des Burgberges gebracht und von dort wieder nach oben in die Burg geleitet, an einen Punkt, der 39 Meter unterhalb der Quelle lag.

An zahlreichen »Muffen« aus Stein ließ sich die etwa 3 Kilometer lange Leitungsstraße identifizieren. Da im Trassengrund Spuren von Blei gefunden wurden, nimmt man an, daß die Rohre aus Blei gefertigt waren, wobei man höchstwahrscheinlich rechteckig gehämmerte Bleibleche zu Zylindern formte und zusammenlötete. Diese Rohre wurden in einer Länge von knapp 3,50 Metern und in zehn unterschiedlichen Normweiten hergestellt, mit Manschetten verbunden oder ineinandergesteckt und dann verlötet. Die Pergamon-Leitung mußte außerordentlich sorgfältig gewartet werden, damit der natürliche Wasserdruck, der die Wasserversorgung der Burg sicherstellte, erhalten blieb.

Das berühmteste Wasserversorgungssystem der Antike war das von Rom, wo die ständig wachsende Einwohnerzahl (um 100 n. Chr. war die Millionengrenze erreicht) größte Anstrengungen erforderlich machte, damit der Wasserbedarf gedeckt werden konnte. Der Amtsleiter der Wasserbehörde, der *curator aquarum*, war dementsprechend einer der einflußreichsten Männer der Stadt. 97 n. Chr. wurde in dieses Amt Julius Frontinus berufen, der zuvor Gouverneur von Britannien gewesen war. Frontinus führte zunächst umfangreiche statistische Erhebungen durch. Dabei kam heraus, daß der tägliche Pro-Kopf-Verbrauch bei 1134 Liter lag (sechsmal soviel wie der Verbrauch in einer modernen Großstadt). Ein großer Teil des Wassers ging an den kaiserlichen Haushalt und an die öffentlichen Gebäude und Brunnen. Rund die Hälfte wurde von den Privathaushalten verbraucht.

Ursache des hohen Verbrauchs war nicht so sehr Verschwendungssucht, sondern vielmehr der Umstand, daß die wenigsten Haushalte über Wasserhähne verfügten und das Wasser in unaufhörlichem Strom aus den Leitungen floß. Nach Frontinus' Berechnungen wurden die Kosten für die Wasserversorgung nur zu einem geringen Teil durch die Einnahmen an der Wassersteuer gedeckt, die von allen an das öffentliche Wassernetz angeschlossenen Privathaushalten entrichtet werden mußte. Zur Festsetzung dieser Steuer diente ein mit einem amtlichen Stempel versehener Bronzestutzen, der an der Hauptleitung montiert und und mit den privaten Leitungen aus Blei, Ton oder Holz, die in die einzelnen Haushalte führten, verbunden war. Die Höhe der Steuer wurde nach dem Querschnitt der Durchlauföffnung dieser Stutzen berechnet.

Frontinus deckte bei seinen Untersuchungen auf, daß die Landeigentümer, durch deren Besitz die Aquädukte führten, eine große Menge Wasser illegal zur Bewässerung ihrer Felder abzweigten. Diesen Mißbrauch konnte er unterbinden. Der Korruption in den eigenen Reihen stand er jedoch machtlos gegenüber: Die siebenhundert Sklaven, die zur Wartung des 400 Kilometer langen Leitungsnetzes innerhalb der Stadt angestellt waren, ließen sich das florierende Geschäft mit illegal verlegten, unterirdischen Privatanschlüssen nicht verderben.

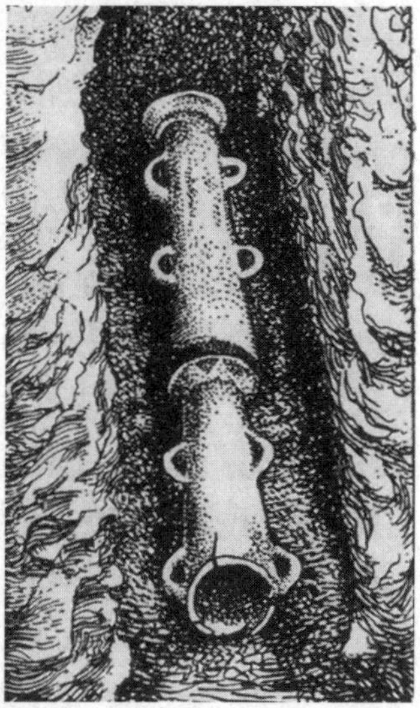

Wasserrohre aus gebranntem Ton, im 2. Jahrtausend v. Chr. im Palast von Knossos auf Kreta installiert.

Auch in anderen Metropolen des Römischen Reiches wurden ständig Versuche unternommen, die öffentliche Wasserversorgung besser unter Kontrolle zu bekommen. Aus Konstantinopel ist eine gesetzliche Vorschrift von 382 n. Chr. bekannt, die drei verschiedene Abmessungen für den Rohrdurchmesser der ans öffentliche Netz angeschlossenen Privatleitungen festlegte: 5 Zentimeter für große Haushalte, 4 Zentimeter für Häuser mittlerer Größe, sofern sie ein Bad besaßen, und 1,5 Zentimeter für kleine Häuser.

Römischer Absperrhahn aus Bronze für beidseitigen Rohranschluß.

Mit dem Niedergang des Römischen Reiches brach auch das öffentliche Wasserversorgungssystem zusammen. Private Haushalte, insbesondere die Klöster, hielten die Tradition am Leben. Der Versuch, eine ganze Stadt mit Wasser zu versorgen, wurde erst wieder am Ende des 12. Jahrhunderts aufgenommen, als man in Paris anfing, ein Leitungsnetz zu verlegen.

Wohnblocks

Wohnhäuser mit Hunderten von Bewohnern, wie sie das Bild unserer modernen Städte prägen, sind keineswegs eine neue Erscheinung. Rom beispielsweise war bereits im 4. Jahrhundert v. Chr. so dicht bevölkert, daß der Bau mehrstöckiger Wohnhäuser unumgänglich wurde. Bei Vitruv, einem römischen Architekten des 1. Jahrhunderts v. Chr., läßt sich nachlesen, daß dahinter von Anfang an eine planerische Absicht stand:

»Angesichts der hohen Bedeutung Roms und des grenzenlosen Wachstums seiner Bürgerschaft ergab sich die Notwendigkeit, Wohnungen in sehr großer Zahl bereitzustellen. ... Dieses Problem ließ sich nur dadurch lösen, daß in die Höhe gebaut wurde. Mit Natursteinpfeilern, Pfeilergalerien aus Ziegelstein und Betonwänden lassen sich mehrstöckige Häuser mit annehmbaren Wohnungen bauen. Auf diese Weise konnte dafür gesorgt werden, daß das Volk von Rom hervorragend untergebracht war.«

Andere römische Autoren sahen die Entwicklung weniger optimistisch und warnten vor Einsturz- und Brandgefahr. Tatsächlich wurden die ersten römischen Wohnblocks in Leichtbauweise errichtet. Die Wände bestanden aus Fachwerk mit einer dünnen Verkleidung aus luftgetrockneten Lehmziegeln. Die einzelnen Geschosse waren durch Holztreppen verbunden. Nur bei Prestigebauten wurde ab dem 3. Jahrhundert v. Chr. auch der hochwertige römische Mörtel verwendet. Dieser Mörtel bestand aus einem Gemisch von Baukalk, Sand und Kies und wurde mit Vulkanasche, den sogenannten *puzzolanen*, versetzt. Das ergab einen Mörtel, der wasserbeständig und hart wie Fels war.

Allem Anschein nach wurden in Rom und der Hafenstadt Ostia, ebenso wie auch in vielen anderen Städten des Imperiums, die Mehrfamilienhäuser generell im Stadtzentrum über den Läden errichtet. Sie waren direkt von der Straße aus über steile Treppen zugänglich. Das Wasser mußte in Eimern von der öffentlichen Wasserleitung im Parterre in die oberen Stockwerke geschleppt werden. Rohre mit ausreichendem Wasserdruck zur Versorgung der oberen Stockwerke wurden nur in den teuersten Mietshäusern verlegt. Auch ein Abtritt gehörte nur in den wohlhabenderen Häusern zur Standardausstattung einer jeden Wohnung und war durch ein Abflußrohr mit der öffentlichen Kanalisation verbunden. Zur Spülung diente, sofern keine Leitung verlegt war, ein Eimer mit Wasser.

Rekonstruktion eines Mietshauses in Ostia, der Hafenstadt des antiken Roms, mit der typischen Ladenzeile im Erdgeschoß des Gebäudes.

Über die maximale Bauhöhe der römischen Wohnblocks geben die Quellen keine eindeutige Auskunft. Ein merkwürdiges Ereignis ist bei dem Historiker Livius vermerkt und gibt einen Hinweis: Im Jahr 218 v. Chr., beim Anmarsch Hannibals auf Rom, soll aus dem dritten Stock eines Wohnblocks ein Ochse auf das Forum Boarium gefallen sein. Wesentlich stichhaltiger ist die Information aus der Stadt Herculaneum, die beim Ausbruch des Vesuvs im Jahr 79 n. Chr. vollständig verschüttet wurde. Bei Grabungen kamen aus der Vulkanasche die Reste eines Wohnblocks zum Vorschein. Die Frontseite maß 80 Meter in der Breite und war bis zu einer Höhe von 12 Metern erhalten. Bauliche Verstärkungen am Fundament lassen jedoch darauf schließen, daß das Gebäude ursprünglich viel höher gewesen ist. Ein dritter Hinweis über die Bauhöhe von Wohnblocks stammt aus einem römischen Brief, der in der ägytischen Stadt Hermopolis gefunden wurde und detaillierte Anweisungen für den Bau eines siebenstöckigen Wohnblocks enthält.

Erste Sicherungsmaßnahmen gegen die Einsturzgefahr wurden von Kaiser Nero nach der verheerenden Feuersbrunst im Jahr 64 n. Chr. unternommen. Die Höhe von Neubauten wurde auf 20 Meter beschränkt, was allerdings immer noch den Bau von sechs- bis siebenstöckigen Wohnblocks erlaubte. Unter Kaiser Trajan

Pueblo Bonito, Wohnanlage der indianischen Anasazi-Kultur im Chaco-Canyon in New Mexico, errichtet um 1000 n. Chr.

wurde die maximale Bauhöhe im 2. Jahrhundert n. Chr. auf 18 Meter herabgesetzt. Erst danach entstanden Wohnblocks, die im Sinne von Vitruv als »hervorragend« bezeichnet werden konnten. Sie waren durchweg gemauert, häufig sogar mit Marmor verkleidet und wurden auch von wohlhabenden Bürgern bewohnt.

Nach dem Niedergang Roms ließ im Westen der Bevölkerungsdruck stark nach. Der Bau von Wohnblocks wurde eingestellt und kam erst im 13. Jahrhundert wieder auf. Noch heute existieren in der Hafenstadt Akkon fünfstöckige Wohnhäuser, die zur Zeit der Kreuzzüge errichtet wurden.

Zur gleichen Zeit wurden auch in Nordamerika große Blockbauten errichtet. Pueblo Bonito, um 1000 n. Chr. gebaut, ist die eindrucksvollste von insgesamt neun riesigen, D-förmigen Wohnanlagen im Chaco-Canyon in New Mexico. Der Bau erstreckt sich über eine Grundfläche von 170 auf 90 Meter, enthielt wenigstens 800 Räume und wurde vermutlich von 1200 Menschen bewohnt. Die in Stufen angelegte Außenwand, die an der Rückseite vier Stockwerke hoch war, machte es möglich, die Dächer der niedriger gelegenen Wohnungen als Terrassen zu nutzen. Pueblo Bonito war lange Zeit die größte Wohnanlage Nordamerikas und wurde erst gegen Ende des 19. Jahrhunderts von den Wolkenkratzern New Yorks übertroffen.

Feuerlöscher

Brände waren in den antiken Städten an der Tagesordnung. Technischer Fortschritt in der Brandbekämpfung ist den Erfindern aus Alexandria zu verdanken (vgl. die **Einleitung** zum Kapitel **High-Tech**). Der Ingenieur Ktesibios lieferte im 3. Jahrhundert v. Chr. mit dem Entwurf einer Pumpe die Grundlage für das wichtigste Feuerlöschgerät, die Wasserspritze. Heron gelang mit einem verbesserten Modell im 1. Jahrhundert v. Chr. der entscheidende Durchbruch. Er erfand die Wiegepumpe mit zwei Kolben und stattete sie mit einer drehbaren Spritze aus, so daß sich die Richtung des Wasserstrahls steuern ließ. Daß diese Erfindung auch tatsächlich in der Praxis genutzt wurde, beweisen Funde römischer Feuerlöschgeräte in Bolsena und Silchester, die genauso gebaut waren.

Aber auch mit diesen leistungsfähigen Spritzen konnte nicht verhindert werden, daß es immer wieder zu verheerenden Feuersbrünsten kam. In Rom, wo die Heronschen Pumpen ebenfalls eingesetzt wurden, hatte man Sklaven zur Brandbekämpfung abgestellt, die sogenannte *familia publica*. Sie kamen meist mit großer Verspätung an den Brandort. Das hatte zur Folge, daß private Feuerwehren aufgestellt wurden. Der reiche Crassus beispielsweise verdiente viel Geld mit gut ausgebildeten Sklaven, die bei Feueralarm sofort zur Stelle waren und dem Hauseigentümer das Angebot machten, das brennende Haus zu kaufen. Zögerte er, hielt sich die Feuerwehrtruppe zurück und verringerte das Angebot. Erst wenn der Eigentümer in den Verkauf eingewilligt hatte, traten die Feuerwehrleute in Aktion.

Als im Jahr 6 n. Chr. ein ganzes Viertel Roms niederbrannte, wurden die *vigiles* ins Leben gerufen, eine Feuerwehr, die aus siebentausend freigelassenen Sklaven bestand, denen das Bürgerrecht zugesichert wurde, wenn sie eine sechsjährige Dienstzeit absolvierten. Hundert Jahre später bewarben sich auch freie Bürger um eine Stellung bei der Feuerwehr, da die *vigiles* sich zu dieser Zeit den Ruf einer militärischen Eliteeinheit verschafft hatten. Sie waren berechtigt, beim geringsten Brandverdacht auch gewaltsam in Wohnhäuser einzudringen. Die Hauptleute waren sogar ermächtigt, Hauseigentümer, die ein Feuer durch Leichtsinn verursacht hatten, auspeitschen zu lassen.

Vierhundert Jahre lang waren die *vigiles* äußerst erfolgreich in der Brandbekämpfung. Es gab in dieser Zeit nur eine einzige große Brandkatastrophe, nämlich den Stadtbrand des Jahres 64 n. Chr.

Und was dieses Großfeuer angeht, wird spekuliert, daß die *vigiles* absichtlich nicht eingriffen, weil sie durch allerhöchste Befehle des Kaisers Nero zurückgehalten wurden. Nero habe die Gelegenheit nutzen wollen, um Rom neu aufbauen und seine großartigen architektonischen Ideen verwirklichen zu können.

Erstaunlicherweise fand das effektive Feuerwehrsystem Roms in den anderen Städten des Imperiums keine Nachahmung. Ausschlaggebend dafür waren ganz offensichtlich politische Motive,

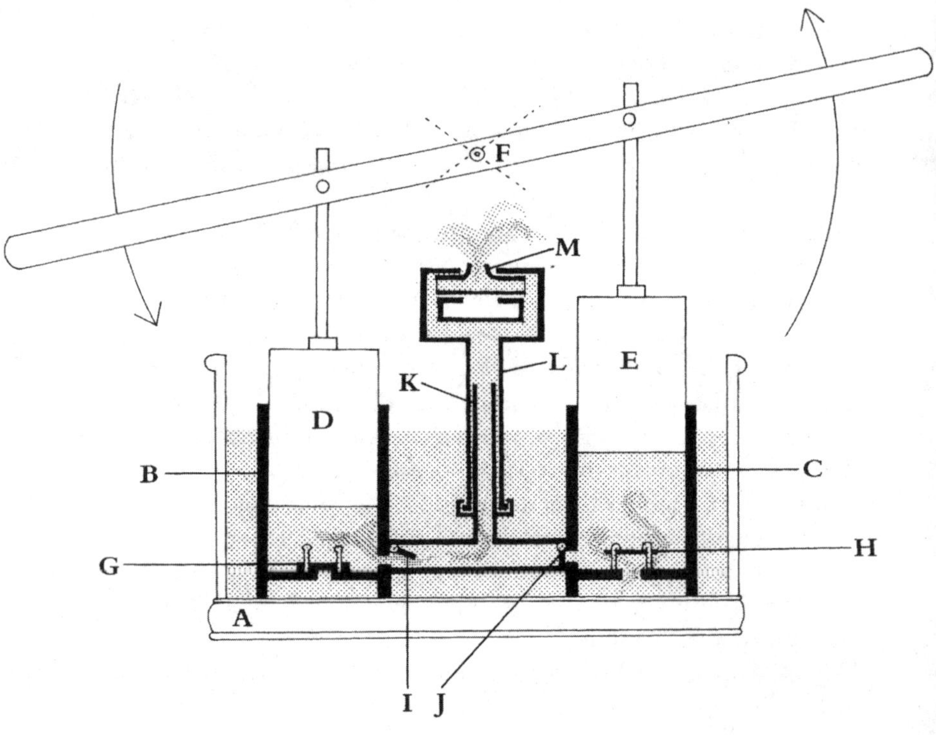

Handfeuerspritze von Heron von Alexandria. Das Gerät war in einem Wassertank (A) installiert und konnte auf einem Wagen zum Brandort transportiert werden. In zwei Zylindern (B und C) bewegten sich, von einer Pleuelstange (F) angetrieben, zwei Pumpkolben (D und E) in gegensätzlicher Richtung auf und ab. In dem Zylinder, dessen Kolben sich nach oben bewegte, öffnete sich ein Bodenventil (H), so daß Wasser aus dem Tank (A) angesaugt wurde. Gleichzeitig bewegte sich der Kolben im zweiten Zylinder nach unten. Dadurch wurde das Bodenventil (G) geschlossen und ein seitliches Klappenventil (I und J) in der Zylinderwand geöffnet, so daß das angesaugte Wasser in den Mittelkessel und durch das Spritzrohr (K und L) mit der beweglichen Öffnung (M) gedrückt werden konnte. Das Spritzrohr bestand aus zwei Teilen, die durch ein Spezialgelenk miteinander verbunden waren, so daß es sich in jede gewünschte Richtung drehen ließ.

wie einem Briefwechsel aus dem 2. Jahrhundert n. Chr. zwischen Plinius dem Jüngeren, dem Sohn des Verfassers der *Naturgeschichte*, und Kaiser Trajan zu entnehmen ist. Plinius, Statthalter der Provinz Bithynien (Nordwesttürkei), hatte eigenmächtig eine Feuerwehr gegründet, nachdem eine Reihe von Bränden aus Mangel an Löschgeräten und fehlender Einsatzbereitschaft der Bevölkerung außer Kontrolle geraten war. Kaiser Trajan maßregelte ihn daraufhin, weil er die Folgen einer Brandkatastrophe geringer einschätzte als die politischen Gefahren, die von einer Gruppe gut organisierter Männer drohten.

»Der Fall ist eingetreten, Plinius, daß Du nach dem Beispiel anderer Städte die Einrichtung einer Feuerwehr ins Auge faßt. Ich darf Dich bei dieser Gelegenheit daran erinnern ... daß Deine gesamte Provinz von Unruhen heimgesucht wird, die genau von solchen Männervereinigungen ausgehen. Ein festes Männerbündnis, egal wie Du es nennst oder wie gut der Zweck ist, dem es dient, wird sich immer zu einer politischen Organisation ausweiten ...«

Der Bedarf an Feuerlöschgeräten und Feuerwehren nahm mit dem Ende des Römischen Reiches und dem gleichzeitigen Verfall der großen Städte im Westen ab. Die Feuerlöschtechniken wurden nicht weiter überliefert, so daß die schnell wachsenden Städte des Mittelalters den Brandkatastrophen zunächst weitgehend hilflos ausgeliefert waren. Erst im ausgehenden 15. Jahrhundert wurden die wichtigsten Löschgeräte wieder neu erfunden, wobei die angewandte Technik im wesentlichen auf den gleichen Prinzipien basierte, die Ktesibios schon 1700 Jahre zuvor gefunden hatte.

Banken

Mit großer Wahrscheinlichkeit liegen die Ursprünge des Bankwesens in Mesopotamien. Und es spricht einiges dafür, daß die ersten Darlehensgeschäfte im 2. Jahrtausend v. Chr. mit dem Geld von Prostituierten, nämlich den geheiligten Tempeldirnen Babylons, die innerhalb der Tempelumfriedung ihr Gewerbe betrieben, getätigt wurden. Die beträchtlichen Einnahmen, die sie anhäuften, wurden gewinnbringend an Geschäftsleute ausgeliehen, wobei die Priester und ihre Familien als Makler fungierten. Auch im alten Griechenland waren die Tempel Ausgangspunkte für das Bankwesen und dienten anfangs als Depots für die Vermögen der Reichen, später zunehmend auch als geldverleihende Institutionen.

Das eigentliche Bankgewerbe setzte erst im 7. Jahrhundert v. Chr. in Babylon ein und etablierte sich innerhalb eines Jahrhunderts zum ausgereiften Wirtschaftszweig. Knapp und unmißverständlich war die Rechtsgrundlage für Darlehensgeschäfte, die akribisch genau auf kleinen Tontafeln registriert wurden: War der Leumund des Schuldners gut, wurde ohne zusätzliche Vereinbarung eine fristgebundene Rückzahlung der Darlehenssumme mit einem Zinsaufschlag von 20 bis 30 Prozent pro Jahr festgesetzt. Hatte der Schuldner einen eher zweifelhaften Ruf, wurde kein Zinsaufschlag erhoben. Statt dessen ließ sich die Bank Nutzungsrechte über Vermögenswerte des Schuldners, wie beispielsweise Häuser, Grundstücke oder Sklaven, als Pfand übertragen. Damit sicherte sie sich ihren Gewinn bis zum vereinbarten Rückzahlungstermin. Erfolgte die Rückzahlung der Darlehenssumme zum fälligen Zeitpunkt nicht, so gingen die zur Nutzung überstellten Vermögenswerte automatisch in das Eigentum der Bank über. Es muß damals viele säumige Schuldner gegeben haben, wie sich an der Anzahl der erhaltenen Tontafeln ablesen läßt. Da es üblich war, die Tafeln nach erfolgter Rückzahlung zu zerbrechen, müssen die erhalten gebliebenen Exemplare diejenigen Schuldner repräsentieren, die ihr Vermögen an die Bank verloren haben.

Unter derart günstigen Konditionen konnten private Bankiers riesige Vermögen anhäufen, so daß selbst die Schätze der Tempel dagegen verblaßten. Berüchtigt war vor allem der Murashu-Clan aus Nippur (Südirak), der im 5. Jahrhundert v. Chr. 40 bis 70 Prozent Zinsen von Landbesitzern erpreßte, die sich mit Hilfe eines Darlehens von der übermäßigen Steuerlast der persischen Regierung zu befreien versuchten. Als Folge davon ging ein Großteil der Ländereien um Nippur, ebenso wie ein Großteil des Viehbestands und der Fischgründe, in das Eigentum der Murashu über. Nach spektakulären Korruptionsaffären und Grundstücksbetrügereien wurde im Jahr 417 v. Chr. die Schließung der Bank erzwungen.

Ein hochentwickeltes, staatliches Bankensystem mit Tausenden von Beamten etablierte sich unter den Ptolemäischen Königen in Ägypten (vgl. die **Einleitungen** zu den Kapiteln **High-Tech** und **Kommunikation**). In Alexandria gab es eine Zentralbank, die über ein Netz von Filialen in allen Provinzhauptstädten und in vielen Kleinstädten verbunden war. Die eigentliche Aufgabe dieser Banken war das Eintreiben und die Verwaltung der staatlichen Steuern. Sie fungierten aber auch als Depositen- und Geschäftsbanken für Privatkunden. Dienstleistungsgeschäfte wurden zur Haupteinnahmequelle der Banken und erwiesen sich als noch lukrativer als das Darlehensgeschäft.

Im Römischen Reich gab es das System kleiner Privatbanken, das im wesentlichen in den Händen griechischer Kaufleute lag. In der Kaiserzeit wurden die Banken unter staatliche Kontrolle gestellt und in Zwangsgenossenschaften zusammengeschlossen, was die Einnahmen der Bankiers wahrscheinlich ganz wesentlich verringerte. Mit dem Fall des Römischen Reiches gingen in Europa auch alle Banken unter.

In den islamischen Ländern entwickelte sich ein fortschrittliches Bankensystem. Den Quellen zufolge gab es im 9. Jahrhundert n. Chr. mehrere Bankhäuser, die ihren Hauptsitz in Bagdad hatten und Zweigstellen in anderen Städten der muslimischen Welt unterhielten. Bevorzugtes Zahlungsmittel zwischen den Banken war der Scheck (arabisch *sakk*), der durch Schuldverschreibungen abgesichert und in der Form eines Kreditbriefes abgefaßt war. Auf diese Weise konnte sich der Kunde einen Scheck in Bagdad ausstellen lassen und ihn im weit entfernten Marokko einlösen. Die Bankgeschäfte in den muslimischen Ländern wurden meist von Christen oder Juden abgewickelt, da es der Koran verbot, vom Schuldner mehr Geld zurückzuverlangen, als er gezahlt hatte.

Das Wiedererstehen des europäischen Bankwesens läßt sich auf das Jahr 808 n. Chr. datieren, als sich jüdische Kaufleute in Norditalien zu einem Verband zusammenschlossen, der als Vorläufer einer Depositenbank gelten kann. Banken im heutigen Sinn kamen im späten 12. Jahrhundert in Venedig auf, als den Bürgern eine besondere Kriegssteuer auferlegt wurde. Der eingesammelte Geldhaufen (mittelhochdeutsch *banck*) wurde von einem speziellen Komitee verwaltet, das danach allmählich die Funktionen einer Bank übernahm.

Münzen und Papiergeld

Nach offizieller Lesart beginnt die Geschichte des Geldes im späten 7. Jahrhundert v. Chr. mit der Einführung der ersten Metallmünzen. Daß die komplexen Stadtgesellschaften des Altertums vorher jahrtausendelang ohne ein vergleichbares Tauschmittel ausgekommen sein sollen, ist allerdings kaum vorstellbar. Der einfache Tauschhandel, bei dem beispielsweise eine Ziege gegen den entsprechenden Wert in Korn getauscht wird, war ja in den Städten kaum praktikabel. Tatsächlich hat das Geld eine lange Vorgeschichte.

Als ältestes Zahlungsmittel gilt die Kaurimuschel. Aus Inschriften auf chinesischen Bronzevasen aus der Shang-Zeit (um 1500 bis 1000 v. Chr.) läßt sich schließen, daß Schnüre mit Kaurimuscheln als wertvolles Geschenk angesehen wurden. Ganz offensichtlich war die Kauri-Schnur, die aus fünf bis zehn Muscheln bestand, während der Shang-Zeit eine Währungseinheit. Das Grab der Kaiserin Fu Hao in An-yang, der Hauptstadt der Shang, enthielt mehr als 7000 Kauris, die offenbar ein großes Vermögen darstellten. Selbst nach der Einführung des Münzgeldes behielt die Kaurimuschel noch ihren Wert: Im Königreich Tsu im heutigen Honan wurden Münzen eingeführt, die Kaurimuscheln nachgebildet waren.

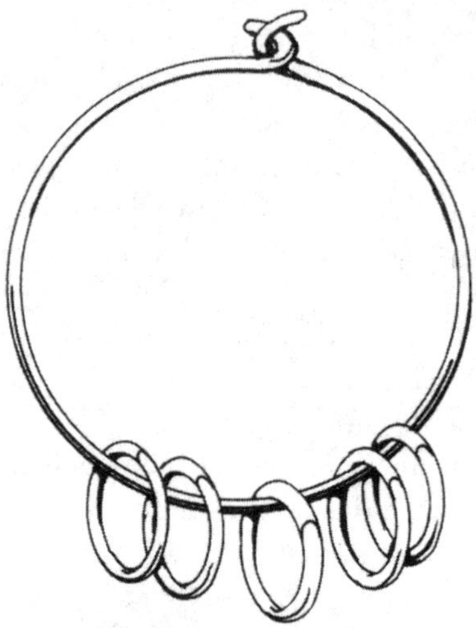

Ägyptische Ringwährung. Das »Kleingeld« wurde auf einen größeren Ring aufgezogen und konnte auf diese Weise bequem um den Hals getragen werden.

Dem gemünzten Geld schon etwas näher kam die sogenannte Ringwährung, die im 2. Jahrtausend v. Chr. in Ägypten und Mesopotamien in Gebrauch kam. Dabei wurde der Tauschwert einer Ware an einer bestimmten Anzahl von Bronzeringen bemessen, die, auf einen größeren Ring aufgezogen, bequem herumgetragen werden konnten. In Zweifelsfällen ließ sich der Wert dieser Bronzeringe durch Auswiegen überprüfen, wobei die Gewichte geeicht und die Reinheit des Metalls durch staatliche Stempel garantiert waren. Diese staatlichen Qualitätsstempel bildeten gewissermaßen die Vorstufe zum eigentlichen Münzgeld.

Erste münzenartige Zahlungsmittel entstanden in Assyrien. Unter König Sanherib (705–681 v. Chr.) kamen silberne Halbschekel-Stücke in Umlauf, denen wahrscheinlich ein Porträt der Göttin Ishtar aufgeprägt war, weil sie als »Ishtar-Köpfe« bezeichnet wurden.

Die ersten echten Münzen sollen um 650 v. Chr. in Lydien im Osten der heutigen Türkei geprägt worden sein. Schriftliche Quellen berichten von bohnenförmigen Metallstücken aus Elektron, einer in den Flüssen Lydiens natürlich vorkommenden Legierung aus Gold und Silber, die auf der einen Seite mit einem Löwen, dem

Wappentier Lydiens, geprägt waren und auf der anderen Seite einen Stempelaufdruck trugen, der das Gewicht und die Reinheit des Metalls garantierte. Von Lydien aus soll sich das neue Zahlungsmittel ziemlich rasch nach Westen in die griechischen Stadtstaaten und nach Osten in den persischen Machtbereich ausgebreitet haben.

Auch Indien kann als Ursprungsland der Metallmünze angesehen werden. Die ersten indischen Münzen wurden im 7. Jahrhundert v. Chr. im Magadha-Reich geprägt. Es waren kleine gehämmerte Barren oder Plättchen aus Silber, in die wie bei den lydischen Münzen amtliche Stempel eingeschlagen waren.

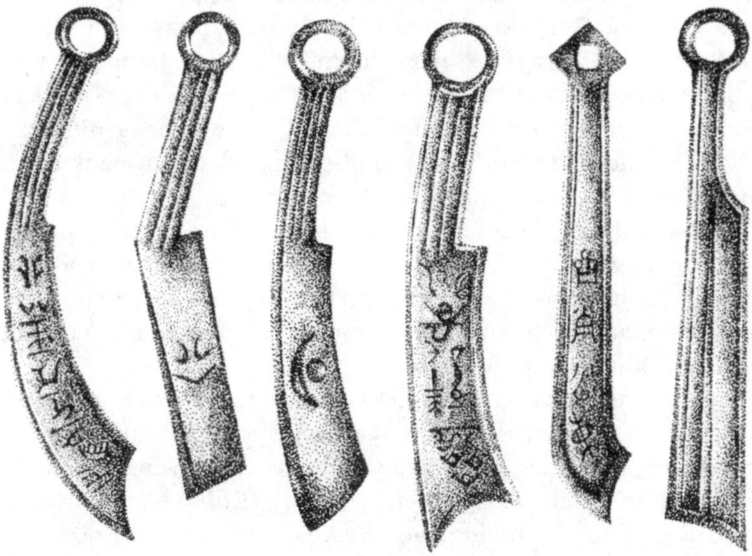

Messerförmige Gußmünzen von etwa 2 Zentimeter Länge aus der Chou-Zeit.

In China wurden die Münzen nicht geschlagen und geprägt, sondern gegossen. Die ältesten messerförmigen Exemplare lassen sich bis ins 9. Jahrhundert v. Chr. zurückverfolgen und stammen aus dem Ch'i-Reich an der Pazifikküste. Die Chou-Dynastie kopierte die Idee und brachte spatenförmige Münzen in Umlauf. Schriftlich belegt und eindeutig datierbar ist das chinesische Münzgeld erstmals 524 v. Chr., als von den Chou-Herrschern eine Währungsreform durchgeführt wurde. Die Goldmünzen des Chou-Staates, die von 500 v. Chr. bis 200 v. Chr. in China geprägt wurden, sind eine Ausnahme. Alle anderen chinesischen Münzen wurden bis in die Neuzeit hinein nicht geprägt, sondern gegossen.

Kaum war die Münze erfunden, gab es auch schon die ersten

Fälle von Falschmünzerei. Das älteste erhaltene Falschgeld ist eine Kopie einer Silbermünze aus dem 6. Jahrhundert v. Chr. von der griechischen Insel Ägina.

»Fliegendes Geld«

Das Papiergeld ist unzweifelhaft eine chinesische Erfindung. Zum ersten Mal wurde es unter Kaiser Han Wu-ti (140–87 v. Chr.) in Umlauf gebracht, als die anhaltenden Kämpfe gegen die Hunnen im Norden die Goldreserven erschöpft hatten. Private Münzpächter hatten den Wert des Geldes durch billigere Legierungen vermindert, wodurch das Vertrauen in die Währung stark erschüttert wurde. Kaiser Wu-ti ließ daraufhin einen Großteil des gemünzten Geldes aus dem Verkehr ziehen und ersetzte es durch Banknoten mit einem Nennwert von jeweils 400000 Kupfermünzen. Die Noten, die aus dem Leder einer sehr selten vorkommenden Hirschart gefertigt wurden, waren etwa 30 Quadratzentimeter groß und trugen ein unverwechselbares Muster. Da der Nachschub an Hirschhäuten jedoch begrenzt war, scheiterte dieser erste Versuch einer zentralisierten Geldwirtschaft.

Ein zweiter Anlauf, Papiergeld einzuführen, wurde um 800 n. Chr. unternommen. Die damals ausgegebenen Banknoten, auch »fliegendes Geld« genannt, stellten jedoch kein beliebig einsetzbares Zahlungsmittel dar. Es waren vielmehr Zertifikate, die von Privatbanken gegen Einzahlung von Bargeld ausgestellt wurden. Mit einem solchen Zertifikat konnte ein Kaufmann von der Hauptstadt in seine Heimatprovinz reisen und sich den jeweiligen Geldbetrag von der dortigen Filiale der Bank auszahlen lassen. Damit wurde verhindert, daß das Geld Straßenräubern in die Hände fiel. Das System erwies sich als so praktikabel, daß es im Jahr 812 n. Chr. vom Staat übernommen wurde.

Um 1000 n. Chr. begannen chinesische Bankhäuser, voll konvertierbare, staatlich lizensierte Banknoten auszugeben, die allerdings 1023 vom Staat wieder eingezogen und durch eigene Noten ersetzt wurden, die von da an die geltende Währung darstellten. Auf diesen Banknoten war die Gültigkeitsdauer vermerkt, die in der Regel auf drei Jahre begrenzt war, wobei sich der Geldumlauf um so mehr beschleunigte, je näher das Verfallsdatum rückte.

Wie bei den Münzen gab es auch beim Papiergeld schon sehr bald die ersten Fälschungsversuche. 1183 n. Chr. wurde in China ein Fälscher, der in sechsmonatiger Arbeit 2600 Blüten gedruckt hatte, zum Tode verurteilt. Das Papiergeld breitete sich unterdes-

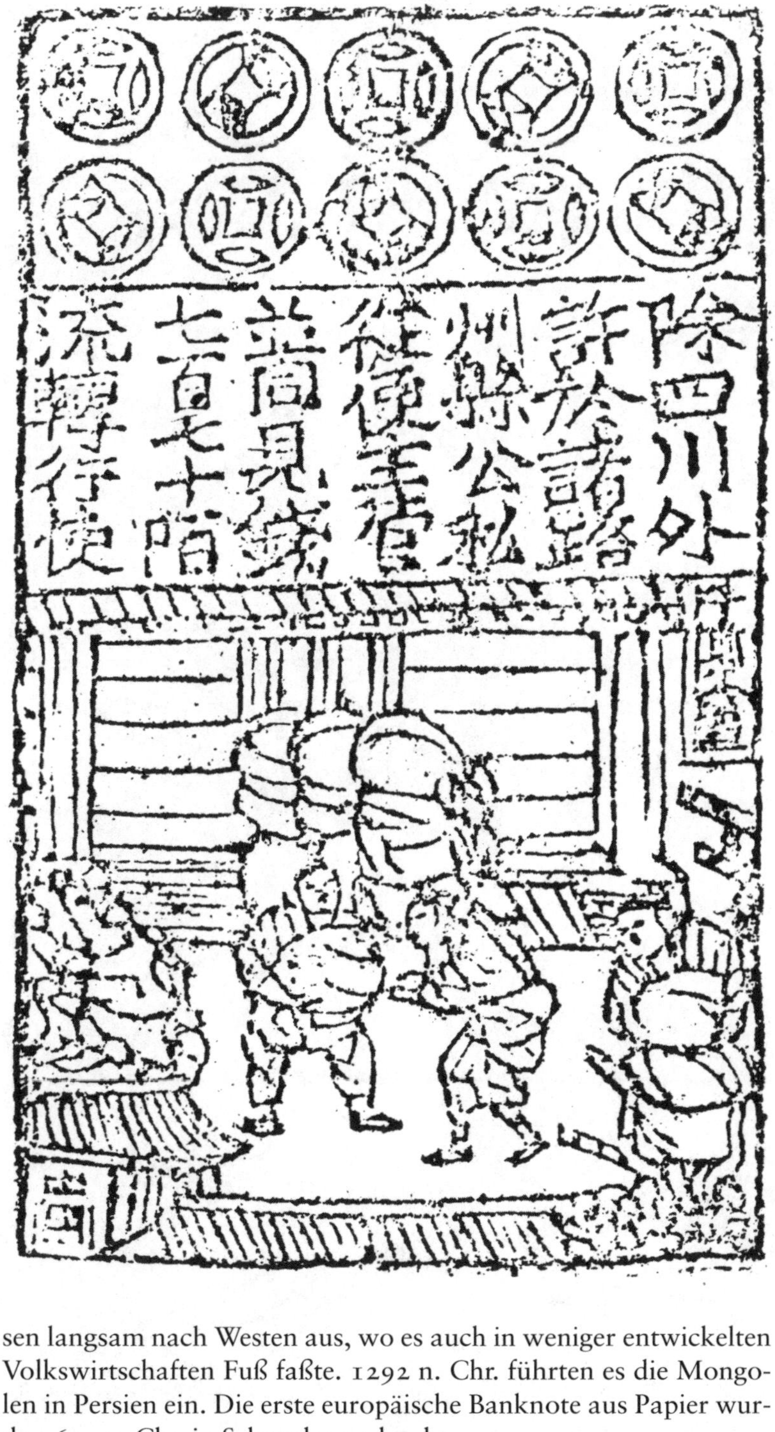

Abzug von dem ältesten bekannten Druckstock für Papiergeld. China, 11. Jahrhundert n. Chr.

sen langsam nach Westen aus, wo es auch in weniger entwickelten Volkswirtschaften Fuß faßte. 1292 n. Chr. führten es die Mongolen in Persien ein. Die erste europäische Banknote aus Papier wurde 1601 n. Chr. in Schweden gedruckt.

Kapitel 9

Land-bearbeitung

Einleitung

Bevor der Mensch die Erde erkundete, war sie nichts als Natur. Dann aber änderte sich das Bild, das Bestreben, sich die Erde mit Hilfe der Technik untertan zu machen und auszubeuten, bestimmte fortan die Entwicklungsgeschichte der Menschheit.

Schon indem er die Hand nach Nahrung ausstreckte, betätigte sich der Mensch als Sammler. Und die frühesten uns erhaltenen Werkzeuge – Steinäxte und Schaber, mit denen er tötete, Fleisch zerkleinerte und Häute abschabte – zeigen ihn als Jäger. Doch sollten wir uns davor hüten, allein die Großwildjagd als Motor technologischen Fortschritts zu sehen. Archäologische Zeugnisse geben in dieser Hinsicht ein verzerrtes Bild. Zum Sammeln von Beeren, Früchten, Larven und Krustentieren benötigt man kaum Werkzeuge (geflochtene Körbe oder Lederbeutel genügen), und Waffen aus Stein oder Tierknochen überdauern viel länger.

Differenziertere Werkzeuge wurden erst im Paläolithikum entwickelt. Der Bumerang etwa, den wir vor allem mit den Eingeborenen Australiens in Verbindung bringen, wurde dort, wie archäologische Zeugnisse beweisen, bereits vor 10000 Jahren als Waffe benutzt, ebenso wie von den Jägern der Frühzeit auf nahezu jedem anderen Kontinent. Der älteste Bumerang entstand vor 21000 Jahren und wurde in der Oblazowa-Felsenhöhle in Südpolen entdeckt. Er ist aus Holz und hat eine Spannweite von 71 Zentimetern. Etwa um die gleiche Zeit müssen Pfeil und Bogen erfunden worden sein. In Parpalló in Südspanien hat man die bislang ältesten Pfeilspitzen aus Feuerstein, rund 18000 Jahre alt, gefunden. Die ältesten Angelhaken sind 14000 Jahre alt und stammen aus steinzeitlichen Siedlungen in Europa und dem südlichen Afrika.

Erst viel später wurde die Jagd zu einem Zeitvertreib für müßige Wohlhabende, zum Beispiel die Könige des Vorderen Orients, die regelmäßig auf Safari gingen. Im Norden Syriens hielt man zu diesem Zweck Elefantenherden in großen Parks. Von Tiglath-pileser I. von Assyrien (1115–1077 v. Chr.) wissen wir, daß er ein passionierter Jäger war. Inschriften berichten, daß er 120 Löwen zu Fuß und 800 von seinem Wagen aus erlegte. Auf einer einzigen Safari tötete er vier wilde Stiere und zehn »mächtige Elefantenbullen«. Ein andermal war er per Schiff auf dem Mittelmeer unterwegs und tötete einen Narwal. Die römische Oberschicht war weniger sportlich: Sie importierte exotische Tiere zu Tausenden aus allen Winkeln des Reiches und sah begeistert zu, wie sie in den Arenen abgeschlachtet wurden.

Landwirtschaft in unserem Sinne entstand erst während der Jungsteinzeit. Man hat dieses Phänomen als »Neolithische Revolution« bezeichnet, ein Prozeß, der allerdings sehr viel langsamer vonstatten ging, als diese Bezeichnung nahelegt.

Gegen Ende der letzten Eiszeit, rund 10 000 v. Chr., haben Bauern im Vorderen Orient erstmals Getreide mit Sicheln aus Feuerstein geerntet und die Körner dann in Steinmörsern zermahlen. Um 9000 v. Chr. hatte sich das intensive Ernten von Getreide bis zu Siedlungen in Nordsyrien ausgebreitet, die außerhalb des natürlichen Verbreitungsgebiets dieser Pflanzen lagen. Das heißt, daß das Getreide von Menschen gezielt dort ausgesät worden war. Der letzte Schritt zur Domestizierung von Getreidearten muß dann um 8000 v. Chr. erfolgt sein. Körner, die man in Speichern in Jericho (Palästina) und anderen Siedlungen im Iran und in Syrien gefunden hat, sind deutlich größer als jene, die die Wildformen hervorbringen.

Ernteszene aus dem Grab des Menna in Theben. Getreide wird geschnitten und zum Dreschplatz gebracht, wo es noch einmal geharkt wird, bevor Rinder die Körner aus den Ähren stampfen. Nachdem sie geworfelt wurden, werden die Erträge von einem Schreiber aufgelistet.

Weitere Pflanzen und Tiere wurden im Vorderen Orient und anderswo in ähnlicher Weise domestiziert:

Erbsen und Linsen im Südiran, in Nordsyrien, Jericho und Israel um 8000 v. Chr.

Bohnen und Kürbis in verschiedenen Teilen Südamerikas um 7500 v. Chr.

Taro in Neu-Guinea um 7000 v. Chr.

Schafe und Ziegen in Nordsyrien um 7000 v. Chr.

Reis in China um 7000 v. Chr.

Rinder und Schweine im Süden der Türkei seit 6500 v. Chr.

Auf ägyptischen Grabbildern von 1900 v. Chr. sind sogar abgerichtete Affen als Erntehelfer dargestellt.

Kartoffeln im Chilca-Tal, unweit von Lima (Peru), um 6000 v. Chr.

Diese Angaben entsprechen dem jetzigen Erkenntnisstand, doch neue Funde lassen auf immer frühere Datierungen schließen. So haben neueste Forschungen ergeben, daß das Pferd schon Tausende von Jahren vor den hier aufgelisteten Tieren vom Menschen gezähmt wurde (vgl. die **Einleitung** zum Kapitel **Transport und Verkehr**).

Das Domestizieren von Pflanzen und Tieren ging Hand in Hand. Das im Herbst geerntete Getreide brachte die Herden durch den Winter, während der Mist der Pflanzenfresser der beste Dünger war. Mit der Einführung des Pflügens verbesserte sich der Ernteertrag. Die einfachste Form des Pfluges ist auf einer piktographischen Darstellung von ca. 3000 v. Chr. aus Uruk im Irak abgebildet. Zu etwa derselben Zeit wurden in vielen Gegenden Europas, einschließlich Britanniens, Pflüge von Ochsen gezogen. Sie hinterließen Furchen im Erdreich, die die Archäologen heute in mühsamer Arbeit freilegen. Tiere wurden für das bäuerliche Leben unentbehrlich, und die Nutzung ihrer Produkte (Milch, Wolle) und Fertigkeiten brachte eine zweite technologische Revolution. Von Abbildungen in ägyptischen Gräbern wissen wir, daß Affen um 1900 v. Chr. dazu abgerichtet wurden, den Menschen die Früchte von den Bäumen zu holen.

Ihr botanisches Wissen eigneten sich unsere Vorfahren durch Beobachtung und Ausprobieren an. So wußten etwa die alten Babylonier 2000 v. Chr. bereits um die Zweigeschlechtlichkeit der

Assyrische Skulptur aus dem 9. Jahrhundert v. Chr. Eine geflügelte Genie nimmt die ritualisierte Befruchtung einer Palme vor, indem sie männliche und weibliche Blüte zusammenbringt.

Dattelpalme, eine Erkenntnis, der die theoretische Bestätigung erst 1694 n. Chr. folgte.

Die andere wichtige Grundlage für die Landwirtschaft ist das Wasser, und es gehört zu den frühen technischen Meisterleistungen, es dort verfügbar zu machen, wo es fehlte. Die ersten Bewässerungsanlagen der Welt wurden vermutlich bei Geokysur in Südrußland gegraben. Dort findet sich ein Kanalsystem von 2,4 Kilometer Länge, mit Gräben von 1,2 Meter Tiefe und bis zu 3,5 Meter Breite.

Um 2800 v. Chr. wurde in Ägypten ein »Bewässerungsamt« eingerichtet, das den Bau des ersten Staudamms der Welt überwachte, des Sadd al-Kafara (»Damm der Heiden«) bei Helwan, 32 Kilometer südlich von Kairo. Seine Überreste sind noch heute erhalten. Er war 106 Meter lang und erhob sich bis zu einer Höhe von 11 Metern über das Niveau des Tals. Sein stabiles Fundament bilden zwei Mauern aus importiertem Holz, die an der Basis 24 Meter dick sind. Die dazwischen liegende, 36 Meter breite Lücke wurde mit 60 000 Tonnen Kieselsteinen aus dem Flußbett aufgefüllt. Das dadurch entstandene Reservoir sorgte für das Trinkwasser der in den nahe gelegenen Steinbrüchen beschäftigten Arbeiter.

Als sich die Bauern im Irak, wo die mesopotamische Kultur entstand, weiter ins Land hinein ausbreiteten, legten sie von den Flußläufen aus Kanäle an, um ihre Felder zu bewässern. Teile des ersten urkundlich belegten Kanals, der Wasserstraße von Al-Garrif, die vom Tigris abzweigt, sind noch heute sichtbar. Dieses Bauvorhaben wurde 2500 v. Chr. vom Herrscher der sumerischen Stadt Lagash in Angriff genommen.

In China wurde 221 v. Chr. ein gigantisches Bewässerungsprojekt von dem Wasserbauingenieur Cheng Kai in der Provinz Shensi geplant. Ein 150 Kilometer langer Kanal leitete das Wasser eines Flusses durch eine Ebene und bewässerte eine Fläche von 142 000 Hektar. Doch damit nicht genug: Der Dünger wurde gleich mitgeliefert. Der Kanal zweigte an einer Stelle ab, wo der Fluß den meisten Schlamm mitführte. Auf diese Weise kam die gesamte Ebene in den Genuß dieser nährstoffreichen Schwemmstoffe.

Die Römer errichteten gewaltige Dämme und Wasserreservoirs. Die *piscina mirabilis* bei Bacoli bedeckt ein Areal von 2000 Quadratmetern und ist aus wasserdichtem Zement errichtet. Durch Schleusentore konnte das Becken abgeteilt werden, um das Reinigen zu erleichtern.

In Sri Lanka wurden im Altertum aber die eindrucksvollsten Bewässerungssysteme angelegt. Das erste seiner Art war wohl das »Riesen-Reservoir« bei Anuradhapura. Es wurde 494 n. Chr. unter König Panduwaasa errichtet. Das Reservoir bedeckt eine Fläche von 57 757 Hektar und ist damit in etwa so groß wie der Genfer See. Die dazugehörige Staumauer ist 14 Kilometer lang und an ihrer Basis 91 Meter dick.

Das begehrte Wasser konnte aber auch über unterirdische Tunnel an den gewünschten Ort gebracht werden. Im Tunnelbau leisteten die frühen Hochkulturen ebenfalls Erstaunliches. Ein massives Netz an Unterwasserkanälen, die *qanats*, bauten die Perser, um Wasser aus den Bergen in die Wüste zu bringen. Und der Durchstich eines Berges, den die Griechen auf der Insel Samos unternahmen, um die Stadt mit Quellwasser zu versorgen, gehört zu den größten Ingenieurleistungen des Altertums. Diese Fertigkeit im Bohren nutzten die Alten aber auch im Dienste ihrer Religionen, indem sie ehrfurchtgebietende Monumente und Tempel in den blanken Fels schlugen.

Die frühen Ingenieure schreckten vor nichts zurück, wenn es darum ging, Naturschätze auszubeuten. Der Bergbau reicht mindestens 20 000 Jahre zurück. Früheste uns bekannte Beispiele sind die Feuerstein-Minen in Australien. Die ersten Stadtbewohner unternahmen auf der Suche nach abbaubaren Bodenschätzen wie Feuerstein, Metalle, Salz und Kohle gezielte Expeditionen ins Umland. Vor 1500 Jahren wurde sogar schon nach Erdgas gebohrt.

Insgesamt gingen unsere Vorfahren aber schonender mit der Natur um als wir, wenngleich Rodung und Austrocknung ganzer Landstriche keine modernen Phänomene sind. Intensive Bodennutzung und Ziegenhaltung bei den Römern wirkten sich negativ auf die Vegetation aus, und der ungeheure Verbrauch an Brennholz in den Schmelzöfen der Silberminen von Laurion bei Athen führte zur völligen Entwaldung Attikas.

Andererseits betrieb man im Altertum ausschließich organischen Landbau. Der Einsatz von Phosphaten und anderer Chemikalien zur Ertragssteigerung ist ein neuzeitliches Phänomen, und auch der Gedanke, daß man sich um den Erhalt der Natur kümmern muß, hat schon unsere Vorfahren beschäftigt. Damals wie heute lernte man seine Lektion oft erst, als es schon fast zu spät war. Ein Beispiel hierfür sind die Austernbänke vor der kantonesischen Küste. Ihnen verdankte Südchina seit dem späten 2. Jahrhundert v. Chr. eine florierende Perlenindustrie. Im 2. Jahrhundert n. Chr. aber hatten Perlentaucher die Bänke derart ausgeräubert, daß die Muschelpopulation vom Aussterben bedroht war; die Perlenindustrie erlahmte, und die Region versank in Armut. Da ließ Mêng Ching, lokaler Gouverneur um 150 n. Chr., das Perlentauchen für eine Weile verbieten. Die Muscheln vermehrten und die Wirtschaft erholte sich wieder. Für diese Tat im Sinne des Artenschutzes verehrten ihn die Fischer später als Heiligen.

Auch was die biologische Schädlingsbekämpfung angeht, waren die Chinesen dem Westen weit voraus. Wir können heute von den alten Völkern vieles lernen. Wenn wir ihre Fehler vermeiden und ihre Erfolge im Umgang mit der Natur weiterentwickeln, gelingt es uns vielleicht, diese in Zukunft besser zu schützen.

Der Vorläufer des Mähdreschers

Gegenden mit schnell wachsender Bevölkerungsdichte hatten im Altertum immer wieder Probleme mit der Nahrungsbeschaffung. Zu ihrer Lösung trug die Erfindung einer Erntemaschine bei, die im 1. Jahrhundert n. Chr. in den gallischen Provinzen des Römischen Reiches entwickelt wurde. Wachsende Nachfrage, unbeständiges Wetter, eine kurze Erntesaison und

Nachzeichnung des römischen vallus, *einer Mähmaschine, wie sie in der römischen Provinz Gallien gebräuchlich war.*

knappe Arbeitskraft machten den Einsatz von Maschinen nötig. Der *vallus*, wie er von Plinius dem Älteren 77 n. Chr. beschrieben wurde, sah folgendermaßen aus: »Auf den großen Gütern Galliens gibt es große Rahmen, die an der Kante mit Zähnen versehen sind und auf zwei Rädern von einem Esel durchs Getreidefeld geschoben werden. Die Ähren werden abgeschnitten und fallen in den Rahmen.«

Reliefdarstellungen auf römischen Grabsteinen geben weiteren Aufschluß über das Aussehen der Maschine. Bei den »Zähnen« handelte es sich um eine Reihe scharfer Klingen, die dicht nebeneinander an der Vorderseite des Rahmens angebracht waren. Die gemähten Ähren fielen in einen kastenartigen Trichter dahinter.

Trotz der offenkundigen Vorzüge dieser mechanischen Mähmaschine fand sie keine weitere Verbreitung im Römischen Reich. Das lag weniger an etwaigen Mängeln der Maschine, sondern an der Sklavenhaltergesellschaft. Arbeitskraft war in der Regel reichlich vorhanden, und Beschäftigungsmangel hätte nur zu sozialen Unruhen geführt. Die antike Mähmaschine ist ein klassisches Beispiel für eine Erfindung, der unter anderen Umständen eine weit größere Durchschlagskraft hätte beschieden sein können. Erst im 19. Jahrhundert wurde die Idee wiederaufgenommen. Eine Beschreibung des gallischen *vallus* hatte sich in einem landwirtschaftlichen Werk des Palladius (5. Jahrhundert n. Chr.) erhalten. 1825 erschien in J. C. Loudons *Enyzklopädie der Landwirtschaft* eine mit Konstruktionszeichnungen versehene Übersetzung. Auf sie wurde John Ridley, ein junger Londoner, der später nach Australien auswanderte, aufmerksam. Der akute Arbeitskräftemangel auf diesem Kontinent ließ ihn später auf den gallischen Prototyp zurückgreifen. Seine modernisierte Version des *vallus* kam im Sommer 1843 zum Ernteeinsatz.

Wasser- und Windmühlen

Wie bei vielen bedeutenden Erfindungen, so scheint auch die Idee zur Nutzung der Wasserkraft bei mehreren Völkern gleichzeitig entstanden zu sein. Traditionellerweise gebührt das Verdienst der ersten Wassermühle den Römern, da sie sich bei dem Architekten Vitruv bereits 20 v. Chr. erwähnt findet. Erste archäologische Belege stammen aus Venafro, einem Dorf bei Pompeji. Dort hat der Ausbruch des Vesuvs 79 n. Chr. ein vertikales Wasserrad verschüttet, dessen Abdruck uns in der erkalteten Lava erhalten geblieben ist.

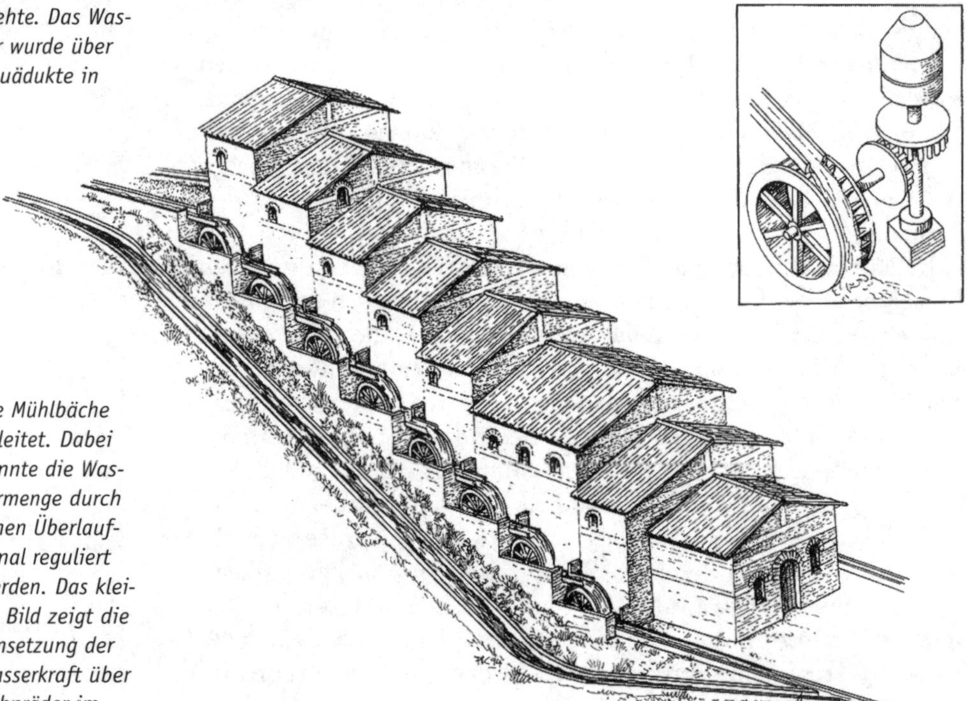

Rekonstruktion der römischen Getreidemühle bei Barbégal. Ihre insgesamt sechzehn Wasserräder produzierten eine Kraft von über 30 Pferdestärken, die den Mühlstein drehte. Das Wasser wurde über Aquädukte in die Mühlbäche geleitet. Dabei konnte die Wassermenge durch einen Überlaufkanal reguliert werden. Das kleine Bild zeigt die Umsetzung der Wasserkraft über Zahnräder im Inneren der Mühle.

Eine etwas ältere Wassermühle erscheint in einem Werk des griechischen Geographen Strabo, das die Reichtümer des Königs Mitridates von Pontus an der türkischen Schwarzmeerküste beschreibt. Sein Reich war 65 v. Chr. von dem römischen Feldherrn Pompejus eingenommen worden: »Sein Palast war bei Cabeira errichtet worden. Dort lagen auch die Wassermühle, die zoologischen Gärten und unweit davon die Jagdgründe und Bergwerke.« Den Palast bei Cabeira hatte 120 v. Chr. der Vorgänger des Mitridates errichten lassen; die Wassermühle stammt also aus dem frühen 1. Jahrhundert v. Chr.

Auch die Chinesen und die Dänen können mit vergleichsweise frühen Exemplaren aufwarten. Aber wo die Wassermühle auch ihren Ursprung nahm, sie spielte jedenfalls eine bedeutende Rolle in den antiken Gesellschaften, in erster Linie natürlich beim Mahlen von Getreide. Archäologische Funde belegen, daß sie bis hinauf zum Hadrianswall zur Standardausstattung von größeren Anwesen, Forts und Städten gehört hat. Die lange verbreitete Annahme, Wassermühlen hätten erst im Mittelalter an Bedeutung gewonnen, ist damit widerlegt.

Die größte römische Wassermühle arbeitete um 300 v. Chr. bei Barbégal in der Nähe von Arles. Das Wasser der Durance wurde über Aquädukte in zwei Mühlbäche geteilt und einen steilen Hügel hinuntergeleitet. Beide Bäche trieben dabei acht in Stufen übereinander angebrachte Mühlräder an. Der Ausstoß dieser eindrucksvollen Anlage, die von der öffentlichen Hand betrieben wurde, lag bei 27 Tonnen Getreide täglich, und sie versorgte 2500 Menschen mit Nahrung.

Eine der frühesten Darstellungen der sogenannten Bockmühle aus England um 1250. Der Müller kann die Mühle je nach Windrichtung drehen. Initiale aus Buch 3 der Meteorologica *des Aristoteles.*

Den Wind nutzen

Der große Ingenieur Heron von Alexandria (vgl. die **Einleitung** zum Kapitel **High-Tech**) konstruierte im 1. Jahrhundert n. Chr. eine windbetriebene Orgel, die aber vermutlich nie außerhalb seiner Werkstatt nachgebaut wurde. Obwohl das Prinzip der Windturbine also offenbar bekannt war, wurde es bei den Römern nie zum Mahlen von Getreide genutzt, vermutlich deshalb, weil das Reich mit genügend natürlicher Wasserkraft gesegnet war.

Gezielt genutzt wurde die Idee der Windmühle in der islamischen Welt. Auch wenn der muslimische Baumeister Herons Erfindung gekannt haben mag, so hat er doch ein ganz eigenes Modell entworfen. Die Achse, an der die Schaufeln befestigt waren, war senkrecht und nicht waagerecht gelagert und in einem aufrecht ste-

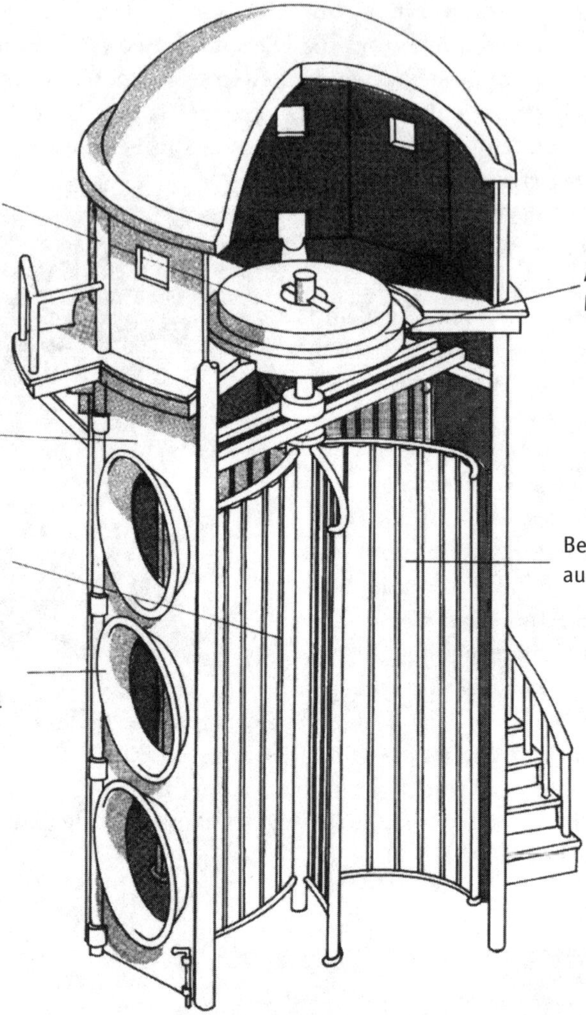

In der islamischen Welt verbreiteter Windmühlentyp mit senkrechter Achse

henden Zylinder aus Lehmziegeln installiert, der mit einer Tür und Luftschächten versehen war, in denen sich der Wind fing. Die Konstruktion ist in etwa einer modernen Drehtür vergleichbar.

Archäologen haben solche Gehäuse aus Lehmziegeln in Afganistan und im Iran entdeckt und auf das 9. Jahrhundert n. Chr. datiert. Von dort hat sich diese Bauart über die arabische Welt bis nach Indien und China verbreitet. In England wurde das Prinzip der Windmühle 1137 n. Chr. bekannt, erfuhr aber eine entscheidende Veränderung. Hier wurde (wie schon bei Heron) mit waagerechten Achsen gearbeitet, und auch die Rotation erfolgte horizontal. Bei der sogenannten Bockmühle, dem verbreitetsten Modell, konnte die gesamte Mühle in den Wind gedreht werden, um optimale Ergebnisse zu erzielen. Bald bestimmte diese charakteristische Form der Windmühle das Landschaftsbild im mittelalterlichen Europa.

Schädlingsbekämpfung

Seit der Mensch gezielt Nahrungsmittel anbaut, muß er die Früchte seiner Arbeit gegen Schädlinge verteidigen. Doch inzwischen sind es weniger die Insekten selbst als vielmehr die Mittel zu ihrer Vernichtung, die zur Bedrohung für den Menschen geworden sind. Forscher haben sich daher auf natürliche Methoden der Insektenbekämpfung zurückbesonnen, wie sie von Bauern über Jahrtausende betrieben worden sind.

In China, der reichsten Agrargesellschaft des Altertums, wurde im 3. vorchristlichen Jahrhundert sogar ein besonderes Amt für die Schädlingsbekämpfung eingerichtet, und aus der Han-Dynastie (202 v. Chr. – 220 n. Chr.) existieren ganze Bücher über die Vorkehrungen, die im Jahreslauf zum Schutz der Ernte vorgenommen werden sollten. Das Saatgut wurde mit natürlichen Pestiziden besprüht, bevor es in den Boden kam. Diese Stoffe hinderten auch Vögel daran, sich die Samenkörner zu holen. Während des Wachstums wurden die Pflanzen wieder besprüht, und nach der Ernte wurde der Vorgang wiederholt, um das eingelagerte Getreide zu schützen. In Pfirsichbäumen hängte man Lampen auf, in denen die von den Früchten angelockten Insekten verbrannten. Andere Bäume wurden mit giftigen Ölen besprüht, um den Befall durch Käfer und Larven zu verhindern. In den Häusern wurde das Ungeziefer ebenfalls tatkräftig bekämpft. Bücher wurden durch die Blätter der Weinraute gegen den Bücherwurm geschützt, und Moskitos hielt man sich durch das Verbrennen von Kräutermischungen vom Leib.

Auch die Römer ließen sich Strategien im Kampf gegen Schädlinge einfallen. Einige von ihnen sind bei Plinius dem Älteren in seiner 77 n. Chr. erschienenen *Naturgeschichte* verzeichnet. Man tauchte Saatgut vor der Aussaat in giftige Lösungen, verbrannte Knoblauch, um Vögel zu verscheuchen, und verteilte giftige Pflanzen in den Kornspeichern, um Ratten und Insekten fernzuhalten. Zerstoßene Zypressenblätter zum Beispiel entwickeln eine giftige Säure. Sie wurden als wirksames Pestizid eingesetzt.

Biologische Schädlingsbekämpfung

Auf diesem Gebiet war man in China dem Westen weit voraus. Auf dem Lande war es verboten, Frösche zu essen, weil sie die Insekten dezimierten, und in den Gärten setzte man Gottesanbeterinnen aus, die die Chrysanthemen vor Schädlingsbefall schützen sollten. Doch die bemerkenswerteste und wirtschaftlich bedeutsamste biologische Waffe war die gelbe Zitrus-Killerameise. Ihr Einsatz wird in Hsi Hans *Bericht über Pflanzen und Bäume der südlichen Regionen* von 340 n. Chr. geschildert:

»Die Mandarin-Orange ist eine Sorte, die sich durch besondere Süße und guten Geschmack auszeichnet. ... Die Bewohner von Chiao-chih bieten auf ihren Märkten (fleischfressende) Ameisen in Behältern aus Binsengeflecht feil. Die Nester darin sind wie Seide. Die Behälter werden an belaubten Ästen befestigt und samt den Ameisen und ihren Nestern verkauft. Die Ameisen sind von orange-gelber Farbe und größer als gewöhnliche Ameisen. Sie fressen keine Orangen, wohl aber die Insekten, die dies tun. Wenn es an den Mandarin-Orangenbäumen im Süden keine solchen Ameisen gibt, so werden die Früchte von Schädlingen befallen, und keine einzige von ihnen bleibt unbeschadet.«

Der Handel mit den Killerameisen entwickelte sich im Süden zu einem einträglichen Geschäft. Im 12. Jahrhundert n. Chr. wurden diese nützlichen Tiere mit fettgefüllten Schweine- oder Schafsblasen aus ihren Nestern gelockt, zogen dann dorthin um und wurden von den Händlern auf den Markt gebracht und an Obstbauern verkauft. Damit die Ameisen sich über den ganzen Obstgarten verteilen konnten, bauten die Bauern zwischen den Bäumen kleine Brücken aus Bambus.

Imkerei

Seit seiner Entdeckung zählt der Honig zu den beliebtesten Speisen des Menschen. Höhlenzeichnungen von 6500 v. Chr. in Spanien – also noch bevor in Westeuropa Landwitschaft betrieben wurde – zeigen, wie Menschen die Waben wilder Bienenvölker räubern. Doch erst einige Jahrtausende später sollte der Mensch in der Lage sein, selbst Imkerei zu betreiben.

Erste Zeugnisse für gezielte Bienenzucht kommen aus Ägypten. Im Sonnentempel der 5. Dynastie (2550–2400 v. Chr.) von Neu-

Eine Felszeichnung von etwa 6000 v. Chr. in La Arana, Spanien, zeigt einen Menschen beim Honigsammeln.

serre in Abu Ghorab sind auf einem Steinrelief alle Stadien der Honiggewinnung dargestellt, von der Entnahme der Waben aus dem Stock bis zur Lagerung des Honigs in Krügen. Ägyptische Bienenstöcke waren Zylinder aus getrocknetem Lehm; die Griechen und Römer fertigten sie später aus gebranntem Ton. In Ägypten wurde den Göttern Honig in großen Mengen dargebracht. Auf einer Liste aus der Zeit von Ramses III. (12. Jahrhundert v. Chr.) waren 15 Tonnen Honig in 31 092 Krügen verzeichnet; das entsprach vermutlich dem jährlichen Ertrag von 5000 Bienenstöcken. Auch in der ägyptischen Medizin spielte der Honig eine wichtige Rolle. Er war Bestandteil fast jeder Arznei, wahrscheinlich um ihre Einnahme angenehmer zu machen.

Die Hethiter waren ebenfalls große Imker. Gelegentlich nahm ihr Eifer offenbar kriminelle Züge an, denn 1500 v. Chr. mußte ein Gesetz erlassen werden, das das Stehlen fremder Bienenvölker unter Strafe stellte. Später breitete sich die Imkerei durch gezielte staatliche Förderung von der Türkei südwärts in den Irak aus. Im

Dieses ägyptische Steinrelief aus der 5. Dynastie (ca. 2500 v. Chr.) im Sonnentempel von Neuserre in Abu Ghorab zeigt die Arbeitsvorgänge einer gezielten Honiggewinnung. Der Oberimker kniet vor den Bienenstöcken, denen er die Waben entnimmt. Seine Assistenten geben Wabenstücke in große Tonkrüge, andere gießen Honig in ein Gefäß.

8. Jahrhundert v. Chr. verkündete Shamash-resh-usur, der assyrische Herrscher von Suhu am Euphrat, in einer Inschrift stolz seine Verdienste in diesem Prozeß:

»Honigbienen, die bisher keiner meiner Vorgänger in Suhu eingeführt hat, habe ich von den Bergen (der Osttürkei) heruntergebracht und (in meiner Stadt) heimisch gemacht. Sie sammeln Wachs und Honig. Ich weiß, wie man das Wachs und den Honig gewinnt, und die Gärtner wissen es auch. Jeder, der später hier vorbeikommt, kann die alten Männer fragen, ob es wahr ist, daß Shamash-resh-usur, der Herrscher von Suhu, die Bienen hierhergebracht hat.«

Fisch- und Austernfarmen

Die Römer schätzten Meerestiere aller Art auf ihrem Speisezettel (vgl. den Abschnitt **Kochbücher** im Kapitel **Essen, Getränke, Drogen**), weshalb sie auch die Kunst der Fischzucht zu einer Perfektion brachten, die erst in heutiger Zeit überboten wurde. Die Idee als solche ist jedoch viel älter. Schon die alten Ägypter waren passionierte Angler. Während die Eifrigeren unter ihnen ihre Angeln direkt in den Nil hängten, machten es sich träge Vertreter der Oberschicht bequemer, indem sie den Fluß durch kleine Kanäle einfach in ihre Gärten leiteten. Wandbilder in Grabkammern aus der 18. Dynastie (1550–1300 v. Chr.) zeigen Adlige beim Angeln in ihren Gärten.

Die ersten Fischfarmen im eigentlichen Sinn gab es unter griechischer Herrschaft auf Sizilien. Im 5. Jahrhundert v. Chr. ließ Gelon, Herrscher von Syrakus, bei Agrigentum ein riesiges Becken, fast zehn Meter tief und mit einem Umfang von 1280 Metern, anlegen. Der Geschichtsschreiber Diodor berichtet, daß »das Wasser von Flüssen und Quellen dort hineingeleitet wurde und das Becken als Fischteich genutzt wird, der durch seinen Fischreichtum den Gaumen erfreut. Da sich Schwärme von Schwänen darauf niederlassen, ist er außerdem schön anzusehen.«

95 v. Chr. wurden von einem gewissen Licinius Murena auch schon See-

Ägypter beim gemütlichen Angeln. Er hat einen Nilkanal bis zu seinem Anwesen graben lassen. Szene aus einer Grabkammer.

fische gezüchtet. Wie Plinius schreibt, investierte jener ungeheure Summen, um Kanäle graben zu lassen, die – durch einen bei Neapel gelegenen Berg hindurch – Meerwasser direkt in große Becken auf seine Ländereien leiteten. Daraufhin erhielt er den Beinamen »Xerxes im römischen Gewand«, eine Anspielung auf den Perserkönig, der für seine größenwahnsinnigen Bauvorhaben bekannt

In mittelalterlichen Klöstern legten sich die Mönche Fischteiche an, um immer mit Fastenspeise versorgt zu sein. Solche sogenannten vivaria existieren seit dem 10. Jahrhundert und sind die Nachfolger der römischen piscinari.

war (vgl. die **Einleitung** zum Kapitel **Transport und Verkehr**). Andere, deren Grundstücke unmittelbar am Meer lagen, bauten ihre Seewasserbecken direkt an der Küste.

Becken für Süßwasser- und Seefische, *piscinari* genannt, wurden zu Prestigeobjekten der Zeit, und jeder Villenbesitzer, der etwas auf sich hielt, beeindruckte damit seine Gäste. So konnten gesetzte römische Herrschaften »zu Hause« angeln, wie seinerzeit im alten Ägypten. So mancher Römer hielt sich die Fische aber nicht nur für den Kochtopf, sondern behandelte sie als geschätzte Haustiere. Das Lieblings-Neunauge von Antonia Augusta, Tochter Kleopatras und ihres Liebhabers Mark Anton und spätere Mutter des Kaisers Claudius (Reg. 41–54 n. Chr.), trug sogar goldene Ohrringe in den Kiemen.

Tips für die Fischzucht sind uns von Plinius überliefert. Die Meerbarbe, so berichtet er, galt als besonders leichtgläubiger Fisch und war zugleich sehr schmackhaft. Zur Paarungszeit ließ man eine männliche Barbe an einem Angelhaken ins Meer, wo sie interessierte Weibchen um sich versammelte. Anschließend wurde der Fisch wieder in die Fischfarm gezogen. Die Weibchen folgten. Ging es ans Laichen, so wurde die umgekehrte Methode angewandt; ein Weibchen wurde ausgeschickt, um männliche Fische anzulocken. Plinius' Beschreibungen machen deutlich, daß es sich hier nicht um Becken zur Aufbewahrung gefangener Fische handelt, sondern um echte Fischzuchten.

Austernfarmen

Fische waren nicht die einzigen Meerestiere, die in der Antike gezüchtet wurden. Um 50 v. Chr. begann ein gewisser Fulvius Lippinus mit der Zucht von Meeresschnecken. Er spezialisierte sich auf eßbare Riesenschnecken, betrieb gezielte Zuchtauslese und bemühte sich um eine geeignete Diät. Unter anderem wurde das Futter der Tiere in Wein eingeweicht. Laut Varro brachte Fulvius auf diese Weise Exemplare hervor, deren Schneckenhäuser fast 100 Liter Flüssigkeit fassen konnten. Das allerdings scheint ein wenig übertrieben.

Römische Damen wetteiferten darin, sich möglichst viele Perlen in die Haare zu stecken oder an Hals und Händen zu tragen. Von Kleopatra, der Königin von Ägypten, heißt es, sie hätte die größten Perlen besessen. Eine davon trank sie in Wein aufgelöst, denn sie hatte mit Mark Anton gewettet, daß sie bei einem einzigen Bankett mehr Geld ausgeben könne als er.

Die antike Welt um das Mittelmeer hatte auch großen Bedarf an Austern und anderen Muscheln, und zwar sowohl zum Essen als auch wegen der Perlen. Von dem römischen Autor Sueton wissen wir, daß die Kunde von den Perlen aus Muscheln in britannischen Flüssen ihn überzeugen half, 55 v. Chr. einen Eroberungsfeldzug nach Britannien zu unternehmen. Bei seiner Rückkehr nach Rom opferte er im Tempel der Venus ein mit Perlen besetztes Brustschild.

Es lag daher nahe, daß die Römer Austern in ähnlicher Weise züchteten wie Fische. Der geniale Geschäftsmann Sergius Orata ließ um 95 v. Chr. die erste Austernfarm errichten. Er gilt auch als Erfinder beheizbarer Teiche, die später zur Entwicklung des

Hypokaustums, der Warmluftbeheizung von Innenräumen, führte (vgl. den Abschnitt **Zentralheizung** im Kapitel **Haus und Heim**). Sein Motiv, so behauptet Plinius, war nicht Gefräßigkeit, sondern Geldgier. Für Orata warf dieses Unternehmen enormen Profit ab, denn er hatte sich für seine Zucht die schmackhaftesten Sorten ausgesucht.

Doch die Chinesen, die Perlen höher schätzten als Gold und Silber und bei denen nur noch Jade höher im Kurs stand, haben die Zuchtperle erfunden. Natürliche Perlen entstehen daduch, daß die Auster einen Fremdkörper »schluckt« und ihn mit Perlmutt überzieht. Man muß aber viele Dutzend Austern öffnen, um eine mit Perle zu finden. Die Chinesen halfen nach, indem sie die Fremdkörper gezielt in die Muschel plazierten. Wann genau diese Methode zum ersten Mal angewandt wurde, ist unbekannt, jedenfalls war sie, wie zeitgenössische Quellen berichten, um 1086 n. Chr. bereits ausgereift:

»Hsieh Kung-yen, ein Beamter des Riten-Amtes, fand eine Methode, um Perlen zu züchten. Man erreicht dies mit Hilfe von ›falschen Perlen‹. Die glattesten, glänzendsten und rundesten unter ihnen werden in große, in frischem Meerwasser gehaltene Austern eingeführt, sobald diese sich öffnen. Das Wasser muß regelmäßig erneuert werden, und während der Nacht sollten die Austern dem positiven Einfluß des Mondscheins ausgesetzt sein. Dann, nach zwei Jahren, sind die Perlen vollendet.«

Bergbau

Ölbohrungen halten wir für eine Erscheinung der Neuzeit, aber dieser Industriezweig bestand bereits vor 800 Jahren. Von selbst ausgetretenes Öl natürlicher Vorkommen wurde schon viel früher für Öllampen genutzt (vgl. die **Einleitung** zum Kapitel **Haus und Heim**). Als der Bedarf stieg, wurde im 12. Jahrhundert n. Chr. sowohl in Europa, in Pozzuoli bei Neapel, als auch in der islamischen Welt, in Baku an der Westküste des Kaspischen Meeres, nach Öl gebohrt.

In China gibt es noch viel ältere Bohrungen, wenngleich nicht nach Erdöl. Die Salinen in der Provinz Ssuch'uan sind von Ling Bing, einem Lokalbeamten aus der Zeit der Streitenden Reiche (480–221 v. Chr.) betrieben worden. Es handelte sich dort vermutlich um ausgedehnte, relativ flache und daher leicht zugäng-

Darstellung der Salzgewinnung in Salinen. Die Sole wurde durch Rohre in Verdunstungspfannen geleitet. Abreibung eines Tonziegels aus der Han-Zeit, Provinz Ssuch'uan.

liche unterirdische Solevorkommen. Um 300 n. Chr. wurden bis zu einer Tiefe von 200 Metern Bohrungen nach Erdgas (vorwiegend Methan) und Sole parallel ausgeführt. Das Gas wurde entzündet und zum Kochen der Sole benutzt. Wenn das Wasser verdampft war, blieb das begehrte Salz zurück.

Die Tiefe solcher Bohrungen nahm immer weiter zu – während der T'ang-Dynastie (618–906 n. Chr.) hatten sie bereits 260 Meter erreicht, doch die Methode war dieselbe geblieben. Man grub einen Schacht, bis man auf eine Felsschicht stieß. Dann wurde der Schacht mit bearbeiteten Steinen gefüllt, deren Löcher genau übereinander zu liegen kamen und so eine Röhre von 20 bis 25 Zentimeter Durchmesser bildeten. Dann begann die eigentliche Bohrung, wobei ein gußeiserner Bohrkopf, der an einem Bohrturm hing, bis auf den Felsen hinuntergelassen wurde. Der Bohrkopf wurde durch einen Mann hochgehoben, der auf einen Hebel sprang. Hüpfte er wieder herunter, sauste der Bohrkopf auf das Gestein nieder. Mit diesem mühsamen Verfahren konnten pro Tag 30 bis 100 Zentimeter gebohrt werden. Sobald das Solevorkommen erreicht war, wurde die Flüssigkeit in einem mit einem Ventil versehenen Rohr an die Oberfläche gepumpt. In unmittelbarer Nähe des Bohrlochs standen die mit Erdgas beheizten Verdunstungspfannen, in denen Salz hergestellt wurde. 199 v. Chr. wurde die Salzindustrie unter staatliches Monopol gestellt. Bei jeder Bohrung wurden Regierungsbeamte stationiert, um die Produktion zu überwachen.

Der Abbau von Feuerstein, Metall und Kohle

Der Abbau von Feststoffen ist älter als das Bohren nach Gas oder flüssigen Rohstoffen und reicht bis in die Steinzeit zurück. In Australien wurde in der Kalksteinhöhle von Koonalda bereits vor mehr als 20 000 Jahren Feuerstein abgebaut. Sie war ca. 300 Meter lang und konnte nur durch einen gefährlichen, 60 Meter langen Abstieg erreicht werden. Da kein Sonnenlicht dort hinunterdrang, hat man offenbar künstliche Beleuchtung benutzt.

Auch in der Alten Welt gehörte Feuerstein zu den elementar wichtigen Rohstoffen, und wenn der Bedarf für Äxte und Werkzeuge nicht an der Oberfläche gedeckt werden konnte, so suchte man unter Tage. Um 4000 v. Chr. entstanden in Westeuropa Feu-

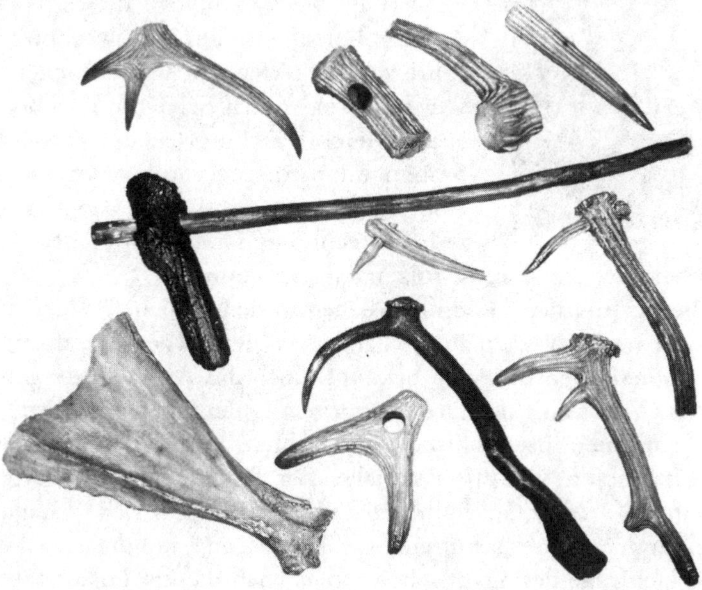

Prähistorische Werkzeuge aus Hirschgeweih, wie sie zum Abbau von Feuerstein benutzt wurden. Mur de Barrez, Frankreich.

ersteinminen in großer Zahl. Die Bergleute bohrten 9 bis 12 Meter lange Schächte in den Kalkstein, von denen aus sie mit Werkzeugen aus dem Geweih des Rothirschs Stollen vortrieben. Der Abraum wurde mit Schaufeln aus den Schulterblättern von Rindern weggeschafft.

Dieses Modell zeigt die Arbeitsbedingungen in einer Kupfermine der Bronzezeit.

Erstaunlicherweise haben die Menschen nach Edelmetallen gegraben, noch bevor sie Feuerstein abbauten. Der Kupferbergbau begann in Rudna Glava, Serbien, schon um 4500 v. Chr. Die Bergleute folgten den Metalladern bis auf 18 Meter Tiefe. In den folgenden Jahrhunderten förderte man auf dem Balkan Tausende von Tonnen Erz.

Die Ägypter waren ebenfalls kenntnisreiche Bergleute und unternahmen Erkundungsgänge in die Gebirgs- und Wüstenregionen beiderseits des Niltals. Um 2600 v. Chr. entsandten die Pharaonen auch schon Expeditionen bis auf die Sinai-Halbinsel, um die dortigen reichen Türkisvorkommen auszubeuten. Lange hat man angenommen, daß die Ägypter auch die ersten Kupferminen betrieben haben, doch inzwischen weiß man, daß dieses Metall von den Bewohnern des Negev schon 200 Jahre vor Eintreffen der Ägypter abgebaut wurde. Es existieren Schächte von bis zu sechs Meter Durchmesser, die durch ein System unterirdischer Stollen verbunden sind. Später eigneten sich die Ägypter diese frühe technologische Meisterleistung an und beuteten sie über die folgenden 2000 Jahre aus.

Die ägyptischen Goldminen lagen in den östlichen Wüstengegenden und im südlich gelegenen Nubien. Über die dortigen Abbaumethoden ist wenig bekannt, doch das Ausmaß des geförderten Goldes läßt sich an den enormen Opfergaben ermessen, die die Pharaonen ihren Göttern darbrachten. Während Kupfer und Türkis offenbar von professionellen Bergleuten abgebaut wurden, arbeiteten in den Goldminen Sträflinge und politisch Verfolgte. Aneinandergekettet schufteten sie sich zu Tode, um die unersättliche Nachfrage des ägyptischen Hofes nach diesem Edelmetall zu befriedigen.

Kohlebergbau ist in China seit der Westlichen Han-Dynastie (202 v. Chr. – 9 n. Chr.) betrieben worden und hatte um 1000 n. Chr. einen hohen Standard erreicht. Die alten Minen in der Provinz Honan verfügten über einen Hauptschacht von 45 Meter Länge. Die abgebaute Kohle wurde in Körben an die Oberfläche gezogen. Auf der anderen Seite der Erdkugel, in Britannien, förderten die Römer ab 100 n. Chr. Kohle, obwohl bislang keine antiken Minen gefunden wurden. Die Kohle brauchte man, um das Hypokaustum (vgl. den Abschnitt **Zentralheizung** im Kapitel **Haus und Heim**) zu beheizen, sowie für Schmieden und andere Werkstätten. Tonnen von Kohle wurden in den Forts entlang des Hadrianswalls gefunden, wo sie 400 n. Chr., als die römischen Legionen Britannien verließen, zurückgelassen wurden.

Griechische Minenarbeiter erhalten Verpflegung, die an einem Seil in den Schacht hinuntergelassen wird. Szene von einer Tonplakette aus dem 6. vorchristlichen Jahrhundert, ausgegraben in Korinth.

Heiße Felsen mit einem Schuß Essig

Ein Bericht des römischen Historikers Livius legt nahe, daß zu seiner Zeit bereits chemische Hilfsmittel benutzt wurden, wenn es darum ging, durch massiven Fels zu bohren. In seiner Schilderung von Hannibals spektakulärer Alpenüberquerung 218 v. Chr. heißt es bei Livius, daß die Hänge teilweise zu steil waren, als daß man ohne angelegte Wege hätte ins Tal kommen können:

»Man mußte einen Weg durch den Fels schlagen, ein Problem, das man durch den genialen Einsatz von Hitze und Feuchtigkeit löste. Große Bäume wurden gefällt, zerhackt und zu Haufen aufgeschichtet. Diese wurden entzündet, und wenn der Fels heiß genug war, wurden die Essigrationen der Männer darüber gegossen, worauf das Gestein zu bröckeln begann. Dann bearbeitete man den heißen Stein und legte eine Art Zickzack-Pfad an, um das Gefälle des Abstiegs zu mildern, so daß auch die Packtiere und selbst die Elefanten ihn benutzen konnten.«

Der erste Teil des Berichts ist einleuchtend. »Heißer Abbau« war eine gängige Technik im antiken Bergbau, doch welche Rolle der Essig gespielt haben soll, ist bis heute unklar. Man hat zunächst vermutet, die Textüberlieferung sei fehlerhaft, aber das von Livius gebrauchte Wort *acetum* heißt zweifellos »Weinessig«. Den Gebrauch von Essig beim Bergbau belegen auch andere Stellen bei Plinius dem Älteren und dem Architekten Vitruv. Der Essig mag sicherlich in Verbindung mit kaltem Wasser eine Abkühlung hervorgerufen haben, die die Arbeit mit dem Meißel erleichterte. Die Zugabe von Essig habe, so argumentiert John Healy, der Autor des Standardwerks über römischen Bergbau, das durch die Abkühlung hervorgebrachte Bröckeln des Steines beschleunigt. Doch solange keine weiteren Forschungsergebnisse vorliegen, bleibt auch diese Aussage Vermutung.

Spiegel im Bergwerk?

Auch die Beleuchtung antiker Bergwerke bleibt bislang ein Rätsel. Natürlich wurden Fackeln und Öllampen dazu benutzt, doch an engen Stellen verbrauchten sie zuviel von dem knappen Sauerstoff und verräucherten die Atemluft. Viele der tief in den Fels gegrabenen ägyptischen Grabkammern (vgl. den Abschnitt **Tunnelbau**) haben weißgekalkte Wände, die nicht die geringste Spur von Rauch aufweisen. Woher also kam das Licht, das die Künstler für die Ausschmückung benötigten?

Einen Hinweis gibt der Trick, den die heutigen Fremdenführer der Grabanlagen anwenden. Sie überziehen große Pappestücke mit Alufolie, stellen sich an geeigneten Stellen auf und leiten damit Sonnenlicht von außen in die Gewölbe.

Man nimmt an, daß im Altertum ähnlich verfahren wurde. Funde von Spiegeln in dem alten ägyptischen Türkisbergwerk Serabit el-Khadim auf der Halbinsel Sinai stützen diese Vermutung. 1977 legten Archäologen eine der Anlagen frei, in denen um 1500 v. Chr. gearbeitet worden war. Sie fanden eine Vielzahl von Gußformen für Werkzeuge, die von den Bergleuten zurückgelassen worden waren. Darunter befanden sich auch Formen, mit denen man einfache Bronzespiegel herstellte (vgl. den Abschnitt **Spiegel** im Kapitel **Körperpflege**). Diesen ungewöhnlichen Fund erklärten sich die Archäologen, indem sie die Spiegel als Opfergaben für den nahe gelegenen Tempel der Hathor, der Schutzgöttin der Bergleute, bezeichneten. Doch es gibt auch die Vermutung, daß die ägyptischen Bergleute auf dem Sinai dieselbe Technik wie die heutigen Fremdenführer benutzten – oder sie sogar erfanden.

Tunnelbau

Die Fertigkeiten, die unsere Vorfahren im Bergbau bewiesen, nutzten sie auch für den Tunnelbau. Römischen Ingenieuren stellte sich kaum ein natürliches Hindernis in den Weg, das sie nicht zu meistern wußten. Es wurde durch schiere Arbeitskraft weggemeißelt oder zerhackt.

Die Ägypter waren schon früh Meister des Tunnelbaus. Die großen Gräber der Pharaonen und ihrer Gemahlinnen, die im Tal der Könige zwischen 1550 und 1075 v. Chr. errichtet wurden, sind in den massiven Fels gehauen. Sobald ein neuer Pharao den Thron bestieg, wurde der langwierige Bau seiner Grabstätte in Angriff

Die Fassade des buddhistischen Tempels von Bhaja (im Staat Maharaschtra, Westindien) wurde im 2. Jahrhundert v. Chr. aus dem massiven Fels gehauen.

genommen. Mit kupfernen Sägen, Meißeln, Bohrern und Schmirgelmasse waren Hunderte von Sklaven über Jahre beschäftigt, diese eindrucksvollen Baudenkmäler zu errichten.

Etwa 1000 Jahre später schufen in Indien Buddhisten und später auch Hinduisten großartige Felsentempel und -klöster. Man bezeichnete sie manchmal fälschlicherweise als Höhlentempel, doch sie sind ganz von Menschenhand in den Fels gehauen. In Ellora, Westindien, wurden zwischen 200 und 600 n. Chr. sechs Kilometer Tunnel ins Gestein geschlagen. Die Fassade am Eingang ist mit wunderschönen Skulpturen geschmückt. Erstaunlicherweise sind bereits die frühesten Beispiele indischer Tunnelanlagen von beeindruckender Perfektion. Zeugnisse einer Experimentierphase sind nicht bekannt. »Diese Kunst«, so schreibt Peter Brown, Fachmann für indische Architektur, »zeigt sich uns in ihrem reifsten Stadium. Die frühesten Beispiele sind sogar die am besten geplanten und ausgeführten.«

Der durchstoßene Berg

Der Bedarf an Trinkwasser war der Motor für den gigantischen Tunnelbau, der im 6. Jahrhundert v. Chr. von Eupalinos, dem ersten namentlich bekannten Ingenieur, auf Samos realisiert wurde. Der Geschichtsschreiber Herodot zählt den Tunnel um 450 v. Chr. zu den »größten Bauwerken und technischen Leistungen der griechischen Welt«. Er war über 800 Meter lang und wurde durch die Basis einer fast 300 Meter hohen Erhebung geschlagen. Seine Überreste wurden 1882 entdeckt und stimmen genau mit Herodots Schilderung überein. Der Haupttunnel ist 1,8 Meter hoch und ebenso breit. An seinem Boden verläuft ein mit Rohren ausgelegter Kanal, der die Stadt Samos mit frischem Quellwasser versorgte.

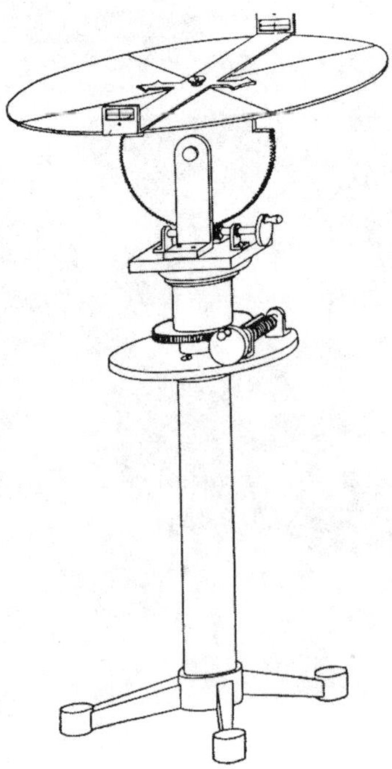

Rekonstruktion eines diopter *(griech. Durchblicker), ein dem modernen Theodolit vergleichbares Gerät zum Anvisieren eines Ziels, das dem Erfinder Heron von Alexandria (1. Jahrhundert n. Chr.) zugeschrieben wird. Mit Hilfe trigonometrischer Berechnungen konnten damit Höhenmessungen ausgeführt werden.*

Untersuchungen haben ergeben, daß er auf ähnliche Weise errichtet wurde wie der Kanaltunnel zwischen England und Frankreich, es wurde nämlich von beiden Enden gleichzeitig gegraben. Die Verbindung der beider Tunnelenden zeigt zwar eine geringe Verschiebung, aber immerhin haben sie sich in der Mitte getroffen. Der bekannte Technikhistoriker Dr. George Sarton war verblüfft und fragte sich: »Wie ... hat Eupalinos die damit verbundenen mathematischen Probleme gelöst? Wir können allenfalls Vermutungen darüber anstellen. Hatte er bereits Instrumente, mit denen er Azimut und Höhenschichten messen konnte?«

Der knapp einen Kilometer lange Tunnel, den der Ingenieur Eupalinos im 6. Jahrhundert v. Chr. auf der Insel Samos in den Fels hauen ließ, beeindruckt durch seine Geradheit. Er diente der Wartung eines Trinkwasserkanals im Inneren des Berges. Vermutlich wurde er mit Hilfe eines diopter *angelegt.*

Offenbar verfügte man damals über solche Instrumente. Wir finden sie allerdings erst in viel späteren Schriften beschrieben. Der große Ingenieur Heron von Alexandria aus dem 1. Jahrhundert n. Chr. (vgl. die **Einleitung** zum Kapitel **High-Tech** sowie den Abschnitt **Feuerlöscher** im Kapitel **Städtisches Leben**) gibt in seinem Werk die mathematische Formel, wie man »einen Berg mit einem geraden Tunnel durchstößt«. Auch das notwendige Instrument, ein sogenannter *diopter*, ist beschrieben, der dem modernen Theodolit sehr ähnlich ist. Offen bleibt allerdings die Frage, ob Eupalinos 600 Jahre vor Heron tatsächlich schon ein solches Gerät benutzt hat.

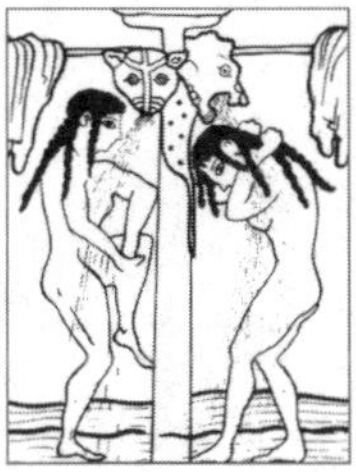

Kapitel 10

Haus und Heim

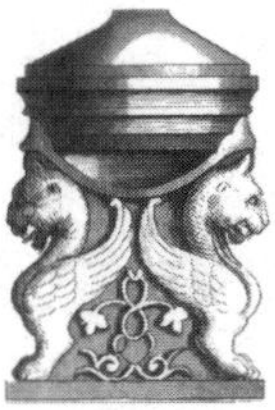

Einleitung

Ein wind- und wettergeschützter Lagerplatz und die wohltuende Wärme eines Feuers, darauf waren schon in der Altsteinzeit die Wünsche unserer Vorfahren gerichtet. Der Gebrauch des Feuers, wahrscheinlich schon vor 1,5 Millionen Jahren in Ostafrika aufgekommen, führte nach Auffassung der Wissenschaft zu einem deutlichen Entwicklungssprung in der Geschichte des Menschen: Das gemeinsame Lagern um die warme Feuerstelle festigte die sozialen Bindungen innerhalb der Gruppe, und die Nutzung des Feuers zum Kochen und Braten erweiterte das Nahrungsangebot (vgl. die **Einleitung** zum Kapitel **Essen, Getränke, Drogen**).

Trotz allen Erfindungsreichtums gelang es dem steinzeitlichen Menschen allerdings nicht, eine befriedigende Lösung für den Abzug des Rauchs zu finden, der von den offenen Feuerstellen in seinen Behausungen aufstieg. Selbst die sonst so ideenreich gebauten Rundhütten aus Mammutknochen, die in Osteuropa und in der Ukraine gefunden wurden, hatten als Rauchabzug nur ein einfaches Loch im Dach. Die Erfindung des Kamins ließ lange auf sich warten. Der erste und im gesamten Altertum auch der bislang einzig bekannte Hinweis auf einen Kamin findet sich im 4. Jahrhundert v. Chr. bei Theophrast, einem Schüler des Aristoteles. Verbreitung fand der Kamin erst im 12. Jahrhundert n. Chr., und zwar in den feuchtkalten Regionen Mittel- und Nordeuropas. Die Feuerstelle wurde von der Raummitte an die Außenwand gerückt und mit einer Haube versehen, in der sich der Rauch sammeln und zum Kamin hinaufgeleitet werden konnte. Die Römer und Chinesen umgingen das Problem dadurch, daß sie ihre Häuser mit Fußbodenheizungen und mit Glasfenstern ausstatteten, die nicht nur genügend Licht hereinließen, sondern auch wärmedämmend wirkten.

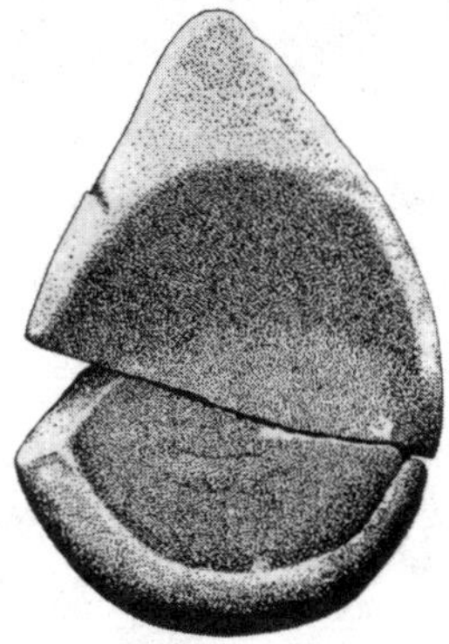

Paläolithische Steinlampe aus La Mouthe in der Dordogne (Frankreich). Solche Leuchtschalen, die mit Tierfett gefüllt und mit Dochten aus Pflanzenfasern ausgestattet waren, dienten den prähistorischen Höhlenmalern in Frankreich als Lichtquelle.

In den heißen Klimazonen ging es ohnehin weniger um das Beheizen der Räume als um ihre Kühlung. Um 180 n. Chr. konstruierte der berühmte chinesische Erfinder Ting Huan einen von Menschenkraft betriebenen Fächer zur Kühlung des Han-Palastes. Im 8. Jahrhundert n. Chr. begaben sich die T'ang-Kaiser an heißen Tagen in die »Halle der kühlenden Winde«, wo ein von Wasserkraft betriebener Fächer die Luft zirkulieren ließ.

Die nächste große Neuerung im häuslichen Bereich war die Lampe. Zwar hatte auch das offene Feuer Licht gespendet, aber nicht in ausreichendem Maße. Die altsteinzeitlichen Höhlenmaler in Frankreich und Spanien, die auch in stockfinsteren Höhlengängen malten, kannten bereits andere Lichtquellen: Schon vor mindestens 20 000 Jahren verwendeten sie ausgehöhlte und mit Fett gefüllte Steinschalen zur Beleuchtung. Reste dieser rußgeschwärzten Lampenschalen wurden in großer Anzahl in den Höhlen gefunden.

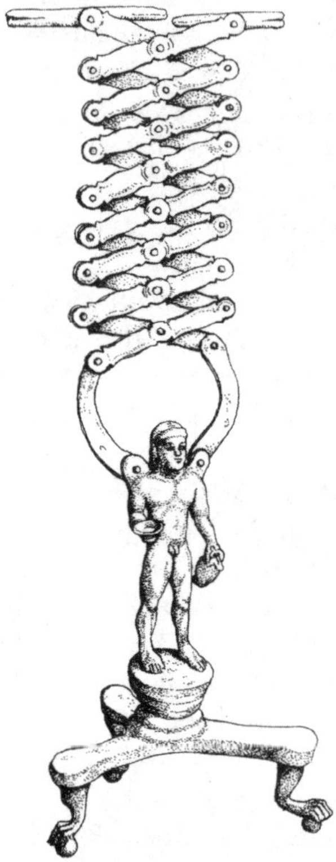

Ein etruskischer Kandelaber mit ausziehbarem Leuchtarm aus dem 6. Jahrhundert v. Chr. Die Höhe der Kerze konnte je nach Bedarf unterschiedlich eingestellt werden.

Die Technik und das Design der Lampen änderten sich über die Jahrtausende hinweg nur wenig. So verwendeten beispielsweise die Ägypter um 3500 v. Chr. einfache, mit Pflanzenöl gefüllte Tonkrüge, die mit einem darauf schwimmenden Docht versehen waren. In vornehmeren Häusern gab es Gefäße aus edlerem, häufig auch transparentem Material, das Lichteffekte ermöglichte.

Seit dem 5. Jahrhundert v. Chr. ist in Persien und Indien der Abbau von Erdöl nachweisbar. Aber erst um 75 n. Chr. findet sich bei Plinius die Beschreibung einer petroleumartigen Flüssigkeit als Brennstoff für Lampen. In China wurde ein paar Jahrhunderte später das Petroleum mit Strohbüscheln aufgenommen, in Behältern gespeichert und als Brennmaterial für Lampen verwendet. Aus der muslimischen Welt ist bekannt, daß die Ölfelder von Baku im heutigen Aserbaidschan schon um 850 n. Chr. kommerziell ausgebeutet wurden, wobei ein Großteil des gewonnenen Petroleums für Beleuchtungszwecke an private Haushalte abgegeben wurde (vgl. den Abschnitt **Bergbau** im Kapitel **Landbearbeitung**).

Die Petroleumlampe blieb jedoch für lange Zeit eine Ausnahme. In der Regel wurden für Beleuchtungszwecke Öl- und Fettlampen oder Kerzen benutzt. Besonders berühmt für die Herstellung kunstvoller Kerzenleuchter waren die Etrusker Mittelitaliens im 1. Jahrtausend v. Chr. Sie entwickelten den Kandelaber, der meist auf drei Füßen stand, nicht selten eine Höhe von einem Meter erreichte und am oberen Ende von einer menschlichen Figur gekrönt war. Daneben gab es den kleineren Tischkandelaber mit niedrigen Füßen, auf denen eine Figur mit einem hohen, oft sogar

Lampe aus dem Grab Tutanchamuns (spätes 14. Jahrhundert v. Chr.). Schnitzerei aus halbtransparentem Kristallmarmor.

ausziehbaren, Mittelarm ruhte. Die Chinesen stellten schon im 4. Jahrhundert n. Chr. raucharme Duftkerzen aus Bienenwachs her.

Schwierigstes Problem war lange Zeit das Entzünden der Flamme. Der Mensch der Steinzeit erzeugte Feuer durch Schlagen von Feuersteinen oder durch Reiben von Holz. Die einfachste Methode bestand darin, zwei Holzstäbe aneinander zu reiben. Wesentlich fortschrittlicher war der Feuerquirl, bei dem ein runder, unten zugespitzter Stab oder »Bohrer« aus möglichst hartem und trockenen Holz auf einer Unterlage aus Weichholz gedreht wurde, wobei sich die Drehgeschwindigkeit mit einem Bogen beschleunigen ließ. Um 1500 v. Chr. kamen im bronzezeitlichen Europa regelrechte »Sets« zum Feueranzünden auf, die Feuersteine zur Erzeugung von Funken, Eisenpyrit zum Schlagen der Feuersteine und trockenes Moos als Zunder enthielten.

Über eine andere chinesische Neuentwicklung, nämlich die Dauerkerze mit einem Docht aus Asbest, berichtet eine chinesische Quelle von 300 v. Chr., die allerdings leicht übertrieben wirkt:
»Im 2. Regierungsjahr des Königs Chao von Yen lief im Hafen ein Schiff mit Walöl ein. Das Öl war in große Kessel abgefüllt und wurde dem König als Geschenk dargebracht. Der König saß im ›Wolken-Pavillon‹ und erfreute sich am hellen Glanz der Lampen, die von dem Öl aus Walfett gespeist wurden. Der Rauch der Lampen war purpurfarben und der Lichtschein so hell, daß er auch noch aus einer Entfernung von 50 Kilometern gesehen werden konnte. Die Leute, die das helle Licht von weitem sahen, fielen vor Ehrfurcht auf die Knie. Es wurde mit Dochten aus Asbest erzeugt.«

Technisch fortschrittlichere Verfahren zur Feuererzeugung entwickelten erst die Chinesen: Sie bauten Rohrleitungen für Erdgas und erfanden das Streichholz.

Die Verwendung von Erdgas für Heizungszwecke und als dauerhaft leuchtende Lampen war eine der größten feuertechnischen Leistungen des Altertums. In der Provinz Ssuch'uan wurde spätestens seit dem Jahr 347 n. Chr. Erdgas in Rohrleitungen aus den Gasquellen abgeführt, wie der chinesische Geograph Ch'ang Ch'ü in seinem Werk *Bericht über das Land südlich des Kua-Berges* vermerkt:

»An der Stelle, wo der Pu-p'u in den Huo-ching mündet, gibt es Feuerquellen (Erdgasvorkommen). Nachts erhellt der Feuerschein den Himmel. Die Einwohner entzünden das ausströmende Gas mit der Glut aus ihren Herdfeuern. Immer wieder ertönt ein Grollen wie Donner, und die Flammen schießen so hell hervor, daß es meilenweit zu sehen ist. Außerdem verwenden sie Bambusrohre, um das Licht ›zu fassen‹, und leiten es von einem Ort zum anderen, ohne daß es verlöscht, manchmal sogar bis zu einer Entfernung von einer ganzen Tagesreise. Es hinterläßt beim Verbrennen keine Asche und leuchtet hell wie der Tag.«

Im 10. Jahrhundert n. Chr. begann man, das bei der Gasgewinnung abfallende Petroleum in Bambusrohre abzufüllen und als Brennmaterial für Lampen zu verkaufen, ähnlich den heutigen tragbaren Butangasflaschen.

Das Streichholz wurde nach einer chinesischen Überlieferung im Jahre 577 n. Chr. von den Hofdamen des Nördlichen Ch'i-Hofes während einer Belagerung durch zentralasiatische Reiternomaden erfunden. Einen weniger dramatischen Bericht über die Ursprünge des Streichholzes gibt der Wissenschaftler T'ao Ku 950 n. Chr. in seiner Schrift *Bericht über Übersinnliches und Unbekanntes*:

»Wenn nachts ein Notfall eintritt, dann wird gewöhnlich viel Zeit damit vertan, bis eine Lampe angezündet ist. Abhilfe schafft eine geniale Erfindung, nämlich kleine, mit Schwefel getränkte Stäbchen aus Kiefernholz, die immer bereitliegen sollten. Schon beim leisesten Kontakt mit Feuer entzünden sie sich und spenden Licht. Früher wurde dieses wunderbare Werkzeug ›lichtbringender Diener‹ genannt. Später, nachdem es zu einem begehrten Handelsobjekt geworden war, bezeichnete man es als ›Feuerstäbchen‹.«

Sobald unsere Vorfahren in ihren Häusern für Wärme und Licht gesorgt hatten, machten sie sich auch daran, sie zu möblieren. Die ältesten bislang bekannten Möbel sind ungefähr 3000 Jahre alt und stammen aus steinzeitlichen Fundstätten in Schottland. Die Bewohner der Orkney-Inseln benutzten Betten, die bereits einen beachtlichen Komfort vermuten lassen. Das Bett bestand aus einem Gestell aus langen, schmalen Steinplatten, stand mit einer Seite an der Zimmerwand und hatte statt einer Matratze eine weiche Moosfüllung. Zur Einrichtung gehörte auch ein »Büffet«, das als Blickfang an der Wand stand, die der Eingangstür gegenüberlag, und ebenfalls aus Steinplatten zusammengesetzt war. In Skara Brae, der berühmtesten prähistorischen Orkney-Siedlung, wurden sogar Toilettenhäuschen und dazugehörige Abzugsgräben freigelegt – das älteste bekannte Kanalisationssystem –, was den Schluß nahelegt, daß die Bewohner großen Wert auf häuslichen Komfort legten.

Die Ägypter benutzten ebenfalls schon sehr früh Betten mit niedrigen Holzrahmen und geschnitzten Füßen in Form von Tieren. Das Innere war mit eng geflochtenen Flachsstricken bespannt,

5000 Jahre altes Steinhaus in der prähistorischen Siedlung Skara Brae auf den Orkney-Inseln. In der Mitte des Raumes ist die Feuerstelle zu sehen, an den Wänden rechts und links die Betten und an der Frontseite ein »Büffet«.

was für eine gewisse Federung sorgte. Darauf lagen zusammengefaltete Leintücher. Das Spanngeflecht wurde später durch Schilfmatten ersetzt, die Bequemlichkeit durch das Anbringen von Fußbänken erhöht. Anstelle von Kopfkissen benutzten die alten Ägypter sogenannte Kopflehnen aus Holz oder auch aus Stein, die aus einer auf Säulen ruhenden, gerundeten Nackenstütze und einem dazu passenden, länglichen Sockel bestanden. Funde von Kopflehnen, die in Tücher eingeschlagen waren, deuten darauf hin, daß sie in der Regel mit weichen Materialien bedeckt wurden, um sie bequemer zu machen. Die ägyptischen Schlafzimmer waren zusätzlich mit Lehnstühlen und mit Kommoden aus Holz oder Schilfgeflecht ausgestattet, in denen die Bettwäsche aufbewahrt wurde. Die Römer bevorzugten hohe Betten, die nur über Stufen oder einen Stuhl zu erreichen waren.

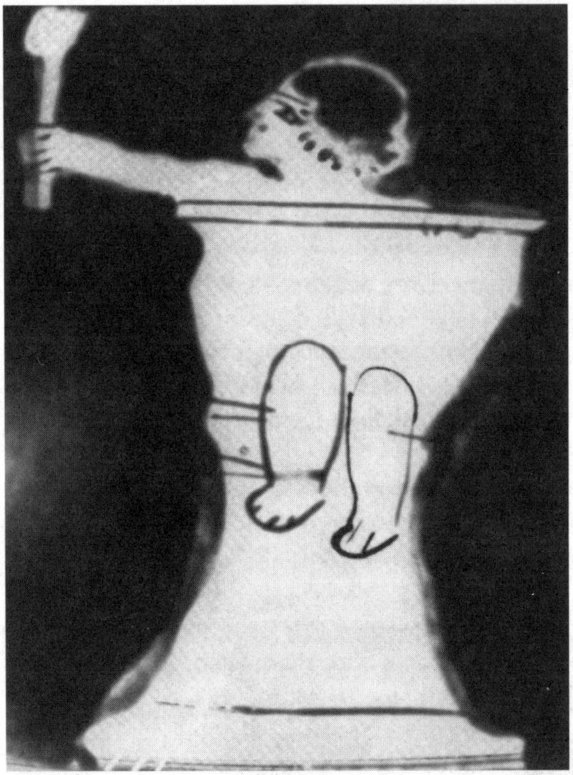

Griechischer Kinderstuhl aus dem 5. Jahrhundert v. Chr. Rotfigurige Vase, Athen, um 440 v. Chr.

Für die Ägypter waren Möbel wichtige Statussymbole. Wer es sich leisten konnte, saß auf bequemen Lehnsesseln oder auf kunstvoll eingelegten Stühlen mit weichen Kissen und speiste von niedrigen Einzeltischen. Auch die Erfindung des Klappstuhls geht auf die Ägypter zurück. Zwei Exemplare aus Ebenholz, die mit Leder bezogen und mit Goldornamenten verziert waren, wurden im Grab Tutanchamuns (spätes 14. Jahrhundert v. Chr.) entdeckt. Eine Vielzahl von Funden belegt, daß der Klappstuhl zu dieser Zeit in Ägypten sehr populär war. Zur gleichen Zeit war er auch auf Kreta in Mode. Ebenso im weit entfernten Dänemark, wo in Gräbern nahezu identische Stühle gefunden wurden.

In Griechenland speiste man im 5. Jahrhundert v. Chr. auf Liegesesseln, die in ihren Abmessungen (160 auf 75 Zentimeter) standardisiert waren und auf niedrigen Füßen standen. Büffets waren bei den Griechen nicht in Gebrauch, wohl aber Vitrinenschränke, die, ebenso wie in den Häusern auf den Orkney-Inseln, genau

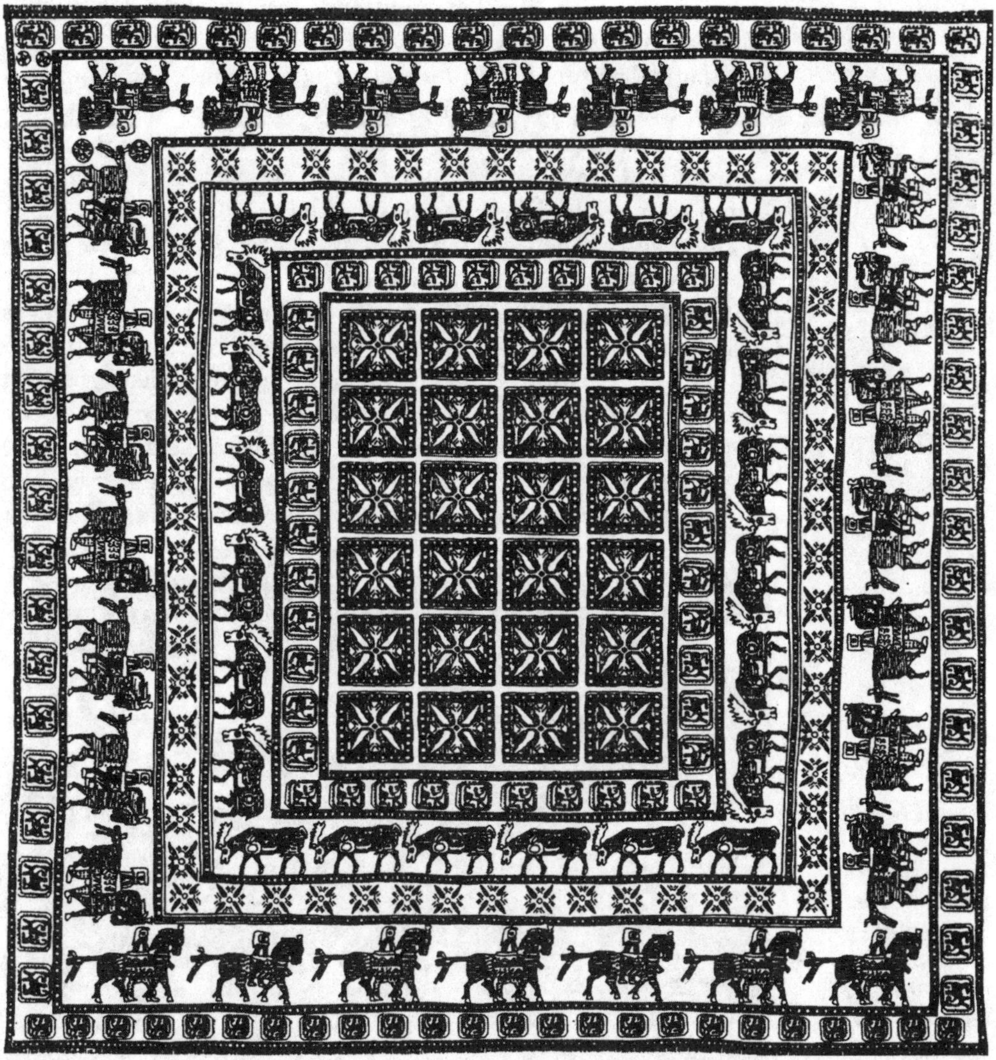

gegenüber der Eingangstür standen und der Zurschaustellung besonderer Kostbarkeiten, zum Beispiel wertvoller Gold- und Silbergefäße oder Statuetten, dienten. Die Römer übernahmen sowohl die Speiseliegen als auch die Vitrinenschränke, präsentierten ihre Pretiosen jedoch bevorzugt auf Tischen.

Rekonstruktion des Pazyryk-Teppichs, der um 500 v. Chr. in Persien geknüpft wurde. Auf dem äußeren Schmuckband sind reitende Nomaden dargestellt, die Tiere auf der inneren Leiste sind Elche.

Die Fußböden in den Häusern ärmerer Bevölkerungsschichten waren, wenn überhaupt, mit Stroh bedeckt. In den Zimmern der Reichen dagegen lagen kostbare Teppiche. Schriftlichen Quellen zufolge soll Prinzessin Artystone, die Tochter des persischen Königs Kyros des Großen, um 500 v. Chr. eine Teppichknüpferei unterhalten haben. Ein Jahrhundert später berichtet der griechische Geschichtsschreiber Xenophon, daß die persische Stadt Sard sich damit brüste, »federnde« Teppiche herzustellen, die nur von den Füßen des Königs berührt werden dürften. Das im 5. Jahrhundert v. Chr. entstandene Steinrelief an der Apadana-Treppe in der persischen Hauptstadt Persepolis zeigt Kyros mit tributpflichtigen Untertanen bei der Übergabe von Stoffen und Teppichen.

Ein ungewöhnlich kostbarer persischer Teppich hat sich im Eis der Pazyryk-Grabstätte in Zentralasien erhalten (vgl. den Abschnitt **Tätowierungen** im Kapitel **Körperpflege**). Dabei handelt es sich um einen extrem fein geknüpften Wollflorteppich mit 210 Knoten pro Quadratzentimeter. (Zum Vergleich: Heute rechnet man für den normalen Wollflorteppich 32 Knoten pro Quadratzentimeter und etwa 320 Knoten für feinste Seidenteppiche.) Fragmente eines noch älteren Perserteppichs wurden etwa 150 Kilometer von Pazyryk entfernt, in Bash-Adar freigelegt, einer

Detailausschnitt des Pazyryk-Teppichs mit 210 Knoten pro Quadratzentimeter. Die alten persischen Knüpfteppiche bestanden aus einem Grundgewebe und dem Flor, der aus Hunderttausenden von handgeknüpften Knoten gebildet und auf der Oberseite geschoren war. Als Qualitätsmaßstab gilt die Anzahl der Knoten pro Quadratzentimeter.

»Bügelbrett« aus der Wikinger-Zeit, gefunden in einer Grabstätte bei Grytóy in Nordnorwegen. Die Platten wurden aus Walfischknochen gefertigt und gehören, zusammen mit sogenannten »Bügeleisen« aus Glas, zu den gängigen Funden in Frauengräbern.

Grabstätte, die ebenfalls im Eis überdauert hat und auf 650 v. Chr. datiert wird. Obwohl es sich in beiden Fällen ganz eindeutig um importierte Teppiche handelt, geht die Forschung heute davon aus, daß die Ursprünge der Teppichknüpferei in Zentralasien selbst liegen. Im turkmenischen Sumbar-Tal wurden Frauengräber von 1500 v. Chr. entdeckt, die Bronzemesser einer ganz bestimmten Form enthielten, wie sie traditionsgemäß von Teppichknüpfern zum Scheren des Flors verwendet werden.

Einer der kostbarsten Teppiche wurde für den persischen König Chosrau I. Anoscharwan (Reg. 531–579 n. Chr.) geknüpft. Er war mit zahllosen Blüten aus Edelsteinen bedeckt, die den König während des langen, blumenlosen Winters bei Laune halten sollten.

Die griechischen und römischen Häuser waren oft mit Wandmalereien verziert, die uns aufschlußreiche Einblicke in das All-

Wanddekorationen und Möbel allein genügten jedoch noch nicht für jenes Gefühl häuslicher Behaglichkeit, das offenbar auch von den als barbarisch geltenden Völkern geschätzt wurde. Von den Wikingern beispielsweise hätte man es wohl kaum erwartet, daß sie Wert auf gebügelte Kleidung und Wäsche gelegt haben. Und doch wurden aus Wikingergräbern und Bootsfunden Gegenstände geborgen, bei denen es sich aus archäologischer Sicht nur um Werkzeuge zum Bügeln handeln kann: Abgeflachte Kugeln aus Glas mit Brandspuren an der Unterseite wurden als Bügeleisen identifiziert, Platten aus Walfischknochen mit Tierschnitzereien als die dazugehörigen Bügelbretter. Allerdings wurde das Bügelzubehör ausschließlich in Frauengräbern gefunden, so daß das Macho-Image der Wikingermänner unangetastet bleiben kann. Nach der volkstümlichen Überlieferung in Skandinavien wurden die Bügelbretter von jungen Männern während der langen Wintermonate geschnitzt und waren als Brautgeschenk für die Liebste gedacht.

tagsleben der Antike erlauben. Die heutige Praktik, die Wände mit Tapeten aus Papier zu verzieren, hat sich offensichtlich aus der chinesischen Sitte, an den Zimmerwänden lange Papierrollen mit Tier- und Blumendarstellungen oder Landschaftsbilder aufzuhängen, entwickelt. In China selbst wurde dieser Dekorationsstil von gebildeten Gesellschaftsschichten als vulgär gebrandmarkt, fand jedoch bei den christlichen Missionaren so viel Anklang, daß sie die Idee gegen Ende des 15. Jahrhunderts nach Europa brachten. Die erste europäische Tapete wurde im Jahr 1481 hergestellt. Ludwig XI. von Frankreich (Reg. 1461–1483) beauftragte einen gewissen Jean Bourdichon, fünfzig Tapetenrollen mit Engelsmotiven auf blauem Untergrund zu bemalen. Die Rollen wurden im königlichen Schloß Plessis-les-Tours aufgehängt.

Die meisten häuslichen Erfindungen dienten zunächst dazu, das Überleben zu sichern. Später war es eher der Wunsch nach mehr Bequemlichkeit und nach modischen Neuerungen, der für Veränderungen im Haushalt sorgte.

Toiletten

Das 3. Jahrtausend v. Chr. könnte als das Zeitalter der Hygiene bezeichnet werden, da während dieser Periode gleichzeitig in mehreren, voneinander unabhängigen Kulturen sowohl die Toilette als auch die Kanalisation eingeführt wurde. Die vermutlich ältesten Toilettenanlagen gehen auf das Jahr 2800 v. Chr. zurück und wurden in der steinzeitlichen Siedlung Skara Brae auf den Orkney-Inseln an der schottischen Nordküste entdeckt. In die massiven Steinwände der Häuser waren Nischen eingebaut, von denen Abzugsgräben wegführten, was den Schluß nahelegt, daß es sich dabei nur um Aborte handeln konnte (vgl. den Abschnitt **Kanalisation** im Kapitel **Städtisches Leben**).

Dieses Sitzklosett im westlichen Stil stammt aus der Indus-Kultur. In der um 2500 v. Chr. erbauten Metropole Mohenjo-Daro (heutiges Pakistan) waren viele Häuser mit solchen Klosetts aus Ziegelsteinen ausgestattet.

Ungefähr zur gleichen Zeit wurden auch in Mohenjo-Daro, einer Großsiedlung im Indus-Tal (heutiges Pakistan), Toilettennischen in die Außenwände der Häuser gesetzt. Es waren die ersten Sitztoiletten im westlichen Stil, sorgfältig aus Ziegelsteinen gemauert und mit hölzernen Sitzen versehen. Jede Toilette hatte eine eigene senkrechte Abflußrinne, durch die die Fäkalien in einen öffentlichen Straßenkanal oder in eine Senkgrube geleitet wurden. Sir Mortimer Wheeler, von 1944 bis 1948 Direktor des archäologischen Instituts in Indien, war von der sanitären Organisation der Siedlung stark beeindruckt: »Die hohe Qualität der Sanitäreinrichtungen von Mohenjo-Daro könnte einigen Nationen auch heute noch als Vorbild dienen.«

Die Latrinen Mesopotamiens lassen dagegen eher auf einen ausgeprägten Sinn für Geselligkeit schließen. In dem um 2300 v. Chr. erbauten Palast von Eshnunna am Diyala-Fluß hatte man sechs Sitztoiletten aus Backsteinen nebeneinander aufgereiht. Sie waren an asphaltverkleidete Rinnen angeschlossen, die in einen darunterliegenden gemauerten Abwasserkanal führten. Neben jedem Sitz stand ein Wassergefäß mit einer Schöpfkelle aus Ton.

Die ältesten, noch erhaltenen Toiletten Ägyptens wurden in den Gräbern gefunden. Sie sollten den Verstorbenen auch im jenseitigen Leben zur Verfügung stehen. Die ägyptischen Toiletten waren vergleichsweise einfach gebaut, hatten keinen Anschluß an ein Kanalsystem und mußten deshalb regelmäßig von Hand entleert werden. In El-Amarna, der Hauptstadt des Pharaos Amenophis IV.-Echnaton (Mitte 14. Jahrhundert v. Chr.), wurde eine Toilette mit einem Sitz aus Kalkstein gefunden, der eine schlüssellochförmige Öffnung besaß und vermutlich ein großes, herausnehmbares Gefäß unter sich barg. In anderen Fällen bestand der Sitz aus einem Brett, das über einen Ziegelsteinsockel gelegt war und an beiden Seiten mit Mulden zum Lagern von Sand versehen war, der nach Gebrauch in die Toilette geschüttet wurde. Eine besondere ägyptische Spezialität war die tragbare Toilette, ein hölzerner Stuhl mit einem breiten Schlitz in der Mitte, unter den bei Bedarf ein Tongefäß geschoben werden konnte.

Klosettsitz aus Kalkstein. Aus El-Amarna, Ägypten, Mitte des 14. Jahrhunderts v. Chr.

Höchste hygienische Ansprüche erfüllte das von der minoischen Kultur auf Kreta entwickelte Latrinensystem, das um die Jahrhundertwende von dem britischen Archäologen Sir Arthur Evans entdeckt wurde. Im Palast von Knossos, der aus der Mitte des 2. Jahrtausends v. Chr. stammt, stieß Evans neben den Hauptgemächern auf einen kleinen Raum mit einem Abflußrohr, das unmittelbar in den Hauptkanal unter dem Palast führte. Die Wände waren mit leicht zu reinigenden Gipsplatten ausgekleidet und mit verschiedenen Spuren versehen, die Evans zu dem Schluß brachten, daß der Raum mit einer Sitztoilette und mit einem Wasserkrug zur Spülung ausgestattet war, und daß das Abflußrohr »möglicherweise durch eine bewegliche Klappe verschlossen werden konnte, um die Geruchsbelästigung einzudämmen«. Der englische Archäologe war jedenfalls tief beeidruckt: »Ein solches System kann durchaus modernen wissenschaftlichen Standards von Hygiene standhalten und ist auch heute noch nicht in allen Nationen eine Selbstverständlichkeit.«

Die Römer übernahmen die Toilette von den Griechen, funktionierten sie aber zu großen Gemeinschaftseinrichtungen um. Alle öffentlichen Bäder waren mit Toiletten ausgestattet, die allgemein zugänglich waren, und in denen reichlich Wasser zur Verfügung stand (vgl. den Abschnitt **Bäder**). Weitere öffentliche Latrinen gab es in den Geschäftsvierteln der größeren Städte, in der Nähe des Forums oder an belebten Straßenkreuzungen. Um 315 n. Chr. existierten in Rom 144 öffentliche Latrinen.

Die öffentlichen Latrinen der Römer waren, genau wie das heute auch bei uns der Fall ist, nach Geschlechtern getrennt, besaßen jedoch keine Unterteilung in Einzeltoiletten. Das heißt, man saß nebeneinander und konnte zwanglos mit dem Nachbarn oder mit Freunden plaudern. In der Regel gab es zehn bis zwanzig Plätze, die an drei Wandseiten aufgereiht waren. Der Unrat fiel in eine Rinne unterhalb der Sitze und wurde von fließendem Wasser weggeschwemmt. Nicht selten war die Innenausstattung der Räume pompös gestaltet, mit Sitzen aus Marmor (kalt, aber pflegeleicht), kunstvoll geformten Waschbecken und dekorativen Statuen. In einer Männerlatrine in Ostia, der Hafenstadt Roms, stand sogar ein Altar, der Fortuna, der Göttin des Glücks, geweiht war.

Öffentliche Latrine in Ostia, dem Hafen des antiken Roms. Die Anlage, die den hohen Standard der römischen Sanitäreinrichtungen dokumentiert, stammt aus der Zeit der Bäderrenovierungen im 4. Jahrhundert n. Chr.

In privaten Haushalten befanden sich die Toiletten, die nicht an einen Kanal angeschlossen waren, sondern über Bottichen befestigt waren, erstaunlicherweise in der Küche, wie sich an einer Reihe von Häusern in Pompeji nachweisen läßt. Dahinter stand wohl die Idee, Küchenabfälle und menschlichen Unrat am gleichen Ort zu sammeln, um sie zusammen entsorgen zu können.

Saunas

Die moderne Sauna ist zwar eine finnische Erfindung, aber sie entwickelte sich unmittelbar aus dem Dampfbad, an dem sich die Wikinger schon im Mittelalter erfreuten. Reste von Wikinger-Saunas wurden an zahlreichen Fundstätten Nordeuropas, von Schottland bis nach Polen, ausgegraben und gehen zurück bis ins 10. Jahrhundert n. Chr. Sie finden sich aber auch in den Wikinger-Kolonien in Island, Grönland und sogar in Kanada. Auf Neufundland stießen Archäologen in der 1000 n. Chr. gegründeten Wikinger-Siedlung bei L'Anse aux Meadows auf ein Badehaus mit einer Vielzahl von Steinen, die durch Hitzeeinwirkung brüchig geworden waren und eindeutig den Betrieb einer Sauna belegen, der ersten bekannten Sauna Nordamerikas.

Die Vorliebe der Wikinger für heiße Dampfbäder hatte ihre Ursache zweifellos in dem kalten Klima, in dem sie lebten. Sie haben diese Einrichtung jedoch keineswegs erfunden. Auch die Römer können nicht als die Erfinder angesehen werden, obwohl ein Vergleich mit ihren porenreinigenden Schwitzbädern naheliegt (vgl. den Abschnitt **Bäder**). Ein entscheidender Unterschied besteht

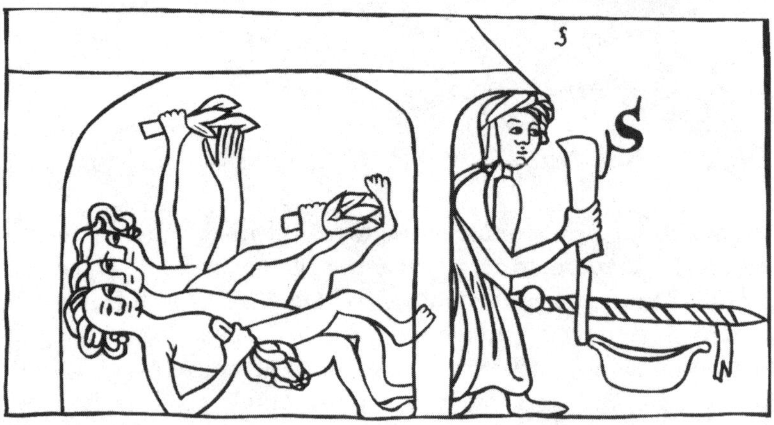

Mittelalterliche Badeszene in der Sauna. Wie auch heute noch in Skandinavien üblich, benutzte man für die Hautmassage Reisigbündel. Aus einem Manuskript des 13. Jahrhunderts.

in der Technik der Hitzeerzeugung. Charakteristisch für die Sauna ist feucht-heiße Luft. Die Raumtemperatur wird zusätzlich durch Dampf erhöht, indem man Wasser über glühende Kohlen oder heiße Steine gießt. Der römische Schwitzraum dagegen wurde unterirdisch durch große Heizkessel erhitzt (vgl. den Abschnitt **Zentralheizung**) und war trocken-heiß.

Es hat den Anschein, daß die Wikinger-Sauna auf wesentlich ältere Dampf- und Schwitzbäder zurückgeht, die es in Europa schon in vorrömischer Zeit gegeben hatte. Klassische Quellen belegen die Existenz dieser Ur-Saunas von Portugal bis Rußland. Der griechische Geograph Strabo (1. Jahrhundert v. Chr.) berichtet, daß sich die Bewohner des Duoro-Tals im heutigen Portugal mit rotglühenden Steinen Dampfbäder bereiteten. Von Herodot aus dem 5. Jahrhundert v. Chr. wissen wir, daß bei den skythischen Nomadenvölkern Rußlands nicht das gewöhnliche Bad in Wasser üblich war, sondern Dampfbäder in Zelten. Daß dazu Wasser auf glühende Steine gegossen wurde, fehlt in Herodots Bericht. Dafür vermittelt er jedoch einen lebhaften Eindruck von den ungeheuren Räuschen, zu denen sich die Skythen in ihren Sauna-Zelten mit Hilfe von Hanfsamen (Cannabis) verhalfen:

»Und nun zu den Dampfbädern: Aus drei oben zusammengebundenen Stöcken bauen sie einen Rahmen, über den sie, sorgfältig darauf bedacht, daß keine Lücken entstehen, Wolltücher breiten. In dieses kleine Zelt stellen sie eine Schale mit rotglühenden Steinen. Dann nehmen sie Hanfsamen, kriechen in das Zelt hinein und werfen ihn auf die Glut. Sofort bildet sich Dampf von so unvergleichlicher Qualität, wie man ihn in Griechenland nirgendwo findet. Die Skythen erfreuen sich so sehr daran, daß sie vor Vergnügen schreien.«

Die prähistorischen Saunas Britanniens

Die ältesten Zeugnisse für die Existenz von Saunas wurden überraschenderweise auf den britischen Inseln gefunden. Sogenannte »Brandhaufen«, kleine künstliche Erhebungen aus verglühten Kohle- und Gesteinsresten, die überall zu finden waren, hatten die Archäologen lange vor ein Rätsel gestellt. Zunächst war nur ihr Alter bekannt gewesen. Radiokarbontests hatten ergeben, daß sie in der zweiten Hälfte des 2. Jahrtausends v. Chr. während der Bronzezeit entstanden sein müssen, zu einer Zeit, als Stonehenge noch als Ritualstätte genutzt wurde.

In der Regel wurden diese Hügel immer neben einer Wasserquelle gefunden, in einigen Fällen auch, wie Grabungen ergeben haben, in unmittelbarer Nachbarschaft von rechteckigen Erdgruben, die mit Stein, Ton oder auch Holz ausgefüttert waren, ganz augenscheinlich, um sie wasserdicht zu machen. Es blieb aber unklar, welchem Zweck diese Anlagen gedient hatten. Am gebräuchlichsten war die Erklärung, daß es sich um Kochplätze für ausgedehnte Festmähler handelte. Die ausgebrannten Steine interpretierte man als sogenannte »Kochsteine«, die im Feuer bis zur

Rotglut erhitzt und anschließend ins Wasser geworfen wurden, um es zum Kochen zu bringen. Kochsteine waren in präkeramischen Kulturen, bevor der feuerfeste Topf entwickelt wurde, das gängige Werkzeug zum Garen der Nahrung.

Zweifel an dieser Theorie äußerten schließlich die Archäologen Lawrence Barfield und Mike Hodder, die an der Universität Birmingham ein Projekt zur Erforschung der Brandhaufen in den West-Midlands leiteten. Ein Brandhaufen in der Nähe von Birmingham wurde einer besonders eingehenden Untersuchung unterzogen. Obwohl »Tonnen von Grabungsmaterial durchsiebt wurden«, fand sich nicht die geringste Spur eines Tierknochens, was eindeutig gegen die Theorie sprach, daß es sich um einen Kochplatz handelte. Zusätzliche chemische Bodenanalysen bestätigten den Befund.

Barfield und Hodder kamen deshalb 1987 zu dem Ergebnis, daß es sich bei dem von ihnen untersuchten Brandhaufen nicht um die Überreste einer Kochstelle, sondern um die einer Sauna handelte. Dafür sprach die große Masse an ausgebrannten Steinen, die Lage am Fluß und die Abwesenheit jeglicher Nahrungs- oder Siedlungsspuren. Das Fehlen von Überresten des eigentlichen Dampfhauses wurde damit begründet, daß es sich dabei möglicherweise um eine provisorische Vorrichtung gehandelt habe, ähnlich den Zelten der Skythen.

Ein ebenso überzeugendes Beispiel für die Existenz prähistorischer Saunas findet sich auch in Liddle Mound auf den Orkney-Inseln im Norden Schottlands. Unmittelbar neben einem typischen Brandhaufen wurden die Reste eines bronzezeitlichen Gebäudes freigelegt, das sorgfältig aus Natursteinen zusammengefügt, aber so klein war, daß man es kaum als Haus bezeichnen konnte. Innen war der Bau mit Steinabgrenzungen in winzige Zellen unterteilt, gerade groß genug, um darin sitzen zu können. In der Mitte befand sich ein rechteckiges, mit Steinplatten abgedichtetes Becken.

Der Gedanke, es könnte sich hierbei um die Überreste einer prähistorischen Kochstelle handeln, ist angesichts der Aufteilung in enge Sitzzellen absurd. Zudem hätte das Eintauchen glühender Kochsteine in Wasser sofort eine dichte Dampfwolke ausgelöst, die nicht nur das Kochen unangenehm gemacht, sondern den Bau zwangsläufig in ein Dampfbad verwandelt hätte, wie der Grabungsleiter hervorhob. Auch die Funde am Brandhaufen sprachen für eine ursprüngliche Nutzung der Anlage als Dampfbad: An organischen Spuren ließen sich nur Nesseln, Immergrün, Heidekraut und verschiedene Gräser nachweisen. Der Gebrauch von Heilkräutern in Dampfbädern ist aus ältesten Zeiten bezeugt. Auf

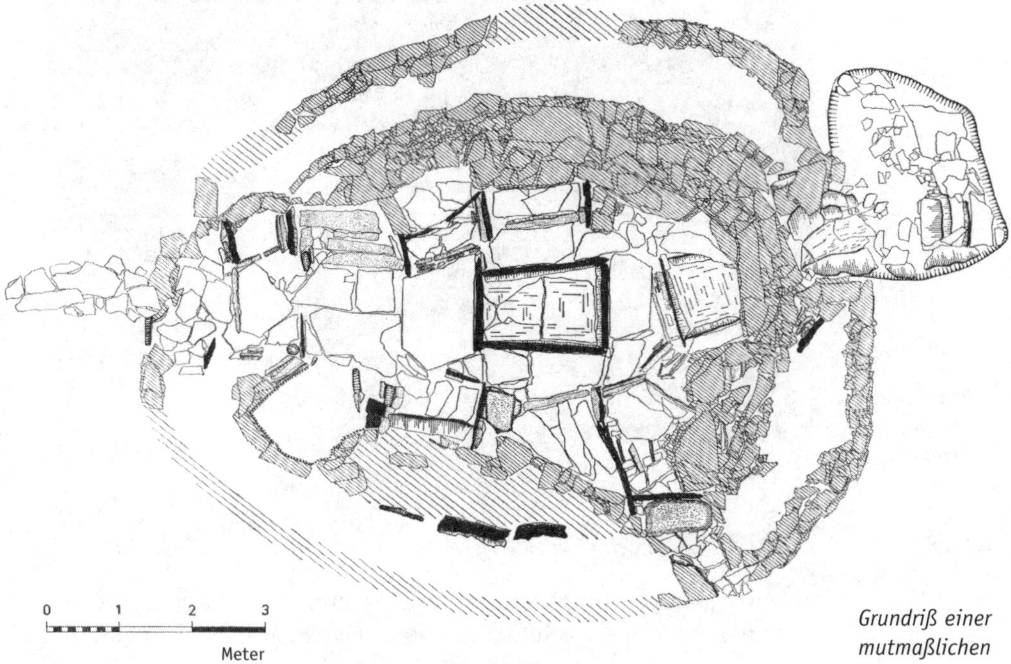

Grundriß einer mutmaßlichen Sauna aus der Bronzezeit (Liddle Mound, Orkney-Inseln). Das Rechteck in der Mitte kennzeichnet ein Becken aus großen Steinplatten, das bei der Freilegung zur Hälfte mit geborstenen und vom Feuer rot gefärbten Steinen angefüllt war. Um das Becken herum sind winzige Sitzzellen in das dicke Mauerwerk gebaut. Vor dem Haus befindet sich ein charakteristischer »Brandhügel«, rund 2 Meter hoch und aus geborstenem Gestein bestehend.

die Glut gelegt, erzeugten sie Dämpfe, die inhaliert werden konnten, so wie es die Skythen mit Hanfsamen machten. Nesseln beispielsweise helfen gegen Rheumatismus und Arthritis. Aus den Skelettbefunden der Orkney-Bewohner wissen wir, daß sie vor allem unter Osteoarthritis litten. Man braucht nur wenig Phantasie, um sich vorzustellen, daß die schmerzgeplagten Einwohner dieser rauhen Insel Erleichterung für ihre Beschwerden in Schwitzbädern mit Kräuteranwendungen suchten.

Schwitzbäder der Maya

Auch die Einwohner Mittelamerikas kannten die Sauna. Zur Zeit der spanischen Eroberung war das Dampfbaden bei den Azteken in Mexiko und den Maya auf der Halbinsel Yucatán außerordentlich populär. Die Azteken nannten ihre Dampbäder *temazcalli* und nutzten sie gegen Fieber, Krämpfe, Rheuma, postnatale Beschwerden und gegen giftige Schlangenbisse und Insektenstiche. Und genauso wie in der Alten Welt wurden zum Dampfbad auch Heilkräuter verwendet.

Die mittelamerikanischen Saunas waren durchweg in geschlos-

Maya-Kultstätte Piedras Negras aus der klassischen Periode (600–900 n. Chr.).

senen Gebäudekomplexen untergebracht, mit Bänken für die Badebenutzer und Abflußkanälen für das Wasser. Die Sauna selbst war ein kleiner, gemauerter Raum mit einer Feuerungsvorrichtung, die entweder in den Fußboden eingelassen oder in die Außenwände eingebaut war. Zur Hitzeerzeugung wurde das gleiche Verfahren angewendet wie im alten Europa: In einem offenen Feuer wurden Steine erhitzt. Dann wurde auf die Steine oder die glühende Holzkohle Wasser gegossen.

Saunas nach diesem Konzept finden sich bei den Tolteken Mexikos (10.–12. Jahrhundert n. Chr.), den nachfolgenden Azteken und bei den Maya Yucatáns, die in ihrer klassischen Zeit (600 bis 900 n. Chr.) eine Vielzahl von Saunas gebaut haben und als die eigentlichen Lehrmeister der Schwitzkultur gelten.

Ein 1780 verfaßter Bericht des spanischen Jesuiten Francisco Javier Clavijero gibt einen lebhaften Eindruck von den mittelamerikanischen Schwitzbädern:

»Die *temazcalli* sind so populär, daß sich an jedem Ort gleich mehrere davon finden. ... Beim Besuch des Bades wird zuerst eine Matte ausgebreitet und ein Bottich mit Wasser und Kräuter oder Maisblätter bereitgestellt. Dann wird ein Feuer entzündet und am Brennen gehalten, bis die Steine an der Feuerstelle ganz heiß sind. Der Badende erscheint im allgemeinen nackt und ist häufig in Begleitung eines Dieners. Beim Eintreten schließt er die Tür sorgfältig hinter sich, läßt aber durch ein Luftloch den Rauch abziehen, der sich möglicherweise gebildet hat. Dann schüttet er Wasser über die heißen Steine, wodurch sofort eine dichte Wolke aus Wasserdampf entsteht. Er legt sich auf die Matte, während der Diener den Dampf über ihn fächelt und ihn vorsichtig mit Kräuterbündeln schlägt, die zuvor in einen Wasserbottich getaucht wurden. Sofort stellt sich ein angenehmes Schwitzen ein, das je nach Bedarf vermindert oder auch verstärkt werden kann.«

Bäder

Die alten Griechen und Römer betrachteten das Baden als eine der größten Errungenschaften der Zivilisation. Auch Plato (4. Jahrhundert v. Chr.) legt in seinem Bericht über das sagenhafte, im Atlantischen Ozean versunkene Atlantis, größten Wert auf die Beschreibung der Bäder:

»Aus den Quellen floß in reichlicher Fülle warmes und kaltes Wasser von herrlichem Duft und ausgezeichneter Qualität. Überall gab es Wasserbecken, einige unter freiem Himmel, andere unter schützenden Dächern, um auch im Winter heiße Bäder bereitstellen zu können. Könige und Bürger badeten in getrennten Einrichtungen und auch die Frauen hatten eigene Bäder. Sogar für Pferde und andere Tiere hatte man Bäder geschaffen, damit sich alle Geschöpfe von der Last der Arbeit ausruhen konnten.«

Das »Große Bad« in Mohenjo-Daro, heutiges Pakistan. Errichtet um 2500 v. Chr.

Die Baderäume in den Häusern der alten Städte Indiens, Ägyptens und Mesopotamiens können als Vorläufer der heutigen Duschen angesehen werden. Der Badende übergoß sich mit Wasser aus einem Krug. Die ersten echten Duschen mit fest installierten Duschköpfen wurden von den alten Griechen erfunden. Auf einer schwarzfigurigen Vase aus dem 6. vorchristlichen Jahrhundert sind vier junge Athletinnen unter der Dusche zu sehen. Die Duschköpfe haben die Form von Löwen- und Wildschweinköpfen. Darüber ist eine Stange zum Deponieren der Kleidung angebracht.

Platos utopischer Bericht über Atlantis, das er als Modellstaat verstanden wissen wollte, wird heute von einigen Zeitgenossen als Widerhall versunkener Zivilisationen aus der Bronzezeit interpretiert. Was die Bäderkultur anbetrifft, könnte man ihnen sogar zustimmen. Mehr als 2000 Jahre vor Platos Zeit waren seine Visionen in Mohenjo-Daro im Indus-Tal schon fast verwirklicht worden.

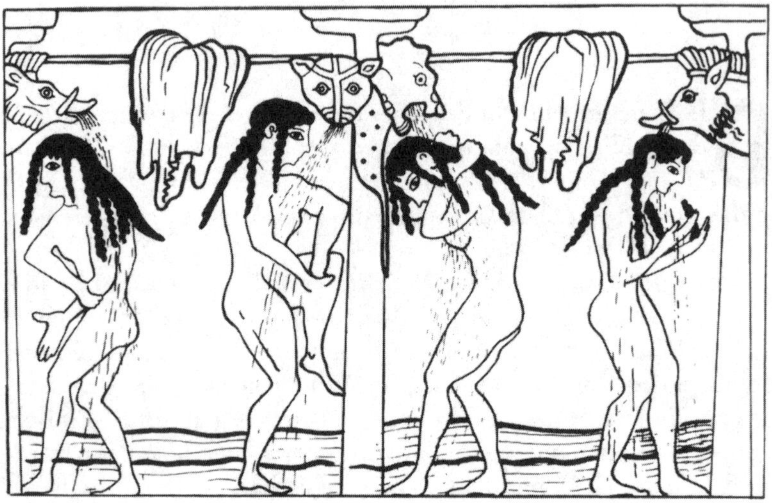

Diese Stadt, die zu den ältesten urbanen Großsiedlungen der Welt gehört, wurde um 2500 v. Chr. erbaut. In ihrem Zentrum lag auf einem künstlich errichteten Hügel die Zitadelle, die ein eigenes Badehaus enthielt. In diesem sogenannten »Großen Bad« gab es ein Becken von 12 Meter Länge, 6 Meter Breite und über 3 Meter Tiefe. Wände und Boden bestanden aus einer doppelten Lage von Ziegeln mit einer Asphaltschicht zur Abdichtung dazwischen. An den Enden führten breite Treppen ins Wasser, und in einer Ecke war ein Abfluß, der in einen Kanal mündete. Ein Säulengang, der das »Große Bad« umgab, führte zu mehreren Nebenräumen, die zum Teil mit kleineren Wasserbecken ausgestattet waren.

Der eigentliche Zweck des »Großen Bades« ist ungeklärt. Tatsache bleibt, daß in Mohenjo-Daro der Körperpflege große Bedeutung beigemessen wurde. Beinahe jedes der zu Hunderten ausgegrabenen Häuser besaß, meist im Erdgeschoß, ein eigenes, kleines Bad, das mit Ziegeln gepflastert war. Die Bewohner übergossen sich aus einem Eimer mit Wasser, das durch ein Loch im Boden in die öffentliche Kanalisation abfloß.

Ob die Ägypter eine ebenso hochstehende Badekultur hatten, ist

Das »Königinnenbad« im minoischen Palast von Knossos auf Kreta, wahrscheinlich um 1400 v. Chr. entstanden. Minoische Badewannen waren zum Liegen ungeeignet und wurden wie altmodische Sitzwannen genutzt. Rekonstruktion von Sir Arthur Evans, dem Leiter der Grabungen in Knossos.

noch nicht geklärt, weil bis jetzt relativ wenige Privathäuser ausgegraben wurden. Eine Ausnahme bildet die Stadt El-Amarna, die um die Mitte des 14. Jahrhunderts v. Chr. von Pharao Amenophis IV.-Echnaton vorübergehend zur Hauptstadt erklärt wurde. Hier hat man eine Reihe von Privathäusern vollständig freigelegt. Einige, und zwar nicht nur die Häuser der Oberschicht, verfügten über Baderäume, die unmittelbar neben dem Schlafbereich lagen. Sie konnten an Kalksteinplatten identifiziert werden, die den Boden und die Wände in einer Ecke des Raumes bedeckten. Die Bodenplatten waren mit flachen Rinnen versehen, die auf ein Abflußloch zuliefen. Das Abwasser floß entweder in einen großen Bottich unterhalb der Öffnung oder wurde durch ein Rohr ins Freie geleitet.

Ein ungewöhnlich modern anmutendes Badezimmerdesign wurde im 2. Jahrtausend v. Chr. in Mesopotamien entwickelt. Bei

Grabungen im Palast von Mari am oberen Euphrat wurden Baderäume entdeckt, die mit einer Wanne aus Terrakotta ausgestattet waren. Nicht selten gehörten auch ein einfacher Abort (ein Loch im Boden, das mit einem Kanal verbunden war) und eine Heizvorrichtung mit einem Rauchabzug zur Einrichtung.

Badewannen gab es auch bei den Minoern auf Kreta. Der britische Archäologe Sir Arthur Evans, der um die Wende zum 20. Jahrhundert die minoische Zivilisation wiederentdeckte, verblüffte mit Funden, die das ausgeprägte Hygienebewußtsein des minoischen Adels erkennen ließen. In der großen Palastanlage von Knossos, mit deren Bau um 1700 v. Chr. begonnen wurde, fand Evans sowohl Bäder als auch Klosetts (vgl. den Abschnitt **Toiletten**). Die Baderäume hatten tiefer gelegte Böden, die über Treppen zugänglich waren, und enthielten zum Teil höchst elegante Wannen aus Terrakotta. Öffnungen für Abflußrohre konnten aber nicht gefunden werden, obwohl der Palast über ein ausgezeichnetes Kanalsystem verfügte. Griffe an den Wannen lassen darauf schließen, daß sie zum Entleeren hinausgetragen wurden. Das Baden stand im alten Kreta in so hohem Ansehen, daß man sich sogar in Tonsärgen bestatten ließ, die den Badewannen nachgebildet waren.

Die minoische Badeleidenschaft wurde von der nachfolgenden mykenischen Kultur übernommen. Die Paläste von Mykene, Tyros und Pylos, die vom 14. bis 13. Jahrhundert v. Chr. erbaut wurden, verfügten alle über luxuriöse Bäder mit Wannen. Einige Verbesserungen wurden vorgenommen: Das Bad von Tyros besteht aus einer einzigen, leicht geneigten Bodenplatte aus Stein, so daß sich der Überlauf in einer Rinne sammeln und durch ein Rohr abfließen konnte.

Die Palastbäder dieser Zeit spielten später auch in der griechischen Mythologie eine Rolle. So soll König Minos von Kreta am Hofe des Königs von Sizilien ermordet worden sein, während er ein Bad nahm. Daidalos, der ehemalige Architekt und Hofingenieur des Königs und inzwischen sein erbitterter Feind, führte ein verborgenes Rohr durch die Decke des Baderaumes, durch das er kochendes Wasser auf den badenden König schüttete.

Der Schwitzraum (caldarium – *Bild auf der linken Seite), und der Kaltraum* (frigidarium – *Bild oben) eines Bades in Pompeji (1. Jahrhundert n. Chr.)*

Das klassische Griechenland konnte also auf eine lange Badetradition aufbauen und kannte dementsprechend viele Methoden des Badens: das Baden im Becken oder in der Wanne, das Fußbad und sogar das Duschbad.

Es waren aber erst die Römer mit ihren technisch ausgereiften Wasserleitungs- und Beheizungssystemen (vgl. den Abschnitt **Leitungen und Rohre** im Kapitel **Städtisches Leben** und den Abschnitt **Zentralheizung**), die den nötigen Luxus schufen, um aus dem Baden eine regelrechte Kunst zu machen. Die großen römischen Bäder waren pompös mit verschwenderischem Marmordekor ausgestattet und müssen zu den hervorragendsten architektonischen Leistungen der Römer gezählt werden. Der Staat stellte riesige Summen zum Bau und zur Erhaltung der öffentlicher Bäder zur Verfügung. Die weitläufigen Anlagen entwickelten sich zu Zentren urbaner Kultur mit Vortragssälen, in denen Dichter und Philosophen auftraten, mit Gartenanlagen und mit zahlreichen Läden im Außenbereich. Der Bau von Privatbädern war daher in den größeren Städten überflüssig und wurde hauptsächlich in den Villen der Reichen auf dem Lande vorgenommen.

Den römischen Bädern lag trotz aller Vielfalt ein einheitliches Grundkonzept zugrunde. In den einzelnen Baderäumen herrschten unterschiedliche Temperaturen, und die Badeeinrichtungen für

Männer und Frauen waren getrennt. Der Badende begab sich zuerst in das *apodyterium*, den Umkleideraum, und von hier in den ersten Heißraum, das *caldarium* oder *sudatorium*, das in der Regel nicht mit einem Wasserbecken ausgestattet war, sondern nur zum Schwitzen genutzt wurde. Vom *caldarium* ging es in das *tepidarium*, einen Warmraum, der zur Abkühlung diente, bevor man im *frigidarium* in die kalten Wasserbecken tauchte. Auch wenn die Runde bei Bedarf variiert wurde, war die Haut am Ende durch das Schwitzen, durch zusätzliche Körperabreibungen mit Öl und durch Bürstenmassagen porentief gereinigt (vgl. den Abschnitt **Seife** im Kapitel **Körperpflege**).

Nach dem Niedergang Roms wurde die römische Bäderkultur von Byzanz und von den Eroberern der römischen Ostprovinzen bewahrt. Einige der alten Bäder wurden renoviert und der eigenen Kultur angepaßt. So gesehen ist in den heutigen türkischen Bädern eine lange Tradition aufrechterhalten, die sich tatsächlich bis auf die Römerzeit zurückführen läßt.

Zentralheizung

Das denkbar einfachste Verfahren für eine Zentralheizung wurde in Nordchina erfunden: Über die offene Feuerstelle oder den Herd zog man einen Zwischenboden ein, auf den die Schlafstelle gelegt wurde. Diese Art der Heizung ist seit der Han-Zeit (202 v. Chr. – 220 n. Chr.) bekannt und in tönernen Häusermodellen dargestellt, die den Hauseigentümern damals üblicherweise als Grabbeigaben mitgegeben wurden.

Eine vergleichbare Technik mag den römischen Geschäftsmann Caius Sergius Orata, der um 100 v. Chr. lebte, bei seiner Erfindung inspiriert haben. Er besaß eine Fisch- und Austernfarm und suchte nach einer Möglichkeit, die großen Wasserbehälter (*piscina*), in denen die Austern gehalten wurden, warm zu halten. Dabei kam er auf die Idee, sie auf Rohre zu setzen, daneben eine Feuerungsvorrichtung zu installieren und Heißluft unter ihnen hindurchzuleiten.

Innerhalb von zwei Generationen entwickelten römische Ingenieure daraus eine ausgefeilte Warmlufttechnik, das sogenannte *hypocaustum*, das anfänglich nur der Beheizung öffentlicher Bäder diente, sich aber später in unterschiedlichen Variationen, zur gebräuchlichsten Heizungsart für alle Arten von Gebäuden entwickelte. Oratas Erfindung zählt zu den wichtigsten zivilisatorischen Leistungen der Römer und wurde vor allem im kalten Nordeuropa von der einheimischen Aristokratie, die nur offene Feuerstellen kannte, mit Begeisterung aufgenommen. Für die Beheizung eines Hauses mit Warmluft gab es im wesentlichen zwei verschiedene Techniken: die Säulentechnik und die Rohrtechnik.

Schematische Darstellung einer römischen Warmluftheizung, eines sogenannten Pfeiler-Hypokaustums. Die Warmluft wird von einem Ofen außerhalb des Hauses erzeugt und zirkuliert in einem pfeilergestützten Gewölbe, auf dem das Haus steht. Die Abluft wird durch Schächte in den Wänden nach oben geleitet, wo sie durch das Dach entweichen kann.

Die Römer verwendeten bevorzugt die Säulentechnik. Dabei wurde der Fußboden auf etwa einen Meter hohe Pfeiler aus Keramikfliesen gesetzt. In den unterirdischen Hohlraum wurde Heißluft von einer Feuerstelle geleitet, die den darüberliegenden Raum erwärmte. Bei Bedarf konnte die heiße Luft auch über geflieste Schächte in den Mauern durch das gesamte Haus geleitet werden.

Die Rohrtechnik war erheblich billiger, weil man dabei ohne den unterirdischen Hohlraum auskam. Die Heizluft wurde von einem Zimmerofen durch im Fußboden verlegte Metallrohre in die Mitte des Raumes und von dort aus zu den Zimmerecken geführt, wo ein weiteres, in den Wänden verlegtes Rohrsystem die Luft nach oben leitete. Dieses Verfahren war allerdings weniger effektiv, da sich die warme Luft ungleichmäßig verteilte und die Raumtemperatur daher nicht so gut reguliert werden konnte.

Über die eindrucksvollsten Zentralheizungen verfügten die großen öffentlichen Bäder in Rom. Die erzeugte Hitze war bisweilen so stark, daß die Badegäste Sandalen mit dicken Sohlen tragen mußten, um sich die Füße nicht zu verbrennen. In den Bädern von Konstantinopel kamen im 3. Jahrhundert n. Chr. Ölheizungen zur zentralen Beheizung der Bäder und zur Warmwasserbereitung in Gebrauch. Dazu wurden in den Kellern große Mengen von Öllampen aus Glas oder Keramik aufgestellt, mit deren Hilfe sich die gewünschte Luft- und Wassertemperatur schneller erreichen ließ als mit den herkömmlichen Holzfeuern. Der Bedarf an Petroleum muß sehr groß gewesen sein, wenn man sich vorstellt, daß allein im Kaminia-Bad, einem der vielen Bäder von Konstantinopel, täglich über zweitausend Menschen badeten.

Glasfenster

Die Kunst des Glasmachens wurde um 2000 v. Chr. im Vorderen Orient mit der Herstellung von Perlen, Siegeln und Ornamentierungen für Einlegearbeiten begründet. In Ägypten war die Technik um 1500 v. Chr. bereits so weit fortgeschritten, daß Glasgefäße von höchster Qualität produziert werden konnten. Die Phönizier am Libanon, die im überreichen Maß mit dem zur Glasherstellung notwendigen silikathaltigen Sand gesegnet waren, wurden zu den größten Glasproduzenten und -exporteuren des Altertums.

Als die Phönizier im 1. Jahrhundert v. Chr. unter römische Herrschaft gerieten, nahm die Glasherstellung einen explosionsartigen Aufschwung. Damals wurde, wahrscheinlich in Palästina, die Technik des Glasblasens erfunden. Das bislang älteste geblasene Glas wurde an einer Fundstelle in Jerusalem entdeckt, die auf Grund der vorgefundenen Keramik auf 50 v. Chr. datiert wird. Die Einführung der Glasbläserei führte zu einer starken Ausweitung der Glasproduktion. Billige Glasgefäße in einer Vielzahl von Formen und Farben begannen die teureren Metallgefäße vom Markt zu verdrängen.

Die neue Technik wurde auch bald für die Herstellung von Fensterglas genutzt. Das Glas wurde zunächst zu einer dicken Kugel aufgeblasen und durch Hin- und Herschwingen in einen länglichen

Ballon umgeformt. Dann wurden die Enden gekappt und der Ballon mit glühenden Eisenschneidern längsseitig aufgeschlitzt. Der so entstandene aufgeschnittene Glaszylinder wurde danach auf einer Ofenplatte erneut erhitzt und mit Zangen aufgebogen.

Frühe Glasfenster haben sich unter der Asche Pompejis erhalten, das 79. n. Chr. vom Vesuv verschüttet wurde. Die älteste Fensterscheibe in Pompeji stammt aus einem Gebäude am Forum, das auf 60 v. Chr. datiert wird, wobei man davon ausgeht, daß die Scheibe wenig später eingesetzt wurde. Es handelt sich um eine runde, etwa einen Zentimeter dicke Glasplatte in einem Rahmen aus Bronze, der an zwei Angeln hing, so daß das Fenster geöffnet werden konnte. Die größten Fensterscheiben Pompejis, etwa 1 Meter auf 70 Zentimeter groß und in Bronzerahmen gefaßt, wurden in den öffentlichen Bädern gefunden und waren auf einer Seite, vermutlich mit Sand, mattiert. Wesentlich häufiger waren Fenster, die aus kleinen, in hölzerne Schmuckrahmen gefaßten Glasstücken zusammengesetzt waren.

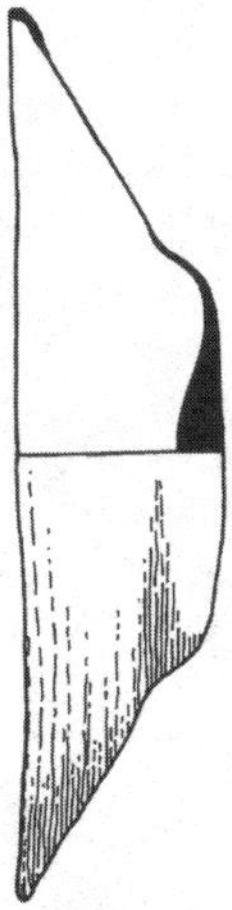

Seitliche Ansicht eines Kronglasfensters. Durchmesser 12,7 Zentimeter. Fundort Jerash, Jordanien, um 400 n. Chr.

Im südlichen Klima Italiens bildeten Glasfenster jedoch eher eine Ausnahme. Erst als die Römer die kalten Nordprovinzen erschlossen, ergab sich die Notwendigkeit, die Produktion von Fensterglas auszuweiten. In Trier und Köln entstanden während des 2. Jahrhunderts n. Chr. große Fabrikationsstätten für Glas. In Britannien kamen Glasfenster nach der römischen Kolonisierung im Jahre 50 n. Chr. in Gebrauch und verbreiteten sich auch außerhalb der Provinzgrenzen im südlichen Schottland. Dennoch blieben sie immer ein Luxusgut und der Oberschicht vorbehalten. Die Stammesfürsten Britanniens, die unter römischer Besatzung zu enormem Wohlstand gekommen waren, ließen sich Glasfenster als Statussymbole in ihre Häuser einbauen und schützten sie sorgfältig mit Vorhängen und Holzläden. Solche Vorsichtsmaßnahmen wurden auch anderswo getroffen. Von einem Kaufmann aus Alexandria ist bekannt, daß er die Fenster seines Hauses sogar mit einer Pechverkleidung vor dem Zerbrechen zu bewahren suchte.

In den ehemaligen römischen Ostprovinzen wurde auch nach dem Untergang Roms noch Fensterglas hergestellt, allerdings wurde eine andere Technik angewandt: Das Glas wurde zu Kugeln geblasen und, solange es noch heiß war, in flache Schalen mit dicken Kanten auseinandergeschnitten. Diese sogenannten Kronglasfenster werden noch heute in Palästina gefertigt. Im Westen beschränkte sich der Gebrauch von Glasfenstern viele Jahrhunderte lang auf Kirchen. Eine Neuheit war die Entwicklung von bunten Glasfenstern für die Darstellung biblischer Geschichten. Die Szenen wurden auf das Glas gemalt, die Farben anschließend durch

Rekonstruktion eines bunten Glasfensters aus dem 8. Jahrhundert n. Chr. Gefunden im Kloster des heiligen Beda in Jarrow.

Brennen fixiert. Auf den britischen Inseln starb die Glasmacherkunst fast ganz aus. Wie der Mönch und Historiker Beda berichtet, ließ der Abt des neu gegründeten Klosters Monkwearmouth im Jahr 675 n. Chr. Glasmacher aus Frankreich kommen, um sich

Fenster und Meßgefäße herstellen zu lassen. Erst ab dem 12. Jahrhundert, als auch der Adel seine Burgen mit Glas ausstatten ließ, erfuhr die europäische Glasindustrie eine Wiederbelebung.

Einige römische Schriftsteller berichten im übrigen, daß sehr früh auch schon bruchsicheres Hartglas entwickelt worden sei. Der Erfinder dieser aufsehenerregenden Neuheit habe bei Kaiser Tiberius (Reg. 14–32 n. Chr.) um eine Audienz ersucht, in der Hoffnung, von ihm reich belohnt zu werden. Der Kaiser soll sich erkundigt haben, wer von der Erfindung Kenntnis habe. Nachdem ihm der Erfinder versichert hatte, daß sonst niemand in das Geheimnis eingeweiht sei, soll er ihn auf der Stelle zum Tode verurteilt haben. Der Grund für diese drastische Maßnahme: Der Kaiser wollte die Zukunft der Glasmacherzunft sichern.

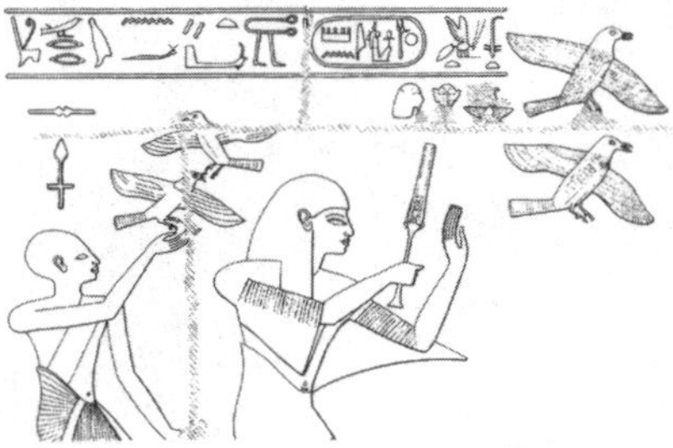

Kapitel 11

Kommuni-kation

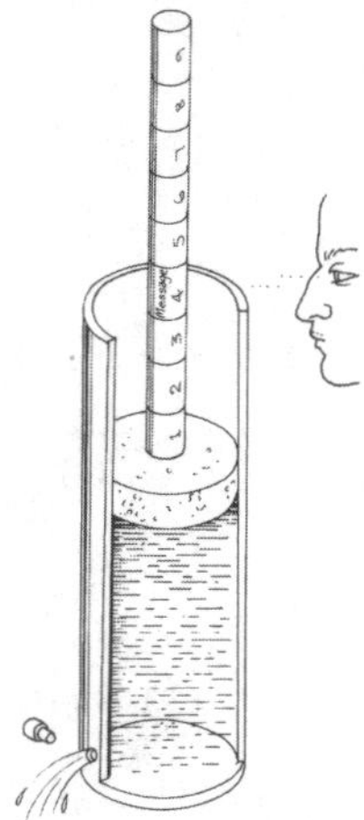

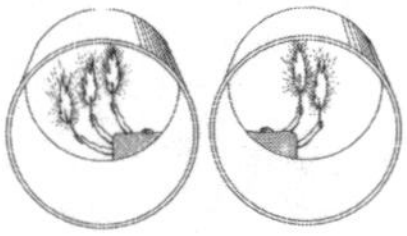

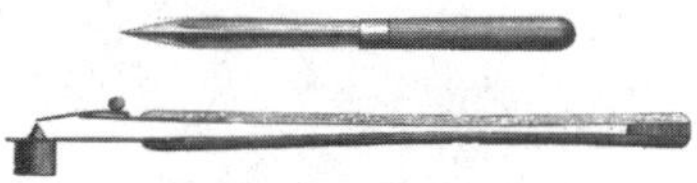

Einleitung

Die erste Reaktion eines von der Welt Abgeschnittenen – sei er gefangen oder auf einer einsamen Insel gestrandet – wird sein, einen Kalender zu erstellen, indem er die Tage in die Wand oder einen Baum ritzt. Es gehört zu den Grundbedürfnissen des Menschen, das Vergehen der Zeit zu dokumentieren, weshalb Kalender neben Sprache und darstellender Kunst zu den frühesten Versuchen der Menschheit zählen, Information zu speichern und weiterzugeben. Vermutlich haben unsere Vorfahren schon in der Steinzeit, vor 35 000 Jahren, Kalender gehabt.

In den anschließenden 25 000 Jahren entstanden in Westeuropa Höhlenzeichnungen, die uns bis heute Rätsel aufgeben. Zu ihrer Entstehungszeit dienten die dort eingeritzten Symbole der Kommunikation. Nach wie vor unklar ist auch die Bedeutung von Hunderten von Kieseln, die zum Ende der letzten Eiszeit, etwa 10000 v. Chr., von azilischen Jägern (nach dem Ort Mas-d'Azil im Departement Ariège) mit Punkten, Streifen und Wellenlinien verziert worden sind. Ihr Zweck ist unbekannt; es könnte sich um Marken, Zählhilfen oder sogar um Spielsteine gehandelt haben.

Im Vorderen Orient haben Agrargesellschaften zeitgleich mit den Kulturen Aziliens noch aussagekräftigere Zählhilfen entwickelt. Im Iran förderten zwei Grabungen Kugeln, Halbkugeln, Kegel und Scheiben aus Ton zutage, die um 8500 v. Chr. entstanden, und in die Punkte und Linien eingeprägt sind. Man vermutet, daß sie das Zählen von Tieren oder Erntegut erleichtern sollten. Solche Tonobjekte waren im gesamten Agrargürtel, vom Südwesten der Türkei bis nach Pakistan, verbreitet und wurden zunehmend ausdifferenziert. Im 4. vorchristlichen Jahrtausend hatte man im Irak ein komplexes System solcher Zählhilfen entwickelt. Man versiegelte mehrere von ihnen in einer Art Umschlag aus Ton und fügte sie der Handelsware bei, so daß sie die Funktion eines Lieferscheins oder einer Rechnung hatten.

Diese eigenartigen Tonbehälter mögen beim anschließenden großen Quantensprung in der Entwicklung der Kommunikation, dem Erfinden der Schrift, eine entscheidende Rolle gespielt haben. Der nächste logische Schritt war nun, Art und Anzahl der Zählhilfen auf der Außenseite des Behälters durch weitere eingeprägte Symbole zu vermerken, was dann die Zählhilfen selbst mit der Zeit überflüssig machte. Eine einfache, mit Symbolen versehene Tontafel genügte. Und an einem gewissen Punkt wird man festgestellt haben, daß diese Methode über das Zählen von Gegenständen hinaus nützlich war, denn mit Bildsymbolen (Piktogrammen) kann man sowohl Gegenstände als auch Handlungen ausdrücken. Die ersten Zeugnisse für die Existenz einer solchen Schrift stammen aus der sumerischen Stadt Kisch um 3500 v. Chr. Ähnlich, wenn auch unvermittelter, mag die Entwicklung der ägyptischen Hieroglyphen verlaufen sein, die um 3000 v. Chr. entstanden.

Tonobjekte aus Susa, die im 3. Jahrtausend v. Chr. als Marken beim Zählen von Tieren und Erntegut verwendet wurden. Vermutlich entwickelten sich aus ihnen die ersten Piktogramme.

Bald wurden die Piktogramme von abstrakteren Schriftformen abgelöst, wie etwa der Keilschrift. Man konnte sie schnell und ohne Aufwand schreiben, indem man einen Griffel in eine weiche Tontafel drückte, die anschließend getrocknet oder gebrannt wurde. Im Laufe ihrer Entwicklung ging die Schrift von der Abbildung von Gegenständen zur Notation von Sprachlauten über, sie wandelte sich zur phonetischen Schrift.

Sobald man mit Hilfe der Keilschrift komplexe grammatische Formen ausdrücken konnte, entstanden auch die ersten literarischen Zeugnisse. Unter den sumerischen Tontäfelchen von 2300 v. Chr. sind die Werke der ersten uns bekannten Dichterin – Enheduanna, der Tochter König Sargons von Akkad. In ihrer Eigenschaft als Priesterin des Mondgottes schrieb sie mehrere Hymnen zu Ehren der Götter und großen Tempel des Landes.

Tontafeln sind eine sehr dauerhafte Form der Datenspeicherung. Ein gut gebranntes Täfelchen ist so widerstandsfähig wie Keramik, und die Ton-Bibliotheken der Assyrer und Babylonier würden einen Atomschlag wahrscheinlich besser überstehen als die Dokumente unserer Tage, die sich ganz auf leicht zerstörbare Datenträger wie Papier oder elektromagnetische Speicher verlassen. Sogar tönerne Briefe wurden damals befördert (in Ton-Umschlägen, versteht sich), doch bald schon suchte man nach einem leichter zu transportierenden Kommunikationsmittel.

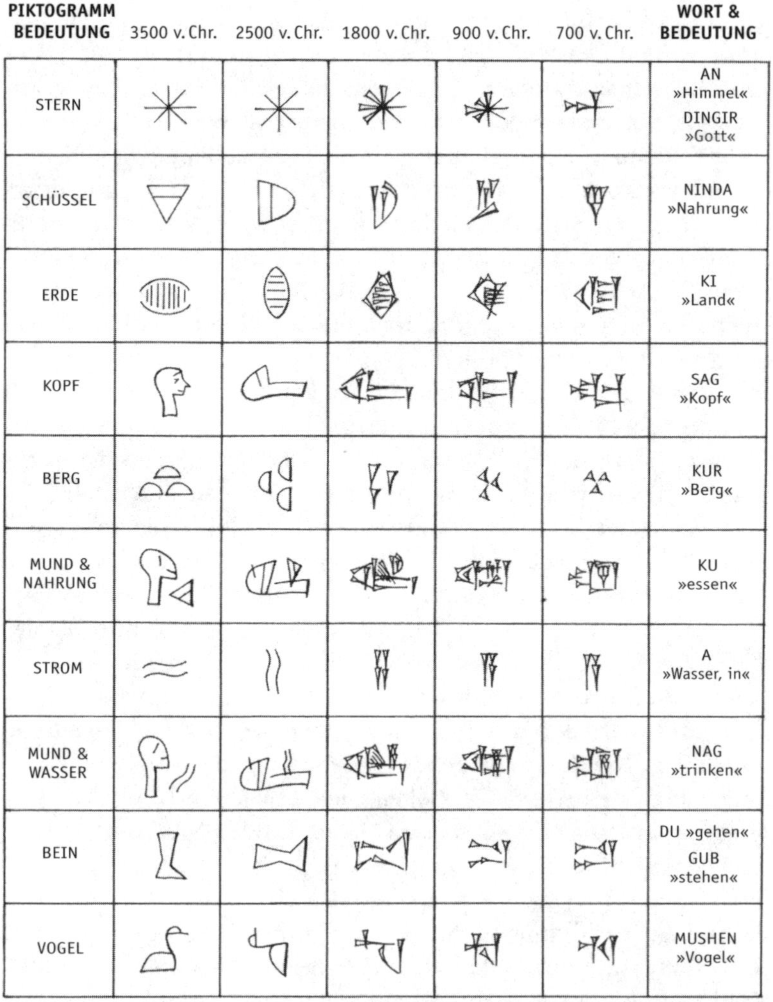

Diese Tabelle zeigt die Entwicklung der Keilschrift. In der ersten Spalte sind Piktogramme zu sehen, wie sie von den Sumerern im Südirak um 3500 v. Chr. gebraucht wurden. Über die Jahrtausende wurden die Zeichen um 90° gedreht und immer weiter stilisiert. Die letzte Spalte zeigt die entsprechenden Zeichen, wie sie bei den Assyrern und Babyloniern um 700 v. Chr. aussahen. Die Keilschrift hat ihren Namen von dem keilförmigen Ende des Griffels, mit dem die Zeichen in den weichen Ton gedrückt wurden.

Papyrus, den als erste die Ägypter um 3000 v. Chr. herstellten, war die Lösung. Der entsprechende Rohstoff war in Ägypten reichlich vorhanden, denn das Nil-Delta war zu großen Teilen mit diesem Schilfgras bewachsen. Streifen des membranartigen Marks aus dem Papyrus-Stengel wurden flach geklopft, übereinandergelegt, so daß die Fasern im rechten Winkel zueinander standen, und dann gepreßt. Anschließend wurden die Bögen mit Steinwerkzeugen geglättet und poliert. Spätestens zu Beginn des 1. vorchristlichen Jahrtausends exportierten die Ägypter Papyrusrollen auch in andere Staaten. In Mittelamerika scheint, unabhängig davon, eine primitivere Form des Papiers entwickelt worden zu sein, allerdings erst viel später. Erste Belege dafür kennen wir aus Teotihuacán in Mexiko aus dem 5. Jahrhundert n. Chr. Das frühe mexikanische Papier wurde vorzugsweise aus der Rinde des Feigenbaums hergestellt, die man einweichte, zu dünnen Bögen klopfte und diese dann mit Kalk überzog und polierte. Die Produktion erfolgte im großen Stil; um 1500 n. Chr. füllte die aztekische Bürokratie jährlich bereits etwa 480 000 Bögen pro Jahr.

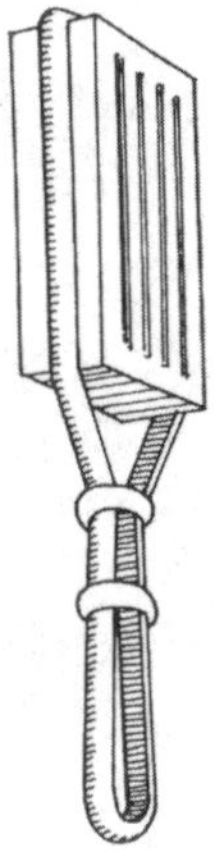

Werkzeug zum Glätten von Papier, das im 5. Jahrhundert n. Chr. in Mexiko aus der Rinde des Feigenbaums hergestellt wurde.

Unser heutiges Papier erfordert einen höheren Stand der Technologie. Es wird aus dünnen Sedimentschichten hergestellt, die man von einem Brei aus Pflanzenfasern und Wasser abschöpft. Diese Technik wurde von den Chinesen entwickelt, doch wann sie genau entstand, ist unbekannt. Nachdem ältere Funde sich als Fälschungen erwiesen, ist das früheste uns derzeit bekannte Papier dieser Art jenes, das unter den Trümmern eines 110 n. Chr. zerstörten Wachtturms in Nordchina gefunden wurde. Aus derselben Zeit haben wird bereits schriftliche Zeugnisse über die Herstellung von Hüten, Kleidungsstücken und sogar Rüstungen aus Maulbeer-Papier (vgl. den Abschnitt **Kleidung und Schuhe** im Kapitel **Körperpflege** und **Rüstung für Mensch und Tier** im Kapitel **Militärtechnik**).

Wer schriftkundig war, konnte im Altertum Karriere machen, denn »Schreiber« war ein hochqualifizierter Beruf. In Ägypten begann die Ausbildung schon mit fünf Jahren. Die Komplexität der Schriftsysteme setzte Jahre des Memorierens voraus, und selbst Könige prahlten mit dieser Kunst, sofern sie sie mühsam erlernt hatten.

Die ersten richtigen Schulen scheinen um 2000 v. Chr. im Reich der Sumerer in Nippur und Ur (heutiger Irak) eingerichtet worden zu sein. Die Überreste einer solchen Schule von 1700 v. Chr. wurden von dem Archäologen Sir Leonard Woolley in Ur ausgegraben. Teile des Hauses eines Priesters wurden offenbar als Knabenschule benutzt. Dort fanden sich rund 2000 Tontafeln mit Übungstexten: religiöse Traktate, mathematische Tabellen, Kopien von Inschriften aus der Umgebung und Vokabellisten. An solchen Schulen scheint es recht streng zugegangen zu sein. Zum Lehrkörper gehörte »der Mann mit der Peitsche«, der die Schüler beaufsichtigte. Nur Söhne höhergestellter Familien hatten Zugang zu dieser harten Ausbildung.

Diese eindrucksvolle Skulptur aus der frühen 5. Dynastie zählt zu den bekanntesten Schreiberbildnissen der ägyptischen Kunst. Es zeigt den Beamten Kai und wurde in dessen Grabmal gefunden. Es befindet sich heute im Staatlichen Museum für Ägyptische Kunst in Kairo.

Höhere Schulbildung im heutigen Sinne geht auf die Griechen zurück. Plato gründete 387 v. Chr. die berühmte Akademie von Athen. Er hoffte, damit das öffentliche Leben zu reformieren und eine neue Führungsschicht heranzubilden. Ethik und Philosophie nahmen einen prominenten Platz im Lehrplan ein. Unter Platos Nachfolgern erweiterte sich das Spektrum; enzyklopädisches Wissen wurde angestrebt und Kenntnisse aus allen Wissenszweigen wurden vermittelt. Dem Vorbild Athens folgten bald die Städte Beirut und Antiochia, und das berühmte »Museum« von Alexandria entwickelte sich im 3. Jahrhundert v. Chr. zum wissenschaftlichen Zentrum seiner Zeit (vgl. die **Einleitung** zum Kapitel **High-Tech**). In diesen Institutionen waren weibliche Studenten und

Lehrkräfte ebenso willkommen wie männliche. Auch wenn die Akademie von Athen schließlich gegenüber dem »Museum« von Alexandria an Bedeutung verlor, existierte sie immerhin weitere 800 Jahre. 529 n. Chr. wurde sie auf Befehl des Kaisers Justinian geschlossen, der in ihr eine Brutstätte heidnischen Gedankenguts sah. Zu dieser Zeit war das Christentum zur offiziellen Religion des Oströmischen Reiches geworden, und die seit hundert Jahren existierende Universität von Konstantinopel hatte sich als ein ausschließlich Männern zugängliches, christlich ausgerichtetes Wissenschaftszentrum etabliert.

In China geriet die Bildung nicht in derartige Konflikte mit der Religion. Sie orientierte sich an den ethischen Grundlagen konfuzianischer Philosophie. 124 v. Chr. wurde die kaiserliche Universität in Lo-yang von Kaiser Wu-ti gegründet, an der zunächst 50 Studenten eingeschrieben waren; im Jahre 10 v. Chr. war die Zahl auf 3000 und 30 n. Chr. auf 10000 angewachsen. Verschiedene Lehrstühle wurden eingerichtet und mit »Gelehrten von höchstem Rang« besetzt. 276 n. Chr. wurde zusätzlich eine Akademie geschaffen. Jeder Institution fiel ihre eigene Aufgabe zu; an der Universität wurden die Angehörigen des Kaiserhofs unterrichtet, wärend die Akademie »talentierten Menschen aus dem Volk« offenstand.

Über die Ursprünge des Bildungswesens in Indien ist wenig bekannt, lediglich die buddhistische Universität von Nalanda findet sich in den Berichten von Reisenden erwähnt. Im frühen 7. Jahrhundert n. Chr. schrieb der chinesische Gelehrte Hsüan Tsang, daß der Komplex aus 400 Gebäuden bestand und 10000 Studenten dort unterrichtet wurden. Zugang erhielt nur, wer eine schwierige mündliche Prüfung bestand, was nur 20 Prozent der Kandidaten gelang. Der Ruf dieser Universität war so hoch, daß manch einer einfach vorgab, dort studiert zu haben. Schließlich waren so viele gefälschte Urkunden im Umlauf, daß die Universität sich gezwungen sah, ihre Diplome mit Tonsiegeln zu versehen.

Im heutigen Irak, der Wiege der Schrift und des Schulwesens, entstanden auch die ersten Bibliotheken. Schon bei den Sumerern wurden in Tempeln religiöse Texte abgeschrieben und archiviert. Die erste Nationalbibliothek im großen Stil wurde von dem Assyrer-König Assurbanipal (668–627 v. Chr.) in seinem Palast eingerichtet, in der das dreitausendjährige Erbe der mesopotamischen Kultur gesammelt und bewahrt wurde. Viele der Texte waren in der »toten« Sprache Sumerisch abgefaßt. Um sie ins Assyrische übersetzen zu können, wurden umfangreiche Wortlisten und Lexika angelegt. Dank dieser Bemühungen sind den heutigen For-

Assurbanipal (668–627 v. Chr.), König von Assyrien, gründete die größte Bibliothek der Welt in Ninive im heutigen Irak. Hier ist er im Priestergewand dargestellt.

schern die Werke der sumerischen Literatur zugänglich. In Mesopotamien liegen also die Wurzeln der wissenschaftlichen Erforschung von Sprache und Literatur.

Die mesopotamischen Bibliotheken unternahmen auch erste Schritte zu exakter Datenerfassung. Texte, die nicht auf eine Tontafel paßten, wurden sorgfältig fortlaufend numeriert, wobei die letzte Tafel oft eine kurze Zusammenfassung und den Namen des Kopisten enthielt. Die Tafeln wurden in Bündeln auf Regalen oder in Körben gelagert, die mit Etiketten aus Ton versehen waren. Kataloge verzeichneten Inhalt und Standort der jeweiligen Körbe.

Die griechischen Herrscher der hellenistischen Periode im Vorderen Orient übertrafen die Assyrer noch in ihrer Sammelleidenschaft. Ptolemaios I. von Ägypten (Reg. 323–283 v. Chr.) gründete die berühmteste Bibliothek des Altertums in der Hauptstadt Alexandria, für die er 200 000 Schriften zusammentragen ließ. Das Werk wurde von seinem Sohn Ptolemaios II., einem tatkräftigen Förderer der Wissenschaften, weitergeführt. Für den wichtigen Posten des leitenden Bibliothekars holte man herausragende Wissenschaftler aus der ganzen hellenistischen Welt. Das zentrale Bibliotheksgebäude war den Studenten des »Museums« vorbehalten, doch in einem Nebengebäude wurde bald auch eine Bibliothek zur allgemeinen Benutzung eingerichtet. Daraufhin klagte ein arroganter Gelehrter des »Museums«, jetzt habe die ganze Stadt die Möglichkeit zu philosophieren.

Ptolemaios III. (Reg. 247–222 v. Chr.) war ein skrupelloser Bibliomane. Er befahl, daß jeder, der im Hafen von Alexandria an Land ging, die in seinem Besitz befindlichen Manuskripte abzuliefern habe. Falls die Bibliothek diese Texte noch nicht besaß, wurden sie konfisziert und der Besitzer wurde mit einer Abschrift auf billigem Papyrus entschädigt. Ptolemaios schreckte auch nicht vor schmutzigen Tricks zurück, wenn es galt, sich ein interessantes Originalmanuskript anzueignen. Er überredete die Behörden in Athen, ihm die Originale der Dramen von Aischylos, Sophokles und Euripides gegen eine enorme Goldmenge als Pfand zum Kopieren zu überlassen. Sobald die Manuskripte in seinem Besitz waren, beschloß er, die Originale zu behalten, und den Athenern blieben nur das Gold und ein paar wertlose Abschriften.

Eumenes II. (Reg. 197–159 n. Chr.), Herrscher des griechischen Königreiches Pergamon in der Westtürkei, gründete eine Bibliothek in Konkurrenz zu jener in Alexandria. Um dieses Vorhaben im Keim zu ersticken, untersagten die ptolemäischen Herrscher den Export von Papyrus, worauf Pergamon mit eigener Pergamentherstellung hervortrat (Pergament wird in einem aufwendigen Verfahren aus bearbeiteten Tierhäuten hergestellt). Dies führte zu der Annahme, daß das Pergament in Pergamon erfunden worden sei. Inzwischen weiß man aber, daß nur der Name von dort stammt. Archäologische Funde aus der Gegend von Hebron belegen nämlich, daß in Palästina bereits im 7. vorchristlichen Jahrhundert Pergament aus Kamelhaut hergestellt wurde.

Die Rivalität zwischen beiden Bibliotheken und ihren königlichen Mäzenen dauerte an, bis beide Städte von den Römern eingenommen wurden. Was dabei aus den Beständen wurde, bleibt ein Rätsel. Der griechische Autor Plutarch verbreitete die Version, daß Mark Anton die 200 000 Texte der Bibliothek von Pergamon im Jahre 41 v. Chr. erbeutet und sie Kleopatra zum Geschenk gemacht habe. Doch Plutarch verdirbt das Happy-End einer schließlichen Vereinigung beider Bibliotheken gleich wieder, indem er selbst Zweifel an der Wahrheit dieser Geschichte äußert. Jedenfalls müssen die Bestände in Alexandria zu jener Zeit eine halbe Million »Titel« erreicht haben. Die Bibliothek wurde unter den

Römern weitergeführt. Daß Julius Caesar sie 48 v. Chr. niedergebrannt habe, ist eine Legende, die sich daraus erklärt, daß bei seiner Eroberung in der Nähe des Hafens Lagerhäuser mit großen Mengen von Papyrus verbrannten.

Die wahren Feinde dieses riesigen Wissensspeichers waren die Christen, die während des 4. und 5. Jahrhunderts n. Chr. systematisch die Zentren heidnischer Gelehrsamkeit zerstörten. Angeblich brannte die Bibliothek bei der arabischen Eroberung Ägyptens 640 n. Chr. nieder, in Wirklichkeit aber kann zu diesem Zeitpunkt kaum noch etwas von diesem antiken Schatzhaus übrig gewesen sein. Im Gegenteil, hätten die Araber nicht die griechischen Texte an ihren eigenen Universitäten tradiert und dem Westen im späten Mittelalter zugänglich gemacht, so wären uns viele Schriften der gräko-römischen Welt heute überhaupt nicht mehr verfügbar.

Unsere Vorfahren waren aber nicht nur große Sammler und Bewahrer von Information, auch ihre Chiffrierung, etwa zu militärischen Zwecken, war in Form von Kodes und Geheimschriften bereits weit entwickelt. In diesem Zusammenhang spielte auch die Schnelligkeit der Übermittlung eine wichtige Rolle, und wir werden sehen, daß Postdienst, Brieftauben und sogar der Telegraph keine Erfindungen unserer Tage sind.

Kalender

Im April 1963 stieß der Wissenschaftsjournalist Alexander Marshack während der Arbeit an einem Buch über die Ursprünge der menschlichen Zivilisation auf einen Aufsatz, der sich mit kleinen, eingeritzten Knochen beschäftigte, die bei einer steinzeitlichen Grabung in Ishango, im Quellgebiet des Nils, ans Licht gekommen waren. Diese Knochen datierte man auf 6500 v. Chr., also 3000 Jahre vor der Blüte ägyptischer Kultur und den ersten Hieroglyphen. Fasziniert von diesem Fund beschäftigte sich Marshack selbst mit diesen Knochen, und eines Tages glaubte er, den »Kode« geknackt zu haben, der hinter den seltsamen Markierungen steckte. Es war ein Kalender, auf dem die Tage der Mondphasen, von Neumond über den wachsenden bis zum Vollmond und wieder zurück, verzeichnet waren.

Marshack fand ähnliche Markierungen auf vielen weiteren steinzeitlichen Knochen, die vor allem aus den berühmten Höhlen in Frankreich und Spanien stammten, so daß schließlich die

Ein steinzeitlicher Kalender? Laut A. Marshack stellen die 30 000 Jahre alten Gravierungen auf dem Knochen aus der Dordogne die Mondphasen über zwei Monate dar.

Archäologen auf seine Ergebnisse aufmerksam wurden. Die Markierungen auf manchen dieser »Kalender-Stöcke« – zum Beispiel die zwischen 13 000 und 11 000 v. Chr. gravierten Adlerknochen aus Le Placard in Frankreich – sind so sorgfältig ausgeführt, daß es sich nicht um beliebige Markierungen handeln kann. Zur Stützung seiner These legte Marshack auch vergleichbare Beispiele von zeitgenössischen »Primitiv«-Kulturen, den Jakuten in Sibirien und den von der Welt abgeschlossenen Inselbewohnern der Nikobaren in Malaysia vor.

Auch wenn die Archäologen nicht allen Behauptungen Marshacks beipflichteten, so haben seine Arbeiten doch zu einem Umdenken in unserer Vorstellung vom vorgeschichtlichen Menschen geführt. Es ist heute weithin anerkannt, daß bereits um 30000 v. Chr. Kalender existierten, die sich, darin hatte Marshack sicherlich recht, am Mond orientierten. Für Menschen, die von der Jagd lebten und daher oft auch nachts unterwegs waren, war der Mond mit seinen sichtbar wechselnden Phasen das naheliegendste Medium der Zeitmessung.

Der Jahreszyklus

Auf der anderen Seite unterliegt natürlich auch die Sonne jahreszeitlichen Veränderungen, die beobachtet werden konnten. Und an Erscheinungen wie den Frühjahrs-Springfluten oder dem längsten Tag des Sommers läßt sich ablesen, daß der Zyklus nach ungefähr 350 Tagen wieder von neuem beginnt. Die exakte Länge eines Jahres läßt sich mit simpler Ausstattung ermitteln, es bedarf dazu allerdings Erfindungsgabe und Geduld. Man benötigt lediglich eine plane, horizontale Oberfläche, auf der ein gerader Stab lotrecht angebracht wird. Mit dieser Versuchsanordnung konnte ein prähistorischer Wissenschaftler die Länge eines Jahres experimentell bestimmen. Jeden Tag, wenn die Sonne stieg, warf sein Stab einen Schatten, der sich gegen Mittag auf den Stab zubewegte und am Nachmittag nach der anderen Seite hin wieder länger wurde. Die Kurve, die er dabei beschrieb (eine Parabel), konnte auf dem Boden aufgezeichnet werden. Mit fortschreitendem Jahr bewegte sich die Kurve weiter vom Stab weg (im Winter, wenn die Sonne lange Schatten wirft) und kam dann wieder näher (im Sommer steht die Sonne steiler über dem Stab und wirft kürzere Schatten). Wenn unser geduldiger Forscher diese Kurven gewissenhaft auf-

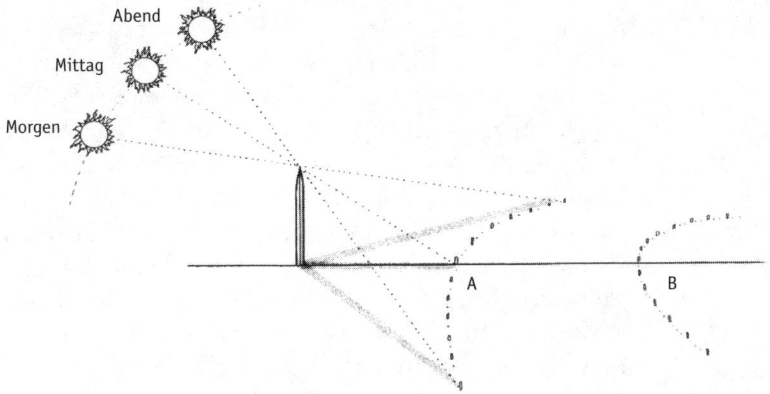

Wie bestimmt man die exakte Länge eines Jahres mit Hilfe eines Stabes und einiger Kiesel? Man ebne den Boden ein und stecke den Stab gerade hinein. An einem Morgen im Spätsommer markiere man die Spitze des Schattens, den der Stab wirft. Im Laufe des Tages füge man weitere Markierungen hinzu. Die täglichen Kurven, die sich dadurch ergeben, werden sich immer weiter von dem Stab wegbewegen, bis sie sich eines Tages wieder zurückziehen. Dieser Wendepunkt (B) markiert die Wintersonnenwende (den kürzesten Tag des Jahres). Fährt man fort, die Tageskurven aufzuzeichnen, so erreicht man einen anderen Wendepunkt (A), nämlich die Sommersonnenwende (längster Tag des Jahres). Dann kann man die Tage zählen, die während der Wanderung von A nach B und zurück zu A vergangen sind. Das Ergebnis müßte 365 lauten.

zeichnete, stellte er fest, daß ein ganzer Zyklus 365 Tage brauchte. Er hätte dann auch beobachten können, wann der längste und der kürzeste Tag des Jahres ist (Winter- bzw. Sommersonnenwende) und wann der Wendepunkt zwischen beiden erreicht ist (Tag- und Nachtgleiche).

Auf diese Weise konnte der Mensch schon sehr früh die Mondphasen und die Länge eines Jahres bestimmen und einfache Kalender herstellen. Doch damit begannen die eigentlichen Schwierigkeiten. Tatsache ist nämlich, daß unser offenbar so harmonisch organisiertes Sonnensystem seine Tücken hat. Eine Drehung der Erde um ihre eigene Achse dauert einen Tag, aber 365 solcher Umdrehungen sind nicht identisch mit einem Umlauf der Erde um die Sonne (das ist ein Jahr); dieser dauert nämlich 365,242199 Tage. Auch beim Mondzyklus haben wir es nicht mit runden Zahlen zu tun, er ist genau genommen 29,53059 Tage lang. Das Jahr besteht zwar grob gerechnet aus zwölf Mondzyklen, aber die ergeben zusammen nur 354,36706 Tage; zum Sonnenjahr fehlen also elf Tage. Diese Daten in ein System zu bringen, bereitete der Menschheit lange Kopfzerbrechen.

Die aus der Frühzeit chinesischer Kultur stammenden Orakelknochen, die von den Herrschern im 15. und 14. Jahrhundert v. Chr. zur Divination benutzt wurden, zeigen, daß der chinesische Kalender ähnlich funktionierte wie der sumerische. Den zwölf Mondzyklen oder Monaten von 29 oder 30 Tagen Länge wurde alle zwei oder drei Jahre ein zusätzlicher Monat eingefügt, um mit dem Sonnenjahr Schritt zu halten. Mit der Entwicklung der Astrologie stieg das Bedürfnis nach einem verläßlichen Kalender, und es gehörte zu den Hauptaufgaben des Kaisers, den Kalender im Einklang mit den Jahreszeiten zu halten. Von der ersten Reichseinigung 221 v. Chr. bis zum Ende der Ming-Dynastie 1644 hat es etwa hundert Kalenderreformen gegeben, durchschnittlich alle zwanzig Jahre eine.

Der früheste Kalender, der uns schriftlich überliefert ist, wurde bei den Sumerern erfunden. Um 3000 v. Chr. hatten sie eine einfache Jahreseinteilung in zwei Jahreszeiten – Sommer und Winter – und zwölf Monate von je 29 oder 30 Tagen. Zu diesem Ergebnis war man durch die Beobachtung des Mondes gelangt. Um die Differenz zwischen dem Mondjahr und dem Jahreszeitenjahr auszugleichen, fügten die Sumerer einfach einen zusätzlichen Monat ein, sobald das System sich gegenüber der Wirklichkeit zu sehr verschoben hatte.

Diese von den Sumerern stammende Methode des Interkalarmonats wird bis heute – wenn auch in veränderter Form – praktiziert, um den Kalender zu regulieren. Auch die Länge des Jahres legte man im 21. Jahrhundert v. Chr. schon auf 360 Tage fest, indem man den Monat auf 30 Tage aufrundete und mit zwölf multiplizierte. Das entsprach dem mathematischen System der Sumerer, das auf der Zahl 60 basierte. Ein solches Jahr war zwar um 5 Tage kürzer als das Jahreszeitenjahr, 360 ließ sich dafür aber gut durch 6 in 60 teilen und wurde so zur Grundlage aller kalendarischen und astronomischen Berechnungen. Den Sumerern folgend unterteilen wir den Himmel, ja jedes kreisförmige Gebilde, auch heute noch in 360 mathematische Grade.

Weltzyklen

In der Neuen Welt setzte sich während des 1. vorchristlichen Jahrtausends die Kultur der Zapoteken auf ihre Weise mit dem Kalenderproblem auseinander. In der Stadt Monte Albán im mexikanischen Hochland finden wir den zapotekischen Kalender in ei-

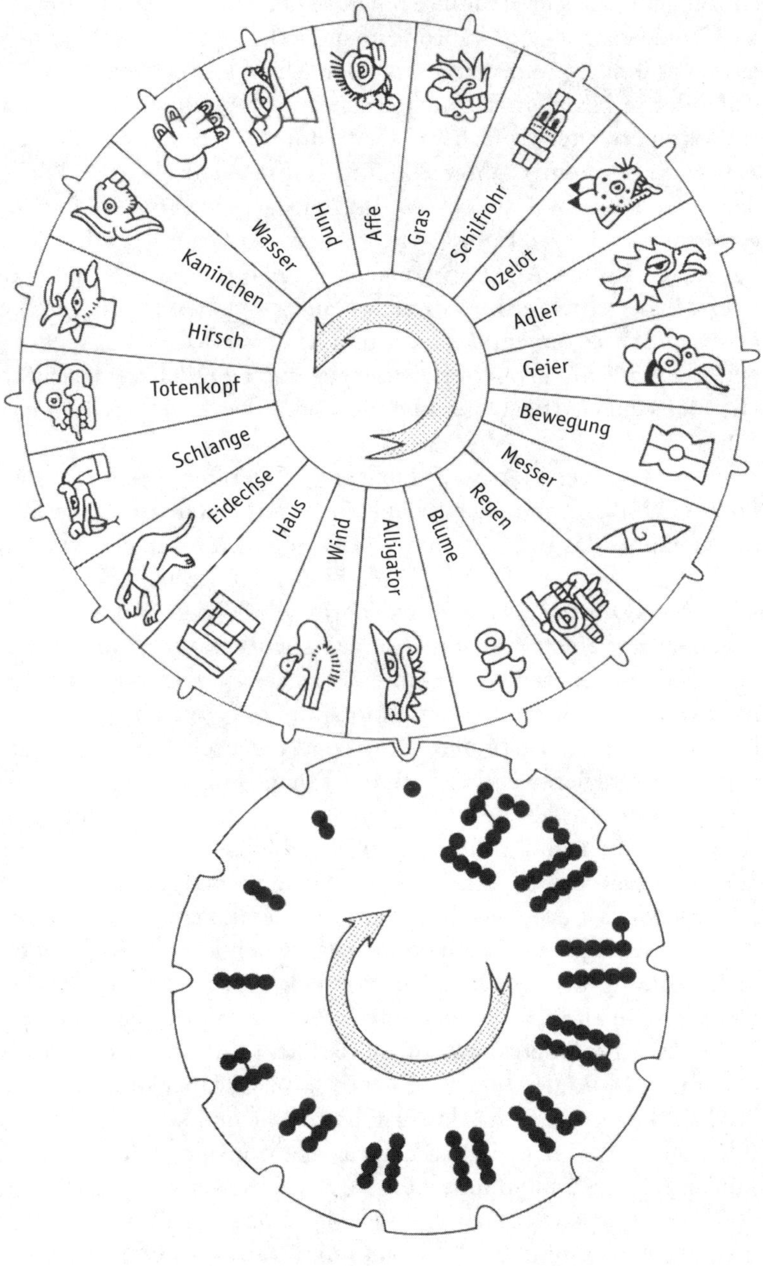

Dieses Diagramm zeigt die aztekische Version des in Mittelamerika verbreiteten 260-Tage-Jahres. Eine Serie von zwanzig benannten Tagen (oben) wurde mit den Zahlen 1 bis 13 kombiniert (unten). Die erste Woche des Jahres begann mit »Tag eins: Alligator« und dauerte dreizehn Tage. In der Zwischenzeit hatte sich die Nummernscheibe einmal vollständig gedreht, und die Namenscheibe war um zwölf Plätze weitergerückt. Die folgende Woche begann also mit »Tag eins: Schilfrohr«. Dreizehn Tage später begann die dritte Woche mit »Tag eins: Totenkopf« und so fort. Am Ende eines Jahres hatte jedes Zeichen eine Woche eröffnet.

ner Reihe von Inschriften an der Wand eines kultischen Zentrums ausführlich dargestellt. Vielleicht sind die Zapoteken an dem Problem verzweifelt, Mond- und Sonnenzyklus miteinander in Einklang zu bringen, und haben sich daher für ein anderes System entschieden. Sie legten für ihre religiösen Feste nämlich ein Jahr von 260 Tagen fest, dessen Ursprung im dunkeln liegt. Dieses System erlaubte es ihnen – und später auch den Maya und Azteken –, ihren Kalender in bizarren Zahlenspielen von wachsender Komplexität endlos zu erweitern. Nach 52 Wiederholungen des normalen 365-Tage-Jahres waren 73 ihrer 260-Tage-Jahre verstrichen, und beide Kalender begannen am selben Tag wieder neu. Diese Kalenderrunde von 52 Jahren (18 980 Tage) wurde zur Grundlage der mexikanischen Kultur. Als die Spanier im 16. Jahrhundert Mexiko eroberten, berichteten sie, daß man dem Ende eines 52jährigen Zyklus mit Schrecken entgegensah und das erste Morgengrauen des neuen Zyklus mit großer Erleichterung und Feierlichkeit begrüßte. Die Menschen hatten befürchtet, die Sonne werde nicht wieder aufgehen.

Die Maya trieben diese Zahlenspielereien noch weiter. Tausend Jahre nach den Zapoteken rechneten sie mit einem 360-Tage-Jahr, *tun* genannt, das in 18 Monate zu je 20 Tagen eingeteilt war. Die fünf Tage, die zum Sonnenjahr fehlten, nannte man »Tage des schlechten Omens«. Daneben existierte, wie bei den Zapoteken, ein Kalender mit einem 260-Tage-Jahr, das *tzolkin* hieß: Darin gab es Perioden von 20 Tagen, die mit einem 13er Zahlensystem kombiniert wurden. Das ergab einen Horoskop- oder Wahrsagekalender, in dem jedem Tag bestimmte Omen und Eigenschaften zugeordnet waren, von denen das Geschick des Volkes und des einzelnen abhing. Später wurden beide Kalenderformen kombiniert, und man rechnete mit einem Zyklus von 405 Mondphasen oder 46 *tzolkins* (11 960 Tage). Dieses Kalendersystem war bei den Azteken noch in Gebrauch, als 1519 die *conquistadores* Mexiko erreichten.

Auch die Ägypter hatten ein eigenes Kalendersystem, das wohl mehr zufällig als vorsätzlich entwickelt wurde. Im ägyptischen Pantheon spielte der Sonnengott immer schon die bedeutendste Rolle. Es verwundert daher nicht, daß dem Kalender das Sonnenjahr mit 365 Tagen zugrunde gelegt war. Da aber dieses Jahr in Wirklichkeit 364,25 Tage lang ist, hätte man den Kalender alle vier Jahre um einen Tag korrigieren müssen, ansonsten wären nach 730 Jahren Winter- und Sommermonate komplett vertauscht gewesen. Doch die Ägypter wußten dies wie viele andere Kulturen des Vorderen Orients (Sumerer, Babylonier und Juden) durch Kalenderreformen zu verhindern. Für die bereits gut dokumentierte ptolemäische Zeit (323–31 v. Chr.), in der Ägypten von einer Dynastie mazedonischer Griechen in der Nachfolge des Ptolemaios, einem General Alexanders des Großen, regiert wurde, finden wir solche Kalenderreformen belegt.

Julius Caesar tritt auf

Die Römer hatten ähnliche Kalenderprobleme wie die Ägypter. Im Jahr 153 v. Chr. hatte man, um den Kalender zu regulieren, den Jahresbeginn vom 1. März auf den 1. Januar verlegt. Daraufhin ergaben einige der numerischen Monatsbezeichnungen keinen Sinn mehr. An den Folgen haben wir heute noch zu tragen; die lateinischen Monatsnamen September, Oktober, November und Dezember, die auf den Zahlen 7 bis 10 basieren, beziehen sich noch auf ihre Stellung im Kalender vor dem Jahr 153. Abgesehen davon schlugen sich die Römer über Jahrhunderte mit einem Mondjahr von 355 Tagen herum, dem alle paar Jahre ein Extramonat von 22 oder 23 Tagen eingefügt werden mußte. Diese Pflicht unterlag den Päpsten, deren Entscheidungen allerdings häufig von außerkalendarischen Faktoren beeinflußt wurden, zum Beispiel dadurch, daß Steuereintreiber ein Interesse daran hatten, das Jahr zu verlängern, Politiker mit Posten in entlegenen Provinzen es dagegen lieber verkürzt sahen.

Ein Experte aus der Kommission zur Kalenderreform Papst Gregors XIII. erläutert die Abweichung des Julianischen Kalenders (am Außenrand des Tierkreises) vom Jahreszeitenjahr (am Innenrand). Die Entscheidung der Kommission von 1582 korrigierte die Verschiebung und legte damit die Grundlage für unseren heutigen Kalender.

Julius Caesar war entschlossen, diesen Manipulationen ein Ende zu bereiten und das Kalenderproblem ein für allemal zu lösen. Roms Aufstieg vom Stadtstaat zur beherrschenden Macht rund ums Mittelmeer hatte die Komplikationen nur noch verschärft: Nahezu jedes eroberte Volk hatte seinen eigenen Kalender. Ein einheitliches, gesetzlich festgelegtes System war dringend erforderlich. Caesar übernahm, beraten von dem alexandrinischen Astronomen Sosigenes, das ägyptische Sonnenjahr von 365 Tagen, aber diesmal wurde verordnet, daß alle vier Jahre, jeweils Ende Februar, ein zusätzlicher Tag einzufügen sei. Diese Erfindung, die auf eine ägyptische Kalenderreform von 238 v. Chr. zurückgeht, ist auch heute noch gebräuchlich. In jedem Schaltjahr – alle vier Jahre – gibt es einen 29. Februar.

Julius Caesar verordnete der römischen Welt diesen neuen Kalender am 1. Januar im Jahr 45 n. Chr., so daß der offizielle Kalender und der Bauernkalender aufeinander abgestimmt werden konnten. Und allmählich hat sich der Julianische Kalender in ganz Europa durchgesetzt. Die Mühe der Reformatoren Julius Caesar und Augustus wurde belohnt. Nach ihnen sind die Monate Juli und August benannt.

Aber die Schwierigkeiten waren damit noch nicht endgültig aus der Welt, denn das Jahr des Julianischen Kalenders war mit seinen 365,25 Tagen immer noch nicht präzise genug. Das tatsächliche Jahr ist ein wenig kürzer, es hat nämlich nur 365,242199 Tage. Diese Abweichung von 11 Minuten und 14 Sekunden macht sich zwar in einer Lebensspanne nicht bemerkbar, doch nachdem einige Jahrhunderte ins Land gegangen waren, ergaben sich ernsthafte Komplikationen. Im 16. Jahrhundert n. Chr. hatte sich eine Diskrepanz von zehn Tagen ergeben. Papst Gregor III. mußte 1582 das Werk Caesars fortsetzen. Er ließ in diesem Jahr dem 4. Oktober unmittelbar den 15. folgen und setzte ferner fest, daß von den Jahren 1600, 1700 usw. nur diejenigen Schaltjahre sein sollten, deren erste Ziffern durch 4 teilbar sind. Die durchschnittliche Jahreslänge wurde damit auf 365,2425 Tage festgesetzt, so daß der Gregorianische Kalender erst nach 3000 Jahren wieder um einen Tag vom Lauf der Sonne abweichen wird.

Das Alphabet

Für uns ist das Alphabet so selbstverständlich geworden, daß wir vergessen, welch außerordentlich erfinderische Leistung es eigentlich darstellt. Sein Wert liegt in seiner Einfachheit und leichten Erlernbarkeit. Diese wiederum beruht darauf, daß das Alphabet eine Vielzahl lautlicher Äußerungen auf nur 26 Zeichen reduziert. Ein gelehrter Chinese dagegen ist mit 40000 und mehr Zeichen von unterschiedlicher Bedeutung konfrontiert.

Im Rückblick fragt man sich, warum unsere Vorfahren dieses geniale System nicht schon früher auf entwickelt und sich über Jahrtausende mit der komplizierten Keilschrift oder den Hieroglyphen geplagt haben. Aber wir finden das Alphabet nur deshalb so einleuchtend, weil es uns bekannt ist. Es gehört zu jenen Erfindungen, die sich gerade deshalb bewährt haben, weil sie einfach sind. Das heißt aber nicht, daß es einfach war, diese Lösung zu finden.

Die Ursprünge des Alphabets liegen im dunkeln, erst die letzten Stadien seiner Entwicklung sind uns einigermaßen nachvollziehbar. Das kyrillische Alphabet, das heute in Rußland und Teilen Osteuropas in Gebrauch ist, wurde angeblich im 9. Jahrhundert n. Chr. von den Brüdern Kyrillos und Methodios aus Saloniki, die als Missionare tätig waren, erfunden. Es basiert auf dem griechi-

Phönizisch	Klassisches Griechisch		Etruskisch	Latein
𐤀	Alpha	Α	𐌀	**A**
𐤁	Beta	Β		**B**
𐤂	Gamma	Γ	𐌂	**C G**
𐤃	Delta	Δ		**D**
𐤄	Epsilon	Ε	𐌄	**E**
𐤅	Digamma	F	𐌅	**F**
𐤆	Zeta	Ζ	𐌆	**Z**
𐤇	Eta	Η	𐌇	**H**
𐤈	Theta	Θ	𐌈	**Th**
𐤉	Iota	Ι	𐌉	**I J**
𐤊	Kappa	Κ	𐌊	**K**
𐤋	Lambda	Λ	𐌋	**L**
𐤌	Mu	Μ	𐌌	**M**
𐤍	Nu	Ν	𐌍	**N**
𐤎	Xi	Ξ	𐌎	**X**
𐤏	Omicron	Ο		**O**
𐤐	Pi	Π	𐌐	**P**
𐤒	Qoppa	Ϙ	𐌒	**Q**
𐤓	Rho	Ρ	𐌓	**R**
𐤔	Sigma	Σ	𐌔	**S**
𐤕	Tau	Τ	𐌕	**T**
	Upsilon	Υ	𐌖	**U V**
	Phi	Φ		**Ph**
	Chi	Χ		**Ch**
	Psi	Ψ		**Ps**
	Omega	Ω		**Ō**

Das Alphabet wurde von den Phöniziern erfunden und von den Griechen und Etruskern während des 8. Jahrhunderts v. Chr. übernommen. Daraus hat sich später die lateinische Schrift der Römer entwickelt. Unser heutiges Alphabet ist eine modernisierte Version des lateinischen Alphabets. Die Buchstaben sind in der Reihenfolge des griechischen Alphabets abgebildet.

schen Alphabet, dem einige Buchstaben hinzugefügt wurden. Unser modernes Alphabet, das unter anderem im Englischen, Französischen, Spanischen, Deutschen und Italienischen benutzt wird, entspricht der lateinischen Schrift, wie sie im Römischen Reich gebräuchlich war. Im Mittelalter wurden allerdings die Buchstaben J, U und W hinzugefügt (die Römer notierten diese

Laute mit den Buchstaben I und V). Bis hierhin können wir die Ursprünge unserer Schriftsysteme zurückverfolgen, und auch die Entstehung des lateinischen und griechischen Alphabets ist noch rekonstruierbar.

Während des 8. und 7. Jahrhunderts v. Chr. waren rund ums Mittelmeer unterschiedliche Alphabete entstanden: das griechische im ägäischen Raum, das etruskische (die Mutter des lateinischen Alphabets) in Mittelitalien und eine iberische Version davon, die in Spanien und Portugal verwendet wurde. Sie alle leiten sich vermutlich von dem Alphabet der Phönizier her, jenem mobilen Handelsvolk, das die Küste des heutigen Libanon und Syriens bewohnte. Von hier aus können wir die Geschichte des Alphabets noch einige Jahrhunderte weiter zurückverfolgen.

Die Phönizier sind ein semitisches Volk, eng verwandt mit Hebräern und Arabern. Auch die phönizischen, jüdischen und arabischen Schriftsysteme sind sich sehr ähnlich. Wann genau sich die drei ausdifferenziert haben, ist unbekannt. Archäologische Funde aus Palästina und Syrien belegen jedenfalls, daß alle diese Schriften aus einer gemeinsamen Wurzel stammen, nämlich dem nordsemitischen Alphabet, das sich spätestens im 14. Jahrhundert v. Chr. in Palästina und Syrien etabliert hatte.

Eine zufällige Erfindung?

Die Vermutung, die Alphabetschriften hätten sich aus den Hieroglyphen entwickelt, hat sich nicht bestätigt. Wir können also nur mutmaßen, daß irgendwann im frühen 2. vorchristlichen Jahrtausend die Vorfahren der Phönizier auf die Idee kamen, Sprachlaute zu notieren. Damit haben sie das ökonomischste und anpassungsfähigste Schriftsytem erfunden.

Wie aber sind sie zu dieser bahnbrechenden Entdeckung gelangt?

Die Phönizier haben, so hat es der Semitist Cyrus Gordon einmal formuliert, die moderne Linguistik um rund viertausend Jahre vorweggenommen. Wir sind heute vertraut mit dem Prinzip der phonetischen Schrift. Im Gegensatz zur piktographischen Schrift, die Tausende von Zeichen benötigt, kommt die phonetische Schrift mit einigen wenigen Einheiten aus, die den Lautwerten beliebig zugeordnet werden können. Da sich die Sprachlaute nahezu aller Sprachen auf circa 30 distinkte Laute reduzieren lassen, ist dies ein äußerst sparsames und universales Verfahren. Das ursprüngliche semitische Alphabet kam mit 29 Zeichen aus. Das hat Professor

Gordon zu der Vermutung veranlaßt, daß das Alphabet aus einem Notationssystem abgeleitet worden sein könnte, das zunächst keine Laute, sondern etwas ganz anderes notierte, nämlich die Tage einer Mondphase.

Geheimschriften

Fast ebenso alt wie die Kunst des Schreibens ist der Versuch, eine Botschaft zu verschlüsseln. Zahlreiche Dokumente aus dem Vorderen Orient beweisen, daß die Gebildeten sich dort schon früh mit Rätseln, Wortspielen und Geheimschriften beschäftigt haben. Bereits in der Bronzezeit besaßen die Schreiber große Geschicklichkeit im Umgang mit verschlüsselten und kodierten Texten. Auf einer Bronzetafel aus Ugarit in Syrien, datiert auf etwa 1200 v. Chr., ist uns eine simple Schüleraufgabe erhalten. Man sollte die Bedeutung eines Anagramms aus vier Buchstaben finden. Das ist natürlich ein Kinderspiel; den professionellen Schreibern stellten sich viel verzwicktere Aufgaben. Besonders beliebt war der Gebrauch des Akrostichons, bei dem die verborgene Bedeutung dadurch gefunden wird, daß man die Anfangsbuchstaben der Strophen, Zeilen oder Reimwörter zusammenfügt. Ein Beispiel findet sich auf einer Tontafel aus der Mitte des 2. Jahrtausends v. Chr. in einem Text, der heute als die *Babylonische Theodizee* bekannt ist. Es ist ein Langgedicht von 27 Strophen zu je elf Zeilen, das sich mit religiösen Fragen auseinandersetzt, jedoch so schlau abgefaßt ist, daß die jeweils ersten Silben jeder Strophe ein Akrostichon bilden, worin wir etwas über den Autor erfahren: »Ich, Shagil-kinam-ubbib, Exorzist, bin ein Verehrer Gottes und des Königs.« Andere Tontafeln belegen auch den Gebrauch des Telestichons, wo die jeweils letzten Silben die geheime Botschaft enthalten.

Auf dieser Tradition aufbauend entwickelten die Hebräer die erste systematische Geheimschrift *temurah*, was soviel wie »Austausch« bedeutet. Die 22 Buchstaben des hebräischen Alphabets wurden in zwei Teile unterteilt, die man untereinander schrieb. Dann wurden die untereinanderstehenden Buchstaben vertauscht.

K	Y	T	Ch	Z	W	H	D	G	B	A
כ	י	ט	ח	ז	ו	ה	ד	ג	ב	א
ל	מ	נ	ס	פ	ע	צ	ק	ר	ש	ת
L	M	N	S	P	’	Ts	Q	R	Sh	T

Der hebräische Atbash-Kode wurde für literarische Zwecke genutzt. Man teilte das Alphabet in zwei Hälften und schrieb sie untereinander, wobei die obere von rechts nach links, die untere von links nach rechts verlief. Die Kodierung erfolgte, indem man den gegenüberliegenden Buchstaben verwendete, also zum Beispiel A = T, B = SH usw.

Es ergaben sich verschiedene Kombinationen, je nachdem wie das Alphabet geteilt wurde. Das System wurde durch das jeweils erste Buchstabenpaar definiert. Die einfachste Variante bestand darin, daß man genau in der Mitte teilte, so daß die Buchstaben A und B über T bzw. Sh zu liegen kamen, weshalb das System Atbash genannt wurde.

Die Beschäftigung mit *temurah* wurde Teil der Kabbala, des mystischen Zweiges des Judaismus, der sich während des Mittelalters etablierte. Kabbalisten benutzten Geheimschriften entweder, um ihren Texten eine geheime Botschaft einzuschreiben, oder um aus scheinbar eindeutigen biblischen Texten einen verborgenen Sinn herauszulesen.

Verschlüsselte Botschaften

Eine mechanische, aber sehr wirkungsvolle Kodierungsmethode wurde von den Herrschern Spartas schon 400 v. Chr. eingesetzt, um den Feldherren geheime Botschaften zukommen zu lassen. Man erfand das *scytale*, einen hölzernen Stab, dessen Funktion uns der griechische Historiker Plutarch überliefert hat:

»Wenn die Spartaner einen Admiral oder General ausschicken, dann stellen sie zwei Holzstäbe von gleicher Länge und Dicke her, die einander genau entsprechen. Einen behalten sie im Hauptquartier, den anderen geben sie dem Feldherr. ... Wann immer sie ihm später eine wichtige geheime Botschaft schicken wollen, schneiden sie ein langes, dünnes Band aus Pergament und wickeln es um ihr *scytale*, und zwar so, daß es den Stab ganz bedeckt. Dann schreiben sie die Botschaft auf das aufgewickelte Pergamentband. Wenn sie fertig sind, wickeln sie es wieder ab und schicken es ihrem Feldherrn. Er wird den Sinn dieser anscheinend willkürlichen Buchstabenfolge nur dann entziffern können, wenn er das Band ebenfalls um sein *scytale* wickelt und am Stab entlang liest.«

Ein chinesischer Militär-Klassiker aus dem 11. Jahrhundert n. Chr. empfahl, Botschaften anhand der ersten vierzig Schriftzeichen eines Gedichts zu kodieren, auf das sich die beiden Parteien zuvor geeinigt hatten. Wenn zum Beispiel das erste dieser Schriftzeichen an einer vereinbarten Stelle in einem harmlosen Text auftauchte, wußte der Empfänger, daß er Nachschub schicken sollte. Solche Kodes waren im Prinzip nicht zu knacken, waren aber in ihrer Aussage sehr begrenzt.

Der große Durchbruch in der Geschichte der Verschlüsselung gelang Leon Battista Alberti (1404–1472), dem illegitimen Sproß einer reichen Florentiner Familie. Er hatte sich als Maler, Architekt, Musiker und Athlet hervorgetan und äußerte sich glei-

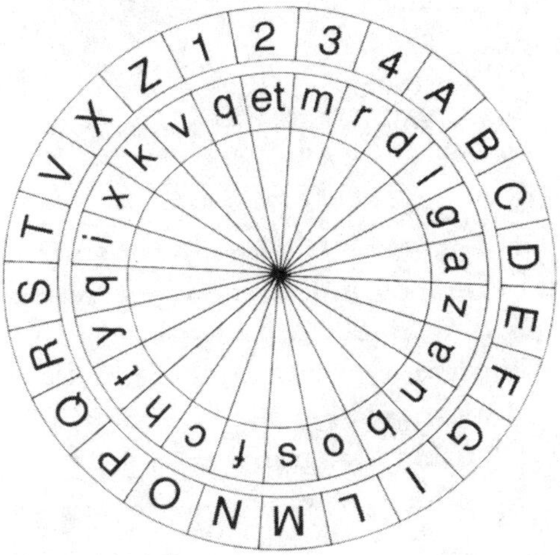

Albertis mechanische Ziffernscheibe aus dem 15. Jahrhundert n. Chr. Bei der Kodierung ordnete man einen Ausgangsbuchstaben auf der inneren Scheibe einer bestimmten Zahl oder einem Buchstaben auf der äußeren Scheibe zu. Der Text wurde dann von den Buchstaben der Innenscheibe in die der Außenscheibe ›übersetzt‹. Umgekehrt verlief der Vorgang beim Dekodieren. Der Ausgangsbuchstabe und seine Entsprechung bildeten dabei den Ausgangspunkt.

chermaßen kompetent über Juristerei, Kunst, Philosophie und Naturwissenschaften. Überdies gilt er als Vater der westlichen Kryptographie. Seine entscheidende Entdeckung war eine drehbare Ziffernscheibe, die aus einer größeren äußeren und einer kleineren inneren Scheibe bestand, die mit Buchstaben und Zahlen beschriftet waren. Um den Kode entziffern zu können, wurden die beiden Scheiben in eine verabredete Position zueinander gebracht. Diese Information stand am Beginn jeder verschüsselten Botschaft.

Eine Meisterleistung mittelalterlicher Geheimschrift ist bis heute ein Rätsel. Im Jahr 1912 hat der amerikanische Antiquar William Voynich in der Bibliothek einer italienischen Jesuitenschule ein merkwürdiges Manuskript entdeckt. Der Text ist lesbar, da er in lateinischen Buchstaben abgefaßt ist, dennoch ergibt er keinen Sinn, da ihm ein unbekannter Kode zugrunde liegt. Die 204 erhaltenen, feinen Pergamentbögen (15 x 23 Zentimeter) sind mit einer Reihe von Illustrationen (meist Pflanzen) versehen.

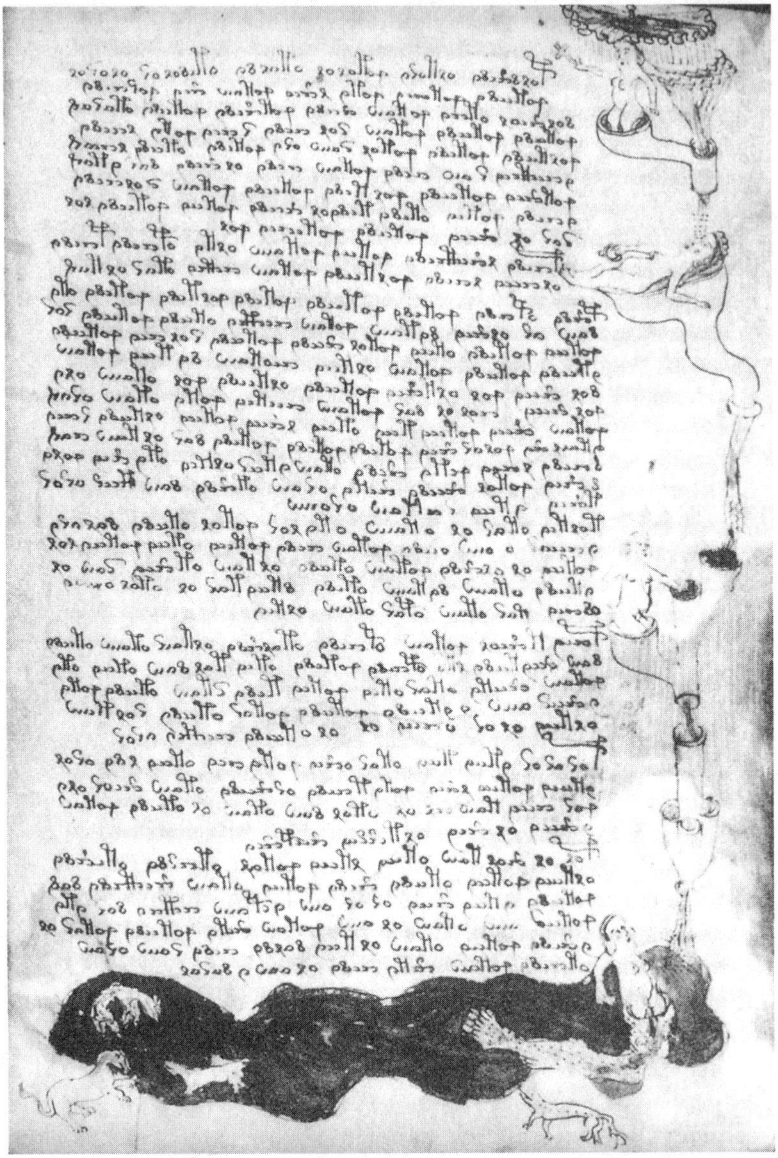

Das geheimnisvolle mittelalterliche Voynich-Manuskript, das seit seiner Entdeckung 1912 nicht entschlüsselt werden konnte.

Erwähnung findet diese rätselhafte Handschrift erstmals 1666. Damals wurde die Vermutung geäußert, sie sei von Roger Bacon verfaßt, der seine häretischen Gedanken vor den kirchlichen Autoritäten zu verbergen suchte. Voynich sandte Kopien an bedeutende Kode-Experten in aller Welt, aber keiner konnte den Text dechiffrieren. 1962 datierte ein Expertenteam die Handschrift aufgrund von Material und Schreibstil auf etwa 1500 n. Chr. Bezüglich des Inhalts gibt es unterschiedliche Vermutungen, zum Beispiel jene, Bacon habe darin seine Erfindung des Teleskops und die damit verbundenen Erkenntnisse über den Himmel geheimhalten wollen. Das Voynich-Manuskript liegt auch heute noch unentschlüsselt im Handschriften-Safe der Yale-Universität.

Stenographie

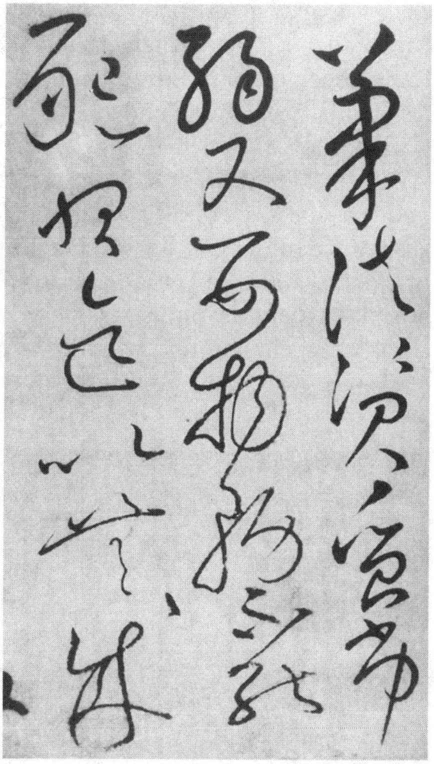

Auch in China entwickelte man schon früh eine Art der Kurzschrift, die sogenannte Grasschrift, die aber nicht nur die Schreibgeschwindigkeit erhöhen sollte, sondern in der Kunst der Kalligraphie einen ästhetischen Eigenwert besitzt

Es ist schwer zu sagen, seit wann es Kurzschriften gibt. Das älteste überlieferte System geht auf den Historiker Xenophon zurück, der damit die Memoiren seines Mentors Sokrates für die Nachwelt festhielt. Die griechische Kurzschrift wurde später auch von römischen Staatsbeamten übernommen, bis Marcus Tullius Tiro 63 v. Chr. eine lateinische Kurzschrift entwickelte, damit er Ciceros langatmige Reden besser dokumentieren konnte. Dieses Schriftsystem war immerhin weitere 1000 Jahre in Gebrauch; auch Julius Caesar beherrschte es. Im Mittelalter geriet die Kurzschrift in Verruf, da sie mit Hexerei in Verbindung gebracht und verboten wurde. Im deutschsprachigen Raum, wo über 600 Kurzschriften entwickelt worden sind, hat sich vor allem diejenige von Xaver Gabelsberger (1789–1849), die auf der Schreibschrift beruht, durchgesetzt.

In China wurde schon früh die sogenannte Grasschrift (*ts'ao-shu*) entwickelt, die allerdings nicht nur einer Erhöhung der Schreibgeschwindigkeit dient, sondern in der Kunst der Kalligraphie ihren ästhetischen Eigenwert besitzt.

Buch und Druck

1455 druckte Johannes Gutenberg in Mainz seine berühmte lateinische Bibel. Dies war das erste im Westen gedruckte Buch, und lange dachte man, es sei zugleich auch das älteste der Welt. Zusammen mit der Erfindung des Schießpulvers wurde die Schwarze Kunst als eine der bahnbrechenden Leistungen des mittelalterlichen Europas gepriesen. Doch wie im Falle des Schießpulvers, so haben auch bei den Druckverfahren die Chinesen dem Westen den Rang abgelaufen. In Europa wurde beides viele Jahrhunderte später lediglich wieder erfunden.

Das Buch als solches ist allerdings viel älter als das gedruckte Wort. Im Westen wurde gegen Ende des 1. vorchristlichen Jahrhunderts die alte Praxis, gewachste Holztäfelchen mit Lederriemen zusammenzubinden (die Römer nannten das *codex*), mit der neuen Errungenschaft des Pergaments kombiniert. Gefaltete Pergamentbögen wurden zusammengenäht, von zwei hölzernen Buchdeckeln zusammengehalten und bildeten so ein *volumen*. Diese Frühform des Buches war ursprünglich für Notizen gedacht oder wurde in der

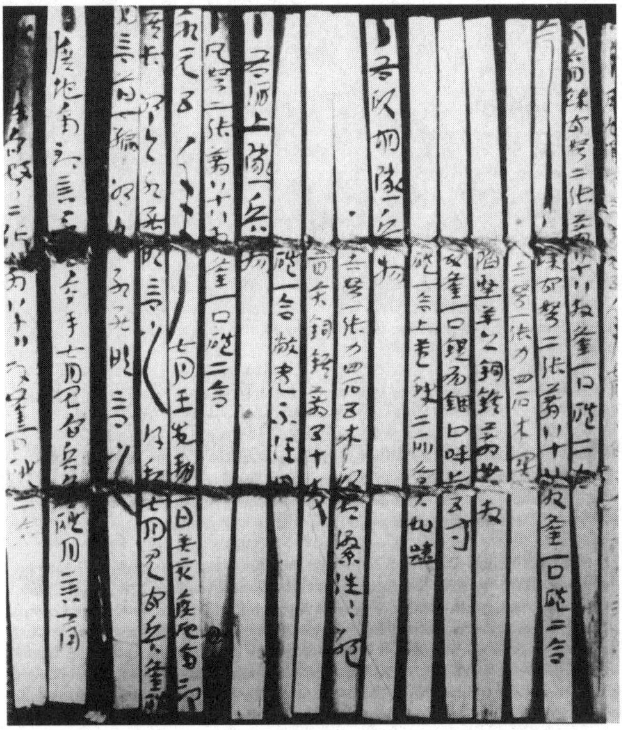

Frühe chinesische Bücher bestanden aus zusammengebundenen Bambus- oder Holzstreifen. Hier das Beispiel eines in der Inneren Mongolei gefundenen Textes von 94 n. Chr.

Buchhaltung verwendet. Ab dem 3. Jahrhundert n. Chr. haben es dann die Christen auch für religiöse Inhalte genutzt.

Frühe chinesische Bücher bestanden aus zusammengebundenen Bambus- oder Holzstreifen. Sie reichen vermutlich bis ins 6. vorchristliche Jahrhundert zurück, obwohl die derzeit ältesten Beispiele – Inventarlisten aus einem Grab in Sui-hsien, Provinz Hepei – von 433 v. Chr. stammen. Die rechteckigen Bambusstreifen wurden aus gespaltenem Bambusrohr gefertigt, die poliert und anschließend mit Seidenbändern zusammengebunden wurden. Manche Texte, die uns aus der Han-Dynastie (221 v. Chr. – 220 n. Chr.) überliefert sind, wurden auf Holztäfelchen geschrieben. Bevor man sie beschrieb, wurde das Holz getrocknet und auf Standardgröße geschnitten. Jedes Täfelchen war nur einseitig beschrieben und faßte genau eine senkrechte Zeile. Für die Klassiker benutzte man das größere Format von 48 Zentimeter, für weniger bedeutende Texte und Abschriften von Verwaltungsrichtlinien die kürzeren Streifen von 23 Zentimeter Länge.

Die bislang ältesten Bücher in der uns heute geläufigen Form wurden in der Oase Dakhla in Westägypten gefunden. Das trockene Wüstenklima kann organische Materie nahezu unbegrenzt konservieren. 1989 bargen Archäologen dort zwei Bücher mit hölzernen Seiten aus dem Sand. Die Holztafeln waren mit Löchern versehen und durch Kordeln zusammengehalten; ihre Entstehungszeit schätzt man auf 375 n. Chr. Das eine ist die Schülerkopie politischer Traktate des Philosophen Isokrates von Athen aus dem 4. Jahrhundert v. Chr.; das andere ist das Rechnungsbuch eines Bauern, das uns faszinierende Einblicke in den Alltag der vier darin verzeichneten Jahre gibt.

Die ersten beweglichen Lettern

Bisweilen befördern Archäologen Objekte zutage, die sich einer Erklärung nachhaltig entziehen. Zu den berühmtesten dieser rätselhaften Funde gehört der Tondiskus, der 1903 von einem französischen Grabungsteam im minoischen Palast von Phaistos, im Süden Kretas, freigelegt wurde. Die in unmittelbarer Umgebung gefundene Keramik datiert man auf 1700 v. Chr. In die runde Tonscheibe wurde vor dem Brennen beidseitig ein Hieroglyphen-Text aus 45 verschiedenen Zeichen eingeprägt. Linien trennen Zeichengruppen von-

Die Tonscheibe von Phaistos

einander ab; der Text verläuft spiralförmig vom Zentrum der Scheibe aus.

Das Erstaunliche ist, daß sich mehrfach benutzte Zeichen genau gleichen. Man kann daraus schließen, daß zum Einprägen Stempel aus Holz oder Metall verwendet wurden. Wir haben es also mit den ersten beweglichen Lettern zu tun. Was ihre Bedeutung angeht, so tappt die Wissenschaft nach wie vor im dunkeln, denn nirgendwo sonst hat man vergleichbare Symbole gefunden. Selbst nach einem knappen Jahrhundert der Spekulation bleibt uns der Sinn dieser Botschaft verborgen.

Vom Druck zum Buch

600 Jahre vor Gutenberg machten die Chinesen die ersten Bücher, indem sie auf früher entwickelte Drucktechniken zurückgriffen. Die Ursprünge der Druckkunst liegen in Indien. Ein chinesischer Mönch, der um 670 n. Chr. Indien bereiste, berichtete, daß »Priester und Laien in Indien ... das Abbild Buddhas auf Seide oder Papier drucken«. Aufgrund solcher früher Kontakte hat sich die Druckkunst auch in China entwickelt.

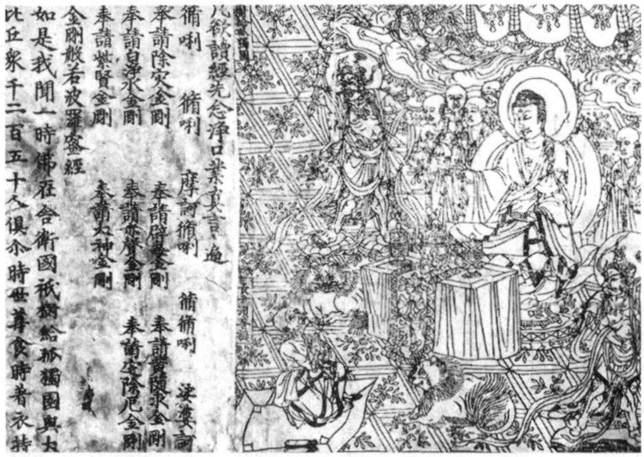

Frontispiz des ältesten gedruckten Buches der Welt: Das Diamant-Sutra *wurde 868 n. Chr. in China gedruckt. Zu sehen ist Buddha im Kreise von Schülern, Gottheiten, Mönchen und Beamten in chinesischen Roben.*

Gegen Ende des 7. Jahrhunderts begann man dort, Papier und Seide zu bedrucken, doch die ältesten uns vorliegenden Texte stammen nicht aus China selbst, sondern aus den Nachbarländern. Im Jahr 764 n. Chr. bestellte die japanische Kaiserin Shotoku eine Million kleiner, dreistöckiger Pagoden aus Holz, die an die zehn wichtigsten Tempel Japans ausgeliefert wurden. Jede dieser Miniaturpagoden enthielt einen mit einem Segensspruch bedruckten Zettel. Sie galten als die ältesten »Drucksachen« der Welt, bis 1966 ähnlich bedrucktes Papier in der Sokkat'ap-Pagode des Pulguska-Tempels in Korea gefunden wurde, das zwischen 704 und 751 n. Chr. hergestellt worden sein muß. Man hatte es bedrucken lassen, um Buddhas Segen für das neugeschaffene Königreich zu erbitten.

Das erste vollständige gedruckte »Buch« kommt aus China und

stammt von 868 n. Chr. Es wurde 1909 von dem englischen Forschungsreisenden Aurel Stein in den Höhlen von Tun-huang in Westchina entdeckt und enthält eine vollständige chinesische Übersetzung des *Diamant-Sutras*, eines ursprünglich in Sanskrit verfaßten, buddhistischen Textes. Es besteht aus einzelnen Blättern, die zu einer Schriftrolle von 5,30 Meter Länge und 26 Zentimeter Höhe montiert sind. Laut einer Anmerkung des Druckers wurde sie »zur allfälligen Verbreitung ehrerbietig von Wang Chieh im Auftrage seiner Eltern am 15. des 4. Monats im 9. Jahr der Regierung Hsien Lung gefertigt«.

Während des 9. Jahrhunderts war der Blockdruck in China weit verbreitet, aber die Herstellung von Büchern im großen Stil begann erst um 1000 n. Chr. 1041 wurden die ersten beweglichen Lettern aus Ton hergestellt. Sie waren für die Massenproduktion jedoch ungeeignet, da sie leicht zerbrachen. Gegossene Metall-Lettern wurden in Korea um 1300 n. Chr. erfunden. Sie haben sich in China nie so recht durchsetzen können, da ihre Herstellung bei der großen Zahl von Schriftzeichen sehr aufwendig war. Die Chinesen bevorzugten den Blockdruck. Das geeignetste Material dafür war Birnenholz. Es hat eine gleichmäßige Struktur, ist weich und nach allen Richtungen leicht zu bearbeiten. Die Chinesen benutzten keine Druckerpresse, wie sie für westliche Drucktechniken benötigt wird. Der hölzerne Druckstock wurde mit Tinte geschwärzt und das darübergelegte Papier auf der Rückseite leicht angedrückt. Um 1340 n. Chr. kannte man bereits den Zweifarbdruck (rot und schwarz).

Einer der großen Pioniere der chinesischen Druckkunst war Feng Tao, der sich 913 n. Chr. vornahm, die elf konfuzianischen Klassiker zu drucken. Er ließ sich von dieser 22 Jahre dauernden Aufgabe auch durch politische Unruhen und mehrmalige Herrscherwechsel nicht abbringen. Die 130 Bände wurden von der National-Akademie vertrieben und sind die erste, von staatlicher Stelle veranlaßte Publikation der Welt. Um 1000 n. Chr. hatte in China das gebundene Buch die Schriftrolle bereits weitgehend abgelöst – gute 450 Jahre vor Gutenberg.

Enzyklopädien

Der Versuch, ein alle Wissensgebiete umfassendes Werk zusammenzutragen, wurde erstmals 350 v. Chr. unternommen, und zwar von dem Athener Speusippos (407–339 v. Chr.). Er folgte seinem Onkel Plato als Leiter der Akademie in Athen nach, und das ehrgeizige Projekt sollte dem dortigen Lehrbetrieb zugute kommen. Er initiierte eine Serie bedeutender wissenschaftlicher Werke, verfaßt von Aristoteles (384–322 v. Chr.), der ebenfalls Mitglied der Akademie war.

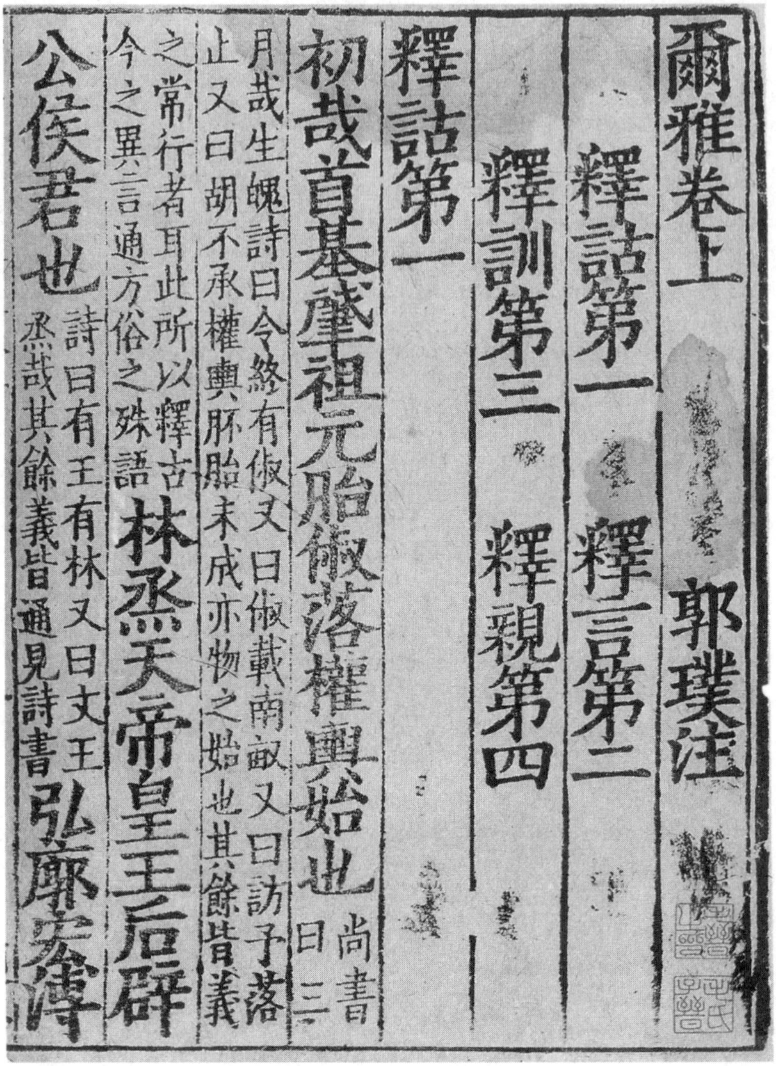
爾雅卷上　郭璞注
釋詁第一　釋言第二
釋訓第三　釋親第四
釋詁第一
初哉首基肇祖元胎俶落權輿始也尚書曰三月哉生魄詩曰令終有俶又曰俶載南畝又曰訪予落止又曰胡不承權輿胎未成亦物之始也其餘皆義之常行者耳此所以釋古今之異言通方俗之殊語
林烝天帝皇王后辟公侯君也詩曰有王有林又曰文王烝哉其餘義皆通見詩書
弘廓宏溥

Die älteste chinesische Enzyklopädie ist das Erh Ya *mit Kommentaren des Kuo P'u aus dem 4. Jahrhundert n. Chr., das zwischen dem 4. und 2. vorchristlichen Jahrhundert kompiliert wurde.*

Das Pionierwerk des Speusippos ist uns nicht erhalten, dafür aber Teile einer sehr frühen chinesischen Enzyklopädie, das *Erh Ya* – ein Gemeinschaftswerk, das zwischen dem 4. und 2. Jahrhundert v. Chr. entstand. Das Kernstück der Sammlung existierte bereits im 6. Jahrhundert, aber bis zum ersten vorchristlichen Jahrhundert wurden immer wieder Teile angefügt.

Die umfangreichste chinesische Enzyklopädie ist der *Frühling und Herbst des Herrn Lü*, vollendet im Jahr 239 v. Chr. In der Biographie des Mäzens, Lü Pu-wei, heißt es:

»Zu dieser Zeit herrschte im Staate Wei der Lehensfürst von

Hsin-ling, im Staate Ch'u der Fürst von Ch'un-shen, in Chao regierte der Fürst von Ping-yuan und in Ch'i der Fürst von Mêng-Ch'ang. Sie alle gehörten dem niederen Adel an und luden gerne durchreisende Gelehrte ein, die sich im geistigen Wettstreit miteinander maßen. Doch Lü Pu-wei schmerzte es, daß der Staat Ch'i trotz all seiner Macht in Fragen der Gelehrsamkeit und der Wissenschaften nicht recht mithalten konnte. So berief er Gelehrte zu sich und ließ sie großzügig freihalten, bis er ihrer dreitausend um sich versammelt hatte. ... Dann ließ er diese Gast-Literaten berichten, was sie gelernt hatten und ließ ihre gelehrten Disputationen in acht Kapiteln ›Betrachtungen‹, sechs Kapiteln ›Diskussionen‹ und zwölf Kapiteln ›Regeln‹ mit insgesamt 200 000 Schriftzeichen aufzeichnen. Er behauptete, in diesen Aufzeichnungen seien alle den Himmel und das Reich betreffende Dinge behandelt. Er nannte es ›Der Frühling und Herbst des Herrn Lü‹.«

Die bedeutendste Enzyklopädie der Antike dagegen wurde von einem einzigen Autor verfaßt, dem römischen Administrator und Feldherrn Plinius dem Älteren (23–79 n. Chr.). Seine 77 n. Chr. fertiggestellte *Naturgeschichte* umfaßt 2500 Kapitel in 37 Bänden. Nach eigenen Angaben enthält sie 20 000 bemerkenswerte »Tatsachen«, die er aus rund 2000 Werken von über 100 Autoren zusammengetragen hatte. Die *Naturgeschichte* umfaßt die Sachgebiete Astronomie, Klima, Mineralien und Metalle, Bäume, Blumen und Pflanzen, Landtiere, Vögel und Fische, die Biologie des Menschen, die Geschichte der Wissenschaften und Künste, Landwirtschaft, Medizin sowie physikalische und historische Geographie. Plinius' Leben im Dienste der Wissenschaft kam 79 n. Chr. zu einem tragischen Ende. Als Befehlshaber der römischen Flotte bei Misenum im Golf von Neapel ging er bei Pompeji an Land, wurde Zeuge des Vesuv-Ausbruchs und erstickte in dem Ascheregen, der die Stadt unter sich begrub.

Postwesen

Konnte man 2000 v. Chr. per Post einen Brief verschicken? Wer zu den Wohlhabenden gehörte und in Mesopotamien oder in Ägypten lebte, der hatte diese Möglichkeit. In den organisatorisch hochstehenden Kulturen des Vorderen Orients gab es zu dieser Zeit bereits funktionierende Postsysteme.

Eines der effektivsten betrieben die Assyrer im heutigen Nordirak. Dort bestand schon im 19. Jahrhundert v. Chr. ein bis ins

Zentrum der Türkei reichendes Großreich mit regen Handelskontakten. Sein Lebensnerv war ein funktionierendes Postwesen, das die Hauptstadt mit auswärtigen Handelsstationen verband. Die Ausgrabung einer assyrischen Kaufmannskolonie in Kultepe, in der heutigen Türkei, gewährt uns Einblick in eine Fülle von Briefen, Rechnungsbüchern und juristischen Dokumenten (insgesamt mehr als 16 000 Texte).

Antiker Brief (links) mit Briefumschlag (rechts). Sie sind in babylonischer Keilschrift um 1700 v. Chr. verfaßt und wurden im Irak gefunden. Der Umschlag enthält einen Siegelabdruck, der eine religiöse Szene darstellt.

Die Briefe wurden in assyrischer Keilschrift auf Tontäfelchen (7,60 x 7,60 Zentimeter) geschrieben und in Briefumschläge aus Ton gesteckt, auf denen Name und Anschrift des Adressaten verzeichnet waren. Die sich über sechs Generationen von Kaufleuten erstreckende Korrespondenz ist eine unschätzbare Informationsquelle für den Alltag in diesem frühen Handelszentrum. Doch die Briefe drehen sich nicht allein ums Geschäft, auch Familienklatsch und sehr persönliche Dinge kamen zur Sprache. Einem Kaufmann wurde von den Frauen zu Hause vorgehalten, er kümmere sich nur noch ums Geschäft und vernachlässige seine religiösen Pflichten. Vermerke wie »Mit dem nächsten Boten« oder »mit nächster Post« zeigen, daß der Service schnell und verläßlich war. Zudem scheint er sicher gewesen zu sein. Wie folgende Textstelle belegt, wurde sogar Geld mit dem Postboten befördert: »Ich habe Ihren Anweisungen folgend am Tage des Eintreffens Ihres Schreibens Ihren Agenten drei *minas* Silber ausgehändigt, damit Sie Blei einkaufen können. Wenn Sie nun weiterhin mein Bruder sind, so senden Sie mir das Geld per Boten zurück.«

Die andere große Hochkultur des Vorderen Orients, Ägypten, stand den Assyrern in nichts nach. Schon um 2000 v. Chr. hatten die Pharaonen ein königliches Botensystem etabliert, das zunächst auf dem Fluß und später, nach der Einrichtung fester Poststationen um 1900 v. Chr., auch über Land unterwegs war. Mit der Ausdehnung des ägyptischen Reiches erweiterte sich auch das Postsystem und garantierte die Verbindung zwischen den Pharaonen, ihren Vasallen in Syrien und Palästina und den verbündeten Herrschern in Mesopotamien und Anatolien. Bei einer Grabung in El-Amarna, Ägypten, fand man 1890 die Reste eines königlichen Archivs aus der Mitte des 14. vorchristlichen Jahrhunderts. Unter den erhaltenen Texten befinden sich Briefe, die an Tutanchamun adressiert sind. Wie die assyrischen Briefschaften von Kultepe sind auch sie in Keilschrift und auf Tontafeln geschrieben. Die Sprache war überraschenderweise nicht Ägyptisch, sondern Babylonisch, die damalige *lingua franca* des Vorderen Orients.

In China bediente sich der kaiserliche Postservice berittener Boten. Dieses System wurde in der frühen Chou-Dynastie (1027–221 v. Chr.) eingerichtet. Dem großen Weisen Konfuzius (551–479 v. Chr.) wird die Äußerung zugeschrieben: »Der Einfluß guter Taten reist schneller als die kaiserliche Post.« Für die folgenden Jahrhunderte werden die Erwähnungen solcher kaiserlicher Kurierdienste immer zahlreicher, und die Servicepalette hat sich offenbar erweitert. Zum Beispiel brauchte man seinem Schreiben nur eine Feder anzustecken, dann wurde es als Eilbrief befördert.

Der erste »Pony-Expreß«

Das erste wirklich weitreichende Postsystem entwickelten die Perser vor etwa zweieinhalbtausend Jahren. Sie waren auch wirklich auf einen funktionierenden Postdienst angewiesen, denn ihr riesiges Reich erstreckte sich 539 v. Chr. von der Ägäis bis nach Nordindien, und der schnelle Kontakt zwischen dem Kaiser und seinen weit verstreuten Verwaltungsbeamten war von entscheidender Bedeutung. Der Reichsgründer Kyros der Große (Reg. 550–530 v. Chr.) ließ eine zentrale Verkehrsader, die »Königliche Straße«, die von Sardis nahe der türkischen Küste bis in die Hauptstadt Susa reichte, anlegen. Auf dieser Straße konnten Post und sonstige Informationen außerordentlich schnell befördert werden, indem berittene Boten einander an festen Poststationen ablösten, ähnlich dem »Pony-Expreß«, der im 19. Jahrhundert den amerikanischen Westen mit Post versorgte. An den Poststationen, die im Abstand einer Tagesreise eingerichtet waren, standen Erfrischungen für Roß und Reiter bereit. Jede Station wurde von einem Aufseher und einigen Stallburschen betreut. Auf diese Weise konnte die 2600 Kilometer lange Strecke in nur neun Tagesreisen zurückgelegt werden.

Luftpost

Auch die ersten Taubenzüchter kamen aus den Hochkulturen des Vorderen Orients. Die früheste Erwähnung domestizierter Tauben findet sich bei den Sumerern, im heutigen Südirak, und stammt von etwa 2000 v. Chr. Vermutlich waren es die Sumerer, die entdeckten, daß eine Taube unweigerlich zu ihrem Nest zurückfliegt, egal wie

Szene aus dem Tempel in Medinet Habu, der von Ramses III. (frühes 12. Jahrhundert v. Chr.) erbaut wurde. Sie zeigt die Teilnahme von Brieftauben an einem religiösen Jahresfest zur Stärkung der Herrschaft. Vier Tauben werden freigelassen, damit sie den Göttern der vier Himmelsrichtungen von der erstarkten Macht des Pharaos berichten.

weit die Strecke ist. Die Ägypter waren wohl die ersten, die diese Erkenntnis für ihre eigenen Zwecke nutzten. Im 12. Jahrhundert v. Chr. schickten sie militärische Botschaften mit Brieftauben. Und es waren die Araber, die die Kunst der Aufzucht und des Trainings von Brieftauben im Mittelalter zur Hochblüte brachten.

Die Kalifen, die nach dem Tod Mohammeds 632 n. Chr. die Führung des muslimischen Reiches übernahmen, richteten eine staatliche Taubenpost ein. Ihre Posthalter waren gleichzeitig die Augen und Ohren des Herrschers. Da Poststationen flächendeckend eingerichtet und mit gut trainierten Brieftauben ausgestattet waren, konnte der Regierung jegliche oppositionelle Regung in den Provinzen sofort gemeldet werden. Doch wurde die staatliche Taubenpost gelegentlich auch für weniger staatstragende Transporte eingesetzt. Aziz, zwischen 975 und 996 n. Chr. Kalif in Nordafrika, hatte eine Schwäche für die schmackhaften Kirschen seiner libanesischen Heimat Baalbek. Deshalb veranlaßte sein Wesir, daß 600 Tauben, jede mit einer Kirsche in einem Seidenbeutelchen am Fuß, von Baalbek aus losgeschickt wurden. Die Kirschen gelangten schnell und sicher nach Kairo. Es dürfte sich dabei um den ersten Luftpost-Paketservice der Welt gehandelt haben.

Die türkischen Eroberer übernahmen die arabische Brieftaubenpost. Sultan Baybars, Herrscher über Ägypten und Syrien (Reg. 1266–1277 n. Chr.) ließ reichsweit eine gut funktionierende Taubenpost einrichten. Die königlichen Tauben trugen ein besonderes Kennzeichen, und niemand außer dem Sultan selbst durfte sie berühren. Das Trainieren von Brieftauben entwickelte sich zu einem einträglichen Gewerbe; ein gut ausgebildetes Pärchen brachte bis zu 1000 Goldstücke ein. Eine solche Taubenpost war auch als politisches Frühwarnsystem beim drohenden Einfall der Mongolen von unschätzbarem Wert. Als schließlich Timur das Reich 1400 n. Chr. eroberte, versuchte er, die Taubenpost zusammen mit anderen effektiven Kommunikationssystemen der islamischen Welt zu zerstören.

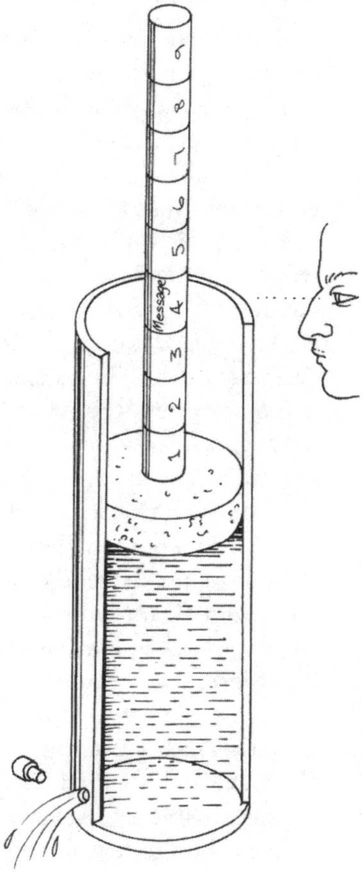

Das Gefäß, das Aeneas Tacitus im 4. Jahrhundert v. Chr. zum Kodieren wie zum Dekodieren entwickelte. Der Mechanismus beruht auf der Idee der clepsydra *oder Wasseruhr (vgl. den Abschnitt* **Uhren** *im Kapitel* **High-Tech***).*

Telegraphie

Glaubt man dem griechischen Dramatiker Aischylos, so erfuhren die Daheimgebliebenen in Mykene durch Leuchtturmsignale vom Sieg ihres Heerführers Agamemnon bei Troja. In Aischylos' Stück *Agamemnon* gibt es nämlich einen Leuchtturmwärter, der seit einem Jahr geduldig die Siegesbotschaft erwartet hatte. Es liegen zwar keine Hinweise dafür vor, daß es Leuchttürme schon zur Zeit des Trojanischen Krieges gegeben hat (traditionellerweise von 1194–1184 v. Chr. angesetzt), wohl aber gab es sie zu Lebzeiten des Dichters (525–455 v. Chr.), wie sein Stück uns belegt. Mit dem Gebrauch simpler, vorab verabredeter Zeichen, können wir hier die Vorgeschichte der Telegraphie beginnen lassen.

Bald nach Aischylos hatte sich die Kommunikation mit brennenden Fackeln bereits zu einem ausgeklügelten System entwickelt. Im 4. Jahrhundert v. Chr. war einem Militärtechniker namens Aeneas Tacitus eine geniale Methode zur Nachrichtenübermittlung per Fackelsignal eingefallen. Dazu bedurfte es einer einfachen Ausrüstung, die bei den kommunizierenden Parteien identisch sein mußte. In den Boden eines zylindrischen Tongefäßes wurde ein Loch von standardisierter Größe gebohrt. Im Gefäß befand sich ein Schwimmer aus Kork, dessen Durchmesser nur um ein weniges kleiner war als der des Gefäßes und der sich mit dem Wasserstand hob und senkte. In dem Korken steckte ein in Abständen markierter Stab, wobei jedem Intervall militärische Botschaften zugeordnet waren – etwa »Kavallerie ist eingetroffen«, »Nachschub im Anmarsch« und ähnliches.

Hatte man sich im voraus auf die nützlichsten Botschaften geeinigt, dann konnten die beiden Armeen sie sich mittels Fackeln übermitteln. Die Gefäße wurden unten verschlossen und mit Wasser gefüllt. Dann wurde die Kommunikation vom Funker A mit einem einfachen Fackelsignal eröffnet. Sobald B den Sichtkontakt bestätigte, zogen beide Parteien den Stöpsel aus dem Gefäß und der Korken senkte sich so lange, bis Funker A ein weiteres Fackelsignal gab. Funker B stoppte das Wasser sofort. Da beide Korken mit gleicher Geschwindigkeit sanken, konnte B nun an dem Markierungsstab ablesen, welche Nachricht A hatte mitteilen wollen.

Diese Methode war zwar aufwendig, als Geheimkode vom Gegner aber kaum zu knacken.

Das erste Semaphor

Von dem griechischen Soldaten und Historiker Polybios (203–120 v. Chr.) ist uns eine Methode der Fernkommunikation überliefert, die flexibler auf die jeweilige Situation reagieren konnte als die oben beschriebene: das erste Semaphor, eine Signalsprache.

Zunächst, so belehrt uns Polybios, muß das Alphabet in Gruppen von fünf Buchstaben geteilt und auf fünf Tafeln geschrieben werden (in der letzten Gruppe gab das beim griechischen Alphabet zwar nur vier Buchstaben, aber es funktionierte trotzdem). Die Kommunikation zwischen den Armeen begann wieder mit einem einfachen Fackelsignal, das von der anderen Seite erwidert wurde. Dann hob der Funker seine Fackel ein bis fünf Mal und bestimmte damit die Tafel, von der abgelesen werden sollte. Danach gab er die Nummer des jeweiligen Buchstabens durch. Um die Übermittlung eindeutiger zu machen, konnten Stellwände benutzt werden. Sie mußten mannshoch sein und wurden zu beiden Seiten des Funkers postiert. Eine gehobene Fackel war über der Stellwand sichtbar, eine gesenkte nicht mehr.

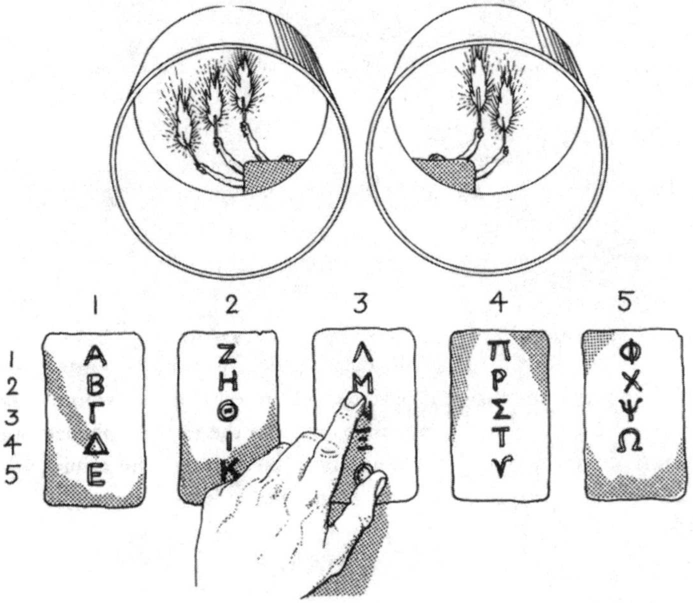

Fernkommunikation mittels Semaphor, wie es der Grieche Polybios (203–120 v. Chr.) entwickelt hat.

Kapitel 12

Sport und Freizeit

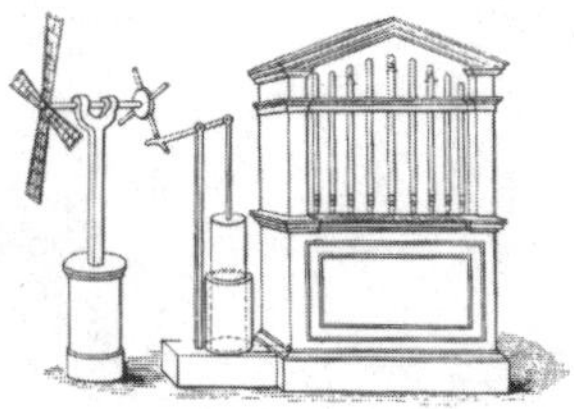

Einleitung

Beschäftigungen wie das Sammeln, die Jagd oder der Fischfang sind unter den heutigen Bedingungen zu hoch geschätzten Freizeitvergnügungen geworden. Sicherlich haben aber auch die Menschen der Vorzeit schon Spaß dabei empfunden, ebenso wie sie sich am Essen, Trinken und am Sex erfreut haben. Diesen elementaren Vergnügungen gesellte sich später nach und nach eine Vielzahl an weiteren, eher spielerischen und kultischen Unterhaltungen zu, so wie beispielsweise Reiterspiele oder Tanz und Gesang, wobei entscheidende Impulse von der Musik ausgegangen sein müssen. Tatsächlich stellen Musikinstrumente die ersten greifbaren Belege für eine musische Beschäftigung unserer Vorfahren dar.

Angesichts der großen Vielfalt antiker Instrumente überrascht es keineswegs, daß sich auch die Orchestermusik schon sehr früh entwickelte. Sobald in den alten Stadtkulturen eine immer stärker zunehmende Spezialisierung der Berufszweige einsetzte, traten auch die ersten professionellen Musiker auf (vgl. die **Einleitung** zum Kapitel **Städtisches Leben**). Die früheste bekannte Darstellung eines Orchesters findet sich auf einem Siegel aus der Fundstätte Chogha Misch im heutigen Iran. Das Siegel stammt aus dem 4. Jahrtausend v. Chr. und zeigt ein Orchester mit Kesselpauke, Harfe und Hörnern. Ob es sich allerdings wirklich schon um professionelle Musiker handelt, ist nicht geklärt. Unstrittig ist, daß die Orchester, die zur Zeit des Neuen Reiches (um 1550–1070 v. Chr.) in Ägypten spielten, aus Berufsmusikern bestanden. Die meisten Musiker des Vorderen Orients kamen damals von der Levante-Küste. Sie waren so hoch angesehen, daß sie nach Kriegszügen in der offiziellen ägyptischen Geschichtsschreibung sogar als Beutegut aufgeführt wurden. In einem Fall wurden 270 Musiker gefangengenommen und nach Ägypten gebracht. Unter dem ständigen Zustrom levantinischer Musiker entwickelten ägyptische Orchester während des Neuen Reiches eine hohe Spielkultur, die auf zahlreichen Instrumenten aufbaute, von der Harfe, der Lyra, der Doppeloboe, der Flöte, der Laute bis hin zu Rasseln und Tamburinen. Besonders populär und bei festlichen Anlässen ein Statussymbol der Reichen waren weibliche Orchester mit sparsamer Bekleidung.

Eine der »Hit-Parade« vergleichbare Einrichtung ist aus dem Altertum zwar nicht bekannt, wohl aber ein Amt für Musik zur Regulierung von Stilrichtungen und Qualitätsstandards. Es wurde

Harfenspieler. Ägyptische Stele aus der Zeit des Neuen Reiches (um 1550–1070 v. Chr.).

im 4. oder 3. Jahrhundert v. Chr. in China gegründet, im 2. Jahrhundert v. Chr. als veraltet abgetan und von dem tatkräftigen Kaiser Wu-ti (140–87 v. Chr.) einer Reform unterzogen. Er ernannte den Musiker Li Yen-nien zum neuen Intendanten und beauftragte ihn, der strengen Zeremonialmusik am Hofe nach den Maßstäben moderner weltlicher Musik eine neue Stilrichtung zu geben. Gegen den Widerstand der Traditionalisten, die der konfuzianischen Überzeugung anhingen, daß Musik nicht dem Vergnügen dienen soll, entwickelte sich die neue Institution zu einem bedeutenden Hofamt. Es war sowohl für die musikalische Begleitung offizieller Zeremonien durch Orchester, Chöre und Tanzkünstler zuständig als auch für die musikalische Unterhaltung bei weniger formellen Anlässen am Hof. Zudem hatte es die Aufgabe, Volkslieder zu sammeln und sie für die Bedürfnisse des Hofes umzugestalten. Im

Jahr 7 v. Chr. wurde von den konfuzianischen Kritikern schließlich die Aufhebung des Amtes erzwungen, mit der Begründung, es habe der Verbreitung einer korrumpierten Musik Vorschub geleistet, die der moralisch wertvollen, traditionellen Musik in allen Punkten widerspreche. Zum Zeitpunkt seiner Auflösung umfaßte das Amt einschließlich aller Sänger, Instrumentalisten, Handwerker und Musikwissenschaftler 829 Mitarbeiter.

Die zentrale Rolle, die die Musik in der Antike einnahm, belegt Aristoteles mit einem Kommentar über die Etrusker, die vom 8. bis 3. Jahrhundert v. Chr. Mittelitalien beherrschten: »Bei jeder Gelegenheit lassen sie das Flötenspiel ertönen, während ihrer kultischen Feiern, zu Boxkämpfen, beim Auspeitschen von Sklaven, beim Kochen, ja sogar bei der Jagd.« Auch die Griechen waren große Liebhaber der Musik und ließen sich von ihren Klängen gern in Stimmung bringen.

Besonders geschätzt war in Griechenland der Tanz. Er spielte im Theater, in den kultischen Gebräuchen und als Mittel zur Unterhaltung eine ungemein wichtige Rolle. Die Griechen waren auch die ersten, die Tanzschulen gründeten. Genauso wie im heutigen Ballett wurde die Tanzkunst als eine Kombination aus geistigen und physischen Disziplinen angesehen. Ganz anders war es bei den Römern. Sie akzeptierten für rituelle Zwecke nur streng formalisierte Tanzbewegungen. Der Tanz als Quelle des Vergnügens oder als Kunstform wurde dagegen als befremdlich, ja sogar als moralisch gefährlich abgelehnt. Die Einführung des künstlerischen Tanzes durch die Etrusker und die Griechen im 2. Jahrhundert v. Chr. löste bei vielen einflußreichen Römern Abscheu und Empörung aus. So wollte der Politiker Scipio Aemilianus kaum seinen Augen trauen, als er um 150 v. Chr. in einer Tanzakademie die Söhne und Töchter aus respektablen römischen Familien herumspringen sah: »Ich wurde zu einer dieser Akademien gebracht, wo ich sage und schreibe mehr als 500 Kinder, Jungen und Mädchen, zu wüstem Getrommel mit so schamlosen Verrenkungen herumtollen sah, wie es sich nicht einmal der ehrloseste Sklave herausnehmen dürfte.«

Kurz danach wurde die Schließung aller Tanzakademien verfügt. Der Trend ließ sich jedoch nicht aufhalten. Ausländische Tanzlehrer begannen in großer Zahl nach Rom zu strömen.

Die Römer bevorzugten eher die »männliche« Unterhaltung wie Ballspiele, Zweikämpfe oder Wagenrennen. Besonderer Beliebtheit erfreuten sich die Gladiatorenkämpfe, die von den Etruskern 264 v. Chr. eingeführt worden waren. In eigens eingerichteten Schulen mußten sich die Gladiatoren einem Spezialtraining unterziehen, wobei für die Champions nicht nur der Sieg zählte, sondern auch die Eleganz ihres Kampfstils. Sie waren die »Stars« ihrer Zeit und wurden vom Publikum wegen ihres athletisches Aussehens und der Schnelligkeit und Geschicklichkeit ihrer Kampfmethoden angebetet. Reiche Fans ließen ihre Idole in Marmor abbilden, so daß wir die muskelbepackten Körper römischer Gladiatoren auch heute noch auf Mosaiken bewundern können.

Die römischen Gladiatorenkämpfe fanden in großen Arenen statt, wie beispielsweise im Kolosseum von Rom, das im Jahr 80 n. Chr. mit einer hundert Tage währenden Veranstaltungsserie eröffnet wurde. Die großen Arenen dienten auch als Aufführungsorte für die Inszenierung berühmter Seeschlachten, den sogenannten *naumachiae*, oder zur Vorführung von Kämpfen zwischen ungezähmten Wildtieren, wobei Tausende von ihnen zu Tode kamen. Im Kolosseum wurden die Tiere in weitläufige, unterirdische Käfiganlagen gesperrt. Bei Bedarf trieb man sie in Aufzüge, die einen direkten Zugang zur Arena hatten.

Die Gladiatorenkämpfe wurden später mehr und mehr von Wagenrennen in den Schatten gestellt. Der älteste Nachweis für ein Wagenrennen findet sich in Homers *Ilias*, die im 8. Jahrhundert v. Chr. entstanden ist. Der Dichter beschreibt ein Wagenrennen, das Achilles, der große Held des Trojanischen Krieges, bei den Trauerfeierlichkeiten für seinen Freund Patroklos abhalten läßt. Im 5. Jahrhundert wurde das Wagenrennen in das Programm der Olympischen Spiele aufgenommen. Pausanias, Autor eines Griechenlandführers im 2. Jahrhundert n. Chr., berichtet über die Startanlage, die von einem Architekten namens Kleoitas entwickelt worden war. Danach waren die Startboxen hintereinander gestaffelt an den Seiten eines dreieckigen Platzes untergebracht. Zum Start wurde ein Mechanismus in Gang gesetzt, der einen Adler aus Bronze in die Luft katapultierte und gleichzeitig das Absperrseil der hintersten Box löste. Sobald das erste Team die davor liegenden Boxen passierte, fielen nacheinander auch deren Seile, so daß alle Teams gleichzeitig in voller Fahrt die Startlinie erreichten.

Ebenso wie die Gladiatorenkämpfe waren auch die Wagenrennen eine etruskische Erfindung. Sie wurden aber erst bei den Römern in wirklich großem Stil organisiert. Die Römer erbauten eigene Wagenrennbahnen, sogenannte Hippodrome, wie beispielsweise den Circus Maximus in Rom, der unter Kaiser Augustus (Reg. 31 v. Chr. – 14 n. Chr.) entstand und eine halbe Million Zuschauer faßte. Rechts und links von der Startlinie standen Statuen und Säulen, zeitweise wurden auch neu erbeutete ägyptische Obelisken aufgestellt. Der Circus Maximus war zusätzlich mit einem Turm ausgestattet, von dem aus sieben Bronzedelphine nacheinander in ein Wasserbecken »tauchten«, um die Zahl der gefahrenen Runden anzuzeigen. In jedem Rennen wurden also sieben Runden von je 550 Meter Länge gefahren. Ein Rennen dauerte etwa zwanzig Minuten. Bei römischen Wagenrennen waren Zwei- oder Viergespanne zugelassen, bis zu zwölf Teams traten gegeneinander

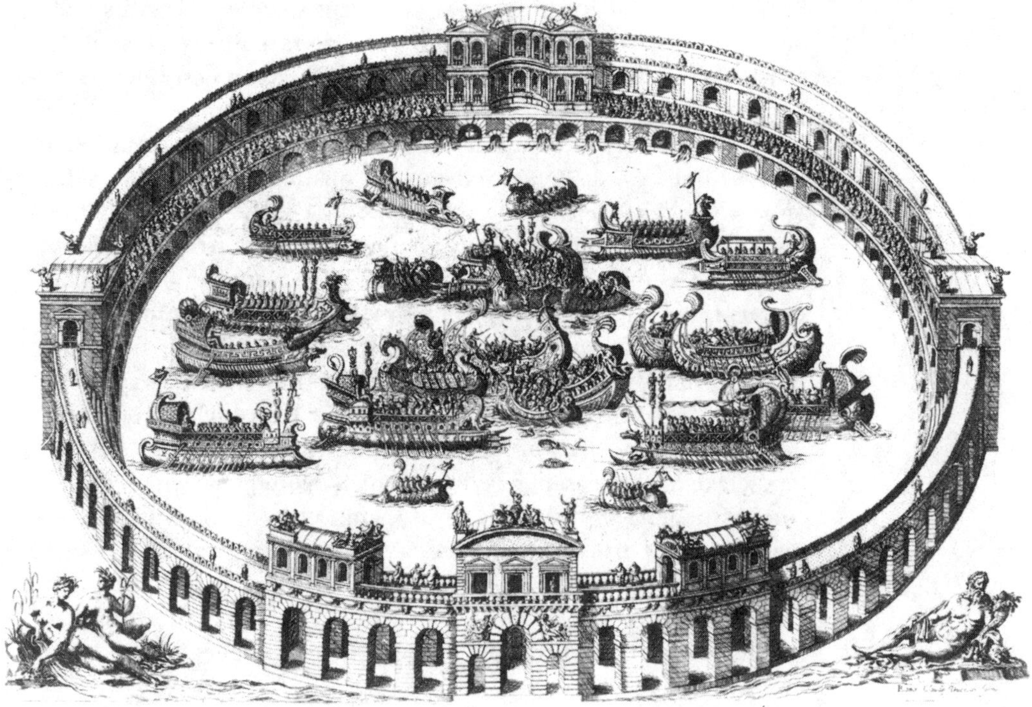

Nachgestellte Seeschlacht, aufgeführt im Kolosseum anläßlich der Eröffnungsfeierlichkeiten im Jahr 80 n. Chr. Diese sogenannten naumachiae, für die die Arena unter Wasser gesetzt werden mußte, zeigen, mit welcher Raffinesse die Römer die Technologie in den Dienst der Unterhaltung stellten. Rekonstruktion aus der Renaissance.

an, die von vier Rennclubs, nämlich den Blauen, den Grünen, den Roten und den Weißen, organisiert wurden. Erfolgreiche Wagenlenker konnten beträchtlichen Ruhm erringen und wurden, ebenso wie die Gladiatoren, nicht selten in Marmor verewigt. Die Fans der vier unterschiedlichen Rennclubs gerieten nach den Rennen häufig miteinander in Streit, was in einigen Fällen in schwerwiegende Krawalle ausartete, bei denen sogar Tote zu beklagen waren.

Reine Pferderennen waren in den arabischen Ländern schon in vorislamischer Zeit üblich. Als organisierte Sportart treten sie jedoch erst später in Erscheinung. Das erste Hippodrom für Pferderennen entstand im 8. Jahrhundert n. Chr. in Bagdad. In jedem Rennen starteten zehn Pferde. Sieben Preise waren ausgesetzt. Der Besitzer desjenigen Pferdes, das als letztes durchs Ziel ging, mußte die Demütigung über sich ergehen lassen, daß ein Affe auf den Rücken seines Pferdes gesetzt wurde. Ärmere Bevölkerungsschichten, die sich die kostspieligen Pferderennen nicht leisten konnten, konkurrierten mit Kamel-, Esel-, Maultier- oder Hunderennen. Im 9. Jahrhundert n. Chr. kamen auch Wettkämpfe mit Tauben auf, die eine wachsende Anhängerschaft gewannen und unter dem

Kalifat Harun al Rashids sogar zu einem sozialen Ärgernis wurden, weil fanatische Anhänger dieser Sportart ihre gesamten Ersparnisse bei Wetten verloren oder in den Erwerb besonders hoch eingeschätzter Jungtauben steckten.

Im allgemeinen steht uns heute eine Vielzahl von Informationen zur Verfügung, aus denen wir uns ein ausführliches Bild von den Sportarten des Altertums verschaffen können. Die Frage nach ihrer Entstehungsgeschichte ist dagegen meist nicht so eindeutig zu klären. In einigen Fällen läßt sich eine Herkunft aus Kult- oder Opferbräuchen vermuten, wie beispielsweise bei dem tollkühnen Stierspringen der minoischen Kultur auf Kreta, den Gladiatorenkämpfen Roms oder auch dem kultischen Ballspiel im alten Mexiko. Das gemeinsame Merkmal dieser Kultspiele ist ein möglicher tödlicher Ausgang des Wettkampfes. Bei anderen Sportarten, wie dem chinesischen Federballspiel, deutet dagegen nichts auf einen rituellen Ursprung hin. Die Olympischen Spiele wurden erstmals bei einer großen religiösen Zeremonie veranstaltet. Ob auch die Wettkämpfe selbst eine religiöse Bedeutung hatten, ist ungeklärt. Ebenso offen ist, ob sich die Menschen des Altertums tatsächlich so stark von religiösen Motiven leiten ließen, wie manchmal behauptet wird.

Tatsächlich führt die Diskussion, ob sich die unterschiedlichen Sport- und Unterhaltungsarten aus religiösen Ursprüngen herleiten lassen, in eine Zwickmühle. Denn letztlich gibt es keine gesicherten Erkenntnisse darüber, ob nicht doch zuerst, nur zum Spaß, ein kurzweiliger Zeitvertreib erfunden wurde, den man dann erst später für kultische Zwecke nutzte.

Auch Glücks- und Geschicklichkeitsspiele waren im Altertum weit verbreitet. Teilstücke von Spielen und Fragmente von Spielbrettern gehören zu den häufigsten archäologischen Funden. Allerdings sind sie in der Regel so unvollständig erhalten, daß eine beweiskräftige Identifizierung meist nicht möglich ist. Man kann davon ausgehen, daß ein großer Prozentsatz der kleinen »nicht identifizierbaren« Objekte, die bei Grabungen zum Vorschein kommen, Überreste von Spielen sind. Am häufigsten fand man kleine Kugeln aus Ton, Stein oder Glas. Der Beweis, daß es sich dabei um Murmeln handelt, ist nicht zu erbringen, obwohl wir ganz genau wissen, daß das Murmelspiel im Altertum bekannt gewesen ist. Der griechische Autor Athenaios (um 200 n. Chr.) berichtet, daß es sogar schon zur Zeit des Trojanischen Krieges (üblicherweise auf 1194–1184 v. Chr. datiert) gespielt wurde. Während Odysseus Troja verließ und die lange Rückreise antrat, wurde in der Heimat um seine Frau Penelope gespielt, wobei sich die Freier eines Murmelspiels bedienten: Eine Kugel repräsentierte Penelope. Der Spieler, der diese Kugel als erster traf, hatte einen Freiwurf. War er ein zweites Mal erfolgreich, so durfte er vor allen anderen seinen Heiratsantrag vorbringen.

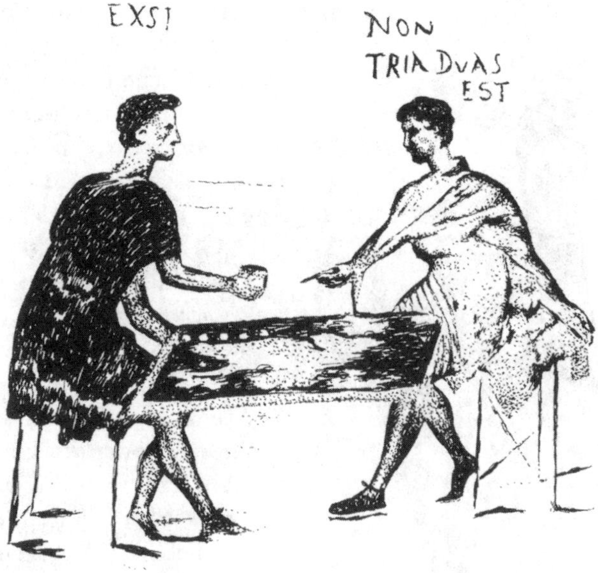

Römische Brettspieler von einem Fresko in Pompeji. Gespielt wird allem Anschein nach eine frühe Version des Backgammon. Die cartoonähnlichen Anmerkungen über den Köpfen lassen auf einen Streit über den letzten Wurf schließen. Der Mann links ruft: »Ich habe gewonnen!«, während der andere Spieler protestiert: »Es ist eine Zwei und keine Drei!« Leider werden wir nie erfahren, wie der Streit ausgegangen ist.

Leichter als Spielgerät zu identifizieren ist der Würfel. Außerdem gibt es eine Vielzahl von klassischen Quellen, die das Würfelspiel belegen. Dem Historiker Herodot (5. Jahrhundert v. Chr.) zufolge geht die Erfindung auf die Lydier in der heutigen Westtürkei zurück, die außerdem auch Ballspiele und »alle ähnlichen Spiele, außer dem Schach« entwickelt haben sollen, um die Auswirkungen einer furchtbaren Hungersnot erträglich zu machen, von der das Land im 13. Jahrhundert v. Chr. betroffen wurde: »Um den Hunger aushalten zu können, aßen und spielten sie wechselweise. An einem Tag spielten sie in einem fort, so daß sie keine Zeit hatten, ans Essen zu denken, und am nächsten Tag aßen sie und spielten überhaupt nicht. So lebten sie achtzehn Jahre lang.«

Abgesehen von diesen Ablenkungsmanövern sollen die Lydier laut Herodot auch drastischere Maßnahmen zur Bewältigung der Hungersnot ergriffen haben. Durch Auslosung wurde die Bevölkerung in zwei Hälften geteilt. Die eine Hälfte zog nach Italien und begründete dort das Reich der Etrusker.

Herodots Bericht, der auf volkstümlicher Überlieferung fußt, wurde durch archäologische Funde widerlegt. Auch in der Kultur des Indus-Tals im heutigen Pakistan und Indien wurden Würfel gefunden, die mehr als tausend Jahre älter sind als die von Herodot beschriebenen lydischen Würfel.

Möglicherweise sollte Herodots Bericht dazu dienen, auf die große Spielleidenschaft der Etrusker hinzuweisen, die sie an ihre Nachfolger, die Römer, weitergegeben haben. In Rom gab es professionelle Spielclubs, die vom Würfelspiel lebten. Kaiser Claudius (Reg. 41–54 n. Chr.) verfaßte sogar ein Buch über das Würfelspiel. Würfel und Würfelbecher gehören zu den gängigsten Funden in römischen Häusern und Kneipen und so überrascht es keineswegs, daß auch das Falschspiel üblich war. In einem Fall war der Würfel auf einer Seite mit winzigen Spuren von Quecksilber präpariert, so daß er immer auf diese Seite fiel und die niedrigste Punktzahl anzeigte. Auch das Dominospiel war schon im Altertum bekannt und ist keineswegs, wie allgemein behauptet wird, eine italienische Erfindung des 18. Jahrhunderts. In den chinesischen Geschichtsannalen ist für das Jahr 1120 n. Chr. vermerkt, daß dem Kaiser ein Set aus 32 Steinen mit insgesamt 227 Punktmarkierungen als Geschenk dargebracht wurde.

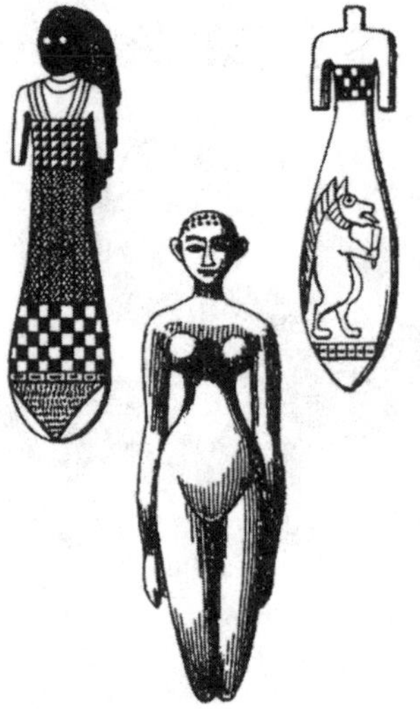

Altägyptische Puppen aus Holz und Keramik.

Genau wie heute gab es auch im Altertum eigenes Spielzeug für Kinder. Sehr aufwendiges Kinderspielzeug, wie Puppen mit beweglichen Gliedern oder sogar mechanischen Trickvorrichtungen, wurde in Ägypten gefunden. Bei Grabungen in Kahun stieß der britische Archäologe Sir Flinders Petrie im Jahr 1887 auf eine Puppenwerkstatt, die auf 1800 v. Chr. datiert wurde. In mehreren Häusern wurden Überreste bemalter Holzpuppen entdeckt, an denen sich Arme und Beine bewegen ließen, oder auch Puppen aus blauglasierter Keramik, die die Arme ausgestreckt am Körper hielten, an den Knien abgekappt und mit feinen Linienmustern bemalt waren. In einem der Häuser, vermutlich dem des Puppenmachers, wurde ein großes Lager an Puppenhaar entdeckt. Auf Kreta bestand dagegen eher eine Vorliebe fürs Schaukeln, wie sich aus Keramikmodellen von 1600 v. Chr. ersehen läßt: Sie zeigen weibliche Gottheiten auf Schaukeln, die von Bäumen herunterhängen. Dabei handelt es sich zwar um Kultobjekte, aber sicherlich haben sich damals auch Kinder beim Schaukeln vergnügt.

Die Griechen der klassischen Zeit waren die ersten, die der Muße und der Zerstreuung auch einen ethischen Wert beimaßen. Die griechische Kultur erreichte ihre Blütezeit im 5. und 4. Jahrhundert v. Chr., als die herrschende Klasse (ungefähr 20 Prozent der Bevölkerung) sich mit Hilfe einer extensiven Sklavenwirtschaft

Mechanisches Spielzeug aus dem alten Ägypten. Links ein Krokodil mit beweglichen Kiefern, rechts ein Bäcker, der »Teig knetet«, sobald am Strick gezogen wird.

gänzlich von Arbeit befreit hatte. Mit dem Schweiß von Sklaven, denen die Bewirtschaftung der Güter oblag, sicherte man sich den Lebensunterhalt und ließ auch alle anderen Aufgaben des täglichen Lebens von Domestiken erledigen. Abgesehen von gelegentlichen politischen und militärischen Pflichten, die der Oberschicht traditionell auferlegt waren, blieb also viel Zeit zu ausgedehnter Muße. Unter anderem wurde diese Zeit für philosophische Diskurse genutzt, wobei auch die Frage diskutiert wurde, welche Art von Zerstreuungen für den Rest der Bevölkerung geeignet sei. Anregende Beschäftigungen wie Musik und Theater wurden favorisiert, und so investierte der Staat große Summen in den Bau von Theatern und in die Aufführung von Dramen und Musikstücken. Für diejenigen, die eher aktivere Zerstreuungen wünschten, wurden Parkanlagen und Trainingshallen bereitgestellt. Der moderne westliche Mensch würde sicherlich viel darum geben, in das Athen jener Zeit zurückversetzt zu werden, vorausgesetzt natürlich, er landet auch in der richtigen Gesellschaftsschicht.

Kinder auf einer Schaukel. Szene von einer antiken, griechischen Vase.

Die Antwort darauf, auf welche Weise sich die Menschen vergangener Zeiten amüsiert haben, fällt denkbar einfach aus: Sie haben an Zerstreuungsmöglichkeiten praktisch all das entwickelt, was auch dem Menschen des 20. Jahrhunderts zur Verfügung steht, mit Ausnahme des Radios, des Kinos und des Fernsehens.

Die ersten Schwertschlucker der Welt. Hethitisches Relief aus der Zeit um 1300 v. Chr. (Zentraltürkei). Der Akrobat links schluckt ein Schwert, während der Schausteller rechts auf einer frei stehenden Leiter balanciert.

Stierkampf

Nach einer griechischen Legende verfiel Pasiphaë, die Gemahlin des Königs Minos von Kreta, auf die ausgefallene Idee, sich mit einem Stier von ungewöhnlicher Schönheit zu vereinigen. Sie beauftragte Daidalos, Hofarchitekt und genialer Ingenieur, für sie das Modell einer Kuh zu bauen, in dem sie sich verbergen und dem Stier darbieten konnte. Aus der Verbindung mit dem Stier ging ein Kind hervor, das einen Stierkopf und einen menschlichen Leib hatte und als Minotauros bekannt wurde. Das Monster wurde in ein eigens von Daidalos erbautes Labyrinth gesperrt, das so verwinkelt war, daß niemand den Ausgang finden konnte. Jedes Jahr wurden sieben Jungfrauen und sieben Jünglinge in das Labyrinth geschickt, wo sie hilflos umherirrten, bis sie der Minotauros fand und verschlang.

Der Terror nahm schließlich ein Ende, als Theseus, der Sohn des Königs von Athen, nach Kreta kam, und sich König Minos' Tochter Ariadne in ihn verliebte. Als auch er in das Labyrinth geschickt werden sollte, gab ihm Ariadne ein Wollknäuel mit, damit er sich in den Gängen nicht verirrte. Theseus gelang es, den Minotauros zu töten. Danach fand er mit Hilfe des Wollfadens den Weg zurück zu Ariadne und kehrte mit der Königstochter an seiner Seite im Triumphzug nach Athen zurück.

Diese Legende schien sich zu bestätigen, als im frühen 20. Jahrhundert auf Kreta die Überreste der minoischen Kultur entdeckt wurden. Angesichts der gewaltigen Palastanlage von Knossos, deren Baubeginn um 2000 v. Chr. datiert wird, nahm das Labyrinth plötzlich Gestalt an. Spuren des Minotauros ließen sich natürlich nicht ausmachen, wohl aber fand sich eine Fülle von Hinweisen auf die große Bedeutung, die der Stier in der minoischen Kultur gehabt haben muß. Auf Fresken an den Wänden des Palastes war beispielsweise das sogenannte Stierspringen dargestellt, eine Abfolge kunstvoller Sprünge auf den Rücken von Stieren. Dabei packten die Akrobaten den Stier bei den Hörnern, ließen sich hoch in die Luft schleudern und landeten, entweder im Handstand oder aufrecht stehend, auf dem Rücken des Stiers. Mit einem anschließenden zweiten Salto katapultierten sie sich wieder zurück auf den Boden, wobei sie dicht hinter dem Bullen aufkommen und mit ausgestreckten Armen zum Stehen kommen mußten, ganz ähnlich wie es auch heute noch von den Kunstturnern verlangt wird. Diese sportlichen Kunststücke wurden einem vornehmen Publikum dargeboten, das, wie die Fresken zeigen, von Tribünen aus zuschaute. Wie gefährlich das Stierspringen war, beweist ein Bronzegefäß, auf dem ein von den Hörnern des Stiers durchbohrter Akrobat dargestellt ist. Möglicherweise hat die Legende vom Minotauros ihren Ursprung in diesen Unglücksfällen.

Es ist nicht sicher, ob die Stierspiele einschließlich des modernen Stierkampfs auf kultische Gebräuche zurückzuführen sind. Aus klassischen Quellen wissen wir, daß es im nordgriechischen Thessalien Sitte war, nach einer Kultfeier, zu der auch der Stierkampf gehörte, einen Stier zu töten. In Rom kam der Stierkampf zur Kaiserzeit in Mode. Der Stier wurde mit roten Tüchern gereizt und von professionellen Kämpfern aus Thessalien zu Fuß oder zu Pferde angegriffen. Der Ausgang war dann erfolgreich, wenn es dem Matador gelang, auf den Rücken des Stiers zu springen, ihn bei den Hörnern zu packen und in die Knie zu zwingen, bevor er ihm den Todesstoß versetzte.

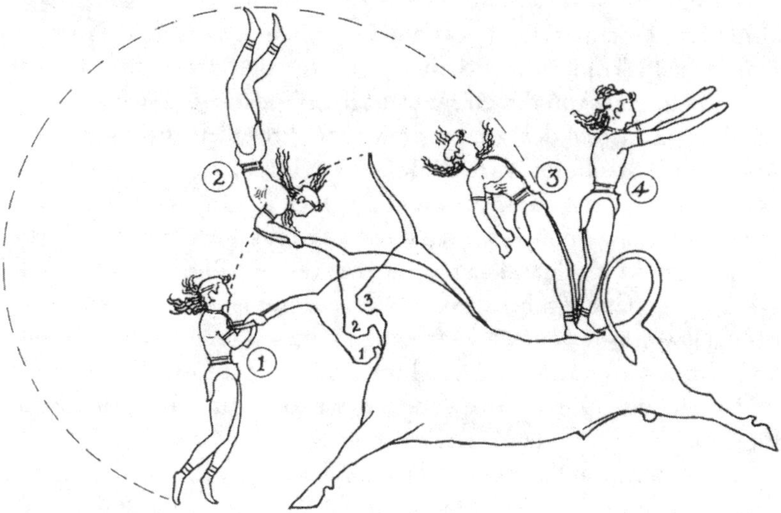

Stierspringen in Kreta. Rekonstruktionszeichnung Sir Arthur Evans' nach einem Fresko aus dem Palast von Knossos. Der Akrobat packt den Stier bei den Hörnern (1) und wird, sobald der Stier den Kopf nach oben wirft, in die Höhe katapultiert (2). Mit einem Salto rückwärts landet er auf dem Rücken des Stiers (3) und springt von hier aus zurück auf den Boden (4). Bis heute hat es noch kein moderner Akrobat gewagt, dieses Kunststück nachzumachen.

Die berühmte spanische Stierkampftradition ist in römischer Zeit entstanden, erfuhr jedoch, zumindest als spektakuläre Großveranstaltung, vom 5. Jahrhundert n. Chr. an eine Unterbrechung. Erst im Hochmittelalter wurde der Stierkampf bei wichtigen Ereignissen der Hocharistokratie, wie der Geburt eines Erben oder bei Hochzeiten, erneut eingeführt.

Die ersten Olympischen Spiele

Nach der Überlieferung wurden die Olympischen Spiele zum ersten Mal im Jahr 776 v. Chr. im südgriechischen Olympia abgehalten, wobei die moderne Forschung den Beginn etwas später ansetzt. Genau wie heute fanden sie seitdem im Turnus von vier Jahren statt. Heute werden die Olympischen Spiele der Antike nicht selten als echte Amateurwettkämpfe glorifiziert. Aber auch schon in den Anfangszeiten der Spiele wurden die Athleten von konkurrierenden Städten gesponsert, erhielten Geld und Prämien und spezielle Trainingsmöglichkeiten. Am populärsten waren, entgegen heutigen Annahmen, gewalttätige Sportarten, wie sich aus erhaltenen Listen der zu gewinnenden Preise nachweisen läßt. Auch die Bestechung war ein übliches Mittel zum Sieg, trotz der harten Strafen, die dafür drohten.

Ihren Anfang nahmen die Spiele als untergeordnetes Beiprogramm zu kultischen Feiern, die nur einen Tag dauerten. Ein großes Leichenbegräbnis mit Opferzeremonien für Zeus wurde beispielsweise mit einem Wettrennen abgeschlossen. Mit der Zeit kamen auch andere Sportarten hinzu, so daß die Ritualfeiern mehr und mehr zu Sportveranstaltungen wurden und der eigentliche kultische Zweck in den Hintergrund trat.

Das Programm der Olympischen Spiele von 500 v. Chr. dauerte drei Tage und umfaßte Pferde- und Wagenrennen, drei unterschiedliche Zweikämpfe (Boxen, Ringen und ein besonders brutaler Freistilkampf, *pankration* genannt), vier unterschiedliche Wettläufe (200 Meter, 400 Meter, ein Langlauf und ein Lauf in voller Rüstung) und schließlich den Fünfkampf, zu dem Speer- und Diskuswurf, Weitsprung, 200-Meter-Lauf und der Ringkampf gehörten. Zu den Wettkämpfen waren sowohl erwachsene Männer als auch Knaben zugelassen, mit Ausnahme des Fünfkampfs, der nur von Männern ausgeübt werden durfte. Zu dieser Zeit zogen die Spiele bis zu 50 000 Zuschauer an.

Auf heutige Athleten würden zwei Besonderheiten der antiken Spiele wahrscheinlich eher abschreckend wirken: die Anlage des Stadions und die Kleiderordnung beim Wettkampf. Heute besteht die klassische 400-Meter-Bahn aus zwei Geraden, die durch weite Kurven miteinander verbunden sind. Das griechische Stadion war ein schmales Rechteck, rund 200 Meter lang und 25 bis 40 Meter breit, mit einer Startlinie an beiden Enden und einer Wendemarke auf halber Strecke. Bei längeren Rennen mußten die Athleten um die Marke herumlaufen, was zu Zusammenstößen und unüber-

Griechische Preisamphore aus dem 6. Jahrhundert v. Chr. Trophäen dieser Art wurden mit Szenen der jeweiligen Sportart bemalt und den Siegern, mit Öl gefüllt, überreicht.

sichtlichem Gewirr führte. Außerdem mußten alle Athleten nackt auftreten. Nach einer volkstümlichen Überlieferung soll bei den Spielen in Athen, einer Konkurrenzveranstaltung zu den Olympischen Spielen, einem Läufer die Hose heruntergerutscht sein. Er stolperte darüber und fand dabei den Tod. Daraufhin wurde bei allen Sportwettkämpfen jegliche Kleidung untersagt.

Ab 450 v. Chr. wurden für Wagenrennen und Wettläufe automatische Startvorrichtungen eingeführt, wie archäologische Funde beweisen. Bei den Zweikämpfen gab es keine Klassifizierung nach Körpergewicht, was in einigen Fällen den Sieger schon von vornherein festlegte. Der Ringkampf war entschieden, wenn einer der Kämpfer zum dritten Mal zu Boden ging. Box- und Freistilkämpfe waren nicht durch Runden begrenzt, der Kampf endete erst dann, wenn einer der Kontrahenten die Hand zum Zeichen der Niederlage erhob. Im 4. Jahrhundert v. Chr. wurden Boxhandschuhe aus hartem Leder eingeführt, um Verletzungen an den Händen einzuschränken. Am beliebtesten beim Publikum war der Freistilkampf, ein bösartiger und höchst gefährlicher Kampf, der Schläge auf alle Körperteile mit Ausnahme der Zähne erlaubte.

Die berühmtesten Olympiakämpfer aller Zeiten sind Leonidas von Rhodos, der auf den vier Olympiaden von 164 bis 152 v. Chr. insgesamt zwölf Siege errang, und Milo von Croton in Süditalien, der 540 v. Chr. den Ringkampf für Knaben gewann und in derselben Disziplin auch als Erwachsener von 536 bis 520 v. Chr. in ununterbrochener Folge den Sieg errang. Bei seinem letzten Sieg war Milo 34 Jahre alt, für einen Kampfsportler bereits ein ungewöhnlich hohes Alter.

Szene aus einem Boxkampf mit Faustschützern. Einer der Kämpfer blutet aus der Nase. Amphore aus der Werkstatt des Nicosthenes. Athen, um 525 v. Chr.

Das Ende der Spiele wurde durch ihre totale Kommerzialisierung herbeigeführt. Im 1. Jahrhundert v. Chr. geriet die Stadt Olympia in finanzielle Schwierigkeiten, da die wesentlich wohlhabenderen Städte an der kleinasiatischen Küste die besten Athleten vereinnahmten. In römischer Zeit erholte sich die Stadt wieder,

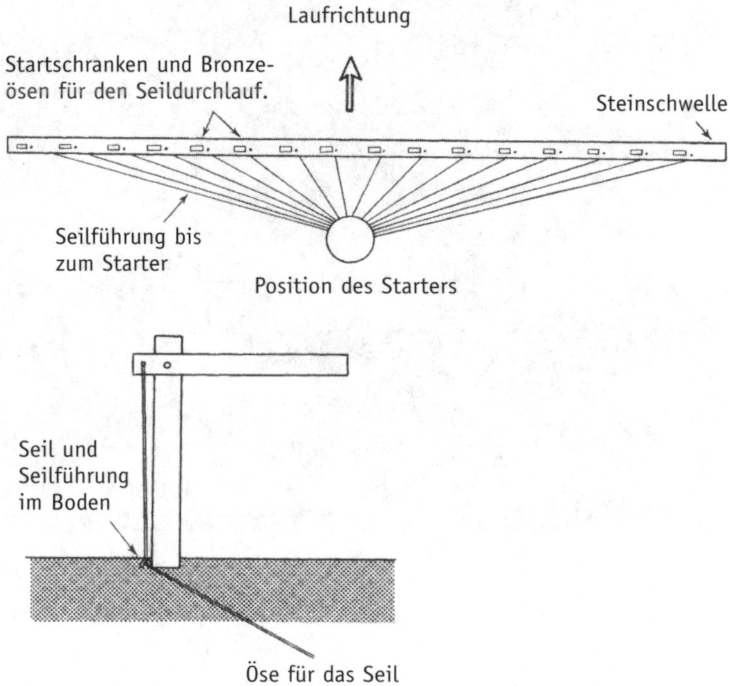

Schematische Zeichnung einer mechanischen Startanlage aus Korinth, wo die Isthmischen Spiele veranstaltet wurden, die mit den Spielen von Olympia konkurrierten. Die Läufer standen hinter Holzschranken. Jede Schranke war mit einem Seilzug versehen. Die einzelnen Seile liefen durch Führungen im Boden und wurden am Platz des Starters zusammengeführt. Sobald der Starter an dem Hauptseil riß, öffneten sich alle Schranken gleichzeitig und gaben das Rennen frei.

allerdings nahm die christliche Kirche daran Anstoß, daß die Athleten nackt auftraten. 393 n. Chr. wurden die Olympischen Spiele unter Kaiser Theodosius verboten. Das war das Ende der olympischen Idee, bis sie 1896 in Athen wieder zum Leben erweckt wurde.

Ballspiele

Einfache Ballspiele waren, von Ägypten bis Australien, in beinahe allen Kulturen des Altertums bekannt. Die alten Ägypter spielten mit Bällen aus weichem Leder oder Leinen, die mit gehäckseltem Schilf oder Stroh gefüllt waren und sich für einfache Fangspiele eigneten. In Griechenland gab es Fangspiele, Prellball und einen Vorläufer des heutigen Football: Die Spieler mußten den Ball, eine luftgefüllte Tierblase, über eine Linie tragen oder werfen, wobei die gegnerische Mannschaft versuchte, sie daran zu hindern.

Griechisches Ballspiel, bei dem sich zwei Mannschaften mit je drei Spielern gegenüberstehen. Marmorrelief aus dem 6. Jahrhundert v. Chr.

Fußball

Am chinesischen Hofe war im 3. Jahrhundert v. Chr. eine Art Fußball in Mode, das *t'su-chu*-Spiel, das mit einem luftgefüllten Lederball gespielt wurde. Zwei gegnerische Mannschaften versuchten, den Ball durch ein Loch in einem seidenen Netz zu schießen, wobei sie den Ball nicht mit den Händen berühren durften.

Der erste Sung-Kaiser T'ai-tsu (Chao K'uang-yin) beim Fußballspiel mit Angehörigen seines Hofstaates. Bei diesem Spiel kam es weniger auf Tore als auf eine elegante Ballführung und auf zielgenaue Pässe an. Wenn sich Damen beteiligten, wurde die Zahl der Spieler auf acht beschränkt, und das Spiel nannte sich dann »Die Reise der acht Unsterblichen über die Meere«. Ausschnitt aus einem Gemälde der Sung-Zeit.

Polo

Während der T'ang-Dynastie (618–906 n. Chr.) wurde in China das Polo-Spiel populär, das um 500 v. Chr. in Persien erfunden worden war. Ein lederner Ball mußte vom Pferderücken aus mit einem langen Schlagholz in das gegnerische Tor geschossen werden, zwei Pfosten, die etwa sieben Meter auseinander standen. Da es sich um ein Spiel handelte, das hohe Reitkünste verlangte, ver-

*Polospiel.
Blatt aus einem Seray-Album.
Tabriz, Mitte des 16. Jahrhunderts.*

breitete sich das Pferdepolo vor allem bei den Nomadenvölkern Asiens, durch die es um 1100 n. Chr. auch nach Byzanz gelangte. In China gab es schon im frühen 8. Jahrhundert n. Chr. eigene Gestüte für Polopferde.

Golf

Der Golfsport ist relativ spät aufgekommen und wird in der Regel auf eine mittelalterliche Sportart namens *kolven* zurückgeführt, die in Holland verbreitet war und auf dem Eis gefrorener Seen und Kanäle gespielt wurde, aber auch auf einem gepflasterten Spielfeld, dem sogenannten *kolf bann*. Der Ball wurde mit einem Schläger auf zwei Pfosten geschossen, die jeweils am Ende des Spielfelds standen, wobei derjenige den Sieg davontrug, der am wenigsten Schläge dazu brauchte. Da der Ball etwa so groß wie eine Grapefruit war und mehr als zwei Pfund wog, war es schwierig, ihn überhaupt vorwärts zu bewegen.

Aus China ist eine ältere Variante des Golfspiels bekannt, das sogenannte *chiu-wan* (»Schlagball-Spiel«), das 943 n. Chr. erstmals erwähnt ist und während der Sung-Zeit (960–1279 n. Chr.) unter Soldaten und auch am Hofe große Popularität erlangte. Ganz ähnlich wie beim heutigen Golf gehörten zum *chiu-wan* Abschlagplätze, die sogenannten Tees, ferner Löcher im Boden, die mit Fähnchen markiert waren, und schließlich Bälle aus Hartholz und Schläger mit Bambusgriffen und Köpfen aus Hartholz. Chinesische Historiker wollen herausgefunden haben, daß das *chiu-wan* von Kaufleuten nach Europa gebracht worden sei, wo es sich zum heutigen Golf entwickelt habe. Angesichts der auffälligen Wortverwandtschaft zwischen *Golf* und *kolf* kann das moderne Golfspiel wohl auf eine Kombination aus beiden Varianten zurückgeführt werden.

Federball und Tennis

Der heutige Federballsport entwickelte sich aus einem Spiel, das der Herzog von Beaufort um 1870 in Badminton, dem imposanten Sitz der herzoglichen Familie in Gloucestershire, einführte. Die Ursprünge dieses Sports liegen jedoch im alten China, wo vor etwa 2000 Jahren ein Spiel mit einem »Vogel« aus Federn ausgetragen wurde. Dabei kam es darauf an, den Vogel so oft wie möglich in die Luft zu schlagen, wobei die Anzahl der Schläge die Jahre

Das sogenannte »Pendel-Hahn-Spiel«, der Vorläufer des Federballspiels. Aus einer englischen Handschrift des 14. Jahrhunderts.

anzeigte, die der Spieler noch zu leben hatte. Daraus entwickelte sich ein Spiel für zwei Personen, bei dem der »Vogel«, ein Korkstück, in das Federn gesteckt waren, hin und her geschlagen wurde und der Gegner jedesmal einen Strafpunkt erhielt, wenn er ihn verfehlte. Unter der Bezeichnung »Pendel-Hahn« wurde dieses Spiel im 14. Jahrhundert n. Chr. in England eingeführt, wo es schließlich im 19. Jahrhundert als sportliche Disziplin anerkannt wurde.

Die Ursprünge des Tennis sind dagegen nicht genau bekannt. Ein dem heutigen Rasentennis vergleichbarer Sport wurde im 12. Jahrhundert in Klöstern gespielt. Der Ball wurde zuerst mit der bloßen Hand geschlagen, später wurden einfache Handschuhe getragen und schließlich wurde der Handschuh mit Schnüren bespannt. Ungeklärt ist, woher die Mönche das Spiel kannten. Möglicherweise gelangte es durch christliche Kreuzfahrer aus dem Orient nach Europa, wofür es allerdings keinen Beweis gibt.

Das mexikanische Ballspiel

Zu den ungewöhnlichsten Sportarten des Altertums gehört zweifellos ein kultisches Ballspiel, das in Mittelamerika und im heutigen Süden der Vereinigten Staaten beheimatet war. Es kam um 1000 v. Chr. bei den Olmeken auf und wurde von allen großen Kulturen dieser Region übernommen. Die Ausübung dieses Ritualsports war nur Mitgliedern des Hochadels erlaubt. So werden die Kopfbedeckungen der olmekischen Kolossalskulpturen, die aus Basalt geschnitzt und bis zu 44 Tonnen schwer sind und die Köpfe von Königen darstellen, als Schutzhelme gedeutet, die während des Ballspiels getragen wurden, vergleichbar den Helmen der heutigen Footballspieler.

Als Spielfeld dienten anfangs einfache, mit Erdwällen umgrenzte Flächen. Um 1000 n. Chr. spielte man auf sorgfältig angelegten Plätzen. Chichén Itzá auf der Halbinsel Yucatán war von parallel verlaufenden Mauern eingegrenzt, die 85 Meter lang und 8 Meter hoch waren und im Abstand von 30 Metern standen. In aztekischer Zeit ging man zu Plätzen über, die wie eine römische ›I‹ geformt waren, mit Tempeln an den Enden des Spielfelds und mit Sitzreihen an den Seiten. Die Mauern waren in der Regel 4 Meter hoch und in Höhe der Platzmitte mit Ringen aus Holz oder Stein versehen. Der Ball von etwa 12 Zentimeter Durchmesser bestand aus massivem Vollgummi. Um sich vor Verletzungen zu schützen, trugen die adligen Spieler Schutzhelme, breite Gürtel aus Hartholz und Leder sowie Hüft- und Kniepolsterungen und einen einzelnen Handschuh.

Olmekische Kolossalskulptur. Typisch für die Riesenköpfe sind helmartige Kopfbedeckungen, die die Vermutung nahelegen, daß die kultischen Ballspiele Mittelamerikas auf die Olmeken zurückgehen. Vera Cruz, Mexiko.

Sobald das Spiel begann, wurde der Ball jeweils innerhalb der eigenen Mannschaft von einem zum anderen gespielt, wozu man Hüften, Ellbogen und Beine einsetzte. Landete der Ball auf dem gegnerischen Feld, gab es einen Minuspunkt für das eigene Team. Es wurde so lange gespielt, bis es einem der Spieler gelang, den Ball durch den seitlichen Ring in der Mauer zu schießen. Einem spanischen Chronisten zufolge fanden die Turniere vor einem tosenden Publikum statt, das hohe Wetten auf den Ausgang des jeweiligen Spiels abschloß und »Gold, Edelsteine, Sklaven und sogar Häuser und Getreidefelder« auf die Sieger setzte. Konnten sich die Zuschauer nach dem Spielende nicht schnell genug aus dem Staub machen, mußten sie auf Verlangen ihre Kleidung und ihre Juwelen den Gewinnern überlassen. Der kultische Ursprung des Spiels läßt sich daran ablesen, daß jede Bewegung des Balls und der Spielausgang mit magischen Vorzeichen belegt waren. Möglicherweise mußte die Niederlage in diesem Ballspiel sogar mit einem Opfer gesühnt werden. Bei

Ballspiel der Azteken. Das Spiel wurde auf herrlich angelegten, kultischen Spielplätzen veranstaltet. Der Ball mußte durch einen der beiden Steinringe gebracht werden, die rechts und links an den Seitenmauern befestigt waren.

Grabungen neben den Ballspielplätzen wurden zahlreiche Steinreliefs freigelegt, auf denen die Enthauptung eines Ballspielers dargestellt ist.

Theater

Die Geschichte des europäischen Theaters beginnt um die Mitte des 6. Jahrhunderts v. Chr. in Griechenland mit den ersten urkundlich bezeugten Aufführungen in Athen. Aber dieser Anfang basiert sicherlich auf einer noch älteren Theatertradition. Was damals von den Griechen der klassischen Zeit wirklich neu erfunden wurde, waren der feste Theaterbau und jene Formen der dramatischen Kunst, die wir heute mit dem Begriff Theater verbinden.

Die erste Theorie der Theaterkunst wurde von dem griechischen Philosophen Aristoteles (384–322 v. Chr.) in dem fragmentarisch überlieferten Werk *Poetik* entwickelt. Danach soll die Tragödie aus den Dithyrambus-Gesängen hervorgegangen sein, einer Art von Lobeshymnen, die alljährlich im Frühjahr zu Ehren des Fruchtbarkeitsgottes Dionysos in dramatisierter Form vorgetragen wurden. Dem zunächst einfachen Wechselgesang des Chors wurden durch die szenische Einführung von Satyrn, den bocksgestaltigen Begleitern des Gottes, erste dramatische Elemente hinzugefügt, die, mehr und mehr erweitert, schließlich zur Entwicklung der feierlich-ernsten Tragödie führten. Dementsprechend wird auch die Komödie, oder im weitesten Sinn das burleske Drama, aus dem Dionysos-Kult hergeleitet, nämlich aus Prozessionen zu Ehren des Gottes, bei denen Phalli von enormer Größe mitgetragen wurden.

Rotfigurige Vase aus Athen, um 500–490 v. Chr. Dargestellt ist eine Szene aus einer Tragödie des Aischylos mit sechs jugendlichen Chorsängern. Ihr beschwörender Gesang richtet sich an den Schauspieler auf dem Altar des Dionysos, der der Schutzgott des Theaters war.

Aristoteles' Theorie erhält zusätzliche Beweiskraft durch die Verwandtschaft zwischen den griechischen Wörtern *tragoida* für Tragödie und *tragos*, der griechischen Bezeichnung für Ziege. Das hat einige Gelehrte zu der Ansicht geführt, daß sich die Bezeichnung Tragödie aus der Sitte der Dithyrambus-Sänger entwickelt haben muß, in Gestalt bocksbeiniger Satyrn aufzutreten.

Auch vor den ersten urkundlich belegten Theateraufführungen des 6. Jahrhunderts v. Chr., die von der Stadt Athen alljährlich als Preiswettkämpfe organisiert wurden, sind Vorformen des Theaters in allen griechischen Kulturzentren nachweisbar. Literarhistorische Dispute über ihre Bedeutung sind schon im 4. Jahrhundert v. Chr. entbrannt. Aristoteles hat ihnen mit seiner *Poetik* dann ein

Ende gesetzt. Auch der berühmte Thespis, Schauspieler, Dichter und Dramatiker, der im Jahr 534 v. Chr. bei den Athener Theaterfestspielen einen Preis errang und heute als Vater des Theaters gilt, soll vor der Schaffensperiode in Athen seine Künste auch anderen Städten angeboten haben. Dem römischen Dichter Horaz zufolge soll er Leiter einer Schaustellertruppe gewesen sein, die mit einer Wanderbühne über Land zog. Thespis wird überdies die Einführung der Theatermaske und des Solisten zugeschrieben, der dem Chor als einzelner Akteur gegenübertrat.

Die ersten Zuschauertribünen

Auch wenn das Theater nicht als eine spontan entstandene Ausdrucksform der griechischen Kultur des späten 6. Jahrhunderts v. Chr. angesehen werden kann, bleibt es die Leistung der Griechen, eine Hochblüte der Theaterkultur im 5. Jahrhundert v. Chr. herbeigeführt zu haben. Die großen Dramen dieser Zeit sind die ältesten, uns vollständig erhaltenen Theaterstücke und treten als strenge Kunstgattungen in Erscheinung, die ihre Gültigkeit bis heute nicht verloren haben. Das griechische Theater der klassischen Epoche hatte sich zu einer Stätte öffentlicher Unterhaltungskunst entwickelt.

Es gab aber vor dieser klassischen Ära auch in der minoischen Kultur auf Kreta schon große öffentliche Veranstaltungen wie Boxkämpfe oder das Stierspringen, die ganz offensichtlich auch schon an festen Aufführungsorten stattfanden. Im nördlichen Palastbezirk von Knossos wurde ein kleiner Innenhof von etwa 15 Quadratmeter Größe freigelegt, der an zwei Seiten von steinernen Stufenreihen eingefaßt war. Es wird angenommen, daß dieser Platz von der Hofgesellschaft für Tanzvorführungen, Boxkämpfe und ähnliche Darbietungen genutzt wurde, was durch ein Fresko im Inneren des Palastes bestätigt wird. Auf dem Bild sind Damen der Hofgesellschaft zu sehen, die auf den Sitzreihen einer großen Tribüne Platz genommen haben.

Überreste einer solchen Zuschauertribüne sind allerdings nicht gefunden worden. Sir Arthur Evans, Grabungsleiter im Palast von Knossos, zog daher den Schluß, daß für große Veranstaltungen außerhalb des Palastes Tribünen aus Holz aufgestellt worden seien. Der Innenhof habe nur als Aufführungsort für kleinere Darbietungen gedient.

Die minoischen Zuschauertribünen aus der Bronzezeit können als Vorläufer der klassischen griechischen Theaterbauten angese-

Das sogenannte »Tribünen-Fresko« im minoischen Palast von Knossos (Kreta) aus der Zeit um 1400 v. Chr. Auf den Sitzreihen einer großen Tribüne haben elegant gekleidete Damen der Hofgesellschaft Platz genommen, um sich eine zirzensische Vorführung, möglicherweise ein Stierspringen, anzusehen.

hen werden, die ab dem 5. Jahrhundert v. Chr. mit großem Aufwand gebaut wurden. Die Griechen bauten jedoch nicht in Holz, sondern in Stein. Als ältester Theaterbau dieser Art gilt das Dionysos-Theater am Südhang der Akropolis, das im 5. Jahrhundert v. Chr. errichtet wurde und 6000 Zuschauer faßte. Von der Bausubstanz des 5. Jahrhunderts sind nur wenige Reste erhalten. Die heute noch sichtbaren Mauerteile des Dionysos-Theaters stammen aus späterer Zeit. Man nimmt jedoch an, daß die Anlage dem gleichen Baukonzept folgte wie das nur wenig später entstandene Theater von Epidauros.

Beherrschendes Element des klassischen griechischen Theaters war das *theatron*, ein gewaltiger, steil nach oben ansteigender Halbkreis von Sitzreihen, der sich über der kreisrunden *orchestra* erhob, dem Platz, wo der Chor tanzte und sang und in dessen Mitte ein dem Dionysos geweihter Tempel stand. An der Rückseite der *orchestra* befand sich ein hölzerner Bau, die *skene*, die den Schauspielern als Zu- und Abgang diente und später auch zur Aufbewahrung von Requisiten genutzt wurde. In den frühen Theatervorstellungen fand die Aufführung auf dem Platz zwischen *orchestra* und *skene* statt, den man später mit einem Podest, dem Vorläufer der Bühne, anhob. Der Raum rechts und links davon wurde mit zusätzlichen Zugängen für die Schauspieler versehen.

Einige dieser griechischen Theaterbauten waren so solide gebaut, daß sie bis zum heutigen Tag beinahe unbeschadet überdauert haben, wie beispielsweise das Theater von Syrakus auf Sizilien. Es wurde im 3. Jahrhundert v. Chr. gebaut, faßte mehrere tausend Zuschauer und hatte eine ausgezeichnete Akustik. Um die

Stimmen der Schauspieler noch besser verständlich zu machen, waren die Masken, die sie traditionellerweise trugen, mit einer Art Schalltrichter ausgestattet, der wie ein Megaphon wirkte, so daß sie auch auf den obersten Rängen gut gehört werden konnten.

Das römische Theater

Die Römer übernahmen das Theater von den Griechen, modifizierten es aber nach ihren eigenen Geschmacksvorstellungen. Das Drama wurde weltlicher, die Komödie trat deutlich in den Vordergrund, was die Distanz zwischen Publikum und Schauspielern verringerte und auch zu neuen Konzeptionen in der Theaterarchitektur führte. Die *orchestra* wurde auf einen Halbkreis reduziert und dann, als die Auftritte des Chors an Bedeutung verloren, zu Logen für die Honoratioren umfunktioniert, die sich dort auf bequemen Klappstühlen niederließen. Gleichzeitig wurde das Bühnenpodest verbreitert und niedriger gesetzt, so daß sich das vornehme Publikum in den Logen nicht die Hälse verrenken mußte.

Das römische Publikum legte überhaupt großen Wert auf Komfort. Die Griechen hatten die Aufführungen meist mit ehrfurchtsvollem Respekt begleitet (nur bei den Komödien war auch schon im alten Athen mit Obst geworfen worden). Die Römer dagegen gingen vor allem zur Unterhaltung ins Theater und verlangten nach Abwechslung. Die römischen Theater waren deshalb in der Regel von vielen Verkaufsständen, an denen man sich mit Speisen und Getränken versorgen konnte, und von kleinen Varieté-Bühnen umgeben, die amüsante Nebenprogramme boten. Eine Reihe von Theatern war auch mit beweglichen Zeltdächern ausgerüstet, die, zum Schutz vor Regen oder praller Sonne, aufgespannt werden konnten.

Im Jahr 55 v. Chr. wurde in Rom das Pompejus-Theater eröffnet, ein Steingebäude, das als Vorbild für zahlreiche andere römische Theaterbauten diente. Der römische Architekt Vitruv (1. Jahrhundert v. Chr.) hinterließ ein Handbuch mit detaillierten Instruktionen für den Theaterbau. Sein besonderes Augenmerk galt einem exakt geometrisch ausgelegten Grund- und Aufriß, der seiner Meinung nach die Voraussetzung für eine optimale Akustik war. Zusätzlich empfahl Vitruv sogenannte »Schallgefäße«, die, günstig plaziert, die Akustik noch verbessern sollten. Diese Gefäße bestanden aus Bronze und waren so geformt, daß sie die Schwingungen bestimmter Tonfrequenzen als Resonanzkörper aufnehmen und verstärken konnten. Mit diesen Theorien stieß Vitruv allerdings

Das Theater von Epidauros, erbaut im 4. Jahrhundert v. Chr., zählt zu den besterhaltenen Theaterbauten der griechischen Antike. Es faßt bis zu zwölftausend Zuschauer und wird auch heute noch als Aufführungsort für klassische griechische Dramen genutzt.

schon bei seinen Zeitgenossen auf Kritik, wie wir von ihm selbst erfahren:

»Wenn danach gefragt wird, in welchem Theater diese Gefäße zur Anwendung kommen, dann kann ich keines in Rom aufführen, sondern muß auf mehrere kleinere Städte und griechische Stadt-

staaten verweisen, wo sie in Gebrauch sind. Auch Lucius Mummius kann als Zeuge dienen, der nach der Zerstörung des Theaters von Korinth solche Bronzegefäße nach Rom brachte und sie verkaufte und den Erlös dem Luna-Tempel stiftete. Zudem benutzen viele Theaterarchitekten in den Provinzstädten solche Gefäße aus

Ton, die einen ähnlichen Effekt haben, wenn sie in der beschriebenen Weise aufgestellt werden.«

Der archäologische Beweis muß noch erbracht werden, daß Vitruvs Schallgefäße auch wirklich funktioniert haben. Im Falle des Entfernungsmessers (vgl. den Abschnitt **Entfernungsmesser** im Kapitel **Transport und Verkehr**) haben sich seine Beschreibungen zumindest als stichhaltig erwiesen.

Special effects

Die Theatertechnik war in ihren Grundzügen bereits in der klassischen Antike entwickelt. Seit dem 5. Jahrhundert v. Chr. verfügten die Theater über Kräne, mit deren Hilfe die Schauspieler, die Götter darstellten, einen wirkungsvollen Auftritt von oben bekamen. In der Komödie *Der Friede* schreibt Aristophanes vor, daß Trygaios von einem riesigen Käfer in den Himmel getragen werden soll. Laut Textbuch ruft der Darsteller des Trygaios dabei dem Kranführer zu, gefälligst vorsichtig zu sein.

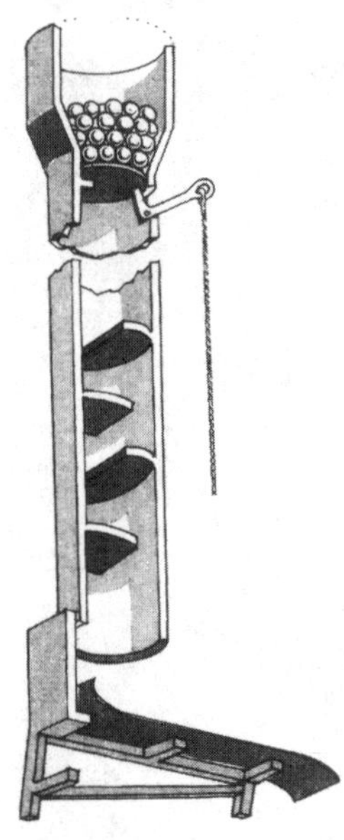

Donnermaschine des Heron von Alexandria aus dem 1. Jahrhundert v. Chr. Wenn am Seil gezogen wird, öffnet sich eine Klappe im Boden der oberen Kammer. Die darin befindlichen Bronzekugeln poltern zuerst über vorkragende Metallzungen bis sie schließlich krachend, eine nach der anderen, auf dem eigentlichen Donnerblech landen.

Auch Falltüren für überraschende Abgänge oder den Abstieg in die Hölle wurden in den Bühnenboden eingebaut. Die Kulissen bestanden oft aus dreieckigen Prismen aus Holz, die gedreht werden konnten und an jeder Seite mit einer anderen Szenerie bemalt waren. Von Vitruv wissen wir, wie sie funktionierten:

»Wenn sich die Spielhandlung ändert, oder wenn Götter von Donnerschlägen begleitet auftreten, dann sollen die Kulissen gedreht werden und eine andere Umgebung zeigen.«

Andere Special effects wurden in der hellenistischen High-Tech-Ära entwickelt, die gegen Ende des 4. Jahrhunderts v. Chr. nach der Eroberung des Vorderen Orients durch Alexander den Großen einsetzte. Besonders Heron, der große Ingenieur aus Alexandria, konstruierte zahlreiche Trickvorrichtungen für das Theater (vgl. den Abschnitt **Automaten** im Kapitel **High-Tech**). Am eindrucksvollsten war seine Donnermaschine. Auch in der heutigen Bühnentechnik wird, trotz der akustischen Möglichkeiten, die die Elektronik bietet, noch immer ein gewaltiges Metallblech benutzt, um ein Gewitter zu simulieren. Herons Donnermaschine bestand aus Bronzekugeln, die über vorspringende Metallzungen durch eine Röhre fielen und nacheinander prasselnd auf einem dünnen Blech auftrafen. Der Lärm muß ohrenbetäubend und höchst wirkungsvoll gewesen sein.

Musikinstrumente

Allem Anschein nach ist die Flöte in ihren verschiedenen Formen das älteste Musikinstrument überhaupt. Einfache Pfeifen aus durchbohrten Röhrenknochen mit drei oder vier Grifflöchern wurden in altsteinzeitlichen Fundstätten in Frankreich, Osteuropa und Rußland entdeckt. Sie stammen aus einer Zeit zwischen 15000 und 25000 Jahren v. Chr. Die Exemplare aus Frankreich sind aus Vogelknochen gefertigt, während man in Osteuropa und in Rußland Knochen von Rentieren und Bären verwendete. In einem Grab in Georgien aus dem 13. Jahrhundert v. Chr. wurde eine sorgfältig gearbeitete Flöte von etwa 11 Zentimeter Länge freigelegt, die aus dem Schienbein eines Schwans hergestellt war. Georgischen Musikwissenschaftlern zufolge lassen sich aus diesem bemerkenswerten Instrument noch immer einfache Melodien hervorlocken. Die Skythen Südrußlands und benachbarte Volksstämme spielten im ausgehenden 1. Jahrtausend v. Chr. auf Flöten aus Adler- und Geierknochen. Noch heute werden in Bulgarien Knochen von Raubvögeln für Volksinstrumente benutzt, weil sie einen besonders vollen und weichen Klang erzeugen.

Schwirrholz aus La Roche in der Dordogne (Frankreich), dessen Alter auf 1100 bis 1500 Jahre geschätzt wird. Schwirrhölzer, die aus den unterschiedlichsten Materialien hergestellt werden können, gehören zu den ältesten Musikinstrumenten der Welt. Am besten schwirren Hölzer von 3 Millimeter Dicke, 20 Zentimeter Länge und 8 Zentimeter Breite. An einer Schnur von etwa 75 Zentimeter herumgewirbelt, dreht es sich um die eigene Achse und erzeugt dabei jenen geisterhaften Schwirrton, dem es seinen Namen verdankt.

Ein ähnlich hohes Alter haben Instrumente, die nur einen einzigen Ton von besonderem Charakter hervorbringen, wie beispielsweise das Schwirrholz, das noch heute bei den Ureinwohnern Australiens und vielen anderen Naturvölkern in Gebrauch ist. Den westlichen Gesellschaften ist es in einer Variante aus Plastik oder Pappkarton als Kinderspielzeug bekannt. Die Konstruktion dieses Instruments ist von genialer Einfachheit. In der Regel besteht es nur aus einem lanzettförmigen Holzbrett, das an einer Schnur herumgeschwungen wird und einen eigenartigen Ton von sich gibt. Von dem englischen Anthropologen Andrew Lang ist uns eine

Beschreibung des ersten Schwirrholz-Konzerts im Jahr 1885 vor der *Royal Institution* in London überliefert:

»Zunächst passierte gar nichts, als das Holz herumgeschwungen wurde, und das Publikum befürchtete schon, daß es sich um eines jener Überraschungsexperimente handelte, die vor allem in der Chemie populär waren und deren Lehrhaftigkeit sich meistens in unerträglicher Geruchsbildung erschöpfte. Als aber das Schwirrholz richtig in Schwung kam, entstand plötzlich ein mächtiges Brausen, als würde ein übernatürliches Wesen mit schwirrenden, furchterregenden Flügelschlägen auffliegen. Das erwachsene Publikum verlor rasch das Interesse an dem heulenden Getöse. Bei den Kindern stieß das Schwirrholz dagegen auf große Begeisterung, denn seit jeher schon wird es in England von Lausejungen als wirkungsvollstes Instrument verwendet, wenn es darum geht, schaurig abstoßenden Lärm zu produzieren.«

Die Lausejungen, von denen die Rede ist, spielten also mit einem Musikinstrument, das in der Altsteinzeit erfunden wurde. Die ältesten Exemplare stammen aus Fundstätten in Dänemark und Deutschland und werden auf ein Alter von etwa 14000 Jahren geschätzt.

Auch die Ursprünge der Trommel müssen sehr weit zurückliegen. Archäologisch nachweisbar sind sie jedoch erst um 3000 v. Chr. aus deutschen und tschechischen Grabungsorten, wo eindeutig identifizierbare Trommeln aus Ton gefunden wurden.

Aus der gleichen Zeit finden sich im Vorderen Orient Vasenbilder, auf denen Trommeln dargestellt sind. In China kamen um das 3. Jahrtausend v. Chr. Trommeln mit einer Bespannung aus Krokodilhäuten auf, wie Grabfunde in Shensi belegen. Um 1400 v. Chr. wurde die bronzene Trommel auf Füßen und die Trommel aus Holz entwickelt, die in einem Rahmen aufgehängt war. In Peru wurde die Trommel mit Lederbespannung im späten 1. Jahrtausend v. Chr. eingeführt.

Schlagzeuge

Trommeln waren sicherlich lange Zeit hindurch die einzigen Instrumente aus der Familie der Schlagzeuge, die in Gebrauch waren. Unsere Vorfahren haben jedoch noch eine unendliche Vielfalt an anderen Schlaginstrumenten erfunden, von einfachen Stäben, die gegeneinander geschlagen wurden, bis hin zu höchst komplizierten Ratschen wie der chinesischen »Tiger-Box«. Dieses Instrument, das während der Chou-Zeit (722–480 v. Chr.) aufkam, bestand

Aztekische Trommler aus einer mexikanischen Handschrift des 16. Jahrhunderts.

aus einem Hohlkörper aus Holz, der in der Form eines Tigers geschnitzt und am Rücken mit sägeartigen Zähnen versehen war. Der Tiger wurde mit einem ausgefransten Stab »gebürstet«, was einen raspelnden Ton erzeugte.

Das meistverbreitete Schlaginstrument der Ägypter war das Sistrum, das sich bis 2500 v. Chr. zurückverfolgen läßt. Es bestand aus einem U-förmigen Metallbügel mit drei oder vier Lochungen, durch die dicke Metalldrähte gezogen waren. Wenn das Sistrum geschüttelt wurde, entstand ein Ton wie von raschelndem Papyrusgras. Das Instrument durfte bei keiner religiösen Zeremonie fehlen. Wie der Ägyptologe John Gardner Wilkinson im 19. Jahrhundert betonte, war es »das kultische Instrument *par excellence* und gehörte zum Tempel so selbstverständlich wie das Glockengeläute zu einer katholischen Messe«. Der Vergleich ist treffend, denn noch heute ist das Sistrum in der äthiopischen Kirche,

Tonglocke aus dem minoischen Kreta (2. Jahrtausend v. Chr.). Durch die Löcher am oberen Ende führte ein Faden, an dem der Holzklöppel hing. Möglicherweise wurden diese Glocken in Bäumen aufgehängt, um gute Geister anzulocken.

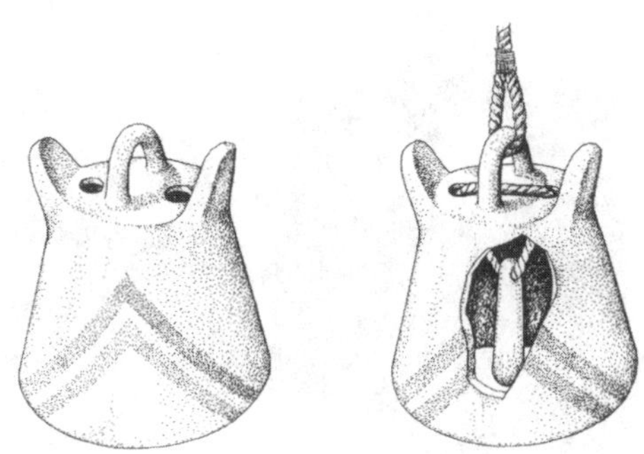

Ägyptisches Sistrum, bestehend aus einem Metallrahmen mit Handgriff, in den lose Metallstäbe eingefügt sind. Beim Schütteln entsteht ein raschelndes Geräusch. Das Sistrum ist in Mesopotamien bereits um 2500 v. Chr. nachweisbar und fand in Ägypten als Kultinstrument große Verbreitung.

einer Tochter der koptischen Kirche Ägyptens, in Gebrauch. Das letzte Überbleibsel einer Tradition, die sich in ununterbrochener Folge mehr als 4000 Jahre gehalten hat.

Die ungewöhnlichste Geschichte von allen Schlaginstrumenten, ausgehend von sehr bescheidenen Anfängen im Mittelmeerraum bis zu einer konkurrenzlosen Vormachtstellung in China, hatte die Glocke.

Die ältesten Glocken sind aus der minoischen Kultur auf Kreta bekannt und stammen aus dem beginnenden 2. Jahrtausend v. Chr. Sie waren nicht aus Metall, sondern aus Ton mit einem Loch am oberen Ende, durch das ein Faden gezogen wurde, an dem der Klöppel hing. Es wird angenommen, daß sie in Bäume gehängt wurden, um gute Geister anzulocken.

Bislang ungeklärt ist, ob die chinesische Glocke eine vom Mittelmeerraum unabhängige Erfindung war. Unstrittig ist jedenfalls, daß in China die ersten Metallglocken hergestellt wurden. Während der Shang-Zeit (1500–1000 v. Chr.) kamen kleine bronzene Glocken mit Klöppel auf, die eine großartige Tradition der Glockengießerkunst im Fernen Osten einläuteten. Im 5. Jahrhundert v. Chr. waren die chinesischen Glocken von so unvergleichlicher Qualität, daß ihre Klangeigenschaften als Richtwert bei der staatlichen Eichung von Gewichten und Maßen herangezogen wurden (vgl. den Abschnitt **Notenschriften**). Die chinesischen

Chinesische Bronzeglocke aus der Shang-Zeit mit einer T'ao-t'ieh-Maske als Reliefdekor (um 1600–1100 v. Chr.). Die chinesischen Glocken standen entweder auf dem Boden oder hingen an einem Seil von einer Stange. Der Ton wurde durch Anschlagen und nicht durch einen Klöppel erzeugt.

Glocken wurden in der Regel angeschlagen und nicht geschwungen und erzeugten zwei unterschiedliche Töne, je nachdem, ob auf den Glockenkörper oder auf den Rand geschlagen wurde.

Blasinstrumente

Die Flöte ist bis heute das am weitesten verbreitete Instrument geblieben. Seit dem Entstehen der Stadtkulturen im 4. Jahrtausend v. Chr. wird es allerdings zunehmend schwieriger, ihre Entwicklung nachzuzeichnen. Funde von Musikinstrumenten aus dieser Zeit sind selten. Bildnerische Zeugnisse in Form von Skulpturen, Gefäßverzierungen und Wandmalereien werden dagegen häufig gefunden. Die Abbildungen weisen auf eine Vielzahl neu eingeführter Instrumente hin, lassen jedoch eine exakte Klassifizierung kaum zu, da sie nur selten Aufschluß über die Art des Mundstücks und die Klangeigenschaften geben.

Ägyptischer Flötenspieler. Grabmalerei aus Theben.

Zu den ältesten Abbildungen antiker Musikanten gehört ein Relief auf einer Steinvase, die aus einem südbabylonischen Tempel in Bismaya ausgegraben wurde und auf ein Alter von 4600 Jahren geschätzt wird. Einer der Spielleute bläst ein Instrument, das einer modernen Oboe ähnelt. Einige Fachleute halten es für die erste Abbildung einer Rohrblattflöte, bei der ein scharfkantiges Blatt im Mundstück durch den Blasstrom in Vibration versetzt wird. Die Bismaya-»Pfeife« könnte aber ebensogut als Trompete angesehen werden, bei der der Ton durch Lippenspannung erzeugt wird.

Eindeutig identifizierbar ist dagegen die ägyptische Querpfeife, bei der die Luft, genau wie bei der heutigen Querflöte, über ein Loch in der Wandung des Instruments hinweggeblasen wird. Solche Querpfeifen sind von Musikantenszenen in Grabbildern des Mittleren Reichs (um 2040–1780 v. Chr.) belegt. In einigen Fällen waren sie so lang, daß sie nur mit weit ausgestreckten Armen gespielt werden konnten.

Auch die Geschichte der Okarina ist gut belegt. Okarinas sind kleine, meist oval geformte Flöten aus Ton. Ihre Erfindung wird in vielen Standardwerken Giuseppe Donati, einem italienischen Musiker aus dem 19. Jahrhundert, zugeschrieben. Tatsächlich aber wurde die Okarina schon von den Maya Guatemalas und Südmexikos gespielt. Figürliche Okarinas in Form von

Menschen und Tieren lassen sich bis zum 9. Jahrhundert n. Chr. nachweisen.

Auch die Panflöte gehört zur Familie der Flöteninstrumente. Sie besteht aus mehreren nebeneinandergefügten und unterschiedlich langen Röhren ohne Grifflöcher, die jeweils unterschiedliche Töne erzeugen. Der Sage nach geht sie auf den griechischen Gott Pan zurück und wurde bevorzugt von griechischen Schäfern gespielt. Die ältesten Exemplare wurden in ukrainischen Fundstätten aus der Zeit um 2000 v. Chr. entdeckt. Die Panflöte gab es in vielen Kulturen und sie war über die ganze Welt verbreitet. Sie war den Inka bekannt und ist noch immer in Südamerika ein populäres Instrument. Aus China kennen wir eine Variante von ungewöhnlicher Größe, die wie eine gigantische Mundorgel aussieht. Im Grab der Fürstin Tai aus dem Jahr 168 v. Chr. wurde ein Exemplar aus Bambus freigelegt. Es ist 75 Zentimeter lang, besteht aus einer Doppelreihe von zweiundzwanzig Röhren und aus zwölf Pfeifen unterschiedlicher Länge für die zwölf Töne der chinesischen Tonleiter. Die Tonhöhe ist jeweils mit Tusche auf den einzelnen Röhren und Pfeifen vermerkt.

Die ältesten Rohrblattflöten stammen aus Mesopotamien und werden ins 2. Jahrtausend v. Chr. datiert. Damals entwickelte sich die Rohrblattflöte, die über ein einfaches oder ein doppeltes Blatt (meist aus Schilf) im Mundstück verfügen konnte, zum populärsten Blasinstrument des Vorderen Orients. In der griechisch-römischen Kultur entstanden daraus die *auloi,* die Vorläufer der heutigen Klarinetten und Oboen. Auf griechischen Vasenbildern wird der *aulos* immer paarweise, jeweils mit einer Hand, gespielt. Häufig war er mit einem Lederband am Kopf des Spielers befestigt, um den Händen ein virtuoseres Spiel zu ermöglichen.

Die Geschichte der Trompete beginnt mit den Muschelhörnern oder den ausgehöhlten Tierhörnern der prähistorischen Zeit. Die ältesten zylindrischen Metalltrompeten, ein Exemplar aus vergoldeter Bronze, ein zweites aus reinem Gold, stammen aus dem Grab des Pharaos Tutanchamun. Die trichterförmige Trompete, das Horn, fand vor allem als Militärinstrument Verwendung. Im römischen Heer wurde mit dem *cornu*, einem großen Horn in Form eines ›G‹, zum Angriff geblasen. Die Römer übernahmen die Technik der Trompetenherstellung von den Etruskern, die vom 8. bis 6. Jahrhundert v. Chr. Mittelitalien beherrschten und von römischen Autoren als die Erfinder der Trompete bezeichnet werden. Es gibt jedoch auch Hinweise darauf, daß die Trompete möglicherweise noch älter ist und aus Nordwesteuropa stammt. Bei Grabungen in Irland und Skandinavien wurden Hörner aus Bronze entdeckt, deren Alter auf 1000 v. Chr. geschätzt wird. Literarisch belegt ist, daß die Hörner bei den Griechen als keltische Spezialität galten. So berichtet der griechische Schriftsteller Diodor (1. Jahrhundert n. Chr.) über die Kelten: »Besonders furchterregend sind ihre Hörner. Sie erzeugen damit gellende Töne, die gut zu ihrem wilden Kriegsgeschrei passen.«

Zum Symbol keltischer Musik wurde die Sackpfeife oder der Dudelsack, der von den Bretonen in Frankreich, den Iren und den Schotten noch heute gespielt wird. Er war aber auch in Ägypten und bei den Nomadenvölkern des Vorderen Orients in Gebrauch. Szenen von Spielleuten mit Dudelsäcken auf griechisch-ägyptischen Skulpturen des 1. vorchristlichen Jahrhunderts nehmen die ersten schriftlichen und bildnerischen Zeugnisse auf den Britischen Inseln um beinahe 1000 Jahre vorweg. Auch der römische Kaiser Nero (54–68 n. Chr.) soll, zeitgenössischen Berichten zufolge, auf dem Dudelsack gespielt haben. Obwohl der Beweis dafür noch nicht erbracht ist, wird angenommen, daß der Dudelsack während der römischen Kolonisierung in Britannien eingeführt wurde.

Piktogramme für Lyra und Harfe aus der Frühzeit der Schrift. Sumer um 3200 v. Chr.

Die ersten Saiteninstrumente

Zu den ältesten Saiteninstrumenten zählen die Harfe und die Lyra, die mit größter Wahrscheinlichkeit von den Sumerern Mesopotamiens erfunden wurden. Eines der ersten schriftlichen Zeugnisse der Welt, ein Text aus der sumerischen Stadt Ur, der auf 3200 v. Chr. datiert wird, enthält Schriftsymbole, die einfache Harfen darstellen. An der Form dieser Symbole läßt sich die Entwicklung dieses Instruments, vom einfachen Bogen, der nur mit einer einzigen Saite bespannt war, zur mehrsaitigen Harfe nachvollziehen. Die Lyra entwickelte sich aus der Harfe, wobei der Bogen durch zwei mit einem Querholz verbundene, gerade verlaufende Arme ersetzt wurde, und die Lyrasaiten, im Unterschied zu den verschieden langen, parallel angeordneten Harfensaiten, gleich lang waren und über einen Steg geführt strahlenförmig auseinanderliefen.

Die ältesten Funde stammen aus den königlichen Gräbern der Stadt Ur und werden auf etwa 2500 v. Chr. datiert (vgl. den Abschnitt **Schmuck** im Kapitel **Körperpflege**). Die Instrumente waren aus Holz, Gold und Silber und mit Perlmuttintarsien verziert. In einem Grab wurden drei Lyren entdeckt, die mit Tierköpfen zur Kennzeichnung der unterschiedlichen Tonhöhen geschmückt waren: ein Stierkopf für die Baßstimme, der Kopf einer Jungkuh für die Tenorstimme und ein Hirschkopf für die Altstimme.

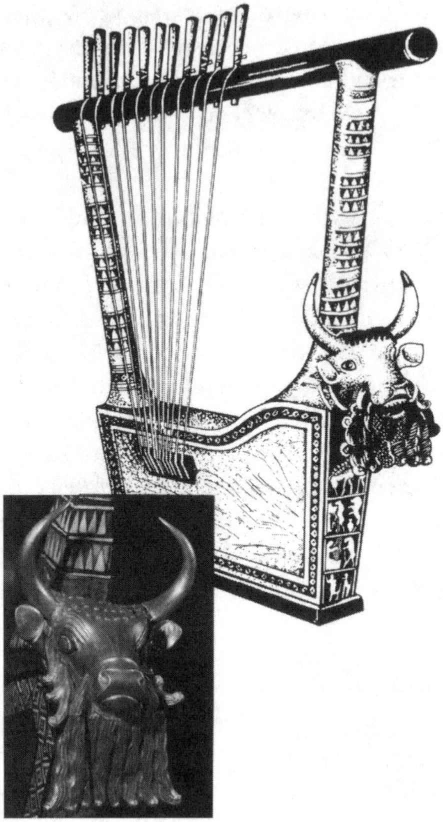

Lyra mit Stierkopf aus den Königsgräbern von Ur (2500 v. Chr.) Die Tierköpfe an dem Instrument markierten bestimmte Tonhöhen. Ein Stierkopf beispielsweise kennzeichnete die Baßstimme.

Jahrtausendelang blieben Harfe und Lyra die bevorzugten Instrumente in Mesopotamien und verbreiteten sich von hier aus im gesamten Vorderen Orient. Besondere Popularität erlangten sie auch bei den Juden, wie aus vielen Textstellen der Bibel bekannt ist. Auch König David (10. Jahrhundert v. Chr.) soll ein berühmter Lyra-Spieler gewesen sein.

Gitarre und Laute

Die Laute, mit kleinem birnenförmigen Klangkörper und schmalem langen Hals, hat sich höchstwahrscheinlich um 2300 v. Chr. aus der Lyra entwickelt und verbreitete sich von Mesopotamien aus über den gesamten Vorderen Orient. Besondere Popularität errang sie während des Neuen Reiches (um 1550 – 1070 v. Chr.) in Ägypten. Aus der Laute entwickelte sich eine große Instrumentenfamilie, die in der gesamten Alten Welt Verbreitung fand. Durch die Griechen gelangte sie im 3. Jahrhundert v. Chr. nach Indien, von wo aus sie sich ostwärts weiterverbreitete und in China als *yüeh-ch'in* und in Japan als *shamisen* in Erscheinung trat. In Indien selbst wurde sie zur Sitar abgewandelt. Spezielle Lauten, die mit dem Bogen bespielt wurden, begründeten die Familie der Violinen.

In Europa wurde die Laute von den Arabern während der maurischen Besetzung Spaniens (711–1492 n. Chr.) eingeführt. Aus der arabischen Bezeichnung *al ûd* leitet sich auch der heutige Begriff »Laute« her.

Die Gitarre mit dem typischen, zu einer Acht geformten Resonanzkörper gelangte ebenfalls über das maurische Spanien nach Europa. Ihre Erfindung wird jedoch in der Regel den Griechen zugeschrieben, die ein wortverwandtes Instrument, die *khitara*, besaßen, die sich ebenso wie die Laute aus der Lyra entwickelt hat.

Bildmosaik aus einer römischen Villa in Nennig bei Trier. Dargestellt sind zwei Musikanten mit Wasserorgel und cornu, *dem römischen Horn.*

Die Wasserorgel

Im 3. Jahrhundert v. Chr. entwickelte der alexandrinische Ingenieur Ktesibios das erste Tasteninstrument der Welt, eine kleine Orgel, die von einer Luftpumpe betrieben wurde (die Orgel ist im Grunde nichts anderes als eine vergrößerte und mechanisierte Panflöte mit mehreren nebeneinanderliegenden Pfeifen). Zweihundert Jahre später griff der ebenfalls in Alexan-

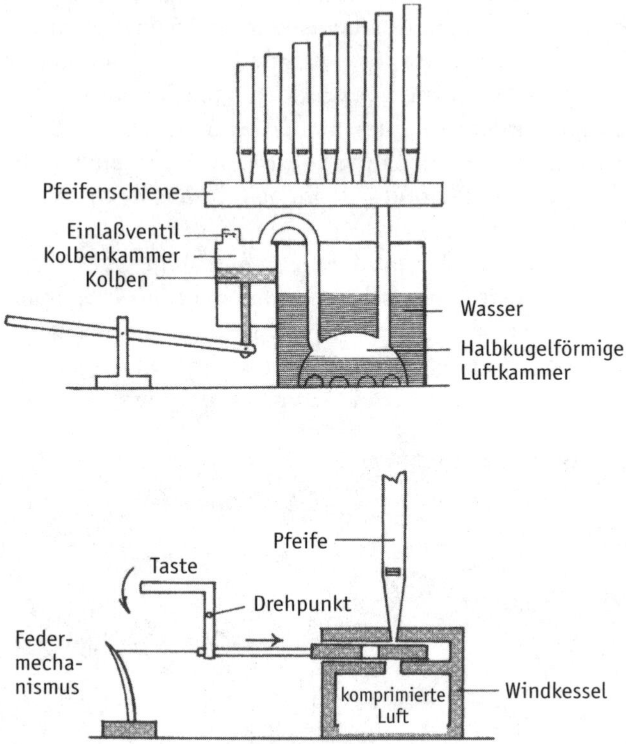

Oben: Schematische Darstellung einer Wasserorgel nach der Beschreibung des Konstrukteurs Heron von Alexandria. Unten: Der Tastenmechanismus der Heronschen Wasserorgel.

dria lebende Heron diese Idee wieder auf, fügte einige Verbesserungen hinzu und beschrieb das neue Orgelmodell, das er *hydraulis* nannte, in seinem Werk *Pneumatikon*. Kurz danach, gegen Ende des 1. Jahrhunderts v. Chr., stellte der römische Architekt Vitruv in seiner Schrift *De architectura* eine auf alexandrinischen Vorbildern fußende, neuerliche Version vor. Diese Vitruvsche Wasserorgel verbreitete sich anschließend über das gesamte römische Imperium.

Die entscheidende Leistung der alexandrinischen Ingenieure war die Erfindung eines mechanischen Winderzeugers. Bei Ktesibios war es die Luftpumpe, bei Heron eine Miniaturwindmühle, die für einen anhaltenden Luftstrom sorgte. Dieser Luftstrom wurde zunächst in ein halb mit Wasser gefülltes Reservoir, den sogenannten Windkessel, geleitet, dort hydraulisch komprimiert und erst danach, in gleichmäßiger Bewegung, zu den Pfeifen geführt. In dem von Vitruv beschriebenen römischen Modell wurde die Luft, die die einzelnen Pfeifen in Gang setzte, durch eine Tastatur kontrolliert. Durch Tastendruck öffnete sich eine Klappe an einer bestimmten Pfeife und ließ die Luft einströmen. Wurde die Taste losgelassen, zog eine Feder die Klappe in ihre Ausgangsstellung zurück. Wie bei den modernen Orgeln wurden die Töne durch unterschiedlich lange Pfeifen erzeugt. Die römischen Orgeln hatten bis zu neunzehn Pfeifen. Im 2. Jahrhundert n. Chr. kam die Blasebalg-Orgel auf, die nach und nach die Wasserorgel ablöste.

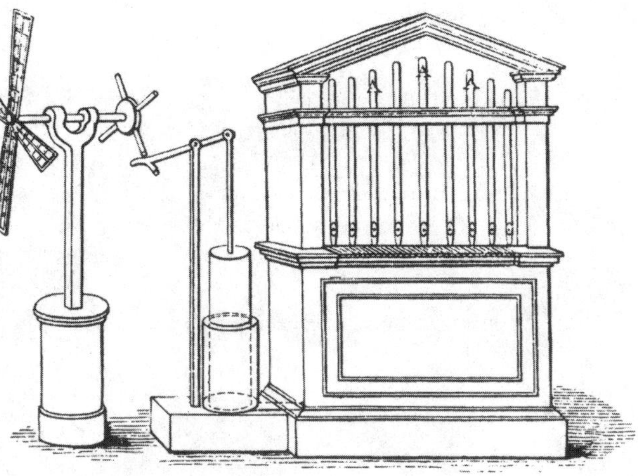

Orgel des Heron von Alexandria mit Windmühlenantrieb. Rekonstruktion aus der Renaissance.

Die Orgel errang große Popularität in Rom und wurde bei allen großen Anlässen gespielt, zum Beispiel als Begleitmusik bei Gladiatorenkämpfen, in den Theatern und Rennbahnen, bei Festbanketts und Hochzeiten und sogar bei der Vereidigung neuer Staatsbeamter.

Nach dem Ende des Römischen Reichs geriet die Wasserorgel allmählich ganz in Vergessenheit. Die technisch einfachere Blasebalg-Version konnte sich dagegen in den ehemaligen Ostprovinzen Roms erhalten und wurde im 9. Jahrhundert von arabischen Ingenieuren wiederentdeckt und in Byzanz und Bagdad eingeführt. In den Westen gelangte sie im Jahr 757 n. Chr., als der byzantinische Kaiser Konstantin V. Kopronymos dem fränkischen König Pippin ein Exemplar als Geschenk übersandte. Ludwig der Fromme, Sohn Karls des Großen, ließ sich 826 n. Chr. einen Priester namens Georgius aus Venedig kommen, der ihm eine Orgel bauen sollte. Die ersten Orgeln des Mittelalters dienten weltlichen Zwecken. Erst ab der Jahrtausendwende fand die Orgel auch in der Kirchenmusik Verwendung.

Notenschriften

Im Jahr 1893 stießen französiche Archäologen bei Grabungen in Delphi auf zwei merkwürdige Steinplatten. Eingraviert war eine Lobeshymne an Apollo, in einer Schriftart, wie sie für das 2. Jahrhundert v. Chr. üblich war. Was diese Inschrift aber von anderen unterschied, waren kleine, deutlich sichtbare Zeichen, die zwischen die einzelnen Zeilen gesetzt waren. Zur Freude der Archäologen stellte sich dann heraus, daß es sich um das Fragment einer Partitur handelte.

Steinplatte aus Delphi mit einer über zweitausend Jahre alten Partitur, der ältesten bislang gefundenen Notenschrift aus dem griechisch-römischen Kulturkreis.

Seit dieser Entdeckung wurden zahlreiche andere Teile von Partituren gefunden, die in die Zeit zwischen dem 3. Jahrhundert v. Chr. und dem 3. Jahrhundert n. Chr. datiert werden konnten. Daß wir die griechische Notenschrift heute noch lesen können, ist einem Autor namens Alypios (3. bis 4. Jahrhundert n. Chr.) zu verdanken, der in einer Schrift die Bedeutung der verschiedenen Symbole erklärte. Glücklicherweise ist uns diese Schrift durch die fleißige Kopierarbeit der Mönche des Mittelalters erhalten geblieben. Das heißt, die griechische Notenschrift ist nie ganz verlorengegangen, und unser heutiges Notationssystem ist zwar im wesentlichen ein Werk der Komponisten des 17. Jahrhunderts, geht aber letztlich auf die Griechen zurück.

Moderne Transkription der Notenschrift von Delphi mit dem zugehörigen Begleittext, einer Lobeshymne auf den Gott Apollo. Leider sind nur die Tonhöhen angegeben. Über den Rhythmus der Hymne ist nichts bekannt.

Musik und Mathematik

Die ältesten uns überlieferten Notenschriften Griechenlands stammen, wie schon gesagt, aus dem 3. Jahrhundert v. Chr. Ihre Ursprünge dürften aber in einer wesentlich früheren Epoche liegen. Möglicherweise haben die Entdeckungen des großen Denkers und

Mathematikers Pythagoras im ausgehenden 6. Jahrhundert v. Chr. den Anstoß zu ihrer Entwicklung gegeben.

Der Legende nach soll Pythagoras, während er über eine mathematische Formel für die Tonleiter nachsann, an einer Schmiede vorbeigekommen sein. Angelockt vom harmonischen Klang der schlagenden Hämmer ging er hinein. Zuerst glaubte er, die Wucht der Schläge, mit der die Hämmer auf dem Amboß auftrafen, sei ausschlaggebend für die Tonhöhe. Als aber die Schmiede die Hämmer untereinander austauschten und sie mit jeweils anderer Kraft schlugen, entstanden dieselben Töne wie zuvor. Er wog die Hämmer und stellte fest, daß der schwerste Hammer den tiefsten Ton erzeugte.

Daran anknüpfend untersuchte Pythagoras die Toneigenschaften von Saiten. Er entdeckte die Tonintervalle. Je länger die Saite war, desto tiefer war der Ton, den sie erzeugte, und umgekehrt ergab eine kurze Saite einen entsprechend höheren Ton. Wurde eine Saite halbiert, entstand ein qualitativ identischer, aber um eine Oktave höherer Ton. Dazwischen lagen, in genau fixierbaren Intervallen, die anderen Töne der sogenannten natürlichen Tonleiter. Aufgrund dieser Gesetzmäßigkeiten gelang es Pythagoras, die Musik in ein mathematisch exakt beschreibbares System zu fassen, das als Markstein in der Geschichte der Naturwissenschaften gilt. Zum ersten Mal konnte eine Erscheinung der Natur in die Sprache der Mathematik übersetzt werden.

Pythagoras' Tonexperimente führten zur Entwicklung der ersten griechischen Notenschrift. In den Jahrhunderten nach seinem

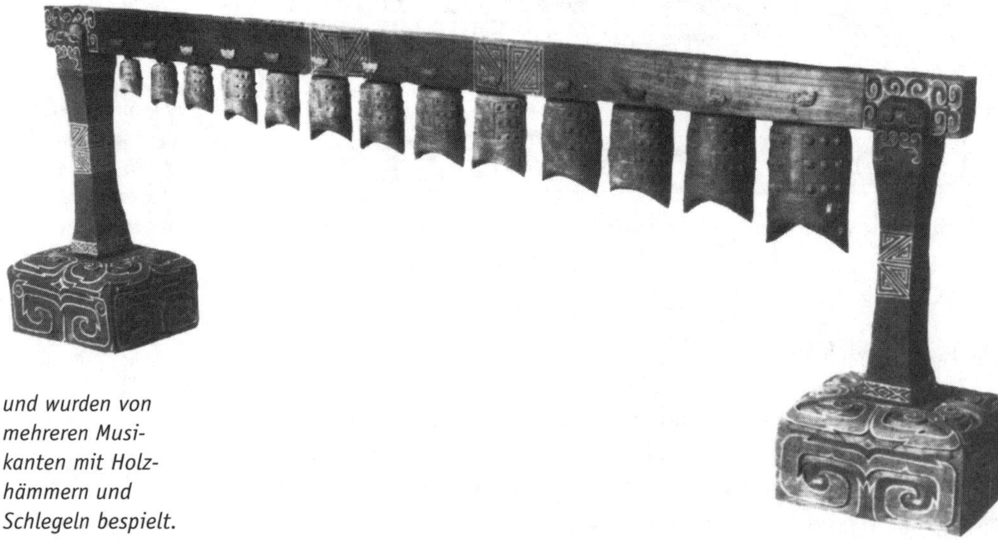

Chinesisches Glockenspiel (pien-chung) aus Ch'ang-t'ai kuan nahe Hsin-yang. Solche Glockenspiele konnten bis zu 65 Bronzeglocken umfassen und wurden von mehreren Musikanten mit Holzhämmern und Schlegeln bespielt.

Tod wuchs das Interesse an musiktheoretischen Fragen, nicht nur in Griechenland, sondern auch in allen anderen Teilen der Alten Welt. Verschiedene Tonsysteme wurden entwickelt und unterschiedliche Notenschriften erfunden. In Indien entstand zwischen 200 v. Chr. und 200 n. Chr. der Sanskrit-Text *Natya Shastra*, ein Werk über die Theaterkunst, das auch Kommentare zur Musiktheorie enthielt. Die indische Oktave, die ebenso wie die griechische auf den natürlichen Harmonien aufbaute, wurde in zweiundzwanzig Zwischentöne unterteilt. Die älteste Notenschrift Indiens findet sich auf einer Felsinschrift bei Kudumiyamalai (Südindien) und stammt aus dem 7. Jahrhundert n. Chr.

Die chinesische Musiktheorie ist beinahe so alt wie die pythagoräische. Im Jahr 1978 wurde ein Satz bronzener Glocken im Grab des Fürsten Yi aus dem Staat Cheng entdeckt, die aus dem 5. Jahrhundert v. Chr. stammen. Er bestand aus 64 Glocken unterschiedlicher Größe, die an einem Holzrahmen befestigt waren und von 5 Musikern gespielt wurden. Jede Glocke erzeugte einen Ton, der in einer Inschrift auf der Glockenwandung genau definiert war, sowohl hinsichtlich der im Staat Chen verwendeten Tonskala, als auch in bezug auf die Tonskalen anderer Staaten. Diese Inschriften repräsentieren eine Art Notenschrift, obwohl der Nachweis für die tatsächliche Existenz eines Notationssystems noch aussteht. Es ist jedoch auszuschließen, daß die hochgebildeten Chinesen dieser Zeit keine Notenschrift hervorgebracht hätten.

Es hat den Anschein, daß sich die chinesische Musikforschung jener Epoche derselben Methoden bediente, die auch Pythagoras angewandt hatte. Das wird an der Tatsache deutlich, daß sich das chinesische System von Gewichts- und Maßeinheiten musikalisch orientierte. Als Richtwert diente der Ton, den eine ganz bestimmte *chung* (eine Glocke) erzeugte, die im Staatsbesitz war. Maße wurden mit dem sogenannten *chun* festgesetzt, einem Stimmgerät von 2 Meter Länge mit einer Saite. Die Länge der Saite wurde so lange eingestellt, bis sie exakt den gleichen Ton ergab wie die staatliche *chung*. Die Länge der Saite war der Richtwert für das Längenmaß. Es ist nicht geklärt, warum die Chinesen ausgerechnet diese Methode entwickelten. Sie läßt zumindest darauf schließen, daß sie außerordentlich hohe Kenntnisse in der Metallurgie besaßen.

Diese Verknüpfung von Mathematik und Musik erinnert an Pythagoras. Es gab aber einen bedeutsamen Unterschied zwischen der griechischen und chinesischen Harmonielehre. Während die griechische Oktave aus sieben Noten bestand, teilten die Chinesen ihre Oktave in zwölf Noten. Ob es im Altertum einen Austausch zwischen der Musik Griechenlands, Indiens und Chinas gegeben hat, ist ungeklärt. Angesichts der verblüffenden Ähnlichkeiten der Pythagoreischen Philosophie, die auf der Idee der Seelenwanderung fußt, mit den Lehren seines indischen Zeitgenossen Buddha, läßt sich ein Zusammenhang nicht ausschließen.

Möglicherweise wurde aber die westliche und die östliche Musik von einer gemeinsamen, wesentlich älteren Quelle inspiriert. Pythagoras soll nicht nur in Ägypten studiert, sondern auch zwölf Jahre seines Lebens bei den Gelehrten Babylons zugebracht haben. Und es ist genau diese Region, in der kürzlich ein neues Kapitel der Musikgeschichte aufgeschlagen wurde.

Das älteste Lied der Welt

Aus der babylonischen Kultur sind Abertausende von kleinen Tontäfelchen erhalten geblieben, ganze Bibliotheken mit Texten unterschiedlichen Inhalts. Ein großer Teil dieser Texte, insbesondere die naturwissenschaftlich-mathematischen, sind jedoch noch nicht erschlossen, weil zu ihrem Verständnis nicht nur die Kenntnis der Keilschrift, sondern auch gewisse Spezialkenntnisse erforderlich sind. Auch die musiktheoretischen Texte konnten deswegen bisher kaum ausgewertet werden. Der Forschung standen sie schon seit 1919 zur Verfügung. Erst fünfzig Jahre später wurde damit begonnen, sie zu entziffern.

Den Stein ins Rollen brachte der englische Archäologe Oliver Gurney, als er einen sumerischen Text aus der Stadt Ur untersuchte, der auf das späte 1. Jahrtausend v. Chr. datiert wurde. Dabei stieß er auf eine Auflistung von Begriffen, die sich auf die Saiten eines Musikinstruments, vermutlich einer Lyra, bezogen. Er schickte eine Kopie des Textes an die Assyrologin Anne Kilmer von der Berkeley University, die sich zur gleichen Zeit mit einem mathematischen Text aus Babylon beschäftigte, der ebenfalls Begriffe aus der Musik enthielt. Kilmer gelang es mit Hilfe der Informationen aus Ur, ihren mathematischen Text zu entschlüsseln. Es stellte sich heraus, daß die Babylonier zwar auf einer Lyra mit neun Saiten spielten, die achte Saite aber genau um eine Oktave höher gestimmt war als die erste, die neunte um eine Oktave höher als die zweite. Das heißt, ganz offensichtlich verwendeten die Babylonier, genauso wie wir heute in unserer klassischen Musik, die siebentönige (heptatonische) Tonleiter. Mit dieser Erkenntnis wandte sich Anne Kilmer einer anderen Tontafel zu, die in den 1950er Jahren bei Ugarit im heutigen Syrien ausgegraben worden war und auf

1400 v. Chr. datiert wird. Die Tafel enthielt eine Hymne an die Gemahlin des Mondgottes. Unter dem Text befanden sich zwei Linien. Darunter fand Kilmer eine Folge von Zeichen, in denen sie die ihr bereits vertrauten Notationszeichen aus den babylonischen Texten wiedererkannte. Davon ausgehend, daß jede Silbe der Hymne eine Entsprechung in der begleitenden Notation haben mußte, gelang es ihr, die Notenschrift zu entziffern und das Lied, Note für Note, zu rekonstruieren. Das Ergebnis wurde unter dem Titel »Melodie aus der Stille« auf einer Schallplatte veröffentlicht. Die Melodie des Liedes an die Mondgöttin basierte offensichtlich auf den natürlichen Harmonien. Das war die große Überraschung. Denn bis dahin hatte man angenommen, daß die Harmonielehre erst von Pythagoras entwickelt worden sei.

Tatsächlich haben die Entdeckungen aus dem alten Babylon unser heutiges Verständnis über die Ursprünge der modernen westlichen Musik geradezu revolutioniert. Angesichts der Tatsache, daß die bisher untersuchten Tontafeln nur die Spitze eines Eisberges darstellen, kann man sich auf weitere Überraschungen gefaßt machen.

Anhang

Danksagung

Ein Buch von so thematischer Vielfalt konnte nur unter Mithilfe zahlreicher Freunde und Kollegen entstehen, für deren Geduld beim Beantworten von Fragen wir uns hiermit herzlich bedanken:

Richard Baker (Architektur)
Dr. Nick Barton (Vor- und Frühgeschichte)
Lucy Blue (Meeresarchäologie)
Dr. Lucilla Burn (Klassische Archäologie)
Andrij Cholij (Filmkenner)
Dr. Victor Clube (Astronomie)
Joyce Filer (Paläopathologie)
Dr. Joann Fletcher (Ägyptologie)
John Frankish (Meeresarchäologie und Krankenpflege)
Dr. Michael Freeman (Sinologie)
Dr. Keiji Imamura (Japanische Früh- und Vorgeschichte)
Dr. Nikos Kokkinos (Klassische Archäologie)
Stanley Lee (Bibliothekar)
Brian Moore (Bibliothekar)
Dr. Robert Morkot (Ägyptologie)
Dr. Jack Ogden (Experte für antiken Schmuck)
Sandra Parker (Bibliothekarin)
Bob Porter (Ingenieur)
Sue Rollin (Alte Geschichte)
Adel Salameh (Musiker)
Dr. Delwyn Samuel (Paläobotanik)
Ken Tyler (Geologie)
Dick Vygers (Sprachwissenschaft)
Gareth Williams (Indologie)

Unser besonderer Dank gilt unserer Agentin Leslie Gardner, der genialen Korrektorin und Altphilologin Katherine Scott, die den Text akribisch durchging und viele wertvolle Verbesserungsvorschläge machte, und Tom Gayton (*The Nightingale*), der uns im Lauf der Jahre mit vielen Zeitungsausschnitten zu neueren archäologischen Funden versorgt hat. Bei Ballentine danken wir allen, die mit ihrer Geduld und Hilfe zum Entstehen dieses Buches beigetragen haben – besonders sind hier zu nennen Lesley Malin Helm, Joelle Delbourgo und Daia Gerson. Ebenso möchten wir Belinda Barrat und den anderen Bibliothekaren vom Archäologischen Institut, London, und den Angestellten der Liverpool City Library für ihre großzügige Unterstützung danken.

Peter James und *Nick Thorpe*,
London und Liverpool, Juli 1994

Bibliographie

al-Hassan, A./Hill, D. R.: Islamic Technology, Cambridge 1986.
Aveni, A. F.: Empires of Time. Calendars, Clocks and Cultures, New York 1989.
Bahn, P. G. / Vertut, J.: Images of the Ice Age, New York/Oxford 1988.
Baissette, G.: Leben und Lehre des Hippokrates, Stuttgart 1932.
Becker, J.: Medizingeschichte in Indien, Köln 1985.
Bennion, E.: Alte medizinische Instrumente, Köln 1996.
Boná, J.: Die mittlere Bronzezeit Ungarns und ihre südöstlichen Beziehungen, Budapest 1975.
Bray, W.: Everyday Life of the Aztecs, London 1968.
Brothwell, D./Sandison, A. T. (Hg.): Diseases in Antiquity. A Survey of the Diseases, Injuries and Surgery of Early Populations, Springfield 1967.
Brumbaugh, R. S.: Ancient Greek Gadgets and Machines, Westport/Con. 1966.
Bullough, V. L.: Sexual Varience in Society and History, Chicago 1976.
Chang, K. C. (Hg.): Food in Chinese Culture, New Haven and London 1977.
Chinese Academy of Sciences (Institute for the History of Natural Sciences): Ancient China's Technology and Science, Peking 1983.
Claus, J. C.: Medizingeschichte, Wiesbaden 1985.
Crane, E.: The Archaeology of Beekeeping, Ithaca 1983.
Childe, V. G.: Skara Brae. A Pictish Village in Orkney, London 1931.
Corpus Hippocraticum (Hippokratische Schriften), Hg. R. Kapferer/G. Sticker, 4 Bde., Stuttgart 1933-40.
Corson, R.: Fashions in Makeup, London 1972.
Cotterell, A.: Das Reich der Mitte, München 1984.
Daumas, M.: A History of Technology and Invention, London 1969.
Davis, A. R./Tapp, E. (Hg.): Evidence Embalmed, Manchester 1984.
Drachmann, A. G.: The Mechanical Technology of Greek and Roman Antiquity, Kopenhagen 1963.
Ein Leib für Leben und Ewigkeit: Medizin im alten Ägypten, Ingolstadt 1985.
Forbes, R. G.: Studies in Ancient Technology, 9 vols., 2nd ed., Leiden 1964–72.
Gimpel, J.: The Medieval Machine, Aldershot 1988.
Graham, J. W.: The Palaces of Crete, Princeton 1987.
Greber, N./Ruhl, K.: The Hopewell Site, Boulder/San Francisco/London 1989.
Gwei-Djen, Lu/Needham, J.: Celestial Lancets. A History and Rationale of Acupuncture and Moxa, Cambridge 1981.
Hague, D. B./Christie, R.: Lighthouses. Their Architecture, History and Archaeology, Llandysal 1975.
Hammond, N. G. L.: The Classical Age of Greece, London 1975.
Harris, H. A.: Sport in Greece and Rome, London 1972.
Harris, R.: The Origin of Writing, La Salle 1986.
Hart, C.: The Prehistory of Flight, Berkeley 1985.
Hawkes, J./ Woolley, L.: Prehistory and the Beginnings of Civilization, London 1963.
Healy, J. F.: Mining and Metallurgy in the Greek and Roman World, London 1978.
Hill, D. R.: A History of Engineering in Classical and Medieval Times, London 1984.
Hillert, A.: Antike Ärztedarstellungen, Frankfurt a. M. 1990.
Jackson, R.: Doctors and Diseases in the Roman Empire, London 1988.
James, P./Thorpe, I. J./Kokkinos, N./ Morkot, R./Frankish, J.: Centuries of Darkness, London 1993.
Johnstone, P.: The Sea-Craft of Prehistory, Cambridge 1980.
Kramer, S. N.: The Sumerians, Chicago 1963.
Krug, A.: Heilkunst und Heilkult, München 1984.
Landels, J. G.: Die Technik in der antiken Welt, München 1979.
Leung, A. Y.: Chinesische Heilkräuter, Köln 1985.
Lindsay, J.: Blast-Power and Ballistics. Concepts of Force and Energy in the Ancient World, London 1974.
Macnamara, E.: Everyday Life of the Etruscans, London 1973.
Majno, Guido: The Healing Hand. Man and Wound in the Ancient World, Cambridge 1975.

Manniche, L.: An Ancient Egyptian Herbal, London 1989.
Marsden, E. W.: Greek and Roman Artillery, Oxford 1969.
Martial: Epigrammata (Epigramme), R. Helm, Zürich/Stuttgart 1957.
Mellaart, J.: Çatal Hüyük. Stadt aus der Steinzeit, Bergisch Gladbach 1967.
Morrison, T.: Das Geheimnis der Linien von Nazca, Basel/Stuttgart 1988.
Needham, J.: Clerks and Craftsmen in China and the West. Lectures and Addresses on the History of Science and Technology, Cambridge 1970.
Needham, J.: Science and Civilization in China, 6 vols., Cambridge 1954 ff.
Needham, J.: Wissenschaft und Zivilisation in China, [gekürzte Fassung des engl. Originals] Frankfurt a. M. 1988.
Neuburger, A.: Die Technik des Altertums, Leipzig 1919.
Nunn, J. F.: Ancient Egyptian Medicine, London 1996.
Ohler, N.: Reisen im Mittelalter, München 1991.
Olivová, V.: Sport und Spiele im Altertum, München 1985.
Partington, J. R.: A History of Greek Fire and Gunpowder, Cambridge 1960.
Piggott, S.: The Earliest Wheeled Transport, Ithaca 1983.
Plinius: Historia naturalis (Naturgeschichte), G.Ch. Wittstein, 6 Bde., Leipzig 1881/82.
Price, D. de S.: Gears from the Greeks. The Antikythera Mechanism a Calendar Computer from ca. 80 b.c., New York 1975.
Price, P.: Bells and Man, Oxford 1983.
Pritchard, J. B.: Die Archäologie und das Alte Testament, Wiesbaden 1961.
Rätsch, Ch.: Heilkräuter der Antike in Ägypten, Griechenland und Rom. Mythologie und Anwendung einst und heute, München 1995.
Rice, T. T.: Everyday Life in Byzantium, London 1967.
Ronan, C.: The Cambridge Illustrated History of the World's Science, Cambridge 1983.
Rudenko, S. I.: Frozen Tombs of Siberia. The Pazyryk Burials of Iron Age Horsemen, Berkeley 1970.
Runciman, S.: Byzanz, München 1983.
Saggs, H. W. F.: Civilization before Greece and Rome, London 1989.
Sarton, G.: A History of Science, London 1970.
Scarre, C.: Ancient Civilizations, New York 1997.
Schmidt-Glintzer, H.: Geschichte der chinesischen Literatur, Bern/München/Wien 1990.
Severin, T.: Tausend Jahre vor Kolumbus: Auf den Spuren der irischen Seefahrermönche, Hamburg 1979.
Shepherd, R.: Prehistoric Mining and Allied Industries, London 1980.
Singer, Ch./Holmyard, E. J./Hall, A.R.: History of Technology. Vol. I: From Early Times to the Fall of Ancient Empires, Oxford 1954.
Soustelle, J.: Das Leben der Azteken, Zürich 1986.
Stead, M.: Egyptian Life, Cambridge 1986.
Streeter, T.: The Art of the Japanese Kite, New York/Tokyo 1974.
Suhlig, L.: Aufschließen, Gewinnen und Fördern: Geschichte des Bergbaus, Reinbek 1983.
Symons, D. J.: Costume of Ancient Rome, New York 1987.
Taberner, P. V.: Aphrodisiacs. The Science and the Myth, London/Sydney 1985.
Tait, H. (Hg.): Jewelry 7000 Years. An International History and Illustrated Survey from the Collections of the British Museum, New York 1986.
Tannahill, R.: Food in History, New York 1988.
Tannahill, R.: Kulturgeschichte der Erotik, Wien/Hamburg 1982.
Temple, R.: Götter, Orakel und Visionen, Frankfurt a. M. 1982.
Temple, R.: China: Land of Discovery and Invention, London 1986.
Trinkaus, E.: The Shanidar Neandertals, New York 1983.
Vitruv: De Architectura (Zehn Bücher über Architektur), C. Fensterbusch, Darmstadt 1991.
Wasserversorgung im Antiken Rom. Frontinus-Gesellschaft (Hg.), München 1983.
Werner, D.: Wasser für das antike Rom. Berlin 1986.
Westendorf, W.: Erwachen der Heilkunst: Die Medizin im alten Ägypten, Zürich/München 1992.
White, K. D.: Greek and Roman Technology, Ithaca 1984.
Woodforde, J.: The Strange Story of False Teeth, London 1968.
Woolley, L.: Ur Excavations, Vol. 7: The Babylonian Period, London 1976.
Wright, L.: Clean and Decent, London 1980.

Bildquellen

Aveni, A. F.: Empires of Time. Calendars, Clocks and Cultures, Basic Books, New York 1989: S. 354, 359.

Bahn, P. G.: The »unacceptable« face of the West European Upper Palaeolithic, in: Antiquity 52, 1978: S. 57.

Bahn, P. G./Vertut, J.: Images of the Ice Age, Facts on File, New York/Oxford 1988: S. 63.

Bayerische Staatsbibliothek München: S. 73, 74.

Bennion, E.: Alte medizinische Instrumente, Parkland, Köln 1996: S. 39.

Böttger, W.: Kultur im alten China, Urania, Leipzig/Jena/Berlin 1988[4]: S. 279.

Broere, A. C.: Schaatsen en schaatsenmakers in de 19e en 20e eeuw, Van Wijnen, Franeker 1988: S. 76, 77.

Childe, V.G.: Skara Brae. A Pictish Village in Orkney, Kegan Paul, London 1931: S. 317.

Chinese Academy of Sciences: Ancient China's Technology and Science, Foreign Languages Press, Peking 1983: S. 97.

Cotterell, A.: China. A cultural history, Meridian New American Library, New York/Scarborough 1988: S. 398.

Crane, E.: The Archaeology of Beekeeping, Cornell University Press, Ithaca 1983: S. 230, 297.

Culinaria Romana. So assen und tranken die Römer, Christian Holliger, Umiken 1996, S. 233 oben.

Daftary, F.: The Assassin Legends. Myths of the Isma'ilis, Tauris, London/New York 1994: S. 254.

Dover, K. J.: Greek Homosexuality, Duckworth, London 1978: S. 142.

Edwards, I. E. S.: Tutanchamun. Das Grab und seine Schätze, Gustav Lübbe, Bergisch Gladbach 1978: S. 315.

Fardoulis-Vitart, A.: Das Einhausdorf in Neumexiko. Pueblo Bonito, in: Versunkene Städte. Rätselhafte Kulturen, Verlag Das Beste, Stuttgart 1990: S. 272.

Frontinus-Gesellschaft (Hrsg.): Wasserversorgung im Antiken Rom, R. Oldenbourg, München 1983[3]: S. 269 unten.

Goodfield, J.: The Tunnel of Eupalinus, in: Scientific American 210,6, Juni 1964: S. 309.

Gordon, C. H.: Riddles in History, Crown Publ., New York 1974: S. 86.

Graham, J. W.: The Palaces of Crete, Princeton University Press, Princeton 1987: S. 333.

Great National Treasures of China. Masterworks in the National Palace Museum, 1983: S. 372.

Greber, N./Ruhl, K.: The Hopewell Site, Westview Press, Boulder/San Francisco/London 1989: S. 256.

Die große Mauer. Geschichte, Kultur- und Sozialgeschichte Chinas, Umschau, Frankfurt 1982: S. 167, 168, 174, 179.

Gutschow, N./Pieper, J.: Indien. Von den Klöstern im Himalaya zu den Tempelstädten Südindiens. Bauformen und Stadtgestalt einer beständigen Tradition, Dumont, Köln 1988: S. 307.

Gwei-Djen, L./Needham, J.: Celestial Lancets. A History and Rationale of Acupuncture and Moxa, Cambridge University Press, Cambridge 1981: S. 49, 51, 53.

Hague, D. B./Christie, R.: Lighthouses. Their architecture, history and archaeology, Gomer Press, Llandysal 1975: S. 99, 100.

Hamblin, D. J.: Die ersten Städte. Die Frühzeit des Menschen, Time-Life International, Amsterdam 1977: S. 264.

Hammond, N. G. L.: The Classical Age of Greece, Weidenfeld and Nicolson, London 1975: S. 404.

Harris, R.: The Origin of Writing, Open Court, La Salle 1986: S. 346.

Hart, C.: The prehistory of flight, University of California Press, Berkeley 1985, Appendix II: S. 103.

Hawks, J.: Bildatlas der frühen Kulturen, Orbis, München 1984: S. 261, 402.

Healy, J. F.: Mining and Metallurgy in the Greek and Roman World, Thames and Hudson, London 1978: S. 305.

Heck, J. G. (Hrsg.): The complete encyclopedia of illustrations, Crown, New York 1979: S. 176.

Herer, J.: Die Wiederentdeckung der Nutzpflanze Hanf Cannabis Marihuana, Zweitausendeins, Frankfurt 1993: S. 253.

Ipşoroglu, M.Ş.: Meisterwerke islamischer Kunst. Gemälde und Miniaturen im Topkapı-Museum in Istanbul, Kohlhammer, Stuttgart 1980: S. 399.

Jackson, R.: Doctors and Diseases in the Roman Empire, University of Oklahoma Press, Norman 1988: S. 29, 31, 318, 325.
James, P./Thorpe, N.: Ancient Inventions, Ballantine Books, New York 1995: S. 17, 19, 32, 41, 50, 75, 84, 105, 113–115, 120, 124, 127, 130, 134, 137, 147, 157, 170, 183, 200, 203, 205, 211, 213, 215, 217, 218, 219, 229, 239, 241, 247, 250, 251, 255, 262, 271, 274, 278, 281, 288, 291, 292, 294, 298, 314, 319, 321, 323, 324, 326, 330, 337, 339, 340, 347, 348, 355, 357, 364, 365, 376, 377, 379, 389, 390, 391, 393, 397, 401, 410, 411, 413, 415, 417, 419, 420, 421, 422.
Jelinek, J.: Das große Bildlexikon der Menschen in der Vorzeit, Bertelsmann, Gütersloh 1976: S. 214.
Johnstone, P.: The sea-craft of prehistory, Harvard University Press, Cambridge 1980: S. 83.
Kalligraphie des T'ang Huai-ss'u. Publications of the National Palace Museum, Taipeh 1989³: S. 367.
Karageorghis, V.: A twelfth-century BC opium pipe from Kition, in: Antiquity 50, 1976: S. 255 oben.
Kealey, E. J.: Harvesting the Air. Windmill Pioneers in Twelfth-Century England, University of California Press, Berkeley 1987: S. 293.
Das klassische Griechenland, Time-Life Bücher, Amsterdam 1994: S. 395.
Kuesle, A.: Brillen. Gläser, Fassungen, Herstellung, Deutsches Museum München 1985: S. 223.
Lindsay, J.: Blast-Power & Ballistics. Concepts of Force and Energy in the Ancient World, Frederick Muller Limited, London 1974: S. 125, 127, 129.
Lisowski, F. P.: Prehistoric and early historic Trepanation, in: Brothwell, D./Sandison, A. T. (Hrsg.): Diseases in antiquity. A Survey of the Diseases, Injuries and Surgery of Early Populations, Thomas Books, Springfield 1967: S. 37.
Majno, G.: The Healing Hand. Man and Wound in the Ancient World, Harvard University Press, Cambridge 1975: S. 23, 28, 33, 34, 35, 47.
Marsden, E. W.: Greek and Roman Artillery, Claredon Press, Oxford 1969: S. 180.
McArthur, T.: Worlds of Reference, Cambridge University Press, Cambridge 1986: S. 370.
Morrison, T.: Das Geheimnis der Linien von Nazca, Wiese, Basel/Stuttgart 1988: S. 106.
Nardoni, D.: La colonna ulpia Traiana, Edizione Italiane di Letteratura e Scienze, Rom 1986: S. 175.
Needham, J.: Clerks and Craftsmen in China and the West. Lectures and Addresses on the History of Science and Technology, Cambridge University Press, Cambridge 1970: S. 123, 128.
Needham, J.: Science and Civilisation in China, Bd. 3: Mathematics and the Sciences of the Heavens and the Earth, Cambridge University Press, Cambridge 1959: S. 60, 81.
Needham, J.: Science and Civilisation in China, Bd. 4,1: Physics and Physical Technology. Physics, Cambridge University Press, Cambridge 1962: S. 95.
Needham, J.: Science and Civilisation in China, Bd. 4,2: Physics and Physical Technology. Mechanical Engeneering, Cambridge University Press, Cambridge 1965: S. 81, 90.
Needham, J.: Science and Civilisation in China, Bd. 5,7: Chemistry and Chemical Technology. Military Technology: The Gunpowder Epic, Cambridge University Press, Cambridge 1986: S. 172, 186, 192, 193.
Neuburger, A.: Die Technik des Altertums, Voigtländer, Leipzig 1919: S. 88, 92, 295, 334, 335.
Niemeyer, H. G./Pörtner, R. (Hrsg.): Archäologie. Die großen Abenteuer und Entdeckungen, Karl Müller Verlag, Erlangen 1993: S. 384.
Nofret – Die Schöne. Die Frau im Alten Ägypten, Phillip von Zabern, Mainz 1984: S. 248, 414.
Norwich, J. J.: Byzantium. The Apogee, Knopf, London 1991: S. 185.
Nunn, J. F.: Ancient Egyptian Medicine, University of Oklahoma Press, Norman 1996: S. 26, 27.
Oikonomides, A. N.: kollix, olisos, olisbokollix, in: Horos 6, 1986: S. 155 oben.
Olivová, V.: Sports and Games in the Ancient World, St. Martin's Press, New York 1984: S. 171, 396, 406.
Partington, J. R.: A History of Greek Fire and Gunpowder, Hefter, Cambridge 1960: S. 191.
Pentz, P.: A medieval workshop for producing »Greek fire« grenades, in: Antiquity 62, 1988: S. 188.

Piggott, S.: The earliest wheeled transport, Cornell University Press, Ithaca 1983: S. 58, 59, 64.
Piggott, S. (Hrsg.): Die Welt aus der wir kommen. Die Vorgeschichte der Menschheit, Droemer, München 1961: S. 267, 331.
Poertner, R. (Hrsg.): Alte Kulturen ans Licht gebracht. Neue Erkenntnisse der modernen Archäologie, Europäische Bildungsgemeinschaft, Stuttgart 1975: S. 320.
Poundstone, W.: Im Labyrinth des Denkens, Rowohlt, Reinbek 1992: S. 366.
Price, D.: Gears from the Greeks. The Antikythera Mechanism a Calendar Computer from ca. 80 B.C., Science History Publications, New York 1975: S. 118.
Price, P.: Bells and Man, Oxford University Press, Oxford 1983, S. 414, 424.
Pritchard, J. B.: Die Archäologie und das Alte Testament, Rheinische Verlags-Anstalt, Wiesbaden 1961: S. 177.
Proceedings of the Society of Antiquaries of Scotland, Vol. 106, National Museum of Antiquities of Scotland, Edinburgh 1974/75: S. 329.
Rachet, G.: Die Heimat Abrahams. Ur, in: Versunkene Städte. Rätselhafte Kulturen, Verlag Das Beste, Stuttgart 1990, S. 418.
Rätsch, C.: Heilkräuter der Antike in Ägypten, Griechenland und Rom. Mythologie und Anwendung einst und heute, Diederichs, München 1995: S. 21.
Rice, T. T.: Everyday Life in Byzantium, Batsford, London 1967: S. 233 unten.
Ross, D. J. A.: Alexander and the Faithless Lady: a Submarine Adventure, Birkbeck College 1967: S. 101.
Rudenko, S. I.: Frozen tombs of Siberia. The Pazyryk Burials of Iron Age Horsemen, University of California Press, Berkley/Los Angeles 1970: S. 209.
Saggs, H. W. F.: Civilization before Greece and Rome, Yale University Press, New Haven 1989: S. 369.
Sales Meyer, F.: Handbook of Ornament, New York 1957: S. 158.
Sarton, G.: A History of Science, Oxford University Press, London 1970: S. 65, 71.
Schmidt-Glintzer, H.: Geschichte der chinesischen Literatur, Scherz Verlag, Bern/München/Wien 1990: S. 368.
Schmökel, H.: Ur, Assur und Babylon. Drei Jahrtausende im Zweistromland, Europäischer Buchklub, Stuttgart 1955: S. 169, 351.
Scientific American 245, Okt. 1981: S. 79.
Shepherd, R.: Prehistoric Mining and Allied Industries, Acad. Press, London 1980: S. 303, 304.
Shotter, D.: The roman frontier in Britain. Hadrian's Wall, the Antonine Wall and Roman policy in the North, Carnegie, Preston 1996: S. 166.
Siggstedt, M.: Te som konst. Östasiatiska Museet, Stockholm 1996: S. 242.
Singer, C. E. J./Holmyard, H. A. R.: A History of Technology, Vol. I: From early times to fall of ancient empires, Clarendon Press, Oxford 1954: S. 269 oben, 313.
Soedel, W./Foley, V.: Ancient Catapults, in: Scientific American 240,3, März 1979: S. 178.
Soisson, P./Soisson, J.: Das Leben der Azteken im alten Mexiko, F.A. Herbig, München/Berlin 1978: S. 403, 413.
Stead, M.: Egyptian Life, Harvard University Press, Cambridge 1986: S. 286.
Stierlin, H.: Die Welt der Römer, Gondrom, Bayreuth 1981: S. 202.
Streeter, T.: The Art of the Japanese Kite, Weatherhill, New York/Tokyo 1974: S. 102.
Symons, D. J.: Costume of ancient Rome, Chelsea House Publishers, New York 1987: S. 199.
Taberner, P. V.: Aphrodisiacs. The Science and the Myth, Croom Helm, London/Sydney 1985: S. 149, 150.
Tait, H. (Hrsg.): Jewelry 7000 Years. An International History and Illustrated Survey from the Collections of the British Museum, Harry N. Abrams Publishers, New York 1986: S. 220.
Tannahill, R.: Kulturgeschichte der Erotik, Zsolnay, Wien 1982: S. 145, 155 unten.
Tannahill, R.: Food in History, Crown, New York 1988: S. 287, 299, 302.
Trinkaus, E.: The Shanidar Neandertals, Acad. Press, New York 1983: S. 15.
Tzermias, P./Kautzky, J.: Griechenland, Reich Verlag, Luzern 1993: S. 408/409.
Walker, C. B. F.: Cuneiform, University of California Press, Berkeley/Los Angeles 1988: S. 374.
Werner, D.: Wasser für das antike Rom, VEB Verlag für Bauwesen, Berlin 1986: S. 265, 387.
White, K. D.: Greek and Roman Technology, Cornell University Press, Ithaca 1984: S. 308.

Wolters, J.: Die Granulation. Geschichte und Technik einer alten Goldschmiedekunst, Callwey, München 1986: S. 222.
Woodforde, J.: The Strange Story of False Teeth, Routledge & Paul, London 1968: S. 42.
Yap, Y./Cotterell, A.: The early Civilization of China, Weidenfeld and Nicolson, London 1975: S. 216.
Zahn, J.: Nichts Neues mehr seit Babylon. Kulturgeschichtliches und Technisches aus fünf Jahrtausenden, Hoffmann und Campe, Hamburg 1980: S. 332.
Ziehr, W.: Zauber vergangener Reiche, Hirmer Verlag, Stuttgart/Hamburg/München 1975: S. 349.

Wir danken den Rechteinhabern für die zur Verfügung gestellten Bilder. Falls es uns nicht gelungen ist, alle Rechteinhaber zu ermitteln, bitten wir diese, sich mit uns in Verbindung zu setzen.

Bildredaktion: Nathalie Brabandt und Gabriele Rupp, München

Register